ग्वालियर दुर्ग

स्थापत्य, कला एवं अभिलेख

ग्वालियर दुर्ग

स्थापत्य, कला एवं अभिलेख

अरविन्द कुमार सिंह
नवनीत कुमार जैन

आर्यन बुक्स इन्टरनेशनल
नई दिल्ली

ग्वालियर दुर्ग : स्थापत्य, कला एवं अभिलेख

ISBN: 978-81-7305-477-8

प्रकाशक :

आर्यन बुक्स इन्टरनेशनल

पूजा अपार्टमेंट्स, 4 बी, अंसारी रोड, दरियागंज, नई दिल्ली-110002

फोन : 23287589, 23255799; फैक्स : 91-11-23270385

ई-मेल : aryanbooks@gmail.com

www.aryanbooks.co.in

कम्प्यूटर अक्षर संरचना और मुद्रक :

ए.बी.आई. प्रिंटस एंड पब्लिशिंग कम्पनी, नई दिल्ली

लेखकीय

ग्वालियर दुर्ग अपनी संरचना, दृढ़ता, जल–व्यवस्था, सैन्य संचालन जैसी विशेषताओं के कारण अजेय समझा जाता था। इस दुर्ग के सामरिक महत्त्व से प्रभावित होकर हूण शासक मिहिरकुल ने इस पर अपना आधिपत्य स्थापित किया, कन्नौजाधिपति यशोवर्मन के पुत्र आम ने दरबार आयोजित किया, गुर्जर–प्रतिहार शासकों ने मर्यादाधुर्य एवं कोट्टपाल जैसे अधिकारी नियुक्त किये, चंदेल धंग ने इस पर विजय अर्जित की, कच्छपघात वज्रदामन ने इस पर अधिकार कर ग्वालियर को अपनी राजधानी बनाया। कच्छपघात, परवर्ती प्रतिहार, दिल्ली सल्तनत, तोमर शासकों व उनके वंशजों ने समय–समय पर इस दुर्ग पर अपना अधिकार स्थापित किया। जाटों, सिंधियाओं और अंग्रेजों के समय में ग्वालियर पुनः सत्ता के केन्द्र के रूप में स्थापित हुआ। इन राजवंशों ने ग्वालियर को केन्द्र बनाकर उसके चतुर्दिक विस्तृत क्षेत्र पर शासन किया। सामरिक दृष्टि से सुदृढ़ता प्रदान करने के लिए विभिन्न समयों में करवाये गये निर्माण–कार्यों के द्वारा दुर्ग के क्रमिक विकास का ज्ञान होता है।

सामरिक महत्त्व के साथ–साथ ग्वालियर दुर्ग का धार्मिक महत्त्व भी था। पारंपरिक विवरण के अनुसार तीसरी शताब्दी ई. के उत्तरार्द्ध में इस दुर्ग पर सिद्ध ग्वालिपा ऋषि का वास था, जिनके प्रभाव से सूरजकुण्ड का जलपान करते ही सूरजसेन रोगमुक्त हो गया। हूण मिहिरकुल ने सूरज कुण्ड के निकट सूर्य मंदिर का निर्माण करवाया था। गुर्जर–प्रतिहारों के समय में वाइल्लभट्टस्वामी नाम से विष्णु के एक शैलोत्कीर्ण मंदिर का निर्माण हुआ। इनके अतिरिक्त तेली का मंदिर, सास–बहू मंदिर, माता मंदिर, जैन मंदिर आदि आज भी दुर्ग पर विद्यमान हैं। शैलोत्कीर्ण गुहाओं एवं जैन मूर्तियों का निर्माण विभिन्न कालों में हुआ। खिलजी, सूरि, तोमर, मुगल आदि शासकों ने दुर्ग पर महलों का भी निर्माण करवाया। इनमें से कुछ की कला तो अनुपम है। यहाँ तक की भारतीय कलाकृतियों का भंजक बाबर भी मानमंदिर के

अद्‌भुत सौंदर्य की प्रशंसा करने से अपने को रोक नहीं सका। शिल्पकला के साथ–साथ साहित्य रचना एवं संगीत कला के लिए भी ग्वालियर विख्यात रहा है।

ग्वालियर दुर्ग के इतिहास लेखन की परम्परा मुगलकाल में प्रारंभ हुई। इस दिशा में सर्वप्रथम खड्‌गराय ने १६११ ई. में *गोपाचल आख्यान* लिखा, जिसमें मुख्यतः तोमरों का इतिहास समाहित था। उनके बाद नाना कवि ने *गोपाचल आख्यान* को ग्रहण करते हुए तोमरों के बाद मराठों तक का इतिहास संक्षेप में लिखा। तदुपरान्त बादलीदास ने भी खड्‌गराय की कृति को अपनाते हुए १७६६ ई. में दौलतराव सिंधिया तक दुर्ग का इतिहास *ग्वालियरनामा* के रूप में लिखा। मुस्लिम विद्वानों ने भी समय–समय पर ग्वालियर दुर्ग का इतिहास लिखा है। फजल अली ने *कुलियाते ग्वालियरी* में दुर्ग का इतिहास लिखा। इसी प्रकार जलाल हिसारी ने फजल अली की रचना को ग्रहण करते हुए १६५४ ई. में *ग्वालियरनामा* लिखा।

आधुनिक विद्वानों ने भी ग्वालियर दुर्ग के इतिहास एवं पुरातत्त्व को अध्ययन का विषय बनाया। इस दिशा में कनिंघम के प्रयास सराहनीय हैं। उन्होंने ग्वालियर दुर्ग के इतिहास के साथ–साथ वहाँ विद्यमान पुरासम्पदा का भी विस्तृत वर्णन दिया है। कनिंघम से पूर्व अकबर के समय में फादर मोनसेरार्ट ने दुर्ग पर स्थित विशाल मूर्तियों की चर्चा की है। कनिंघम के बाद बलवन्तराव भैया साहब, राजेन्द्रलाल मित्रा, सन्तलाल कटारे, डी. आर. पाटिल आदि ने दुर्ग के इतिहास एवं पुरातत्त्व के विभिन्न पक्षों पर संक्षेप में दृष्टिपात किया है। सी. ई. लुअर्ड और कृष्णन ने *ग्वालियर गजेटियर* के माध्यम से ग्वालियर दुर्ग का विस्तृत विवरण दिया है। ग्वालियर राज्य के पुरातत्त्व विभाग के अधिकारी एम. बी. गर्दे ने वार्षिक प्रतिवेदन में ग्वालियर दुर्ग के अभिलेखों की संक्षिप्त सूचना देने का प्रयास किया है। उन्हीं के आधार पर बाद में हरिहर निवास द्विवेदी एवं माइकेल डी. विलिस ने दुर्ग के अभिलेखों की सूचना प्रस्तुत की है। द्विवेदी ने ग्वालियर के तोमर राजवंश पर एक पुस्तक का लेखन भी किया है।

कालान्तर में इस दुर्ग के अध्ययन में और तेजी आई। रमानाथ मिश्र, आर. के. शर्मा., के. के. चक्रवर्ती, आर. डी. त्रिवेदी, गुलाब खाँ गौरी, माइकेल डी. विलिस, अमरसिंह, बी. डी. मिश्रा आदि ने दुर्ग के इतिहास एवं पुरातत्त्व के विभिन्न पक्षों पर चर्चा की है। लेकिन अभी तक किए गए कार्य दुर्ग के किसी एक पक्ष, जैसे किसी मंदिर, मूर्ति, महल, अभिलेख, सामरिक महत्त्व पर आधारित हैं। यहाँ तक की ग्वालियर फोर्ट पर लिखी गयी पुस्तक भी दुर्ग का संपूर्ण इतिहास समाहित नहीं कर सकी है।

दुर्ग पर शासनरत शासकों, अधिकारियों तथा अन्य व्यक्तियों द्वारा लिखवाए गये सैकड़ों अभिलेख दुर्ग के विभिन्न भागों पर आज भी विद्यमान हैं। इनमें से केवल कुछ के ही पाठ अभी तक प्रकाशित हैं तथा अनेक अभिलेख तो ऐसे हैं, जिनकी सूचनाएँ प्रथमतः प्रस्तुत पुस्तक में सम्मिलित हैं। सभी अभिलेखों के वाचन से नवीन तथ्य प्रकाश में आए तथा कुछ भ्रान्तियाँ दूर हुयीं। इतिहास के साथ दुर्ग के विकास, मंदिर स्थापत्य तथा मूर्तिशिल्प, दुर्ग एवं महल स्थापत्य, अभिलेख, साहित्य, भट्टारक परम्परा जैसे समस्त पक्षों को समाहित करती यह पुस्तक ग्वालियर दुर्ग की जानकारी के लिए उपयोगी सिद्ध हुई, तो हमें अत्यन्त हर्ष होगा।

परमपूज्य उपध्याय १०८ श्री ज्ञानसागर जी महाराज से ग्वालियर क्षेत्र के जैन पुरातत्त्व पर कार्य करने की प्रेरणा हम लोगों को अनवरत प्राप्त होती रहती है। उन्होने प्रस्तुत पुस्तक लेखन के लिए भी हम लोगों को प्रेरित किया, जिसके लिए हम उनके आभारी हैं।

प्रस्तुत पुस्तक के लेखन में कुछ पुस्तकों एवं लेखों से महत्त्वपूर्ण सहायता मिली। उनका विवरण अन्त में सम्मिलित संदर्भ ग्रन्थ–सूची में अथवा यथास्थान सम्मिलित है। इन स्रोतों एवं उनके लेखकों के प्रति हम अत्यन्त आभारी हैं। हम आभारी हैं विश्वविद्यालय अनुदान आयोग, नई दिल्ली के प्रति, जिनके द्वारा स्वीकृत प्रोजेक्ट से इस कार्य को पूर्ण करने में सहायता प्राप्त हुई। अमेरिकन इन्स्टीट्यूट ऑफ इण्डियन स्टडीज के प्रति हम अपना आभार व्यक्त करते हैं, जिनकी वेबसाइट पर उपलब्ध छायाचित्रों से सहायता प्राप्त हुई है। छायाचित्रों के लिए हम गुजरी महल संग्रहालय, ग्वालियर और भारतीय संग्रहालय, कोलकाता के आभारी हैं।

अल्प समय में स्वच्छ एवं आकर्षक प्रकाशन के लिए आर्यन बुक्स इंटरनेशनल के श्री विकास आर्य के प्रति हम धन्यवाद ज्ञापित करते हैं।

अरविन्द कुमार सिंह
नवनीत कुमार जैन

विषयानुक्रमणिका

शब्द संक्षेप

आ. स. इ. ए. रि.	आर्कोलॉजीकल सर्वे ऑफ इण्डिया एनुअल रिपोर्ट
आ. स. इ. रि	आर्कोलॉजीकल सर्वे ऑफ इण्डिया रिपोर्ट
इ. गो.	इन्स्क्रिप्शन्स् ऑफ गोपक्षेत्र
इ. हि. क्वा.	इण्डियन हिस्टोरिकल क्वार्टर्ली
इ. आ.–ए रि.	इण्डियन आर्कोलॉजी–ए रिव्यू
इ. ए.	इण्डियन एन्टिक्वैरी
ए. इं.	एपिग्राफिआ इण्डिका
ए. रि. इं. ए.	एनुअल रिपोर्ट ऑफ इण्डियन एपिग्राफी
ए. भा. अ.	ऐतिहासिक भारतीय अभिलेख
का. इ. इ.	कार्पस इन्स्क्रिप्शनम् इण्डिकेरम्
ग्वा. तो.	ग्वालियर के तोमर
ग्वा. रा. अ.	ग्वालियर राज्य के अभिलेख
ग्वा. पु. रि.	ग्वालियर पुरातत्त्व रिपोर्ट
ज. म. प्र. इ. प.	जर्नल ऑफ मध्यप्रदेश इतिहास परिषद्
ज. ओ. इ.	जर्नल ऑफ ओरियन्टल इन्स्टिट्यूट
ज. ए. सो. ब.	जर्नल ऑफ एशियाटिक सोसायटी ऑफ बाम्बे
ज. न्यू. सो. ब.	जर्नल ऑफ न्युमिसमैटिक सोसायटी ऑफ बाम्बे
ज. ए. सो. मु.	जर्नल ऑफ एशियाटिक सोसायटी ऑफ मुम्बई
ज. बा. ब्रा. रा. ए. सो.	जर्नल ऑफ बाम्बे ब्रांच ऑफ रायल एशियाटिक सोसायटी
से. इं.	सेलेक्ट इन्स्क्रिप्शन्स्

चित्र-सूची

1

पृष्ठभूमि

भौगोलिक अवस्थिति

भारतवर्ष के मध्य भाग एवं मध्यप्रदेश के उत्तर–पश्चिम भू–भाग में अवस्थित "ग्वालियर क्षेत्र" प्राचीन काल से ऐतिहासिक एवं पुरातात्त्विक दृष्टि से अत्यन्त महत्त्वपूर्ण रहा है। मध्यप्रदेश के उत्तरी भू–भाग में स्थित होने के कारण इस क्षेत्र को "उत्तरी मध्यप्रदेश" और चम्बल व उसकी सहायक नदियों से सिंचित ग्वालियर–चम्बल संभाग के क्षेत्र में विस्तृत होने के कारण इसे "ग्वालियर–चम्बल संभाग" के नाम से भी जाना जाता है। विलिस ने इस क्षेत्र को ''गोपक्षेत्र'' के रूप में उल्लिखित किया है। वर्तमान में प्रशासकीय कार्यकलापों की दृष्टि से इस क्षेत्र का 'ग्वालियर–चम्बल संभाग' नाम ही अधिक प्रचलित है। इसके अन्तर्गत वर्तमान में ग्वालियर, शिवपुरी, दतिया, अशोकनगर, गुना, मुरैना, भिण्ड, श्योपुर–कलाँ आठ जिले सम्मिलित हैं। इन जिलों में आरंभिक पाँच का संभागीय मुख्यालय ग्वालियर है तथा शेष तीन का मुरैना है। यह पूर्व सिंधियाकालीन ग्वालियर रियासत का क्षेत्र है। इसका कुल क्षेत्रफल ८६, ४६, ८३४ वर्ग किमी है। भौगोलिक दृष्टि से ग्वालियर क्षेत्र ७४° २′ से ७६° १२′ पूर्वी देशान्तर और २२° ५′ से २६° ५२′ उत्तरी अक्षांश के मध्य स्थित है। समुद्र तल से इसकी औसत सामान्य ऊँचाई ८०० फीट के लगभग है। यह क्षेत्र उत्तर–पूर्व में उत्तरप्रदेश और उत्तर–पश्चिम में राजस्थान की सीमाओं को छूता है।

ग्वालियर क्षेत्र के उत्तर और उत्तर–पश्चिम दिशा में चम्बल नदी, पूर्व और दक्षिण–पूर्व में सिन्ध नदी तथा दक्षिण–पश्चिम में प्रवाहित पार्वती एवं कुँवारी नदियाँ इस क्षेत्र की प्राकृतिक सीमा निर्धारित करती हैं, जिससे इस क्षेत्र का एक त्रिभुज जैसा आकार बन जाता है। यह क्षेत्र नदी, वन एवं पर्वतीय भू–भाग से परिपूर्ण है। इस क्षेत्र की सर्वप्रमुख नदी चम्बल है।

पाणिनि की अष्टाध्यायी में इसका उल्लेख "चर्मण्यवती" नाम से हुआ है।[१] महाभारत में चर्मण्यवती नदी के उद्‌गम के सम्बन्ध में कथा है कि रंतिदुर्ग द्वारा किये गये यज्ञ में अनेक गायों के वध से बहे रक्त ने नदी का रूप धारण कर लिया और वह "चर्मण्यवती" कहलाई।[२] चम्बल नदी की सहायक पार्वती और काली सिन्ध नदियाँ भी इस क्षेत्र में प्रवाहित हैं। इनके अतिरिक्त इस क्षेत्र में प्रवाहित नदियों में महुअर (प्राचीन मधुमती, मधुवेणी)[३], साँक, आसन, कुँवारी, लवणा (प्राचीन नोंन), पहुज, ऊर्र आदि भी महत्त्वपूर्ण हैं। सं. ६३३ (८७६ ई.) के प्रतिहारकालीन वाइल्लभट्टस्वामी मंदिर (चतुर्भुज मंदिर) अभिलेख में "वृश्चिकाला" नदी का उल्लेख मिलता है[४], जिसकी पहचान वर्तमान स्वर्णरेखा नदी (जो अब गंदे नाले में बदल चुकी है) से प्रस्तावित है। यह नदी ग्वालियर शहर के मध्य में प्रवहमान है। १५वीं शती ई. में जैन महाकवि रइधू के साहित्य में भी इस नदी का 'सुवर्णरेखा' नाम से विशद् वर्णन हुआ है।[५] तोमर शासक मानसिंह की रानी मृगनयनी के प्रकरण में राई नामक गाँव के निकट प्रवाहित किसी नदी (वर्तमान तिघरा बाँध के आसपास) का उल्लेख हुआ है। यह नदी वर्तमान में लुप्तप्राय है।

इस क्षेत्र की जलवायु अर्द्ध–मरू है। यहाँ कड़ी सर्दी, गर्मी एवं वर्षा मौसमानुसार पड़ती है। यहाँ की मिट्टी जलोंढ़ और उर्वरा है। इस क्षेत्र की प्रमुख फसलें गेंहू, धान (चावल), सरसों, अलसी, गन्ना, ज्वार, चना आदि हैं। ११वीं शती ई. में भारत यात्रा पर आया चीनी यात्री इब्नबतूता अपने यात्रा–विवरण में यहाँ की फसलों का उल्लेख करते हुए कहता है कि "यहाँ की प्रमुख फसलों में गेंहू की फसल उत्तम किस्म की होती है। यहाँ के समान गेंहू कहीं नहीं होता है। यहाँ के गेंहू के दाने लम्बे, अधिक पीले और बड़े होते हैं। यहाँ से गेंहू दिल्ली भेजा जाता है।"[६] सघन वन्य क्षेत्र होने के कारण यहाँ वनोपज भी पर्याप्त है। वानस्पतिक दृष्टि से इस क्षेत्र के वन ऊष्ण कटिबंधीय पर्णपाती हैं।

भू–गर्भिक निर्माण की दृष्टि से यह सम्पूर्ण क्षेत्र कडप्पा, विन्ध्य, दकन ट्रेप, एलुवियम एवं बिजावर की पर्वत श्रृंखलाओं से आच्छादित है। खनिज–अयस्कों से भी यह क्षेत्र सम्पन्न रहा है। ग्वालियर दुर्ग से विदित हूण शासक मिहिरकुल के सूर्य मंदिर अभिलेख में गोपगिरि के सम्बन्ध में कथन है कि "नाना धातु विचित्रे गोपाह्वय नाम्नि भूधरे रम्ये" अर्थात् गोप नामक यह पर्वत विभिन्न प्रकार की धातुओं से परिपूर्ण है।[७] अबुल फजल लिखता है कि ग्वालियर में लोहे की खानें भी हैं। चूना प्रस्तर एवं बलुए प्रस्तर की खदानें भी यहाँ बहुतायत में हैं। यही कारण है कि यहाँ अत्यधिक संख्या में बलुए प्रस्तर से निर्मित मंदिरों एवं मूर्तियों का निर्माण हुआ। इब्नबतूता लिखता है कि ग्वालियर में सफेद पत्थर पर खुदाई बड़ी सुंदर होती है।

ग्वालियर क्षेत्र की भौगोलिक स्थिति अत्यन्त महत्त्वपूर्ण है। यह उत्तर से दक्षिण और पूर्व से पश्चिम दिशा में जाने वाले प्राचीन राजमार्गों पर स्थित था। इस सम्बन्ध में प्राचीन सूचना बौद्ध ग्रन्थों में मिलती है। बौद्ध ग्रन्थ सुत्तनिपात में बावरी नामक ब्राह्मण की यात्रा का उल्लेख है। बावरी के शिष्य गौतम बुद्ध से मिलने के लिए गोदावरी के तटवर्ती अश्मक (अस्सक) से प्रतिष्ठान, माहिष्मती, उज्जैनी, गोनर्द, वनसाह्वय, कौशाम्बी, विदिशा तथा साकेत होते हुए श्रावस्ती पहुँचे थे।[८] वनसाह्वय (वनसावत्थि) की पहचान तुम्बवन (वर्तमान तुमैन,

जिला–अशोकनगर) से प्रस्तावित है। इससे स्पष्ट होता है कि छठी शती ई. पू. में उज्जैनी से एक मार्ग तुमैन होते हुए कौशाम्बी जाता था और तुमैन इस मार्ग पर स्थित एक महत्त्वपूर्ण नगर था। इसकी पुष्टि साँची के स्तूप से ज्ञात कुछ अभिलेखों, जिनमें तुम्बवन (तुमैन) के कुछ व्यक्तियों द्वारा दान देने का उल्लेख मिलता है, से भी होती है।[९] बुद्धघोष (ल. प्रथम शती ई) और वराहमिहिर (ल. छठीं शती ई.)[१०] भी इस नगर का उल्लेख करते हैं। जैन परम्परानुसार आचार्य वज्रस्वामी का जन्म तुम्बवन में ही हुआ था।[११] मौर्य शासक अशोक का गुजर्रा (जिला–दतिया) से प्राप्त एक लघु शिलालेख भी संभवतः यहाँ से निकलने वाले प्राचीन राजमार्ग की ओर संकेत करता है, क्योंकि अशोक ने अपने अधिकांश शिलालेख राजमार्गों पर ही खुदवाये थे। इसके अलावा कांतिपुरी (वर्तमान कुतवार) और पद्मावती (वर्तमान पवाया) से जुड़ा एक अन्य रास्ता उज्जैनी को जोड़ता होगा। ७वीं शती ई. में भारत यात्रा पर आया चीनी यात्री युवानच्वांग अपने यात्रा–विवरण में कन्नौज से जेजाकभुक्ति (वर्तमान खजुराहो) और वहाँ से उज्जैन जाने वाले राजमार्ग पर किसी "महेश्वरपुर" नगर का उल्लेख करता है। कनिंघम "महेश्वरपुर" की पहचान ग्वालियर से करते हैं।[१२]

अलबरूनी (११वीं शती ई. का प्रथमार्द्ध) भी अपने यात्रा–विवरण में कन्नौज से खजुराहो जाने वाले मार्ग का उल्लेख करता है और इस मार्ग पर स्थित ग्वालियर दुर्ग को प्रसिद्ध बताता है।[१३] इस प्रकार प्राचीन काल में इस क्षेत्र से गुजरने वाले दो राजमार्गों के उल्लेख मिलते हैं, जिनमें एक पूर्व से दक्षिण और दूसरा उत्तर से दक्षिण की ओर जाता था। मध्य काल में भी इस क्षेत्र से निकलने वाले अन्य मार्गों के उल्लेख मिलते हैं। इब्नबतूता (१३३५ ई.) नरवर, ग्वालियर होते हुए गया था। शेरशाह सूरी के शासनकाल में एक मार्ग आगरा से ग्वालियर होते हुए महोबा और आगे सिरोंज तक जाता था। *तारीखे फिरोजशाही* में शेरशाह के बारे में उल्लेख मिलता है कि "यात्रा के दौरान यात्रियों की सुख–सुविधा के लिए प्रत्येक सड़क पर हर दो कोस की दूरी पर उसने एक सराय बनवा दी है, मुख्य मार्गों के दोनों ओर शेरशाह ने फलदार घनी छाया वाले वृक्ष लगवा दिए थे, ताकि गरमी के मौसम में यात्री वृक्षों की छाया में यात्रा कर सकें, और यदि उन्हें रास्ते में ठहरना पड़े, तो वे विश्राम भी कर सकें।" शेरशाह ग्वालियर में भी रहा था। उसने यहाँ यात्रियों के लिए एक गुम्बददार विश्रामगृह बनवाया, जिस पर उसने एक शिलालेख खुदवाया, जिसमें लिखा था कि "मेरे लिए जिसके कदमों के तले तख्तेशाही है। इस हकीर इमारत के बनाने से क्या नामवरी हासिल हो सकती है? नहीं, मैंने इन टूटे–फूटे पत्थरों को इसलिए इकट्ठा कर दिया है कि उनके साये में कोई थका–मांदा मुसाफिर या दिल शकिस्ता यात्री सुस्ताए और मुझे आशीर्वाद दे।"[१४] इनके अतिरिक्त ग्वालियर से इटावा, ग्वालियर से कालपी, ग्वालियर से दिल्ली और ग्वालियर से मालवा जाने वाले मार्गों के भी उल्लेख मिलते हैं। मुगलकालीन रचना *चार गुलशन* में उस काल के प्रमुख राजपथों में ग्वालियर के फतेहाबाद से होती हुई उज्जैन जाने वाली एक सड़क का उल्लेख हुआ है।[१५]

१६१० ई. में विलियम फ्रिंच नामक एक अंग्रेज व्यापारी ने सूरत से आगरा तक की यात्रा का विवरण प्रस्तुत किया है। उसने सूरत से आगरा के मध्य बुरहानपुर, उज्जैन, सीरोंज,

नरवर, आंतरी, ग्वालियर, धौलपुर का उल्लेख किया है और साथ ही साथ उनके बीच की दूरी भी दी है।[१६] मंडेलसलों (१६३५ ई.), टेरी (१६५५ ई.), टेवनियर (१६७१ ई.), तामसरो, पीटर, मेंडी आदि ने भी अपने यात्रा–विवरणों में इस मार्ग का उल्लेख किया है और इस मार्ग पर ग्वालियर को एक कस्बे के रूप में बताया है।[१७] इस मार्ग के सामरिक महत्त्व को समझते हुए ही ईस्ट इंडिया कम्पनी ने १८४० ई. में बम्बई–आगरा सड़क के निर्माण का कार्य प्रारंभ किया, जिसमें ग्वालियर रियासत से काफी वित्तीय सहयोग उन्हें मिला था।[१८]

इस प्रकार ग्वालियर क्षेत्र प्राचीन काल से लेकर आधुनिक काल तक विभिन्न राजमार्गों से जुड़ा रहा है, जिससे इस क्षेत्र का सामरिक, आर्थिक एवं सांस्कृतिक महत्त्व अनवरत् बना रहा है। यही कारण है कि इस क्षेत्र में व्यापारिक एवं सांस्कृतिक गतिविधियों का अभूतपूर्व विकास हुआ है। यह क्षेत्र मानवीय सभ्यता एवं संस्कृति की विकास–यात्रा में पाषाण युग से लेकर आधुनिक काल तक अनवरत् साक्षी रहा है। राष्ट्रीय संप्रभुता के दौर में जहाँ यह क्षेत्र चेदि या शूरसेन जनपद, मौर्य साम्राज्य, शुंग राजवंश, कुषाण वंश, नाग वंश, गुप्त राजवंश, हूण वंश के अधीन रहा, वहीं राजनैतिक विश्रृंखलता के युग में गुर्जर– प्रतिहार, कच्छपघात, परवर्ती प्रतिहार, यज्वपाल, तोमर, जाट, मराठा आदि राजवंशों ने इस क्षेत्र का कुशलतापूर्वक नेतृत्व किया और भारतीय इतिहास में राजनैतिक एवं सांस्कृतिक दृष्टि से इस भूभाग को विशिष्टता प्रदान कराई।

अतः ग्वालियर क्षेत्र की भारत के लगभग मध्य में अवस्थिति, अनुकूल जलवायु, उपजाऊ भूमि, जल संसाधन के पर्याप्त स्रोत, पर्वतीय एवं वन भू–भाग की अधिकता, खनिज पदार्थों की उपलब्धता, अयस्क एवं धातु के पर्याप्त स्रोत, प्राचीन राजमार्गों पर स्थिति आदि विशेषताओं के कारण भारतीय इतिहास निर्माण में इस क्षेत्र का अभूतपूर्व योगदान रहा है।

उत्तरी मध्यप्रदेश का एक प्रमुख नगर एवं संभागीय केन्द्र ग्वालियर प्राचीन काल से ही इस क्षेत्र का हर दृष्टिकोण से नेतृत्व करता आ रहा है (रेखाचित्र १)। ग्वालियर नगर में तीन विभिन्न बस्तियाँ सम्मिलित हैं– पुराना ग्वालियर, लश्कर और मुरार। पुराना ग्वालियर दुर्ग के उत्तर में है, लश्कर दुर्ग के दक्षिण में है। यहाँ १८१० ई. के पश्चात् दौलतराव सिंधिया द्वारा सैनिक छावनी या लश्कर रखने के कारण इसका यह नाम पड़ा था। मुरार किले के पूर्व में स्थित है और यहाँ पहले ब्रिटिश छावनी थी। वर्तमान में भी यहाँ भारतीय सेना की छावनी है। ग्वालियर पूर्व ग्वालियर राज्य की राजधानी थी। १६५६ ई. में मध्यप्रदेश राज्य के निर्माण के समय तक यह मध्य भारत की राजधानी भी रही।

इस नगर के मध्य में स्थित ग्वालियर दुर्ग अपनी अभेद्य भोगौलिक स्थिति के कारण राजनैतिक, सामरिक एवं सांस्कृतिक गतिविधियों का प्रभावी केन्द्र रहा है (चित्र १)। इस दुर्ग की अजेय सामरिक एवं दुर्गम भोगौलिक विशेषताओं ने तत्कालीन राजवंशों को अपनी ओर लगातार आकर्षित किया है और महत्त्वाकांक्षी शासकों ने इस पर अधिकार स्थापित करने के लिए हर संभव प्रयास किए। इस दुर्ग का इतिहास अपने आप में इस क्षेत्र का समग्र इतिहास है। इस दुर्ग की अप्रतिम विशेषताओं के कारण ही मिहिरकुल के ग्वालियर अभिलेख में इसे

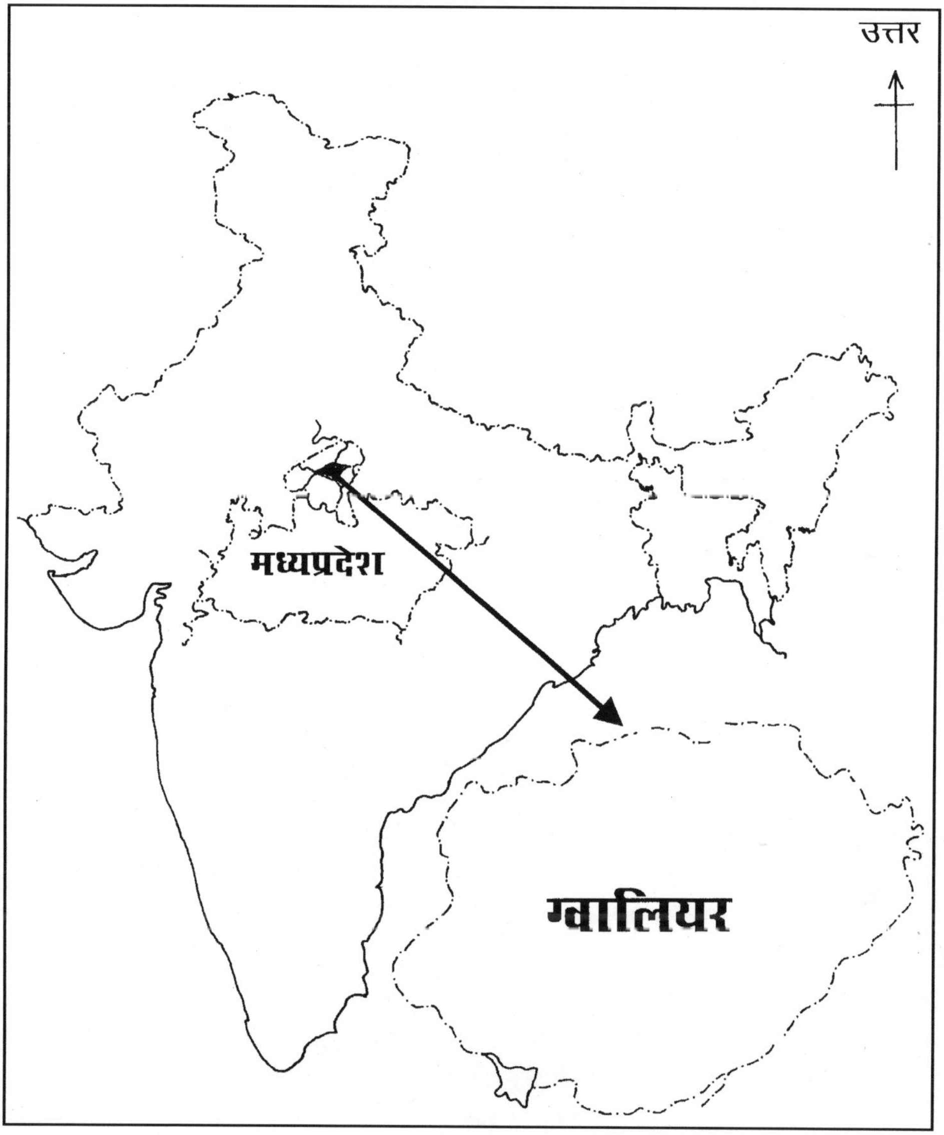

रेखाचित्र १

"नाना धातु विचित्रे" अर्थात् "विभिन्न प्रकार की धातुओं से परिपूर्ण" कहा गया है।[१९] *ताज–उल्–मसीर* के रचियता ने ग्वालियर दुर्ग को यथार्थतः "हिन्द के किलों की माला में मोती" कहा है।[२०] भौगोलिक दृष्टि से ग्वालियर दुर्ग २६° १२' ३५" से २६° १४' ०६" उत्तर और ७८° ०६' ४५" से ७८° १०' ३२" पूर्व के मध्य स्थित है। ग्वालियर दुर्ग का निर्माण विन्ध्य पर्वतश्रृंखला के कैमूर जमाव की बलुआ पत्थर की चट्टानयुक्त पहाड़ी जो सतह से लगभग

३०० फुट ऊँची हैं, पर हुआ है। उत्तर–दक्षिण की ओर अवलम्बित यह पहाड़ी उत्तर से दक्षिण की ओर लगभग २.५ किमी तक फैली है, वहीं पूर्व से पश्चिम की ओर इसकी न्यूनतम चौड़ाई २०० मीटर और अधिकतम चौड़ाई ६३५ मीटर है। दुर्ग की दीवारें ३० से ३५ फुट तक ऊँची है। इस पहाड़ी का मध्यभाग अधिक संकरा और उत्तर–दक्षिणी भाग अपेक्षाकृत अधिक चौड़ा है। शास्त्रों में वर्णित दुर्गों की स्थिति के आधार पर इसे 'गिरिदुर्ग' या 'पर्वतीय दुर्ग' की कोटि में रखा जा सकता है। शास्त्रों में गिरिदुर्ग को सर्वाधिक सुरक्षित, सुदृढ़ और श्रेष्ठ माना गया है और ग्वालियर दुर्ग इस दृष्टि से सर्वोत्तम उदाहरण है और इसी कारण यह दुर्ग हमेशा ही अजेय रहा है। इब्नबतूता भी ग्वालियर को ''गिरि शिखर पर स्थित एक अभेद्य दुर्ग वाला बड़ा नगर'' कहता है।[२१]

ग्वालियर नामकरण

वर्तमान "ग्वालियर" नामकरण के विषय में अनेक किंवदन्तियाँ प्रचलित हैं। एक प्रसिद्ध किंवदन्ती के अनुसार इस पर्वत पर एक गुहा में ग्वालिपा नामक एक सिद्ध पुरुष रहता था। एक बार कुन्तलपुर (वर्तमान कुतवार, जिला–मुरैना) का कछवाहा राजा सूरजसेन जिसे कुष्ठ रोग था, शिकार के दौरान अपनी प्यास बुझाने के लिए इस पर्वत पर पहुँचा और उस साधु से जल पिलाने का आग्रह किया। साधु ने अपने पात्र में भरकर कुण्ड का जल राजा को पिलाया, जिसे पीते ही राजा का कुष्ठ रोग दूर हो गया। इससे अनुगृहीत होकर राजा ने साधु के लिए कुछ करने की इच्छा प्रकट की। साधु के निर्देश पर राजा ने पर्वत पर दुर्ग का निर्माण कराया और उस कुण्ड का विस्तार किया, जिसके जल से राजा का कुष्ठ निरोगी हुआ था। माना जाता है कि इसी ग्वालिपा साधु के नामाधार पर यह क्षेत्र "ग्वालिअवार" अथवा "ग्वालियार" कहलाया जाने लगा। इस कुण्ड को राजा के नाम से जोड़कर "सूरज–कुण्ड" कहा गया। तब उस साधु ने उस राजा को एक नया नाम सुहनपाल दिया और कहा कि जब तक उसके वंशज ''पाल'' नामान्त धारण करते रहेंगे, तब तक उनका राज्य स्थिर रहेगा। उसके बाद उसके ८४ वंशज यहाँ राज्य किए। सूरजपाल से सम्बन्धित यह घटना लगभग २७५ ई. की है।[२२]

प्राचीन साहित्य एवं अभिलेखों में भी ग्वालियर के अनेक नाम मिलते हैं, जो वस्तुतः एक समतल शिखर वाली लम्बी–चौड़ी एकाकी पहाड़ी पर निर्मित ऐतिहासिक दुर्ग के कारण पड़े। इस संदर्भ में प्राचीनतम साक्ष्य ग्वालियर दुर्ग से प्राप्त हूण शासक मिहिरकुल का ल. छठीं शती ई. का सूर्य मंदिर अभिलेख है, जिसमें इस पर्वत का नाम "गोपाह्वय" उल्लिखित है।[२३] इसी दुर्ग से विदित सं. ६३२ (८७५ ई.) और सं. ६३३ (८७६ ई.) के प्रतिहारकालीन वाइल्लभट्टस्वामी मंदिर में उत्कीर्ण अभिलेखों में इस पर्वत के नाम क्रमशः "गोपाद्रि" और "गोपगिरि" वर्णित है।[२४] ग्वालियर दुर्ग से ही ज्ञात सं. ११५० (१०९३ ई.) के कच्छपघातकालीन सास–बहू मंदिर अभिलेख में भी इसका "गोपाद्रि" नाम उल्लिखित है।[२५] यहीं से ज्ञात सं. ११६१ (११०४ ई.) के शिव मंदिर शिलालेख में इसको "गोपालिकेरा" नाम से अभिहित किया गया है।[२६] तोमरकालीन

शिलालेखों में इसका नाम "गोपाचल" और "गोपगिरि" मिलते हैं और इसे "महादुर्ग" की संज्ञा दी गई है। स्थानीय लेखक फजल अली ने *कुलियाते ग्वालियरी* में और मुंशी हीरामन ने *ग्वालियरनामा* में इस पर्वत को "गोमन्त" नाम से पुकारा है।[२७] गोमन्त नाम की एक पहाड़ी का उल्लेख पुराणों में भी हुआ है।[२८] इन उपर्युक्त नामों में ''गोप'' शब्द सामान्य रूप से देखने को मिलता है, जिसका तात्पर्य ग्वालों अथवा गायों के पालन करने वालों से है। इससे प्रतीत होता है कि ''गो–पालन'' इस क्षेत्र का प्रमुख व्यवसाय था। रमानाथ मिश्र 'गोपालिकेरा' के समतुल्य 'गोपाल खेटक' को मानते हुए इसे दो शब्दों का युग्म बताते हैं। उनका मानना है कि इनमें 'गोपाल' यहाँ के गो–पालक निवासियों की ओर तथा 'खेटक' एक ओर पर्वत व दूसरी ओर नदी से घिरे प्राकृतिक प्रदेश की ओर संकेत करता है। इस प्रकार 'गोपाल खेटक' से आशाय उन गो–पालक व्यवसाय से सम्बन्धित लोगों से है, जो एक ऐसी जगह आकर बसे, जहाँ एक ओर नदी और दूसरी ओर पर्वतीय परिवेश था।[२९] यह दोनों ही ग्वालियर के संदर्भ में उचित बैठते हैं। सिंधियाकाल में इसका नाम "ग्वाल्हेर" लिखा मिलता है।

विदित होता है कि प्रारंभिक काल में यह पर्वत एक धार्मिक स्थल के रूप में मान्य हुआ, जैसा ग्वालिपा साधु सम्बन्धी अनुश्रुति (२७५ ई.) और मिहिरकुल द्वारा सूर्य मंदिर के निर्माण (५३० ई.) सम्बन्धी अभिलेखीय साक्ष्यों से इंगित होता है। इसके साथ ही यह सामरिक गतिविधियों का प्रमुख केन्द्र बनता गया एवं इसका धार्मिक महत्त्व भी क्रमशः बढ़ता रहा। वस्तुतः ग्वालियर दुर्ग का धार्मिक एवं सामरिक महत्त्व समानांतर बढ़ता गया। समयान्तराल में धार्मिक रूप से यह दुर्ग एक साधु के निवास–स्थल से १५वीं शती ई. में ''देवपत्तन'' (तीर्थ) के रूप में स्थापित हुआ, वहीं २७५ ई. में कछवाहा राजा सूरजसेन द्वारा यहाँ एक दुर्ग के निर्माण के बाद ८७५–७६ ई. में यहाँ पर 'मर्यादाधुर्य' एवं 'कोट्टपाल' की नियुक्ति होने लगी थी, १०वीं शताब्दी ई. में राजधानी के रूप में प्रतिष्ठित होने से १५वीं शती ई. तक दक्षिण की ओर आक्रमण करने वाले आक्रान्ताओं से सुरक्षा के लिए यह एक महत्त्वपूर्ण सामरिक केन्द्र बन गया था।

राजनैतिक इतिहास

भारत के राजनैतिक इतिहास में ग्वालियर क्षेत्र का अत्यन्त महत्त्वपूर्ण योगदान रहा है। मानव के विकास के आरंभिक चरण से लेकर आधुनिक चरण तक ग्वालियर क्षेत्र अनवरत् अग्रगणीय रहा है। इस क्षेत्र में गुर्जर–प्रतिहार राजवंश के अभ्युदय के पूर्व तक के राजनैतिक इतिहास के विषय में स्पष्ट रूप से कुछ कहा नहीं जा सकता है, यद्यपि छठीं शती ई. के प्रथमार्द्ध में यहाँ हूण राजवंश का प्रभाव दिखाई देने लगता है। इस क्षेत्र में सघन वनों की अधिकता होने के कारण संभावना व्यक्त की जा सकती है कि उससे पूर्व में यह क्षेत्र ''आटविक'' प्रभाव से पूर्ण रहा होगा और आटविक जनजातियों द्वारा ही इस क्षेत्र का राजनैतिक संचालन होता रहा होगा। इस धारणा को कई साक्ष्यों से बल मिलता है। पुराणों में इस क्षेत्र का उल्लेख 'पारिपात्र' या 'पारियात्र' पर्वतश्रृंखला के हिस्से के रूप में हुआ है, जो विन्ध्य पर्वतमाला से जुड़ा हुआ

था। बौधायन के *धर्मशास्त्र* (१.१२५) से ज्ञात होता है कि यह क्षेत्र वैदिक एवं अवैदिक संस्कृतियों के मध्य भोगौलिक सीमारेखा का निर्धारण करता था। *महाभारत* (वनपर्व २४.३४, ५२.७६, ६४.२) से विदित होता है कि यह क्षेत्र निषाद, पुलिन्द, सेक, अपरसेक, म्लेच्छ, नाग (कर्कोटक नाग), मृग–व्याध (आखेटक), तस्कर (लुटेरे) आदि की निवासस्थली रही थी। मौर्य शासक अशोक के आठवें शिलालेख[३०] और गुप्त शासक समुद्रगुप्त की प्रयाग प्रशस्ति[३१] से भी इस क्षेत्र के आटविक वातावरणमय होने के संकेत मिलते हैं। पुनः वराहमिहिर एवं बाणभट्ट इस क्षेत्र का उल्लेख 'विन्ध्याटवी' और कालिदास 'विन्ध्यपाद' के रूप में करते हैं। संक्षोभ के खोह ताम्रपत्राभिलेखों में आटविक और उनके १८ राज्यों का उल्लेख मिलता है।[३२] चीनी यात्री युवानच्वांग इस क्षेत्र की राजनैतिक स्थिति की ओर संकेत करते हुए बताता है कि पारियात्र क्षेत्र वैश्य राजा द्वारा संचालित होता था।[३३] आरंभिक मध्यकालीन अभिलेखों से विदित होता है कि व्यापारियों के संगठनों का इस क्षेत्र के व्यापार एवं प्रशासनिक तंत्र पर भरपूर नियंत्रण था। इससे स्पष्ट होता है कि प्रारंभिक युग में इस आटविक प्रदेश में जनजातियों के समूहों का राजनैतिक हस्तक्षेप था। कालान्तर में लगभग ६वीं शती ई. में वणिक समुदाय ने यहाँ के व्यापार एवं प्रशासन पर अपना प्रभाव जमा लिया और ८वीं शती ई. के मध्य में गुर्जर–प्रतिहार राजवंश के अभ्युदय से यह क्षेत्र शनैः–शनैः केन्द्रीय सत्तात्मक ढांचे के रूप में सूत्रबद्ध हुआ। इस राजवंश के द्वारा प्रारंभ में यह क्षेत्र मालवा और कालान्तर में कान्यकुब्ज (कन्नौज) द्वारा संचालित होता था। इस क्षेत्र में विशिष्ट रूप से आरंभ में 'महत्तर' फिर 'भट्टों' द्वारा शासन के प्रमाण मिलते हैं, जिन्होंने कालान्तर में अपनी शक्ति का विस्तार कर क्रमशः कोट्टपाल, राजा, भूप, नृपति, महासामन्ताधिपति, महाराजाधिराज और नृप–चक्रवर्ती जैसी उपाधियाँ धारण कर अपने प्रभाव में वृद्धि की और इस क्षेत्र में स्वतंत्र शासन की स्थापना की। इस प्रकार हम देखते हैं कि जनजातियों के समूह से प्रारंभ होकर भट्ट के रूप में सामन्तीय स्थिति में आकर और बाद में यहाँ स्वतंत्र केन्द्रीय शासन की स्थापना हुई।

पाषाण काल

ग्वालियर क्षेत्र के विभिन्न स्थलों से पाषाणयुगीन संस्कृतियों की बृहद सूचना मिलती है। ग्वालियर दुर्ग के निकट ही गुप्तेश्वर पहाड़ी स्थित शैलाश्रयों से निम्नपुरापाषाण काल की समृद्ध सूचना मिलती है।[३४] इसके अलावा आम्र–पहाड़, विरूर, देवखो, महाराजपुर, चंगेज खाँ की समाधि, बरहा, शंकरपुर, पुरानी छावनी, टीक्ला, विटोली, करैला, बहादुरपुर, कैमारी, पनिहार, सिरसा, गिरवाई नाका, गोकुलपुरा, केदारपुरा, सोनारा, बोआ साहब का पुरा, उटीला, जोरासी घाटी, शालेपुरा, गुर्री, सिल्होली, भिरकुली, झुंड़पुरा, पुतलीघर, बैजनाथ छाज, भाटों का पुरा आदि स्थलों से पाषाणकालीन उपकरण अच्छी संख्या में मिले हैं।[३५] कुतवार[३६], गिलोलीखेड़ा (जिला–मुरैना)[३७], जड़ेरुआ[३८], सूरौं (जिला–ग्वालियर)[३९] आदि पुरास्थलों से प्रारंभिक ऐतिहासिक काल की बसाहट की समृद्ध सूचना है।

मौर्य काल से गुप्त काल तक

३२० ईसा पूर्व के लगभग मौर्य राजवंश के अभ्युदय के साथ ही भारतीय राजनैतिक इतिहास में स्पष्ट क्रमबद्धता दिखाई देती है। इस काल की ग्वालियर के आसपास से कतिपय सूचनाएँ उपलब्ध हुई हैं, जिनमें गौरी ने धनेली ग्राम में एक पहाड़ी पर एक दुर्ग को[४०] और वाकणकर ने टीक्ला स्थित शैलाश्रयों में चित्रित एक अभिलेख, जिसमें दंबुक नामक एक चितेरे का उल्लेख हुआ है[४१], को मौर्यकालीन माना है। सूरौं, जड़ेरुआ और कुतवार आदि पुरास्थलों के उत्खनन से भी मौर्यकालीन बस्तियों के समृद्ध प्रमाण मिले हैं।

गुजरी महल संग्रहालय में संरक्षित तालध्वज पर अंकित दोहरे कुकुद वाले ऊँट के अंकन आदि के आधार पर इस क्षेत्र में यूनानियों का प्रभाव भी स्वीकार किया जाता है।

मौर्यों के बाद यह क्षेत्र शुंग राजवंश (१८४–७२ ई. पू.) के अधीन रहा। इस क्षेत्र से प्राप्त शुंगकालीन साक्ष्यों में कुतवार पुरास्थलों के उत्खनन में विदित भवनावशेष एवं मृद्भाण्ड[४२]; जड़ेरुआ उत्खनन में प्राप्त शुंग शैली में निर्मित दो मृण्मूर्तियाँ जिनमें एक पद्महस्ता लक्ष्मी की है[४३], आदि उल्लेखनीय हैं।

शुंगों के उपरान्त उत्तर भारत के एक विशाल क्षेत्र पर कुषाण राजवंश ने अपनी सत्ता स्थापित की, जिसके अन्तर्गत ग्वालियर क्षेत्र भी सम्मिलित रहा था। ज्ञात होता है कि कुषाणों को इस क्षेत्र को हस्तगत करने के लिए नाग राजाओं से संघर्ष करना पड़ा था। पुराणों में नाग राजवंश से पूर्व इस क्षेत्र में किसी 'वनस्पर' नामक शासक का उल्लेख मिलता है। सारनाथ से ज्ञात एक अभिलेख में वनस्पर को कनिष्क के राज्यकाल के तीसरे वर्ष में उस प्रान्त का क्षत्रप (गवर्नर) बताया गया है।[४४] विद्वानों की मान्यता है कि यही वनस्पर कनिष्क के नियंत्रण में सारनाथ क्षेत्र के साथ–साथ ग्वालियर क्षेत्र का भी प्रान्ताधिपति रहा था। जायसवाल वनस्पर का समय ८० ई. से १२० ई. मानते हैं।[४५] शर्मा का मत है कि कुषाणों ने विभुनाग नामक नाग शासक को परास्त कर नागों की राजधानी पद्मावती पर अधिकार कर लिया, किन्तु कुछ वर्षों पश्चात् नाग शासक वसुनाग ने कुषाण हुविष्क को परास्त कर पद्मावती पर पुनः अधिकार कर लिया।[४६] इस क्षेत्र से कुषाणयुगीन कई प्रमाण उपलब्ध हुए हैं। कुतवार[४७], सूरौं[४८], जड़ेरुआ[४९] आदि पुरास्थलों के उत्खनन में कुषाणकालीन सांस्कृतिक अनुक्रम की व्यापक सूचना मिली है। कुछ पुरास्थलों से कुषाण सिक्के भी प्राप्त हुए हैं।

कुषाणों के पराभव के उपरान्त नाग राजवंश ने मध्य भारत के एक विस्तृत क्षेत्र पर अपनी प्रभुसत्ता स्थापित की। नाग राजवंश की सत्ता का प्रमुख केन्द्र ग्वालियर क्षेत्र ही रहा था। इस राजवंश ने लगभग परवर्ती शुंग काल से लेकर गुप्त राजवंश के प्रारंभिक वर्षों तक इस क्षेत्र पर शासन किया था। विदेशी कुषाणों को भारत भूमि से खदेड़ कर नागों ने भारतीय इतिहास में अपने राजवंश को एक विशिष्ट स्थान दिलाया। नागवंशीय सिक्के वर्तमान पवाया (प्राचीन पद्मावती)[५०], कुतवार (प्राचीन कान्तिपुरी), नरवर (प्राचीन नलपुर)[५१], आकोड़ा, गोहद (जिला–भिण्ड)[५२], मथुरा, बेसनगर (जिला–विदिशा)[५३], उज्जैन[५४] और एरण (जिला–सागर)[५५]

से बहुतायत में मिलते हैं। कुतवार से तो एक नाग मुद्रानिधि (१८,६५६ सिक्के) भी प्राप्त हुई है।[५६]

मुद्राशास्त्रीय आधार पर त्रिवेदी का मत है कि नागों की सत्ता प्रथमतः विदिशा से प्रारंभ हुई और कालान्तर में वे विदिशा से उत्तर की ओर पद्मावती, कान्तिपुरी और मथुरा तक फैल गये।[५७] वृषनाग को पद्मावती पर भारशिव राजवंश का संस्थापक शासक माना जाता है। इसने प्रथम शती ई. के लगभग शासन किया था। वृषनाग के पश्चात् क्रमशः व्याघ्रनाग, विभुनाग, वसुनाग, वीरसेन, स्कन्दनाग, भीमनाग, बृहस्पतिनाग, देवेन्द्रनाग, प्रभानाग, रविनाग, भवनाग और गणपतिनाग नामक राजाओं ने शासन किया था। चतुर्थ शती ई. के लगभग मध्य में इस राजवंश का पतन हो गया और ये गुप्त राजवंश के अधीन इस क्षेत्र में शासन करने लगे। इसकी सूचना गुप्त शासक समुद्रगुप्त की प्रयाग (इलाहाबाद) प्रशस्ति से मिलती है।[५८] इसमें समुद्रगुप्त द्वारा पराजित आर्यावर्त के राजाओं की सूची में नागसेन, नागदत्त एवं गणपतिनाग को विद्वानों ने नागवंश का शासक माना है। गणपतिनाग ही नाग राजवंश का अंतिम स्वतन्त्र शासक था, जिसे परास्त कर गुप्तों ने सम्पूर्ण क्षेत्र पर अपनी अधिसत्ता स्थापित की।

चतुर्थ शती ई. के प्रारंभ में भारतीय राजनीतिक इतिहास में गुप्त राजवंश का अभ्युदय हुआ। इस राजवंश ने सम्पूर्ण भारतवर्ष में एकछत्र साम्राज्य की स्थापना की। ३४० ई. के लगभग चन्द्रगुप्त प्रथम का महाप्रतापी पुत्र समुद्रगुप्त राजा बना। उसकी प्रयाग प्रशस्ति से ज्ञात होता है कि उसने लगभग सम्पूर्ण भारतवर्ष पर गुप्त राजवंश की विजय पताका फहराई। समुद्रगुप्त के पश्चात् क्रमशः कांच, रामगुप्त, चन्द्रगुप्त द्वितीय, कुमारगुप्त प्रथम, स्कन्दगुप्त राजा बने। इनके उपरान्त इस राजवंश का पतन प्रारंभ हो गया। इस समय भी ग्वालियर गुप्तों के अधीन रहा था। इस क्षेत्र से गुप्तकालीन मंदिर, मूर्तियाँ, अभिलेख, सिक्के आदि व्यापक मात्रा में प्राप्त हुए हैं। पढ़ावली (जिला–मुरैना) से भी गुप्त लिपि में उत्कीर्ण अभिलेख प्राप्त हुए हैं।[५९] पवाया से ईंट पर गुप्त लिपि में उत्कीर्ण एक लेख में गंगादत्त के पुत्र सोमदत्त का उल्लेख है। एक अन्य गुप्तकालीन मूर्तिलेख भी मिला है।[६०] पवाया से गुप्तकालीन विष्णु–मंदिर एवं मूर्तियाँ भी प्राप्त हुई हैं।

हूण काल

५वीं शती ई. के अंतिम दशक में मध्य भारत पर हूण राजवंश के आक्रमण प्रारंभ हो गये। हूण शासक तोरमाण ने गुप्तों से एरण (जिला–सागर) का क्षेत्र छीन लिया। एरण से एक वराह प्रतिमा पर तोरमाण के प्रथम राज्यवर्ष का एक अभिलेख विदित है।[६१] तोरमाण के पुत्र मिहिरकुल का ग्वालियर दुर्ग से उसके राज्यकाल के १५ वें वर्ष का उल्लेखयुक्त एक अभिलेख मिला है, जिसमें मातृकुल के प्रपौत्र मातृचेट द्वारा गोप पर्वत पर सूर्य–मंदिर के निर्माण का उल्लेख है।[६२] इस अभिलेख की तिथि लगभग ५३० ई. निर्धारित की गई है। इस क्षेत्र से तोरमाण एवं मिहिरकुल के सिक्के भी प्राप्त हुए हैं। कालान्तर में परवर्ती गुप्त एवं औलिकर

राजाओं ने हूणों को मध्य भारत से खदेड़ दिया। इससे स्पष्ट होता है कि कुछ वर्षों के लिए ग्वालियर क्षेत्र हूणों के आधिपत्य में रहा था और ग्वालियर दुर्ग पर उसने अधिकार कर लिया था।

महत्त्वपूर्ण तथ्य यह है कि ग्वालियर दुर्ग पर स्थापना सम्बन्धी यह सर्वप्रथम साक्ष्य है और इसके उपरान्त ग्वालियर दुर्ग का महत्त्व क्रमशः व्यापक होता जाता है। इससे यह स्पष्ट होता है कि हूण शासक मिहिरकुल के समय तक ग्वालियर दुर्ग का धार्मिक एवं सामरिक महत्त्व बढ़ चुका था और इसी से प्रेरित होकर मिहिरकुल ने ग्वालियर दुर्ग को हस्तगत कर लिया था। यहाँ ग्वालियर दुर्ग के धार्मिक प्रभाव की पुष्टि उसके द्वारा सूर्य–मंदिर के निर्माण से एवं सामरिक महत्त्व की पुष्टि वहाँ उसके आक्रमण एवं उसे अधीन कर लेने से होती है। यद्यपि कनिंघम द्वारा वर्णित किंवदन्ती में दी गयी तिथि २७५ ई. और उसके उपरान्त लगभग ५२५ ई. के मध्य लगभग २५० वर्षों का समयांतर है और इस दौरान ग्वालियर दुर्ग की धार्मिक एवं सामरिक रूप से क्या स्थिति रही थी? यह साक्ष्याभाव में निर्धारित कर पाना सरल नहीं है।

कन्नौज का शासक आम

जैन ग्रन्थ *बप्पभट्टसूरिचरित*[६३] और *प्रबन्धकोष*[६४] में उल्लेख है कि कन्नौजाधिपति यशोवर्मन (७२५–७५२ ई.) के पुत्र आम ने ग्वालियर दुर्ग पर अपना दरबार लगाया और यहाँ उसने भगवान महावीर की एक सौ हाथ ऊँची मूर्ति भी स्थापित करवायी थी। इसकी पुष्टि *प्रभावक चरित* से भी होती है[६५]। माना जाता है कि आम ७४६ से ७५३ ई. के मध्य कभी सिंहासनासीन हुआ था।[६६] वर्तमान में ग्वालियर दुर्ग से महावीर की ऐसी कोई प्रतिमा ज्ञात नहीं हैं।

गुर्जर–प्रतिहार काल

८वीं शती ई. के लगभग मध्य में गुर्जर–प्रतिहार राजवंश के अभ्युदय के साथ ही ग्वालियर क्षेत्र का क्रमबद्ध राजनैतिक इतिहास स्पष्ट होने लगता है। इससे पूर्व अथवा गुप्त राजवंश के पराभव के पश्चात् इस क्षेत्र में पर्याप्त राजनैतिक अस्थिरता व्याप्त थी। इस दौरान यह क्षेत्र मौखरी, परवर्ती गुप्त, पुष्यभूति और आयुध राजवंशों के किंचित हस्तक्षेप में रहा होगा। इन लगभग २०० वर्षों की इस क्षेत्र से कोई प्रामाणिक सूचना उपलब्ध नहीं है।

गुर्जर–प्रतिहार राजवंश ने पुष्यभूति राजवंश के पतनोपरान्त उत्तर भारत में राजनैतिक एकता पुनर्स्थापित करने में महत्त्वपूर्ण भूमिका निभाई। ग्वालियर क्षेत्र की सांस्कृतिक पहचान की स्थापना में भी इस राजवंश का प्रभावी योगदान रहा। इस राजवंश के काल में ग्वालियर दुर्ग सामरिक एवं धार्मिक गतिविधियों का प्रमुख केन्द्र बन गया। इस राजवंश की अवन्ति–कन्नौज शाखा ने इस क्षेत्र पर लम्बे समय तक राज्य किया।

इस शाखा ने प्रारंभ में मालवा और कालान्तर में कन्नौज (कान्यकुब्ज) को अपनी राजधानी बनाया। इस शाखा का संस्थापक शासक नागभट्ट प्रथम था। नागभट्ट प्रथम के

पश्चात् उसके भतीजे ककुस्थ एवं देवराज अथवा देवशक्ति क्रमशः राजा बने, उन्होंने अपने पैतृक साम्राज्य को बनाये रखा।

तदुपरान्त देवराज का पुत्र वत्सराज (७७०–८०५ ई.) सिंहासनारूढ हुआ। वह इस राजवंश का एक शक्तिशाली शासक था। इसके समय में त्रिराज्य संघर्ष, पाल–प्रतिहार–राष्ट्रकूट, प्रारंभ हो गया। इसी दौरान वत्सराज ने ग्वालियर क्षेत्र को भी हस्तगत कर लिया था। वत्सराज का पुत्र एवं उत्तराधिकारी नागभट्ट द्वितीय (८०५–८३३ ई.) था। उसके समय में भी ग्वालियर क्षेत्र प्रतिहारों के अधीन रहा। जैन ग्रन्थ *प्रभावक चरित* के अनुसार ८३३ ई. में उसने जल समाधि ले ली।

नागभट्ट द्वितीय का पुत्र एवं उत्तराधिकारी रामभद्र (८३३–८३६ ई.) था। वाइल्लभट्टस्वामिन मंदिर स्थित सं. ६३२ (८७५ ई.) के अभिलेख से ज्ञात होता है कि गोपाद्रि (ग्वालियर दुर्ग) पर प्रतिहार शासक रामभद्र का सामन्त वाइल्लभट्ट 'मर्यादाधुर्य' (सीमाओं का रक्षक) के रूप में नियुक्त था और वाइल्लभट्ट के पुत्र अल्ल जो मिहिरभोज (आदिवराह) के काल में गोपगिरि का 'कोट्टपाल' था, ने अपने पिता की स्मृति में ग्वालियर दुर्ग पर एक ''विष्णु–मंदिर'' का निर्माण करवाया था और उसे अपने पिता को समर्पित करते हुए उसका नाम ''वाइल्लभट्टस्वामिन मंदिर'' रखा।[६७] पुनः इसी मंदिर से ज्ञात सं. ६३३ (८७६ ई.) का अभिलेख मिहिरभोज के काल में गोपगिरि के कोट्टपाल अल्ल द्वारा वाइल्लभट्टस्वामी मंदिर एवं नवदुर्गा मंदिर के संचालन की व्यवस्था और दान का उल्लेख करता है।[६८] ग्वालियर दुर्ग से विदित एक अन्य खंडित शिलालेख विशाख कार्तिकेय की आराधना से प्रारंभ होता है जिसमें कार्तिकेय को समर्पित एक मंदिर होने का अनुमान लगाया जाता है।[६९] इस अभिलेख में रामदेव और ब्राह्मण अधिकारी वाइल्लभट्ट की चर्चा है, जिससे जान पड़ता है कि संभवतः रामदेव के समय में वाइल्लभट्ट द्वारा ८३३ ई. से ८३६ ई. के मध्य कभी कार्तिकेय के इस मंदिर को बनाया गया होगा। इससे स्पष्ट होता है कि रामभद्र के शासनकाल (८३३–३६ ई.) में ग्वालियर दुर्ग एक महत्त्वपूर्ण सैनिक छावनी बन चुका था और वाइल्लभट्ट इस सैनिक छावनी से मर्यादाधुर्य के रूप में प्रतिहार सीमाओं की सुरक्षा कर रहा था और धार्मिक निर्माण–कार्य भी करवा रहा था।

मिहिरभोज (८३६–८८५ ई.) के काल में तो स्पष्टतः ग्वालियर दुर्ग ने किले या दुर्ग का स्वरूप प्राप्त कर लिया था और वाइल्लभट्ट का पुत्र अल्ल कोट्टपाल के रूप में यहाँ नियुक्त था। मिहिरभोज का पुत्र एवं उत्तराधिकारी महेन्द्रपाल प्रथम (८८५–६१० ई.) था। सियादोनी अभिलेख से ग्वालियर क्षेत्र पर उसके अधिकार की पुष्टि होती है।[७०]

महेन्द्रपाल के बाद उसका पुत्र भोज द्वितीय (६१०–६१२ ई.) सिंहासनारूढ हुआ। ६१२ ई. में महिपाल प्रथम अपने सामन्त चन्देल नरेश हर्षदेव की सहायता से राजा बना। महिपाल प्रथम इस राजवंश का अंतिम शक्तिशाली शासक था। उसके उपरान्त प्रतिहार राजवंश का पतन प्रारंभ हो गया। तदुपरान्त महेन्द्रपाल द्वितीय, देवपाल, विनायकपाल द्वितीय, महिपाल द्वितीय, विजयपाल, राज्यपाल, त्रिलोचनपाल और यशपाल क्रमशः राजा बने। ये इस राजवंश के निर्बल शासक सिद्ध हुए। परिणामस्वरूप उनके सामन्तों चालुक्य, चंदेल, परमार, गुहिल, कच्छपघात

आदि ने अपनी स्वतंत्रता घोषित कर दी। रखेतरा (चंदेरी के समीप, जिला अशोकनगर) में चट्टान पर सं. ६६६ और १००० (९४२–४३ ई.) का एक शिलालेख उत्कीर्ण है, जिसमें विनायकपाल देव द्वारा जल–व्यवस्था हेतु कुछ कार्य करवाने का उल्लेख हुआ है।[७१] माना जाता है कि यह विनायकपाल देव इस क्षेत्र पर शासन करने वाला अंतिम गुर्जर–प्रतिहार शासक था। इससे स्पष्ट होता है कि गुर्जर–प्रतिहारों का ९४२–४३ ई. तक इस क्षेत्र में शासन रहा था।

चंदेल काल

प्रतिहारों की पतनावस्था का लाभ उठाकर खजुराहो और सिहोनिया क्षेत्र में उनके सामन्त क्रमशः चंदेल और कच्छपघातों ने ग्वालियर दुर्ग पर अपना अधिकार जमाने के प्रयास शुरू कर दिये। चंदेल शासक यशोवर्मा के सं. १०११ (९५४ ई.) के लक्ष्मण मंदिर अभिलेख (खजुराहो) से ज्ञात होता है कि धंग ने गोप नामक पर्वत (गोपाभिधान गिरि) को जीत लिया था।[७२] यह विजय उसने किसके विरुद्ध अर्जित की थी? यह अज्ञात है। किन्तु इससे स्पष्ट है कि ९५४ ई. में गोप (गोपाद्रि) पर चंदेलों ने अधिकार कर लिया था।

कच्छपघात काल

इसी समय सिहोनिया (जिला मुरैना) में कच्छपघात राजवंश अपनी शक्ति का विस्तार कर रहा था। इस राजवंश ने प्रथमतः सिहोनिया और कालान्तर में ग्वालियर दुर्ग को अपनी सत्ता का प्रमुख केन्द्र बनाया। कच्छपघातों की ग्वालियर–सिहोनिया शाखा का प्रथम शासक लक्ष्मणराज था। उसका पुत्र एवं उत्तराधिकारी वज्रदामन था, जो इस राजवंश का शक्तिशाली शासक था। सिहोनिया से प्राप्त सं. १०३४ (९७७ ई.) के एक जैन मूर्तिलेख में उसे ''महाराजाधिराज'' कहा गया है।[७३] कच्छपघात शासक महिपाल के सास–बहू मंदिर अभिलेख सं. ११५० (१०९३ ई.) से ज्ञात होता है कि वज्रदामन ने गांधीनगर के शासक को हराकर गोपाद्रि (ग्वालियर दुर्ग) पर अधिकार कर लिया था।[७४] इससे स्पष्ट होता है कि कच्छपघातों की शक्ति में दिनों–दिन विस्तार होता जा रहा था और वज्रदामन ने ग्वालियर दुर्ग को विजय कर वहाँ कच्छपघात राजवंश की नवीन राजधानी स्थापित की। वज्रदामन द्वारा शासन सत्ता का विस्तार सं. १०३४ (९७७ ई.) से पूर्व कर लिया गया था। इसीलिए उसका उल्लेख जैन प्रतिमा लेख में 'महाराजाधिराज' के रूप में हुआ है।

वज्रदामन का पुत्र एवं उत्तराधिकारी मंगलराज था। कुछ विद्वानों ने मंगलराज की पहचान बयाना (राजस्थान) के उक्ख मंदिर अभिलेख की १२वीं पंक्ति में उल्लिखित मंगलराज से की है।[७५] यदि यह समानता तर्कसंगत है, तो कच्छपघातों का राज्य भादानक के श्रीपथनगर (बयाना) तक विस्तृत था, लेकिन दोनों के मध्य समय का अंतराल इस मान्यता को स्वीकार करने में बाधक है।

मंगलराज के पश्चात् उसका पुत्र कीर्तिराज राजा बना। विद्वानों की यह मान्यता रही है कि कीर्तिराज के शासनकाल में सन् १०२१–२२ में महमूद गजनवी ने ग्वालियर दुर्ग पर आक्रमण किया था, किन्तु गजनवी संभवतः कुछ दिनों की घेराबंदी के बाद वापस लौट गया। यह ग्वालियर दुर्ग पर प्रथम मुस्लिम आक्रमण था। इसी प्रकार सास–बहू मंदिर अभिलेख में उल्लिखित कीर्तिराज द्वारा पराजित मालव भूपति की पहचान भोज (परमार नरेश) से की जाती रही है।[७६]

कीर्तिराज का पुत्र एवं उत्तराधिकारी मूलदेव था। मूलदेव के दो अन्य नाम 'भुवनपाल' और 'त्रैलोक्यमल्ल' भी उल्लिखित हैं। ग्वालियर दुर्ग से ज्ञात सं. ११६१ (११०४ ई.) के एक खंडित अभिलेख में मूलदेव के एक राजकीय अधिकारी का नाम मनोरथ कायस्थ बतलाया गया है।[७७]

मूलदेव का पुत्र एवं उत्तराधिकारी देवपाल था। सं. ११६१ के खंडित शिलालेख में उसका नाम "अपराजित" वर्णित है।[७८]

देवपाल के पश्चात् उसका पुत्र पद्मपाल सिंहासनारूढ़ हुआ। सास–बहू मंदिर अभिलेख उसके द्वारा दक्षिण–अभियान की बात कहता है।[७९] माना जाता है कि पद्मपाल युवावस्था में ही मृत्यु को प्राप्त हो गया था। सास–बहू मंदिर अभिलेख से विदित होता है कि उसने गोपाचल दुर्ग पर एक विशाल विष्णु–मंदिर के निर्माण का कार्य प्रारंभ किया, किन्तु वह इसे पूर्ण न करा सका।

पद्मपाल के पश्चात् उसके भाई सूर्यपाल का पुत्र महिपाल राजा बना। महिपाल ने पद्मपाल द्वारा प्रारंभ विष्णु–मंदिर के निर्माण कार्य को पूर्ण कराया और उसका नाम "पद्मनाथ मंदिर" रखा। इसे ही वर्तमान में 'सास–बहू मंदिर' के नाम से जाना जाता है। इस मंदिर में सं. ११५० (१०९३ ई.) का दो शिलाखण्डों पर अभिलेख उत्कीर्ण करवाया गया। सं. ११६१ (११०४ ई.) के ग्वालियर दुर्ग से ज्ञात शिव मंदिर शिलालेख में उसका विरुद 'भुवनैकमल्ल' उल्लिखित है।[८०]

ग्वालियर दुर्ग से ज्ञात सं. ११६५ (११०८ ई.) के एक खंडित शिलालेख से ज्ञात होता है कि महिपाल के उपरान्त उसका पुत्र रत्नपाल राजा बना।[८१] रत्नपाल का एक अन्य खंडित शिलालेख भी ग्वालियर दुर्ग से प्राप्त हुआ है, जिसमें इस वंश की वंशावली का उल्लेख है।[८२] इस अभिलेख में रत्नपाल के पुत्र को ईशान के समान बतलाया गया है।

तदुपरान्त इस राजवंश के विषय में कोई आभिलेखिक सूचना उपलब्ध नहीं है। यद्यपि गंगोलाताल के अभिलेखों से बाद के कच्छपघातवंशीय कुछ राजाओं, विशिष्टजनों आदि की जानकारी मिलती है। साहित्यिक विवरण के अनुसार इस वंश का अंतिम राजा तेजकर्ण अथवा दूल्हाराय था। ११२८ ई. में तेजकर्ण अपने भान्जे परमाल देव परिहार को ग्वालियर दुर्ग सौंपकर दौसा की बड़गूजर राजा की राजकुमारी मारौनी से विवाह करने चला गया। कुछ समय पश्चात् वापस लौटने पर तेजकर्ण द्वारा दुर्ग माँगने पर परिहार राजा देने से मुकर गया। इस प्रकार ग्वालियर दुर्ग पर परिहारों का शासन प्रारंभ हो गया और कच्छपघात राजवंश का अन्त हो गया।

अधिकांश विद्वानों द्वारा सास–बहू मंदिर अभिलेख की ज्ञात तिथि के आधार पर ग्वालियर के कच्छपघात शासकों के तिथि–निर्धारण का प्रयास किया गया है, लेकिन नवीन साक्ष्यों के प्रकाश में पूर्व निर्धारित तिथियाँ प्रश्न के दायरे में आ गयी हैं। उदाहरणार्थ सास–बहू अभिलेख से ज्ञात चतुर्थ शासक कीर्त्तिराज के सिंहासनारोहण की निश्चित तिथि निर्धारित करना सरल नहीं है। एच. सी. रे ने कीर्त्तिराज को १०१५–३५ ई. के मध्य रखा है[८३], जिसे अधिकांश विद्वानों ने स्वीकार किया है। जबकि एच. वी. त्रिवेदी ने यह शासनकाल १००५–३० ई.[८४], एम. बी. गर्दे ने कीर्त्तिराज का सिंहासनारोहण १००० ई.[८५] तथा कनिंघम ने ९९०–१०१० ई.[८६] माना है। इसी प्रकार कीर्त्तिराज द्वारा निर्मित सिहोनिया के शिव (ककनमठ) मंदिर का निर्माण डी. आर. पाटिल ने ११वीं शताब्दी ई. बतलाया है[८७], जिसे रमानाथ मिश्र[८८] भी स्वीकार करते हैं। लेकिन उक्त तिथियाँ ककनमठ मंदिर पर उत्कीर्ण तिथि ''ओं संवत् (वि. सं.) १०४४ (९८७ ई.) शुदि ३'' से मेल नहीं खाती हैं।[८९] इस अभिलेख से यह स्पष्ट होता है कि इस मंदिर का निर्माता कीर्त्तिराज निश्चितरूपेण सं. १०४४ (९८७ ई.) में सिंहासनासीन था। यह भी संभव है कि उसका सिंहासनारोहण इस तिथि से पूर्व ही हो गया होगा, क्योंकि उक्त अभिलेख गर्भगृह के पश्चिमी जंघा भाग पर अंकित है, जो इस तथ्य को प्रमाणित करता है कि मंदिर का निर्माण उससे कुछ समय पूर्व ही प्रारंभ हो गया था और ९८७ ई. में कम से कम जंघा भाग तक उसका निर्माण हो गया था। इसके अतिरिक्त सिहोनिया से प्राप्त प्रस्तर निर्मित सिंह आकृतियाँ, जो अब गुजरी महल संग्रहालय के प्रवेश–द्वार के दोनों ओर स्थापित हैं, पर प्राग–नागरी लिपि में एक अभिलेख अंकित है, जिसे विद्वान लिपिशास्त्रीय आधार पर १०वीं शताब्दी ई. का मानते हैं।[९०] यह भी इस तथ्य को प्रमाणित करने में सहायक है कि मंदिर का निर्माण ११वीं शताब्दी ई. से पहले आरंभ हो गया था।

यदि कीर्त्तिराज का समय ९८७ ई. में स्वीकार कर लिया जाय, तो कच्छपघात वंश के आरंभिक इतिहास में कुछ परिवर्तन की आवश्यकता होगी। सास–बहू मंदिर अभिलेख से विदित होता है कि लक्ष्मण के पुत्र वज्रदामन ने गांधिनगर (कन्नौज) के शासक से ग्वालियर अधिकृत कर लिया था। उसका सिहोनिया का सं. १०३४ (९७७ ई.) का अभिलेख इस तथ्य को प्रमाणित करता है कि उस समय वज्रदामन पूर्ण शक्ति के साथ 'महाराजाधिराज' के रूप में शासनरत था और उसने ग्वालियर पर अधिकार स्थापित कर लिया था। विनायकपालदेव का रखेतरा शिलालेख सं. ९९९–१००० ई. (९४२–४३ ई.) इस तथ्य की पुष्टि करता है कि उस समय तक इस क्षेत्र पर प्रतिहारों का आधिपत्य था।[९१] यह भी प्रमाणित है कि प्रतिहारों का प्रभुत्व ९४२–४३ ई. एवं ९७७ ई. के बीच कभी समाप्त हुआ होगा, जो वज्रदामन के सिहोनिया अभिलेख की तिथि है। यशोवर्मा के खजुराहो अभिलेख में उल्लेख है कि चन्देल शासक धंग ने सं. १०११ (९५३–५४ ई.) में ग्वालियर पर अधिकार किया था।[९२] वज्रदामन द्वारा ९७७ ई. या उससे पूर्व ग्वालियर पर अधिकार किये जाने और धंग द्वारा ग्वालियर पर अधिकार को कुछ विद्वान एक ही घटना मानते हुए दोनों के द्वारा प्रतिहार शासक विनायकपाल को पराजित किये जाने के रूप में देखते हैं। वज्रदामन का ९७७ ई. के बाद का कोई लेख विदित नहीं है, जिससे

यह संभावना जान पड़ती है कि इसके कुछ समय बाद उनका शासन समाप्त हो गया हो और उनका पुत्र मंगलराज उत्तराधिकारी बना हो। मंगलराज के विषय में केवल सामान्य प्रशंस्यात्मक विवरण है, जिससे प्रतीत होता है कि उसने कुछ समय के लिए ६७७ ई. के बाद तथा ६८५ ई. से पूर्व शासन किया होगा। मंगलराज के बाद उनका पुत्र कीर्त्तिराज शासक बना था, जिन्होंने मालव नरेश को पराजित किया था। मालव नरेश की पहचान विद्वानों ने परमार भोज से करते हुए यह टिप्पणी की है कि कीर्त्तिराज जैसे कम प्रभुत्वशाली शासक द्वारा महान परमार भोज को बिना अपने संप्रभु शासक की सहायता के पराजित करना असंभव था और उनके संप्रभु शासक के रूप में चन्देल शासक विद्याधर की पहचान वे करते हैं।[६३] किन्तु कीर्त्तिराज के राज्यारोहण की नवीन तिथि लगभग ६८५ ई. में स्वीकार करने पर यह अधिक संभव जान पड़ता है कि कीर्त्तिराज ने मालव नरेश परमार सिन्धुराज (ल. ६६५–१००० ई.) को पराजित किया रहा होगा। यही नहीं, इस स्थिति में इस बात का भी कोई प्रमाण नहीं है कि कीर्त्तिराज ने गजनी के महमूद के १०२१ ई. में ग्वालियर पर आक्रमण के समय समर्पण कर दिया था।[६४] वह कीर्त्तिराज का उत्तराधिकारी शासक हो सकता है।

सं. १०३८ (६८१ ई.) के ग्वालियर संग्रहालय अभिलेख के आधार पर कच्छपघात राजवंश की प्राचीनता लक्ष्मणराज के पूर्व भी जान पड़ती है।[६५] इस अभिलेख में वर्णित है कि गुग्ग दो से अधिक कच्छप वंश (कच्छपघात) के राजाओं के समय में मन्त्री था। वच्छिल की ज्ञात तिथि इस अभिलेख से ६८१ ई. है, तो उनके परदादा गुग्ग जो कच्छपघात शासकों के समय मंत्री थे, लगभग ६वीं शताब्दी ई. के अन्त में हुए रहे होंगे। गुग्ग सम्बन्धी विवरण की पुष्टि सिहोनिया में बिखरी पड़ी तथा गुजरी महल संग्रहालय में संरक्षित कुछ मूर्तियों एवं स्थापत्य से भी होती है। सिहोनिया ग्राम में स्थित एक क्षतिग्रस्त मंदिर का अवशेष ६वीं शताब्दी ई. का स्वीकार किया जाता है। ग्राम में टीले से प्राप्त होने वाले मृदभाण्ड की तिथि भी ६वीं से १४वीं शताब्दी ई. मानी जाती है। ऐसी स्थिति में सिहोनिया–ग्वालियर के कच्छपघात इतिहास की पूर्ण जानकारी के लिए सघन सर्वेक्षण तथा उत्खनन की आवश्यकता है, जिनसे प्राप्त सामग्रियों के विश्लेषण के आधार पर इस राजवंश का संपूर्ण इतिहास लिखा जा सके।

परिहार काल

परिहार राजवंश के विषय में बहुत अधिक सूचना उपलब्ध नहीं है। फजल अली एवं जलाल हिसारी ने अपने ग्रन्थों में इस राजवंश के सात शासकों का राज्यकाल अधोलिखित रूप में दिया है[६६]–

१. परिमालदेव (११२८–११३० ई.)
२. रामदेव (११३०–४६ ई.)
३. हमीरदेव (११४५–११५२ ई.)
४. कुबेरदेव (११५६–११६८ ई.)
५. रतनदेव (११६८–११७६ ई.)

६. लोहंगदेव (११७६–११६४ ई.)
७. सारंगदेव या महिपाल (११६४–१२११ ई.)

ग्वालियर दुर्ग स्थित गंगोलाताल से अजयपाल नामक शासक का सं. १२५१ (११६४ ई.) का एक अभिलेख प्राप्त हुआ है।[६७] इसी शासक का सं. १२४६ (११६२ ई.) का एक अभिलेख नरेसर (जिला–मुरैना) से विदित है।[६८] तुमैन (जिला–अशोकनगर) से अजयपाल की कुछ मुद्राएँ भी प्राप्त हुई हैं।[६६] 'पाल' नामान्त होने के कारण माना जा सकता है कि यह अजयपाल परिहार वंश से सम्बन्धित रहा होगा और उसने कुछ वर्षों के लिए ग्वालियर दुर्ग पर शासन किया होगा।

हसन निजामी के *ताजुल–मआसर* से ज्ञात होता है कि ११६६ ई. में ग्वालियर दुर्ग पर कोई सोलंखपाल (सुलक्षणपाल) राज्य कर रहा था और उसे मोहम्मद गोरी के आक्रमण का सामना करना पड़ा था। बाद में दोनों में संधि हो गयी, किन्तु वह स्थायी न रह सकी।[१००] कहा जाता है कि गोरी ने १० हाथी लेकर यह संधि कर ली। बहुत संभव है कि ये पाल नामान्त शासक उपरोक्त परिहार वंश से सम्बन्धित रहे हों।

इसके उपरान्त मोहम्मद गोरी भारत छोड़कर चला गया और बयाना के सूबेदार बहाउद्दीन तुगरिल को ग्वालियर दुर्ग को जीतने के लिए अधिकृत कर गया। तुगरिल ग्वालियर दुर्ग के चारों ओर छोटे–छोटे किले बनाकर वहाँ से ग्वालियर दुर्ग को जीतने का प्रयास करता रहा। उसने दुर्ग पर जाने वाले सारे रास्ते बंद कर दिए। इसी दौरान दिल्ली सल्लनत पर कुतुबुद्दीन ऐबक का अधिकार हो गया। लगभग एक वर्ष तक तुगरिल के लगातार आक्रमणों से परेशान होने पर परिहार राजा (सारंगदेव) ने दिल्ली के सुल्तान कुतुबुद्दीन के पास अपना एक प्रतिनिधि भेजा और ग्वालियर दुर्ग को दिल्ली साम्राज्य के अंतर्गत सौंपने की इच्छा प्रकट की। १२०० ई. में कुतुबुद्दीन ऐबक ने ग्वालियर दुर्ग को अपने कब्जे में ले लिया और इल्तुतमिश को ग्वालियर का अमीर बना दिया। १२१० ई. में कुतुबुद्दीन की मृत्यु के उपरान्त उसका पुत्र आरामशाह सुल्तान बना, जो एक अयोग्य शासक था। इस दौरान ग्वालियर दुर्ग को परवर्ती प्रतिहार शासकों ने अपने अधीन कर लिया।

परवर्ती प्रतिहार

सं. १२७७ (१२२० ई.) के कुरेथा (जिला शिवपुरी) से ज्ञात परवर्ती प्रतिहार शासक मलयवर्मन के ताम्रपत्र लेख से ज्ञात होता है कि मलयवर्मन के पिता विग्रहराज ने म्लेच्छों के प्रमुख नेता को मार दिया था[१०१], किन्तु उसने यह विजय ग्वालियर दुर्ग के म्लेच्छ शासक के विरुद्ध प्राप्त की या अन्य किसी म्लेच्छ राजा के, यह स्पष्ट नहीं है। विग्रहराज परवर्ती प्रतिहार राजवंश का शासक था। विग्रहराज के पुत्र मलयवर्मन एवं नरवर्मन के अभिलेख ग्वालियर दुर्ग स्थित गंगोलाताल एवं कुरेथा से प्राप्त हुए हैं। कुरेथा से दो ताम्रपत्र लेख मिले हैं, जो मलयवर्मन (सं. १२७७, १२२० ई.) एवं नरवर्मन (सं. १३०४, १२४८ ई.)[१०२] के राज्यकाल के हैं। इनमें इस राजवंश की वंशावली – नटुल, प्रतापसिंह, विग्रहराज, मलयवर्मन और नरवर्मन के रूप में उल्लिखित

है। विग्रहराज के उपरान्त क्रमशः उनके ज्येष्ठ पुत्र मलयवर्मन तदुपरान्त लघु पुत्र नरवर्मन ने ग्वालियर दुर्ग को केन्द्र बनाकर गोपक्षेत्र पर शासन किया था।

विग्रहराज का पुत्र एवं उत्तराधिकारी मलयवर्मन था। सं. १२७७ (१२२० ई.) के ताम्रपत्र लेख का कथन है कि मलयवर्मन ने गोपगिरि (ग्वालियर दुर्ग) को हस्तगत कर लिया था लेकिन किससे ? इस विषय में अभिलेख मौन है। इसकी पुष्टि नरवर्मन के ताम्रपत्र लेख से भी होती है। इसमें मलयवर्मन को "गोपाद्रि चन्द्र" कहा गया है। पुनः ग्वालियर दुर्ग स्थित गंगोला ताल से सं. १२८२ (१२२६ ई.) के मलयवर्मन के तीन अभिलेख विदित हैं।[१०३] इससे भी प्रमाणित होता है कि परवर्ती प्रतिहार राजवंश का १२२६ ई. से पूर्व ग्वालियर दुर्ग पर अधिकार स्थापित हो गया था। मलयर्वन की सं. १२८० (१२२३ ई.) से सं. १२९० (१२३३ ई.) के बीच की मुद्राएँ ग्वालियर, नरवर और झाँसी से प्राप्त हुई हैं।[१०४] पुनः मलयवर्मन के उत्तराधिकारी नरवर्मन का विवेच्य स्थल से ही तेरहवीं शती ई. का एक तिथिविहीन अभिलेख मिला है।[१०५] इस शासक का सं १२७७ (१२४८ ई.) का ताम्रपत्र लेख कुरेथा से विदित है। जिससे ज्ञात होता है कि १२४८ ई. में नरवर्मन का भी ग्वालियर दुर्ग पर अधिकार था। इससे स्पष्ट होता है कि सर्वप्रथम परवर्ती प्रतिहार शासक मलयवर्मन ने स्पष्टतः १२२० ई. से पूर्व ग्वालियर दुर्ग पर अधिकार कर लिया था। १२१० ई. से लेकर १२१९ ई. तक ग्वालियर दुर्ग पर अराजकता की स्थिति रही। इस दौरान संभवतः दिल्ली सल्तनत की ओर से कोई अधिकारी ग्वालियर में पदस्थ रहा होगा, जिसे परास्त कर १२२० ई. से पूर्व परवर्ती प्रतिहार मलयवर्मन ने दुर्ग को जीत लिया।

गुलाम वंश

तबकाते नासिरी से ज्ञात होता है कि १२३२ ई. में दिल्ली के सुल्तान इल्तुतमिश ने ग्वालियर दुर्ग पर आक्रमण कर दिया और वहाँ के शासक मंगलदेव (मलयवर्मन) को हराकर उससे ग्वालियर दुर्ग छीन लिया।[१०६] इस विजय को प्राप्त करने में इल्तुतमिश को ११ महीने लग गये, क्योंकि किले की मोर्चाबन्दी अत्यधिक सुदृढ़ थी। अपने सैनिकों के उत्साहवर्धन के लिए इल्ततुमिश को मौलवियों के भाषणों एवं उपदेशों का सहारा लेना पड़ा था।[१०७] फलज अली लिखता है कि इल्तुतमिश के सिपाही गोरिल्ला एवं मोरचाल नीति से उरवाही द्वार स्थित झिलमिल खिड़की से अन्दर प्रवेश कर गये थे।[१०८] इल्तुतमिश ने यह आक्रमण आंतरी की ओर से किया था[१०९], इसका समर्थन खड्गराय ने भी किया है।[११०] इस युद्ध में दुर्ग की राजपूत स्त्रियों ने एक तालाब के किनारे जोहर कर अपने प्राणों की बलि दे दी, इसी कारण यह तालाब आज भी जोहर ताल के नाम से जाना जाता है। तदनन्तर राजा एवं उसके वीर अनुयायी शत्रुओं पर टूट पड़े। बाबर ने ६३२ हिजरी का इल्तुतमिश का एक अभिलेख भी उरवाही द्वार के पास देखा था और उसके समय की एक मस्जिद में नमाज भी पढ़ी थी।[१११] वर्तमान में मस्जिद तो लुप्त हो चुकी है, किन्तु यह अभिलेख संभवतः वही है, जो वर्तमान में हथिया पौर और सासबहू मंदिर के मध्य की सुरक्षा प्राचीर में लगा हुआ है। ग्वालियर दुर्ग को

विजित करने के उपरान्त इल्तुतमिश राशिदउद्दीन को वहाँ का कोतवाल बनाकर वापस लौट गया। इसके अलावा उसने जियाउद्दीन जुनेदी को अमीरेदाद और मिनहाज उल सिराज को कज, खितावत व इमामत का कार्य सौंपा।[११२]

इल्तुतमिश की मृत्यु के उपरान्त रजिया (१२३६–४० ई.) दिल्ली सल्तनत पर उसकी उत्तराधिकारी बनी। १२३८ ई. में रजिया ने ताजउद्दीन संजर के नेतृत्व में अपनी सेना को बहुत–से उपहार आदि देकर ग्वालियर की ओर भेजा। इसका कारण संभवतः जियाउद्दीन जुनैदी द्वारा दिल्ली सल्तनत के प्रति विद्रोह की शंका थी। ग्वालियर पहुँचने पर मिनहाज तथा अन्य प्रतिष्ठित व्यक्ति दिल्ली की सेना में मिल गये। रजिया ने मिनहाज को ग्वालियर के काजी पद पर प्रतिष्ठित किया।[११३]

रजिया के उपरान्त दिल्ली सल्तनत पर उसके उत्तराधिकारी क्रमशः बहराम शाह (१२४०–४२ ई.) और मेहमूद शाह (१२४२–४६ ई.) बने। ये दोनों ही निर्बल शासक थे। मेहमूद शाह के बाद नासिरउद्दीन मेहमूद (१२४६–६६ ई.) सुल्तान बना, किन्तु उसने अपने शासन की बागड़ोर बलबन को सौंप दी।

दिल्ली सल्तनत में अराजक परिस्थितियों का लाभ उठाकर परवर्ती प्रतिहारों ने पुनः दुर्ग को जीत लिया। ग्वालियर दुर्ग स्थित गंगोला ताल से परवर्ती प्रतिहार शासक मलयवर्मन के उत्तराधिकारी नरवर्मन का ल. १३वीं शती ई. का एक अभिलेख मिला है, जिससे स्पष्ट होता है कि नरवर्मन ने कुछ समय के लिए ग्वालियर दुर्ग पर अधिकार कर लिया था। चूँकि नरवर्मन का स. १३०४ (१२४८ ई.) का एक ताम्रपत्र लेख कुरेथा से ज्ञात है, इस आधार पर अनुमान लगाया जा सकता है कि लगभग इसी समय उसने ग्वालियर दुर्ग पर अधिकार कर लिया होगा, लेकिन उसकी यह विजय चीर स्थायी न रह सकी।

तबकाते नासिरी से ज्ञात होता है कि १२ नवम्बर १२५१ ई. में उलुग खाँ (बलबन) के नेतृत्व में शाही सेना ग्वालियर होते हुए चंदेरी, नरवर, मालवा की ओर गयी और इस दौरान उसने जाहौरा आजार (चाहड़देव) को हराया।[११४] चाहडदेव नरवर में यज्वपाल राजवंश का शासक था। इस विवरण से ज्ञात होता है कि मालवा पर अभियान के दौरान शाही सेना ग्वालियर से केवल गुजरी थी।

तबकाते नासिरी से ज्ञात होता है कि दिल्ली पर गुलाम वंश के अंतिम शासक नासिरुद्दीन महमूद ने शेर खाँ को ग्वालियर, बयाना, कोटा और जलेसर का सूबेदार नियुक्त किया था।[११५] *तारीखे फिरोजशाही* से ज्ञात होता है कि नासिरुद्दीन महमूद ने १७ फरवरी १२५९ को उलुग खाँ की सिफारिश पर उसके चाचा के पुत्र शेर खाँ को बयाना, कोटा, जलेसर और ग्वालियर की विलायत प्रदान की। बलबन के शासक बनने पर शेर खाँ ने गोपगिरि पर दुर्ग का निर्माण करवाया एवं शहर के पास एक उत्सव भी किया।[११६]

खिलजी वंश

गुलाम वंश के उपरान्त दिल्ली में खिलजी वंश की स्थापना हुई। फरिश्ता के अनुसार १२९५ ई. में जलालुद्दीन फिरोजशाह खिलजी (१२९०–९६ ई.) ग्वालियर आया। यहाँ उसने काफी

समय तक आराम किया और यात्रियों के लिए एक गुम्बददार सराय भी बनवाई और वहाँ एक अभिलेख भी खुदवाया।[११७] वर्तमान में यह सराय सागरताल के समीप खण्डहर के रूप में है। जलालुद्दीन खिलजी के ग्वालियर आने के कारण के विषय में एसामी[११८], बदायूंनी[११९] और फरिश्ता[१२०] कुछ अस्पष्ट सा विवरण देते हैं। इससे यह तो स्पष्ट हो जाता है कि ग्वालियर फिरोजशाह खिलजी के समय में भी दिल्ली सल्तनत के अधिकार में ही था।

जलालुद्दीन की मृत्यु के पश्चात् अलाउद्दीन खिलजी (१२९६–१३१६ ई.) दिल्ली का शासक बना। १२९८ ई. में उसने ग्वालियर के समीप नरवर पर आक्रमण कर वहाँ के यज्वपाल शासक गणपति को परास्त कर दिया। हिजरी ७११ (१३१२ ई.) का अभिलेख चंदेरी से ज्ञात है, जिसमें अलाउद्दीन खिलजी के नाम के साथ–साथ चंदेरी के सूबेदार तमर सुल्तानी का नाम उल्लिखित है।[१२१] इस लेख में एक मस्जिद बनाने का भी उल्लेख हुआ है। १३१६ ई. में अलाउद्दीन खिलजी की मृत्यु के बाद उसके सेनापति मलिक काफूर ने अलाउद्दीन खिलजी के सबसे छोटे पुत्र शाहबुद्दीन उमर को शासक बनाया और उसके नाम से स्वयं शासन करने लगा। इस समय तक अलाउद्दीन खिलजी के दो अन्य पुत्र खिज्र खाँ व शादी खाँ ग्वालियर दुर्ग में बन्दी थे और बाद में उनका कत्ल कर दिया था।[१२२] कुछ समय बाद मलिक काफूर का भी कत्ल हो गया और उसके बाद अलाउद्दीन के तीसरे पुत्र कुतुबुद्दीन मुबारक खिलजी ने शाहबुद्दीन उमर को अन्धा कर ग्वालियर दुर्ग में कैद कर दिया और स्वयं दिल्ली का शासक बन गया। इस प्रकार खिलजियों ने ग्वालियर दुर्ग को सैनिक छावनी के साथ–साथ राजकीय कारागार[१२३] में बदल दिया।

अलाउद्दीन के उपरान्त कुतुबुद्दीन मुबारक शाह खिलजी और नासिरुद्दीन खुसरो खिलजी दिल्ली के सुल्तान बने, किन्तु वे अत्यन्त निर्बल शासक थे। फलतः १३२० ई. में गियासुद्दीन तुगलक ने दिल्ली सल्तनत पर अधिकार कर वहाँ तुगलक वंश की स्थापना की। तुगलकों के समय में ग्वालियर दिल्ली सल्तनत का एक सूबा बन गया था।

तुगलक वंश

गियासुद्दीन तुगलक के बाद उसका पुत्र मोहम्मद शाह तुगलक (१३२५–५१ ई.) गद्दी पर बैठा। इब्नबतूता लिखता है कि सुल्तान मोहम्मद तुगलक के काल में उसके वजीर ख्वाजाजहाँ ने विद्रोहियों की लगभग ३०० स्त्रियों को ग्वालियर दुर्ग पर बन्दीगृह में भेज दिया था। इनमें से कुछ स्त्रियों को इब्नबतूता ने भी देखा था।[१२४] इब्नबतूता १३४२ ई. में दो बार ग्वालियर आया था। वह लिखता है कि यहाँ का अमीर अहमद बिन शेरखाँ था और वह बड़ा चरित्रवान था। शिवपुरी जिले में रन्नौद की जामा मस्जिद में हिजरी ७३२ (१३३१–३२ ई.) का मोहम्मद तुगलक के समय का एक अभिलेख अंकित है।[१२५]

१३५१ ई. में मोहम्मद तुगलक की मृत्यु के उपरान्त फिरोजशाह दिल्ली का सुल्तान बना। इस समय चंबल क्षेत्र का जागीरदार देववर्मा था और वह तुगलकों के दबाव में तिरहुत के युद्ध में फिरोजशाह की सेना के साथ गया था। देववर्मा तोमर राजवंश का शासक था। वह कमलसिंह

का पुत्र था। तोमर राजवंश ने प्रारंभ में ऐसाह को राजधानी बनाकर तुगलकों के अधीन चम्बल क्षेत्र के जागीदार के रूप में और बाद में ग्वालियर दुर्ग पर स्वतंत्र रूप में शासन किया।

२० सितम्बर १३८८ ई. में फिरोजशाह की मृत्यु के बाद उसका पौत्र ग्यासुद्दीन तुगलक और उसके बाद १३८६ ई. में अबूबक्र उत्तराधिकारी हुए। १३६० ई. में अबूबक्र को अपदस्थ कर मोहम्मद शाह दिल्ली का सुल्तान बना। उसने इटावा आकर वीरसिंह से भेंट की और उसे ऐसाह की जागीर वापस सौंप दी। वीरसिंह देववर्मा का पुत्र था और उनके बाद वह अपने क्षेत्र की स्वतंत्रता के लिए प्रयासरत् था। १३६१–६२ ई. में वीरसिंह तोमर, इटावा के सुमेरु और खोरा के उद्धरण ने अपने को स्वतंत्र शासक बनाने का निश्चय किया और तीनों ने आपस में मिलकर एक संगठन बनाकर दिल्ली सल्तनत के विरुद्ध विद्रोह कर दिया। सुल्तान मोहम्मद शाह ने वीरसिंह के विरुद्ध इस्लाम खाँ को भेजा। वीरसिंह ने इस्लाम खाँ का सामना किया, किन्तु वीरसिंह को पराजित होकर इस्लाम खाँ के साथ दिल्ली जाना पड़ा।[१२६] इस प्रकार राजपूत शासकों का यह संगठन अपनी स्वतंत्रता प्राप्त करने में असफल रहा।

तोमर वंश

२० जनवरी १३६४ ई. में अलाउद्दीन सिकंदरशाह हुमायूँ सुल्तान बना। उसने वीरसिंह को दिल्ली बुलाने के लिए नुसरत खाँ के हाथों अपना एक फरमान भेजा और नुसरत खाँ वीरसिंह को दिल्ली ले आया। सुल्तान ने वीरसिंह को ग्वालियर का प्रशासक के रूप में नियुक्त होने का फरमान दे दिया। जब वीरसिंह वह फरमान लेकर ग्वालियर पहुँचे, तो दुर्ग के मुस्लिम अमीरों ने उन्हें दुर्ग सौंपने से मना कर दिया। तब वीरसिंह ने इन मुस्लिम अमीरों से मित्रता कर उनसे दुर्ग के नीचे रुकने की अनुमति ले ली। फिर अवसर पाते ही उन्हें कूटनीति से रात्रिभोज में आमंत्रित कर उनके भोजन में नशीला पदार्थ मिलाकर बाद में उनकी हत्या कर दी और ग्वालियर दुर्ग पर अधिकार कर लिया। ग्वालियर दुर्ग स्थित गंगोला ताल से सं. १४५१ (४ जून १३६४ ई.) का वीरसिंह का एक शिलालेख ज्ञात है, जिससे स्पष्ट होता है कि वीरसिंह ने उक्त तिथि के पूर्व ग्वालियर दुर्ग पर कब्जा कर वहाँ तोमर राजवंश की स्थापना की।[१२७] इस प्रकार वीरसिंह ग्वालियर में तोमर राजवंश का संस्थापक शासक बना। उपरोक्त गंगोला ताल अभिलेख उसे 'भूपाल' और 'महेन्द्र' कहते हुए 'शकों का हन्ता' बताता है।

जून १४०० ई. में उसका पुत्र उद्धरणदेव (१४००–०२ ई.) राजा बना। उसने मात्र दो वर्ष शासन किया। उद्धरणदेव के राज्यकाल का सं. १४५८ (१४ जून १४०१ ई.) का एक अभिलेख गंगोला ताल से ज्ञात है, जिसमें उसे "भूपाल" और "तोमरेश्वर" विरुद से विभूषित कर "अनगिनत शत्रुओं का हन्ता" कहा गया है।[१२८] प्रतीत होता है कि उद्धरण ने युवराजत्व में अपने पिता के साथ शत्रुओं का दमन किया था। इसकी पुष्टि वीरसिंह देव के उपर्युक्त शिलालेख से भी होती है जिसमें स्पष्टतः लिखा है कि वीरसिंह देव ने उद्धरण देव के साथ शकों का नाश किया था। इसका लघु शासनकाल शांतिमय रहा, जिससे उसे अपनी सत्ता को मजबूत करने का मौका मिल गया।

उद्धरणदेव का पुत्र एवं उत्तराधिकारी वीरम अथवा वीरमेन्द्र (१४०२–१४२३ ई.) था। उसके शासनकाल के अनेक अभिलेख ज्ञात हैं। उसका अधिकांश समय तुर्कों के विरुद्ध संघर्ष मे बीता। इस दौरान उसे दिल्ली के सुल्तान की ओर से मल्लु इकबाल और खिज्र खाँ; मालवा के शासक होशंगशाह और कालपी के सुल्तान नासिरुद्दीन से संघर्ष करना पड़ा था। दिल्ली की ओर से मल्लू इकबाल ने ग्वालियर दुर्ग पर तीन बार आक्रमण किये।[१२६] पहला आक्रमण १४०२ ई. में हुआ, जिसमें उसे कोई सफलता नहीं मिली। दूसरा आक्रमण १४०३ ई. में हुआ। इस बार मल्लू इकबाल ने धौलपुर पर आक्रमण किया। वीरमदेव भी धौलपुर पहुँच गया। युद्ध के दौरान रात्रि में वीरमदेव ग्वालियर वापस आ गया। मल्लू इकबाल ने उसके क्षेत्र को लूटा और उसका पीछा किया, किन्तु रेगिस्तान होने के कारण वह उसे न पकड़ सका और वापस दिल्ली लौट गया। वीरमदेव ने सुरक्षा की दृष्टि से ढ़ोला शाह को धौलपुर के दुर्ग पर रखा, जहाँ वह १४२३ ई. तक रहा। मल्लू इकबाल ने तीसरा आक्रमण १४०४–०५ ई. में इटावा पर किया। इटावा, जालौन, ग्वालियर आदि के शासकों ने संयुक्त रूप से मल्लू इकबाल का सामना किया और चार माह के संघर्ष के बाद दोनों में संधि हो गयी। मल्लू इकबाल चार हाथी और खिराज लेकर वापस कन्नौज चला गया। इस प्रकार वीरमदेव ने मल्लू इकबाल के विरुद्ध संघर्षों में अपनी राजधानी ग्वालियर को खतरे की आशंका से दूर रखा।

तारीख मोहम्मदी से ज्ञात होता है कि कालपी के सुल्तान नासिरुद्दीन ने पहले इटावा पर आक्रमण किया, किन्तु उसे सफलता नहीं मिली। इसके बाद उसने ग्वालियर की घेराबन्दी की और आसपास के क्षेत्रों को नष्ट–भ्रष्ट कर दिया। कहा जाता है कि बाद में कुछ उपहार लेकर वह वापस कालपी लौट गया।[१३०]

दिल्ली में तुगलकों को परास्त कर सैयद वंश के खिज्र खाँ (१४१४–२१ ई.) ने दिल्ली सल्तनत पर अधिकार कर लिया। उसने एकाधिक बार ग्वालियर पर आक्रमण किया, किन्तु उसे कभी सफलता नहीं मिली। *तारीखे मुबारकशाही* से ज्ञात होता है कि खिज्र खाँ ने ग्वालियर से खिराज ली थी। कहा जाता है कि खिज्र खाँ की ओर से ताजुल मुल्क की सहायता कालपी के सुल्तान ने की थी। १४१६ ई. में ताजुल मुल्क ने पुनः ग्वालियर पर आक्रमण किया, किन्तु *तारीखे मुबारकशाही* के अनुसार वह इस मजबूत दुर्ग को नहीं जीत सका और खिराज लेकर वापस लौट गया। १४२१ ई. में उसने पुनः ग्वालियर दुर्ग की घेराबन्दी की, परन्तु उसके हाथ पुनः सफलता न लगी।[१३१] इस प्रकार खिज्र खाँ कभी ग्वालियर दुर्ग को नहीं जीत सका। १४२३ ई. में खिज्र खाँ की मृत्यु हो गयी।

१५ फरवरी १४२३ ई. को मालवा के शासक होशंगशाह गौरी ने ग्वालियर दुर्ग को घेर लिया। होशंगशाह दिल्ली को जीतना चाहता था, किन्तु ग्वालियर उसके मार्ग में एक बड़ा रोड़ा था। वह दिल्ली जीतने का प्रवेश–द्वार था। यह घेराबंदी एक माह तक जारी रही। इसी बीच जब दिल्ली के सुल्तान मुबारकशाह को होशंगशाह की इन गतिविधियों की खबर मिली, तो वे बयाना से चल पड़े। होशंगशाह भी प्रतिरोध करने के लिए ग्वालियर का घेरा छोड़कर चम्बल के किनारे पर पहुँच गया। दोनों पक्षों में युद्ध हुआ, किन्तु बाद में इस शर्त पर

होशंगशाह को सन्धि करनी पड़ी कि वह ग्वालियर छोड़ देगा और दिल्ली को खिराज देगा।[१३२] इस प्रकार होशंगशाह के इस अभियान में भी ग्वालियर सुरक्षित रहा।

इस प्रकार हम देखते हैं कि वीरमदेव ने हमेशा रक्षात्मक नीति का पालन करते हुए दुर्ग को सुरक्षित रखा। उसने कभी प्रतिरोधात्मक कार्यवाही नहीं की।

वीरमदेव का पुत्र एवं उत्तराधिकारी गणपति (१४२३–१४२५ ई.) था। गौरी उसके शासनकाल की सं. १४७६ (१४२२ ई.) की एक चौबीसी जैन धातुमूर्ति का उल्लेख करते हैं।[१३३] ग्वालियर दुर्ग स्थित गणेश पौर को विद्वानों ने गणपति की स्मृति में उसके पुत्र डुंगरेन्द्र सिंह द्वारा निर्मित माना है। उसका राज्यकाल शांतिपूर्ण रहा। मित्रसेन के रोहतासगढ़ अभिलेख से ज्ञात होता है कि गणपति के शासनकाल में दिल्लीपति भी गोपाचल की ओर नजर नहीं उठा सके।[१३४]

गणपति के बाद उसका पुत्र डुंगरेन्द्र सिंह (१४२५–१४५६ ई.) सिंहासनासीन हुआ। उसके राज्यकाल के अनेक जैन मूर्तिलेख विदित हैं। फारसी साहित्य और जैन ग्रन्थों में भी उसका उल्लेख हुआ है। उसके नाम को विविध रूपों में लिखा गया है, यथा–डूगरसी, डूगरसेन, डूगेन्द्र सिंह, डोगर सिंह, डुंगरेन्द्र सिंह, राय डूंगर या डूंगर राय और हुम्मार। डुंगरेन्द्र सिंह के प्रारंभिक वर्ष दिल्ली, कालपी, जौनपुर और मालवा के सुल्तानों के साथ संघर्ष में बीते। डुंगरेन्द्र सिंह ने भाण्डेर के किले को जीत कर उसे एक सन्धि के तहत छोड़ दिया। नरवर के सुल्तान महमूद खिलजी से भी उसका युद्ध हुआ था। *राजतरंगिणी* से ज्ञात होता है कि कश्मीर के शासक जैनुल आबेदीन और डुंगरेन्द्र सिंह में मित्रता थी और इन दोनों के मध्य परस्पर सांस्कृतिक आदान–प्रदान भी हुए थे।[१३५]

१४२७ ई. में डुंगरेन्द्र सिंह को दिल्ली के सुल्तान मुबारक शाह के आक्रमण का सामना करना पड़ा, किन्तु वह उपहारादि लेकर वापस लौट गया। इसके बाद भी १४२८ से १४३२ ई. के मध्य उसने एकाधिक बार ग्वालियर पर अभियान किये, किन्तु डुंगरेन्द्र सिंह ने उसे उपहारादि देकर हर बार वापस विदा कर दिया।[१३६] तदनन्तर दिल्ली की सत्ता कमजोर हो गयी, फलस्वरूप डुंगरेन्द्र सिंह ने अपना राज्य–विस्तार प्रारंभ कर दिया।

उसने भाण्डेर एवं नरवर पर आक्रमण कर उसे जीत लिया। उस समय भाण्डेर मुबारक खाँ के अधीन था। डुंगरेन्द्र सिंह ने भाण्डेर पर आक्रमण कर दिया और १४३५ ई. तक भाण्डेर और उसके आसपास के क्षेत्र को अपने अधिकार में कर लिया। जब मुबारक खाँ को यह पता चला, तो उसने अपने चातुर्य का उपयोग करते हुए डुंगरेन्द्र सिंह को विशेष खिल्लत द्वारा सम्मानित किया, जिससे डुंगरेन्द्र सिंह शीघ्र ही ग्वालियर लौट गया और भाण्डेर मुबारक खाँ के अधीन आ गया।[१३७]

इसके बाद डुंगरेन्द्र सिंह ने नरवर पर आक्रमण कर उसकी घेराबंदी कर दी। उस समय मालवा के शासक महमूद खिलजी की ओर से बहर खाँ नरवर का अधिपति था। *तबकाते अकबरी* से ज्ञात होता है कि जब यह खबर महमूद खिलजी को मिली, तो उसने मात्र नरवर को बचाने के उद्देश्य से ग्वालियर की घेराबंदी कर दी और आसपास के क्षेत्र को नष्ट करना

शुरु कर दिया। इससे मजबूर होकर डुंगरेन्द्र सिंह को नरवर का घेरा छोड़कर वापस ग्वालियर आना पड़ा। डुंगरेन्द्र के वापस आते ही महमूद खिलजी ग्वालियर से घेरा उठाकर वापस माण्डू लौट गया। उसने १४२७ ई. में महमूद के पूर्वज हुसैनशाह को उपहारादि देकर प्रसन्न भी किया था।[१३८]

इससे स्पष्ट होता है कि डुंगरेन्द्र सिंह ने न केवल अपने राज्य को सुरक्षित रखा वरन् राज्य–विस्तार के प्रयास भी किये।

डुंगरेन्द्र सिंह का पुत्र एवं उत्तराधिकारी कीर्तिसिंह (१४५६–१४८० ई.) था। उसके शासनकाल में ग्वालियर दुर्ग में अनेक जैन मूर्तियों का निर्माण हुआ। उसे भी जौनपुर और दिल्ली के मुस्लिम शासकों से संघर्ष करना पड़ा था। जौनपुर और दिल्ली के मध्य संघर्षों में कीर्तिसिंह ने अपने को तटस्थ बनाये रखा था। १४६६ ई. जौनपुर के सुल्तान हुसैनशाह ने ग्वालियर दुर्ग पर आक्रमण कर दिया। इस युद्ध में दुर्ग के द्वार पर मलिक शम्स अपने दो योग्य पुत्रों के साथ मौत को प्राप्त हुआ।[१३६] नियामतुल्लाह कहता है कि इस युद्ध में कीर्तिसिंह की ओर से बादलसिंह भी वीरगति को प्राप्त हुआ, जिसकी स्मृति में बाद में बादलगढ़ का निर्माण हुआ था।[१४०] गौरी हुसैनशाह और कीर्तिसिंह के मध्य तीन युद्धों की बात कहते हैं।[१४१] ज्ञात होता है कि दोनों पक्षों के मध्य समझौता हो गया। कीर्तिसिंह ने आवश्यकता पड़ने पर हुसैनशाह की मदद भी की। हुसैनशाह ने इसके बाद दिल्ली की ओर ध्यान दिया।

दिल्ली में बहलोल लोदी हुसैनशाह से शंकित था, अतः उसने कीर्तिसिंह से मित्रता करना शुरु कर दिया। कीर्तिसिंह भी हुसैनशाह के पक्ष में नहीं था। *तबकाते अकबरी* से ज्ञात होता है कि १४६६ ई. के आसपास बहलोल लोदी की ओर से मोहम्मद फारमुली और ग्वालियर के राजा का पुत्र कपूरचंद (राजकुमार कल्याणमल्ल) मालवा के सुल्तान महमूद खिलजी के पास बहलोल की यह प्रार्थना लेकर पहुँचे कि वह हुसैनशाह के विरुद्ध दिल्ली की मदद करे। इसके बदले में उसे वापसी में बयाना का किला सुपुर्द कर दिया जायेगा। इसके अलावा उसे ६००० घुड़सवारों की एक टुकड़ी भी मदद के लिए दी जायेगी। महमूद के सकारात्मक जवाब के बाद वे लौट आये। ज्ञात होता है कि इसके बाद बहलोल लोदी ने और अधिक प्रतिष्ठित लोगों, जैसे–कुतुब खाँ, कीर्तिसिंह आदि को कुछ समय के बाद पुनः मालवा भेजा।[१४२] किन्तु ३१ मई १४६६ ई. को महमूद खिलजी की मृत्यु के बाद उसके पुत्र गयासुद्दीन खिलजी ने अपने आप को इस मामले में तटस्थ रखा।

सर्वेक्षण के दौरान लेखक को जौरा (जिला–मुरैना) स्थित एक जैन मंदिर से सं. १५२१ (१४६४ ई.) लेखयुक्त शान्ति–कुन्थु–अरनाथ की धातु निर्मित प्रतिमा प्राप्त हुई है, जिसमें कीर्तिसिंह को नरवर दुर्ग का महाराजाधिराज कहा गया है।[१४३] इससे प्रतीत होता है कि डुंगरेन्द्र सिंह ने नरवर विजय कर ली थी, क्योंकि कीर्तिसिंह द्वारा नरवर–अभियान की चर्चा नहीं मिलती है। कीर्तिसिंह ने अपने पिता द्वारा विजित नरवर पर अपना स्थायित्व बनाये रखा। कीर्तिसिंह के चार राजकुमारों के उल्लेख मिलते हैं – कल्याणमल्ल, भानुसिंह, बादलसिंह और धुरमंगद।

यह स्पष्ट है कि कीर्तिसिंह अत्यन्त कुशल एवं शक्तिशाली शासक था। इसी कारण दिल्ली, जौनपुर एवं मालवा के सुल्तान उसका प्रतिरोध न कर सके और उससे मित्रता बनाये रखे।

कीर्तिसिंह का पुत्र एवं उत्तराधिकारी कल्याणमल्ल अथवा कल्याण सिंह (१४८०–१४८६ ई.) था। अपने युवराजत्वकाल में कल्याणमल्ल राज्य–प्रतिनिधि के रूप में दिल्ली, जौनपुर, माण्डू और अयोध्या गया था। जौनपुर के हाकिम अहमद खाँ और उसके पुत्र लाद खाँ को कल्याणमल्ल ने अपने राज्य में शरण दी। लाद खाँ से उसकी घनिष्ठ मित्रता हो गई और इस मित्रता के स्मृतिस्वरूप कल्याणमल्ल ने ग्वालियर में ''लदेड़ी द्वार'' का निर्माण करवाया।

कल्याणमल्ल का पुत्र एवं उत्तराधिकारी मानसिंह (१४८६–१५१८ ई.) था। उसके राज्यकाल के कई अभिलेख ज्ञात हैं। मानसिंह को लम्बे समय तक दिल्ली के लोदी सुल्तान सिकन्दर शाह से संघर्ष करना पड़ा। ज्ञात होता है कि १४८८ ई. से पूर्व बहलोल लोदी ने ग्वालियर पर आक्रमण कर दिया और मानसिंह से ८० लाख टंका खिराजस्वरूप प्राप्त की।[१४४] १४८८ ई. में बहलोल लोदी की मृत्योपरान्त सिकन्दर लोदी दिल्ली का सुल्तान बना। शीघ्र ही सिकन्दर ने ग्वालियर की ओर ध्यान दिया, क्योंकि मानसिंह ने उसके विरोधियों जतरा के शासक तातार खाँ, बयाना के शासक अशरफ खाँ, पटपाली के चौहान शासक बाबू खाँ व उसके साथी बारबक खाँ आदि को अपने राज्य में शरण दी थी।[१४५] सिकन्दर लोदी ने १५०१ ई. में धौलपुर पर आक्रमण कर ग्वालियर की ओर अभियान किया। उसने आसन नदी पर दो माह डेरा डाले रखा। इस दौरान मानसिंह ने सैयद खाँ, बाबू खाँ आदि को छोड़ दिया। मानसिंह ने इस संघर्ष को टालने के लिए अपने पुत्र विक्रमादित्य को उपहारों के साथ सिकन्दर लोदी के पास भेजा। सुल्तान ने भी यथोचित सत्कार के साथ विक्रमादित्य को वापस कर दिया और स्वयं वापस आगरा लौट गया।[१४६] अल बदायुँनी बताता है कि सिकन्दर ने कालपी और जतारा के बाद ग्वालियर की ओर अभियान किया। उसने अपना एक प्रतिनिधिमण्डल उपहारों सहित राजा मानसिंह के पास भेजा। मानसिंह ने भी अपने भतीजे को यथोचित उपहारों के साथ सिकन्दर के सम्मान के लिए भेजा।[१४७] १५०५ ई. के बाद सिकन्दर ने मडराईल होते हुए पुनः ग्वालियर की ओर अभियान किया। वह जौरा–अलापुर तक पहुँच गया और उसने अपने सेनापति आजम हुमायूँ को राजपूत सेना का सामना करने के लिए भेजा, किन्तु वह सफल न हुआ। इसके बाद सिकन्दर ने ग्वालियर दुर्ग को जीतने के लिए आसपास के दुर्गों को अधिकृत करना प्रारंभ किया, ताकि ग्वालियर को किसी भी प्रकार की सहायता न मिल सके। इस क्रम में सिकन्दर ने १५०६ ई. के बाद धौलपुर, पवाया, अवन्तगढ़, मडराईल, इटावा, लहार आदि पर अधिकार कर लिया, किन्तु ग्वालियर पर आक्रमण करने से पूर्व ही १५१७ ई. में उसकी मृत्यु हो गयी।

इस प्रकार मानसिंह ने सिकन्दर लोदी के विरुद्ध तुष्टीकरण एवं प्रतिरोध दोनों नीतियों का उपयोग किया। मानसिंह अत्यन्त शक्तिशाली शासक था और उस समय ग्वालियर दुर्ग अभेद्य था, इसीलिए सिकन्दर ने कूटनीति का प्रयोग कर ग्वालियर दुर्ग को पहले चारों ओर से घेरना शुरु कर वहाँ सहायता के सारे साधन बंद करना प्रारंभ कर दिया था, किन्तु उसकी आकस्मिक मृत्यु के कारण उसका ग्वालियर–विजय का सपना सपना ही रह गया।

मानसिंह का पुत्र एवं उत्तराधिकारी विक्रमादित्य (१५१८–१५२६ ई.) था। विक्रमादित्य को दिल्ली के सुल्तान इब्राहिम लोदी की ओर से आजम हुमायूँ के आक्रमण का सामना करना पड़ा। आजम हूमायूं ने बादलगढ़ को बारूद से उड़ाकर वहाँ एक मार्ग बना दिया, जिससे उसके सैनिक किले में प्रवेश कर गये। यह संघर्ष एक लम्बे समय तक चला, जिसमें विक्रमादित्य अंततः परास्त हुआ और ग्वालियर दुर्ग पर इब्राहिम लोदी का कब्जा हो गया। इब्राहीम लोदी ने दुर्ग को तातार खाँ को सौंप दिया और विक्रमादित्य को शम्साबाद की जागीर सौंप दी। सिकन्दर लोदी के समय के हिजरी ६१४ (१५०६ ई.) के चार फारसी लेख नरवर से मिले है, जिनमें मस्जिदों के निर्माण का उल्लेख है।[१४८] २० अप्रैल १५२६ ई. को पानीपत के तृतीय युद्ध में विक्रमादित्य इब्राहिम लोदी के साथ बाबर के विरुद्ध युद्ध में मारा गया। इस प्रकार तोमर राजवंश का सूर्य अस्त हो गया। इसके बाद तोमर शासक कीर्तिसिंह के पुत्र धुरमंगद और मानसिंह के भतीजे नरसिंहदेव ग्वालियर दुर्ग को पुनः प्राप्त करने के प्रयास करते रहे।

मुगल वंश

इब्राहिम लोदी को हराने के बाद मुगल शासक बाबर दिल्ली का सुल्तान बना। बाबर के समय ग्वालियर की आमदनी ६ करोड़, २३ लाख ५७ हजार ४५० टंका थी[१४९], इसलिए बाबर ने शीघ्र ग्वालियर को हस्तगत करने की सोची। तातार खाँ ने धुरमंगद आदि स्थानीय हिन्दू शासकों के बार–बार आक्रमणों से परेशान होकर ग्वालियर दुर्ग को बाबर को सौंपने का निर्णय लिया। बाबर ने रहीमदाद को ग्वालियर दुर्ग पर कब्जा करने के लिए भेजा, किन्तु तातार खाँ ने उसे दुर्ग सौंपने से इंकार कर दिया। बाद में शेख मोहम्मद की सलाह पर रहीमदाद ने तातारखाँ से निवेदन किया कि विधर्मियों से स्वयं की रक्षा हेतु उसे व उसके कुछ आदमियों को किले में रूकने दिया जाये। तातार खाँ ने इसे स्वीकार कर लिया। एक रात में रहीमदाद के आदमियों ने किले का मुख्य दरवाजा खोल दिया और शाही सेना किले में प्रवेश कर गयी। इस प्रकार ग्वालियर दुर्ग मुगलों के अधिकार में आ गया। २५ सितम्बर १५२८ ई. को बाबर ग्वालियर आया और ४ अक्टूबर १५२८ ई. तक यहाँ रुका।[१५०] इस दौरान उसने ग्वालियर दुर्ग और उसके आसपास के स्थलों का भ्रमण किया। बाबर के दिल्ली वापस जाने के बाद रहीमदाद और उसके चाचा ख्वाजा मेंहदी (इटावा का हाकिम) ने दिल्ली सल्तनत के विरुद्ध षड़यंत्र कर दिया। मोहम्मद गौस की मध्यस्थता से बाबर ने रहीमदाद को क्षमा कर दिया और उसे ग्वालियर दुर्ग का अधिकारी बने रहने दिया।[१५१]

बाबर के बाद उसके उत्तराधिकारी हुमायूँ (१५३०–५६ ई.) ने १५३३ ई. (फरवरी–मार्च) में ग्वालियर की यात्रा की और इस दौरान वह अपने हरम के साथ ग्वालियर दुर्ग पर रुका और वहाँ अपना दरबार भी लगाया।[१५२] खड्गराय ने भी हुमायूँ द्वारा ग्वालियर दुर्ग पर दरबार लगाने का उल्लेख किया है।[१५३] उसने अपने आप को सिक्कों से तुलवाया था। हुमायूँकालीन इतिहासकार खोदमीर के विवरण से ज्ञात होता है कि हुमायूँ ने ग्वालियर दुर्ग पर तराशे हुए

पत्थरों से एक महल का निर्माण कराया था। उसे बहुत सुन्दरता से सजाया। यह सृष्टि का आश्चर्य था। वह आगे कहता है कि जब वह ग्वालियर आया, तो उसने एक नया शहर बसाने की योजना भी बनाई थी और बाद में दिल्ली में दीनपनाह की नींव डाली थी।[१५४] हुमायूँ की बहन गुलबदन और हुमायूँ के परिवार के लोग भी उसके साथ ग्वालियर दुर्ग पर रुके थे।[१५५] इस समय ग्वालियर दुर्ग का सूबेदार अबुल कासिम था। वह पुनः नवम्बर–दिसम्बर १५३४ ई. में ग्वालियर आया था। हिज्र ६३८ का हुमायूँकालीन एक अभिलेख अस्सी खम्बा बावड़ी के पूर्व दिशा में दीवार में जड़ा हुआ है, जिसमें मौलाना बहलोल के पुत्र यार मोहम्मद द्वारा एक दुकान के निर्माण का उल्लेख है।[१५६]

सूरी वंश

महत्वाकांक्षी शेरशाह सूरी (१५३८–४५ ई.) भी अपनी शक्ति में वृद्धि कर रहा था। उसने सुजात खाँ को ग्वालियर दुर्ग पर विजय प्राप्त करने के लिए भेजा। १५४२ ई. में अबुल कासिम बेग ने ग्वालियर दुर्ग शेरशाह को सौंप दिया। शेरशाह १५४२ ई. में कुछ समय के लिए ग्वालियर दुर्ग पर रुका था। उसने दुर्ग पर एक हौज और एक भवन बनवाया, जिसका नाम शेर मंजिल रखा।[१५७] इस दौरान शेरशाह ने ग्वालियर की टकसाल से सिक्के भी जारी किये थे।[१५८] *इकबालनामा–ए–जहाँगीरी* से ज्ञात होता है कि शेरशाह ने अपना अधिकांश समय ग्वालियर दुर्ग पर बिताया था।[१५९]

शेरशाह की मृत्यु के बाद उसका पुत्र इस्लाम शाह (१५४५–५४ ई.) शासक बना। उसने ग्वालियर दुर्ग को अपनी राजधानी एवं निवासस्थल बनाया और यहीं से अपने विरोधियों के विरुद्ध युद्ध–अभियान संचालित किए।[१६०] इस दौरान इस्लाम शाह को कई स्थानीय हिन्दू शासकों के प्रतिरोध का सामना करना पड़ा, जो ग्वालियर दुर्ग को विजित करना चाहते थे। इनमें रामसिंह तोमर प्रमुख था। रामसिंह ने पूर्व में इस्लाम शाह के पिता शेरशाह का साथ इस अपेक्षा से दिया था कि उसे ग्वालियर दुर्ग मिल जाये। अल बदायुँनी लिखता है कि इस्लाम शाह ने अपने विरोधी अमीरों (मोहम्मद पुत्र आदिल, शम्स खाँ नियाजी, जैनखान नियाजी, ब्रह्मजीत गौड आदि) को दुर्ग पर एक कक्ष में बंद कर उसमें गन पाउडर लगाकर जला दिया।[१६१] इस हत्याकांड में कवल खान घक्कर के अलावा सारे अमीर जल कर मर गये। वह आगे लिखता है कि इस्लाम खान ने नियाजी विद्रोहियों का दमन कर उनकी औरतों को ग्वालियर भेज दिया, जहाँ उसने उनको न केवल बेइज्जत किया वरन् उनको सैनिक छावनी में वेश्या बना दिया। तारीखे दाउदी से ज्ञात होता है कि इस्लाम शाह ने कमाल खान के नेतृत्व में २२,००० घुड़सवार ग्वालियर दुर्ग पर रखे थे।

इस्लाम शाह के बाद उसका पुत्र आदिलशाह (१५५४ ई.) राजा बना और उसने भी ग्वालियर दुर्ग पर अपना अधिकार बनाये रखा। उसने ग्वालियर को अपना निवास स्थल बनाया।[१६२] उसने भील खान (सुहैल, बहवल और बुहैल खान) को दुर्ग का प्रमुख अधिकारी नियुक्त किया।

मुगल वंश

१५५६ ई. में पानीपत के युद्ध में सूरियों की पराजय के बाद दिल्ली पर पुनः मुगल वंश की स्थापना हुई और अकबर वहाँ का सुल्तान बना। भील खान ग्वालियर दुर्ग का स्वतंत्र शासक बन गया। इस अवसर का लाभ उठाकर रामसिंह तोमर ने अपनी राजपूत फौज के साथ ग्वालियर दुर्ग को घेर लिया और एक लम्बे समय तक उस पर विजय प्राप्त करने के लिए संघर्ष किया। इसी दौरान अकबर ने कियाँ खाँ को ग्वालियर दुर्ग पर विजय प्राप्त करने के लिए भेजा। यह संघर्ष काफी लम्बे समय तक चला। अंततः १५५८ ई. में ग्वालियर दुर्ग अकबर के कब्जे में आ गया और औरंगजेब के समय तक मुगलों के आधिपत्य में रहा। मुगलों ने भी ग्वालियर दुर्ग का एक सैनिक छावनी और बन्दीगृह के रूप में उपयोग किया।

अकबर (१५५६–१६०५ ई.) के शासनकाल का सं. १६३६ (१५७६ ई.) और सं. १६५४ (१५६७ ई.) के दो अभिलेख दुर्ग पर स्थित गंगोला ताल से विदित हैं।[१६३] पहले अभिलेख में अकबर और परमभागवत् असकरन का उल्लेख हुआ है। असकरन का उल्लेख गंगोला ताल से ज्ञात सं. १६३६ (१५८२ ई.) के एक अभिलेख में भी हुआ है।[१६४] इसमें असकरन को 'कछवाहा' और 'श्री महाराज राजा' कहा गया है। इसी स्थल से ज्ञात एक अन्य अभिलेख में अकबर और स्थानीय शासक राजा रायसिंह और उसके कोतवाल मथुरादास चौहान का उल्लेख है।[१६५] अकबर के ५० वर्षों के शासनकाल में दुर्ग पर ५ गवर्नर रहे, जो थे– कियाँ खाँ, अल्ला खाँ, सैयद कासिम, असकरन और उनके पुत्र रायसिंह।[१६६] अल बदायुँनी लिखता है कि एक बार अकबर हाथियों के शिकार के लिए नरवर की ओर गया और रास्ते में गर्मी के कारण उसे बुखार आ गया और वह वापस ग्वालियर लौट आया। वह आगे लिखता है कि अकबर ने अपने मामा ख्वाजा मुअज्जम को लातों एवं छड़ी से बुरी तरह पीटा और दुर्ग पर जेल में बंद कर दिया। १५७६–८० ई. में अकबर द्वारा किए गए प्रशासनिक पुनर्गठन में ग्वालियर को निकटस्थ आगरा के सूबे में सम्मिलित कर लिया गया और ग्वालियर उसकी सरकारों में से प्रमुख था। ग्वालियर सरकार में १३ महाल थे।[१६७] *आइने अकबरी* से ज्ञात होता है कि ग्वालियर सरकार में एक लोहे की खदान भी थी और ग्वालियर नगर सरकारी टकसाल का स्थान था, जहाँ से तांबे के सिक्के जारी होते थे।[१६८] *अकबरनामा* से ज्ञात होता है कि अकबर का पुत्र राजकुमार सलीम, जो बाद में जहाँगीर के नाम से दिल्ली का सुल्तान बना, अपनी अधम हरकतों के कारण कुछ समय के लिए ग्वालियर में रहा।[१६६] अल बदायुँनी लिखता है कि यहाँ से राजकुमार सलीम ने अपनी सेना एकत्रित कर नरवर के आसपास मधुकर आदि स्थानीय राजाओं पर आक्रमण कर उन्हें परास्त कर दिया।[१७०]

अकबर के उपरान्त उसका पुत्र राजकुमार सलीम नुरुद्दीन मोहम्मद जहाँगीर बादशाही गाजी (१६०५–२७ ई.) की उपाधि धारणकर दिल्ली का सुल्तान बना। जहाँगीर के काल में भी ग्वालियर दुर्ग उनके अधिकार में रहा। पूर्व में कहा जा चुका है कि अपनी राजकुमार अवस्था में भी वह ग्वालियर में रहा था। जहाँगीर के २२ वर्षों के शासनकाल में ग्वालियर दुर्ग पर आठ गवर्नर रहे, जो थे– शेख बाबा, नासिर औल्लाह, अयार खाँ, सुजात खाँ, महाबत खाँ, असफ

खाँ, हर नारायण एवं तातार खाँ।[१७१] दुर्ग पर स्थित गंगोला ताल से जहाँगीर के काल का सं. १६७२ (१६१५ ई.) का एक अभिलेख मिला है, जिसमें उसके द्वारा सिखों के छठवें गुरु नानक हरगोविन्द को नजरबन्द रखने का उल्लेख है।[१७२] जहाँगीर ने ग्वालियर की यात्रा की थी। हीरामन मुंशी लिखते हैं कि शेरशाह सूरी द्वारा निर्मित शेर मंजिल को तुड़वाकर जहाँगीर ने उसके स्थान पर अपने लिए एक महल का निर्माण करवाया था[१७३], जिसे आज 'जहाँगीर महल' के नाम से जाना जाता है। कनिंघम जहाँगीर के राज्यकाल का हि. १०२३ सं. १६७१ (१६१४ ई.) के एक अभिलेख का उल्लेख करता है, जो उस समय गंगोला ताल के किनारे छोटे स्तम्भों पर आधारित एक इमारत में लगा हुआ था। कनिंघम १८६० में जब पुनः ग्वालियर आया, तो उसे वह अभिलेख नहीं मिला।[१७४]

जहाँगीर के उपरान्त उसका पुत्र शाहजहाँ (१६२७–५८ ई.) दिल्ली का सुल्तान बना। उसके समय में भी ग्वालियर मुगलों के अधीन रहा। शाहजहाँ के तीस वर्षों के राज्यकाल में ग्वालियर दुर्ग पर चार गवर्नर रहे, जो थे– सैय्यद मुजफ्फर हिम्मत खाँ, सैयद आलम, मीरान सैयद और महाबत खाँ।[१७५] शाहजहाँ के काल का सं. १६६५ (१६३८ ई.) का एक अभिलेख गंगोला ताल से ज्ञात हैं, जिसमें उसके साथ–साथ उसके कुछ अधिकारियों, जैसे–सैयद मुदफर, सैयद असिना फाटे, मुहम्मद दारोगा के नाम उल्लिखित हैं।[१७६] ग्वालियर दुर्ग पर शाहजहाँ महल स्थित है। इसके नाम से प्रतीत होता है कि इसका निर्माण शाहजहाँ द्वारा करवाया गया था। कनिंघम लिखता है कि हूमायुँ महल को ही शाहजहाँ ने अपने स्वामित्व में ले लिया था।[१७७] शाहजहाँ के समय का हिजरी १०६८ का एक फारसी लेख ख्वाजा खानून की दरगाह पर रखा हुआ है, जिसमें उसके कई अधिकारियों के नाम उल्लिखित हैं।[१७८]

शाहजहाँ के उपरान्त उसका पुत्र औरंगजेब (१६५८–१७०७ ई.) दिल्ली का सुल्तान बना। उसके शासनकाल में भी ग्वालियर दुर्ग दिल्ली के अधीनस्थ रहा और उसके शासनकाल में दुर्ग पर पाँच गवर्नर नियुक्त रहे।[१७९] इनमें ग्वालियर दुर्ग का एक अधिकारी मोतमिद खाँ था। उसके द्वारा दुर्ग पर कई निर्माण कार्य करवाये गये थे। १६६० ई. में मोतमिद खाँ ने गुजरी महल के पास अपने स्वामी औरंगजेब–आलमगीर के नाम से एक प्रवेश–द्वार का निर्माण करवाया और उसका नाम "आलमगीर द्वार" रखा।[१८०] यहाँ उसका हिजरी १०८३ का एक फारसी लेख भी उत्कीर्ण है।[१८१] १६६४ ई. में उसने ग्वालिपा ऋषि के मंदिर, जो गणेश द्वार व भैरों द्वार के मध्य स्थित था, को तुड़वाकर उसके स्थान पर एक मस्जिद का निर्माण करवाया।[१८२] १६८७ ई. में उसने एक बावड़ी का जीर्णोद्धार करवाकर उसका नाम 'नूर सागर' रखा।[१८३] इसके अलावा उसने जोहर ताल का भी जीर्णोद्धार करवाया था।[१८४] औरंगजेब ने ग्वालियर दुर्ग का उपयोग राजनैतिक एवं शाही कारागार के रूप में किया। उसने अपने भाई मुराद बख्श को यहाँ यंत्रणा देकर मरवा दिया और उसे यहीं दफना दिया गया।

औरंगजेब के बाद मुगल सल्तनत कमजोर होती गयी। जान पड़ता है कि उसके बाद ग्वालियर दुर्ग एक लंबे समय के लिए मुगलों के अधिकार से निकल गया। १७०७ ई. में औरंगजेब के उपरान्त क्रमशः बहादुर शाह, जहादर शाह, फरुखशियर, मोहम्मद शाह और

अहमद शाह (१७५४ ई.) दिल्ली के तख्त पर बैठे। इनके शासनकाल की ग्वालियर दुर्ग से किसी भी प्रकार की कोई सूचना उपलब्ध नहीं है। गंगोला ताल से विदित कुछ अभिलेखों से ज्ञात होता है कि मुगलों की शक्ति के कमजोर होते ही यहाँ के स्थानीय एवं ग्वालियर दुर्ग पर पूर्व में शासनरत राजवंशों के वंशजों ने दुर्ग को हस्तगत करने के प्रयास प्रारंभ कर दिये थे।

इसकी सूचना गंगोला ताल से ज्ञात सं. १७५८ (१७०१ ई.) के अभिलेख से मिलती है।[१८५] इसमें परिहार राजा अवचीक का उल्लेख है, जिसने दुर्ग पर कुछ निर्माण करवाया था, किन्तु क्या? यह स्पष्ट नहीं है। इससे प्रतीत होता है कि मुगलों की पतनावस्था का लाभ उठाकर परिहारों के वंशज अवचीक ने १७०१ ई. में दुर्ग पर अधिकार कर लिया होगा। इसी प्रकार के कुछ अन्य तिथिविहीन अभिलेख गंगोला ताल से ज्ञात हैं। इनमें से एक में कच्छपघात शासक सलखनदेव के पुत्र और राणक सुहलदेव के प्रपौत्र सहरिपाल का उल्लेख मिलता है।[१८६] इससे प्रकट होता है कि परिहार एवं कच्छपघातों के वंशजों ने दुर्ग को हस्तगत करने में सफलता प्राप्त की थी।

१७५४ ई. में ग्वालियर दुर्ग से पुनः मुगलों के प्रमाण मिलने लगते हैं। १७५४ ई. में अहमद शाह के बाद आलमगीर द्वितीय दिल्ली के सिंहासन पर बैठा। उसके काल में ग्वालियर दुर्ग पर मुगलों की ओर से किश्वर अली किलेदार के रूप में पदस्थ था। इसी दौरान गोहद के जाटों और मराठा शासकों ने अपनी शक्ति में विस्तार करना प्रारंभ कर दिया। गोहद के जाटों और मराठों में आपस में शत्रुता थी। १७५४ ई. में मराठा शासक विठ्ठल शिवदेव ने ग्वालियर दुर्ग को घेर लिया। किश्वर अली उसका प्रतिरोध नहीं कर सका और अपने एक मोदी किशनपाल की सलाह पर ग्वालियर दुर्ग गोहद के जाट राजा भीम सिंह को सौंप दिया।

जाट वंश

ग्वालियर दुर्ग पर जाटों का अधिकार हो जाने पर मराठा विठ्ठल देव शिव ने ग्वालियर दुर्ग का घेरा छोड़कर आसपास की जाट–चौकियों को जीतना प्रारंभ कर दिया। १७५५ ई. में रघुनाथ राव के नेतृत्व में मराठा सेना ने पुनः ग्वालियर दुर्ग पर आक्रमण कर दिया। भीमसिंह के चाचा राव बलजू ने मराठों के समक्ष सन्धि का प्रस्ताव रखा, जिसके अनुसार ग्वालियर दुर्ग में उपलब्ध गोला–बारूद एवं तोपों का बराबर बटवारा और जाटों द्वारा ग्वालियर दुर्ग को खाली करना तथा बदले में मराठों द्वारा जाट–चौंकियों को उनको देना तय हुआ।[१८७] किन्तु शीघ्र ही दोनों पक्षों में संधि की शर्तों को लेकर विवाद उत्पन्न हो गया, फलतः ७ जून १७५५ में रघुनाथ राव ने ग्वालियर दुर्ग पर आक्रमण कर दिया। इस युद्ध में राणा भीम सिंह बुरी तरह घायल हुआ और उसे वापस ग्वालियर दुर्ग पर लाया गया, किन्तु तीन दिन के बाद उनकी मृत्यु हो गयी। किले पर ही उनका अंतिम संस्कार कर दिया गया और उनके साथ उनकी एक मुसलमान प्रेयसी नर्तकी रोशन भी सती हो गयी।[१८८] इस प्रकार मराठों के नियन्त्रण में पेशवाओं का ग्वालियर दुर्ग पर कब्जा हो गया और वह विठ्ठल शिवदेव के नियंत्रण में आ गया। विठ्ठल शिवदेव के उपरान्त उसके उत्तराधिकारी क्रमशः बापू शिवाजी, गोविन्दशाम राव और रघुनाथराव ने ग्वालियर दुर्ग पर नियन्त्रण बनाये रखा।[१८९]

१७५७ ई. में गोहद में जाट राणा छत्रसिंह का राज्याभिषेक हुआ। इसके उपरान्त एक लम्बे समय तक मराठों और जाटों में संघर्ष चलता रहा। १७६१ ई. में अहमदशाह अब्दाली और पेशवाओं के मध्य पानीपत के तृतीय युद्ध में पेशवाओं की बुरी तरह हार हुई और इसका लाभ उठाकर राणा छत्रसिंह ने ग्वालियर दुर्ग पर कब्जा कर लिया। १७६५ ई. में पेशवाओं के सेनापति महादजी सिंधिया ने पुनः ग्वालियर दुर्ग को जीत लिया। इसके बाद मराठों और जाटों में पुनः संघर्ष प्रारंभ हो गया। राणा छत्रसिंह ने मराठों का सामना करने के लिए अंग्रेजों से मित्रता कर ली और दोनों के मध्य १७७६ ई. में एक संधि भी हुई।[१६०] अब आंग्ल एवं जाटों ने आपस में मिलकर ग्वालियर दुर्ग को जीतने का अभियान शुरू कर दिया। इस समय तक ग्वालियर दुर्ग महादजी सिंधिया के अधिकार में आ चुका था। ३ अगस्त १७८० ई. को जाटों एवं अंग्रेजों ने एक संयुक्त अभियान में कूटनीति से ग्वालियर दुर्ग पर ढोढा पौर की ओर से चढ़ाई कर दी। यह अभियान मेजर पोफम के निर्देशन में हुआ। इस अचानक आक्रमण से भयभीत होकर मराठा सेनापति अम्बाजी इंगले अपने परिवार सहित चुपचाप किले से भाग गये और किले पर संयुक्त सेना का अधिकार हो गया।[१६१] ४ अगस्त १७८० ई. को ग्वालियर दुर्ग पर अधिकार हो जाने से राणा छत्रसिंह अत्यन्त प्रसन्न हुए, क्योंकि वे ग्वालियर दुर्ग को अपने पूर्वजों की धरोहर समझते थे। *गोपाचल आख्यान* के अनुसार अंग्रेज केवल ११ माह तक ग्वालियर दुर्ग पर रहे, क्योंकि स्वच्छ पानी की कमी की वजह से उन्हें यहाँ रहना सुखकारी नहीं था, अतः अंग्रेज सेनापति ने राणा छत्रसिंह से युद्ध में हुए व्यय की धनराशि को लेकर ग्वालियर दुर्ग जाटों के हवाले कर दिया। १७८१ ई. में राणा छत्रसिंह को ग्वालियर दुर्ग पर अधिकार मिल गया और उसने गढ़ पर अनेक दान–पुण्य किये।[१६२]

इस विजय से राणा छत्रसिंह और अंग्रेज अत्यन्त उत्साहित हो गये। अंग्रेजों ने इसके उपरान्त सम्पूर्ण मध्य भारत से मराठों को निकालने एवं स्थानीय शासकों का दमन करने के लिए अभियान प्रारंभ किया और इस कार्य में राणा छत्रसिंह ने उनकी पूर्ण मदद की।

उधर महादजी सिंधिया ग्वालियर को पुनः हस्तगत करने और राणा छत्रसिंह को सबक सिखाने के लिए उद्यत था। राणा और महादजी के मध्य बढ़ती शत्रुता को लेकर अंग्रेजों ने कूटनीति के तहत राणा छत्रसिंह और महादजी सिंधिया के मध्य १७८१ ई. में एक युद्धविराम संधि कराई।[१६३] दिल्ली में मराठों के आक्रमण की संभावना से अंग्रेज चिंतित थे और वे मराठों से शत्रुता मोल नहीं लेना चाहते थे। संधि के तहत अंग्रेजों ने समग्र उत्तर भारत (राणा के क्षेत्र से भी) से अपनी सेना बुलाकर दिल्ली में लगा दी। अंग्रेज इससे यह दिखाना चाहते थे कि वे मराठों के दुश्मन नही हैं। इससे राणा पूरी तरह अकेला रह गया। अंग्रेजों के जाने के बाद महादजी सिंधिया ने ग्वालियर दुर्ग को घेर लिया। सात माह तक घेरा डालने के बाद भी सिंधिया को उल्लेखनीय सफलता नहीं मिली, तब उसने चालाकी से काम लिया। उसंने राणा के प्रमुख अधिकारी मोतीमल (मोटामल) को लालच देकर अपनी तरफ मिला लिया। इस समय राणा छत्रसिंह ग्वालियर में नहीं थे, किन्तु उन्हें अपने गुप्तचरों के माध्यम से इस षड़यंत्र की जानकारी मिल गयी और उन्होंने अपनी रानी, जो ग्वालियर किले में ही रहती थी, को एक

पत्र लिखकर मोतीमल को अपदस्थ करने को कहा। परन्तु वह पत्र बीच में ही मोतीमल के हाथ लग गया और उसने सिंधिया को इससे अवगत करा दिया और उनसे सहायता की प्रार्थना की। महादजी सिंधिया ने शीघ्र ही अपनी सेना की टुकड़ियाँ मोतीमल द्वारा अधिकृत क्षेत्र में भेजी, जो बिना किसी क्षति के ग्वालियर दुर्ग में प्रवेश कर गयीं। इसके पश्चात् और सेना भेजी गयी। ग्वालियर दुर्ग पर उपस्थित सेना में से दो हजार सैनिक मोतीमल के साथ मिल गये और लगभग तीन हजार सैनिक आकस्मिक उत्पन्न हमले में या तो भयभीत होकर भाग गये अथवा अपने हथियार डाल दिये। शेष छह सौ सैनिक रानी की सुरक्षा करते रहे, किन्तु रानी ने असुरक्षा का अनुभव कर अपने को महल में बंद कर लिया और उसमें आग लगा दी।[१६४] *गोपाचल आख्यान* के अनुसार "रानी ने अपने महल में श्रावण सुदी द्वितीया १७८३ ई. को बारूद में आग लगाकर अपना प्राणान्त कर दिया और साथ में उसका विश्वस्त सेनापति राजधर भी युद्ध में मारा गया तथा दुर्ग महादजी सिंधिया के अधिकार में आ गया।"[१६५] इसके बाद महादजी सिंधिया ने गोहद पर आक्रमण कर दिया और १७८४ ई. में उसने गोहद को भी जीत लिया।

सिंधिया वंश

ग्वालियर दुर्ग और गोहद विजय के उपरान्त महादजी ने दिल्ली की ओर ध्यान दिया। इस समय तक सिंधियाओं की शक्ति काफी बढ़ चुकी थी। महादजी दिल्ली में रुहेलाओं और शाह आलम के बीच चल रहे भीषण षड़यंत्रों में शामिल हो गया। उसने शाह आलम का पक्ष लिया। अक्टूबर १७८४ ई. में वह फतेहपुर सीकरी में शाहआलम से मिला और वहाँ से दिल्ली चल पड़ा। बादशाह शाह आलम ने उसे 'वकील–ए–मुतलक' या 'पूर्णाधिकारी अमात्य' की उपाधि प्रदान कर अपनी सारी शक्तियाँ उसे सौंप दीं। महादजी ने इसके बाद राजपूतों पर ध्यान दिया, जो उसकी बढ़ती हुई शक्ति से रुष्ट थे। उसने जयपुर के राजा प्रताप सिंह से कर माँगा, किन्तु जब उसने कर देने से मना कर दिया, तो २८ जुलाई १७८७ ई. को दोनों के मध्य लालसोट के पास तुंगा में घमासान युद्ध हुआ। इसी दौरान बादशाह शाह आलम की मुसीबतें बढ़ गयीं। गुलाम कादिर ने बादशाह को बन्दी बनाकर उसकी दोनों आँखें फोड़ दी। महादजी ने बाद में शाह आलम को मुक्त कराकर उसे पुनः प्रतिष्ठित कराया। इस प्रकार उत्तर भारत में अपनी सत्ता को सुरक्षित बनाकर उन्होंने पूना की ओर प्रस्थान किया। इस यात्रा का उद्‌देश्य बादशाह द्वारा प्रदान 'वकील–ए–मुतकल' की उपाधि व अभिचिह्न को पेशवा को दिखाना था, जिसके माध्यम से वह वास्तव में अपने मराठा प्रतिद्वन्दियों को आतंकित करना चाहता था। पूना में महादजी को ज्ञात हुआ कि उसकी सेना ने लखेरी में तुकोजी होल्कर और इस्माइल बेग पर निर्णायक विजय प्राप्त कर ली है और इस प्रकार उत्तर और मध्य भारत के सभी प्रदेशों ने उसका प्रभुत्व स्वीकार कर लिया है। किन्तु इस विजयावसर पर पूना के पास वनवाड़ी में १२ फरवरी १७६४ ई. को उसकी मृत्यु हो गयी। इसप्रकार सिंधिया वंश का संस्थापक शासक महादजी का अंत हो गया। वारेन हेस्टिंग्ज ने उसकी राजनैतिक दूरदर्शिता

और योग्यता की प्रशंसा की है।[१६६] मराठा शक्ति को प्रभुत्व दिलाने में उसका अविस्मरणीय योगदान है।

महादजी के कोई पुत्र न होने के कारण उसके भाई तुकोजी का प्रपौत्र दौलतराव १७६४ ई. में उत्तराधिकारी बना। उसका अधिकांश समय निजाम, होल्कर और अंग्रेजों के विरुद्ध संघर्षों में बीता। नवम्बर १८०२ ई. में अंग्रेजों के विरुद्ध लसवाड़ी की लड़ाई में दौलत राव की हार हुई और उसे ३० दिसम्बर १८०३ ई. में सुरजी अंजनगाँव की संधि करनी पड़ी। उसने अपना गंगा–यमुना तक फैला सारा प्रदेश, बुंदेलखण्ड, गुजरात, अहमदनगर और गोदावरी तक फैला सारा क्षेत्र अंग्रेजों को सौंप दिया। किन्तु जब इस सम्बन्ध में सूची प्रस्तुत हुई, तो उसमें ग्वालियर को देखकर उसे बड़ी हैरानी हुई। उसने इसकी शिकायत जनरल वेलेजली और कर्नल माल्कोम से की। परन्तु जनरल ने अपनी हठ नहीं छोड़ी। उसने इस सम्बन्ध में १८ अक्टूबर १८०४ ई. को ब्रिटिश सरकार को भी एक पत्र लिखा, लेकिन इसका परिणाम नहीं हुआ। फलतः दौलतराव ने अन्य सरदारों के साथ मिलकर इस अन्याय का प्रतिकार करने के प्रयास किये। इससे जनरल भड़क उठा। युद्ध की संभावना प्रबल हो गयी, किन्तु वेलेजली को वापस बुला लेने से संकट टल गया। उसके बाद जनरल कार्नवालिस ने सिंधिया के साथ २२ नवम्बर १८०५ ई. में एक संधि की, जिसमें उसे ग्वालियर और गोहद लौटा दिये गये। १८१३ ई. में लार्ड हेस्टिंग्ज के गवर्नर बनने पर पिंडारी संकट को समाप्त करने के लिए दौलतराव ने अंग्रेजों का साथ दिया।

२१ मार्च १८२७ ई. को दौलतराव की मृत्यु हो गयी और उसके बाद उनके ग्यारह वर्षीय दत्तक पुत्र मुगट राव को ''आलीजाह जनकोजी राव सिंधिया'' की उपाधि से विभूषित कर सिंहासन पर बैठाया गया। शासक की संरक्षक दौलतराव की विधवा बैजा बाई को सौंप दी गयी। बैजा बाई अत्यन्त महात्वाकांक्षी थी और जनकोजी राव के प्रति उसका व्यवहार भी कटु था, फलतः दरबार में षड़यत्रों का दौर प्रारंभ हो गया। इस दौरान राज्य की स्थिति अत्यन्त दयनीय हो गयी।[१६७]

७ फरवरी १८४३ ई. को जनकोजी राव की मृत्यु हो गयी और उसके भी कोई पुत्र न था। उसकी विधवा ताराबाई ने हनमंत राव सिंधिया के पुत्र भागीरथ राव को गोद लेकर उसे 'जयाजी राव' के नाम से १८४३ ई. में सिंहासन पर बैठाया। इसके बाद तो दरबार में षड़यत्र और तेज हो गये। सिंधियाओं के गृह नियन्त्रक दादा खासगी वाले ने अपने को मजबूत कर लिया और अंग्रेजों का विरोध कर दिया। अगस्त १८४३ ई. में अंग्रेज सेना ने ग्वालियर की ओर कूच कर दिया और आशंकाओं, आपसी बातचीत व संधि से भी बात नहीं बनी फलस्वरूप दोनों में युद्ध हो गया, जिसमें सिंधियाओं की हार हुई। हार के कारण सिंधियाओं ने अंग्रेजों की सारी शर्तें मान लीं। इसके बाद १८५७ ई. का विद्रोह प्रारंभ हो गया और पुनः संघर्षों में तेजी आ गयी। जयाजी राव के शासनकाल में सन् १८७२–७४ ई. में 'जयविलास महल' का निर्माण लगभग १६ लाख रुपये की लागत से हुआ।

१८८६ ई. में जयाजी राव की मृत्यु के बाद माधवराव सिंधिया राजा बने। उन्होंने ग्वालियर में अनेक निर्माण–कार्य करवाये। उन्होंने १६२२ ई. में फूलबाग का निर्माण करवाया,

जिसका उद्घाटन प्रिन्स ऑफ वेल्स के भारत आगमन पर उनके द्वारा हुआ था। फूलबाग क्षेत्र में एक चिड़ियाघर, पुरातत्त्व संग्रहालय, सख्या राजा (जीजाबाई) की छत्री, एक हिन्दू मंदिर, एक मुस्लिम मस्जिद, एक सिख गुरुद्वारा और एक थियोसोफिकल लॉज बने हैं: जो राज्य की धार्मिक सहिष्णुता की नीति को स्पष्ट करते हैं। इसके अलावा १८६६ ई. में विक्टोरिया महाविद्यालय (वर्तमान लक्ष्मीबाई महाविद्यालय) और जयारोग्य अस्पताल का लार्ड कर्जन द्वारा औपचारिक उद्घाटन; १६१० ई. में राज्य संग्रहालय, जमनाबाग; १६१३ ई. में पुरातत्त्व संग्रहालय, ग्वालियर दुर्ग; १६१८ ई. में संगीत शाला, जिसने १६१६ ई. में संगीत विश्वविद्यालय का रूप ले लिया; आदि का भी निर्माण करवाया। अप्रैल १६२५ ई. में पेरिस में बीमारी के कारण उनकी मृत्यु हो गयी।[१६८]

उनके बाद जीवाजी राव सिंधिया सिंहासन पर बैठे। इस समय तक देश में स्वतंत्रता संग्राम अपने चरम पर था। १५ अगस्त १६४७ ई. में देश की आजादी के बाद अन्य रियासतों के समान सिंधिया रियासत का विलीनीकरण भारत गणराज्य में हो गया।

संदर्भ

१. वासुदेव शरण अग्रवाल, *इण्डिया ऐज नोन टू पाणिनी*, लखनऊ, १६५३, पृ. ४७।
२. महाभारत, अध्याय ६७, महाभारत में 'चर्मण्यवती' को 'पुण्या' भी कहा गया है।
३. आर. एन मिश्र एवं एस. डी. शर्मा, ''प्राचीन ग्वालियर के सीमांतों के पुरातात्विक, पुरातन–भोगौलिक एवं ऐतिहासिक आधार'', *ग्वालियर दर्शन*, ग्वालियर, १६८०, पृ. २७६, ए. के. सिंह, "नार्दर्न मध्यप्रदेश : लैण्ड एण्ड पिपल", *प्राग्धारा*, १७(२००६–०७), पृ. ६६–८८; ए. के. सिंह, "इन्टरप्रेटिंग द अर्ली मीडिवल हिस्ट्री आफ गोपाद्रि रीजन", *ज.ए.सो.मुं.*, ८६(२००७), पृ. ६4–११७।
४. *ए. इं.*, भाग १, पद्य ३, पृ. १५४–६२।
५. *पासणाह चरिउ*, १।३।१५–१६; *मेहेसर चरिउ*, १।४।४।
६. द्विवेदी, हरिहर निवास, *ग्वालियर के तोमर*, ग्वालियर, १६७६, पृ. ६।
७. जे. एफ. फ्लीट, *का. इं. इं.*, खण्ड ३, १८१८, पृ. १६१–६४।
८. पी. के. भट्टाचार्य, *हिस्टोरिकल ज्योग्राफी ऑफ मध्यप्रदेश*, दिल्ली, १६७७, पृ. २५८।
६. वही, पृ. २५६।
१०. *बृहत्संहिता*, अध्याय १४, १५।
११. के. डी. बाजपेयी एवं एस. के. पांडे, *एक्सक्वैशन एट तुमैन*, भोपाल, १६८५, पृ. १।
१२. ए. कनिंघम, *द एन्शियंट ज्योग्राफी ऑफ इण्डिया*, वाराणसी, १६६३, पृ. ४१२।
१३. पी. के. भट्टाचार्य, पूर्वोक्त, पृ. २६३।
१४. एच. एम. इलियट एवं जॉन डाउसन, *हिस्ट्री ऑफ इण्डिया एज टोल्ड वाई इट्स ओन हिस्टोरियन्स*, लंदन, जिल्द चार, पृ. ४१७।
१५. सी. ई. लुअर्ड, *ग्वालियर स्टेट गजेटियर*, कलकत्ता, १६०७, पृ. ८१।
१६. व्ही. एस. कृष्णन, *जिला गजेटियर* ग्वालियर, भोपाल, १६६८, पृ. १८२–८३।
१७. सी. ई. लुअर्ड, पूर्वोक्त, पृ. ३१२; कृष्णन, व्ही. एस., पूर्वोक्त, पृ. १८३।

१८. व्ही. एस. कृष्णन, पूर्वोक्त, पृ. १८३–८४।
१९. जे. एफ. फ्लीट, पूर्वोक्त, पृ. १६१–६४।
२०. सी. ई. लुअर्ड, पूर्वोक्त, पृ. २२३।
२१. *द रेहला ऑफ इब्नबतूता*, अनुवाद गिब्ब व मेंहदी हुसैन, पृ. १८३।
२२. ए. कनिंघम, *आ. स. इ. रि.*, भाग २ (१८६२–६५), पृ. ३७३।
२३. जे. एफ. फ्लीट, पूर्वोक्त, पृ. १६१–६४।
२४. *ए. इं.*, भाग १, पृ. १५४–६२।
२५. *इं. ए.*, भाग १५, पृ. ४१, पद्य ६।
२६. वही, पृ. २०२, श्लोक २।
२७. ए. कनिंघम, पूर्वोक्त।
२८. वी. मणि, *पौराणिक एनसाइक्लोपीडिया*, वाराणसी, १९७५, पृ. २६४।
२९. बी. डी. मिश्रा, *फोर्ट्स एंड फोर्ट्रेस ऑफ ग्वालियर एंड इट्स हिन्टरलैंड*, दिल्ली, १९९३, पृ. ३।
३०. ई. हुल्त्श, *का. इं. इं.*, भाग १, नवीन संस्करण, वाराणसी, १९९९, पृ. ६६–७०।
३१. जे. एफ. फ्लीट, *का. इं. इं.*, भाग ३, वाराणसी, १९९३, पृ. १–१७।
३२. वही, पृ. ११२–१६।
३३. सैमुल बील, *सी–यू–की बुद्धिस्ट रिकार्ड ऑफ द वेस्टर्न वर्ल्ड*, दिल्ली, १९९९, पृ. १७९।
३४. अमलानन्द घोष, *एन एनसाइक्लोपीडिया ऑफ इण्डियन आर्कोलॉजी*, भाग २, दिल्ली, १९८९, पृ. १५६–५७।
३५. *इ. आ.–ए रि.*, १९५८–५९, पृ. ७१; १९८६–८७, पृ. ४८–४९; नवनीत कुमार जैन, "न्यू फाइंडिंग्स एण्ड इंटरप्रेटेशन", *कोसल*, ३(२०१०), पृ. ३९८–९९।
३६. *इ. आ.–ए रि.*, १९६३–६४, पृ. ८७।
३७. आर. के. शर्मा, एक्सकेवेशन एट गिलोलीखेड़ा–ए ब्रीफ रिपोर्ट, *प्राच्य प्रतिभा*, अंक ९–१०, १९८१–८२, भोपाल, पृ. ५–९।
३८. आर. एन. मिश्र एवं एस. डी. शर्मा, पूर्वोक्त, पृ. २७९।
३९. आर. ए. शर्मा, एक्सकेवेशन एट सूरौं,–१९८४, *बाजपेय*, दिल्ली, १९८७, पृ. ७३–९।
४०. गुलाब खाँ गौरी, *ग्वालियर का राजनैतिक एवं सांस्कृतिक इतिहास*, दिल्ली, १९८६, पृ. २।
४१. वी. एस. वाकणकर, ''ग्वालियर क्षेत्र के शैलाश्रयीन चित्र'', *ग्वालियर दर्शन*, ग्वालियर, १९८०, पृ. ३१२।
४२. *इ. आ.–ए रि.*, १९६३–६४, पृ. ८७।
४३. आर. एन. मिश्र एवं एस. डी. शर्मा, पूर्वोक्त, पृ. २७९।
४४. *ए. इं.*, भाग ८, पृ. १७३।
४५. के. पी. जायसवाल, *अंधकारयुगीन भारत*, पृ. ७६।
४६. मोहन लाल शर्मा, *पद्मावती*, भोपाल, १९७१, पृ. २५।
४७. *इ. आ.–ए रिव्यू*, १९६३–६४, पृ. ८७।
४८. आर. ए. शर्मा, पूर्वोक्त, पृ. ७३–९।
४९. आर. एन. मिश्र एवं एस. डी. शर्मा, पूर्वोक्त, पृ. २७७।
५०. एच. वी. त्रिवेदी, *कैटेलॉग ऑफ द क्वायन्स ऑफ द नाग किंग्स ऑफ पद्मावती*, ग्वालियर, १९५७।

५१. *ज. ए. सो. बं.*, भाग ३४, पृ. ११५।
५२. *ज. ए. सो. बं.*, १८६५, पृ. ११५; *इं. आ.–ए रि.* १९६१–६२, पृ. ६४ एवं एच. वी. त्रिवेदी पूर्वोक्त।
५३. *ज. न्यू. सो. इं.*, भाग १६, पृ. २७९; *आ. स. इं. ए. रि.*, १९१३–१४, पृ. १८६–२२६ एवं १९१४–१५, पृ. ६६–९८।
५४. एच. वी. त्रिवेदी पूर्वोक्त, पृ. xxxix.
५५. *ज. न्यू. सो. इं.*, भाग ३१, पृ. ७२–७३।
५६. एच. वी. त्रिवेदी पूर्वोक्त, पृ. xxxviii एवं ६०।
५७. वही, पृ. xxxix.
५८. जे. एफ. फ्लीट, पूर्वोक्त, पृ. १–१७, प्लेट १।
५९. *ग्वा. पु. रि.*, १९२९–३०, पृ. ३३।
६०. वही, संवत् १९९७, क्र. २ एवं १९७१, क्र. ३१–३२।
६१. जे. एफ. फ्लीट, पूर्वोक्त पृ. १५८।
६२. वही, पृ. १६२।
६३. *ज. बा. ब्रा. रा. ए. सो.* (नवीन सीरिज), भाग ३, पृ. १०५। इसमें बप्पभट्टसूरिचरित का पाठ उल्लिखित है।
६४. *प्रबन्धकोश* (राजशेखर), अहमदाबाद, १९३५, पृ. २८–२९।
६५. *प्रभावकचरित* (प्रभाचन्द्र सूरि), ११, श्लोक १३९–४०, बम्बई, १९०९।
६६. एस. एम. मिश्रा, *यशोवर्मन ऑफ कन्नौज*, दिल्ली, १९७७, पृ. ११७।
६७. *ए. इं.*, भाग १, पृ. १५४–५९।
६८. वही, पृ. १५९–६२।
६९. *ग्वा. पु. रि.*, (वि. सं. १९८४/१९२७–२८), क्र. ४३–४४; *ग्वा. रा. अ.*, क्र. ६१८; *ए. रि. इं. ए.* (१९५३–५४), क्र. बी १४३; माइकेल डी. विलिस, *इ. गो.*, लंदन, १९९६, पृ. १०९।
७०. *ए. इं.*, भाग १, पृ. १७३।
७१. *आ. स. इ. ए. रि.*, १९२४–२५, पृ. १६५।
७२. *ए. इं.*, भाग १, पृ. १२९, १३४, श्लोक ४५।
७३. *ज. ए. सो. बं.*, जिल्द ३१, पृ. ३९३।
७४. *इ. ए.*, भाग १५, पृ. ३३–४६।
७५. वही, भाग १४, पृ. ६–१०।
७६. वही, भाग १५, पृ. ३६, ४२–४३, पद्य १०।
७७. वही, पृ. २०१–०३।
७८. वही।
७९. वही, पृ. ३५, ३६ व ४२, पद्य १६–१७।
८०. वही, पृ. २०१।
८१. *आ. स. इ., ए. रि.*, १९३६–३७, पृ. १३।
८२. माइकेल डी. विलिस, पूर्वोक्त, पृ. ११०; ए. के. सिंह, *भारती*, २० (१९९३–९४), पृ. ११३–११६।
८३. एच. सी. राय, *द डायनेस्टिक हिस्ट्री ऑफ नार्दर्न इण्डिया:* अर्ली मीडिवल पीरियड, दिल्ली, द्वितीय संस्करण, १९७३, पृ. ८२४।

८४. *का. इं. इं.*, भाग ७, खण्ड १, दिल्ली, १९८९, पृ. १२४।
८५. *ग्वा. पु. रि.*, १९८२ (१९२५–२६), पृ. ६–७।
८६. ए. कनिंघम, *आ. स. इ. रि.*, भाग २, (१८६२–६५), पृ. ३७४।
८७. डी. आर. पाटिल, द *कल्चरल हेरिटेज ऑफ मध्य भारत*, ग्वालियर, १९५२, पृ. ८४–८५।
८८. रमानाथ मिश्र, भारतीय *मूर्तिकला का इतिहास*, दिल्ली, पुनर्मुद्रित, २००८, पृ. २८७।
८९. ए. के. सिंह, "कीर्त्तिराज और ककनमठ टेम्पल ऑफ सिहोनिया", *ज. ए. सो. मु.*, भाग ८२, मुम्बई, २००८, पृ. ११७, प्लेट २१ बी।
९०. *ग्वा. पु. रि.* (वि. सं. १९९४/१९३७–३८ ई.), क्र. ८; *ए. रि. इं. ए.* (१९६१–६२), सी १४७८; विलिस, माइकेल डी., पूर्वोक्त, पृ. १२०।
९१. *ग्वा. पु. रि.*, (वि. सं. १९८१/१९२४–२५), क्र. ३२।
९२. *ए. इं.*, भाग १, (१८९२), पृ. १२६, पद्य ४५।
९३. एच. सी. राय, पूर्वोक्त, पृ. ८२४–२५; *का. इं. इं.*, पूर्वोक्त, पृ. २३।
९४. डी. सी. गांगुली, "नार्दर्न इण्डिया ड्यूरिंग द इलेवंथ एंड टवेल्थ सेन्चुरिज", *द स्ट्रगल फार एम्पायर*, आर. सी. मजूमदार एवं अन्य (संपा.), बम्बई, द्वितीय संस्करण, १९६६, अध्याय २, पृ. ५६।
९५. *ए. इं.*, भाग ४०, क्र. ३७, पृ. १९१–९६, १९३।
९६. ए. कनिंघम, *आ. स. इ. रि.*, भाग २, पृ. ३७८।
९७. *ए. रि. इं. ए.* (१९६५–६६), क्र. ७२; ए. इ. ३८ (१९६९–७०), पृ. १३३–३४; माइकेल डी. विलिस, पूर्वोक्त, पृ. १०; ए. के. सिंह, प्राग्धारा, अंक १५ (२००४–०५), पृ. २७४–७५।
९८. *ग्वा. रा. अ.*, क्र. ९७।
९९. के. डी. बाजपेयी एवं एस. के. पांडे, पूर्वोक्त, पृ. ३८।
१००. *ताजुल मआसिर*, फोलियो ७६६–६७; इलियट एवं डाउसन, पूर्वोक्त, पृ. २२७–२८।
१०१. *ए. इं.*, भाग ३० (१९५३–५४), पृ. १४३–५०।
१०२. वही, पृ. १५०–५२।
१०३. *ए. रि. इं. ए.* (१९६५–६६), क्र. ७३, ७४, ७५; ए. इ. ३८ (१९६९–७०), पृ. ३०५–१२; माइकेल डी. विलिस, पूर्वोक्त, पृ. ११ व ११०; ए. के. सिंह, पूर्वोक्त, पृ. २७५–७६।
१०४. ए. कनिंघम, *आ. स. इ. रि.*, भाग २, पृ. ३१४; ए. कनिंघम, क्वायन्स इन मीडिवल इण्डिया, लंदन, १९६७, पृ. ८९–९१।
१०५. *ए. रि. इं. ए.* (१९६५–६६), क्र. ७६; ए. इ. ३३ (१९६९–७०), पृ. ३०५–१२; माइकेल डी. विलिस, पूर्वोक्त, पृ. ११०; ए. के. सिंह, पूर्वोक्त, पृ. २७६।
१०६. *तबकाते नासिरी* (मिनहाज सिराज), अनुवाद राबर्टी, पुर्नमुद्रित, १९७०, पृ. ६०७।
१०७. व्ही. एस. कृष्णन, पूर्वोक्त, पृ. २४।
१०८. *ग्वालियरनामा* (फजल अली), फोलियो ७–८।
१०९. *कुलियाते ग्वालियरी* (फजल अली), फोलियो ७–८।
११०. *गोपाचल आख्यान* (खड्गराय), हस्तलिखित उज्जैन प्रति, फोलियो १७।
१११. गुलाब खाँ गौरी, पूर्वोक्त, पृ. २१।
११२. वही, पृ. २२।

११३. *तबकाते नासिरी* (मिनहाज सिराज), अनुवाद राबर्टी, पुनर्मुद्रित, १६७०, पृ. ६२०–४४।
११४. वही, पृ. ६६०–६१।
११५. तबकाते नासिरी, अनुवाद रिजवी, १६५६, भाग २, प. ६४; हबीब एवं निजामी (सं.), *काम्प्रेहेन्सिव हिस्ट्री ऑफ इण्डिया*, भाग ५, पृ. २७१।
११६. *तारीखे फिरोजशाही* (बर्नी) अनुवाद इलियट, पृ. १०४।
११७. *तारीखे फिरोजशाही*, अनुवाद रिजवी, १६५५, भाग ३, पृ. ३०।
११८. *फुतुहातेस्सालातीन* (एसामी), अनुवाद रिजवी, पृ. १६७।
११६. *मुन्तखब उल तवारिख*, बदायूंनी, अनुवाद रेकिंग, पृ. २३८–४६।
१२०. *तारीख–ए–फरिश्ता*, अनुवाद ब्रिग्स, जिल्द १, पृ. ३११।
१२१. *ग्वा. पु. रि.* (वि. सं. १६८१/१६२४–२५), क्र. १०; *इं. हि. क्वा.* १, (१६२५), पृ. ६५५–५६; *ग्वा. रा. अ.*, क्र. ५५४; *ए. रि. इं. ए.* (१६६२–६३), डी क्र. ५६; माइकेल डी. विलिस, पूर्वोक्त, पृ. ८४।
१२२. *तारीखे फिरोजशाही*, अनुवाद रिजवी, १६५५, भाग ३, पृ. १३२, १७५ व २०७।
१२३. गौरी के अनुसार खिलजियों के काल का बन्दीगृह अभी भी ग्वालियर दुर्ग पर ढोढा द्वार के पास भग्नावस्था में है, गुलाब खाँ गौरी, पूर्वोक्त, पृ. २६।
१२४. एस. ए. ए. रिजवी, *तुगलककालीन भारत*, भाग ५, अलीगढ़, १६५७, पृ. २२०।
१२५. *ए. रि. इं. ए.* (१६६२–६३), क्र. डी ७३।
१२६. *तारीखे–ए–मुबारक शाही*, अनुवाद रिजवी, १६५७, भाग ५, पृ. २१३।
१२७. सन्तलाल कटारे, "टू इन्स्क्रिप्शनस् ऑफ गंगोला ताल", *ज. ओ. इ.*, भाग २३, बडौदा, १६७६, पृ. ३५०–५१।
१२८. वही।
१२६. गुलाब खाँ गौरी, पूर्वोक्त, पृ. ५६–६०।
१३०. *तारीखे–ए–मोहम्मदी*, अनुवाद रिजवी, भाग ३, १६५६, पृ. ३२।
१३१. बी. डी. मिश्रा, पूर्वोक्त, पृ. ३७।
१३२. *तबकाते अकबरी*, अनुवाद रिजवी, भाग ३, १६५६, पृ. ५७–५८।
१३३. गुलाब खाँ गौरी, पूर्वोक्त, पृ. ६५।
१३४. वही, पृ. ६५; द्विवेदी, हरिहर निवास, १६७६, पृ. ७५।
१३५. गुलाब खाँ गौरी, पूर्वोक्त, पृ. ८०–८१।
१३६. रिजवी, *उत्तर तैमूरकालीन भारत*, भाग १, अलीगढ़, १६५८, पृ. ३३, ३६, ४३, ७४, ७६ व ८०; *मुन्तखब उल तवारिख*, अनुवाद रेंकिग, पुनर्मुद्रित १६७३, पृ. ३८६–८७।
१३७. बी. डी. मिश्रा, पूर्वोक्त, पृ. ४०।
१३८. *तबकाते अकबरी*, अनुवाद रिजवी, भाग ७, १६५६, पृ. ७२–७३।
१३६. रिजवी, भाग ६, १६५८, पृ. १००।
१४०. गुलाब खाँ गौरी, पूर्वोक्त, पृ. ६०–६१।
१४१. वही, पृ. ८६–६१।
१४२. वही, पृ. ६१–६६।
१४३. नवनीत कुमार जैन, *ग्वालियर क्षेत्र की जैन कला–प्रारंभ से तोमर काल तक* (अप्रकाशित शोध प्रबन्ध), जीवाजी विश्वविद्यालय, ग्वालियर, २००६, पृ. २२४, क्र. २८०।

१४४. रिजवी, भाग ६, १६५८, पृ. २१०।
१४५. गुलाब खाँ गौरी, पूर्वोक्त, पृ. ११७–१८।
१४६. रिजवी, भाग ६, १६५८, पृ. २१६।
१४७. वही, पृ. ४१४।
१४८. *ए. रि. इं. ए.* १६६२–६३, डी क्र. ६०–६३।
१४६. गुलाब खाँ गौरी, पूर्वोक्त, पृ. १४२।
१५०. *बाबरनामा*, अनुवाद केशवदास, पृ. ४४४ व आगे।
१५१. वही, पृ. ५०४।
१५२. बलवन्त राव सिंधिया, ''हिस्ट्री ऑफ द फोट्रेस ऑफ ग्वालियर'', *गोपाचल आख्यान* (सं. हरिहर निवास द्विवेदी), ग्वालियर, १६८०, पृ. १३१।
१५३. *गोपाचल आख्यान*, खड्गराय, फोलियो ३६।
१५४. *कानूने हिमायूँ*, खोदमीर, अनुवाद रिजवी, पृ. ३७८।
१५५. *हिमायूँनामा* (गुलबदन), अनुवाद रिजवी, पृ. ५०६।
१५६. *ए. रि. इं. ए.* (१६६६–७०), क्र. डी ६०; माइकेल डी. विलिस, पूर्वोक्त, पृ. ६०।
१५७. *कुलियाते ग्वालियरी*, फजल अली, पृ. १२–१३; *ग्वालियरनामा*, जलाल हिसारी, फोलियो २१; *ग्वालियरनामा*, मुंशी हीरामन, फोलियो १२।
१५८. गुलाब खाँ गौरी, पूर्वोक्त, पृ. १५८।
१५६. रिजवी, *मुगलकालीन भारत*, भाग १०, अलीगढ, १६६२, पृ. ३६३।
१६०. रेंकिग, पुर्नमुद्रित, १६७३, पृ. ४६३ व ४६८।
१६१. गुलाब खाँ गौरी, पूर्वोक्त, पृ. १६३।
१६२. वही, पृ. १६४–६७।
१६३. *ए. रि. इं. ए.* (१६६५–६६), क्र. ७८ व ८३; माइकेल डी. विलिस, पूर्वोक्त, पृ. ४७–८; सिंह, पूर्वोक्त, पृ. २७७–७८।
१६४. *ए. रि. इं. ए.* (१६६५ ६६), क्र. ८०, माइकेल डी. विलिस, पूर्वोक्त, पृ. ४७; सिंह, पूर्वोक्त, पृ. २७८।
१६५. *ए. रि. इं. ए.* (१६६५–६६), क्र. ८१; माइकेल डी. विलिस, पूर्वोक्त, पृ. ४८; सिंह, पूर्वोक्त, पृ. २७८।
१६६. बलवन्त राव सिंधिया, पूर्वोक्त, पृ. १२६।
१६७. व्ही. एस. कृष्णन, पूर्वोक्त, पृ. ३३–३४।
१६८. *आईन–ए–अकबरी*, अनुवाद जैरेट, जिल्द २, पृ. १६२ एवं १६८।
१६६. *अकबरनामा*, अनुवाद रिजवी (१६६१), भाग ६, पृ. ३१५।
१७०. *मुन्तखब–उल–तवारीख*, अनुवाद रैंकिग, पुनर्संस्करण, १६७३, भाग १, पृ. ३६१।
१७१. बलवन्त राव सिंधिया, पूर्वोक्त, पृ. १२६।
१७२. दिलिप विर्दी, "एन इंपार्टेंट रिकार्ड ऑफ द टाइम ऑफ गुरु हरगोविन्द", ज. म. इ. प., १० (१६७६), पृ. ६२–६३; माइकेल डी. विलिस, पूर्वोक्त, पृ. ४६; सिंह, पूर्वोक्त, पृ. २७६।
१७३. ए. कनिंघम, *आ. स. इ. रि.*, भाग २, पृ. ३५२।
१७४. वही, पृ. ३४४–४५।

१७५. बलवन्त राव सिंधिया, पूर्वोक्त, पृ. १३०।
१७६. *ए. रि. इं. ए.* (१९६५–६६), क्र. बी ८५ एवं डी १२८; माइकेल डी. विलिस, पूर्वोक्त, पृ. ५३; ए. के. सिंह, पूर्वोक्त, पृ. २७८–७९।
१७७. ए. कनिंघम, पूर्वोक्त पृ. ३५२।
१७८. *ग्वा. पु. रि.* (वि. सं. १९८४/१९२७–२८ ई.), क्र. १२८, १२९; द्विवेदी, *ग्वा. रा. अ.*, क्र. ५८७; माइकेल डी. विलिस, पूर्वोक्त, पृ. ६४।
१७९. बी. डी. मिश्रा, पूर्वोक्त पृ. ५१।
१८०. ए. कनिंघम, पूर्वोक्त पृ. ३३३।
१८१. *ए. रि. इं. ए.* (१९६२–६३), क्र. डी ६९; माइकेल डी. विलिस, पूर्वोक्त, पृ. ६५।
१८२. ए. कनिंघम, पूर्वोक्त, पृ. ३५४।
१८३. वही, पृ. ३४५।
१८४. वही, पृ. ३४३।
१८५. *ए. रि. इं. ए.* (१९६५–६६), क्र. ८३; माइकेल डी. विलिस, पूर्वोक्त,, पृ. ६०; ए. के. सिंह, पूर्वोक्त, पृ. २८०।
१८६. *ए. रि. इं. ए.* (१९६५–६६), क्र. ८२; माइकेल डी. विलिस, पूर्वोक्त, पृ. १११; ए. के. सिंह, पूर्वोक्त, पृ. २८०।
१८७. गोविंद सखाराम सरदेसाई, *सिलेक्शन्स फ्राम पेशवा दफ्तर*, भाग २७, पृ. ६२४–२५।
१८८. अजय कुमार अग्निहोत्री, *गोहद के जाटों का इतिहास*, दिल्ली, १९८५, पृ. २३।
१८९. बी. डी. मिश्रा, पूर्वोक्त पृ. ५२।
१९०. अजय कुमार अग्निहोत्री, पूर्वोक्त, पृ. ४०–४१।
१९१. व्ही. एस. कृष्णन, पूर्वोक्त, पृ. ३६–३७; अजय कुमार अग्निहोत्री, पूर्वोक्त, पृ. ४५–४७।
१९२. हरिहर निवास द्विवेदी, *गोपाचल आख्यान*, ग्वालियर, १९८०, पृ. ४०।
१९३. अजय कुमार अग्निहोत्री, पूर्वोक्त, पृ. ५०–५१।
१९४. वही, पृ. ५२–५३।
१९५. हरिहर निवास द्विवेदी, पूर्वोक्त, पृ. ११३।
१९६. व्ही. एस. कृष्णन, पूर्वोक्त, पृ. ३८।
१९७. वही, पृ. ३९।
१९८. वही, पृ. ४१–५३।

2
दुर्ग का विकास

भारतीय दुर्गों की मणिमेखला में ग्वालियर दुर्ग यथार्थतः मोती है। भारत भूमि पर यह न केवल अपनी केन्द्रीय भौगोलिक अवस्थिति की वजह से सामरिक गतिविधियों का प्रमुख केन्द्र रहा है; बल्कि कला एवं शिल्प की बहुआयामी विशेषताओं, यथा– दुर्ग स्थापत्य, जल–व्यवस्था, मंदिरवास्तु, मूर्तिशिल्प आदि के कारण बेमिसाल रहा है। भारतीय कला एवं इतिहास के विकास में यह दुर्ग अपनी अभूतपूर्व उपस्थिति अत्यन्त प्राचीन काल से ही दर्ज कराता रहा है। हिन्दुस्तान के दुर्गों में इसका इतिहास प्राचीन है। यह यहाँ शासनरत विविध राजवंशों की महत्त्वपूर्ण राजनैतिक एवं सामरिक घटनाओं के साथ–साथ कला एवं स्थापत्य के विकास की गौरवगाथा को भी अपने में समेटे हुए है (रेखाचित्र २)। ग्वालियर दुर्ग के समग्र विकास को समझने के लिए उसके संपूर्ण इतिहास का पुनरावलोकन करना होगा।

अनुश्रुतियों के आधार पर ग्वालियर दुर्ग का इतिहास लगभग १७०० वर्ष पुराना है, किन्तु पुरातात्त्विक साक्ष्यों के आलोक में यह लगभग १५०० वर्ष प्राचीन है।

प्रारंभिक अवस्था

अनुश्रुतियों के आधार पर इस पहाड़ी पर मानवीय हस्तक्षेप के प्राथमिक प्रमाण २७५ ई. में सूरजसेन एवं ग्वालिपा साधु सम्बन्धी अनुश्रुति से सिद्ध होते हैं, जिसमें इस पहाड़ी पर ग्वालिपा साधु के निवास एवं सूरजसेन द्वारा दुर्ग–निर्माण की सूचना सन्निहित है।[1] यहीं से इस पहाड़ी का धार्मिक एवं सामरिक महत्त्व उजागर होता है। इस प्रकार यह पहाड़ी तीसरी शताब्दी ई. में मानव के प्रथम आवास स्थल के रूप में पहचानी जा सकती है। यद्यपि इस घटना के कोई पुरातात्त्विक साक्ष्य उपलब्ध न होने के कारण इस तथ्य की ऐतिहासिकता संदेहास्पद मानी जाती रही है।

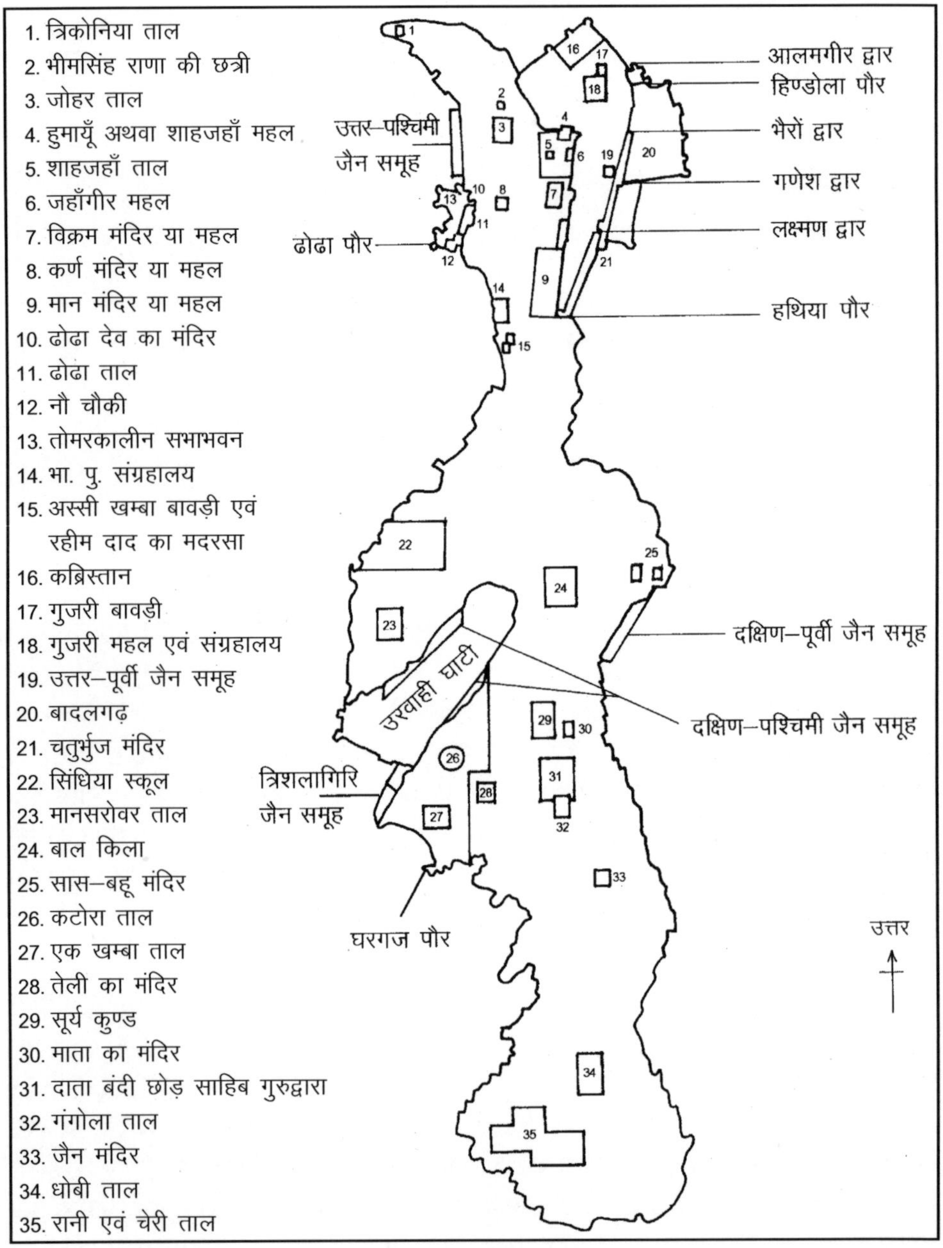

रेखाचित्र २. ग्वालियर दुर्ग

हूण काल

इस पहाड़ी से प्राचीनतम लिखित पुरातात्त्विक साक्ष्य हूण शासक मिहिरकुल का ग्वालियर अभिलेख है, जिसमें विवरण है कि मातृकुल के पौत्र तथा मातृदास के पुत्र मातृचेट ने पर्वतों में तथा नाना धातुओं से युक्त श्रेष्ठ गोप पर्वत पर माता–पिता, अपने व राजा एवं गोप पर्वतवासियों की पुण्यवृद्धि के उद्देश्य से श्रेष्ठ मंदिरों में प्रमुख सूर्य के प्रस्तर मंदिर का निर्माण कराया।[२] इससे स्पष्ट होता है कि ५३० ई. से पूर्व ही ग्वालियर दुर्ग लोगों की निवास–स्थली बन चुकी थी और इसका धार्मिक एवं सामरिक महत्त्व स्थापित हो चुका था, जिससे प्रभावित होकर ही मिहिरकुल ने ग्वालियर दुर्ग को जीता और वहाँ मंदिर–निर्माण–कार्य करवाये। इससे उपरोक्त ग्वालिपा साधु सम्बन्धी अनुश्रुति को बल मिलता है। यह अभिलेख हूणों के अन्तर्गत इस दुर्ग पर मातृचेट की प्रमुखता में एक प्रशासनिक इकाई की ओर भी संकेत करता है।

इस प्रकार यह कहा जा सकता है कि २७५ ई. में ग्वालिपा साधु एवं सूरजसेन सम्बन्धी घटना घटी होगी, जिससे यह पहाड़ी लोगों के निवास–स्थल और दुर्ग के रूप में बदली होगी और फिर ५३० ई. तक इस पहाड़ी का धार्मिक एवं सामरिक महत्त्व इतना बढ़ गया कि हूण शासक मिहिरकुल भी उस पर अपना आधिपत्य स्थापित किये बिना न रह सका। किन्तु ग्वालिपा साधु सम्बन्धी घटना और मिहिरकुल के द्वारा सूर्य मंदिर के निर्माण में लगभग २५० वर्षों का अंतर है और इस दौरान दुर्ग का धार्मिक एवं सामरिक दृष्टिकोण से किस प्रकार विकास हुआ? इस संदर्भ में कुछ नहीं कहा जा सकता है।

प्रतीत होता है कि इस सूर्य मंदिर के निर्माण के लिए समीपस्थ सूरज कुण्ड से प्रस्तर निकाले गये होंगे। सूरज कुण्ड का अस्तित्व २७५ ई. में ही ग्वालिपा साधु सम्बन्धी किंवदन्ती में दिखाई देने लगता है। हूणों ने भी इसी कुण्ड से प्रस्तर खण्ड निकालकर इस कुण्ड का विस्तार कराया होगा, तभी आज यह दुर्ग पर स्थित कुण्डों व तालाबों में सर्वाधिक विस्तृत है। इससे कहा जा सकता है कि हूण काल तक वर्तमान पहाड़ी पर सूरज कुण्ड के आसपास का क्षेत्र आबाद हो चुका था।

हूणोपरान्त

इसके उपरान्त ग्वालियर दुर्ग से सूचना लगभग छठीं शती ई. के उत्तरार्द्ध की मिलती है, जो जैन मूर्तिशिल्प से सम्बन्धित है। ग्वालियर दुर्ग पर उरवाही द्वार के निकट, जिसे आज त्रिशलागिरि समूह के नाम से जाना जाता है, तीर्थंकर आदिनाथ की पद्मासन मुद्रा में दो शैलकृत मूर्तियाँ निर्मित हैं, जिससे प्रकट होता है कि छठीं शती ई. के अन्त तक जैन धर्म ग्वालियर दुर्ग पर प्रवेश कर चुका था। ग्वालियर दुर्ग पर जैन धर्म से सम्बन्धित ये आरंभिक प्रमाण हैं।

इस प्रकार छठी शती ई. के प्रथमार्द्ध में ग्वालियर दुर्ग पर सौर धर्म का प्रभाव दृष्टिगोचर होता है, वहीं इसी शताब्दी के उत्तरार्द्ध में जैन धर्म ने अपनी मूर्तिगत गतिविधियाँ दुर्ग पर प्रारंभ कर दीं, जो अनवरत् जारी रहीं।

इससे यह भी स्पष्ट होता है कि वर्तमान उरवाही द्वार की दिशा से ही दुर्ग के ऊपर तक पहुँच–मार्ग था। कनिंघम उल्लेख करता है कि वर्तमान गणेश द्वार और भैरों द्वार के मध्य ग्वालिपा ऋषि का एक प्राचीन मंदिर था, जिसे १६६४ ई. में मोतमिद खाँ ने तुड़वाकर वहाँ एक मस्जिद का निर्माण करवाया था।[३] इससे संभावना है कि या तो ग्वालिपा ऋषि का निवास स्थल उपर्युक्त स्थल पर रहा होगा अथवा उनके मरणोपरान्त उनकी समाधि वहाँ बना दी गयी होगी और उस पर उनको समर्पित एक मंदिर बना दिया गया होगा, जो स्वतः ही उस मंदिर की प्राचीनता को सिद्ध करता है। इससे यह भी इंगित होता है कि दुर्ग के ऊपर तक एक मार्ग वर्तमान किला गेट के आसपास से होकर जाता रहा होगा।

हर्षवर्धन के समय तक कन्नौज राजनैतिक गतिविधियों का प्रमुख केन्द्र बन चुका था और उसका राज्य मालवा तक विस्तृत था। उसने दक्षिण के चालुक्यों से अपने राज्य की रक्षार्थ कई युद्ध लड़े थे, जो मालवा भूमि और उसके आसपास हुए थे। प्रतीत होता है कि इस दौरान ग्वालियर दुर्ग का पर्याप्त सामरिक महत्त्व स्थापित हुआ होगा और इसी वजह से कालान्तर में आम को ग्वालियर की तरफ आना पड़ा था।

कन्नौजाधिपति आम का काल

जैन ग्रन्थ *बप्पभट्टसूरिचरित*[४] एवं *प्रबन्धकोष*[५] से ज्ञात होता है कि कन्नौजाधिपति यशोवर्मन (७२५–५२ ई.) के पुत्र आम ने ग्वालियर दुर्ग पर अपना दरबार लगाया था और दुर्ग पर वर्द्धमान महावीर की एक २७ क्यूबिट ऊँची प्रतिमा भी स्थापित करवायी थी। इसकी पुष्टि *प्रभावक चरित* से भी होती है।[६] वर्तमान में उपर्युक्त महावीर मूर्ति उपलब्ध न होने के कारण उसके विषय में कुछ नहीं कहा जा सकता है। संभव है कि महावीर मूर्ति किसी मंदिर में ही स्थापित करवायी गयी होगी। कच्छपघात काल में भी एक महावीर मंदिर का उल्लेख हुआ है और कनिंघम भी हाथी पौर और सास–बहू मंदिर के मध्य एक जैन मंदिर के अवशेषों की बात कहता है[७], जिससे संभावना है कि कच्छपघात काल तक विद्यमान और कनिंघम द्वारा वर्णित मंदिर आम द्वारा निर्मित महावीर मंदिर रहा हो, जिसका समय–समय पर पुनरुद्धार तथा विस्तार किया गया होगा। इससे सिद्ध होता है कि ८वीं शती ई. के अन्त तक दुर्ग पर जैन धर्म सम्बन्धी निर्माण कार्यों ने गति पकड़ ली थी।

यह प्रश्न भी विचारणीय है कि कन्नौजाधिपति ने ग्वालियर दुर्ग पर अपना दरबार क्यों लगाया और यहाँ मूर्ति–स्थापना करवायी? यह संकेत करता है कि ८वीं शती ई. के अन्त तक ग्वालियर दुर्ग सामरिक एवं धार्मिक रूप से ख्याति प्राप्त कर चुका था। पुनः कन्नौज उस समय राजनैतिक गतिविधियों का प्रमुख केन्द्र था और दक्षिण की ओर से होने वाले अभियानों को रोकने के लिए संभवतः उस समय तक ग्वालियर दुर्ग का सामरिक महत्त्व स्थापित हो चुका था, इसलिए आम ने ग्वालियर दुर्ग को महत्व प्रदान किया होगा।

गुर्जर–प्रतिहार काल

इसके उपरान्त सूचना गुर्जर प्रतिहार काल की है। इस राजवंश के काल में ग्वालियर दुर्ग का न केवल दुर्ग स्थापत्य की दृष्टि से वरन् मंदिर स्थापत्य एवं मूर्तिशिल्प की दृष्टि से भी अभूतपूर्व विकास हुआ था। सं. ९३२ व ९३३ के वाइल्लभट्टस्वामी मंदिर अभिलेखों से ज्ञात होता है कि अल्ल जो आदिवराह मिहिरभोज के समय ग्वालियर दुर्ग का कोट्टपाल था, के पिता वाईल्लभट्ट रामभद्र (८३३–३६ ई.) के समय में ग्वालियर दुर्ग पर 'मर्यादाधुर्य' (सीमाओं का रक्षक) नियुक्त थे।[८] इससे स्पष्ट होता है कि ९वीं शताब्दी के प्रथमार्द्ध में गोपगिरि सामरिक महत्त्व के केन्द्र के रूप में स्थापित हो चुका था और प्रतिहारों के युद्ध अभियानों में यह प्रमुख केन्द्र था। इसके उपरान्त अल्ल के कोट्टपाल बनते ही यह 'कोट' या 'किले' के रूप में विख्यात हो गया था। इस काल में व्यवस्थित नागरिक एवं सैनिक प्रशासन के दर्शन होते हैं। इन अभिलेखों में ताट्टक (बलाधिकृत), बब्बियक तथा इछुबानक (श्रेष्ठी) और सब्बियक (सार्थवाह) के रूप में कुशल प्रशासनिक व्यवस्था रही थी। अल्ल ने अवश्य ही कुछ दुर्ग स्थापत्य–सम्बन्धी निर्माण इस पहाड़ी पर करवाये होंगे, जिनमें से केवल 'भोजदेव की प्रतोली' को ही पहचाना जा सका है। पाल–प्रतिहार–राष्ट्रकूट संघर्षों में इस दुर्ग की अहम भूमिका थी। प्रतिहारों की राजधानी कन्नौज ही थी और वहीं से वे ग्वालियर दुर्ग के माध्यम से दक्षिण की ओर से होने वाले आक्रमणों से रक्षा एवं उनका विरोध करते थे, जैसा वाइल्लभट्ट को मर्यादाधुर्य के रूप में नियुक्ति से सिद्ध होता है। कन्नौजाधिपति आम ने भी संभवतः दुर्ग के सामरिक महत्त्व को दृष्टिगत रखते हुए ही यहाँ पर अपना दरबार लगाया था।

प्रतिहारकालीन अभिलेखों से वाइल्लभट्टस्वामी मंदिर और नवदुर्गा मंदिर (जिसकी पहचान वर्तमान तेली के मंदिर के रूप में की जा सकती है)[९] के भी निर्माण की सूचना मिलती है। ये दोनों ही मंदिर वास्तु एवं मूर्तिशिल्प के अद्भुत नमूने हैं। ग्वालियर दुर्ग से विदित एक खण्डित अभिलेख से ज्ञात होता है कि वाइल्लभट्ट ने रामदेव के समय में कार्त्तिकेय को समर्पित एक मंदिर का निर्माण करवाया था[१०], जो वर्तमान में लुप्त हो चुका है। इनसे दुर्ग का सामरिक महत्त्व के साथ–साथ धार्मिक महत्त्व भी समानांतर रूप में विकसित होता हुआ स्पष्ट होता है।

वाइल्लभट्टस्वामी मंदिर लेख में अल्ल की कई पत्नियों एवं पुत्र–पुत्रियों के नाम दिये हैं, जिससे प्रकट होता है कि ये सभी दुर्ग पर ही निवास करते रहे होंगे और इनके लिए दुर्ग पर भवनों का भी निर्माण हुआ होगा। सं. ९३३ के अभिलेख से ज्ञात होता है कि ग्वालियर दुर्ग के ऊपर मालियों की श्रेणि का निवास था, इससे स्पष्ट होता है कि ग्वालियर दुर्ग पर लोगों की बसाहट अच्छे स्तर पर होने लगी थी। उनके निवास के लिए कई प्रकार के छोटे–बड़े भवन भी रहे होंगे। दुर्ग पर मालियों की विद्यमानता से बागवानी आदि के कार्य के भी संकेत मिलते हैं।

गुर्जर–प्रतिहार काल से पूर्व जहाँ मंदिर निर्माण का कार्य केवल सूर्य कुण्ड के पास ही दिखाई देता है, वहीं प्रतिहार काल में सूर्य कुण्ड के साथ–साथ किला गेट मार्ग की ओर भी निर्माण कार्य होने लगे थे। उपर्युक्त अभिलेख में विष्णु मंदिर को भोजदेव की प्रतोली के नीचे

बताया गया है, जिससे स्पष्ट होता है कि वर्तमान किला गेट से विष्णु मंदिर होकर एक मार्ग दुर्ग के ऊपर तक जाता था। इसी प्रकार उरवाही द्वार के निकट त्रिशलागिरि समूह में भी विवेच्य आदिनाथ जिन प्रतिमाओं के समीप कई प्रतिहारकालीन जिन प्रतिमाओं का शैलोत्कीर्णन हुआ है, जिससे स्पष्ट होता है कि उरवाही द्वार से भी एक मार्ग दुर्ग के ऊपर पहुँचता था। कहा जा सकता है कि प्रतिहार काल तक दुर्ग के ऊपर तक पहुँचने के लिए दो मार्ग थे– एक किला गेट से और दूसरा उरवाही घाटी से। प्रतीत होता है कि तेली का मंदिर के निर्माण में गंगोला ताल से प्रस्तर खण्ड लिये गये होंगे, जिससे दुर्ग पर जल के दो स्रोत सूरज कुण्ड और गंगोला ताल निर्मित हुए। भोजदेव की प्रतोली के प्रमाण से कहा जा सकता है कि इस ओर अवश्य ही प्राचीर एवं सड़क का निर्माण हुआ होगा। साथ ही आवासों का भी निर्माण दुर्ग पर हुआ होगा।

धार्मिक दृष्टि से गुर्जर–प्रतिहार काल तक दुर्ग पर जैन धर्म के साथ–साथ सौर, वैष्णव, शैव एवं शाक्त धर्मों का विकास हो चुका था, जो अनवरत् आगे भी जारी रहा।

चंदेल आक्रमण एवं उनकी विजय

चंदेल शासक यशोवर्मा का सं. १०११ (९५४ ई.) का खजुराहो का लक्ष्मण मंदिर अभिलेख धंग द्वारा गोप पर्वत को जीतने का दावा करता है[११], किन्तु उसने यह विजय किसके विरुद्ध लड़ी थी, इस सम्बन्ध में अभिलेख मौन है। इस समय तक दुर्ग पर गुर्जर–प्रतिहारों का शासन समाप्त हो चुका था और उनके सामन्तों ने अपनी शक्ति का विस्तार करना प्रारंभ कर दिया था। चन्देल एवं कच्छपघात उन्हीं सामन्तों में थे। बहुत संभव है कि प्रतिहारों के कमजोर होते ही चन्देलों ने कुछ समय के लिए दुर्ग पर आसानी से अधिकार कर लिया हो। किंतु उनके समय के किसी निर्माण कार्य के प्रमाण उपलब्ध नहीं है।

कच्छपघात काल

गुर्जर–प्रतिहारों के उपरान्त और कच्छपघातों के आगमन से पूर्व दुर्ग पर क्या–क्या विकास कार्य हुए, साक्ष्याभाव में कुछ नहीं कहा जा सकता है। १०वीं शती ई. के अन्त में कच्छपघात राजवंश का ग्वालियर दुर्ग पर अधिकार हो गया और ग्वालियर कच्छपघातों की राजधानी के रूप में प्रतिष्ठित हुआ। इस राजवंश के समय में ग्वालियर दुर्ग का अभूतपूर्व विकास हुआ। सामरिक दृष्टिकोण से कच्छपघातों ने दुर्ग पर अनेक निर्माण कार्य करवाये। इस संदर्भ में कच्छपघात काल में निर्मित लक्ष्मण पौर से अनुमान लगाया जा सकता है कि उन्होंने हथिया पौर को अधिक सुरक्षित करने के लिए ही इस द्वार का निर्माण करवाया होगा और उसे चारों ओर से प्राचीर से सन्निवेष्टित किया होगा। इस प्रकार हम देखते हैं कि जहाँ गुर्जर–प्रतिहार काल में केवल हथिया पौर तक ही दुर्ग का विस्तार विदित है, वहीं कच्छपघात काल में दुर्ग के सुदृढ़ीकरण के लिए लक्ष्मण पौर का भी निर्माण करवाया गया था। भैरो पौर को भी कच्छपघातकालीन बताया गया है[१२], किन्तु वर्तमान में वह पूरी तरह नष्ट हो चुका है। यदि

यह द्वार कच्छपघातकालीन रहा होगा, तो कहा जा सकता है कि कच्छपघातों ने दुर्ग की तलहटी तक द्वार एवं प्राचीर से दुर्ग को सुरक्षित कर दिया था। लक्ष्मण द्वार का निर्माण यह सिद्ध करता है कि कच्छपघात काल में यह मार्ग महत्त्वपूर्ण था और गजनवी ने संभवतः इसी ओर से दुर्ग की घेराबन्दी की होगी। संभवतः इस प्रकार के आक्रमणों से सुरक्षा हेतु कच्छपघातों ने भैरों द्वार एवं लक्ष्मण द्वार का निर्माण करवाया था। लक्ष्मण द्वार और भैरों द्वार के कच्छपघातकालीन होने की पुष्टि शैलकृत मूर्तिशिल्प के प्रमाणों से भी होती है। हथिया पौर से भैरों पौर तक जाने वाले मार्ग पर एक तरफ चट्टान पर ११–१२वीं शती ई. की जैन एवं शैव प्रतिमाएँ उत्कीर्ण की गयी हैं, जिनमें गजान्तक शिव प्रतिमा विख्यात है। इसी प्रकार लक्ष्मण पौर और भैरों पौर के मध्य भी वर्तमान हनुमान मंदिर के समीप चट्टान में ११–१२वीं शती ई. की शैलकृत गुहा एवं मूर्तिशिल्प उत्कीर्ण है, जिसे वर्तमान में ''गिरनार समूह'' (उत्तर–पूर्वी समूह) के नाम से जाना जाता है।

कच्छपघातों के काल में धार्मिक निर्माण अपने चरम पर थे। सं. ११५० (१०६३ ई.) के सास–बहू मंदिर अभिलेख से इसकी पुष्टि होती है।[९३] इसके अलावा सं. ११६१ (११०४ ई.) के एक खण्डित अभिलेख में दुर्ग पर एक शिव मंदिर के निर्माण का उल्लेख मिलता है[९४], किन्तु वर्तमान में यह मंदिर लुप्त हो चुका है। कनिंघम ने जहाँगीर महल के प्रांगण में एक शिव (महादेव) मंदिर की उपस्थिति बताते हुए कहा है कि उसे १६वीं शताब्दी ई. में शेरशाह सूरि ने नष्ट कर अपना महल बनवाया होगा।[९५] अमर सिंह ने भी उसे प्राचीन परम्परा से सम्बन्धित बताते हुए जहाँगीर महल के प्रांगण में होने की संभावना व्यक्त की है।[९६] वर्तमान में विक्रम मंदिर के प्रांगण में एक चबूतरे पर शिवलिंग स्थापित है।[९७] बहुत संभव है कि वह शिव मंदिर यही रहा हो। कनिंघम ने उत्खनन में इस काल के एक जैन मंदिर का उल्लेख किया है।[९८] सं. ११६५ (११०८ ई.) के अभिलेख से रत्नपाल के शासनकाल में मंत्री कुल्हण द्वारा गोप पर्वत पर बलराम (छीरपाणि) के मंदिर निर्माण की जानकारी है।

कच्छपघात काल में दुर्ग पर महल का भी निर्माण हुआ था, क्योंकि उनके दरबार में महमूद गजनवी के राजदूत के आगमन का उल्लेख मिलता है।[९९] किन्तु वर्तमान में इस महल के अवशेष अनुपलब्ध हैं।

सास–बहू मंदिर से स्पष्ट होता है कि कच्छपघातों ने दुर्ग के पश्चिम दिशा में विस्तार कर लिया था। इसी प्रकार उनके काल में निर्मित त्रिकोनिया ताल और जयन्ति थोरा मंदिर से उनके दुर्ग के उत्तर दिशा की ओर विकास कार्य की सूचना मिलती है। कच्छपघातों के काल में दुर्ग पर कई निर्माण कार्यों के कारण दुर्गवासियों के लिए जल की आवश्यकता की पूर्ति के लिए सास–बहू मंदिर के निकट एक ताल का उल्लेख हुआ है, जिससे निकाले पत्थरों से ही इस मंदिर का निर्माण कार्य हुआ था। इसी प्रकार त्रिकोनिया ताल से निकाले प्रस्तर खण्डों से ''जयन्ति थोरा मंदिर'' का निर्माण हुआ होगा।

इस प्रकार हम देखते हैं कि जहाँ गुर्जर–प्रतिहार दुर्ग के मध्य में, दक्षिण पश्चिम (उरवाही घाटी) में और पूर्व दिशा की और ही विस्तार कर सके थे, वहीं कच्छपघातों ने उन दिशाओं के अलावा उत्तर दिशा में भी निर्माण कार्य करवाये थे।

परिहार काल

कच्छपघातों के उपरान्त दुर्ग कुछ समय के लिए परिहार राजवंश के अधिकार में आ गया। इस राजवंश के शासक अजयपाल के दो लेख गंगोलाताल से ज्ञात हैं, जिनमें गंगोलाताल की सफाई की बात कही गयी है।[२०] इससे गंगोला ताल की जल–व्यवस्था हेतु महत्त्व के संकेत मिलते हैं। *ताजुल–मआसर* से ज्ञात होता है कि ११९६ ई. में किसी सोलंखपाल या सुलक्षणपाल (संभवतः परिहार शासक) को मोहम्मद गोरी के आक्रमण का सामना करना पड़ा, किन्तु गोरी दुर्ग को विजित न कर सका और १० हाथी लेकर वापस लौट गया।[२१] इससे भी दुर्ग के अत्यन्त सुदृढ़ होने के संकेत मिलते हैं।

मुहम्मद गौरी के सूबेदार तुगरिल ने ग्वालियर दुर्ग पर विजय प्राप्त करने के लिए दुर्ग से कुछ दूरी पर एक छोटे दुर्ग का निर्माण कराया, जहाँ उसकी सेना रात में आराम करती और सुबह होते ही दुर्ग पर चारों ओर से आक्रमण कर देती थी। धीरे–धीरे तुगरिल ने दुर्ग पर रसद आदि की आपूर्ति को बन्द कर दिया। यह संघर्ष लगभग एक साल तक चलता रहा।[२२] इससे इतना तो स्पष्ट होता है कि उस समय तक पहाड़ी का अधिकांश भाग एक मजबूत सुरक्षा प्राचीर से सुदृढ़ कर दिया गया होगा।

परवर्ती प्रतिहार काल और दुर्ग पर मुस्लिम हस्तक्षेप

१२३३ ई. में दिल्ली का सुल्तान इल्तुतमिश परवर्ती प्रतिहार शासक मलयवर्मन को परास्त कर ग्वालियर दुर्ग पर विजय प्राप्त करने में सफल हुआ। इल्ततुमिश आंतरी से ग्वालियर (उरवाही घाटी) पहुँचा। उसकी सेना में ६६,००० सैनिक थे। इल्ततुमिश के सिपाहियों ने मोरचाल एवं गौरिल्ला नीति से उरवाही द्वार के पास झिलमिल खिड़की से दुर्ग में प्रवेश किया था।[२३] इल्तुतमिश ने दुर्ग पर से होने वाली पत्थरों की बरसात आदि से बचने के लिए अपने सिपाहियों के लिए उरवाही घाटी के बाहर एक ऊँचे साबात का निर्माण करवाया था, जिसके अवशेष आज भी देखे जा सकते हैं।[२४] इस विजय को प्राप्त करने में उसे ११ माह लग गये। इससे स्पष्ट होता है कि उरवाही घाटी के तरफ इस समय तक मजबूत सुरक्षा प्राचीर का निर्माण हुआ होगा और मलयवर्मन की सेना भी अत्यन्त कुशल रही होगी, तभी इल्तुतमिश को विजय प्राप्त करने में इतना अधिक समय लग गया।

ग्वालियर दुर्ग के इतिहास में यह आक्रमण अत्यन्त महत्त्वपूर्ण सिद्ध हुआ, जिसे निम्नलिखित बिन्दुओं के माध्यम से समझा जा सकता है–

१. इस युद्ध में हिन्दू रानियों एवं अन्य महिलाओं को जोहर करना पड़ा और यह जोहर एक ताल के समीप हुआ था, जिसे आज "जोहर ताल" कहा जाता है। इससे स्पष्ट होता है कि परवर्ती प्रतिहारों के पूर्व ही दुर्ग पर जल–व्यवस्था हेतु एक और ताल अस्तित्व में आ चुका था।

२. दुर्ग पर मुस्लिम शासकों का हस्तक्षेप प्रारंभ हुआ, जिसके फलस्वरूप इल्तुतमिश ने उरवाही घाटी में एक मस्जिद के निर्माण के अलावा इमामत (मुस्लिम गुरु) की नियुक्ति की। इससे ग्वालियर में मुस्लिम शिक्षा–दीक्षा प्रारंभ हुई।[२५]
३. बाबरनामा से ज्ञात होता है कि इल्ततुमिश ने उरवाही घाटी में एक मस्जिद का निर्माण करवाया था। यह दुर्ग पर प्रथमतः लिखित मुस्लिम इबादतगाह का निर्माण था।
४. वहाँ स्थित बावड़ियों एवं कुओं की सुरक्षा के लिए एक २०० मी. लम्बी, १२ मी. चौड़ी और १२ मी. ऊँची प्राचीर का निर्माण भी करवाया।[२६] इससे स्पष्ट होता है कि उसने ग्वालियर दुर्ग को आगामी आक्रमणों से सुरक्षित करने के लिए उरवाही घाटी को प्राचीरबद्ध करवा दिया। यह ग्वालियर दुर्ग को प्राचीर से वेष्टित करने का प्राथमिक लिखित प्रमाण है। इससे दुर्ग पर जल के महत्त्व को भी समझा जा सकता है।
५. ग्वालियर दुर्ग इस विजय के बाद दिल्ली सल्तनत का सूबा बन गया और इसी दुर्ग को केन्द्र बनाकर इल्तुतमिश के शाह नागी (प्रशासनिक प्रमुख) मलिक नासिरुद्दीन त्यासी ने कालिंजर और चंदेरी पर आक्रमण किये[२७], जो दुर्ग के बढ़ते हुए सामरिक महत्त्व को दर्शाता है।
६. इल्तुतमिश के पूर्व हुए आक्रमण दुर्ग की घेराबंदी मात्र रहे थे, किन्तु इल्तुतमिश की उरवाही घाटी से दुर्ग पर विजय से प्रतीत होता है कि उरवाही घाटी सामरिक दृष्टिकोण से कमजोर सिद्ध हुई, फलतः उसके सुदृढ़ीकरण का कार्य करवाया गया।

गुलाम वंश से तुगलक काल तक

इल्तुतमिश की विजयोपरान्त एक लंबे समय तक दुर्ग पर दिल्ली सल्तनत का अधिकार हो गया। दिल्ली सल्तनत की ओर से दुर्ग पर समय–समय पर सूबेदारों की नियुक्ति होने लगी। इन सूबेदारों ने भी दुर्ग पर काफी निर्माण कार्य करवाये। गुलाम वंश के अंतिम शासक नासिरुद्दीन महमूद के सूबेदार शेर खाँ ने गोपगिरि पर १२६० ई. के लगभग एक दुर्ग का निर्माण करवाया और उत्सव भी किया था[२८], किन्तु इस दुर्ग की पहचान नहीं हो सकी है।

१२९५ ई. में दिल्ली में खिलजियों की सत्ता स्थापित हुई और ग्वालियर दुर्ग भी उनके नियंत्रण में आ गया। खिलजियों के काल में ग्वालियर दुर्ग शाही बन्दीगृह बन गया और यहाँ महत्त्वपूर्ण राजकीय बन्दियों, जैसे– खिज्र खाँ, शादी खाँ आदि को बन्दी बनाकर रखा गया।[२९] इब्नबतूता भी तुगलक काल में विद्रोहियों की ३०० स्त्रियों को यहाँ बन्दी बनाकर रखे जाने की बात कहता है।[३०]

तोमर काल

तोमर शासक वीरसिंह जब तुगलकों का दुर्ग–प्राप्ति का शाही फरमान लेकर दुर्ग पर पहुँचा और दुर्ग के सूबेदार ने उसे किला देने से मना कर दिया, तो उसने दावत के बहाने तुर्कों के

भोजन में नशे की दवा मिलाकर चालाकी से दुर्ग पर अधिकार कर लिया। इससे स्पष्ट होता है कि तोमर वीरसिंह को इस बात का अंदाजा था कि लड़कर दुर्ग को विजित नहीं किया जा सकता और यदि ऐसा करना भी पड़ा तो इसमें बहुत अधिक समय व्यर्थ होगा, जो तत्कालीन स्थितियों में वीरसिंह के लिए संभव न था, अतः उसने चालाकी से काम लेकर तुर्कों को बेहोश कर जून १३६४ ई. में दुर्ग पर अधिकार कर लिया। दुर्ग पर अधिकार करने के उपरान्त उसने प्रथमतः गंगोला ताल की सफाई एवं उसमें पितृ–तर्पण का कार्य किया। गंगोला ताल से वीरसिंह का सं. १४५१ का एक अभिलेख ज्ञात है।[३१] तोमर काल ग्वालियर दुर्ग के विकास की दृष्टि से महत्त्वपूर्ण युग था। महल स्थापत्य एवं शैलोत्कीर्ण स्थापत्य की दृष्टि से तोमर काल स्वर्ण युग था। तोमर काल में ग्वालियर दुर्ग के ऊपर तो निर्माण कार्य हुए ही, साथ ही तलहटी में और दुर्ग के चारों ओर की चट्टानों पर भी शिल्पकार्य हुए। तोमरकालीन स्थापत्य के सर्वप्रथम साक्ष्य वीरम देव द्वारा 'वीरभवन' के निर्माण के रूप में मिलते हैं। लेखकों ने इसकी पहचान कर्ण महल के दाँयी ओर स्थित भवन से करने का प्रयास किया है। इसके अतिरिक्त वीरम देव ने त्रिकोनिया ताल के चारों ओर स्तम्भों पर आश्रित एक लघु मण्डपिका एवं उसके समानांतर प्राचीर का निर्माण करवाया था। यहाँ से वीरम देव के अभिलेख भी मिले हैं।[३२] ग्वालियर दुर्ग से प्राप्त एवं वर्तमान में गुजरी महल संग्रहालय में सुरक्षित सं. १४७३ (१४१६ ई.) तिथियुत् खण्डित पार्श्वनाथ प्रतिमा अभिलेख से स्पष्ट होता है कि वीरम देव के समय से ही जैन प्रतिमाओं का निर्माण कार्य प्रारंभ हो चुका था।

तोमर शासक, विशेषतः डुंगरेन्द्र सिंह (१४२५–५६ ई.) एवं उसके उत्तराधिकारी कीर्तिसिंह (१४५६–८० ई.) के राज्यकाल में दुर्ग का सामरिक एवं स्थापत्य की दृष्टि से अभूतपूर्व विकास हुआ। सामरिक दृष्टि से डुंगरेन्द्र सिंह ने अपने पिता की स्मृति में गणेश द्वार का निर्माण करवाया। इस द्वार के निकट बने एक आले में सं. १५१६ (१४५६ ई.) का डुंगरेन्द्र सिंह का एक लेख भी उत्कीर्ण है।[३३] इस प्रकार डुंगरेन्द्र सिंह के काल तक भैरों द्वार तक दुर्ग को एक मजबूत प्राचीर से घेर दिया गया था। इन दोनों शासकों के समय में पहाड़ी की बाहरी चट्टानों पर शैलोत्कीर्ण जैन मूर्तियों का अधिक संख्या में निर्माण हुआ, जो लगभग १४४० ई. से लेकर १४६२ ई. तक चलता रहा। इसके परिणामस्वरूप दुर्ग के दक्षिण–पश्चिम में उरवाही समूह, उत्तर–पश्चिम में ढोढा द्वार के नजदीक मूर्ति समूह, दक्षिण–पूर्व में एक पत्थर की बावड़ी समूह और उत्तर–पूर्व में किला गेट के नजदीक मूर्ति समूह निर्मित हुए। कीर्तिसिंह ने अपने निवास के लिए दुर्ग के उत्तरी भाग में कर्ण महल का निर्माण करवाया था। लगभग इसी समय दुर्ग पर जल आपूर्ति के लिए अस्सी खम्भा बावड़ी एवं उसके समीप एक सभाभवन का भी निर्माण हुआ। लक्ष्मण द्वार से कीर्तिसिंह के समय के सं. १५२२ (१४६५ ई.) के एक लेख में एक शैलकृत तालाब के निर्माण का उल्लेख है[३४], जो आज भी विद्यमान है।

कीर्तिसिंह के उत्तराधिकारी कल्याणमल्ल (१४८०–८६ ई.) ने सुल्तानी खिड़की का निर्माण करवाया था, जो लधेड़ी द्वार की तरफ खुलती थी। बाबर ने भी इस खिड़की को देखा था और उसने बताया है कि यह खिड़की काफिरों के समय से लेकर अब तक बन्द पड़ी थी।[३५]

भवन स्थापत्य की दृष्टि से कीर्तिसिंह के प्रपौत्र मानसिंह का राज्यकाल (१४८६–१५१६ ई) स्वर्णिम युग कहा जा सकता है। उसने अपने निवास के लिए मान महल और अपनी गुजर प्रेयसी मृगनयनी के लिए दुर्ग की पूर्वी दिशा में तलहटी में गुजरी महल एवं गुजरी बावड़ी का निर्माण करवाया तथा उसे एक सुरक्षा प्राचीर से वेष्टित किया। इसी के समानांतर मानसिंह के चाचा बादल सिंह ने बादलगढ़ का निर्माण करवाकर उसे भी मजबूत सुरक्षा प्राचीर से सन्निवेष्टित किया था। बादलगढ़ में प्रवेश हेतु उसने बादल पौर या हिण्डोला पौर का निर्माण करवाया था। इस प्रकार हम देखते हैं कि मानसिंह के काल तक वर्तमान किला गेट तक भवन निर्माण पूर्ण हो चुका था और उसकी सुरक्षा के लिए बादल द्वार के चारों ओर एक मोटी एवं ऊँची सुरक्षा प्राचीर निर्मित हो गयी।

इल्तुतमिश ने पहले ही उरवाही घाटी को सुरक्षित करवा दिया था, किन्तु मानसिंह ने इस ओर भी निर्माण कार्य करवाये। सं. १५५३ के एक लेख से ज्ञात होता है कि उसने उरवाही पौर का नवीनीकरण करवाया था।[३६] संभवतः उसने मानसरोवर ताल और उसके चारों ओर अवश्य ही सुरक्षा प्राचीर को सुदृढ़ करवाया, जैसा इस ओर की प्राचीर पर बने तोमरकालीन बुर्जों से स्पष्ट होता है। उसने उरवाही घाटी में जल–आपूर्ति के लिए मान सरोवर का निर्माण करवाया। इसी प्रकार उसने दुर्ग के उत्तर–पश्चिमी कोने पर रानी ताल व चेरी ताल और गंगोला ताल के पश्चिम में कटोरा ताल का भी निर्माण करवाया। इससे समझा जा सकता है कि दुर्ग पर जल आपूर्ति की मांग जनसंख्या वृद्धि के साथ लगातार बढ़ती जा रही थी, जिसे पूर्ण करने के लिए इन तालों का निर्माण करवाया गया। संभवतः इन्हीं तालों के प्रस्तर खण्डों का उपयोग भवन निर्माण में किया गया होगा।

मानसिंह के उत्तराधिकारी विक्रमादित्य (१५१६–२६ ई.) का अधिकांश समय इब्राहीम लोदी के आक्रमण का सामना करने में बीता। इस संघर्ष में बादलगढ़ नष्ट हो गया। आजम हुमायूँ ने बादलगढ़ की प्राचीर को तोप से उड़वा दिया और प्रवेश–द्वारों को जलवा दिया। एक लम्बे संघर्ष के बाद लोदियों ने दुर्ग पर कब्जा कर लिया। लोदी सेना का एक अमीर ताज निजाम नीचे के द्वारों को विजित करता हुए जब लक्ष्मण द्वार पर पहुँचा, तो तोमरों के साथ संघर्ष में उसकी मृत्यु हो गयी। लक्ष्मण द्वार के समीप जिस स्थल पर उसकी मृत्यु हुयी थी, वहीं उसकी कब्र बनी है।[३७] कहा जाता है कि बादलगढ़ में नंदी या वृषभ की अष्टधातुओं से निर्मित एक विशालकाय प्रतिमा स्थापित थी, जिसे इब्राहीम लोदी अपने साथ दिल्ली ले गया और वहाँ उसे बगदाद गेट के सामने स्थापित करवा दिया।[३८] विक्रमादित्य ने अपने निवास हेतु मान महल के उत्तर में विक्रम मंदिर का निर्माण करवाया, जो एक गुप्त भूमिगत मार्ग से मान महल से जुड़ा हुआ था।

इस प्रकार तोमरों ने दुर्ग के चतुर्दिक निर्माण कार्य करवाये। उरवाही घाटी के मजबूत होने के कारण तोमरों के काल में बाहरी आक्रमण प्रायः किला गेट की तरफ से हुए थे। अतः तोमरों ने आवश्यकतानुसार चरणबद्ध रूप में बादलगढ़ तक के हिस्से को मजबूत प्राचीर से घेर दिया। तोमर काल में दुर्ग पर प्रवेश हेतु दो नवीन मार्गों का जुड़ाव हुआ, जिनमें एक दुर्ग

के उत्तर–पश्चिम भाग में स्थित ढोढा पौर और दूसरा दक्षिण–पश्चिम भाग में घरगज पौर था। इन दोनों प्रवेश–मार्गों का निर्माण बादलगढ़ और उरवाही घाटी का दुश्मनों की घेराबन्दी के विकल्प के रूप में किया गया था। इस काल में ढोढा पौर पर नौ चौकी का विस्तार हुआ एवं दो प्रवेश–द्वारों का निर्माण हुआ और उन्हें चारों ओर से ऊँची सुरक्षा प्राचीर द्वारा घेर दिया गया। नौ चौकी से विदित सं. १५५० (१४९३ ई.) के लेख में नौ चौकी में कुछ निर्माण कार्य किये जाने का उल्लेख है, जिससे स्पष्ट होता है कि मानसिंह के काल में ढोढा पौर क्षेत्र में कार्य आरंभ हो गये थे।[३९] ढोढा पौर के सबसे निचले द्वार के समीप एक आले में सं. १५६१ (१५०४ ई.) का एक लेख अंकित है। इसी प्रकार ढोढा ताल के पास एक चट्टान पर मानसिंह के काल का सं. १५५२ (१४९५ ई.) के एक लेख में ढोढा देव के मंदिर एवं ढोढा पौरी के पुनर्निर्माण का उल्लेख हुआ है।[४०] इनसे प्रतीत होता है कि मानसिंह ने इस पौरी का पुनरुद्धार एवं वहाँ जल–आपूर्ति के लिए इस ताल का निर्माण करवाया था। उपरोक्त अभिलेखाधार पर कहा जा सकता है कि ढोढा पौर के दोनों प्रवेश–द्वारों में से ऊपरी प्रवेश–द्वार का निर्माण मानसिंह से पूर्व में एवं नीचे वाले प्रवेश–द्वार का निर्माण अपेक्षाकृत बाद में हुआ, जबकि नौ चौकी पर संभवतः ऊपरी तल का निर्माण १४९३ ई. में प्रारंभ हो चुका था। ढोढा देव मंदिर के सामने ही तोमर काल में निर्मित एक सभाभवन बना हुआ है। इसी प्रकार घरगज पौर को भी मजबूत सुरक्षा प्राचीर से घेरा गया।

मुगल काल

१५२८ ई. में ग्वालियर दुर्ग मुगलों के अधिकार में आ गया। बाबर ने १५२८ ई. में ग्वालियर की यात्रा की और वह दुर्ग पर ही रुका। इस यात्रा का विस्तृत विवरण बाबर ने अपने *बाबरनामा* में किया है। बाबर के काल में जहाँ दुर्ग पर निर्माण कार्य हुए, वहीं उसने दुर्ग को क्षति भी पहुँचायी। उसने उरवाही द्वार स्थित शैलकृत जैन प्रतिमाओं को तुड़वा दिया। *बाबरनामा* में उल्लेख है कि "उरवा के तीन ओर चट्टानें हैं.....इन दिशाओं में लोगों ने पत्थर की मूर्तियाँ कटवा रखी हैं.......यह मूर्तियाँ पूर्णतः नग्न हैं और गुप्तांग भी ढके नहीं हैं.........उरवा बुरा स्थान नहीं है.........मूर्तियाँ ही इस स्थान का सबसे बड़ा दोष हैं। मैंने उनको नष्ट करने का आदेश दे दिया।"[४१]

ज्ञात होता है कि बाबर ने ग्वालियर और उसके आसपास इमारतों के निर्माण के लिए १४९१ कलाकारों को लगाया था[४२], किन्तु उनके द्वारा निर्मित इमारतों में से केवल मोहम्मद गौस का मकबरा ही विदित है। बाबर के समय में दुर्ग के सूबेदार रहीमदाद ने अपने निवास के लिए विक्रम मंदिर के ऊपर एक बुर्जी का निर्माण करवाया और साथ ही विक्रम मंदिर के पास ही एक मस्जिद का भी निर्माण करवाया, जिसके प्रमाण आज भी विद्यमान हैं। *बाबरनामा* में दुर्ग पर रहीमदाद द्वार, चारबाग और एक हौज (ताल) के पास एक मदरसा के निर्माण का उल्लेख हुआ है। बाबर ने चारबाग को हाथी पोल के समाने बताया है।[४३] *बाबरनामा* में लिखा है कि रहीमदाद ने अपने बगीचे (चारबाग) में बड़ा–सा एक द्वार (भवन) बनवाया। उसने

दरवाजे के सामने दालान बनवाये थे, जो देखने में अच्छे नहीं थे। प्रतीत होता है कि हाथी पोल के सामने स्थित चारबाग के द्वार को 'रहीमदाद द्वार' कहा गया होगा और रहीमदाद ने चारबाग के समीप स्थित तोमरकालीन अस्सी खम्बा बावड़ी से सटे विशाल भवन में गुम्बदाकार प्रवेश–द्वार जोड़कर उसे ही मदरसा बना दिया था, इसी कारण इसे 'रहीमदाद का मदरसा' भी कहते हैं। इसकी पुष्टि गुम्बदाकार प्रवेश–द्वार की बाँयीं भित्ति पर सं. १५८६ (१५२६ ई.) के लेख में वर्णित "रहीमद्दद्द का मद्दरसा" (रहीमदाद का मदरसा) से स्पष्ट है।[४४] वर्तमान में दुर्ग पर जहाँ भारतीय पुरातत्त्व सर्वेक्षण का संग्रहालय स्थित है, वहीं पर रहीमदाद द्वारा निर्मित चारबाग था, क्योंकि यह हाथी पोल के ठीक सामने है और वर्तमान में भी वहाँ पर बगीचा है, जो प्राचीन परम्परा का स्मरण कराता है। इसी से लगा रहीमदाद का मदरसा है और नजदीक ही रहीमदाद का निवास स्थल एवं उसके द्वारा निर्मित मस्जिद है। कनिंघम हाथी पोल और भारतीय पुरातत्त्व सर्वेक्षण के संग्रहालय के सामने एक प्रवेश–द्वार बताता है, जिसका नाम 'हवा पौर' था।[४५] बहुत संभव है कि यही रहीमदाद द्वार रहा होगा, क्योंकि बगीचे की ताज़ा हवा इसमें से गुजरती होगी। वर्तमान में यह द्वार लुप्त हो चुका है।

इससे स्पष्ट होता है कि बाबर के काल में दुर्ग पर मुख्यतः मान महल के आसपास ही निर्माण कार्य हुए थे।

बाबर का उत्तराधिकारी हुमायूँ अपने हरम के साथ ग्वालियर पर रुका और उसने वहाँ अपना दरबार लगाया था।[४६] ऐसा प्रतीत होता है कि हुमायूँ ने 'कर्ण महल' और 'नौ चौकी' को हमामखाने में बदल दिया था। खोदमीर के विवरण से ज्ञात होता है कि उसने दुर्ग पर तराशे हुए पत्थरों से एक महल का निर्माण करवाया था।[४७] उसे बहुत सुन्दरता से सजाया। यह सृष्टि का आश्चर्य था। यह महल वर्तमान में "हुमायूँ महल" कहलाता है। यह महल दुर्ग के उत्तर–पूर्वी छोर पर स्थित एक आयताकार भवन है और इसी में संभवतः हुमायूँ ने अपना दरबार लगाया होगा। हुमायूँ के परिवार के लोग भी दुर्ग पर ठहरे थे। इससे स्पष्ट होता है कि हुमायूँ ने दुर्ग का उपयोग एक आरामगाह के रूप में किया था। उसने दुर्ग के उत्तर–पूर्वी हिस्से में महल का निर्माण भी करवाया। हुमायँ से पहले इस उत्तर–पूर्वी हिस्से में किसी प्रकार के निर्माण का उल्लेख नहीं मिलता है। इससे स्पष्ट होता है कि इस खाली हिस्से का उपयोग हुमायूँ ने किया था। इसके अलावा उसके समय के हिजरी ६३८ के अस्सी खम्बा बावड़ी अभिलेख से ज्ञात होता है कि उसके शासनकाल में मौलाना बहलोल के पुत्र यार मोहम्मद द्वारा एक दुकान का निर्माण–कार्य हुआ था[४८], जो दुर्ग पर दुकानदारी व्यवस्था की ओर संकेत करता है।

सूरी काल

हुमायूँ के बाद ग्वालियर दुर्ग कुछ समय के लिए सूरी वंश के शासक शेरशाह सूरी के अधिकार में आ गया। १५४२ ई. में शेरशाह कुछ समय के लिए दुर्ग पर रुका था। उसने दुर्ग पर एक भवन और एक हौज का भी निर्माण करवाया।[४६] इस भवन को "शेर मंजिल" कहा गया,

जिसकी पहचान करना अब सरल नहीं है। उपर्युक्त हौज वही है, जिसे आज "शाहजहाँ ताल" के नाम से जाना जाता है।

शेरशाह के पुत्र इस्लाम शाह ने दुर्ग को अपना निवास स्थान बनाया। उसने दुर्ग का बन्दीगृह के रूप में भी उपयोग किया। उसने अपने विरोधी अमीरों को दुर्ग पर एक कक्ष में बंद कर उसमें गन पाउडर डालकर आग लगाकर उन्हें जला दिया। इसके अलावा उसने नियाजी विद्रोहियों का दमन कर उनकी औरतों को ग्वालियर भेज दिया, जहाँ उन्हें न केवल बेइज्जत किया गया वरन् उनको सैनिक छावनी में वेश्या बना दिया गया। इस्लाम शाह ने किन इमारतों का बन्दी गृह के रूप में उपयोग किया था, यह निर्धारित नहीं है। उसके काल में कमाल खान के नेतृत्व में २२,००० घुड़सवार ग्वालियर दुर्ग पर रखे गये थे। इससे प्रतीत होता है कि हुमायूँ महल के सम्मुख बने अस्तबल का निर्माण इस्लाम शाह ने ही करवाया होगा।

इस्लाम शाह के उत्तराधिकारी आदिलशाह ने भी दुर्ग पर ही निवास किया। ज्ञात होता है कि आदिलशाह नृत्य–संगीत का प्रेमी था और उसने ग्वालियर में संगीत के विकास को काफी प्रोत्साहन दिया।

पुनः मुगल काल

सूरियों की पराजय के उपरान्त अकबर (१५५६–१६०५ ई.) दिल्ली का सुल्तान बना। उसने ग्वालियर दुर्ग पर अधिकार कर उसका सैनिक छावनी और राजकीय कारागार के रूप में उपयोग किया। उसने दो बार ग्वालियर की यात्रा की थी। उसके शासनकाल के दो अभिलेख गंगोला ताल से विदित हैं।[५०] अकबर ने अपने मामा ख्वाजा मुअज्जम को दुर्ग की जेल में रखा। अकबर के समय में दुर्ग पर किसी प्रकार के निर्माण कार्य करवाये जाने की जानकारी उपलब्ध नहीं है।

अकबर के उत्तराधिकारी जहाँगीर ने भी दुर्ग को बन्दीगृह बनाये रखा। उसने गुरु नानक हरगोविन्द को यहाँ नजरबन्द बनाकर रखा।[५१] उसने दुर्ग पर कुछ निर्माण कार्य भी करवाए थे। हीरामन मुंशी लिखते हैं कि उसने शेरशाह द्वारा निर्मित शेर मंजिल को तुड़वाकर अपने लिए एक महल का निर्माण करवाया था।[५२] इसके अलावा उसने गंगोला ताल में भी कुछ निर्माण कार्य करवाए।[५३]

जहाँगीर के उत्तराधिकारी शाहजहाँ (१६२७–५८ ई.) ने भी दुर्ग पर कुछ निर्माण कार्य करवाए।[५४] उसने "शाहजहाँ महल" का निर्माण करवाया। कनिंघम लिखता है कि उसने हुमायूँ महल को शाहजहाँ महल बना दिया था।[५५] इसके समीप ही शाहजहाँ ताल निर्मित करवाया गया था।

मुगल काल में दुर्ग पर निर्माणों के सम्बन्ध में दिखलायी पड़ता है कि आगामी सुल्तान ने पूर्व सुल्तान द्वारा निर्मित स्थापत्य में ही थोड़ा–बहुत परिवर्तन कर उसे अपने उपयोग में

लिया है। उदाहरणार्थ हुमायूँ ने कर्ण महल और नौ चौकी को हमामखानों में बदल दिया। गौरी ने संभावना व्यक्त की है कि शेरशाह ने हुमायूँ महल को ही पुनर्निर्मित कराकर उसे शेर मंजिल में बदला था। यह संभव भी प्रतीत होता है, क्योंकि इस महल के ऊपर बनी बुर्ज बाद की प्रतीत होती है, जिसका निर्माण संभवतः शेरशाह ने करवाया होगा। इसके अलावा हुमायूँ महल के सम्मुख बने अस्तबल भी संभवतः शेरशाह या उसके पुत्र इस्लाम शाह द्वारा बनवाये गये होंगे। कालान्तर में शाहजहाँ ने इसी हुमायूँ महल या शेर मंजिल को शाहजहाँ महल में बदल दिया होगा। इस भवन के स्थापत्य का अध्ययन करने से यह ज्ञात होता है कि यह महल विभिन्न कालावधियों में पुनर्निर्मित होता रहा है। इसी प्रकार शेरशाह द्वारा बनवाये गये हौज (ताल) को शाहजहाँ ने पुनर्निर्मित कराकर अपने उपयोग में लिया था। इस हौज के निर्माण में स्पष्टतः दो विभिन्न कालावधियों के दर्शन होते हैं। वर्तमान में यह तालाब दो तलों में विभक्त है, जिसमें से प्रथम या निचले तल का निर्माण शेरशाह ने कराया था और कालान्तर में शाहजहाँ ने ऊपरी तल का निर्माण कर उसे एक कक्ष के साथ विस्तारित कर दिया। यह कक्ष उस काल में अत्यन्त सुन्दर रहा होगा, क्योंकि इसकी दीवारों पर चित्रकारी की गयी है और अरबी–फारसी में कुछ लेख भी चित्रित हैं। इस कक्ष में एक कृत्रिम झरना भी निर्मित है, जिससे प्रतीत होता है कि इसका उपयोग राजपरिवार के लोग करते रहे होंगे।

शाहजहाँ के उत्तराधिकारी औरंगजेब (१६५८–१७०७ ई.) के गवर्नर मोतमिद खाँ ने भी दुर्ग पर निर्माण कार्य करवाये। वस्तुतः उसने आलमगीर द्वार के नवीन निर्माण को छोड़कर शेष पुनरुद्धार का ही कार्य कराया था। १६६० ई. में उसने हिण्डोला पौर के नजदीक अपने स्वामी औरंगजेब–आलमगीर के नाम से एक प्रवेश–द्वार का निर्माण कराया और उसका नाम आलमगीर द्वार रखा।[५६] उसने हिण्डोला पौर और आलमगीर द्वार के मध्य के स्थान को एक प्राचीर से घेरकर उसे अपनी कचहरी बनाया। १६६४ ई. में उसने ग्वालिपा ऋषि के मंदिर, जो गणेश द्वार और भैरो द्वार के मध्य स्थित था, को तुड़वाकर उसके स्थान पर एक मस्जिद का निर्माण करवाया।[५७] १६८७ ई. में उसने गणेश द्वार के समीप ही एक बावड़ी का जीर्णोद्धार करवाकर उसका नाम नूर सागर रखा।[५८] उसने जोहर ताल का भी जीर्णोद्धार कराया।[५९]

मुगल शासक ग्वालियर दुर्ग पर समय–समय पर यात्रा करते रहे और यहाँ कुछ नवीन निर्माणों के साथ–साथ पुरानी इमारतों को नवीनीकृत कर उनका उपयोग करते रहे। सूरी शासकों ने तो ग्वालियर दुर्ग को अपना निवास स्थान बनाया था। मुगल एवं सूरी शासकों ने दुर्ग पर विशेषतः उत्तर–पूर्वी हिस्से में और अंशतः हथिया पौर के सामने व बादलगढ़ के पास ही निर्माण कार्य करवाये थे। इन शासकों ने दुर्ग को राजकीय कारागार में बदल दिया और यहाँ महत्त्वपूर्ण लोगों को बन्धक बनाकर रखा गया और बहुत लोगों को तो यहाँ मौत के घाट उतार दिया गया। इन शासकों ने मान महल एवं नौ चौकी को बन्दीगृह बना दिया था। इस समय दुर्ग पर कड़ा पहरा रहता था। कोई भी बिना अनुमति के दुर्ग में प्रवेश नहीं कर सकता था।

मुगलोत्तर काल

औरंगजेब के बाद दिल्ली सल्तनत के निर्बल होते ही स्थानीय हिन्दू शासकों ने दुर्ग पर अधिकार करना प्रारंभ कर दिया। दुर्ग पर स्थित गंगोला ताल से विदित सं. १७५८ के लेख में परिहार राजा अवचीक द्वारा निर्माण कार्य का उल्लेख हुआ है[६०], किन्तु क्या निर्माण करवाया, इस सम्बन्ध में अभिलेख मौन है। लगभग इसी कालावधि के गंगोला ताल से ज्ञात एक अन्य लेख में कच्छपघात सहरिपाल का उल्लेख हुआ है।[६१] इससे स्पष्ट होता है प्रतिहार काल से लेकर मुगलों के बाद तक गंगोला ताल का महत्त्व अनवरत् बना रहा था। इस तालाब का जल–आपूर्ति की दृष्टि से महत्त्वपूर्ण स्थान होने के साथ–साथ संभवतः धार्मिक महत्त्व भी रहा होगा। इसी कारण यहाँ शासनरत प्रायः सभी राजाओं ने इस ताल की सफाई एवं कुछ निर्माण–कार्य करवाये थे।

जाट काल

१७५४ ई. के आसपास ग्वालियर दुर्ग गोहद के जाट राजा भीमसिंह के अधिकार में आ गया। किन्तु उसके काल में दुर्ग पर क्या विकास कार्य हुए? यह विदित नहीं है। वर्तमान में दुर्ग पर जोहर ताल के पास भीमसिंह राणा की छत्री बनी हुई है। पेशवाओं के विरुद्ध युद्ध में मृत्यु हो जाने पर दुर्ग पर ही भीमसिंह का अंतिम संस्कार कर दिया गया था और वहाँ उनकी स्मृतिस्वरूप इस छत्री का निर्माण करवाया गया। भीमसिंह राणा के साथ उनकी मुसलमान प्रेयसी नर्तकी रोशन भी सती हो गयी, जिसकी कब्र आज भी जोहर ताल के पूर्व दिशा में बनी है।[६२] यह दोनों ही १७५६ ई. में निर्मित हुए थे। आर्थर ह्यूज ने जोहर ताल के नामकरण के पीछे रोशन नर्तकी के जोहर की संभावना व्यक्त की है। ऐसा माना जा सकता है कि पूर्व प्रचलित जोहर ताल के महत्व को समझते हुए ही भीमसिंह राणा का दाह संस्कार वहाँ हुआ था और उनके साथ उनकी प्रेयसी भी सती हो गयी।[६३]

३ अगस्त १७८० ई. में जाटों एवं अंग्रेजों के संयुक्त अभियान में मेजर पोफम के नेतृत्व में एक सेना ने कूटनीति से ढोढा पौर के रास्ते दुर्ग में प्रवेश कर पेशवाओं से दुर्ग छीन लिया। बाद में उसे भीमसिंह के उत्तराधिकारी छत्रसिंह को सौंप दिया। कालान्तर में १७८३ ई. में सिंधियाओं ने दुर्ग पर अधिकार कर वहाँ अपना राज्य प्रारंभ किया।

सिंधिया एवं अंग्रेजों का काल

तेली के मंदिर के बाहरी प्रवेश–द्वार में लगे शिलालेख से ज्ञात होता है कि सिंधिया शासकों से आर्थिक सहायता लेकर क्यूरेटर ऑफ एन्शियन्ट मोनूमेन्ट्स की ओर से जे. बी. कीथ ने १८८१–८२ ई. में तेली के मंदिर एवं सास बहू मंदिर का जीर्णोद्धार करवाया। तेली के मंदिर के बाहरी प्रवेश–द्वार को भी बनवाया।

ज्ञात होता है कि रानी लक्ष्मीबाई की संयुक्त सेना को परास्त करने के बाद १८८६ ई. में अंग्रेजो ने ग्वालियर दुर्ग पर अधिकार कर लिया और सिंधियाओं को किला सौंपने से पूर्व

एक खरीते के अनुसार उनसे १५ लाख रुपये की मांग की गयी, जो अंग्रेजों ने किले की किलाबन्दी और वहाँ स्थित इमारतों के निर्माण में खर्च किए थे।[६४] इसके अलावा सिंधियाओं ने भी दुर्ग पर कई मरम्मत के कार्य करवाये। इससे ज्ञात होता है कि अंग्रेजो एवं सिंधियाओं ने दुर्ग पर कई निर्माण करवाये थे, जो अधोलिखित हैं–

१. अंग्रेजों ने कई भवनों का निर्माण करवाया, जैसे–जोहर ताल के समीप पश्चिम की ओर एक विशाल भवन, वर्तमान भारतीय पुरातत्त्व सर्वेक्षण का संग्रहालय भवन, सिंधिया स्कूल की इमारत, बंगले आदि।
२. उन्होंने सास–बहू मंदिर, त्रिकोनिया ताल, मानसरोवर ताल, गणेश पौर के निकट, मान महल के दक्षिण में बैटरी हाउसों का भी निर्माण करवाया।
३. दुर्ग के मजबूतीकरण के लिए कई जगह प्राचीर को ऊँचा एवं सुदृढ़ करवाया, जैसे सास बहू मंदिर के पास की प्राचीर, अस्सी खम्बा बावड़ी और सिंधिया स्कूल के मध्य की प्राचीर आदि।
४. उन्होंने ढोढा पौर में मध्य प्रवेश–द्वार का निर्माण करवाकर उसे चारो ओर से एक ऊँची प्राचीर से घिरवाया।
५. उरवाही द्वार स्थित ऊपरी प्रवेश–द्वार का निर्माण सिंधियाओं ने करवाया था और उसे ऊपर तक मजबूत प्राचीर से घेर दिया।

मान महल की पश्चिमी दीवार पर लगे १ जनवरी १८६२ ई. के शिलालेख के अनुसार महाराजा सिंधिया के कार्यकाल में मेजर जनरल काशीराव सुर्वे के निर्देशन में मेजर सीताराम पाटनकर ने मान महल की मरम्मत और दक्षिण–पश्चिमी छोर पर नये बुर्ज व उसमें रंगत का कार्य करवाया था।

इसी प्रकार सास–बहू मंदिर के प्रांगण में पूर्वी दीवार पर लगे एक खण्डित शिलालेख के अनुसार माधव महाराज ने बैटरी हाउस एवं कुछ अन्य मरम्मत कार्य करवाये थे। इससे प्रतीत होता है कि सास–बहू मंदिर में भी उन्होंने कुछ मरम्मत कार्य करवाए हों।

ग्वालियर दुर्ग पर स्थित तेली के मंदिर के समीप बनी ब्रिटिशकालीन इमारत में सिंधिया स्कूल स्थित है, जिसकी स्थापना १८६७ ई. में माधव महाराज ने की। १६३३ ई. में उसे पूरी तरह पुनर्गठित कर दिया गया।[६५]

ग्वालियर दुर्ग पर एक गुरुद्वारा भी निर्मित है, जो सिखों के छठवें गुरु हरगोविन्द को समर्पित है। इसे "गुरुद्वारा दाता बन्दी छोड़ साहिब" नाम से जाना जाता है। यह लगभग ६ एकड़ के क्षेत्र में विस्तृत है। गुरुद्वारे का मुख्य भवन संगमरमर से निर्मित एक छह मंजिला शानदार इमारत है, जिसका निर्माण १६७०–८० ई. के मध्य में संत झण्डा सिंह और उत्तम सिंह मौनी के निर्देशन में करवाया गया था।[६६] गुरु हरगोविन्द को मुगल शासक जहाँगीर ने दुर्ग पर नजरबन्द कर रखा था। बाद में जहाँगीर ने गुरु हरगोविन्द को मुक्त करने का आदेश दिया, किन्तु गुरु हरगोविन्द ने अपने अन्य बंदी साथियों के साथ ही रिहा होने की शर्त पर स्वयं को मुक्त करना स्वीकार किया। फलतः जहाँगीर ने गुरु हरगोविन्द के साथ उनके अनेक बंदी साथियों को भी मुक्त कर दिया। इसी कारण इस गुरुद्वारे को "दाता बन्दी छोड़ साहिब"

कहा गया। गंगोला ताल से ज्ञात सं. १६७२ (१६१५ ई.) के अभिलेख से ज्ञात होता है कि गुरु हरगोविन्द इस ताल में प्रतिदिन स्नान करते थे। संभवतः इसी कारण उस स्थल पर गुरूद्वारे का निर्माण करवाया गया।

गुजरी महल के पिछवाड़े में अंग्रेजों का एक कब्रिस्तान बना हुआ है, जिसमें युद्ध, बीमारी आदि कारणों से मृत्यु को प्राप्त अंग्रेजों को दफनाया गया है। उनके काफिनों पर लगे पत्थरों पर अत्यन्त सुन्दर वर्णों में मृत व्यक्ति व उसकी मृत्यु का कारण, उनके परिवारजनों, तिथि आदि का उल्लेख हुआ है।

स्वतन्त्रता प्राप्ति के बाद भारतीय पुरातत्त्व सर्वेक्षण एवं मध्यप्रदेश राज्य पुरातत्त्व एवं अभिलेखागार द्वारा दुर्ग का संरक्षण एवं संवर्द्धन कार्य करवाया जाता रहा है। वर्तमान में, वाइल्लभट्टस्वामिन मंदिर (चतुर्भुज मंदिर), तेली का मंदिर, सास–बहू मंदिर, मान महल, उरवाही घाटी, एक पत्थर की बावड़ी समूह, अस्सी खम्बा बावड़ी आदि भारतीय पुरातत्त्व सर्वेक्षण के अधीन और गुजरी महल, कर्ण महल, विक्रम मंदिर, भीम सिंह राणा की छत्री, जहाँगीर महल, शाहजहाँ महल, ढोढा पौर आदि मध्यप्रदेश राज्य पुरातत्त्व एवं अभिलेखागार के अन्तर्गत संरक्षित स्मारकों में गणनीय हैं।

इनके अलावा एक पत्थर की बावड़ी का निचला भाग, किला मार्ग स्थित जैन समूह (गिरनार समूह), ढोढा पौर के निकट स्थित जैन समूह (सिद्धांचल), उरवाही द्वार के निकट स्थिति त्रिशलागिरि समूह आदि का पुनरुद्धार स्थानीय जैन समाज द्वारा करवाया जा रहा है।

इनके अलावा दुर्ग पर कुछ नवीन मंदिर भी स्थित हैं, जिनमें उल्लेखनीय है– किला मार्ग पर स्थित हनुमान मंदिर। इसके अतिरिक्त भारतीय पुरातत्त्व सर्वेक्षण के भवन के पीछे की ओर मुस्लिम काल की एक कब्रगाह विद्यमान हैं, जिसमें कई कब्रों के प्रस्तर खण्डों पर अरबी–फारसी में लेख लिखे हुए हैं। कई जगह मुस्लिमों की स्वतंत्र कब्रगाह बनी हैं।

किले के लगभग मध्य में बालकिला स्थित है[६७], जो चारों ओर से ऊँची व मजबूत सुरक्षा प्राचीर से घिरा हुआ है। आर्थर ह्यूज के अनुसार इसका निर्माण मराठा शासकों द्वारा करवाया गया था। इसके अंतर्गत एक भूमिगत कक्ष भी निर्मित है, जिसका उपयोग शस्त्र भंडारण के लिए होता था।

संदर्भ

१. ए. कनिंघम, *आ. स. इं. रि.*, भाग २ (१८६२–६५), पृ. ३७३।
२. जे. एफ. फ्लीट, *का. इ. इ.*, भाग ३, पृ. १–१७।
३. ए. कनिंघम, पूर्वोक्त, पृ. ३५४–५५।
४. *ज. बा. ब्रा. रा. ए. सो.* (नवीन सीरिज), भाग ३, पृ. १०५।
५. *प्रबन्धकोश* (राजशेखर), अहमदाबाद, १६३५, पृ. २८–२६।
६. *प्रभावकचरित* (प्रभाचन्द्र सूरि), ११, श्लोक १३६–४०, बम्बई, १६०६।
७. ए. कनिंघम, पूर्वोक्त, पृ. ३६२–६३।

८. *ए. इं.*, भाग १ (१८९२), पृ. १५४–६२।
९. रमानाथ मिश्र, *भारतीय मूर्तिकला का इतिहास*, दिल्ली, २००८, पुनर्मुद्रित, पृ. २०७।
१०. *ग्वा. पु. रि.*, (वि. सं. १९८४/१९२७–२८), क्र. ४३–४४; *ग्वा. रा. अ.*, क्र. ६१८; *ए. रि. इं. ए.* (१९५३–५४), क्र. बी १४३; माइकेल डी. विलिस, *इ. गो.*, लंदन, १९९६, पृ. १०६।
११. *ए. इं.*, भाग १, पृ. १२६, १३४, श्लोक ४५।
१२. ए. कनिंघम, पूर्वोक्त, पृ. ३३४।
१३. *इ. ए.*, भाग १५, पृ. ३३–४६।
१४. वही, पृ. २०१।
१५. ए. कनिंघम, पूर्वोक्त, पृ. ३६४।
१६. अमर सिंह, *ग्वालियर दुर्ग, मंदिर एवं मूर्तियाँ*, लखनऊ, १९९६, पृ. ९१।
१७. कनिंघम एवं अमर सिंह ने संभवतः त्रुटिवश शिवलिंग युक्त चबूतरे को जहाँगीर महल के प्रांगण में बताया है, जबकि वर्तमान में वह विक्रम मंदिर के सामने बना हुआ है।
१८. ए. कनिंघम, पूर्वोक्त, पृ. ३६२–६३।
१९. बी. डी. मिश्रा, *फोर्टस एंड फोर्ट्रैस ऑफ ग्वालियर एंड इट्स हिन्टरलैंड*, दिल्ली, १९९३, पृ. ८०।
२०. *ए. रि. इं. ए.* (१९६५–६६), क्र. ७२; ए. इ., भाग ३८ (१९६९–७०), पृ. १३३–३४; माइकेल डी. विलिस, पूर्वोक्त, पृ. १०; सिंह, *प्राग्धारा*, अंक १५ (२००४–०५), पृ. २७४–७५।
२१. *ताजुल मआसिर*, फोलियो ७६६–६७; इलियट एवं डाउसन, जॉन, *हिस्ट्री ऑफ इण्डिया एज टोल्ड वाई इट्स ओन हिस्टोरियन्स*, लंदन, जिल्द चार, पृ. २२७–२८।
२२. गुलाब खाँ गौरी, *ग्वालियर का राजनैतिक एवं सांस्कृतिक इतिहास*, दिल्ली, १९८६, पृ. १८।
२३. हरिहर निवास द्विवेदी, *ग्वालियर के तोमर*, ग्वालियर, १९७६, पृ. ६।
२४. *ग्वालियरनामा* (फजल अली), फोलियो ७–८।
२५. गुलाब खाँ गौरी, पूर्वोक्त, पृ. २१–२२।
२६. ए. कनिंघम, पूर्वोक्त, पृ. ३३२।
२७. बी. डी. मिश्रा (१९९३), पृ. १३०–३१।
२८. *तारीखे फिरोजशाही* (बर्नी), अनुवाद इलियट, पृ. १०४।
२९. *तारीखे फिरोजशाही*, अनुवाद रिजवी, १९५५, भाग ३, पृ. १३२, १७५ व २०७।
३०. एस. ए. ए. रिजवी, *तुगलककालीन भारत*, भाग ५, अलीगढ़, १९५७, पृ. २२०।
३१. सन्तलाल कटारे, "टू इन्स्क्रिप्शनस् ऑफ गंगोला ताल", *ज. ओ. इ.*, भाग २३, बडौदा, १९७६, पृ. ३५०–५१।
३२. प्रस्तुत ग्रन्थ का अभिलेख क्र. २४३ व २५२।
३३. प्रस्तुत ग्रन्थ का अभिलेख क्र. २४४।
३४. ए. कनिंघम, पूर्वोक्त, पृ. ३३६।
३५. गुलाब खाँ गौरी, पूर्वोक्त, पृ. १४८।
३६. *ए. रि. इं. ए.* (१९७५–७६), क्र. १५७।
३७. ए. कनिंघम, पूर्वोक्त।
३८. हरिहर निवास द्विवेदी (१९७६), पृ. ३४३–४४; गुलाब खाँ गौरी, पूर्वोक्त, पृ. १३७।

३६. प्रस्तुत ग्रन्थ का अभिलेख क्र. २४५।
४०. प्रस्तुत ग्रन्थ का अभिलेख क्र. २४६ व २४८।
४१. *बाबरनामा*, अनुवाद बेवरिज, भाग २, लन्दन, १६२१, पृ. ६११–१२।
४२. *बाबरनामा*, अनुवाद रिजवी, भाग ८, १६६०, पृ. २७४–७६।
४३. *बाबरनामा*, पूर्वोक्त, पृ. ६०८–०६।
४४. प्रस्तुत ग्रन्थ का अभिलेख क्र. २४६।
४५. ए. कनिंघम, पूर्वोक्त, पृ. ३३८।
४६. *गोपाचल आख्यान*, खड्गराय, फोलियो ३६; बलवन्त राव, "हिस्ट्री ऑफ फोर्ट्रेस ऑफ ग्वालियर", *गोपाचल आख्यान*, (संपा. हरिहर निवास द्विवेदी), ग्वालियर, १६८०, पृ. १३१।
४७. *कानूने हिमायूँ*, खोदमीर, अनुवाद रिजवी, पृ. ३७८।
४८. *ए. रि. इं. ए.* (१६६६–७०), क्र. डी ६०; माइकेल डी. विलिस, पूर्वोक्त, पृ. ६०।
४६. *कुलियाते ग्वालियरी*, फजल अली, पृ. १२–१३; *ग्वालियरनामा*, जलाल हिसारी, फोलियो २१; *ग्वालियरनामा*, मुंशी हीरामन, फोलियो १२।
५०. *ए. रि. इं. ए.* (१६६५–६६), क्र. ७८ व ८३; माइकेल डी. विलिस, पूर्वोक्त, पृ. ४७–८; ए. के. सिंह, पूर्वोक्त, पृ. २७७–७८।
५१. दिलिप विर्दी, "एन इंपार्टेंट रिकार्ड ऑफ द टाइम ऑफ गुरु हरगोविन्द", *ज. म. इ. प.*, १० (१६७६), पृ. ६२–६३, माइकेल डी. विलिस, पूर्वोक्त, पृ. ४६; ए. के. सिंह, पूर्वोक्त, पृ. २७६।
५२. ए. कनिंघम, पूर्वोक्त, पृ. ३५२।
५३. वही, ३४४–४५।
५४. *ए. रि. इं. ए.* (१६६५–६६), क्र. बी ८५ एवं डी १२८; माइकेल डी. विलिस, पूर्वोक्त, पृ. ५३; ए. के. सिंह, पृ. २७८–७६।
५५. ए. कनिंघम, पूर्वोक्त, पृ. ३५२।
५६. वही, पृ. ३३३।
५७. वही, पृ. ३५४।
५८. वही, पृ. ३४५।
५६. वही, पृ. ३४३।
६०. *ए. रि. इं. ए.* (१६६५–६६), क्र. ८३; माइकेल डी. विलिस, पूर्वोक्त, पृ. ६०; ए. के. सिंह, पूर्वोक्त, पृ. २८०।
६१. *ए. रि. इं. ए.* (१६६५–६६), क्र. ८२; माइकेल डी. विलिस, पूर्वोक्त, पृ. १११; ए. के. सिंह, पूर्वोक्त, पृ. २८०।
६२. अजय कुमार अग्निहोत्री, *गोहद के जाटों का इतिहास*, दिल्ली, १६८५, पृ. २३।
६३. आर्थर ह्यूज, *ग्वालियर*, १६७६, पृ. १३।
६४. व्ही. एस. कृष्णन, *जिला गजेटियर ग्वालियर*, भोपाल, प्रथम संस्करण, १६६८, पृ. ४८।
६५. वही, पृ. ३७३।
६६. sikhiwiki.org/index.php/Gurdwara_Data_Bandi_Chor_Sahib
६७. ए. कनिंघम, पूर्वोक्त, पृ. ३४४।
६८. आर्थर ह्यूज, पूर्वोक्त, पृ. ३५–३६।

3

मंदिर स्थापत्य एवं मूर्तिशिल्प

मंदिर स्थापत्य

ग्वालियर दुर्ग पर मंदिर स्थापत्य का इतिहास लगभग १५०० वर्ष प्राचीन है। हूण शासक मिहिरकुल के ग्वालियर अभिलेख (ल. ५३० ई.) से सर्वप्रथम दुर्ग पर सूर्य मंदिर के निर्माण की सूचना मिलती है।[1] यद्यपि २७५ ई. में सूरजसेन और ग्वालिपा साधु सम्बन्धी अनुश्रुति से ही दुर्ग का धार्मिक महत्त्व उजागर हो जाता है[2], परन्तु प्रमाणिक स्थापत्य सम्बन्धी सूचना सूर्य मंदिर की ही है, जो वर्तमान में लुप्त हो चुका है। इसके उपरान्त समय–समय पर ग्वालियर दुर्ग पर अनेक मंदिरों का निर्माण हुआ, जो स्थापत्य कला की दृष्टि से ग्वालियर दुर्ग को भारतीय स्थापत्य कला में विशेष स्थान प्रदान करते हैं। ग्वालियर दुर्ग से विदित विभिन्न अभिलेखों में धार्मिक इमारतों का मंदिर, कीर्ति, वेष्म, भवन, प्रासाद, सदन आदि नामों से उल्लेख हुआ है।

साक्ष्यगत दृष्टि से ग्वालियर दुर्ग पर तीन प्रकार के मंदिर–निर्माण की सूचना मिलती है। पहले वे मंदिर हैं, जिनका उल्लेख विभिन्न अभिलेखों या साहित्य में तो हुआ है, किन्तु वर्तमान में वे अनुपलब्ध है अर्थात् नष्ट हो चुके हैं, जैसे– सूर्य मंदिर, वर्द्धमान महावीर मंदिर, स्कन्द–कार्त्तिकेय मंदिर, विष्णु–नरकाद्विष मंदिर, बलराम मंदिर, शिव मंदिर, ग्वालिपा मंदिर, ढोढा मंदिर, जयन्ति थोरा आदि। दूसरे प्रकार के मंदिर वे है, जिनका उल्लेख अभिलेखों या साहित्य में मिलता है और वर्तमान में वे दुर्ग पर विद्यमान भी हैं, जैसे– वाइल्लभट्टस्वामी मंदिर, पद्मनाथ मंदिर आदि। तीसरे मंदिर वे हैं, जिनका उल्लेख न तो अभिलेखों में और न साहित्य में मिलता है, परन्तु वे दुर्ग पर विद्यमान हैं, जैसे– तेली का मंदिर, माता का मंदिर, जैन मंदिर आदि।

कार्त्तिकेय मंदिर

१६२७–२८ ई. में ज्ञात एक खण्डित अभिलेख विशाख कार्त्तिकेय की आराधना से प्रारंभ होता है, जिसमें कार्त्तिकेय को समर्पित एक मंदिर की जानकारी मिलती है।[३] इस अभिलेख में रामदेव और ब्राह्मण अधिकारी वाइल्लभट्ट की भी चर्चा है, जिससे जान पड़ता है कि संभवतः प्रतिहार शासक रामदेव के समय में वाइल्लभट्ट द्वारा ८३३ ई. से ८३६ ई. के मध्य कभी कार्त्तिकेय के इस मंदिर को बनाया गया होगा।

जयन्ति थोरा मंदिर

कनिंघम 'जयन्ति थोरा के मंदिर' का उल्लेख करता है और इसके निर्माण का श्रेय आरंभिक कछवाहा राजा जयन्तपाल को देता है। वह इसे दुर्ग पर त्रिकोनिया ताल के समीप बताता है[४], किन्तु वर्तमान में त्रिकोनिया ताल के समीप कोई भी मंदिर विद्यमान नहीं है।

ढोढा देव मंदिर

ढोढा पौर के निकट सं. १५५२ (१४५६ ई.) का राजा मानसिंह का एक अभिलेख ढोढा देव को समर्पित एक मंदिर का उल्लेख करता है।[५] कनिंघम ने भी इसका उल्लेख किया है और बताया है कि यह चट्टान में काटा गया एक चौकोर आला है।[६] ढोढा शिव का एक रूप कहा जाता है। वर्तमान में कहे गये स्थान पर चट्टान में काटा गया आला और उसमें एक किनारे पर उपर्युक्त अभिलेख तो है, किन्तु उसमें किसी प्रकार का मूर्त्तांकन नहीं है। इस चौकोर आले की माप ७ × ६ फुट के लगभग है और गहराई लगभग ३ फुट है।

सूर्य मंदिर

ग्वालियर दुर्ग पर लगभग छठी शताब्दी ई. के एक सूर्य मंदिर का साक्ष्य हूण शासक मिहिरकुल के १५वें शासनवर्ष के ग्वालियर अभिलेख से मिलता है।[७] यह अभिलेख वर्तमान में कोलकाता के भारतीय संग्रहालय में सुरक्षित है। इस अभिलेख का प्रारंभ सूर्य की उपासना के साथ होता है। इसमें कहा गया है–"आकाश को प्रकाशित करने वाले, अपने रश्मिपुंज के जालों से मेघ समुच्चय के अंधकार को दूर करने वाले तथा अपनी चलित गति से उत्पन्न श्रम से बिखरे हुए चंचल अयालों वाले अश्वों से उदयाचल के शिखर को सुशोभित करने वाले, वे सूर्य आपकी रक्षा करें, जो विजयशील हैं, जिसके रथ के चक्र उदयाचलग्रस्त हैं, जो कष्टनिवारक हैं, जो संसार–रूपी–भवन के प्रकाशस्वरूप हैं तथा रात्रिनिवारक हैं और द्रवित स्वर्ण की रंगावली अपनी किरणों से कमल–पुष्पों के नूतन सौंदर्य का सृजन करते हैं।" ऐसे सूर्य का, श्रेष्ठ मंदिरों में प्रमुख प्रस्तर निर्मित मंदिर का निर्माण मिहिरकुल के शासनकाल के १५वें वर्ष में दुर्ग निवासी मातृकुल के पौत्र तथा मातृदास के पुत्र मातृचेट ने अपने राजा की

पुण्यवृद्धि के लिए नाना प्रकार की धातुओं से युक्त गोप अभिधान वाले रम्य पर्वत पर करवाया था (कारित्वान्शैलमयं मानोः प्रासाद वर मुख्यम्)। उस समय कार्तिक का महीना था और निर्मल चन्द्र प्रकाशित हो रहा था। उपेन्द्र ठाकुर ने मिहिरकुल के शासन का प्रारंभ लगभग ५१५ ई. माना है[८], जिसे स्वीकार करने पर अभिलेख तथा मंदिर–निर्माण की तिथि ५३० ई. मानी जा सकती है।

मंदिर के मूल स्वरूप के विषय में उसकी अनुपलब्धता के कारण कुछ कह पाना संभव नहीं है। उपर्युक्त अभिलेख से केवल यहि विदित होता है कि इस मंदिर का निर्माण पाषाण से हुआ था और यह सर्वोत्तम मंदिरों में प्रमुख था।

रामनाथ ने इस मंदिर की पहचान सूरजकुण्ड या सूर्यकुण्ड के पूर्व में स्थित ''माता–मंदिर'' से करने का प्रयास किया है। कनिंघम की संभावना को स्वीकार करते हुए उन्होंने सूर्य मंदिर को इल्तुतमिश द्वारा धराशायी करने तथा लगभग १८८० ई. में जे. बी. कीथ तथा एच. एच. कोले द्वारा पुनर्निर्मित करवाया जाना माना है।[६] वर्तमान में सूर्यकुण्ड के पश्चिमी तट पर स्वर्गीय माधवराव सिंधिया द्वारा निर्मित एक नवीन मंदिर है, जहाँ पर कार्तिक मास में रविवार को मेला लगता है तथा सूर्य की उपासना एवं पूजा हेतु श्रृद्धालु आते हैं। संभवतः यह प्राचीन परम्परा की निरंतरता को दर्शाता है। सूर्यकुण्ड के विशाल आकार को देखकर यह अनुमान लगाया जा सकता है कि सूर्य मंदिर भी विस्तृत आकार वाला रहा होगा और उसका निर्माण इस कुण्ड से निकले पत्थरों को तराश कर किया गया होगा।

ग्वालिपा मंदिर

किला गेट से ग्वालियर दुर्ग पर चढ़ते समय गणेश द्वार और भैरों द्वार के मध्य ग्वालिपा ऋषि का एक मंदिर स्थित था। इसे प्राचीन माना गया है। कनिंघम के अनुसार यह मंदिर एक वर्गाकार रचना थी, जो चार स्तम्भों पर आधारित थी। कनिंघम इस मंदिर के आगे एक दीपमाला स्तम्भ के विधान का भी उल्लेख करता है। १६६४ ई. में मोतमिद खाँ जो इसे "बुतखाना" कहता था, ने इसे तुड़वाकर यहाँ एक मस्जिद का निर्माण करवा दिया।[१०]

वर्द्धमान महावीर मंदिर

प्रबन्धकोश में गोपगिरि को यशोवर्मन के पुत्र तथा उत्तराधिकारी आम (७५५ ई.) का नगर कहा गया है, जिसने यहाँ पर वर्द्धमान महावीर का सौ हाथ ऊँचा एक मंदिर बनवाया था[११]। इसकी पुष्टि *बप्पभट्टसूरिचरित* एवं *प्रभावकचरित* से भी होती है।[१२] किन्तु वर्तमान में इस मंदिर के कोई भी प्रमाण ग्वालियर दुर्ग पर उपलब्ध नहीं है। ग्वालियर दुर्ग से ८वीं शताब्दी ई. की कुछ जैन प्रतिमाएँ प्राप्त हुई हैं। इनमें उल्लेखनीय हैं– सिंधिया स्कूल परिसर में रखी पार्श्वनाथ प्रतिमा, तेली मंदिर प्रांगण में स्थित आदिनाथ, चौबीसी एवं बाहुबली की प्रतिमाएँ, हथिया पौर व सास–बहू मंदिर के मध्य एक मजार के निकट प्राचीर की दीवार में लगी पद्मासन जिन

प्रतिमा तथा गुजरी महल संग्रहालय में संरक्षित आदिनाथ मूर्ति। इनकी प्राप्ति से दुर्ग पर ८वीं शताब्दी ई. में किसी जैन मंदिर के होने का अनुमान सहज ही लगाया जा सकता है। पुनः कच्छपघात काल में भी आम द्वारा निर्मित महावीर मंदिर का साहित्यिक उल्लेख मिलता है।[१३] किंतु ग्वालियर दुर्ग से महावीर की एक भी प्रतिमा ज्ञात नहीं है।

शिव मंदिर

सं. ११६१ (११०४ ई.) का एक अभिलेख ग्वालियर दुर्ग से ज्ञात हुआ था, जो वर्तमान में राजकीय संग्रहालय, लखनऊ में संगृहीत है।[१४] इस अभिलेख में कच्छपघात शासनकाल में दुर्ग पर एक शैव मंदिर निर्मित होने का उल्लेख है, किन्तु वर्तमान में दुर्ग पर इस समय ऐसा कोई मंदिर विद्यमान नहीं है। कनिंघम ने इसकी पहचान सूरजकुण्ड के दक्षिण–पूर्व में स्थित "माता मंदिर" से करने का प्रयास किया है[१५], किन्तु यह पहचान मान्य नहीं है। कनिंघम जहाँगीर महल के प्रांगण में एक आधुनिक महादेव मंदिर के स्थित होने की बात कहता है, जिसमें एक शिवलिंग स्थापित है।[१६] प्रांगण के मध्य में शिव मंदिर की उपस्थिति उसकी किसी प्राचीन परम्परा की ओर संकेत करती है। अमरसिंह के अनुसार सम्भव है कि उक्त अभिलेख में उल्लिखित शिव मंदिर यही पर स्थित रहा हो, जिसके मूलस्वरूप को १६वीं शताब्दी में शेरशाह ने तुड़वाकर अपना निवास–स्थान बनाया होगा।[१७]

वर्तमान में दुर्ग पर विक्रम मंदिर के सामने एक चबूतरे पर शिवलिंग स्थापित है। बहुत संभव है कि यहीं उपर्युक्त शिव मंदिर रहा हो।

बलराम मंदिर

सं. ११६५ (११०८ ई.) के ग्वालियर दुर्ग से ज्ञात तथा राजकीस संग्रहालय, लखनऊ में संरक्षित अभिलेख में गोप पर्वत अर्थात् ग्वालियर दुर्ग पर बलराम (छीरपाणि) के मंदिर का निर्माण कुल्हण द्वारा करवाये जाने का उल्लेख है। कुल्हण कच्छपघात शासक रत्नपाल के सेनापति एवं मुख्यमंत्री के रूप में नियुक्त था। किंतु वर्तमान में इस मंदिर की जानकारी नहीं है।

वाइल्लभट्टस्वामी मंदिर (चित्र २)

ग्वालियर दुर्ग के पूर्वी प्रवेश–मार्ग के बाईं ओर लक्ष्मण द्वार के निकट प्रतिहारकालीन एक अनोखा शैलोत्कीर्ण मंदिर है। इस मंदिर के निर्माण में एक विशाल शिलाखण्ड को पहाड़ी से अलग कर सभी आवश्यक अंगों के साथ मंदिर के रूप में काटा गया है। इस मंदिर में लगे सं. ९३२ (८७५ ई.) के एक अभिलेख में इस मंदिर के लिए "टङ्कोत्कीर्ण" और "एकशिला" शब्दों का प्रयोग महत्त्वपूर्ण है।[१८] शैलोत्कीर्ण मंदिर–निर्माण की विधा के अंतर्गत शिल्पी चट्टान को संरचनात्मक मंदिरों के अनुकरण पर शिलाखण्ड को बाहर–अन्दर दोनों ओर से काट–छाँट व गढ़ कर वास्तु शिल्प एवं मूर्ति को आकार प्रदान करता है। मामल्लपुरम् के पल्लवकालीन

रथों (ल. ६४०–६० ई.) तथा एलोरा के कैलाश मंदिर (७५७–८३ ई.) के रूप में इस निर्माण–शैली के उदाहरण विद्यमान हैं। उत्तर भारत में वाइल्लभट्टस्वामी मंदिर के अतिरिक्त मंदसौर जिले के धमनार की पहाड़ी में निर्मित आठ वैष्णव मंदिर (ल. ८वीं–९वीं शती ई.), कांगड़ा जिले में मसरूर का शैल मंदिर (ल. ९वीं शती ई.), भागलपुर जिले में कोलगोंग का शैल मंदिर (ल. ८वीं–१०वीं शती ई.) तथा पिथौरागढ़ जिले में थल का शैल मंदिर (ल. १२वी शती ई.) इस विधा में निर्मित मंदिरों के विशिष्ट उदाहरण हैं। शैल मंदिरों का निर्माण संरचनात्मक मंदिरों की अपेक्षा अधिक कठिन, श्रमसाध्य और कौशलपूर्ण होता है। मंदिर की सम्पूर्ण रचना को तलछन्द और उर्ध्वछन्द योजना में शिलाखण्ड पर गढ़ना पड़ता है। शिला को काटकर पहले एक साधारण रूपरेखा तैयार की जाती है। तदुपरान्त उस पर विभिन्न अलंकरणों एवं रूपों को अंकित किया जाता है। विवेच्य मंदिर का सं. ९३२ का अभिलेख संकेत करता है कि यह मंदिर छेनी द्वारा काटकर बनाया गया था। इस विधि से निर्माण में शिल्पी के छेनी का एक भी गलत प्रहार सुधार का अवसर प्रदान नहीं करता, क्योंकि शिला के उस भाग को बदलना संभव नहीं होता, इसलिए इस प्रकार के निर्माण–कार्य में निश्चित रूप से अत्यन्त प्रतिभासम्पन्न, कुशल, अनुभवी तथा धैर्यवान शिल्पियों की महत्त्वपूर्ण भूमिका रही होगी।

ग्वालियर दुर्ग का यह शैलोत्कीर्ण मंदिर अकेला तिथ्यांकित प्रतिहारकालीन स्मारक है। इस मंदिर में दो अभिलेख अंकित हैं। एक मंदिर के प्रवेश–द्वार के ऊपर सं. ९३२ (८७५ ई.) का ७ पंक्तियों में[१९] तथा दूसरा गर्भगृह की दक्षिणी दीवार पर सं. ९३३ (८७६ ई.) का २६ पंक्तियों में है।[२०]

इनमें प्रथम अभिलेख से विदित होता है कि विष्णु के इस शैलोत्कीर्ण अद्‌भुत मंदिर का निर्माण प्रतिहार शासक रामदेव के समय में 'मर्यादाधुर्य' के रूप में सेवारत वाइल्लभट्ट तथा उनकी पत्नी जज्जा से उत्पन्न उनके पुत्र अल्ल द्वारा करवाया गया था। अल्ल प्रतिहार शासक श्रीमद् आदिवराह (भोज) के समय में ग्वालियर दुर्ग के 'कोट्टपाल' के रूप में नियुक्त थे। इस अभिलेख में विष्णु के त्रिविक्रम रूप की आराधना है, जिनकी प्रभावशाली प्रतिमा इस मंदिर की उत्तरी भद्र रथिका में रूपायित है।

दूसरे अभिलेख में मंदिर को वाइल्लभट्टस्वामी मंदिर के रूप में प्रतिष्ठित बताया गया (वाइल्लभट्टस्वाम्यभिधान विष्णवायतनाय) है। इससे स्पष्ट होता है कि अल्ल ने इस मंदिर का नाम अपने पिता के नाम पर रखा था, जिसके निर्माण का उद्‌देश्य धार्मिक अभिवृद्धि तथा अपने एवं अपनी पत्नियों के कल्याणार्थ था। इस लेख से ज्ञात होता है कि इस विष्णु मंदिर के साथ–साथ किसी नवदुर्गा मंदिर के रख–रखाव, पूजा–अर्चना की व्यवस्था हेतु चार दान अल्ल द्वारा दिये गये थे, जिनके माध्यम से तेल और फूलों की मालाओं की आपूर्ति भी सुनिश्चित कर ली गयी थी।

इस मंदिर के गर्भगृह में बाद की स्थानक मुद्रा में एक चतुर्भुजी विष्णु प्रतिमा स्थापित है, जिसके कारण ही संभवतः यह कालान्तर में चतुर्भुज मंदिर के रूप में विख्यात हुआ। चतुर्भुज विष्णु के ऊपरी दोनों हाथों में शंख और चक्र प्रदर्शित हैं तथा दोनों पैरों के पास पद्‌मपुरुष एवं

गदादेवी को दर्शाया गया है। देव का चेहरा विरूपित है किन्तु उनका हार, यज्ञोपवीत और वनमाला स्पष्ट हैं। देव की सहचारी पुरुष एवं नारी आकृतियाँ भी प्रदर्शित हैं। त्रिविक्रम रूप में प्रदर्शित विष्णु (चित्र ३) ने किरीट मुकुट एवं दाहिने घुटने तक विस्तृत वनमाला धारण कर रखी है। देव के ऊपरी बाएँ हाथ में चक्र है। इनका दाहिना पैर जमीन पर दृढ़ता से स्थित है, जबकि आकाश में उठा बायाँ पैर राहु के चेहरे को छूता हुआ बना है। नीचे बायीं ओर गुरु शुक्राचार्य और बाली की आकृतियाँ दो अन्य आकृतियों के साथ बनी हैं। विष्णु के त्रिविक्रम रूप की इस प्रतिमा को अत्यन्त प्रभावोत्पादक रूप में दर्शाया गया है, जिसका विवरण सं. ६३२ के अभिलेख में भी है। अभिलेख में उल्लेख है कि त्रिविक्रम विष्णु का विशाल पैर आकाश को नापने के लिए उठा, जिससे सूर्य के अश्व भयभीत हो गए। उत्तरी भद्र की रथिका में देव के इस रूप को निरूपित करते हुए मूर्तिकार ने उनके विशाल शक्तिशाली उठे हुए पैर को राहु के चेहरे को छूते हुए दर्शाया है।

पूर्वाभिमुखी इस मंदिर की तलछन्द योजना में एक वर्गाकार गर्भगृह, उसके सामने एक छोटा अन्तराल या कपिली तथा दो स्तम्भों व दो अर्द्धस्तम्भों पर आधारित एक वर्गाकार अर्द्धमण्डप है। गर्भगृह का आकार ३.५५ मी. तथा अर्द्धमण्डप ३.२० मी. का है। गर्भगृह का प्रवेश–द्वार पत्रलता, पुष्प, स्तम्भ तथा पत्र शाखाओं से सुशोभित है। स्तम्भशाखा के आधार और शीर्ष पर घटपल्लव का अंकन है तथा मध्य में कीर्तिमुख से निसृत किंकिणिका शोभायमान हैं। पुष्पशाखा को ललाटबिंब के नीचे पत्रलता के साथ उड्डीयमान गरुड़ के हाथों में दर्शाया गया है। चौखट में नीचे की ओर छत्रधारिणी तथा वैष्णव द्वारपालों के साथ मकरवाहिनी गंगा तथा कूर्मवाहिनी यमुना प्रदर्शित हैं। इनके ऊपर भारवाहक युगल तथा मालाधारी हंस–मिथुन बने हैं। ललाटबिम्ब में उद्‌गम से सुशोभित रथिका तथा उसके दोनों ओर की छोटी रथिकाओं में मूर्तियाँ अंकित हैं, जिनकी स्पष्ट पहचान कर पाना अब सरल नहीं है। उदुम्बर के मध्य मन्दारक तथा उसके दोनों ओर बैठी हुई सिंह आकृतियाँ उत्कीर्ण हैं।

मंदिर का उर्ध्व विस्तार वेदीबन्ध, जंघा तथा शिखर के रूप में हैं। पद्‌मपीठ के ऊपर खुर, कुम्भ, कलश तथा कपोतिका से वेदीबन्ध शोभायमान है। कपोतालि के ऊपर भद्र, प्रतिभद्र एवं कर्ण पर देवी–देवताओं सहित छोटी–छोटी रथिकाओं को उकेरा गया है। रथिकाओं के शीर्ष भाग को उद्‌गमों से तथा पार्श्व भागों को रुचक शैली के सादे अर्द्धस्तम्भों से अलंकारित किया गया है। वेदीबन्ध के भद्र पर शिव परिवार के देवों को रूपायित किया गया है। उत्तरी भद्र पर पंचाग्नि तपरत चतुर्भुजी पार्वती की स्थानक मुद्रा में एक प्रतिमा है। इस अंकन में ऊपर की ओर दो अग्निकुण्ड तथा नीचे की ओर शेर एवं हिरण प्रदर्शित हैं। पश्चिमी भद्र पर द्विभुजी कार्तिकेय हैं, जिनके बाएँ हाथ में शक्ति है तथा वे दाएँ हाथ से मोर को दान चुगा रहे हैं। दक्षिणी भद्र पर चतुर्भुजी नृत्यरत गणेश को दर्शाया गया है। इसके अतिरिक्त प्रतिभद्र एवं कर्ण गणदेवताओं के अंकन से शोभायमान हैं और इनमें उल्लेखनीय हैं– बांसुरीधारी कृष्ण, शीर्षफण के साथ बलराम, वामन तथा सुरसुन्दरियाँ। इस मंदिर के अधिष्ठान के भद्र भाग पर बनी गणेश, कार्तिकेय, पंचाग्नि तपरत पार्वती आकृतियों के नरेसर, बटेसर, अमरोल के शिव मन्दिरों पर होने

के आधार पर त्रिवेदी का विचार है कि चतुर्भुज (वाइल्लभट्टस्वामी) मंदिर का मूर्तिकार ग्वालियर क्षेत्र के पूर्व के मंदिरों में शैव देवों के प्रस्तुति की परम्परा से परिचित था और उन्हें विष्णु मंदिर में भी अंकित किया, यद्यपि निचले जंघा के भद्र एवं कर्ण पर बनी रथिकाओं में विष्णु को विविध रूपों में दिखलाया गया है।[२१] उत्तरी भद्र पर चतुर्भुजी त्रिविक्रम, पश्चिमी भद्र पर चतुर्भुजी विष्णु तथा दक्षिणी भद्र पर चतुर्भुजी नृवराह की प्रतिमाएँ रथिकाओं में बनी हैं। नृवराह (चित्र ४) का निचला दाहिना हाथ जंघा पर है तथा ऊपरी बाएँ हाथ से वे पृथ्वी देवी को ऊपर उठाए हैं। नृवराह की दो सहचारी नारी आकृतियाँ वनमाला, हार एवं मेखला धारण किए हुए हैं। इस अभिलेख में श्रीमद् आदिवराह के उल्लेख तथा भोज के श्रीमद् आदिवराह प्रकार के सिक्कों की प्राप्ति से आभासित होता है कि राजा भोज ने विष्णु–अवतार के समान अपने राज्य का उद्धार किया था। रथिकाओं के शीर्ष को छाछ, कपोत एवं उद्गमों से सजाया गया है। प्रतिरथों पर स्तम्भशाखा तथा उसके पार्श्वों के सलिलान्तरों में पत्रावली का अलंकरण है। स्तम्भ शाखा को घटपल्लव, रथिकाबिंब, कीर्तिमुख, अर्द्धपद्म जैसे अलंकरणों से सुशोभित किया गया है। इसके अतिरिक्त कुछ अन्य अवतार प्रतिरथ पर प्रदर्शित हैं, जैसे– दक्षिण में नृसिंह, पश्चिम में राम एवं कल्कि तथा उत्तर में बुद्ध। विष्णु के अवतारों में मत्स्य एवं कूर्म को छोड़कर सारे अवतार यहाँ प्रदर्शित हैं। जंघा भाग की कर्ण रथिकाओं में अष्ट दिक्पालों में से छह दिक्पाल अग्नि, यम, निऋति, वरुण, वायु और कुबेर सम्बन्धित दिशाओं में खड़े दिखाए गए हैं। इनमें अधिकांश के पीछे उनके वाहन प्रदर्शित हैं। वायु की उत्तर–पश्चिमी कर्ण पर बनी मूर्ति में उन्हें वाहन मृग के साथ दिखलाया गया है। उनके वस्त्र वायु वेग से उड़ते हुए सिर तक पहुँच रहे हैं। शास्त्रों में इसी रूप के लिए 'वाय्वापूरितवस्त्र' शब्द का उल्लेख हुआ है।[२२] रथिका का ऊपरी भाग छाद्य, कपोत तथा लम्बे उद्गम से सजाया गया है। जंघा के ऊपरी किनारे पर किंकिणिका का अंकन हुआ है। इस मंदिर की मूर्तियाँ छोटी या मध्यम आकार की हैं तथा अनुपात में लम्बी एवं छरहरी है तथा रेखाओं में तनाव स्पष्टतः दर्शनीय है।

जंघा और शिखर के मध्य तीन पट्टियों की वरण्डिका दर्शायी गयी है। इनमें मध्य में तुलासिरों पर हंस, पुष्प, पत्र, कीर्तिमुख एवं नीचे तथा ऊपर की पट्टी में चन्द्रशालाओं से अलंकृत कपोतालि आदि का अंकन है। शिखर का ऊपरी भाग तथा कलश नष्ट होने के कारण पुनर्निर्मित हुआ है। त्रिभूम तक सुरक्षित नागर शैली का लतिन रेखा शिखर दर्शनीय है। शिखर भाग का कर्ण तीन कपोतों के समूह पर उद्गम बनाकर उन्हें भूमि–आमलकों से विभक्त किया गया है। प्रतिहार परम्परा में शुकनासा निर्मित है, जिसे चन्द्रशालाओं एवं अर्द्धचन्द्रशालाओं के अलंकरण के रूप में निर्मित किया गया है। इसे "ललाट का तिलक" माना जाता है तथा इसमें सामान्यतया गर्भगृह के मूलनायक की प्रतिमा स्थापित की जाती है। सबसे ऊपर की चन्द्रशाला में योगासन में बैठे चतुर्भुजी विष्णु दर्शाए गए हैं।

गर्भगृह के सम्मुख दो स्तम्भों पर आधारित छोटा अर्द्धमण्डप या मुखमण्डप बना हुआ है। इस मण्डप के स्तम्भों तथा अर्द्धस्तम्भों की रचना एक जैसी है। घट पल्लव प्रकार के रुचक स्तम्भों की कुम्भिका चौकोर भद्रक प्रकार की है, जिसके चारों ओर उद्गमों से सुशोभित

रथिकाओं में देवमूर्तियाँ बनायी गयी है। कुंभिका के ऊपर स्तम्भ यष्टि का आधार और शीर्ष घटपल्लव एवं मध्य भाग कीर्तिमुख से निकलती किंकिणिका से अलंकृत है। प्रतिहारकालीन मंदिर स्तम्भों को प्रायः इस प्रकार के कीर्तिमुख से निकलते हुए किंकिणिका अर्थात् जंजीर और घण्टे के अलंकरण से सजाया गया है। स्तम्भ शीर्ष पर चौकोर आमलक तथा भारपुत्रकों का प्रदर्शन है, जिनके ऊपर भारपट्ट रखे हैं। इन्हीं भारपट्टों पर मण्डप की छत आधारित है। छत की चन्दोबा समतल वितान के रूप में निर्मित है, जिसमें पूर्ण विकसित पद्म पंखुड़ियों का सुन्दर अंकन है। भारपट्टों के अन्तः भाग पर कृष्ण–लीला के दृश्य दर्शाए गए हैं। इसमें उत्तर–पश्चिमी किनारे से आरंभ होकर दक्षिण–पश्चिमी किनारे तक कृष्ण जन्म, गोकुल में नवजात कृष्ण का आगमन, पूतना–वध, सकट भंग, यमलार्जुन उद्धार, केशीवध, अरिष्टाकासुर वध, दधिमंथन, दानलीला, माखन चोरी, कालियामर्दन, गोवर्धन धारण, कुवलयापीड वध और मथुरा में कंश की रंगशाला में मल्लयुद्ध, नृत्य एवं वाद्य जैसे दृश्यों को कुशलता के साथ प्रदर्शित किया गया है।

मंदिर के दोनों ओर शिला को काटकर बैठे हुए शेरों की भी आकृतियाँ बनायी गयी थीं, जिनमें से एक बाद में मंदिर के पुनर्निर्माण के समय नष्ट हो गयी तथा दूसरी इतनी विरूपित हो गयी है कि उसकी पहिचान सरल नहीं रह गयी है।

तेली का मंदिर (चित्र ५)

अपनी भव्यता, विशालता तथा गजपृष्ठाकृत शिखर के लिए विख्यात तेली का मंदिर दुर्ग के लगभग मध्य में गंगोलाताल के सामने स्थित है। मंदिर का वर्तमान नाम कब और कैसे पड़ा, प्रत्यक्ष प्रमाणों के अभाव में स्पष्ट नहीं है। कनिंघम का विचार है कि संभवतः किसी तेली के धन से निर्मित होने के कारण यह नाम पड़ा होगा।[२३] अमर सिंह के अनुसार इस मंदिर के शिखर का आकार द्रविड़ शैली का होने के कारण प्राचीन काल में यह तेलंगाना मंदिर नाम से विख्यात रहा होगा, जिसका विकृत रूप तेली का मंदिर है।[२४] सं. ९३३ के वाइल्लभट्ट स्वामी मंदिर अभिलेख में अक्षयनिधि के रूप में ग्वालियर की प्राचीन बस्तियों, जैसे– सर्वेश्वरपुर, चर्चिकाहट्टिका, निंबादित्य हट्टिका आदि अनेक तैलिक महत्तर तथा सभी तैलिक श्रेणियों द्वारा मंदिरों में दीपक जलाने के लिए प्रत्येक माह के निश्चित दिन पर प्रति कोल्हू एक पलिका तेल उपलब्ध कराने का विवरण है।[२५] इस विवरण से संभावित जान पड़ता है कि गुर्जर–प्रतिहार काल में आवश्यकता पड़ने पर तैलिक महत्तर को मंदिर में दीपक जलाने तथा उनके रख–रखाव का दायित्व सौंप दिया जाता था। इसके आधार पर यह निष्कर्ष भी निकाला गया है कि किसी तेली या उसके मुखिया को इस मंदिर में दीपक आदि जलाने का दायित्व सौंपा गया हो तथा बाद में उसके उत्तराधिकारियों ने उस परम्परा का निर्वाह किया हो और उनसे सम्बन्ध के कारण कालान्तर में लोकभाषा में इसे 'तेली का मंदिर' नाम से जाना जाने लगा हो।

इस मंदिर की योजना पंचरथ प्रकार की है। पूर्वाभिमुखी इस मंदिर का गर्भगृह आयाताकार है, जो बाहर से ९.२० × ६.६० मी. तथा अंदर से ८.३ × ५.४६ मी. आकार का है। गर्भगृह के आगे कपिली या अंतराल भाग है, जो अंदर से ६ × ४ मी. और बाहर से १२ × ४ मी. आकार का है। गर्भगृह एवं कपिली भाग अन्दर से सादे हैं। गर्भगृह के ऊपर समतल वितान बनाया गया है, जिस पर हुआ अलंकरण अब शेष नहीं है। केवल एक स्थान पर कीर्तिमुख का अंकन देखा जा सकता है। गर्भगृह के चारों कोनों के भित्तिस्तम्भों के फलकों को पद्म, अर्द्धपद्म, मांगल्य विहग, चक्रवाक, कीर्तिमुख तथा अन्य वानस्पतिक एवं ज्यामितीय आकृतियों से सुसज्जित किया गया है। पूर्वाभिमुख प्रवेश–द्वार की ऊँचाई लगभग १०.६६ मी. है। गर्भगृह में प्रवेश करने के लिए इसके सामने सोपान निर्मित किए गए हैं। द्वार पाँच द्वार–शाखाओं से सुशोभित है। ये शाखाएँ हैं– पत्रलता, नागशाखा, मिथुनशाखा, स्तम्भ शाखा तथा संयुक्त पत्र शाखा। उत्तरंग भी तीन शाखाओं से अलंकृत है, जिनके मध्य में ललाटबिम्ब पर उड्डीयमान गरुड़ को अपने दोनों हाथों में नागशाखा को पकड़े दर्शाया गया है, जिनके दोनों पार्श्वों में मालाधर विद्याधर प्रदर्शित हैं। द्वारशाखाओं के नीचे दक्षिण में मकरवाहिनी गंगा तथा उत्तर में कूर्मवाहिनी यमुना अपने–अपने अनुचरों के साथ प्रदर्शित हैं। इन दोनों नदी देवियों के साथ छत्रधारिणी द्वारपाल दोनों ओर बने हैं। यमुना के साथ घुंघराले बालों एवं दाढ़ी वाले द्वारपाल बने हैं, जिनके दाहिने हाथ में कटोरा एवं बाएँ हाथ में खट्वांग है। यह शिव के भैरव या विरभद्र रूप का परिचायक है। गंगा के साथ द्वारपाल के सिर पर भी जटाभार है तथा बाएँ हाथ में उन्होंने त्रिशूल धारण कर रखा है, जो उनके शैव सम्बन्ध को स्पष्ट करता है। गंगा की आकृति के ऊपर मालाधर विद्याधरों, चोंच में माला धारण किए हंस–मिथुन का अंकन है। एक ऋषि अपने बाएँ पैर पर खड़े होकर हाथ ऊपर उठाए सूर्य देव की तपस्या में रत दिखाए गए हैं। ऋषि आकृति की पहचान भागीरथ से की गयी है और यह दृश्य गंगावतरण का जान पड़ता है। यमुना के ऊपरी भाग में लकुलीश योगपट्ट एवं बाएँ हाथ में दण्ड के साथ प्रदर्शित हैं और उनका दाहिना हाथ व्याख्यान मुद्रा में है। इनके दोनों पार्श्वों में शिष्यों की आकृतियाँ हैं। लकुलीश के दाहिने ओर अंकित ऋषियों के हाथों में पात्र हैं। इनके ऊपर विद्याधर एवं हंसमिथुन बने है, जिनकी चोचों में माला है। बादलों का स्पष्ट अलंकरण है। यमुना के ऊपर बने छत्र का ऊपरी भाग त्रिशूल से अलंकृत है। गंगा–यमुना के ऊपर आकाश में बादलों के साथ उड़ते हुए मांगल्य विहग, मालाधर, विद्याधर तथा अन्य मानवाकृतियाँ बनी हुई हैं। भद्र रथिकाओं के प्रवेश–द्वार भी प्रायः इसी प्रकार के अलंकरण अभिप्रायों से अलंकृत हैं। एक अन्य प्रवेश–द्वार मंदिर के गर्भगृह के सामने निर्मित है, जो अब क्षतिग्रस्त हो चुका है। मुख्य प्रवेश–द्वार के बीच में लगभग १५वीं शताब्दी में एक अन्य छोटा द्वार लगाकर बड़े द्वार के ऊपरी भाग को बन्द कर दिया गया है। इस छोटे द्वार के ललाटबिम्ब पर गणेश का अंकन हुआ है। अंतराल से गर्भगृह में प्रवेश के किनारे के स्तम्भों पर बनी आकृतियाँ बहुत कुछ नष्ट हो चुकी हैं, लेकिन उनमें भी गंगा–यमुना के अंकन का आभास होता है। मंदिरों के प्रवेश–द्वारों के निर्माण तथा उनके अलंकरण के सम्बन्ध में वराहमिहिर कृत *बृहत्संहिता* में

जानकारी मिलती है। इसमें निर्देश है कि गर्भगृह के विस्तारमान के चतुर्थांश विस्तार मान का द्वार होना चाहिए। विस्तार से द्विगुणित ऊँचाई तथा ऊँचाई का चतुर्थांश द्वार शाखाओं का विस्तार होना चाहिए। साथ ही यह उल्लेख है कि द्वार तीन, पाँच, सात अथवा नौ शाखाओं से सुशोभित हो। द्वार शाखाओं के चतुर्थांश में प्रतिहारी, मांगल्य विहग, श्रीवृक्ष, स्वस्तिक, मिथुन, पत्रलता तथा प्रमथ का अलंकरण होने का निर्देश है।[२६] शास्त्रविहीत इस प्रकार के अंकन की परम्परा गुप्तकाल में दिखाई पड़ने लगती है, लेकिन गुप्तकालीन मंदिरों में ललाटबिम्ब पर सामान्यतया मूलनायक से सम्बन्धित प्रतिमा का अंकन होता था, जबकि प्रतिहार शैली में निर्मित मंदिरों के ललाटबिम्ब पर प्रायः गरुड़ प्रदर्शित हैं तथा मूलनायक से सम्बन्धित प्रतिमा को शुकनासा पर प्रदर्शित किया जाने लगा।

तेली के मंदिर की ऊँचाई २४.४ मी. है। इसकी ऊर्ध्वछन्द योजना में तीन भिट्टों के ऊपर वेदीबन्ध, जंघा, वरंडिका तथा शिखर भाग का निर्माण किया गया है। वेदीबन्ध अपेक्षाकृत ऊँचा है, जो खुर, कुम्भ, जालक या अन्तरपट्ट तथा कपोतिका से सुसज्जित है। इस मंदिर में कलश का निर्माण नहीं हुआ है, उसके कारण रिक्त स्थान को भरने के लिए अन्तरपट्ट को और अधिक चौड़ा बनाते हुए रूपपट्टी की रचना की गयी है। अन्तरपट्ट का निचला भाग रूपपट्टी अथवा देवपट्टी से शोभायमान है। इस भाग की ११३ छोटी रथिकाओं में विविध देवों, साधु और शैव द्वारपालों का रूपायन है (चित्र ६)। रथिकाओं के पार्श्व रुचक शैली के अर्द्धस्तम्भों से अलंकृत हैं, जिन पर दो–दो अर्द्धपद्म बने हुए हैं। रूपपट्टी के ऊपर पुष्पपत्रों तथा कीर्तिमुखों आदि से सुशोभित तुलाशिरों के मध्य जालक तथा उसके ऊपर चन्द्रशालाओं से अलंकृत कपोतिका प्रदर्शित है। उत्तर की ओर अधिष्ठान के नीचे वारिमार्ग पर मकरमुख का अंकन है। पश्चिमी भाग अधिक विस्तृत है। आयताकार गर्भगृह के कारण पूर्व एवं पश्चिम की ओर प्रतिरथ व भद्ररथ हैं, लेकिन उत्तरी एवं दक्षिणी तरफ इस प्रकार के प्रतिरथ नहीं हैं।

जंघा भाग सादा है। भद्र भाग पर बड़ी रथिकाएँ तथा प्रतिरथ एवं कर्ण भाग पर अपेक्षाकृत छोटी रथिकाएँ बनी हुई हैं। सभी भद्र रथिकाओं के शीर्ष चौड़े उद्‌गमों से तथा प्रतिभद्र और कर्ण रथिकाओं के शीर्ष नागर शैली के शिखर या लम्बे उद्‌गमों से अलंकृत हैं। कपिली के दोनों पार्श्व भद्रों पर भी बड़ी–बड़ी रथिकाएँ बनी हुई हैं। भद्र तथा कपिली की रथिकाओं के पार्श्वों को पाँच–पाँच द्वारशाखाओं से सुसज्जित किया गया है, जिनमें प्रायः पत्रशाखा, नागशाखा, मिथुन शाखा, स्तम्भशाखा और बाह्य शाखा जो पत्रलता से अलंकृत है, का अंकन हुआ है। प्रतिभद्र तथा कर्ण की रथिकाओं के दोनों पार्श्व तीन–तीन शाखाओं से शोभायमान हैं। इनकी चौखट के नीचे मकरवाहिनी गंगा और कूर्मवाहिनी यमुना अपने अनुचरों के साथ प्रदर्शित हैं तथा ललाटबिम्ब पर गरुड़ को दिखलाया गया है। इस मंदिर की रथिकाओं में वर्तमान में कोई प्रतिमा स्थापित नहीं है, लेकिन मूलतः इसमें बड़े आकार की प्रतिमाएँ स्थापित रही होंगी, ऐसी संभावना व्यक्त की जा सकती है।

जंघा और शिखर के मध्य वरण्डिका को किंकिडिका, उसके ऊपर कपोताली और अर्द्धपद्म से शोभायमान किया गया है। वरण्डिका को सादी कपोत जैसी गढ़न, अलंकृत तुलाशिरों तथा कपोताली से विभूषित किया गया है।

मंदिर का शिखर अलंकृत है। शिखर के निचले भाग में उत्तर और दक्षिण के भद्र पर एक–एक सिंहकर्ण प्रदर्शित हैं। दक्षिण के सिंहकर्ण में एक सिरविहीन सिंहवाहिनी अष्टभुजी दुर्गा की प्रतिमा (चित्र ७) स्थापित की गयी है, जिनके दोनों पार्श्वों पर एक–एक नारी अनुचर हैं। दुर्गा ने दाहिने हाथ में खड्ग तथा बाएँ हाथ में खेटक धारण कर रखा है तथा वे शांतभाव से युक्त सिंह पर ललितासन मुद्रा में विराजमान हैं। उनकी छह भुजाओं के आयुध या तो अस्पष्ट हैं या अब वे नष्ट हो चुके हैं। देवी नाभिछन्दक, केयूर, कंकण, कटिसूत्र एवं अन्य आभूषण से अलंकृत हैं तथा उनके दोनों पार्श्वों में एक–एक अनुचर दिखलाए गए हैं। दूसरी ओर उत्तरी सिंहकर्ण में बनी आकृति का विवरण प्रस्तुत करते हुए कहा गया है कि उत्कूटिकासन में आसन चतुर्भुजी देवता की आकृति बनी है (चित्र ८), जिनके घुटनों में योगपट्ट बंधा हुआ है। उनके सिर पर जटाएँ हैं। उनके ऊपरी दाहिने हाथ में अक्षमाला दर्शायी गयी है। निचला दाहिना हाथ वरद् मुद्रा में है। निचले बाएँ हाथ में कमण्डलु है। इनके बाएँ हिरण तथा दाएँ सिंह की आकृति बनी है। विलिस[२७] एवं अमरसिंह[२८] ने इस देव आकृति की पहिचान लकुलीश अथवा शिव की दक्षिणामूर्ति से करने का प्रयास किया है, जबकि त्रिवेदी एवं राकेश तिवारी इसे तपस्विनी पार्वती मानते हैं[२९], जिसकी सादृश्यता समान प्रकार की बटेसर की उत्तरी भद्र रथिका की मूर्ति में देखी जा सकती है। वर्तमान में तेली के मंदिर की इस मूर्ति के अत्यन्त क्षरित होने के कारण इसकी निश्चित पहचान दूरुह है, फिर भी उनके हाथों में अक्षमाला, कमण्डल होने तथा एक हाथ वरद मुद्रा में होने एवं ऊँचे जटा–जूट, कर्ण कुण्डल, योगपट्ट, अग्निकुण्ड के आधार पर त्रिवेदी एवं तिवारी की पहचान सही जान पड़ती है।

मंदिर के कर्णों को कपोत, उद्गम, चन्द्रशालाओं तथा भूमि आमलकों से सुसज्जित किया गया है। तेली के मंदिर का निचला आयताकार भाग नागर शैली के शिखर के सदृश्य सुशोभित है, जबकि ऊपरी भाग को वलभी शैली के गजपृष्ठाकार शिखर से अलंकृत किया गया है। ऊपरी भाग में पूर्व तथा पश्चिम की ओर स्कन्ध वेदी पर रथिका पंक्ति बनी हैं, जिनके शीर्ष उद्गमों से विभूषित हैं। स्कन्धवेदी के ऊपर भी गजपृष्ठाकार शिखर के दोनों ओर आठ–आठ रथिकाएँ पंक्तिबद्ध हैं। वलभी शिखर के उत्तरी तथा दक्षिणी भाग को नीचे विशाल सूरसेनकों, मध्य में दो रथिकाओं, मणियों, पद्मों और चन्द्रशालाओं से सजाया गया है। सबसे ऊपर एक बड़ी चन्द्रशाला बनी हुई है। आयताकार तलछन्द पर वलभी शिखर प्रकार के मंदिर का जहाँ तक प्रश्न है, ग्वालियर से लगभग २५ किमी दूर स्थित नरेसर (जिला मुरैना) से इसी प्रकार की योजना पर निर्मित मंदिर की अपेक्षाकृत कुछ पहले की तिथि ज्ञात है।

वलभी प्रकार की छत आयताकार भवनों में इससे पूर्व काल से निर्मित होती रही है। इस परम्परा की प्राचीनता मौर्यकाल तक निर्धारित की जाती है। *अमरकोश* के अनुसार *गोपानसी तु वलभी छादने वक्र दारुणि* अर्थात् वलभी शब्द का प्रयोग लकड़ी या काष्ठ द्वारा निर्मित अर्द्धगोलाकार या ढोलाकार छत के लिए किया गया है।[३०] अन्य साहित्यिक ग्रन्थ भी वलभी शब्द का प्रयोग आयताकार भवन के ऊपर निर्मित गजपृष्ठाकार छत के अर्थ में करते हैं।[३१] इसी अर्थ में वलभी शब्द का प्रयोग गढ़वा अभिलेख तथा कुमारगुप्त एवं बुधवर्मन के मंदसौर

अभिलेख में हुआ है।[३२] *विष्णुधर्मोत्तर पुराण* में इस प्रकार के मंदिर की संरचना की चर्चा है। इसके अनुसार वलभी प्रकार के मंदिरों में चौड़ाई से लंबाई तीगुनी अधिक हो तथा उसके पार्श्व एवं पृष्ठभाग चन्द्रशालाओं से सुशोभित होने चाहिए। इस प्रकार के मंदिर के गर्भगृह में ब्रह्मा, विष्णु, महेश्वर या एकानंशा के पार्श्वों में बलराम और कृष्ण या त्रिलोचन (शिव) के पार्श्वों में कार्तिकेय और गणेश या त्वष्टा अथवा सूर्य और चन्द्र के मध्य जनार्दन अथवा बहुभुजी दुर्गा या अनन्तशायी–विष्णु अथवा चतुर्भुजी विष्णु व कुबेर के साथ इन्द्र, यम और वरुण की प्रतिमा स्थापित होनी चाहिए।[३३] संभवतः इस प्रकार के मंदिर की तलछन्द योजना इसलिए आयताकार होती थी कि उसके गर्भगृह में एकाधिक देवों की स्थापना की जा सके। *अपराजितपृच्छा* में उल्लेख है कि चार और पाँच के अनुपात का आयताकार गर्भगृह बनाकर स्कन्धवेदी के ऊपर गजपृष्ठाकार वलभी की रचना करनी चाहिए तथा बाएँ व दाएँ आगे व पीछे का भाग चन्द्रशालाओं से सुशोभित करके गर्भगृह के ऊपर शुकनासिका बनानी चाहिए।[३४]

तेली का मंदिर उत्तर भारत के वलभी शैली के मंदिरों में सबसे अधिक विशाल, भव्य और ऊँचा है। अलंकण की दृष्टि से भी यह मंदिर अतुलनीय है। अमरोल के रामेश्वर महादेव मंदिर और तेली के मंदिर के अलंकरण में इतनी साम्यता है कि इन दोनों का निर्माण समान शिल्पियों द्वारा करवाए जाने की बात स्वीकार की जाती है।[३५] फिर भी तेली के मंदिर में विशालता और भव्यता के साथ–साथ सानुपातिक विभिन्न अंगों के समन्वय, अलंकरणों की सफाई तथा सौंदर्य उसके स्थपतियों एवं शिल्पियों की कुशलता और दक्षता को प्रकट करते हैं, जिस कारण तेली का मंदिर न केवल वलभी शैली कें मंदिरों में बल्कि उत्तर भारत के समस्त प्रतिहार शैली के मंदिरों में भी अपना सर्वोच्च स्थान रखता है।

इस मंदिर के गर्भगृह में किसी प्रतिमा के विद्यमान नहीं होने के कारण स्पष्ट रूप से यह निर्धारित कर पाना सरल नहीं है कि यह मंदिर किस देवी या देवता को समर्पित रहा होगा। इसके अतिरिक्त इस मंदिर की शुकनासा भी ध्वस्त हो चुकी है, जिससे उस पर अंकित प्रतिमा को देखकर भी मूलनायक का अनुमान लगाना संभव नहीं है। यहि कारण है कि इस मंदिर को जैन, वैष्णव, शैव या शाक्त संप्रदाय से जोड़ा जाता रहा है। पर्सी ब्राउन ने इस मंदिर पर बौद्ध प्रभाव माना है।[३६] फर्गुसन, हैवेल, कुमारस्वामी, पाटिल के विचार में यह विष्णु को समर्पित था।[३७] कृष्णदेव ने इसे शिव को समर्पित माना है।[३८] दाहिने पेद्य के ऊपरी भाग तथा शैव द्वारपाल के ऊपर उर्ध्वलिंगी लकुलीश की उपस्थिति से मंदिर का सम्बन्ध शैव धर्म के लकुलीश–पाशुपत संप्रदाय से स्वीकार किया जाता है। उन्होंने बाएं हाथ में दण्ड धारण कर रखा है तथा दाहिना हाथ व्याख्यान मुद्रा में उठा हुआ है। यहाँ पर लकुलीश के साथ उनके चार शिष्य कुषिक, गर्ग्य, मैत्रेय और कौरुष भी प्रदर्शित हैं। एक शिष्य कंधे पर विहंगिका लिए हुए परिव्राजक के रूप में है। लकुलीश का शिष्यों सहित ऐसा असाधारण अंकन दुर्लभ है। इस प्रकार निश्चित साक्ष्यों के अभाव में स्थिति स्पष्ट नहीं है। फिर भी अन्य साक्ष्यों के प्रकाश में कुछ अनुमान लगाने का प्रयास किया गया है। ललाटबिम्ब पर गरुड़, तथा बाद (१६वीं शताब्दी ई.) में जोड़े गए छोटे प्रवेश–द्वार के ललाटबिम्ब पर गणेश के अंकन के आधार पर

कनिंघम का मत है कि आरम्भ में यह वैष्णव मंदिर था, लेकिन बाद में शैव धर्मावलंबियों ने इस मंदिर पर अधिकार कर लिया।[३९] किन्तु कनिंघम की यह मान्यता प्रमाणिक नहीं कही जा सकती है। सामान्यतया प्रतिहार शैली के सभी मंदिरों में नागशाखा के साथ ललाटबिम्ब पर गरुड़ को ही प्रदर्शित किया गया है तथा बाद के मंदिरों में ललाटबिम्ब पर प्रायः गणेश दर्शाए जाने लगे थे। अतः केवल इस आधार पर कोई निष्कर्ष निकालना उचित नहीं होगा। इसके अतिरिक्त वेदीबन्ध की रथिकाओं में शैव मूर्तियों की प्रधानता भी इसके विष्णु मंदिर होने के समर्थन में नहीं है। यहाँ पर मंदिर की कपिली की दक्षिणी रथिका की दीवार पर उत्कीर्ण लेख 'नमः वाणाग्रसक्तनेत्रा वलित दृढ़भुजा चक्र शूलासि' से चक्र, शूल और खड्गधारिणी तथा शक्त नेत्रों से दृढ़ हाथों से छोड़ने के लिए तैयार वाणाग्र को देखते देवी (दुर्गा) की स्तुति का ज्ञान होता है। यह प्रमाणित करता है कि उस देवकोष्ठक में रौद्र देवी की प्रतिमा स्थापित रही होगी। इसी के समीप कुछ अन्य लेख भी है, जैसे– श्री महरेदव ज सर्व, नगासिंह, न सिंघह, ओं नमः सो आदि। लिपिशास्त्रीय दृष्टि से ये अभिलेख ९वीं शताब्दी ई. के जान पड़ते हैं और इस तरह से ये मंदिर के समकालीन ही हैं।

शिखर के दक्षिणी सिंहकर्ण पर चतुर्भुजी सिंहवाहिनी दुर्गा की एक प्रतिमा स्थापित है। संभव है कि इस मंदिर में देवी की प्रतिमा स्थापित रही हो और यह मंदिर शाक्त संप्रदाय से सम्बन्धित रहा हो। मंदिर का स्थापत्य भी इसी ओर संकेत करता है, क्योंकि उत्तरी भारत के ज्ञात आयताकार गर्भगृह और गजपृष्ठाकृत शिखर वाले अधिकांश मंदिर देवी के हैं, जैसे– बैताल देउल, गौरी मंदिर, गोपालिनी मंदिर (उड़िसा); देवी मंदिर (नरेसर, ग्वालियर); भगवती मंदिर (सरहन बुजुर्ग, फतेहपुर); अम्बिका, पुष्टिदेवी, चण्डिका और नवदुर्गा मंदिर (जागेश्वर, अल्मोड़ा); देवी मंदिर (पाताल भुवनेश्वर, पिथौरागढ़); नन्दादेवी मंदिर (बजिंगा, टिहरी गढवाल); जराय मठ (बरवासागर, झाँसी)। *अपराजितपृच्छा* (१०५, ३४–३६) में वलभी शैली के मंदिरों की उत्पत्ति का श्रेय गौरी और आद्या जैसी देवियों को दिया गया है।

अभिलेखीय साक्ष्यों के आधार पर इसे नवदुर्गा मंदिर (८७६ ई.) माना जा सकता है। इसके अंतराल के पार्श्व स्तम्भों पर नारी की प्रतिहारी प्रतिमाएँ भी इसे देवी मंदिर होने की ओर संकेत करती हैं। मंदिर के आयताकार गर्भगृह में संभवतः रुद्रा, रुद्रांश, पूर्णाशा आदि नवदुर्गाओं की प्रतिमाएँ एक ही पंक्ति में स्थापित रही होंगी, जिससे इसे नवदुर्गा या मातृकाओं का मंदिर माना जा सकता है। ८७६ ई. के नवदुर्गा मंदिर विषयक विवरण में नवदुर्गा मंदिर को वृश्चिकला नदी के दूर किनारे (परकूले) पर निर्मित कराने का उल्लेख है। यह दूर का किनारा आज की स्वर्णरेखा नदी के दूसरे किनारे पर स्थित गोपाद्रि का होना रमानाथ मिश्र असंभव नहीं मानते हैं और तेली के मंदिर को ही नवदुर्गा मंदिर होना स्वीकार करते हैं।[४०]

इस मंदिर का तिथि–निर्धारण विवादास्पद रहा है। एच. गोत्ज ने आरंभ में इसे छठीं शताब्दी का माना था[४१], किन्तु बाद में इसे परिवर्तित किया। गर्दे (१९३६)[४२] एवं कृष्णदेव[४३] इसे ८वीं शताब्दी ई. के मध्य का मानते हैं, जबकि पर्सी ब्राउन इसे ९वीं–१०वीं शती ई. में रखते हैं।[४४] पाटिल इसे ८वीं से १०वीं शताब्दी ई. का कहते है।[४५] त्रिवेदी इसे ८वीं शती ई. के

उत्तरार्द्ध में रखते हैं।[४६] इस मंदिर के अलंकरण अभिप्राय, जैसे– आधार और शीर्ष पर घटपल्लवों से युक्त रुचक स्तम्भ, किंकिणिका, प्रवेश–द्वार पर गंगा–यमुना के साथ नागशाखा, मांगल्य विहग, ललाटबिम्ब पर गरुड़ का अंकन, वेदीबन्ध की रथिकाओं की मूर्तिशिल्प आदि ९वीं शताब्दी ई. के जान पड़ते हैं। मंदिर की भित्ति पर अंकित ब्रह्मा, गजासुर संहार शिव, भगीरथ एवं जिन प्रतिमाएँ इस मंदिर के ९वीं शताब्दी ई. का होने का समर्थन करती हैं। यही तथ्य मंदिर के जंघा के दक्षिण–पूर्वी कर्ण और कपिली के दक्षिणी भद्र की रथिका में छोटे–छोटे लेख तथा दिशासूचक लेख, जैसे–पछीम, उत्तर, वायव, दक्षी, नैऋत्य आदि की लिपि से ज्ञात होता है। इन अभिलेखों को ९वीं शती ई. में रखा जा सकता है।

मंदिर निर्माण की सुव्यवस्थित पूर्व योजना तथा कार्यप्रणाली का परिचय अधिष्ठान पर लिखे दिशा संकेतों के कूटलेखों से होता है। इनसे स्पष्ट है कि मंदिर के प्रत्येक भाग अलग–अलग तैयार करके फिर निर्माण–योजना के अनुसार एकत्रित कर एक पर एक जमा कर कीलों तथा शिलाओं में अंकित छिद्र एवं खूँटी के संयोग से जोड़ दिये जाते थे।

वेदीबन्ध की ११३ छोटी–छोटी रथिकाओं में बनी मूर्तियाँ, भद्र तथा कपिली भाग के आलंकारिक कोष्ठकों की अब अज्ञात मूर्तियाँ, शिखर के ऊपरी तथा निम्न भाग में तथा अन्य भुजाओं में बने कोष्ठकों की चन्द्रशिलाओं में स्थापित मध्यम आकार की मूर्तियाँ नितांत नवीन शिल्प योजना की सशक्त साक्षी हैं। वेदीबन्ध में ११३ छोटी–छोटी रथिकाओं में निर्मित प्रतिमाओं में प्रमुख हैं– मिथुन, कायोत्सर्ग जिन, लकुलीश, शिव, अजएकपद, इन्द्र, ब्रह्मा, गणेश, मोर पर आसीन कार्तिकेय, वायु, त्रिविक्रम, त्रिशूलधारी शैव मूर्तियाँ, गजान्तक शिव, नृत्यरत गण एवं अन्य खड़ी मूर्तियाँ। इस मंदिर की मूर्तियों में शैव परिवार की मूर्तियाँ अधिक हैं। पार्वती एवं सिंहवाहिनी दुर्गा की मूर्तियाँ चैत्य रथिकाओं में बनी हैं। जंघा की रथिकाओं में वर्तमान में कोई मूर्ति नहीं हैं, लेकिन इनमें प्रमुख मूर्तियाँ रही होंगी। विशाल मूर्तियों की योजना कपिली तथा भद्रभागों में थी। ऐसी दो प्रतिमाएँ शिव–पार्वती परिणय तथा पार्वती की आवक्ष प्रतिमा ग्वालियर संग्रहालय में हैं। ये दोनों मूर्तियाँ गर्दे को तेली का मंदिर परिसर से प्राप्त हुई थीं। देवी सरस्वती की एक मूर्ति ललाटबिम्ब के पास ऊपरी दाहिने किनारे पर बनी है। गणेश, कार्तिकेय और लकुलीश की प्रतिमाओं की पुनरावृत्ति हुई है। अजएकपद की मूर्ति से शैव सिद्धान्त में वैदिक परम्परा के अनुमोदन का संकेत मिलता है। लकुलीश, शिव तथा ब्रह्मा की मूर्तियों में दर्शकोन्मुख वृत्ति दिखलाई पड़ती है। इस मंदिर में गणों की अनेक मूर्तियाँ निर्मित हुई हैं, जिनमें गति, चपलता और नृत्य के भावों का स्पंदन है। इन्हें वृक्षों के बीच आभंग मुद्रा में प्रदर्शित किया गया है।

तेली के मंदिर का असाधारण वास्तु एवं शिल्पकला का अनुपम सौंदर्य जगतविख्यात है। यही कारण है कि इसे उत्तर भारत का एक असाधारण तथा अद्वितीय मंदिर माना जाता है। यदि इस मंदिर की पहचान वाइल्लभट्टस्वामी मंदिर के सं. ९३३ (८७६ ई.) के अभिलेख में उल्लिखित नवदुर्गा मंदिर से स्वीकार कर ली जाये, तो अनेक विवादास्पद प्रश्नों का

निराकरण स्वयमेव हो जाता है। उदाहरणार्थ, इन मंदिर का निर्माण प्रतिहार शासक भोज के समय ग्वालियर दुर्ग के कोट्टपाल द्वारा करवाया गया था तथा मंदिर के रख–रखाव एवं पूजा–अर्चना के लिए उसके द्वारा व्यवस्था भी की गयी थी। इस लेख में नवदुर्गा मंदिर की स्थिति का उल्लेख होने के साथ नवदुर्गा मंदिर के लिए दिए गए दान की भी चर्चा है।

इस मंदिर का निर्माण गंगोला ताल से निकले पत्थरों से हुआ था। बाबर ने भी इस सम्बन्ध में लिखा है कि लोगों का कहना है कि इस मंदिर को बनवाने में इसी बड़ी झील (गंगोला ताल) से काटकर पत्थर निकाले गये थे।[४७]

इस मंदिर के मुख्य प्रवेश–द्वार के उत्तर की ओर जड़े बड़े शिलालेख से ज्ञात होता है कि मेजर जे. बी. कीथ ने १८८१ से १८८३ ई. के मध्य में इस मंदिर का जीर्णोद्धार कार्य करवाया था। यही पर दक्षिण की ओर जड़े एक अन्य शिलालेख के अनुसार १८८३ ई. में मेजर जे. क्राउडी ने इस प्रवेश–द्वार का निर्माण मेजर कीथ द्वारा दुर्ग से इकट्ठे किये गये मेहराबों और स्तम्भों से करवाया था। वर्तमान में यह भारतीय पुरातत्त्व सर्वेक्षण द्वारा संरक्षित स्मारक है।

दो लघु एकाश्म मंदिर अवशेष

गुजरी महल संग्रहालय में शिलाखण्ड पर निर्मित दो लघु मंदिर (सं. ४४६ व ४५०, चित्र ६) संरक्षित हैं। अमरसिंह के अनुसार ये ग्वालियर दुर्ग से प्राप्त हुए थे[४८], परन्तु लेखकों द्वारा संग्रहालय–पंजिका देखने पर इनका प्राप्तिस्थल अज्ञात अंकित मिला है। वर्तमान में ग्वालियर दुर्ग पर सूरज कुण्ड के निकट लगभग ऐसा ही एक शिलाखण्ड रखा हुआ है (चित्र १०), जिस पर सफेद रंग कर दिया गया है। इससे प्रतीत होता है कि गुजरी महल में संरक्षित उपर्युक्त दोनों शिलाखण्ड भी दुर्ग से ही प्राप्त हुए होंगे।

गणेश मंदिर (चित्र ११)

दुर्ग के पूर्वी प्रवेश–मार्ग के बाईं ओर चतुर्भुज मंदिर और लक्ष्मण द्वार के मध्य गणेश मंदिर स्थित है। वाइल्लभट्टस्वामी मंदिर के समान इसे भी एक शिलाखण्ड या पहाड़ी की शिला को काटकर मंदिर बनाने का प्रयास किया गया है, किन्तु इस मंदिर का निर्माण कार्य पूर्ण नहीं हो सका है। मंदिर का गर्भगृह वर्गाकार है, जिसके सामने दो भित्ति स्तम्भ बने हैं और उसके ऊपर शुकनासा जैसी संरचना चन्द्रशाला से अलंकृत है। मंदिर में शिखर नहीं बना है। संभव है कि वास्तुकार इस मंदिर को भी एक ही शिलाखण्ड से निर्मित करने के लिए प्रयासरत रहे होंगे, लेकिन शिला की गुणवत्ता में कमी या अन्य किसी कारण से इसे पूर्ण नहीं कर सके। गर्भगृह की दक्षिणी दीवार में अंकित गणेश के स्तुति–लेख से प्रतीत होता है कि यह मंदिर गणेश को समर्पित रहा होगा।[४६] शैलीगत विशेषताओं के आधार पर इस मंदिर को भी ६वीं शताब्दी ई. का माना जाता है।

पद्मनाथ (सास–बहू) मंदिर (चित्र १२)

भारतीय स्थापत्य एवं मूर्तिशिल्प के उत्कृष्ट उदाहरण के रूप में मान्य पद्मनाथ मंदिर का निर्माण कार्य कच्छपघात राजवंश के शासक पद्मपाल के शासनकाल में प्रारंभ हुआ था, किन्तु उनकी असामयिक मृत्यु के पश्चात् पद्मपाल के भाई सूर्यपाल के पुत्र महिपाल (भुवनैकमल्ल) ने इसे पूर्ण करवाया। वर्तमान में इस मंदिर के गर्भगृह में कोई प्रतिमा नहीं होने के कारण मंदिर के मूलनायक के संदर्भ में कुछ संशय रहा है। मंदिर की मुखचतुष्की में दो शिलापट्टों पर सं. ११५० (१०९३ ई.) के अभिलेख का प्रारंभ "ॐ नमः पद्मनाथाय" से हुआ है।[५०] राजेन्द्रलाल मित्र ने बहुचर्चित जनश्रुति अथवा पद्मनाथ नाम से भ्रमित होकर इसे जैन मंदिर बतलाया है।[५१] कनिंघम ने भी उल्लेख किया है कि स्थानीय लोगों द्वारा इसे बड़ा जैन मंदिर एवं छोटा जैन मंदिर कहा जाता है[५२], किन्तु इन दोनों मंदिरों में जैन मूर्तियों का सर्वथा अभाव है एवं ब्राह्मण धर्म सम्बन्धी मूर्तियों की बहुलता से इसे ब्राह्मण धर्म का मंदिर माना जाता है, जिसकी पुष्टि उपर्युक्त अभिलेख से भी होती है। मंदिर के प्रवेश–द्वार के उत्तरंग पर मध्य में लक्ष्मी के साथ चतुर्भुजी विष्णु का अंकन है एवं ललाटबिम्ब पर दोनों हाथों में नाग पकड़े हुए गरुड़ प्रदर्शित हैं। अभिलेख का आरंभ 'हरि' तथा 'अनिरुद्ध' की स्तुति से हुआ है। मंदिर को अनेक स्थलों पर 'भवनम् हरेः' तथा 'हरि सदनम्' कहा गया है। इस अभिलेख के अंत में विष्णु के प्रसंग में लक्ष्मी और नृसिंह का उल्लेख मंदिर के वैष्णव धर्म से सम्बन्धित होने को प्रमाणित करता है। अभिलेख में उल्लेख है कि ब्रह्माण्ड से समानता करने वाले इस विशाल कनकाचल के अन्दर नृसिंह रूप में श्रीपति (विष्णु) की प्रतिमा स्वर्णिम मेरु पर्वत के समान विराजमान थी। मंदिर के निर्माता पद्म, अधिष्ठात् देव पद्मनाथ तथा मंदिर के लिए 'श्रीपद्मनाथसुरमन्दिरम्' एवं 'श्री पद्मनाथ सुरालय' के उल्लेख से प्रतीत होता है कि मंदिर में मूलनायक पद्मनाथ की प्रतिमा रही होगी तथा मंदिर का मूलनाम "पद्मनाथ मंदिर" रहा होगा।

मंदिर का पद्मनाथ नाम कच्छपघात शासक पद्मपाल के नाम पर रखा गया होगा। अभिलेख का प्रथम भाग (श्लोक २५–३०) पद्मपाल से सम्बन्धित है तथा द्वितीय भाग उनके उत्तराधिकारी महिपाल (श्लोक ७१–१०२) से सम्बन्धित है। प्रथम भाग में इस 'हरि सदन' के निर्माण का उल्लेख है, जो शिव के कैलाश पर्वत के समान ऊँचा था तथा उसकी पताका चन्द्र के समान श्वेत थी। इसी समय श्रीपति (विष्णु) की प्रतिमा मंदिर में स्थापित किए जाने का उल्लेख है, जिससे प्रतीत होता है कि पद्मपाल के समय में मंदिर निर्मित हो चुका था और प्रतिमा की स्थापना कर दी गयी थी, केवल मंदिर का धार्मिक संस्कार और रख–रखाव की व्यवस्था पद्मपाल के देहावसान के समय तक नहीं हो सकी थी। इस समय तक मंदिर का निर्माण, मूर्ति की स्थापना तथा आठ ब्राह्मणों की नियुक्ति हो चुकी थी। महिपाल के समय में ब्रह्मपुरी, धर्मशाला और कुछ ब्राह्मणों की नियुक्ति की गयी। मंदिर में नैवेद्य पकाने, प्रकाश आदि की व्यवस्था, नर्तकियों, संगीतज्ञों, गायकों की नियुक्ति, भूमि आदि का दान, बहुमूल्य वस्त्र–आभूषणों आदि की मंदिर के लिए व्यवस्था महिपाल के समय में हुई।

मंदिर के मुख्य देव पद्‌मनाथ थे। मूल योजना के अनुसार मंदिर बैकुण्ठ को समर्पित होना था, किन्तु पद्‌मपाल के बाद महिपाल ने मूल योजना में परिवर्तन करते हुए मण्डपिका में ब्रह्मोत्तर को दो भागों में विभक्त करते हुए आधा भाग पद्‌मनाथ की मूर्ति के लिए तथा आधा भाग बैकुण्ठ सुरेश्वर के लिए सुनिश्चित किया था। इसमें अनिरुद्ध पद्‌मनाथ के रूप में जाने गए। महिपाल की इस नयी योजना में अनिरुद्ध को श्रेष्ठ स्थान प्राप्त था, जो उनके गर्भगृह में स्थापित होने तथा राजस्व का अपेक्षाकृत अधिक भाग (२० भाग) मिलने से प्रमाणित है। बैकुण्ठ का स्पष्ट उल्लेख नहीं है, लेकिन हरि सदनम्, भवनं हरे, श्रीपति (विष्णु) की नृसिंह एवं लक्ष्मी के साथ प्रतिमा विष्णु के बैकुण्ठ रूप की ओर इंगित करती है। बैकुण्ठ की स्थापना में रमानाथ मिश्र ने खजुराहो के लक्ष्मण मंदिर के बैकुण्ठ तथा चंदेल शासकों का प्रभाव स्वीकार किया है।[५३]

अभिलेख में अनिरुद्ध का उल्लेख ६ बार हुआ है। इनमें अनिरुद्ध को श्वेत, उषा के स्वामी, मुक्तशैल, दागरहित शरीर वाले रूप में वर्णित किया गया है। श्लोक ६३ में अनिरुद्ध की रजत प्रतिमा का उल्लेख है। ऐसा प्रतीत होता है कि अनिरुद्ध की दो प्रतिमाएँ थीं, जिसमें एक मुक्तशैल निर्मित पाण्डुरंगीय थी तथा पद्म धारण किए हुए थी। दूसरी प्रतिमा रजत की थी, जिसका अभिषेक ताबें के पात्र में करवाया जाना उल्लिखित है। पद्‌मनाथ से अनिरुद्ध की पहिचान के अनेक प्रमाण अभिलेख में हैं, जैसे– आरंभिक श्लोकों में पद्‌मनाथ के रूप की बाद में श्लोक ७३ में वर्णित अनिरुद्ध के रूप में समानता, दान में उन्हें प्रमुख भाग प्रदान करना आदि। अनिरुद्ध की दो मूर्तियों से दो मंदिरों का आभास होता है और यह बड़ा एवं छोटा सास–बहू मंदिर हैं। इसकी पुष्टि श्लोक ७५ एवं १०२ में वर्णित दो दानों से भी होती है। छोटे मंदिर का निर्माण संभवतः महिपाल द्वारा करवाया गया होगा और उसमें अनिरुद्ध की रजत प्रतिमा स्थापित रही होगी। छोटे मंदिर में व्यूहांतर अच्युत, वामन तथा एक अन्य देव की प्रतिमा भी स्थापित रही होगी, जिनका नाम अभिलेख में स्पष्ट नहीं है। इनमें अच्युत और वामन की प्रतिमा रीति (bell metal) की बनी हुई थी तथा तीसरे देव की प्रतिमा राजावर्त पत्थर की बनी थी। इन सभी देवों की उपासना गर्भगृह में होती थी, जिनमें अनिरुद्ध की रजत प्रतिमा भी थी। उषा को उषापति (अनिरुद्ध) के साथ दोनों में से किसी भी मंदिर के गर्भगृह में नहीं प्रदर्शित किया गया था, इसीलिए अभिलेख के श्लोक ४ में अनिरुद्ध को 'चिरविरहपाण्डूकृत तनुः' कहा गया है। भारत में वैष्णव धर्म के इतिहास की दृष्टि से इस मंदिर का विशेष महत्त्व है। भारत का यह एकमात्र उदाहरण है, जो अनिरुद्ध की पूजा को समर्पित है तथा उत्तर भारत में खजुराहो के लक्ष्मण मंदिर के बाद दूसरा मंदिर है, जो पांचरात्र की मान्यता को स्थापित करता है।

इन देव मूर्तियों के श्रृंगार और पूजा हेतु दी गयी वस्तुओं का भी विशद् वर्णन इस प्रशस्ति में मिलता है। दोनों मंदिरों के गर्भगृह में स्थित देवों की उपासना के लिए वस्त्र–आभूषण, पात्र एवं अन्य धार्मिक वस्तुएँ दानस्वरूप प्राप्त थीं। देव के लिए रत्नजड़ित सुवर्णमुकुट जिसके मध्य में हरिन् मणि विभूषित थी; केयूर, कंकण, ग्रीवा आभूषण, आभरण, बहुमूल्य रत्नों से जड़ित

आभूषण स्वामी के लिए तथा दूसरा सोने का सेट अनिरुद्ध के लिए दानस्वरूप प्राप्त था। अच्युत प्रतिदिन चार कंकण, दो तादपट्ट और सोने की मूठवाला कृत्तिदार तथा एक चांदी का मंगालिहा धारण करते थे। नैवेद्य ग्रहण करने के लिए कांसे के चार थाल, देव परिकर के विभूषण के लिए तीन सुवर्णाण्ड, देव के लिए छत्र में स्वर्ण पद्म, दीप के लिए तांबे की मच्चिका, अनिरुद्ध की रजत मूर्ति के स्नान के लिए दो ताम्रकुण्ड तथा दो ताम्रपात्र, दो ताम्र अर्घपात्र, सात घण्टे, धूपदहन, सात शंख, चार ताम्रपत्र, कांसे का वाढढा, दो कहला, चामर, दो दण्ड रीति स्फटिक के, दो तांबे की वृहद चरु, दो ताम्र घड़े, तांबे के पाँच भाण्ड आदि भी दान में प्राप्त थे। मंदिर की व्यवस्था के लिए गंगाधर, गौतम, मलक, गयाधर, देवनाग, वशिष्ठ, देवशर्मन, यशस्कर, कृष्ण, वराहस्वामी, गृहदास, प्रभाकर, इच्छाधर, मधु, तिल्हेक, पुरुषोत्तम, रामेश्वर, दामोदर, षट्टभ, रत्न तिहुणेक, देवलब्धि सुधीर, श्रीधर दीक्षित, कीर्तिराज सूरि नियुक्त थे, जिन्हें दान में कुछ भाग भी प्राप्त थे। इनमें १८ धार्मिक कार्य के लिए नियुक्त थे। मंदिर–निर्माण और उसके रख–रखाव के लिए भी महिपाल ने कुछ लोगों को लाभान्वित किया था, जिनमें उल्लेखनीय हैं– कायस्थ लोहभट, शीलाकुट स्थपति, यंत्री शकटिक, प्रशस्ति रचनाकार मणिकंठ, लेखक दिगम्बरार्क, शिल्पी पद्म, सिम्हवाज और माहुल। मंदिर की व्यवस्था के लिए आवश्यक धन की व्यवस्था के लिए पाषाणपल्ली नामक ग्राम संपूर्ण आय के साथ दान में दिया गया था।

अभिलेख से मंदिर का पद्मनाथ नाम विदित है, लेकिन बाद में यह मंदिर सास–बहू के नाम से जाना जाने लगा। कनिंघम ने मंदिर का 'सहस्रबाहू' नाम सुझाया था[५४], लेकिन फ्लीट ने इसे नकारते हुए कहा था कि प्रचलित नाम 'सासबहू का डेहरा' से 'सहस्रबाहू' का कोई सम्बन्ध नहीं है।[५५] रमानाथ मिश्र के अनुसार मूलतः बैकुण्ठ को समर्पित यह मंदिर, लक्ष्मी तथा कृष्ण के पौत्र अनिरुद्ध और उनकी भार्या उषा को समर्पित होने तथा दोनों (लक्ष्मी एवं उषा) के मध्य सास–बहू का सम्बन्ध होने के कारण सास–बहू मंदिर के नाम से प्रसिद्ध हुआ।[५६]

कच्छपघात स्थापत्य कला का भव्य उदाहरण, वर्तमान में सास–बहू मंदिर नाम से प्रसिद्ध, दो मंदिरों का निर्माण १०६३ ई. में पूर्ण हो चुका था। बड़े मंदिर में खुला मण्डप, स्तम्भों पर आधारित महामण्डप, अन्तराल और गर्भगृह हैं। गर्भगृह का शिखर नष्ट हो चुका है, किन्तु अन्तराल और मण्डप का द्वितलीय तथा महामण्डप का त्रितलीय विस्तार एवं उनका आलंकारिक स्थापत्य प्रभावशाली सोलंकी मंदिर स्थापत्य से तुलनीय है। छोटा मंदिर भी बहुत कुछ बड़े मंदिर के समान ही है तथा इसका भी शिखर भाग अब नष्ट हो चुका है।

ग्वालियर दुर्ग की पूर्वी प्राचीर के समीप पहाड़ी के बाहर निकले भाग पर छोटा सास–बहू मंदिर स्थित है तथा उसके पश्चिम में बड़ा सास–बहू मंदिर निर्मित है। बड़े मंदिर का विस्तार उत्तर–दक्षिण की ओर ३०.४८ मी. तथा पूर्व–पश्चिम में १६.२० मी. है। इसका प्रवेश–द्वार उत्तर की ओर है। बलुआ पत्थर से निर्मित इस मंदिर की कला अत्यन्त उन्नत है। तलछन्द योजना की दृष्टि से यह मंदिर पूर्णविकसित स्वरूप को प्रकट करता है, जिसमें जगती के ऊपर वर्गाकार गर्भगृह, अंतराल, सभामण्डप या रंगमण्डप तथा मुखमण्डप या

मुखचतुष्की का निर्माण किया गया है। सभामण्डप के दोनों ओर तथा सामने की ओर मुखमण्डप एवं भद्रमण्डपों के संयुक्त होने से इसकी संपूर्ण रचना महामण्डप जैसी हो गयी है।

मंदिर के उर्ध्वछन्द के रूप में पीठ, वेदीबन्ध, जंघा और शिखर भाग का निर्माण हुआ है। इस मंदिर की पीठ दो अलंकृत भिट्टों से सुशोभित है, जिनमें नीचे की भिट्ट पर जालक, उसके ऊपर पद्मपत्र, रत्न तथा अन्य अलंकरण अंकित हैं। भिट्टों के ऊपर जाड्यकुम्भ, कर्णिका, ग्रासपट्टी, गजपीठ तथा नरपीठ शोभायमान है। मूलप्रसाद का वेदीबन्ध, जंघा और शिखर पूर्णतः नष्ट हो गया है, जिससे उसके संरचना एवं विस्तार की वास्तविक जानकारी नहीं मिलती है। सभामण्डप का ऊपरी विस्तार त्रिभौमिक है, जिसकी ऊँचाई २५ मी. है। प्रासाद पीठ पर राजसेनक के ऊपर देवी–देवताओं सहित रथिकाओं का विधान हुआ है। इन रथिकाओं में ब्रह्मा, विष्णु, महेश का अपनी शक्तियों के साथ तथा सप्तमातृकाओं का स्वतंत्र अंकन हुआ है (चित्र १३)। इनके अतिरिक्त अन्य परिवार देवता भी प्रदर्शित हैं (चित्र १४)। रथिकाओं के ऊपर आसनपट्ट बने है, जिसके ऊपर कक्षासन रहे होंगे। उसके ऊपर के मण्डप के खुले भाग में मुखमण्डपों तथा मण्डप के पार्श्वभद्रों के लिए भरणी एवं स्तम्भशीर्ष युक्त ४–४ लघु स्तम्भ निर्मित हैं, जिन पर स्थित भारपट्टों पर छत आधारित है। रंगमण्डप के मध्य में भद्रक शैली के ४ विशाल स्तम्भों तथा उनके चारों ओर के बाहरी भित्तिस्तम्भों के ऊपर अलंकृत भारपट्ट एवं मण्डप का मुख्य वितान अवलम्बित है। रंगमण्डप के पूर्व, पश्चिम और उत्तर दिशा में मुखमण्डपों की रचना कर इसे महामण्डप के रूप में विकसित किया गया है।

सभामण्डप, मुखमण्डप, भद्रमण्डप, अन्तराल तथा मुखचतुष्की के वितानों को समकालीन शिल्पकला में प्रचलित अलंकरणों एवं थरों से अलंकृत करने का प्रयास किया गया है। सभामण्डप का मुख्य वितान मध्य के चार स्तम्भों तथा बाहर के बारह भित्ति स्तम्भों पर आधारित है। इसका केन्द्र का नाभिछन्द वर्गाकार तथा बाह्य भाग वृत्ताकार है। बाह्य वितान में नीचे कर्णदर्दरिका के तीन थर अलंकृत हैं, जिसके बीच के भाग को पत्र–वल्लरि से सजाया गया है। उसके ऊपर मणिबन्ध प्रदर्शित हैं। इसके ऊपर के पाँच थरों को गजतालु पट्टियों से सुशोभित किया गया है। इनके अन्तराल मणिबन्ध या पत्र–वल्लरि से शोभायमान हैं। वितान का वर्गाकार नाभिछन्दक बीच के चार स्तम्भों पर स्थित भारपट्टों के ऊपर सुशोभित है। इसमें कर्णदर्दरिका, साधारण पट्टी, गजतालु पट्टी एवं साधारण पट्टियों के पश्चात् तीन कोलथरों का अंकन हुआ है। कोलथरों तथा विकर्णों में ग्रासमुख अलंकृत हैं। मुखचतुष्की के वर्गाकार वितान को वृत्ताकार रूप में कर्णदर्दरिका, दो गजतालु तथा तीन कोलथरों से सुसज्जित किया गया है। कर्णदर्दरिका तथा गजतालु थरों के मध्य साधारण पट्टियों की शोभा है एवं कोलथरों के मध्य ग्रासमुख प्रदर्शित हैं। चारों कोनों के विकर्ण वितानों को भी तीन–तीन ग्रासमुखों से अलंकृत किया गया है। मुखमण्डप के वितानों में कर्णदर्दरिका, साधारण अलंकृत पट्टी, गजतालु पट्टी एवं दो साधारण पट्टियों के ऊपर तीन अलंकृत कोलथरों को बनाया गया है, जिसके मध्य में ग्रासमुखों को प्रदर्शित किया गया है। एक–एक ग्रासमुख चारों कोनों के विकर्ण में भी अंकित हैं। पार्श्वभद्रों के वितान गजतालु, ग्रासमुख, किंकिणिका तथा तीन

अलंकृत कोलथरों से शोभायमान हैं। अन्तराल का वितान कर्णदर्दरिका के ग्रासमुखों से निकली हुई मणियों की माला के दो थरों से शोभायमान है, जिनके मध्य में मालाधारी विद्याधरों तथा सबसे ऊपर केन्द्र में पद्म–पंखुड़ियों का अंकन है। चारों कोनों के विकर्णों को तीन–तीन कीर्तिमुखों, मणिबन्ध तथा पत्र–वल्लरि से सुसज्जित किया गया है।

मंदिर के प्रायः सभी स्तम्भों को नीचे से ऊपर तक अलंकृत करने का प्रयास किया गया है। उदाहरणार्थ भद्रक प्रकार के सभामण्डप के चारों स्तम्भों के नीचे के भाग में कुम्भिका तथा उसके ऊपर चारों दिशाओं में देवी–देवताओं से युक्त रथिकाओं का निर्माण किया गया है। रथिकाओं में मुख्यतः नाग–नागियों की प्रतिमाएँ प्रदर्शित हैं। कुम्भिका जालकों से सुशोभित हैं। ऊपरी भाग में कुमारशीर्ष प्रदर्शित हैं। स्तम्भ यष्टि के मध्य भाग को नरपट्टी तथा कर्णिका से सुसज्जित किया गया है। उसके ऊपर तथा नीचे पत्रावली का अंकन है। कुमारशीर्षों के ऊपर स्तम्भ का उच्चालक भाग है। उसके ऊपर अलंकृत भारपट्ट स्थित है। इसी प्रकार का अलंकरण मण्डप के भित्ति स्तम्भों में भी मिलता है। मुखचतुष्की तथा भद्रमण्डपों के लिए ठिगने आकार वाले वृत्ताकार स्तम्भों का निर्माण हुआ है।

छत को संवरणा द्वारा अलंकृत किया गया है। इस समय इसके बहुत से घण्टें और कूट नष्ट हो गये हैं, लेकिन उनके अवशेष से उनकी भव्य स्थिति का आभास होता है। उनको देखने से विदित होता है कि संभवतः इस संवरणा की रचना *प्रसादमण्डन* के विवरण के अनुसार की गयी थी। *प्रसादमण्डन* में संवरणा की रचना का विवरण प्रस्तुत करते हुए कहा गया है कि इसमें मुख्य घण्टा के चारों ओर चार घण्टिकाओं का निर्माण करके प्रथम संवरणा बनायी जाती है तथा चार–चार घण्टिकाओं की वृद्धि करते हुए १०१ घण्टिकाओं तक संवरणा का विस्तार किया जा सकता है। प्रत्येक घण्टिका के चारों ओर चार–चार कूट भी निर्मित किये जाने चाहिए, इस प्रकार प्रथम संवरणा में पाँच घण्टा कलश तथा सोलह कूटों की रचना की जाती है। इसके साथ–साथ कर्ण और उद्गमों के ऊपर आठ सिंह भी स्थापित किये जाने का विधान है।[५७] बड़े सासबहू मंदिर में भी मुख्य घण्टा के चारों ओर चार घण्टिकाओं की रचना करके उनके चतुर्दिक पुनः चार–चार घण्टिकाओं की वृद्धि करते हुए संवरणा का विस्तार किया गया है तथा प्रत्येक घण्टिका के चारों ओर चार–चार कूट बनाते हुए उन्हें मुख्य घंटा की ओर विकर्णवत् सजाया गया है।

इस मंदिर में दो प्रवेश–द्वार बनाये गये हैं। पहला सभामण्डप के सामने (चित्र १५) और दूसरा गर्भगृह के सामने है। इनमें सभामण्डप के सामने का प्रवेश–द्वार नौ द्वारशाखाओं से अलंकृत है। इनमें पहली मृणालशाखा, दूसरी खल्वशाखा, तीसरी खल्वशाखा, चौथी पत्रशाखा, पाँचवीं दण्डशाखा (स्तम्भशाखा), छठीं मालाशाखा, सातवीं खल्वशाखा, आठवीं पत्रशाखा तथा नवीं मृणालशाखा है। मृणालशाखा में लघु आकार की मानव एवं गज आकृतियों का भी अंकन हुआ है। उदुम्बर को तीन भागों में विभक्त किया गया है। इसके मध्य भाग में अर्द्धचन्द्राकार मन्दारक का निर्माण किया गया है तथा दोनों पार्श्व भागों में अपने–अपने गणों के साथ एक ओर की रथिका में कुबेर तथा दूसरी ओर की रथिका में गणेश प्रदर्शित हैं। उत्तरंग पाँच भागों

में विभक्त है। इसमें एक किनारे की रथिका में ब्रह्मा–ब्रह्माणी, दूसरी ओर की रथिका में शिव–पार्वती, मध्य की रथिका में चतुर्भुजी विष्णु–लक्ष्मी तथा उनके दोनों ओर नवग्रहों का अंकन है। ललाटबिम्ब पर हाथों में नाग पकड़े गरुड़ प्रदर्शित हैं। चौखट के नीचे नाग–नागियों तथा द्वारपालों को दर्शाया गया है। इसी प्रकार गर्भगृह का प्रवेश–द्वार नव द्वारशाखाओं से सुशोभित है। अंतर की दृष्टि से गर्भगृह के प्रवेश–द्वार के उत्तरंग पर सप्तमातृकाओं को भी प्रदर्शित किया गया है।

इस मंदिर के सामने लगभग ३० मी. की दूरी पर उत्तर में ८.५० मी. ऊँचा एक पाषाण स्तम्भ स्थापित है, जिसका निचला भाग ६१ सेमी तथा ऊपरी छोर ४५.७ सेमी व्यास का है। संभव है कि इसके ऊपर गरुड़ की आकृति भी रही हो और इसे गरुड़ध्वज के रूप में स्थापित किया गया रहा हो।

छोटा सास–बहू मंदिर

यह बड़े मंदिर की अपेक्षा छोटे आकार का है, लेकिन रचना एवं अलंकरण में यह बड़े मंदिर की लघु अनुकृति जान पड़ता है। बलुआ पत्थर से निर्मित यह मंदिर स्थापत्य एवं शिल्पकला की अनुपम कलाकृति है। बड़े मंदिर के समान इसका प्रवेश–द्वार भी उत्तराभिमुख है। वर्तमान में इसका गर्भगृह नष्ट हो चुका है, लेकिन अन्तराल, सभामण्डप तथा मुखचतुष्की का निर्माण हुआ है। वर्गाकार रंगमण्डप या सभामण्डप (७ x ७ मी.) के पूर्व और पश्चिम के पार्श्वमण्डप या मुखमण्डप जोड़े गए हैं। मुखचतुष्की का आकार भी वर्गाकार (२.५ x २.५ मी.) है तथा अन्तराल २ x २ मी. आकार का है।

इस मंदिर की जगती नीची एवं सादी है। दो अलंकृत भिट्टों के ऊपर जाड्यकुम्भ, कर्णिका, ग्रासपट्टी, गजथर और नरथर से प्रासादपीठ की रचना की गयी है। नीचे की भिट्ट मणिबन्ध या रत्नपट्टी से तथा ऊपरी भिट्ट अन्य अलंकरणें से सुशोभित है। विलिस का मानना है कि इस प्रकार के वेदीबन्ध इससे पूर्व ग्वालियर क्षेत्र में दिखाई नहीं देते हैं और वे इनके निर्माण में पश्चिम भारतीय मंदिर शैली का प्रभाव स्वीकारने की बात कहते हैं।[५८] मंदिर का गर्भगृह एवं उसके ऊपर का शिखर पूर्णतः नष्ट हो चुके हैं। सभामण्डप का निर्माण शास्त्रीय पद्धति के अनुरूप है। प्रासाद पीठ के ऊपर राजसेनक, उसके ऊपर अलंकृत स्तम्भ वेदिका तथा उसके ऊपर आसनपट्ट एवं कक्षासन निर्मित हैं। आसनपट्ट को ताड़पत्रों से सजाया गया है। कक्षासन के ऊपर मण्डप का खुला भाग है, जिसमें स्तम्भ यष्टि, भरणी, शिरपट्टी और भारपुत्रक दिखलाये गये हैं। स्तम्भों के ऊपर छाद्य तथा उसके ऊपर देवी–देवताओं सहित रथिका पंक्ति और संवरणा छत निर्मित है। मध्य के चार स्तम्भों तथा आठ बाह्य स्तम्भों पर अलंकृत वितान की रचना की गयी है। मध्य के चारों स्तम्भ वितान को दो भागों में विभाजित करते हैं। इनमें मध्य के नाभिछन्दक का आकार वर्गाकार है, जबकि बाहर के आठ स्तम्भों से वितान का स्वरूप अष्टकोणीय हो गया है। बाह्य वितान कर्णदर्दरिका एवं तीन गजतालु पट्टियों से सुशोभित है, जबकि मध्य वितान को तीन कोलथरों से अलंकृत किया गया है। मुखचतुष्की

के वर्गाकार वितान को कर्णदर्दरिका, गजतालु पट्टी तथा दो अलंकृत कोलथरों से सजाया गया है। स्तम्भों का निचला भाग कुम्भिका और घटपल्लव से सुशोभित है। स्तम्भ यष्टि का ऊपरी भाग षोडशफलकीय तथा निचला भाग अष्टफलकीय है तथा मध्य भाग में तीन वृत्ताकार गढ़न हैं। स्तम्भ के ऊपरी भाग में भरणी, शिरावटी तथा कुमारशीर्ष बनाए गए हैं। इनके ऊपर अलंकृत भारपट्ट बने हैं। मुखचतुष्की के दोनों बाह्य स्तम्भों में नीचे कुम्भिका तथा ऊपर अष्टफलकीय भाग में प्रत्येक फलक पर त्रिभंग तथा अतिभंग मुद्रा में आठ अप्सराओं को प्रदर्शित किया गया है। षोडशफलकीय भाग में तीन वृत्ताकर गढ़न है तथा ऊपरी भाग में भरणी, शिरावटी एवं देवों सहित रथिकाएँ हैं। उसके ऊपर स्तम्भ का उच्चालक भाग तथा कुमारशीर्ष बने हैं, जिनके ऊपर अलंकृत भारपट्ट निर्मित हैं। भारपट्ट पत्रावली, ग्रासमुख, रत्न, दन्तुरिका एवं देवी–देवताओं से युक्त रथिका पंक्ति से सुसज्जित हैं।

सभामण्डप की छत संवरणा द्वारा अलंकृत है, जिसकी रचना के लिए मुख्य घण्टा के चारों ओर चार घण्टियों का निर्माण करके प्रत्येक दिशा में एक–एक घण्टिका की वृद्धि करते हुए विस्तार किया गया है। सभी घण्टिकाओं के आसपास चार–चार कूटों का अंकन करते हुए उन्हें मुख्य घण्टा की ओर विकर्णवत अलंकृत किया गया है। इस मंदिर के गर्भगृह के प्रवेश–द्वार को पाँच शाखाओं– मृणालशाखा, पत्रशाखा, स्तम्भशाखा, पत्रावलीशाखा और खल्वशाखा द्वारा सजाया गया है। इसके उदुम्बर को मध्य में अर्द्धचन्द्राकार मन्दारक तथा उनके एक ओर की रथिका में गणेश–विघ्नेश्वरी एवं दूसरी ओर की रथिका में कुबेर–हरिति को अपने–अपने गणों के साथ दर्शाया गया है। उत्तरंग के मध्य में गरुड़ासीन चतुर्भुजी विष्णु, बाँयी और त्रिशूलधारी शिव, दाँयी ओर वेद लिए ब्रह्मा तथा तीनों के बीच नवग्रहों का अंकन है। चौखट के नीचे द्वारपालों तथा नाग–नागियों को दर्शाया गया है। संपूर्ण मंदिर की रचना में शिल्प एवं वास्तुशास्त्रीय नियमों का पालन हुआ है। इसका निर्माण भी महिपाल के समय में १०६३ ई. तक पूर्ण हो गया होगा तथा गर्भगृह में अनिरुद्ध की रजत प्रतिमा के साथ अच्युत, वामन तथा एक अन्य देव की प्रतिमा स्थापित होगी, जैसा बड़े सास–बहू मंदिर अभिलेख से विदित है। अमर सिंह इस मंदिर के मूलनायक की पहिचान कठिन मानते हुए मंदिर को रत्नपाल द्वारा निर्मित बतलाते हैं।[५६] संभवतः सास–बहू मंदिर अभिलेख को ठीक से नहीं समझ पाने के कारण उन्होंने उक्त संभावना व्यक्त की हो।

इस मंदिर का मूर्तिशिल्प अनुपम है। छोटे मंदिर के मण्डप में गणेश की प्रतिमाएँ चारों ओर पंक्तिबद्ध हैं। बड़े मंदिर में जंघा, वरण्डिका, मण्डप, महामण्डप, गर्भगृह के द्वार और स्तम्भों पर आकर्षक मूर्तियाँ बनी हुयी हैं। गर्भगृह के उत्तरंग पर निर्मित ब्रह्मा तथा शिव सहित गरुड़ासन विष्णु प्रतिमा, नवग्रह, मातृकाएँ एवं अन्य प्रतिमाओं में शिल्पकला की पराकाष्ठा के दर्शन होते हैं। स्तम्भों पर नाग, प्रतिहारी, देवी आदि की प्रतिमाओं की सज्जा मनोहारी है। बाह्य जंघा पर चतुर्भुज विष्णु, वराह, त्रिविक्रम, ब्रह्मा, विष्णु, शिव, लक्ष्मीनारायण, गरुड़ासन विष्णु, उमा–महेश्वर, सूर्य, सावित्री सहित ब्रह्मा, चामुंडा, गजलक्ष्मी प्रतिमा में देवी के एक सिंहमुखी परिचारिका या मातृकाओं में वीरभद्र के अतिरिक्त विनायक के स्थान पर वैनायकी

का प्रदर्शन, या उदुम्बर पर गणेश तथा कुबेर का अंकन विशेष रूप से उल्लेखनीय है। सम्पूर्ण मंदिर को ज्यामितीय अभिप्रायों और मूर्तियों से अलंकृत किया गया है। मंदिर का अधिकांश भाग नष्ट हो जाने के बाद भी अवशेष इसकी गौरवगाथा को प्रस्तुत करते हैं। निश्चिततः इनका निर्माण अत्यन्त कुशल शिल्पियों द्वारा किया गया था। इनमें से कुछ शिल्पियों के नाम १०६३ ई. के लेख में वर्णित हैं तथा अन्य अनेक शिल्पियों के नाम या चिह्न उनके द्वारा निर्मित वास्तु अंगों या मूर्तियों पर उत्कीर्ण हैं।

मुस्लिम शासकों द्वारा इस मंदिर को कालान्तर में भारी क्षति पहुँचायी गयी। संभवतः खजाने की खोज में किसी लोभी ने इस मंदिर के सभामण्डप में १५ फीट गहरा गड्ढा खोद दिया। कनिंघम ने १८४४ ई. में इस गड्ढे को भरवाया, टूटे वेदीबन्ध की मरम्मत, सीढ़ियों का निर्माण आदि जीर्णोद्धार के कार्य करवाये।[६०] तेली के मंदिर के मुख्य प्रवेश–द्वार पर जड़े बड़े शिलालेख से विदित होता है कि मेजर जे. बी. कीथ ने १८८१ से १८८३ ई. के मध्य में तेली के मंदिर के साथ–साथ इस मंदिर का भी जीर्णोद्धार करवाया था। सास–बहू मंदिर के प्रांगण में पूर्वी दीवार पर लगे एक खण्डित शिलालेख के अनुसार माधव महाराज ने बैटरी हाउस एवं कुछ अन्य मरम्मत कार्य भी करवाये थे। वर्तमान में यह भारतीय पुरातत्त्व सर्वेक्षण के अधीन संरक्षित स्मारक है।

जैन मंदिर

ग्वालियर दुर्ग की पूर्वी प्राचीर के निकट हाथी पौर तथा सासबहू मंदिर के मध्य स्थित ३५ x १५ फुट का एक कक्ष, जो भण्डारगृह के रूप में प्रयुक्त हो रहा था, का कनिंघम ने उत्खनन करवाया था, जिसमें रथिकाओं से युक्त एक दीवार के अवशेष प्रकाश में आए। इन रथिकाओं में जैन प्रतिमाएँ बनी थीं। इसके अतिरिक्त यहाँ से सं. ११६५ (११०८) ई. का एक अभिलेख भी प्रकाश में आया था। लेख का पाठ नहीं किया जा सका था, लेकिन अभिलेख की तिथि तथा पद्मासन एवं कायोत्सर्ग मुद्रा में जैन प्रतिमाओं के आधार पर यह कहा जा सकता है कि उस समय ग्वालियर दुर्ग पर एक जैन मंदिर अवश्य विद्यमान था। कनिंघम ने इस मंदिर की लम्बाई कम से कम ६६ फुट तथा चौड़ाई ३५ फुट स्वीकार की है। इसकी दक्षिणी दीवार पर मूर्तियाँ स्थापित करने के लिए पाँच रथिकाएँ निर्मित थीं तथा उसके सामने उत्तर की ओर छह स्तम्भों की छह पंक्तियाँ बनायी गयी थीं। पाँच रथिकाओं में से एक में पद्मासन पार्श्वनाथ की प्रतिमा स्थापित थी। इनके शीर्ष पर सात सर्पफणों का छत्र तथा दोनों पार्श्वों में एक–एक चतुर्भुजी नारी आकृति प्रदर्शित थी। दूसरी रथिका में कायोत्सर्ग मुद्रा में दो तीर्थंकर प्रतिमाएँ थीं। तीसरी रथिका में तीर्थंकर की दो पद्मासनस्थ प्रतिमाएँ थीं। शेष दो रथिकाएँ रिक्त थीं।[६१] वर्तमान में इस मंदिर के कुछ भी अवशेष शेष नहीं हैं।

कनिंघम ने इस जैन मंदिर को ११०८ ई. में निर्मित माना है।[६२] द्विवेदी का मानना है कि यह वही मंदिर है, जिसे ८वीं शती ई. में यशोवर्मन के पुत्र आम ने बनवाया था और कनिंघम द्वारा वर्णित अभिलेख इसी मंदिर के जीर्णोद्धार से सम्बन्धित रहा होगा।[६३] *संगीतोपनिषत्सार* से ज्ञात

होता है कि कच्छपघात शासक मूलदेव (भुवनपाल) के शासनकाल में मलधारी गच्छ के अभयदेव सूरि कन्नौज नरेश आम द्वारा निर्मित मंदिर की दुर्व्यवस्था को देखकर ग्वालियर आये और मूलदेव को उपदेश देकर मंदिर की सुव्यवस्था की। यह भी ज्ञात होता है कि किन्हीं कारणवश मूलदेव ने उपर्युक्त मंदिर में जैनों का प्रवेश बन्द कर दिया था।[६४] इस प्रकार माना जा सकता है कि कनिंघम द्वारा विवेचित उपर्युक्त मंदिर मूल रूप से कन्नौजाधिपति आम द्वारा निर्मित वर्द्धमान महावीर का मंदिर ही रहा होगा और कच्छपघातों के समय में इस मंदिर का जीर्णोद्धार हुआ होगा। प्रबल संभावना है कि आम (७२५–५२ ई.) ने ग्वालियर दुर्ग पर वर्द्धमान महावीर का एक विशाल मंदिर बनवाया था और कच्छपघात शासक मूलदेव के समय किसी विशेष संकट के कारण उसमें जैनों का प्रवेश बन्द करवा दिया गया था। बाद में अभयदेव सूरि के प्रयास से यह संकट समाप्त हुआ। इससे माना जा सकता है कि यह मंदिर हथिया पौर और सासबहू मंदिर के बीच में रहा होगा, जैसा कनिंघम उल्लेख करता है। हथिया पौर और सासबहू मंदिर के मध्य प्राचीर से लगी एक मजार बनी हुई है। इसी मजार के निकट प्राचीर की दीवार में पद्मासन मुद्रा में स्तम्भयुत रथिका में पद्मासनस्थ तीर्थंकर की एक खण्डित प्रतिमा लगी हुई है, जैसा विवरण कनिंघम ने दिया है। प्रतिमाशास्त्रीय आधार पर प्रतिमा ८वीं शती ई. की मालूम पड़ती है। पुनः सिंधिया स्कूल के परिसर में रखी ८वीं शती ई. की कुछ जैन प्रतिमाएँ भी संभवतः इसी मंदिर की रही होंगी। इससे स्पष्ट हो जाता है कि आम द्वारा ग्वालियर दुर्ग पर यहीं पर (मजार के आसपास) वर्द्धमान महावीर का मंदिर बनवाया गया था, जो कच्छपघात काल तक विद्यमान रहा था। बाद में संभवतः बाबर या अन्य किसी मुस्लिम शासक ने उसे तोड़ दिया होगा और उसके अवशेषों का उपयोग अन्य निर्माण–कार्यों में किया होगा। दुर्ग की प्राचीर में लगी उपर्युक्त प्रतिमा से इसकी पुष्टि हो जाती है। यहाँ ध्यान देने योग्य बात यह है कि मूलदेव कच्छपघात के शासनकाल में ऐसा क्या संकट उत्पन्न हो गया था कि मंदिर में जैनों के प्रवेश पर रोक लगा दी गयी? प्रमाणिक साक्ष्यों के अभाव में यह प्रश्न अनुत्तरित है।

माता का मंदिर (चित्र १६)

सूर्य कुण्ड के दक्षिण–पूर्वी कोने पर स्थित मंदिर "माता मंदिर" के नाम से जाना जाता है। वर्तमान में मंदिर के गर्भगृह में अष्टभुजी सिंहवाहिनी दुर्गा की एक अपेक्षाकृत नवीन प्रतिमा स्थापित है। यह प्रतिमा बाद में स्थापित कर दी गयी होगी, जो मंदिर की मूल प्रतिमा नहीं है। संभवतः इसी प्रतिमा के कारण इस मंदिर को "माता या देवी का मंदिर" कहा जाता है। यह मंदिर पंचरथ योजना पर निर्मित है, जिसकी जगती ऊँची है। प्रासाद पीठ की रचना जगती के ऊपर भिट्ट, जाड्यकुम्भ, कर्णिका और ग्रासपट्टी के अलंकरण द्वारा हुआ है। वेदीबन्ध खुर, कुम्भ, कलश और कपोतालि से अलंकृत हैं। अर्द्धरत्न से कुम्भ को तथा रत्नपट्टी से मणिबन्ध एवं कलश को सुशोभित किया गया है। जंघा के भद्र और कर्ण रथों पर छोटी–छोटी रथिकाएँ बनी हैं, जिनके शीर्ष उद्गमों से तथा ऊपरी भाग अर्द्धपद्म, उद्गम, भरणी, शीरपट्टी, अन्तरपट्ट और

छाद्य से शोभायमान हैं। मंदिर का प्रवेश–द्वार पूर्व की ओर है। गर्भगृह वर्गाकार है। गर्भगृह के प्रवेश–द्वार को सप्त द्वारशाखाओं से सजाया गया है। चौखट के नीचे प्रतिहार–प्रतिहारी एवं अन्य अनुचर प्रदर्शित हैं तथा उत्तरंग के ललाटबिम्ब पर गणेश अंकित है। उदुम्बर के मध्य मन्दारक की अर्द्धचन्द्रिका पर कमलनाल बना है, जिसके दोनों ओर गज तथा उसके दोनों ओर की रथिकाओं में एक–एक देवी प्रतिमा का अंकन हुआ है। शिखर का कुछ भाग बाद में निर्मित किया गया है।

गर्भगृह की मूल प्रतिमा उपलब्ध नहीं होने के कारण मंदिर के मुख्य देव की पहिचान सरल नहीं है। रामनाथ ने इस मंदिर की पहचान मिहिरकुल के अभिलेख में वर्णित सूर्य मंदिर से की है। उनकी मान्यता है कि १६वीं शताब्दी में पुनर्निर्माण के समय जे. बी. कीथ तथा एच. एच. कोले ने द्वारशाखा तथा गुम्बद जोड़ दिया एवं गर्भगृह में देवी की आधुनिक मूर्ति स्थापित कर दी, जबकि मूल प्रासाद का तलछन्द तथा उर्ध्वछन्द का निचला भाग, जैसे भिट्ट और मण्डोवर मूल मंदिर का ही सुरक्षित बचा है।[६५] रामनाथ के अनुसार मंदिर मूलतः साधारण एकाण्डक ललित शिखर से सुशोभित रहा होगा। बी. डी. मिश्र ने शैली की दृष्टि से इस मंदिर को १२वीं शताब्दी ई. का स्वीकार करते हुए सासबहू मंदिर शैली का छोटे रूप में निर्माण इसे माना है।[६६] साथ ही स्थापत्य कला में ह्रास को वह स्वीकार करते हैं। कनिंघम सं. ११६१ के अभिलेख में उल्लिखित शैव मंदिर से माता मंदिर की पहचान करने का प्रयास करते हैं।[६७] किन्तु माता मंदिर का शिल्पांकन ह्रासोन्मुख है, जिसमें कच्छपघात शैली के विकसित मंदिरों की विशेषताएँ दृष्टिगत नहीं होती। विलिस इसका उल्लेख "ग्वालियर मंदिर" के नाम से करते हुए इसे ११वीं शती ई. का निर्धारित करते हैं।[६८] अलंकरण शैली, ललाटबिम्ब पर अंकित गणेश प्रतिमा आदि के आधार पर अमरसिंह ने इस मंदिर को १२वीं शताब्दी के उत्तरार्द्ध या १३वीं शताब्दी के पूर्वार्द्ध में निर्मित माना है।[६९] ऐसी स्थिति में कच्छपघात शैली के मंदिरों की अवनत दशा को प्रदर्शित करने वाली शैली के रूप में इस मंदिर को देखा जा सकता है। इस मंदिर के अधिष्ठान भाग पर तीन लेख अंकित हैं, जिनसे भी इसके १२वीं शताब्दी ई. के होने की पुष्टि होती है। एक लेख मे "सताषा", दूसरे में "वीभा मारद्वाज काननिग धामा सुदि ७ सोम" तथा तीसरे में "वीभा राजा नानिग धामा काति सुदि १२ बुध" लिखा हुआ है।

जैन मंदिर (चित्र १७)

दुर्ग के दक्षिण में गुरुद्वारे के पीछे सिंधिया स्कूल की परिधि में एक त्रितलीय जैन मंदिर स्थित है। आकार में यह मंदिर आयताकार एवं उत्तराभिमुख है। यह एक ऊँचे चबुतरे पर बना है। इसका पहला तल पाषाणखण्डों को "भार एवं सन्तुलन विधि" से जोड़कर बनाया गया है, जबकि ऊपरी दोनों तल सुसज्जित है और वे विभिन्न प्रकार के बन्धनों को संयोजित कर निर्मित हैं। तीनों तल लंबवत् स्थिति में घटते आकारगत क्रम में निर्मित हैं। संभव है कि इसके ऊपर भी कम से कम दो और तल रहे हों। तीनों ही तलों पर प्रवेश–द्वारों का विधान हुआ है। प्रवेश–द्वारों के ललाटबिम्ब में जिन आकृति से इस मंदिर को जैन मंदिर माना गया है। प्रथम

तल के ललाटबिम्ब में पद्मासनस्थ पार्श्वनाथ अंकित हैं, जिससे इसके पार्श्वनाथ मंदिर होने की संभावना प्रबल है। इस मंदिर का गर्भगृह वर्तमान में रिक्त है। यह मंदिर १२वीं शती ई. का प्रतीत होता है।

गुहा स्थापत्य

ग्वालियर दुर्ग स्थित समग्र शैलकृत गुहा स्थापत्य को चार क्षेत्रीय वर्गों में विभाजित किया गया है–

१. दक्षिण–पूर्वी क्षेत्र,
२. दक्षिण–पश्चिमी क्षेत्र,
३. उत्तर–पूर्वी क्षेत्र,
४. उत्तर–पश्चिमी क्षेत्र।

दक्षिण–पूर्वी क्षेत्र (चित्र १८)

इस क्षेत्र के अन्तर्गत ग्वालियर दुर्ग के दक्षिण–पूर्वी दिशा में चट्टानी ढ़ाल को लगभग एक किमी की लंबाई तक खोदकर गुहा–मंदिरों का निर्माण किया गया है। विभिन्न विद्वानों ने इस क्षेत्र का "शीतलामाता", "मरीमाता" और "एक पत्थर की बावड़ी" नाम से भी उल्लेख किया है। वर्तमान में इसका ''एक पत्थर की बावडी'' (अ. २६° १२' ५५'' उ., दे. ७८° १०' ०३'' पू.) नाम ही अधिक प्रचलित है, क्योंकि यहाँ चट्टान को गहरा खोदकर जल–संग्रहण हेतु एक बावड़ी का निर्माण किया गया है। यह बावड़ी जल का बारहमासी स्रोत है। शैल तक्षकों द्वारा ग्वालियर दुर्ग के इस चट्टानी भाग का शैलोत्कीर्णन हेतु चयन के प्रमुख कारणों में से चट्टानी ढाल का काफी ऊँचाई एवं लंबाई तक अधिक ऊबड़–खाबड़ न होने के साथ–साथ उपर्युक्त जल स्रोत से पर्याप्त जल की आसान उपलब्धता भी रहा होगा। जल–आपूर्ति को बनाए रखने के लिए सर्वप्रथम यहाँ जल–संग्रहण हेतु बावड़ी का निर्माण किया गया होगा।

इस क्षेत्र में कुल २६ गुहा मंदिरों का निर्माण हुआ है, जिन्हें भारतीय पुरातत्त्व सर्वेक्षण द्वारा बावड़ी की अगली गुहा से प्रारंभ कर क्रमशः १ से २६ तक क्रमांकों से नामांकित किया गया है। अभिलेखीय साक्ष्यों से ज्ञात होता है कि इन सभी गुहा मंदिरों का निर्माण तोमर शासक कीर्तिसिंह (१४५६–८० ई.) के शासनकाल में हुआ था। इन गुहा मंदिरों को उनकी वास्तुगत–योजना के आधार पर अधोलिखित पाँच समूहों में विभाजित किया जा सकता है–

१. समूह १ इस समूह के अन्तर्गत उन गुहा मंदिरों को रखा गया है, जिनमें एक संकीर्ण गर्भगृह के अन्तर्गत मूलनायक तीर्थंकर का अंकन हुआ है। बाहर से देखने पर तीर्थंकर प्रतिमा पूर्णरूपेण दर्शनीय हैं।

२. समूह २ संकीर्ण गर्भगृह के अन्तर्गत मूलनायक प्रतिमा का केवल ऊपरी भाग ही बाहर से दर्शनीय है।

३. **समूह ३** गर्भगृह में मूलनायक तीर्थंकर का केवल ऊपरी भाग ही बाहर से दर्शनीय है। इसके लिए गर्भगृह के प्रवेश–द्वार के ऊपर एक विशाल अलंकृत वातायन का निर्माण हुआ है।

४. **समूह ४** गर्भगृह और मण्डप दोनों का विधान हुआ है।

५. **समूह ५** गर्भगृह और मण्डप के साथ–साथ तलीय विन्यास का प्रावधान मिलता है। कुछ गुहा मंदिरों में गर्भगृह और मण्डप दोनों में तलीय विन्यास के दर्शन होते हैं, तो कुछ गुहा मंदिरों में केवल गर्भगृह का ही तलीय विन्यास हुआ है।

समूह १

इस समूह के अन्तर्गत गुहा मंदिर क्र. १, १६ एवं २० को रखा जा सकता है। इनका गर्भगृह अत्यन्त संकरा है और मूलनायक तीर्थंकर बाहर से पूर्णतः दृष्टव्य हैं।

गुहा मंदिर क्र. १ बावड़ी से लगी हुई है। यह पद्मासन मुद्रा में तीर्थंकर पार्श्वनाथ को समर्पित है। इसमें गर्भगृह की पार्श्व भित्तियों पर कायोत्सर्ग मुद्रा में छह अन्य जिन मूर्तियाँ भी उकेरी गई हैं, जिनमें तीर्थंकर चन्द्रप्रभ और वासुपूज्य की पहचान ही संभव हो सकी है। इस गुहा में सं. १५२५ (१४६८ ई.) तिथियुक्त पाँच अभिलेख हैं, जिनमें से एक मूलनायक पार्श्वनाथ प्रतिमा की पादपीठ पर और शेष चार दाँयी और बाँयी ओर की दीवारों पर निर्मित जिन प्रतिमाओं के समीप उत्कीर्ण हैं। इस गुहा का आकार १२'५'' × १३'८'' है।

गुहा मंदिर क्र. १६ का आकार ४' × ४'७'' है। इसमें मूलनायक के रूप में कायोत्सर्ग मुद्रा में तीर्थंकर ऋषभनाथ का अंकन हुआ है। इस गुहा में उत्कीर्ण संवत् १५२५ के एक शिलालेख के अनुसार इसका निर्माण तोमर शासक कीर्तिसिंह के राज्यकाल में हुआ था।

गुहा मंदिर क्र. २० का आकार ५'१०'' × ६'६'' × ८'१०'' है। यह गुहा कायोत्सर्ग मुद्रा में तीर्थंकर नेमिनाथ को समर्पित है। मूलनायक के अलावा इस गुहा की पार्श्व भित्तियों पर छह अन्य जिन प्रतिमाओं का भी अंकन हुआ है, जिनमें तीर्थंकर चन्द्रप्रभ, सम्भवनाथ, सुपार्श्वनाथ और ऋषभनाथ की पहचान हो सकी है। इन सभी प्रतिमाओं के समीप सं. १५३० (१४७३ ई.) तिथियुक्त आठ अभिलेख उत्कीर्ण हैं। क्र. १६ व २० में अस्थायी मण्डप के भी प्रमाण दिखाई पड़ते हैं।

समूह २

इस समूह के अन्तर्गत गुहा मंदिर क्र. ४–६ और १३–१५ को रखा गया है। इनमें गुहा मंदिर क्र. ४ से ६ तक के गर्भगृह एक आन्तरिक मार्ग के द्वारा एक–दूसरे से जुड़े हुए हैं तथा प्रवेश–द्वार के ऊपर सामान्य रूप से एक–ही छज्जे का निर्माण हुआ है। इससे गुहाओं के ऊपरी भाग में एक विस्तृत वातायन सा निर्मित हो गया है, जिसमें से बाहर से तीर्थंकर प्रतिमा का केवल ऊपरी भाग ही दृष्टव्य है। क्र. ४ में रेखा नागर शैली के एक शिखर का प्रावधान हुआ है, जो अपने निर्माण के दौरान अधूरा छोड़ दिया गया था। इन सभी गुहाओं के गर्भगृह

अत्यन्त संकीर्ण हैं। गुहा क्र. १४ व १५ भी समान रूप से निर्मित हैं। सभी गुहाओं में छज्जे तक पहुँचने के लिए सीढ़ियों के एक मार्ग को चट्टान में ही काटा गया है।

इनमें गुहा मंदिर क्र. ४ संयुक्त रूप से तीर्थंकर पद्मप्रभ और बाहुबली को, क्र. ५ व १३ शान्तिनाथ को, क्र. ६ नमिनाथ को, क्र. ७ नेमिनाथ को, क्र. ८ शान्तिनाथ को, क्र. ६ कुन्थुनाथ को, क्र. १४ शान्ति और कुन्थुनाथ को और क्र. १५ पुष्पदन्त को समर्पित हैं। गुहा मंदिर क्र. ८ में सं. १५२५ का एक अभिलेख उत्कीर्ण है, जिसका निचला भाग अब पूरी तरह नष्ट हो चुका है। गुहा मंदिर क्र. १५ में सं. १५२५ का एक लेख अंकित है।

इनमें गुहा मंदिर क्र. १३ इस समूह की अन्य गुहाओं से भिन्न है। इस गुहा को अंदर की ओर गहरा खोदा गया है। यह गहराई दायीं ओर कम, किन्तु बायीं ओर अधिक है। दायीं ओर पद्मासन मुद्रा में नेमिनाथ और बायीं ओर पद्मासन मुद्रा में चन्द्रप्रभ एवं सम्भवनाथ का अंकन हुआ है। चन्द्रप्रभ और सम्भवनाथ के सम्मुखवर्ती चट्टान को भी काटकर वातायन बना दिया गया है, जिससे ये मूर्तियाँ भी बाहर से ही दर्शनीय हैं। इस गुहा मंदिर का कुल आकार १४'५'' x ४३'५'' है। इस गुहा मंदिर में सं. १५२५ के चार अभिलेख उत्कीर्ण हैं।

गुहा मंदिर क्र. १४ का आकार ६' x २२' और क्र. १५ का १३' x १२' है। इन दोनों गुहा मंदिरों के प्रवेश–द्वार अत्यन्त संकरे हैं। गुहा मंदिर क्र. १४ में सं. १५२५, सं. १५२६ और सं. १५२७ के तीन अभिलेख उत्कीर्ण हैं। एक अन्य लेख तिथिविहीन है। क्र. १५ में सं. १५२५ का एक लेख उत्कीर्ण है। इनमें गुहा मंदिर क्र. ६ का प्रवेश–द्वार अत्यन्त अलंकृत है, जबकि अन्य गुहाओं के साधारण हैं।

समूह ३

इस समूह के अन्तर्गत गुहा मंदिर क्र. १०, ११ और १२ को रखा गया है। इन गुहाओं में प्रवेश–द्वार के ऊपर एक विशाल अलंकृत वातायन का निर्माण हुआ है, जिसे दो मध्य स्तम्भों के सहारे तीन कोष्ठकों में बांटा गया है। इस तक पहुँचने के लिए गर्भगृह के अंदर चट्टान में सीढ़ियाँ भी काटी गई हैं। ये स्तम्भ घट–पल्लव रचना से शोभित हैं। इनमें गुहा मंदिर क्र. ११ का वातायन वर्तमान में ध्वस्त हो चुका है। क्र. १२ के वातायन के मध्य स्तम्भों के बाहर की ओर गुम्बज भी निकाले गये हैं, जिनसे मालूम पड़ता है कि इस गुहा के बाहर की ओर इन गुम्बजों पर आश्रित एक छज्जा भी रहा होगा।

इनमें गुहा मंदिर क्र. १० आकार में सबसे बड़ी है। इसका आकार लगभग २२'८'' x २६'१०'' है, किन्तु इसका प्रवेश–द्वार अत्यन्त संकरा ४'४'' x ३'७'' माप का है। यह गुहा पद्मासन मुद्रा में तीर्थंकर सुपार्श्वनाथ को समर्पित है। इस प्रतिमा की कुल ऊँचाई लगभग ४२' है, जो पद्मासन मुद्रा में भारतवर्ष की सबसे ऊँची जिन प्रतिमा है। यह गुहा अपने निर्माण की अवस्था में ही अधूरी छोड़ दी गई प्रतीत होती है, क्योंकि मूलनायक प्रतिमा का सिंहासन भाग पूर्ण रूप से नहीं उकेरा गया है और ना ही पार्श्व दीवारों पर मूर्तिशिल्प के उत्कीर्णन का कार्य पूरा हुआ है।

गुहा मंदिर क्र. ११ व १२ के आकार क्रमशः १५'६'' x २६' और १५'३'' x २६'४'' हैं। इनके प्रवेश–द्वार अपेक्षाकृत बड़े हैं। इनके आकार क्रमशः १२'६' x ७'५'' और ८'४'' x ५'६'' हैं। ये दोनो गुहाएँ पद्मासनस्थ तीर्थंकर ऋषभनाथ को समर्पित हैं। इन गुहाओं में गर्भगृह के अंदर पार्श्व भित्तियों में आधी ऊँचाई पर तीनों ओर एक संकरे छज्जे का भी प्रावधान हुआ है। इन तीनों गुहाओं की ऊँचाई लगभग समान है। इन सभी गुहाओं की आन्तरिक भित्तियाँ सादी हैं और उन पर किसी प्रकार के मूर्त्तांकन नहीं हुए हैं। इनका वितान एक पूर्ण विकसित कमल आकृति से सज्जित है। गुहा मंदिर क्र. ११ में सं. १५२१ एवं सं. १५२२ के एक–एक अभिलेख और एक तिथिविहीन लेख हैं। इसके अतिरिक्त अरबी–फारसी भाषा में नीली स्याही से लिखा हुआ पाँच पंक्तियों का भी एक अभिलेख है। गुहा मंदिर क्र. १२ में कुल ६ लेख उत्कीर्ण हैं, जिनमें से तीन तिथियुक्त और तीन तिथिविहीन हैं। तिथियुक्त लेख सं. १५२३, सं. १५२५ एवं सं. १५६६ के हैं।

समूह ४

इस समूह के अन्तर्गत गुहा मंदिर क्र. २, ३, १६ एवं २३ को रखा गया है। इनकी वास्तु–योजना में एक गर्भगृह और एक मण्डप का विधान हुआ है। गुहा मंदिर क्र. २ व ३ में शैलकृत मण्डप का और क्र. १६ व २३ में संरचनात्मक मण्डप का निर्माण हुआ है।

गुहा मंदिर क्र. २ के गर्भगृह का आकार १२' x १४'८'' है। यह गुहा कायोत्सर्ग मुद्रा में तीर्थंकर कुन्थुनाथ (ऊँ. २६'५'') को समर्पित है। मूलनायक के अलावा गर्भगृह की दीवारों पर कायोत्सर्ग मुद्रा में चन्द्रप्रभ, ऋषभनाथ, नेमिनाथ, सम्भवनाथ और एक चतुर्विंशतिका पट्ट का भी अंकन हुआ है। गर्भगृह का प्रवेश–द्वार १०'४'' x ४' माप का है। इसके मण्डप का आकार १२' x ११'८'' x १२'३'' है। मण्डप तीन ओर से चट्टान से घिरा है। इसका प्रवेश–द्वार खुला हुआ है। मण्डप के मध्य में ५'८'' की एक वर्गाकार शैलकृत चौकी का भी निर्माण किया गया है। यह चौकी पूजा आदि विधानों के लिए श्रावकों द्वारा उपयोग की जाती थी।

गुहा मंदिर क्र. ३ में प्रवेश–द्वार के अन्तर्गत ही गर्भगृह और मण्डप का विधान किया गया है। इसका प्रवेश–द्वार अत्यन्त संकरा ४' x २'८'' माप का है। प्रवेश–द्वार के ऊपर एक लघु वातायन भी बना है। प्रवेश–द्वार अलंकृत है। इस पर जिन मूर्तियों का अंकन है। यह गुहा कायोत्सर्ग मुद्रा में तीर्थंकर शान्तिनाथ (ऊँ. २६'५'') को समर्पित है। मूलनायक प्रतिमा के दोनों ओर अजितनाथ और ऋषभनाथ को दर्शाया गया है। गर्भगृह को बायीं ओर गहरा खोदा गया है, जिसमें पद्मासनस्थ तीर्थंकर पार्श्वनाथ और एक त्रितीर्थीका (शान्ति, कुन्थु व अरनाथ) का अंकन हुआ है। इस गुहा मंदिर का कुल आकार १७'८'' x १८'६'' है।

दोनों ही गुहाओं में प्रवेश–द्वार के ऊपर एक सामान्य छज्जे का निर्माण हुआ है, जो आगे चलकर गुहा मंदिर क्र. ४ से जुड़ा है। इस प्रकार गुहा मंदिर क्र. २ से लेकर क्र. ६ तक एक ही सामान्य छज्जे का प्रावधान है और इससे एक लम्बे वातायन का निर्माण हो जाता है। इसमें से मूलनायक तीर्थंकर का ऊपरी भाग दिखाई देता है। छज्जे तक पहुँचने हेतु गर्भगृह के अंदर

सीढ़ियों के मार्ग को चट्टान में ही काटा गया है। इन दोनों गुहाओं की विशेषता है कि इनके शीर्ष भाग में रेखा नागर शैली के शैलकृत शिखर का निर्माण किया गया है।

गुहा मंदिर क्र. १६ के गर्भगृह का आकार ६' x १३'६'' है। इसका प्रवेश–द्वार अपेक्षाकृत बड़ा है। यह गुहा कायोत्सर्ग मुद्रा में तीर्थंकर नेमिनाथ को समर्पित है। इस गुहा के सम्मुख एक लम्बे मण्डप का निर्माण हुआ था, जो वर्तमान में लुप्त हो चुका है। मण्डप लगभग १०' लम्बा रहा होगा। मण्डप के नीचे चौकी भी बनाई गई है।

गुहा मंदिर क्र. २३ का गर्भगृह आकार में बड़ा है। इसकी माप १३'१०'' x १३'१०'' x २०'१०'' है। गर्भगृह का प्रवेश–द्वार अत्यन्त संकरा २'१०'' x १'१०'' माप का है। प्रवेश–द्वार के ऊपर एक लघु वातायन निर्मित है। प्रवेश–द्वार के दोनों ओर शिखरयुक्त कुलिकाओं में सरस्वती और द्वारपाल का सुन्दर अंकन हुआ है। गर्भगृह में मूलनायक के रूप में कायोत्सर्ग मुद्रा में ऋषभनाथ, नेमिनाथ और महावीर (ऊँ. १२') का अंकन हुआ है। तीनों प्रतिमाओं के लिए एक ही सिंहासन का प्रावधान हुआ है। इस गुहा के आगे संरचनात्मक मण्डप का विध ाान हुआ था, जो अब लुप्त हो चुका है और वह लगभग ८' लम्बा रहा होगा। इस गुहा की बायीं पार्श्व दीवार में एक अनगढ़ प्रवेश–द्वार के माध्यम से दूसरी गुहा जुड़ी है। इस गुहा में भी तीन कायोत्सर्ग जिन मूर्तियों को उकेरा गया है। लांछनाभाव में इनकी पहचान दूरुह है। इसका आकार ११'२'' x १६'४'' x १८'६'' है। भारतीय पुरातत्त्व सर्वेक्षण ने इसे गुहा मंदिर क्र. २४ कहा है। वास्तव में इसे गुहा मंदिर क्र. २३ का ही हिस्सा माना जाना चाहिए क्योंकि इस गुहा में प्रवेश के लिए कोई स्वतन्त्र प्रवेश–द्वार नहीं निर्मित है। क्र. २३ के गर्भगृह में बने प्रवेश–द्वार से ही इसमें पहुँचा जा सकता है। यद्यपि सम्मुख भित्ति पर एक लघु वातायन बना है, किन्तु यह मात्र प्रकाश एवं वायु के आवागमन की सुविधा के लिए ही है।

समूह ५

इस समूह के अन्तर्गत गुहा मंदिर क्र. १७, १८, २२, एवं २६ को रखा गया है। वास्तु–योजना की दृष्टि से गुहा क्र. १७ व १८ समान हैं। दोनों में गर्भगृह और मण्डप का द्वितलीय विन्यास मिलता है। इनका संरचनात्मक मण्डप वर्तमान में नष्ट हो चुका है। दोनों ही गुहा मंदिर अपने आप में विशिष्ट हैं। क्र. १८ में मंदिर के सम्पूर्ण वास्तुयोजक तत्त्वों में जहाँ रेखा नागर शैली के शिखर का भी निर्माण हुआ है, वहीं क्र. १७ में इसका अभाव है। क्र. १७ के गर्भगृह में पार्श्व दीवारों के ऊपरी भाग को दोनों ओर गहरा खोदा गया है। गर्भगृह के दायीं ओर इस प्रकार एक विशाल आले का निर्माण किया गया है, जिसमें तीर्थंकर अजितनाथ की पद्मासन मुद्रा में एक मूर्ति अंकित है। यह आला बाहर से खुला हुआ है। अतः तीर्थंकर प्रतिमा बाहर से दर्शनीय है। इसी प्रकार दूसरी ओर तीर्थंकर ऋषभनाथ की पद्मासनस्थ प्रतिमा उकेरी गई है। इसके शीर्ष भाग में रेखा नागर शैली के शिखर का भी निर्माण हुआ है। इन आलों तक पहुँचने के लिए गर्भगृह की दीवारों में दोनों ओर सीढ़ियों का एक मार्ग तैयार किया गया था, जो अब ध्वस्त हो चुका है। इस कारण वर्तमान में इन आलों तक नहीं पहुँचा जा सकता है।

गुहा मंदिर क्र. १८ का गर्भगृह सादा है। इसके दूसरे तल की दोनों पार्श्व दीवारों पर त्रितीर्थीका मूर्तियों को उकेरा गया है। दूसरे तल तक पहुँचने के लिए इसमें भी सीढ़ियों के मार्ग का विधान किया गया है। आकार की दृष्टि से क्र. १७ काफी ऊँची है, जबकि लंबाई व चौडाई में दोनों लगभग बराबर हैं। क्र. १७ के गर्भगृह का आकार ६'५'' x १५'८'' और क्र. १८ का आकार १०' x १७'१०'' है। दोनों गुहाओं के गर्भगृह के प्रवेश–द्वार की माप क्रमशः १०' x ४'२'' और ६'६'' x ४' है। दोनों गुहाओं का मण्डप लगभग १०' लम्बा रहा होगा। इन मण्डपों के नीचे चौकी का भी निर्माण हुआ है। मण्डप के दूसरे तल पर जाने के लिए गर्भगृह के दूसरे तल पर भी एक प्रवेश–द्वार का विन्यास किया गया है। क्र. १७ की अपेक्षा क्र. १८ का मण्डप अत्यन्त भव्य रहा होगा। ये मण्डप तीनों ओर से खुले रहे होंगे। दोनों गुहाएँ क्रमशः तीर्थंकर ऋषभनाथ और पद्मप्रभ को समर्पित हैं। दोनों गुहाओं में प्रवेश–द्वार के दोनों ओर शिखरयुक्त कुलिकाओं में सरस्वती और द्वारपाल का सुन्दर अंकन किया गया है। विशेष रूप से क्र. १८ के गर्भगृह के प्रवेश–द्वार में उदुम्बर की योजना की गई है, जो गज–सिंह अभिकल्प और चन्द्रशिला से सज्जित है। इस प्रकार शिखर, भव्य मण्डप एवं उदुम्बर आदि के समायोजन के कारण गुहा मंदिर क्र. १८ तोमरकालीन शैलकृत मंदिर स्थापत्य का एक अनुपम उदाहरण है। गुहा मंदिर क्र. १७ में सं. १५२५ और सं. १५५२ के एक–एक लेख उत्कीर्ण हैं। इसी प्रकार गुहा मंदिर क्र. १८ में दो तिथिविहीन लेख अंकित हैं।

गुहा मंदिर क्र. २२ भी द्वितलीय है। इसके गर्भगृह का आकार १२'१०'' x २५'८'' है। इसमें एक शैलकृत मण्डप का विधान हुआ था, जिसका आधा भाग वर्तमान में ध्वस्त हो चुका है। मण्डप के ऊपरी भाग में एक विशाल वातायन का निर्माण किया गया है, जिससे दूसरा तल बाहर से दिखाई देता है। दूसरा तल अत्यन्त संकरा है। इसमें सीधे खड़ा नहीं रहा जा सकता है। यह गुहा कायोत्सर्ग मुद्रा में तीर्थंकर पार्श्वनाथ को समर्पित है। इसके अलावा इस गुहा में १०० से अधिक छोटी–बड़ी जिन मूर्तियों को भी उकेरा गया है। जिनों के द्वितीर्थी, त्रितीर्थी और चतुर्विंशति एवं सर्वतोभद्रिका रूपों का भी प्रदर्शन इस गुहा में हुआ है। इसका प्रवेश– द्वार अत्यन्त संकरा ३'१०'' x २'६'' माप का है। वस्तुतः देखा जाए तो यह गुहा मंदिर के रूप में तीर्थंकरों का प्रदर्शनी कक्ष जान पड़ता है। बहुत संभव है कि इस गुहा में शैल तक्षकों ने चौबीस तीर्थंकरों का उत्कीर्णन किया हो, किन्तु वर्तमान में लांछनाभाव अथवा उनकी अस्पष्टता के कारण कुछ की ही पहचान हो सकी है।

गुहा मंदिर क्र. २६ इस क्षेत्र की सबसे अन्तिम गुहा है। यह इस समूह की सर्वाधिक ऊँचाई तक खोदी गई गुहा है। इस गुहा की कुल ऊँचाई ६६ फुट, लंबाई २२ फीट व चौड़ाई २३ फीट है। यह गुहा तीन तलों में निर्मित है, जो इस समूह की एक मात्र त्रितलीय गुहा है। ऊपरी तलों तक सीढ़ियों के एक मार्ग द्वारा पहुँचा जा सकता है। यह कायोत्सर्ग मुद्रा में तीर्थंकर ऋषभनाथ को समर्पित है। मूलनायक की ऊँचाई लगभग ५६ फुट है। इस गुहा में ऊपर की ओर एक लघु वातायन का भी निर्माण हुआ है। गर्भगृह की दीवारों पर त्रितीर्थी एवं चतुर्विंशति पट्टों को उकेरा गया है। इस गुहा का प्रवेश–द्वार अत्यन्त संकरा ४'१०'' x ३'६'' माप का है।

उपर्युक्त २६ गुहा मंदिरों में से गुहा मंदिर क्र. २१ वर्तमान में रिक्त है। ऐसा प्रतीत होता है कि मूर्तिशिल्प के अंकन में भारी त्रुटि के कारण इसका निर्माण कार्य पूर्ण नहीं हो सका था। इस प्रकार एक पत्थर की बावड़ी क्षेत्र में निर्मित सभी गुहा मंदिर अपने–आप में शैलकृत मंदिर स्थापत्य के बेहतरीन प्रयास हैं। इनके अलावा भी चट्टान पर गुहा निर्माण के आधे–अधूरे प्रयास दिखाई देते हैं। प्रायः गुहाओं के वितान भाग पर सामान्य रूप से पूर्ण विकसित कमलाकृति का अंकन हुआ है।

प्रायः इन सभी गुहा मंदिरों का निर्माण तोमर शासक कीर्तिसिंह (१४५६–८० ई.) के राज्यकाल में हुआ था। इस समूह में मुख्य रूप से सं. १५२१ (१४६४ ई.) से लेकर सं. १५३६ (१४८२ ई.) तक के अभिलेख विदित हैं। इनके अलावा एक लेख सं. १५०५ (१४४८ ई.) का विदित है, जिससे स्पष्ट होता है कि इस समूह में १४४८ ई. में कार्य प्रारंभ हो चुका था और सबसे अंतिम अभिलेख सं. १५८६ (१५३२ ई.) का विदित है। इस आधार पर कहा जा सकता है कि इस क्षेत्र में मुख्यतः लगभग १८ वर्षों तक अनवरत् शैलकृत निर्माण कार्य जारी रहा था। यहाँ ध्यान देने योग्य बात है कि सं. १५०५ के उपरान्त इस समूह से अगला अभिलेख सं. १५२१ का मिलता है। इन लगभग १६ वर्षों तक यहाँ निर्माण कार्य क्यों रुके रहे? यह कौतुहल का प्रश्न है। अभिलेखीय साक्ष्यों के आधार पर इस समूह की गुहाओं के निर्माण का एक निश्चित कालक्रम निर्धारित किया जा सकता है। इनमें सर्वप्रथम गुहा मंदिर क्र. ११ से सं. १५२१ का एक लेख मिला है। पुनः इसी गुहा से सं. १५२२ का दूसरा लेख मिला है। इससे स्पष्ट होता है कि एक पत्थर की बावड़ी समूह में सं. १५२१ में शैलकृत–कार्य प्रारंभ हो चुका था और सर्वप्रथम गुहा मंदिर क्र. ११ का निर्माण हुआ। इसके उपरान्त गुहा मंदिर क्र. १२ से सं. १५२३ का एक लेख ज्ञात है। इससे स्पष्ट होता है कि गुहा मंदिर क्र. ११ के उपरान्त गुहा मंदिर क्र. १२ का निर्माण कार्य प्रारंभ हुआ। इनके अलावा गुहा मंदिर क्र. १, ६, १३, १४, १५, १७ और १६ का निर्माण सं. १५२५ (१४६८ ई.) में हुआ था, क्योंकि इन गुहाओं से सं. १५२५ के विभिन्न अभिलेख विदित हैं। गुहा मंदिर क्र. २० और २२ का निर्माण सं. १५३० (१४७३ ई.) में हुआ था। क्र. १८ में मूर्तिलेख का अगला भाग टूट चुका है, किन्तु पुरालिपिय लक्षणों, स्थापत्य योजना और मूर्ति शिल्प के आधार पर इसका निर्माण भी सं. १५२५ में ही माना जा सकता है। शेष गुहाओं में अभिलेखों का अभाव है, किन्तु स्थापत्य–योजना और मूर्ति–शिल्प के आधार पर गुहा मंदिर क्र. २, ३, ४, ५, ७, ८, ६, १६ एवं २६ का भी निर्माण सं. १५२५ में हुआ जान पड़ता है। गुहा मंदिर क्र. १० व २३ का निर्माण सं. १५३० के लगभग पूर्ण हुआ होगा। इस प्रकार एक पत्थर की बावड़ी क्षेत्र में सं. १५२१ से लेकर सं. १५३६ तक (१८ वर्षों तक) अनवरत् गुहा निर्माण का कार्य चलता रहा। इसके बाद के भी कुछ अभिलेख विदित हैं, जो बाद में तीर्थयात्रियों द्वारा यहाँ उत्कीर्ण कराये गये थे।

इस समूह से ज्ञात प्रारंभिकतम् लेख सं. १५०५ (१४४८ ई.) का है, जो एक पत्थर की बावड़ी के दाँयीं ओर निर्मित कुछ जिन मूर्तियों एवं जैन मांगलिक चिह्नों, जैसे– णमोकार मंत्र का संकेत, वृक्ष, छत्र आदि के समीप एक शैलकृत मानस्तम्भ पर उत्कीर्ण है। यहाँ कुछ अंकीय

मंत्र भी उकेरे गये हैं, जिनसे प्रतीत होता है कि संभवतः इस समूह में कार्य प्रारंभ होने से पूर्व कुछ मांत्रिक क्रियाएँ हुई होंगी।

दक्षिण–पश्चिमी क्षेत्र (चित्र १६)

इस समूह के अन्तर्गत ग्वालियर दुर्ग की दक्षिण–पश्चिम दिशा में चट्टान को काटकर कुल १३ गुहा मंदिर और अनेक जिन मूर्तियों का निर्माण किया गया है। इस क्षेत्र के उरवाही द्वार के निकट स्थित होने के कारण इसे "उरवाही द्वार क्षेत्र" (अ. २६° १३' २६" उत्तर, दे. ७८° ०६' ५३" पूर्व) के नाम से जाना जाता है। इस क्षेत्र में सड़क मार्ग के दोनों ओर की चट्टानों पर गुहा मंदिरों, छोटे–छोटे आलों में तीर्थंकर प्रतिमाओं और साधारण रूप में भी जिन प्रतिमाओं को उकेरा गया है। इन गुहा मंदिरों को उरवाही द्वार की ओर से प्रारंभ कर क्रमशः १ से १३ तक क्रमांकों में अभिहित किया है। इनमें गुहा मंदिर क्र. १ से ११ तक सड़क मार्ग के बाँयी ओर और गुहा मंदिर क्र. १२ व १३ दाँयीं ओर स्थित हैं। इन गुहा मंदिरों को भी वास्तु–योजना के आधार पर एक पत्थर की बावड़ी के सन्दर्भ में उल्लिखित समूहों में विभाजित किया जा सकता है। इनमें गुहा मंदिर क्र. १ व २ को समूह १ में; गुहा मंदिर क्र. ३, ४, ६, ८, ६, १०, ११ एवं १२ को समूह २ में और गुहा मंदिर क्र. ५ को समूह ४ में रखा जा सकता है।

समूह १

इस समूह के अन्तर्गत गुहा मंदिर क्र. १ और २ में स्थापित तीर्थंकर प्रतिमाएँ बाहर से पूर्णरूपेण दर्शनीय हैं। इनमें गुहा मंदिर क्र. १ संयुक्त रूप से कायोत्सर्ग मुद्रा में तीर्थंकर ऋषभनाथ, चन्द्रप्रभ और महावीर (ऊँ. ल. १२') को और गुहा मंदिर क्र. २ पार्श्वनाथ (ऊँ. ल. १६') को समर्पित है। इनके आकार क्रमशः ७' x १८'७" और ८' x ७'७" हैं। इनमें गुहा क्र. २ अपेक्षाकृत अधिक ऊँची है। गुहा क्र. १ में सं. १५१० के ३ अभिलेख उत्कीर्ण हैं, जिनमें से दो पिछली भित्ति पर और एक वितान भाग पर है।

समूह २

इस समूह के अन्तर्गत गुहा मंदिर क्र. ३, ४, ६, ८, ६, १०, ११ एवं १२ को रखा गया है। इनमें क्र. ३, ४ व १० समान रूप से निर्मित हैं। इन गुहाओं के आकार क्रमशः ६' x ३१'१०", ८' x १६' और ७'५" x २२' है। इनमें गुहा क्र. ३ संयुक्त रूप से कायोत्सर्ग मुद्रा में ऋषभनाथ, शान्ति और चन्द्रप्रभ को समर्पित है। इनके अलावा इस गुहा की दाँयीं पार्श्व भित्ति पर पद्मासन मुद्रा में पार्श्वनाथ और पिछली भित्ति पर नेमिनाथ का अंकन है। इस गुहा की दाँयीं ओर की पार्श्व भित्ति पर १३ पंक्तियों का एक लेख उत्कीर्ण है।

गुहा क्र. १० संयुक्त रूप से कायोत्सर्ग मुद्रा में तीर्थंकर शान्ति, कुन्थु एवं अरनाथ को समर्पित है। इस गुहा की बाँयी पार्श्व भित्ति पर एक जिन–पट्ट उत्कीर्ण है, जिसके नीचे एक तिथिविहीन अभिलेख अंकित है।

गुहा क्र. ४ संयुक्त रूप से कायोत्सर्ग मुद्रा में तीर्थंकर पद्मप्रभ एवं कुन्थुनाथ को समर्पित हैं। इस गुहा में दो लेख उत्कीर्ण हैं। इनमें एक पद्मप्रभ मूर्ति के दाँयी ओर और दूसरा कुन्थुनाथ मूर्ति के बाँयीं ओर पिछली भित्ति पर उत्कीर्ण हैं। इस गुहा के बाहर दाँयी ओर शान्तिनाथ और बाँयीं ओर धर्मनाथ की विशालकाय खड्गासन मूर्तियाँ निर्मित हैं।

इन गुहा मंदिरों में प्रत्येक मूलनायक के लिए उनके सम्मुख भिन्न–भिन्न प्रवेश–द्वारों का विधान किया गया है और प्रवेश–द्वार के ऊपर एक सामान्य छज्जे का प्रावधान मिलता है। मूलनायक प्रतिमाओं के अलावा गुहा क्र. ३ में पार्श्वनाथ (पद्मासन मुद्रा), नेमिनाथ (पद्मासन मुद्रा), एवं त्रितीर्थी (कायोत्सर्ग मुद्रा) का; क्र. ४ में नेमिनाथ (कायोत्सर्ग मुद्रा) का और क्र. १० में चतुर्विंशति पट्ट का भी अंकन मिलता है। इनमें क्र. ४ सर्वाधिक अलंकृत है। इसका प्रवेश–द्वार सुन्दर ढंग से काटा गया है, जबकि अन्य दोनों के सादे हैं। इसके गर्भगृह में सैकडों की संख्या में लघु जिन मूर्तियों को चट्टान में उकेरा गया है।

गुहा मंदिर क्र. ६, ८, ६, ११ और १२ समान रूप से निर्मित हैं। वस्तुतः ये गुहाएँ गुहा क्र. २ का ही विकसित रूप हैं, क्योंकि जहाँ इसमें प्रवेश–द्वार और ऊपरी छज्जे का अभाव है, वहीं इनमें इनका प्रावधान किया गया है। वास्तु–योजना की दृष्टि से तो सभी समान रूप से एक गर्भगृह के विधान के साथ बनायी गयी हैं। इन गुहाओं का प्रवेश–द्वार भी काफी बड़ा है, जिससे मूलनायक प्रतिमा के ऊपरी भाग के साथ–साथ निचला भाग भी पूर्ण रूप से दिखाई देता है। इसके विपरीत एक पत्थर की बावड़ी क्षेत्र में इस समूह की गुहाओं में मूलनायक प्रतिमा का वातायन में से केवल ऊपरी भाग ही दिखाई देता है, निचला भाग नहीं दिखाई देता है, क्योंकि इन गुहाओं के प्रवेश–द्वार अत्यन्त संकीर्ण हैं। इन गुहाओं के आकार क्रमशः १२′ x १०′५″, ८′ x ५′, २१′ x १३′६″, १८′ x १०′५″ और २०′५″ x २७′८″ हैं।

इनमें गुहा क्र. ६ तीर्थंकर शान्तिनाथ को और शेष ऋषभनाथ को समर्पित हैं। गुहा क्र. ६ के गर्भगृह की पिछली दीवार पर सं. १५१० का एक लेख उत्कीर्ण है। इसके अलावा दो अभिलेख और हैं, जिनमें से एक मूलनायक प्रतिमा के बाँयी ओर और दूसरा दाँयी ओर की पार्श्व भित्ति पर निरूपित जिन–पट्ट के नीचे अंकित है। इनके अलावा इस गुहा में चन्द्रप्रभ और पार्श्वनाथ की कायोत्सर्ग मुद्रा में एक–एक मूर्तियाँ अंकित हैं। दो जिन–पट्ट भी बने हैं। इस गुहा के बाहर की दीवारों पर पाँच मानस्तम्भ उकेरे गये हैं। तीन मानस्तम्भ दाँयी ओर और दो मानस्तम्भ बाँयी ओर की दीवारों पर हैं और उन सभी पर लेख उत्कीर्ण हैं, जिनका काफी क्षरण हो चुका है।

गुहा क्र. ८ में विशेष रूप से रेखा नागर शैली के एक लघु शिखर का निर्माण हुआ है। इस गुहा में तीर्थंकर ऋषभनाथ की पादपीठिका पर दो तिथिविहीन लघु अभिलेख अंकित हैं।

गुहा क्र. ६ की दाँयी भित्ति पर एक अपूर्ण लेख उत्कीर्ण है, जिसमें किसी कारणवश केवल आधी पंक्ति ही उकेर कर छोड़ दी गयी है।

इनमें गुहा क्र. १२ सबसे महत्त्वपूर्ण है। यह तोमरकालीन समग्र शैलकृत गुहा मंदिरों में सर्वाधिक ऊँचाई तक निर्मित है और इसमें मूलनायक के रूप में तीर्थंकर ऋषभनाथ की ५२′

ऊँची प्रतिमा उकेरी गई है। इस गुहा की आंतरिक भित्तियों पर चारों ओर सैकड़ों की संख्या में लघु जिन मूर्तियाँ उत्कीर्ण हैं।

समूह ४

समूह ४ के अन्तर्गत गुहा मंदिर क्र. ५ को रखा गया है। इसमें एक गर्भगृह के साथ एक शैलकृत मण्डप का भी प्रावधान है। मण्डप की अपेक्षा गर्भगृह संकीर्ण है। इसका मण्डप तीन ओर से चट्टान से घिरा है और उसमें प्रवेश हेतु एक संकरा मार्ग है। इस गुहा का कुल आकार १२'५'' x ८' x ८'६'' है। यह गुहा संयुक्त रूप से शान्ति, कुन्थु और अरनाथ को समर्पित है। इस गुहा के गर्भगृह और मण्डप में एक–एक जिनपट्ट का अंकन भी मिलता है। इस गुहा में सं. १५२२ के दो लेख विद्यमान हैं, जिनमें से एक गर्भगृह की सम्मुख भित्ति पर और एक मण्डप की सम्मुख भित्ति पर उत्कीर्ण हैं।

इस समूह में गुहा मंदिर क्र. ७ सतह से काफी ऊँचाई पर खोदी गई है और वर्तमान में इस तक पहुँचना आसान नहीं है। इसका आकार १२' x १७' x ७'५'' है। इसके प्रवेश–द्वार की माप ६' x ५' है। इसमें गर्भगृह की दीवार पर कायोत्सर्ग मुद्रा में अनेक तीर्थंकर मूर्तियों को उकेरा गया है, जिनमें से कुछ बुरी तरह खंडित है और कुछ निर्माण की अवस्था में ही अधूरी छोड़ दी गयी हैं।

इनके अलावा भी इस क्षेत्र में सड़क मार्ग के दोनों ओर छोटे–छोटे आलों में अनेक तीर्थंकर प्रतिमाओं को उकेरा गया है। आलों के अलावा चट्टान पर भी जिन प्रतिमाएँ निरूपित हैं। इनमें एक आला नेमिनाथ को, एक आला पद्मप्रभ को, पाँच आले पार्श्वनाथ को, एक आला संयुक्त रूप से ऋषभनाथ एवं शान्तिनाथ को और एक आला चन्द्रप्रभ को समर्पित है। एक आले में माता त्रिशला का भी अंकन हुआ है।

सड़क मार्ग के बाँयी ओर गुहा मंदिर क्र. ४ व ५ के मध्य में थोड़ी ऊँचाई पर चट्टान में एक आला हैं, जिसमें कायोत्सर्ग मुद्रा में जिन प्रतिमाएँ उत्कीर्ण हैं और इसकी पिछली भित्ति पर सं. १५०७ का एक अभिलेख अंकित है। इसी तरफ आगे की ओर गुहा मंदिर क्र. ५ व ६ के मध्य दो आलों में क्रमशः पद्मासन मुद्रा में पद्मप्रभ और पार्श्वनाथ की प्रतिमाएँ अंकित हैं। इनमे पद्मप्रभ प्रतिमायुक्त आले की पिछली भित्ति पर सं. १५१४ का एक अभिलेख उत्कीर्ण है। इसी प्रकार गुहा मंदिर क्र. ८ व ६ के मध्य एक आले में पद्मासन मुद्रा में संयुक्त रूप से ऋषभनाथ और शान्तिनाथ का अंकन हुआ है, जिसमें कुल ५ अभिलेख उत्कीर्ण हैं। इनमें सं. १५४६ का एक अभिलेख आले की बाँयी पार्श्व भित्ति पर और दूसरा २ पंक्तियों का तिथिविहीन लेख पिछली दीवार पर उत्कीर्ण है। एक लघु लेख शान्तिनाथ प्रतिमा के आसन पर उत्कीर्ण है। इस आले की दोनों पार्श्व भित्तियों पर एक–एक त्रितीर्थीका प्रतिमाओं का भी अंकन हुआ है, जिसमें बाँयी पार्श्व भित्ति पर अवस्थित त्रितीर्थीका प्रतिमा के नीचे दो अन्य तिथिविहीन लघु लेख अंकित हैं। इस आले की बाह्य चट्टान पर शैलकृत सती स्तम्भ का भी निरूपण मिलता है, जिसके नीचे एक पंक्ति का एक लघु लेख उत्कीर्ण है। गुहा मंदिर क्र. १० के बाँयी ओर

भी चट्टान में एक आला काटा गया है, जिसमें पद्मासन मुद्रा में पार्श्वनाथ और इसमें दाँयीं भित्ति पर सं. १५१६ का एक अभिलेख उत्कीर्ण है। ये सभी आले सतह से काफी ऊँचाई पर उकेरे गये हैं।

सड़क मार्ग के दाँयी ओर भी आलों के साथ–साथ चट्टान पर विशालकाय जिन प्रतिमाएँ निर्मित की गयी हैं। इनका विवरण चट्टान के उत्तर से दक्षिण की ओर प्रस्तुत किया जा रहा है। बिल्कुल उत्तर की ओर कुछ जिन प्रतिमाएँ उत्कीर्ण हैं। इन्हीं के आगे एक संकरे प्रवेश–द्वार के माध्यम से एक गुहा चट्टान में अंदर की ओर गहराई में खुदी है। इस गुहा के प्रवेश–द्वार के समीप सं. १६३० (१५७३ ई.) का एक लेख उत्कीर्ण है। इनमें पद्मासन मुद्रा में एक विशालकाय प्रतिमा ऋषभनाथ की है, जिसके सिंहासन भाग पर सं. १४६७ का एक अभिलेख अंकित है। इस प्रतिमा के दाहिने ओर की पार्श्व भित्ति पर भी सं. १४६७ का एक अभिलेख उत्कीर्ण है, जिसका वर्तमान में बुरी तरह क्षरण हो चुका है। इस प्रतिमा के समीप ही तीन लघु जिन प्रतिमाएँ भी निरूपित हैं, जिनमें से ऋषभनाथ और संभवनाथ की ही पहचान हो सकी है और इन दोनों के पादभाग पर सं. १४६७ के लेख अंकित हैं। इन प्रतिमाओं के समीप ही चट्टान पर सं. १४६७ का एक और लेख उत्कीर्ण है। विशालकाय ऋषभनाथ प्रतिमा के आसन पर भी कुछ लघु लेख अंकित हैं। ऋषभनाथ की इस प्रतिमा के आगे की ओर चट्टान पर अनेकानेक तीर्थंकर प्रतिमाओं को उकेरा गया है। इसके तुरन्त बाद पुनः सं. १४६७ तिथियुक्त दो अन्य अभिलेख उत्कीर्ण हैं। इन्हीं के समीप एक चरण–चिह्न पर भी एक लघु लेख अंकित है। इससे आगे चलकर सतह से कुछ ऊँचाई पर रेखा नागर शिखरयुक्त एक गहरा आला बना हुआ है, जिसमें कुछ जिन प्रतिमाएँ निर्मित हुई थीं, किन्तु वर्तमान में उनका क्षरण हो चुका है। इस आले के नीचे भी एक क्रम में पद्मासन एवं कायोत्सर्ग मुद्रा में जिन प्रतिमाएँ उत्कीर्ण हैं। इनके आगे गुहा मंदिर क्र. ११ व १२ निर्मित हैं। इन्हीं गुहाओं के दोनों ओर पाँच आलों में तीर्थंकर पार्श्वनाथ का अंकन हुआ है, जिनमें से तीन आलों में पार्श्वनाथ प्रतिमा के आसन पर लेख उत्कीर्ण हैं। इनके आगे जाकर भी अनेक जिन प्रतिमाओं का अंकन मिलता है और कुछ पर तो लेख भी अंकित है, किन्तु उनका बुरी तरह क्षरण हो चुका है।

महत्त्वपूर्ण रूप से इस क्षेत्र में शैलोत्कीर्ण मानस्तम्भों का भी उत्कीर्णन हुआ है। इनकी कुल संख्या १५ के लगभग है। ये सड़क मार्ग के दोनों ओर की चट्टानों पर उकेरे गये हैं। इनमें सड़क मार्ग के बाँयीं ओर गुहा मंदिर क्र. ६ की दोनों ओर की बाह्य भित्तियों पर ५ मानस्तम्भ उत्कीर्ण हैं। इन पर लेख भी उत्कीर्ण हैं, किन्तु वर्तमान में उनका बुरी तरह क्षरण हो चुका है। इसी प्रकार चार मानस्तम्भ गुहा मंदिर क्र. १० के दाँयी ओर की चट्टान पर उत्कीर्ण हैं। इनमें दो पर सं. १५१० के और अन्य एक–एक पर सं. १५१५ और १६०७ के अभिलेख उत्कीर्ण हैं। कुछ मानस्तम्भ सड़क मार्ग के दाँयीं ओर की चट्टान पर भी उत्कीर्ण हुए हैं, किन्तु उन पर अभिलेखों का अभाव है। इन मानस्तम्भों पर लघु जिन प्रतिमाओं एवं पिच्छिका व कमण्डलुधारी जैन साधुओं की आकृतियाँ निर्मित हैं।

आभिलेखिक साक्ष्यों के आधार पर उरवाही द्वार स्थित इन गुहा मंदिरों का निश्चित कालक्रम निर्धारित किया जा सकता है। मुख्य रूप से इस क्षेत्र में शैलकृत शिल्प के परिष्कार

में सं. १४९७ (१४४० ई.) से सं. १५४९ (१४९२ ई.) का अर्थात् कुल ५२ वर्षों का समय लगा, परन्तु सं. १६३० (१५७३ ई.) और सं. १८१४ (१७५७ ई.) में भी कुछ शैलकृत निर्माण–कार्य हुए। इन अभिलेखों से ज्ञात होता है कि इस समय ग्वालियर दुर्ग पर तोमर शासक डुंगरेन्द्र सिंह और कीर्तिसिंह का शासन था। इन समग्र गुहाओं, आलों एवं शैलोत्कीर्णन का निर्माण १४४० ई. से १४९२ ई. के मध्य निर्धारित किया जा सकता है, यद्यपि यह कार्य बाद तक जारी रहा था।

उत्तर–पश्चिमी समूह (चित्र २०)

इस समूह के अन्तर्गत ग्वालियर दुर्ग के उत्तर–पश्चिम दिशा (अ. २६° १४′ ००″ उत्तर, दे. ७८° १०′ ०४″ पूर्व) में चट्टान को खोदकर केवल ५ गुहा मंदिरों का निर्माण किया गया है। इन्हें कोटेश्वर महादेव मंदिर की ओर से प्रारंभ कर क्रमशः १ से ५ तक क्रमांकों मे नामांकित किया है। वास्तु–योजना के आधार पर इन्हें भी एक पत्थर की बावड़ी के सन्दर्भ में उल्लिखित समूहों में रखा जा सकता है। इनमें गुहा मंदिर क्र. १ को समूह ३ में और क्र. २ व ३ को समूह ५ में रखा जा सकता है। गुहा मंदिर क्र. ४ व ५ सतह से काफी ऊँचाई पर निर्मित हैं और वर्तमान में इन तक पहुँच पाना संभव नहीं है। ये गुहाएँ वर्तमान में रिक्त हैं। प्रतीत होता है कि किन्हीं कारणों से इनका निर्माण कार्य पूर्ण नहीं हो सका था।

गुहा मंदिर क्र. १ के गर्भगृह का आकार ६′१०″ x १६′८″ x १८′५″ है। इसका प्रवेश–द्वार अत्यन्त लघु ४′ x २′५″ माप का है। प्रवेश–द्वार के ऊपर एक अलंकृत वातायन का निर्माण किया गया है। यह गुहा पद्मासन मुद्रा में तीर्थंकर पार्श्वनाथ को समर्पित है। पार्श्वनाथ प्रतिमा के पादपीठ पर सं. १५२७ का एक अभिलेख उत्कीर्ण है। गर्भगृह की पार्श्व भित्तियों पर कायोत्सर्ग मुद्रा में १२ तीर्थंकर मूर्तियाँ उकेरी गई हैं, जिनमें तीर्थंकर ऋषभ, चन्द्रप्रभ, पद्मप्रभ, वासुपूज्य, शांति और महावीर की पहचान संभव है।

गुहा मंदिर क्र. २ व ३ समान रूप से निर्मित हैं। इनमें केवल एक गर्भगृह का विधान हुआ है और उसे दो तलों में विभाजित किया गया है। एक पत्थर की बावड़ी के समान इनमें मण्डप का प्रावधान नहीं मिलता है। द्वितीय तल के विन्यास के रूप में गर्भगृह की पार्श्व भित्तियों पर तीन ओर छज्जे का निर्माण किया गया है। इसके साथ ही वातायन का निर्माण भी हुआ है। इन गुहाओं के बाहर की ओर भी द्वितीय तल के बराबर से एक संकरा छज्जा निकाला गया है, जिस तक ऊपरी तल के वातायन के माध्यम से पहुँचा जा सकता है। दोनों गुहाओं में ऊपरी तलों तक पहुँचने के लिए सीढ़ियों के मार्ग को चट्टान में ही काटा गया है। विशेष रूप से इन दोनों गुहाओं के शीर्ष पर रेखा नागर शैली के शिखर को भी उकेरा गया है, जो अपूर्ण अवस्था में निर्मित हैं। दोनों गुहाओं के गर्भगृह का आकार क्रमशः १७′२″ x १४′११″ x २८′ और १३′७″ x १५′६″ x २६′६″ है। इनके प्रवेश–द्वार की माप क्रमशः ८′३″ x ३′१०″ और ७′ x ४′ है। इनमें मूलनायक के रूप में पद्मासन मुद्रा में क्रमशः पार्श्वनाथ और पद्मप्रभ को दर्शाया गया है। गुहा क्र. २ में मूलनायक के अलावा आंतरिक भित्तियों पर ४ जिन मूर्तियों का अंकन

हुआ है, जो ऋषभनाथ, चन्द्रप्रभ, शांतिनाथ और नेमिनाथ की हैं। इसी प्रकार गुहा क्र. ३ में १५ से अधिक जिन प्रतिमाएँ उत्कीर्ण हैं, जिनमें चन्द्रप्रभ, नेमिनाथ और पार्श्वनाथ की ही पहचान हो सकी है। इनके अलावा इस गुहा में दो जिन–पट्ट भी निरूपित हैं। गुहा क्र. २ में मूलनायक पार्श्वनाथ प्रतिमा के सिंहासन भाग पर सं. १५२७ का एक लेख उत्कीर्ण है। गुहा क्र. ३ में ८ अभिलेख उत्कीर्ण है, जिनमें से चार सं. १५३१ के और शेष तिथिविहीन हैं। सं. १५३१ के दो लेख मूलनायक पद्मप्रभ प्रतिमा की पादपीठ पर, एक लेख द्वितीय तल की बाँयी ओर की भित्ति पर और एक लेख द्वितीय तल की ही सम्मुख भित्ति पर उत्कीर्ण हैं। इन गुहाओं का वितान पूर्ण विकसित कमल आकृति से सज्जित है।

इन गुहाओं में उत्कीर्ण अभिलेखों से विदित होता है कि इनमें गुहा मंदिर क्र. १ एवं २ का निर्माण संवत् १५२७ (१४७० ई.) में और गुहा मंदिर क्र. ३ का सं. १५३१ (१४७४ ई.) में हुआ था। अभिलेखों से यह भी विदित होता है कि इनका निर्माण तोमर शासक कीर्तिसिंह के राज्यकाल में भट्टारक सिंहकीर्ति की प्रेरणा से हुआ था।

उत्तर–पूर्वी समूह (चित्र २१)

इस समूह के अन्तर्गत ग्वालियर दुर्ग के उत्तर–पूर्वी दिशा (अ. २६° १३′ ५५″ उत्तर, दे. ७८° १०′ १४″ पूर्व) में चट्टान को खोदकर कुल ६ गुहा मंदिरों का निर्माण किया गया है। इन्हें दाँयीं ओर से प्रारंभ कर क्रमशः १ से ६ तक क्रमांकों मे नामांकित किया है। पूर्वानुसार इनमें से गुहा क्र. ३ को समूह १ में और गुहा मंदिर क्र. १, २, ४, ५ व ६ को समूह ४ में रखा जा सकता है। वर्तमान में जैन समुदाय में इस क्षेत्र को "गिरनार समूह" के नाम से जाना जाता है। यह किला गेट से मान महल की ओर जाने वाले चढ़ाई मार्ग में रास्ते में स्थित हनुमान मंदिर के समीप अवस्थित है। यहाँ से सीढ़ियों के रास्ते इन गुहा मंदिरों तक पहुँचा जा सकता है। यहाँ पर पूर्णतः शैलकृत स्थापत्य के साथ–साथ शैलकृत/संरचनात्मक स्थापत्य के भी दर्शन होते हैं।

गुहा मंदिर क्र. १ व २ में एक गर्भगृह, एक अन्तराल और एक संरचनात्मक मण्डप का विधान किया गया है। एक पत्थर की बावड़ी क्षेत्र में इस समूह की गुहाओं में अन्तराल का प्रावधान नहीं मिलता है। इन दोनों गुहाओं में एक संयुक्त मण्डप का निर्माण हुआ था, जो वर्तमान में लुप्त हो चुका है। मण्डप के साथ–साथ गर्भगृह का प्रवेश–द्वार भी संरचनात्मक है। प्रवेश–द्वार के ऊपर एक लघु वातायन का भी निर्माण हुआ है। इनमें क्र. २ का वातायन ढह चुका है। क्र. १ की कुल माप १५′ x ११′ है। इसका प्रवेश–द्वार ४′ x ३′ का छोटा है। क्र. २ की कुल माप १०′ x ११′ ५″ है। इसका प्रवेश–द्वार ५′ ५″ x ३′ का छोटा है। इनमें क्र. १ पद्मासन मुद्रा में तीर्थंकर को और क्र. २ पार्श्वनाथ को समर्पित हैं। क्र. २ में अन्तराल की बाँयीं भित्ति पर पुनः पार्श्वनाथ का अंकन हुआ है, जबकि क्र. १ का अन्तराल सादा है। क्र. २ के गर्भगृह में मूलनायक के दोनों ओर भित्तियों पर भी कायोत्सर्ग मुद्रा में विशालकाय जिन

प्रतिमाएँ उत्कीर्ण हैं। इन गुहाओं की आन्तरिक भित्तियाँ व तीर्थंकर प्रतिमाएँ अनगढ़–सी हैं। प्रतीत होता है कि किसी कारणवश इनका निर्माण–कार्य पूर्ण नहीं हो सका था।

गुहा मंदिर क्र. ३ का गर्भगृह आकार में बड़ा, किन्तु अनगढ़ है। इस गुहा का कुल आकार १४'३'' x २५'८'' है। इसमें मूलनायक के रूप में १५' ऊँची पद्मासन मुद्रा में तीर्थंकर की मूर्ति प्रतिष्ठित है। इस प्रतिमा के सम्मुख एक प्रवेश–द्वार भी निर्मित है, जो वर्तमान में ढ़ह चुका है। गुहा का सम्मुख भाग खुला हुआ हैं। गर्भगृह की दीवारों पर मूलनायक के अलावा भी कई अन्य मूर्तियाँ उकेरी गई हैं। ये मूर्तियाँ बाहर से ही दर्शनीय हैं।

गुहा मंदिर क्र. ४ में एक गर्भगृह और एक मण्डप का विधान किया गया है। मण्डप में बाहर की ओर विस्तार भी किया गया है। इस गुहा की कुल माप १८' x १६' है। इसका प्रवेश–द्वार ७' ५'' x ४' का है। मण्डप घट–पल्लव रचनायुक्त स्तम्भों पर आधारित हैं। स्तम्भों का मध्यभाग पुष्पवल्लरियों एवं कीर्तिमुख से सज्जित है। मण्डप की छत को भारवाहक साधे हुए हैं। गर्भगृह की पार्श्व भित्तियों पर पद्मासनस्थ पार्श्वनाथ की पद्मासन मुद्रा में एक प्रतिमा, एक त्रितीर्थीका और एक जिन–पट्ट उकेरा गया है। इसके अलावा इस गुहा में कुछ स्वतंत्र प्रतिमाएँ भी रखी हुई हैं। यह गुहा भी निर्माण की अवस्था में अपूर्ण छोड़ी गयी प्रतीत होती है।

गुहा मंदिर क्र. ५ में एक गर्भगृह और एक मण्डप का विधान मिलता है। इसके गर्भगृह का आकार ११'६'' x ६'३'' है। मूर्तिशिल्प की दृष्टि से यह गुहा विशेष है। इसमें कायोत्सर्ग तीर्थंकर प्रतिमा के चारों ओर दीवार पर कथानक अंकन किये गये हैं। इस गुहा में सं. १४८७ और सं. १५... के दो अभिलेख भित्ति स्तम्भों पर उत्कीर्ण हैं।

गुहा मंदिर क्र. ६ में एक गर्भगृह और एक मण्डप का विधान हुआ है। यह गुहा पूर्णरूपेण शैलकृत है। इसके गर्भगृह का आकार ८'८'' x १२'१०'' और मण्डप ७' x १५'' माप का है। गर्भगृह का प्रवेश–द्वार ४'४'' x ३'२'' माप का है। वर्तमान में यह गुहा रिक्त है। संभवतः यह गुहा मंदिर न होकर विहार के रूप में उपयोग की जाती थी।

इन गुहाओं में अभिलेखों का अभाव है। गुहा–स्थापत्य एवं मूर्तिशिल्प के आधार पर इनका काल–निर्धारण किया जा सकता है, यद्यपि गुहा क्र. ५ के भित्ति स्तम्भों पर १४–१५वीं शती ई. के दो लेख उत्कीर्ण हैं, जिनके आधार पर कहा जा सकता है कि उस समय यहाँ कुछ निर्माण कार्य हुए थे। इनमें गुहा मंदिर क्र. १ व २ तोमरकाल में और क्र. ३ से ६ तक १२वीं–१३वीं शती ई. में रखे जा सकते हैं। गुहा मंदिर क्र. ४ में मण्डप के स्तम्भ पर एक तिथिविहीन अभिलेख भी उत्कीर्ण है, जिसे लिपिशास्त्रीय आधार पर १२वीं शती ई. में रखा जा सकता है। गुहा मंदिर क्र. ४ व ६ वस्तुतः विहार के रूप में निर्मित किये गये हैं। क्र. ४ में तोमरकाल में भी मूर्तिशिल्पांकन के कार्य हुए थे। इनके अलावा सतह से लगा एक गहरा आला भी खोदा गया है। इसका आकार ७'८'' x ६'३'' है और वर्तमान में यह आला रिक्त है। गुहा क्र. ३ व ४ के मध्य पद्मासन मुद्रा में महावीर व ऋषभनाथ की विशालकाय प्रतिमाएँ उत्कीर्ण हैं।

कनिंघम का मानना है कि उपर्युक्त पाँचों समूहों में शैलकृत मूर्ति शिल्प का परिष्कार सं. १४६७ से सं. १५३० के मध्य अर्थात् कुल ३३ वर्षों में हुआ था[७०], जबकि उपर्युक्त अध्ययन के प्रकाश में गुहा मंदिरों एवं जैन मूर्तियों का निर्माण कार्य अधिक लम्बे समय तक चलते रहने की जानकारी मिलती है।

उपरोक्त समूहों के अतिरिक्त दुर्ग पर अन्य शैलोत्कीर्ण गुहाओं का भी निर्माण हुआ है। इनमें फूलबाग से किला गेट मार्ग पर एक पत्थर की बावड़ी समूह से आगे चट्टान में एक गहरी गुहा खोदी गई है। इसमें मूर्तियों का निर्माण नहीं हुआ है। गुहा के बाहर चट्टान पर ब्राह्मण धर्मसम्बन्धी कुछ मूर्तियाँ विद्यमान हैं। इसी प्रकार गुजरी महल के दायीं ओर दुर्ग की चट्टान पर भी कुछ शैलोत्कीर्ण गुहाएँ निर्मित हैं। पहुँच मार्ग के अभाव में उनका विवरण नहीं दिया जा सका है। ये सभी तोमर काल में निर्मित जान पड़ती हैं।

मूर्तिशिल्प एवं प्रतिमा विज्ञान

गुप्तकालीन मूर्तिशिल्प

ग्वालियर दुर्ग के उरवाही द्वार के समीप, जिसे आज त्रिशलागिरि समूह के नाम से जाना जाता है, से तीर्थंकर ऋषभनाथ की दो शैलोत्कीर्ण प्रतिमाएँ महत्त्वपूर्ण हैं। ग्वालियर दुर्ग ही नहीं वरन् ग्वालियर क्षेत्र से ज्ञात शैलकृत मूर्तिशिल्प के ये प्राथमिक उदाहरण हैं। इनमें से एक में तीर्थकर आकृति को पद्मासन मुद्रा में (चित्र २२) और दूसरी को कायोत्सर्ग मुद्रा में (चित्र २३) दिखाया गया है। इन प्रतिमाओं में लांछन का अभाव है, किन्तु कन्धे तक लटकती केश–वल्लरियों के आधार पर इन्हें तीर्थंकर ऋषभनाथ से समीकृत किया गया है। दोनों ही प्रतिमाएँ खंडित हैं। पद्मासन मुद्रा में तीर्थंकर को परम्परागत सिंहासन पर आरूढ़ दिखाया गया है, जबकि कायोत्सर्ग प्रतिमा में इसका अभाव है। इन प्रतिमाओं के परिकर में मालाधारी युगल आकृतियों का अंकन है। अष्टप्रातिहार्यों में भामण्डल, त्रिछत्र, दुन्दुभि और चामरधर का निरूपण हुआ है। ये प्रतिमाएँ तरुण शरीर, लम्बकर्ण, ग्रीवा–रेखा, ऊष्णीश, आजानुबाहु, नासाग्र–दृष्टि, ध्यान–मुद्रा आदि लक्षणों से युक्त हैं। इन पर कुषाणकालीन मथुरा कला का प्रभाव दिखाई पड़ता है। कालक्रम की दृष्टि से इन्हें छठीं शती ई. के उत्तरार्द्ध में रखा जा सकता हैं।[७१] इन सभी प्रतिमाओं में इकहरा शरीर और शारीरिक रचना में रेखाओं का कड़ापन स्पष्ट है।

प्रतिहारकालीन मूर्तिशिल्प

ग्वालियर दुर्ग से प्रतिहारकालीन अनेक जैन मूर्तियाँ ज्ञात हैं, जो शैलकृत एवं स्वतंत्र दोनों रूपों में हैं। गुप्त काल की अपेक्षा इस काल में जैन देवमण्डल में विस्तार एवं विविधता दिखाई देती है। दुर्ग पर तेली के मंदिर प्रांगण में ऋषभनाथ की कायोत्सर्ग मुद्रा में दो मूर्तियाँ और एक बाहुबली मूर्ति स्थापित है। ऋषभ मूर्तियों में एक में ऋषभ चतुर्विंशतिका रूप में और दूसरी में दोमुखी प्रतिमा के रूप में प्रदर्शित हैं। चतुर्विंशतिका प्रतिमा (ऊँ. ५'२'', चित्र २४) में ऋषभ

तीन लटकती केश वल्लरियों से शोभित हैं। उनके परिकर में भामण्डल, त्रिछत्र, दुन्दुभि और मालाधारी युगल आकृतियों के साथ–साथ पद्मासन मुद्रा में २० लघु जिन उत्कीर्ण हैं, जबकि कुछ जिन आकृतियाँ नष्ट हो चुकी हैं। प्रतीत होता है कि परिकर में इनकी संख्या २४ रही थी। इनमें से पंच सर्पफणों की छत्रावली युक्त सुपार्श्व की पहचान स्पष्ट है। यह इस क्षेत्र से ज्ञात प्राचीनतम चतुर्विंशति (चौबीसी) प्रतिमा है।

दूसरी मूर्ति में ऋषभनाथ (ऊँ. ६'५'', चित्र २५) को दोमुखी अर्थात् विपरीत दिशाओं में मुख किये प्रदर्शित किया गया है। जिन प्रतिमाविज्ञान में जिन मूर्ति के ऐसे स्वरूप की अभिव्यंजना नहीं मिलती है, अतः प्रतीत होता है कि यह कलाकार की स्वतंत्र मूर्तिगत अभिव्यक्ति है। ऐसी मूर्ति दुर्लभ है। कन्धे पर लटकती केश–वल्लरियाँ इसे ऋषभनाथ से जोड़ती हैं। दोनों ओर चामरधरों को यथास्थान दिखाया गया है। यह प्रतिमा काफी खण्डित है।

ऋषभनाथ के पुत्र बाहुबली को कायोत्सर्ग मुद्रा में तपस्यारत (ऊँ. ७'५'', चित्र २६) दिखाया गया है। केश–वल्लरियों से शोभित बाहुबली परम्परागत रूप में सरीसृपों एवं लता–वल्लरियों से वेष्टित हैं।

इनके अलावा इसी प्रांगण में लगभग ६वीं शती ई. का किसी जिन प्रतिमा का ऊपरी खण्ड भी रखा हुआ है, जिसमें दोनों सिरों पर तीन–तीन पद्मासनस्थ जिन आकृतियों को दर्शाया गया है और मध्य में उड्डीयमान मालाधारी युगल, त्रिछत्र एवं भामण्डल का अंकन हुआ है।

ग्वालियर दुर्ग से विदित प्रतिहारकालीन एक जिन प्रतिमा (पं. क्र. ११८, चित्र २७) गुजरी महल संग्रहालय में संरक्षित है। लाल बलुए पाषाण पर निर्मित इस प्रतिमा में तीर्थंकर आदिनाथ को पद्मासन मुद्रा में ध्यानस्थ सिंहासनासीन एवं परिकर में पद्म फुल्लियों से अलंकृत भामण्डल के साथ प्रदर्शित किया गया है। सिर पर जटा–जूट और लटकती केश वल्लरियों के आधार पर इसकी पहचान ऋषभ से की गयी है। सिंहासन पर धर्मचक्र के दोनों ओर अंजलीहस्त मुद्रा में एक–एक श्रावक आकृति निरूपित हैं। इस प्रतिमा के बाँयीं ओर आधार एवं शीर्ष में घटपल्लव और मध्य में किंकिणिका, अर्द्धपद्म और ताड़पत्र से सज्जित एक अर्द्धस्तम्भ निर्मित है। संभव है कि ऐसा ही एक अर्द्धस्तम्भ प्रतिमा के दाँयीं ओर भी रहा होगा। कहा जा सकता है कि आदिनाथ अर्द्धस्तम्भों से युक्त रथिका में निर्मित थे। शैलीगत आधारों पर इसे ८वीं शती ई. के मध्य में रखा जा सकता है। लगभग इसी के समान एक अन्य प्रतिमा (पं. क्र. १२६) में तीर्थंकर को पद्मासन मुद्रा में ध्यानस्थ दिखाया गया है। परिकर में पद्म पंखुड़ियों से सज्जित भामण्डल दृष्टव्य है। इसमें भी एक पार्श्वस्तम्भ घट पल्लव रचना से सुशोभित है। इस आधार पर कहा जा सकता है कि यह भी उपर्युक्त प्रतिमा के समान रथिका में रही होगी। सिंहासन भी समान रूप में है, किन्तु यहाँ श्रावकों का अभाव है। यह प्रतिमा ८वीं शती ई. के उत्तरार्द्ध की प्रतीत होती है।

प्रतिहार काल की दो जिन प्रतिमाएँ सिंधिया स्कूल के परिसर में भी रखी हुई हैं, जिनमें से एक तीर्थंकर ऋषभनाथ की और एक पार्श्वनाथ का सिरोभाग है। ऋषभनाथ की प्रतिमा

(१०५ x ८२ सेमी, चित्र २८) में जिन को कायोत्सर्ग मुद्रा में परिकर में कई लघु जिन आकृतियों के साथ दिखाया गया है। परिकर का ऊपरी भाग खण्डित है, फिर भी ऐसा प्रतीत होता है कि परिकर में २४ से अधिक प्रतिमाएँ थीं। इसके अलावा ढोलाकार पादपीठ पर भी पद्मासन मुद्रा में १५ लघु जिन प्रतिमाएँ उत्कीर्ण हैं, जिनमें दो चैत्य गवाक्षयुक्त लघु कुलिकाओं में निरूपित हैं। सिर पर जटा–जूट होने के कारण उनकी पहचान ऋषभ से प्रस्तावित है। मेइस्तर ने लघु जिन प्रतिमाओं के आधार पर इसमें ५२ प्रतिमाएँ होने की संभावना व्यक्त करते हुए इसे नंदीश्वर द्वीप कहने का प्रयास किया है और वे इसके ऊपर सर्वतोभद्रिका की बात भी कहते हैं। उन्होंने इसे ८वीं शती ई. के मध्य में रखा है।[७२] ज्योति प्रसाद जैन इसमें तीन चौबीसी के अंकित होने की बात कहते हैं।[७३]

पार्श्वनाथ (६० x ८२ सेमी, चित्र २९) का केवल सिरोभाग ही सुरक्षित है, जिसमें उन्हें सर्पफणों के सप्त छत्रों से आच्छादित दिखाया गया है। परिकर में दोनों ओर उड्डीयमान मालाधारी पुरुष आकृतियों के साथ कलशधारी मानव आकृतियाँ जिन का अभिषेक करते प्रदर्शित हैं। उपर्युक्त दोनों प्रतिमाएँ ८वीं शती ई. के मध्य की प्रतीत होती है।

प्रतिहारकालीन एक जिन प्रतिमा (चित्र ३०) हथिया पौर और सास बहू मंदिर के मध्य की सुरक्षा प्राचीर में एक मजार के निकट जड़ी हुई है। इस प्रतिमा में जिन पद्मासन मुद्रा में परिकर में मालाधर मानव आकृतियों और चामरधरों के साथ प्रदर्शित हैं। अष्टप्रातिहार्यों में भामण्डल और त्रिछत्र दृष्टव्य हैं। यह प्रतिमा खण्डित है। वस्तुतः यह कोई स्वतंत्र प्रतिमा न होकर किसी मंदिर का वास्तु खण्ड प्रतीत होती है। विदित हो कि इसी जगह कनिंघम ने एक जैन मंदिर को उत्खनन में देखा था।[७४] यह भी ८वीं शती के मध्य में निर्मित प्रतीत होती है।

इसी कालावधि की कुछ शैलकृत प्रतिमाएँ उरवाही द्वार के समीप त्रिशलागिरि समूह में चट्टान पर उत्कीर्ण हैं। इनमें तीन प्रतिमाएँ कायोत्सर्ग मुद्रा में हैं, जिनमें से एक की ऋषभनाथ (चित्र ३१) के रूप में पहचान हो सकी है। यह प्रतिमा एक बड़े व उथले आले में उत्कीर्ण है। कमलासना जिन के परिकर में उड्डीयमान मालाधारी युगल और चामरधारी आकृतियाँ यथास्थान निरूपित हैं। अष्टप्रातिहार्यों में भामण्डल व त्रिछत्र का ही अंकन है। विलिस ने इसे ९वीं शती ई. के मध्य में रखा है।[७५] दूसरी कायोत्सर्ग प्रतिमा (चित्र ३२) भी समान रूप से प्रदर्शित है, किन्तु उपर्युक्त की अपेक्षा कम ऊँची एवं कमलासना है। तीसरी कायोत्सर्ग प्रतिमा चौबीसी के रूप में है। कायोत्सर्ग जिन के परिकर में २४ लघु जिन आकृतियाँ थीं, जिनमें से वर्तमान में कुछ नष्टप्राय हैं। इसके भी परिकर में भामण्डल, त्रिछत्र, मालाधर युगल और चामरधर यथास्थान अंकित हैं। एक प्रतिमा पद्मासन मुद्रा में तीर्थंकर पार्श्वनाथ की है, जिन्हें सिंहासनासीन सिर के ऊपर सप्त सर्पफणों के छत्र से युक्त दिखाया गया है। सर्पफणों का विस्तार पीछे की ओर सिंहासन तक है। परिकर में मालाधारी युगल और चामरधर आकृतियों के साथ–साथ सिंहासन के दोनों ओर एक–एक गज आकृति का भी अंकन हैं। इनके अलावा इसी स्थल पर एक ही स्थान पर कई छोटी–बड़ी जिन प्रतिमाएँ कायोत्सर्ग मुद्रा में एक दीर्घ जिन प्रतिमा के चारों ओर उत्कीर्ण हैं। इन लघु प्रतिमाओं में केवल पार्श्वनाथ की ही पहचान

हो सकी है। उपर्युक्त सभी प्रतिमाएँ मूल रूप से खण्डित अवस्था में थीं, जिन्हें वर्तमान में स्थानीय जैन समाज द्वारा पुनर्निर्मित कर दिया गया है। इन्हें ६वीं शती ई. के उत्तरार्द्ध में रखा जा सकता है।[७६]

उपर्युक्त स्थल पर ही गोमेध एवं अम्बिका का शैलोत्कीर्ण संयुक्त अंकन हुआ है। इसमें गोमेध (सर्वानुभूति) और अम्बिका को द्विभुजी, ललितासन मुद्रा में दिखाया गया है (चित्र ३३)। गोमेध के दोनों हाथ खंडित हैं, जबकि सिंहवाहना अम्बिका का दायाँ हाथ खंडित एवं बाएँ में पुत्र प्रियंकर को थामे हुए है। दूसरा पुत्र शुभंकर समीप में खड़ा हुआ है। इनके परिकर में अम्बिका के साथ आम्रवृक्ष और गोमेध के साथ ही वृक्ष और वृक्षों के मध्य एक पद्मासनस्थ लघु जिन आकृति, भामण्डल, चामरधारिणी और मालाधारी युगल आकृतियों का अंकन है। दोनों ही वस्त्राभूषणों से सुसज्जित हैं। शारीरिक गठन की दृष्टि से गोमेध को स्थूलकाय और अम्बिका को इकहरे शरीर के साथ निरूपित किया गया है। शारीरिक समन्वय उत्तम है। दोनों के मुखमण्डल गोलाकार और आँखें अर्द्धोन्मीलित हैं। ब्रून इन पर पांचिका एवं हारिति का प्रभाव स्वीकारते हैं।[७७] विलिस इन्हें ६वीं शती ई. के उत्तरार्द्ध में रखते हैं।[७८] कनिंघम ने इस संयुक्त अंकन की पहचान तीर्थकर महावीर के माता-पिता सिद्धार्थ एवं त्रिशला से करते हुए बच्चे को महावीर से समीकृत किया है, जो उचित नहीं है।

उपर्युक्त प्रतिमा के दाँयीं ओर एक आले में दक्षिण की ओर सिर किये एक स्त्री की पश्चिमाभिमुखी लेटी हुई अवस्था में शैलकृत प्रतिमा (लम्बाई २.४ मी., चित्र ३४) है। इसमें स्त्री की बाँयीं भुजा सिर के नीचे सहारे के रूप में बनी है। स्त्री आकृति के सिर एवं पैरों की ओर परिचारिकाएँ उपस्थित हैं। सिर के ऊपर ध्यानस्थ जिन अंकित हैं। स्त्री वस्त्राभूषणों, जैसे-नाभिच्छन्दक, कण्ठहार, मेखला, कंकण आदि से शोभित है। इस स्त्री आकृति की पहचान में पर्याप्त मतभेद है। ज्योति प्रसाद जैन ने इसे तीर्थंकर के जन्म से सम्बन्धित माना है।[७६] किंतु इसे महावीर की माता त्रिशला के रूप में देखा जा सकता है। यह भी ६वीं शती ई. के उत्तरार्द्ध में निर्मित हुई प्रतीत होती है।

लगभग ६वीं शती ई. की पद्मासन मुद्रा में एक तीर्थंकर प्रतिमा (ऊँ. ६'५'', चित्र ३५) गुजरी महल संग्रहालय, ग्वालियर (पं. क्र. १२३) में संरक्षित है। इसमें जिन का अत्यन्त भव्य प्रदर्शन हुआ है। इसके परिकर में सामान्य अष्टप्रातिहार्यों के साथ-साथ रेखा नागर शैली के शिखर युक्त स्तम्भिकाओं में लघु जिन आकृतियाँ, युगल आकृतियाँ, मकर मुख, गज, नर-व्याल, शार्दूल, श्रावक और स्त्री परिचारिकाएँ भी हैं। यक्ष-यक्षी भी यथास्थान हैं, किन्तु उनकी पहचान नहीं हो सकी है। बलुआ प्रस्तर पर निर्मित यह प्रतिमा भी ११वीं शती ई. की है। लांछनाभाव में इस प्रतिमा की पहचान दूरुह है। विलिस ने इसकी पहचान महावीर से की है और इसे ६वीं शती ई. के मध्य में रखा है।[८०]

दुर्ग पर तेली के मंदिर प्रांगण में एक रथिका में विष्णु की चतुर्भुजी समभंग मुद्रा में प्रतिमा स्थित है (चित्र ३६)। विष्णु की निचली दोनों भुजाएँ संभवतः दो आयुध पुरुषों के सिर पर टिकी हैं और ऊपरी दोनों भुजाओं में धारित आयुध अस्पष्ट हैं। वे विभिन्न आभूषण, यथा-किरीट

मुकुट, कुण्डल, ग्रैवेयक, बाजूबन्द, कंकण, वनमाला आदि से सुशोभित हैं। प्रतिमा काफी खण्डित है। यह रथिका शीर्ष पर दो चन्द्रशालाओं से सज्जित है। निचली चन्द्रशाला के अन्दर छोटी–छोटी तीन रथिकाएँ हैं। ऊपरी चन्द्रशाला के दोनों ओर उड़ते हुए मालाधारी विद्याधर दिखलाये गये हैं। इस शिलापट्ट का शेष भाग पत्र–पुष्प से सज्जित है। कालक्रम की दृष्टि से इसे ८वीं शती ई. में रखा जा सकता है। इसी प्रकार की ८वीं शती ई. की दो अन्य रथिकाएँ सिंधिया स्कूल के परिसर में सुरक्षित हैं। इनमें से एक में पंचाग्नि तप रत पार्वती (चित्र ३७) का अंकन है और दूसरे में शैवगण (चित्र ३८) का अंकन है।

ल. ८वीं शती ई. के प्रारम्भिक चरण की एक गणेश प्रतिमा ग्वालियर दुर्ग पर गंगोला ताल से प्राप्त हुई है[८१] और वर्तमान में गुजरी महल संग्रहालय (२'३'' x १'१०'', पं. क्र. १६१, चित्र ३६) में संगृहीत है। इसमें द्विभुजी गणेश बैठी हुई मुद्रा में एक हाथ में मोदक पात्र लिए हुए हैं और उनकी दूसरी भुजा खण्डित है। वे मुकुट, सर्पयज्ञोपवीत, बाजूबन्ध, मस्तक पर मोतियों की लड़ियाँ तथा पैरों में नुपूर से अलंकृत हैं।

ल. ८वीं–६वीं शती ई. की एक उमा–महेश्वर प्रतिमा (चित्र ४०) ग्वालियर दुर्ग से प्राप्त है। इस खण्डित प्रतिमा का केवल पादपीठ का भाग ही शेष है, जिसमें उमा–महेश्वर का पादभाग और उस पर उत्कीर्ण अनुचर आकृतियाँ ही दृष्टव्य हैं। इसकी पादपीठिका पर समकालीन एक तिथिविहीन अभिलेख भी उत्कीर्ण है।[८२]

कच्छपघातकालीन मूर्तिशिल्प

ग्वालियर दुर्ग पर उत्तर–पूर्वी समूह (गणेश पौर के समीप) में कच्छपघात काल की कई शैलकृत एवं स्वतंत्र जिन प्रतिमाएँ निर्मित हैं। इनमें गुहा मंदिर क्र. ३ में अंकित पद्मासन मुद्रा में विशालकाय जिन प्रतिमा उल्लेखनीय है। इसी गुहा के चतुर्दिक भित्तियों पर कई अन्य जिन प्रतिमाएँ, यक्षी चक्रेश्वरी एवं गोमेध–अम्बिका और स्थानक विष्णु के अंकन हुए हैं। ये सभी प्रतिमाएँ बुरी तरह खण्डित हैं। लांछनाभाव में इन जिन प्रतिमाओं की पहचान संभव नहीं है, केवल केश–वल्लरियों के आधार पर एक प्रतिमा की पहचान ऋषभनाथ के रूप में हो सकी है। इनमें चक्रेश्वरी की आठों भुजाएँ खण्डित हैं एवं वह सिरविहीन हैं। पीठिका पर गणेश व कार्तिकेय सहित सप्तमातृकाओं का प्रभावी अंकन है, जो ब्राह्मण और जैन धर्म के मध्य धार्मिक समन्वय की ओर इंगित करता है। गोमेध एवं अम्बिका की प्रतिमा बुरी तरह खंडित है। इसमें गोमेध एवं अम्बिका को स्थानक मुद्रा में एक–एक पुत्र के साथ दिखाया गया है। परिकर में आम्रवृक्ष व उसके मध्य लघु जिन आकृति बनी है और आम्रवृक्ष को पादपीठ से उद्गमित दिखाया गया है। सभी स्वतंत्र जिन प्रतिमाएँ कायोत्सर्ग मुद्रा में प्रदर्शित हैं। एक प्रतिमा चौबीसी के रूप में है। इस गुहा मंदिर और गुहा मंदिर क्र. ४ में भी कुछ स्वतंत्र प्रतिमाएँ निर्मित हुई हैं। इनमें आठ जिन सहस्त्रिका, तीन लघु जिन प्रतिमाएँ एवं एक द्वारपाल या यक्ष आकृति है। द्वारपाल या यक्ष आकृति का केवल निचला भाग ही दृष्टव्य है। तीन जिन प्रतिमाओं में से एक गुहा मंदिर क्र. ३ में और दो गुहा मंदिर क्र. ४ में निर्मित हैं और सभी खण्डित हैं। इनमें

जिन को पद्मासन मुद्रा में दिखाया गया है। इनमें एक वास्तु खण्ड प्रतीत होता है। जिन सहस्त्रिकाओं में लघु कुलिका में मूलनायक जिन के चारों और सैकडों लघु जिन आकृतियां उत्कीर्ण हैं। इन सभी की औसत ऊँचाई लगभग २′ है। गुहा मंदिर क्र. ३ व ४ के मध्य चट्टान पर पद्मासन मुद्रा में तीर्थंकर महावीर और ऋषभनाथ की विशालकाय प्रतिमाएँ भी उत्कीर्ण हैं (चित्र ४१)। ये भी खण्डित हैं। इनके परिकर में सामान्य अष्टप्रातिहार्यों, सिंहासन, व्याल, नर व गज आकृतियों का अंकन हुआ है। ऋषभनाथ के साथ उनके दोनों पुत्रों भरत एवं बाहुबली को क्रमशः दाँयीं और बाँयीं ओर दिखाया गया है। इसके अलावा गुहा मंदिर क्र. ५ में भी कायोत्सर्ग मुद्रा में एक विशालकाय जिन के पार्श्ववर्ती भित्तियों पर कई जिन एवं देव आकृतियाँ उत्कीर्ण हैं। लांछनाभाव में जिन की पहचान दूरुह है। कालक्रम की दृष्टि से इन सभी कृतियों को ११वीं शती ई. में रखा जा सकता है।

ग्वालियर दुर्ग से विदित कच्छपघातकालीन कुछ जिन प्रतिमाएँ गुजरी महल संग्रहालय, ग्वालियर में सुरक्षित हैं, जो अधोलिखित हैं–

१. **नेमिनाथ** – लाल बलुए प्रस्तर पर निर्मित कायोत्सर्ग मुद्रा में नेमिनाथ (ऊँ. ६′५″, पं. क्र. ११७) के परिकर में भामण्डल, त्रिछत्र, दुन्दुभि, चामरधर, सिंहासन और मालाधरों का अंकन है। सादी पादपीठ पर उनका लांछन शंख और श्रावक आकृतियाँ विद्यमान हैं। यह १०वीं शती ई. की प्रतीत होती है।

२. **पार्श्वनाथ** – लगभग ११वीं शती ई. की सप्त सर्पफणों के छत्र से आच्छादित पार्श्वनाथ की यह पद्मासन मूर्ति (ऊँ. २′७″, पं. क्र. १३०, चित्र ४२) चतुर्विंशतिका रूप में अत्यन्त भव्य है। इसके परिकर में त्रिछत्र, चामरधर, सिंहासन, गज–कलश और पद्मासन एवं कायोत्सर्ग मुद्रा में २४ लघु जिन–आकृतियों का अंकन है। कुछ लघु जिन आकृतियाँ स्तम्भाश्रित लघु कुलिकाओं में दृष्टव्य हैं। सिंहासन पर मध्य में द्वारपाल और दोनों किनारों पर यक्ष गोमेध एवं यक्षी अम्बिका उत्कीर्ण हैं। इस पर एक तिथिविहीन अभिलेख है। यह प्रतिमा काफी खण्डित है।

३. **चन्द्रप्रभ** – लगभग ११वीं शती ई. की बलुए प्रस्तर पर निर्मित कायोत्सर्ग मुद्रा में तीर्थंकर चन्द्रप्रभ (ऊँ. ४′६″, पं. क्र. १२५, चित्र ४३) के परिकर में सामान्य अष्टप्रातिहार्यों के साथ चार लघु जिन आकृतियाँ एवं पार्श्वों में गज, मकर, शार्दूल, स्त्री आकृतियाँ आदि निरूपित हैं। परम्परागत सिंहासन पर यक्ष–यक्षी एवं अंजलिहस्त मुद्रा में श्रावक आकृतियों का निरूपण है।

५. **सिंहासन** – लगभग ११वीं शती ई. का किसी जिन प्रतिमा का पादपीठ (पं. क्र. ११६) ही शेष है। परम्परागत सिंहासन के दोनों पार्श्वों में यक्ष–यक्षी निरूपित हैं और मध्य में लघु धर्मचक्र के ऊपर दो लघु जिन आकृतियाँ विद्यमान हैं।

६. **सर्वतोभद्रिका** – इस सर्वतोभद्रिका प्रतिमा (ऊँ. २′८″, पं. क्र. ११५) में चारों दिशाओं में जिनों को कायोत्सर्ग मुद्रा में कमलपीठ पर आसीन दिखाया गया है। परिकर में भामण्डल अर्द्धपद्म से सुशोभित है। सभी जिनों के मुख खण्डित है। जिनों में केवल

ऋषभनाथ और पार्श्वनाथ की पहचान क्रमशः केश– वल्लरियों एवं सप्त सर्पफणों के छत्र से हो सकी है। यह प्रतिमा भी ११वीं शती ई. की है।

७. **तीर्थंकर** – इस प्रतिमा (पं. क्र. ११४) में तीर्थंकर को पद्मासन मुद्रा में सादी पादपीठ पर आसीन दिखाया गया है। उनके परिकर में मालाधारी युगलों और चामरधरों का अंकन हुआ है। बलुआ प्रस्तर पर निर्मित यह प्रतिमा १२वीं शती ई. की है।

८. **तीर्थंकर** – इस प्रतिमा में जिन को एक लघु कुलिका में पद्मासन मुद्रा में दिखाया गया है। उनके परिकर में अभिषेकरत गज, उड्डीयमान मालाधर एवं चामरधर आकृतियों का निरूपण हुआ है।

उपर्युक्त प्रतिमाओं के अलावा नरेश पाठक ने पं. क्र. २६०, २६१, २६२, २६३, २६४, ३०५, ३०६, ३८३, ३८४, ४७५, ६८३ आदि जिन प्रतिमाओं को भी ग्वालियर दुर्ग से ज्ञात बताया है[६३], किन्तु संग्रहालय की पंजिका में इनका प्राप्ति स्थल अज्ञात लिखा है।

इनके अलावा सिंधिया स्कूल के परिसर में लगभग ११वीं शती ई. की दो जिन प्रतिमाएँ रखी हुई है, जिनमें से एक बुरी तरह खण्डित है। खण्डित प्रतिमा (६० x ५३ सेमी, चित्र ४४) में जिन को पद्मासन मुद्रा में सिंहासनासीन दिखाया गया है। इस प्रतिमा के दोनों किनारें पुष्प रचना और घट–पल्लव रचना से युक्त स्तम्भों से सुशोभित हैं। दूसरी प्रतिमा (चित्र ४५) में भी जिन पद्मासन मुद्रा में एक स्तम्भाश्रित कुलिका में प्रदर्शित हैं। उनके परिकर में अभिषेकरत गज आकृतियाँ, उड्डीयमान मालाधारी युगल एवं चामरधर निरूपित हैं।

तेली के मंदिर प्रांगण में मंदिर के दाँयी ओर बनी एक छोटी बारादरी की निचली दीवार पर ल. १०–११वीं शती ई. के कुछ जैन वास्तु खण्ड जड़े हैं, जिनमें एक विशिष्ट (चित्र ४६) है। यह किसी जैन मंदिर का सिरदल प्रतीत होता है। इसमें दोनों किनारों पर पद्मासन मुद्रा में जिनांकन है और मध्य में चार देव आकृतियाँ त्रिभंग मुद्रा में शोभायमान हैं। जिन आकृतियों के मुख खण्डित हैं। जिन आकृतियों के ऊपर अंकित वृक्ष सर्वाधिक उल्लेखनीय हैं। इसमें वृक्ष की पत्तियों के साथ–साथ फलों का भी अंकन हुआ है।

ग्वालियर दुर्ग से प्राप्त एक सर्वतोभद्रिका प्रतिमा (चित्र ४७) श्री हरिहर निवास द्विवेदी के व्यक्तिगत संग्रह में है। इसमें तीर्थंकर ऋषभनाथ, पार्श्वनाथ, नेमिनाथ और महावीर को कायोत्सर्ग मुद्रा में पद्मपीठ पर खड़ा दिखाया गया है। यह लगभग १०वीं शती ई. की कृति है।

लगभग ११वीं शती ई. की दो खंडित कायोत्सर्ग जिन मूर्तियाँ उरवाही घाटी में द्वितीय द्वार के दोनों ओर आलों में जड़ी हुई हैं। ये प्रतिमाएँ परिकरविहीन एवं सादी हैं। इसके अलावा लगभग ११वीं शती ई. का जिन प्रतिमा युक्त एक मूर्ति या वास्तु खण्ड दुर्ग के उत्तरी छोर पर बने बैटरी हाउस के समीप प्राचीर में लगा हुआ है।

ग्वालियर दुर्ग से जैनेतर प्रतिमाएँ भी प्राप्त हुई हैं, जो वर्तमान में गुजरी महल संग्रहालय, ग्वालियर में सुरक्षित हैं। इनका विवरण अधोलिखित है–

१. **विष्णु** – लगभग १०वीं शती ई. की विष्णु की चतुर्भुजी प्रतिमा (पं. क्र. १५५, चित्र ४८) में उन्हें पद्मपीठ पर समभंग मुद्रा में खड़ा दिखाया गया है। उनका शीर्ष एवं तीन

भुजाएँ खण्डित हैं और चौथी बाईं भुजा में शंख धारण किए हुए हैं। परिकर में विष्णु के मस्तक भाग के ऊपर पद्मपीठ पर ब्रह्मा, शिव और मध्य में ध्यानस्थ विष्णु अंकित हैं। इनके दोनों ओर उड्डीयमान मालाधारी युगल अंकित हैं। पादपीठ पर एक ओर चामरधर और दूसरी ओर चामरधारिणी निरूपित हैं। विष्णु के पादों के समीप अंजलि मुद्रा में दो उपासक दृष्टव्य हैं। पादपीठ पर मध्य में कूर्मासीन एक देवी आकृति के दोनों ओर दो–दो जल देवियाँ अपने हाथों में घट धारण किए हुए हैं। परिकर में मत्स्य, कूर्म, वराह, नृसिंह, वामन, परशुराम, राम, बलराम, बुद्ध और कल्कि अवतार निरूपित हैं। विष्णु विभिन्न प्रकार के परम्परागत आभूषणों से अलंकृत हैं।

२. **विष्णु** – विष्णु प्रतिमा (पं. क्र. १३४) भी पूर्व प्रतिमा के लगभग समान ही निर्मित है और १०वीं शती ई. की ही है। इसमें तीन भुजाएँ खण्डित हैं और दाईं ऊपरी भुजा में विष्णु शंख धारण किए हुए हैं।

३. **शेषशायी विष्णु** – १०वीं शती ई. की इस प्रतिमा (१'१०'' x ३' ३'', पं. क्र. १४६, चित्र ४६) में चतुर्भुज विष्णु को शेषशय्या पर शयनावस्था मे दिखाया गया है। उनकी ऊपरी दोनों भुजाओं में गदा व चक्र है और निचली दोनों भुजाएँ खण्डित हैं। उनके पैरों के समीप अनुचर अंकित हैं। ऊपर की ओर दसावतारों का अंकन है। वे विभिन्न प्रकार के आभूषणों से शोभित हैं।

४. **शिव** – लगभग १०–११वीं शती ई. की इस प्रतिमा (पं. क्र. १५५) में शिव षट्भुजी स्वरूप में स्थानक मुद्रा में प्रदर्शित हैं। उनकी सभी भुजाएँ भग्न हैं। उनका जंघा से नीचे का भाग भी शेष नहीं है। उनकी जटाओं के पीछे एक सर्प उद्गमित होकर उनकी ऊपर की दाहिनी भुजा पर अपना फण टिकाये हुए हैं। अमरसिंह का मानना है कि यह शिव–नटराज की प्रतिमा रही होगी।[८४]

५. **कूर्मावतार** – लगभग १०–११वीं शती ई. की इस प्रतिमा (३'७'' x २' १'', पं. क्र. १३५, चित्र ५०) में कूर्मावतार का समुद्र मंथन के रूप में सुन्दर दृश्य प्रस्तुत है। इस दृश्य में कूर्म की पीठ पर देवता एवं दानव समुद्र का मंथन कर अमृत प्राप्त करने का प्रयास कर रहे हैं।

इसके अलावा लक्ष्मण द्वार के सामने चट्टान पर ल. १०–११वीं शती ई. की कई जैन व जैनेतर प्रतिमाएँ उत्कीर्ण हैं, जिनमें कई तो शिवलिंग हैं (चित्र ५१)। कुछ प्रतिमाओं में ब्रह्मा, विष्णु, महेश, गणेश व कार्तिकेय (चित्र ५२), नवग्रह, तीर्थंकर और सूर्य का अंकन है। यहाँ सूर्य की दो प्रतिमाएँ हैं, जिनमें चतुर्भुजी सूर्य अपने दोनों हाथों में पद्म धारण किए हुए हैं। शेष दोनों भुजाओं के आयुध स्पष्ट नहीं हैं। एक प्रतिमा जो बिल्कुल लक्ष्मण द्वार के ठीक सामने चट्टान पर उत्कीर्ण है, विशिष्ट है। इसमें शिव को गजासुर संहार स्वरूप में दिखाया गया है। वर्तमान में यह प्रतिमा बुरी तरह खण्डित है। एक विशाल रथिका में चतुर्भुजी शिव आलीढ़ मुद्रा में खड़े हैं और वे अपनी ऊपरी दोनों भुजाओं में गजचर्म धारण किये हैं। बुरी तरह भग्न होने के कारण अन्य लक्षण स्पष्ट नहीं हैं। एक जैन प्रतिमा में संभवतः महावीर की माता त्रिशला का अंकन हुआ है (चित्र ५३)। इन सभी कृतियों को १०–११वीं शती ई. में रखा जा सकता है।

इनके अलावा ग्वालियर दुर्ग की प्राचीर में विभिन्न स्थलों पर जैन, शैव, वैष्णव आदि धर्मों से सम्बन्धित कई मूर्तियाँ जड़ी हुई हैं।

तोमरकालीन मूर्तिशिल्प

जैसा पूर्व में स्पष्ट किया जा चुका है कि तोमरकालीन कला की मुख्य प्रवृत्ति मूर्तिशिल्प के भव्यतम् निर्माण की सृजना से ही ओत–प्रोत रही थी। इसी कारण ग्वालियर दुर्ग पर ६'' से लेकर ५२' तक की ऊँचाई वाली विभिन्न आकारों की जिन मूर्तियों का निर्माण किया गया था। यहाँ तक की तोमर काल में मूर्तिकला के नये कीर्तिमान भी स्थापित हुए। तीर्थंकर ऋषभनाथ की कायोत्सर्ग मुद्रा में और सुपार्श्वनाथ की पद्मासन मुद्रा में क्रमशः ५२' और ३१' ऊँची भारतवर्ष की सर्वाधिक विशाल शैलकृत जिन मूर्तियाँ इसी युग में बनी। तोमरकालीन मूर्तिशिल्प के अध्ययन से ज्ञात होता है कि जैन देवमण्डल में चौबीस तीर्थंकरों के प्रदर्शन पर ही विशेष जोर दिया गया था, जबकि अन्य गौण देवी–देवताओं, जैसे यक्ष–यक्षी आदि के अंकन के प्रति अधिक रूचि नहीं दिखाई गयी।

इन गुहा मंदिरों में मूलनायक के रूप में प्रमुखतः तीर्थंकर ऋषभनाथ, अजितनाथ, पद्मप्रभ, सुपार्श्वनाथ, चन्द्रप्रभ, पुष्पदन्त, शान्तिनाथ, कुन्थुनाथ, शान्ति–कुन्थु–अरनाथ की त्रितीर्थीका, नमिनाथ, नेमिनाथ, पार्श्वनाथ और महावीर के अंकन हुए हैं। इन्हें पद्मासन एवं कायोत्सर्ग दोनों मुद्राओं में दिखाया गया है। कायोत्सर्ग मुद्रा में अंकनों की अधिकता है। समग्र रूप से ग्वालियर दुर्ग पर तीर्थंकर ऋषभनाथ के २६, अजितनाथ के ४, सम्भवनाथ के ५, पद्मप्रभ के १०, सुपार्श्वनाथ के ३, चन्द्रप्रभ के १६, पुष्पदन्त का १, वासुपूज्य के २, धर्मनाथ का १, शान्तिनाथ के १४, कुन्थुनाथ के ५, अरनाथ के २, नमिनाथ के ५, नेमिनाथ के १५, पार्श्वनाथ के २३ और महावीर के ५ अंकन स्पष्ट रूप में पहचाने जा सके हैं। इनके अलावा ऋषभनाथ के पुत्र बाहुबली के भी तपरत अवस्था में ३ अंकन मिले हैं। इनसे स्पष्ट होता है कि तोमर काल में तीर्थंकर ऋषभनाथ सर्वाधिक लोकप्रिय थे और ग्वालियर दुर्ग पर मूर्तिशिल्प का प्रारंभ भी उनकी मूर्ति के निर्माण के साथ हुआ। लगभग १८२ मूर्तियाँ भी पहचानी गयी हैं, किंतु लांछन की अस्पष्टता या लांछनाभाव या उनके नष्ट हो जाने के कारण तीर्थंकर की स्पष्ट पहचान नहीं हो सकी है।

शान्ति–कुन्थु–अरनाथ के मूलनायक के रूप में अथवा गुहाओं की पार्श्व भित्ति पर कुल २१ अंकन हुए हैं। प्रायः इनमें इन्हें कायोत्सर्ग मुद्रा में दिखाया गया है। एक पत्थर की बावड़ी क्षेत्र में स्थित गुहा मंदिर क्र. ३ की पार्श्व भित्ति पर एक त्रितीर्थीका अंकन विशिष्ट है। इसके तीन ओर लघु कुलिकाओं मे विभिन्न दृश्यों की समायोजना की गई है, जैसे–दही मथती स्त्री आकृतियाँ, प्रेम क्रीड़ाएँ, नृत्यरत युगल आकृतियाँ, श्रावकजन, पोथी सहित अध्ययनरत साधु, तीर्थंकर को मोक्ष प्राप्ति से पूर्व राज्याभिषेक की अवस्था (?), तीर्थंकर की ज्ञानावस्था आदि।

गुहाओं में चतुर्विंशति पट्टों का भी अंकन हुआ है। ऐसे कुल ८ अंकन हुए हैं। इनके अलावा जिन सहस्त्रिका और षोडश तीर्थंकर पट्ट भी उत्कीर्ण हैं। असामान्य रूप से उरवाही

द्वार स्थित कुछ गुहा मंदिरों में पार्श्व भित्तियों पर ऊर्ध्वाधर रेखा में सैकड़ों की संख्या में पद्मासनस्थ लघु जिन आकृतियाँ उत्कीर्ण हैं।

जिन प्रतिमा विज्ञान की दृष्टि से उपर्युक्त तीर्थंकर मूर्तियों के अंकन में ग्वालियर क्षेत्र में पूर्वस्थापित प्रतिमाशास्त्रीय लक्षणों का ही अनुकरण किया गया है। जिन प्रतिमाओं को केश गुच्छ, नासाग्र दृष्टि, लम्बकर्ण, ग्रीवा रेखा, श्रीवत्स, अजानुलम्बबाहु, ध्यान मुद्रा, हथेलियों और तलवों पर मांगलिक चिह्नों आदि से परिपूर्ण प्रदर्शित किया गया है। परिकर में अष्टप्रातिहार्यों, जैसे–भामण्डल, दुन्दुभि, त्रिछत्र, वृक्ष, चामरधर और सिंहासन का विधिवत् समायोजन किया गया है। परिकर के अलंकरण में विस्तार भी दिखाई देता है। सामान्य रूप से गज–कलश और मालाधरों का अंकन मिलता है। कुछ प्रतिमाओं के परिकर में मकरमुख से उद्भूत तोरण द्वारों का सुन्दर प्रावधान है, जैसे–एक पत्थर की बावड़ी स्थित गुहा मंदिर क्र. ११, १२, १८ आदि में।

सिंहासन का अंकन परम्परागत ढंग से बीच में धर्मचक्र और उसके दोनों ओर सिंह आकृतियों के साथ हुआ है। सिंहासन के दोनों सिरों पर यक्ष–यक्षी भी प्रदर्शित हैं। जिन प्रतिमा के साथ सामान्य रूप से गोमुख यक्ष और चक्रेश्वरी यक्षी को ही दर्शाया गया है। गोमुख यक्ष को चतुर्भुज, गाय के समान मुखवाला और गजारूढ़ दिखाया गया है। यक्ष के दायें हाथों में अंकुश व अक्षसूत्र और बाएँ हाथ में पद्म है व एक हाथ वरद् मुद्रा में है। कुछ उदाहरणों में अंकुश और पद्म के स्थान पर वज्र और पाश भी प्रदर्शित हैं। यक्षी चक्रेश्वरी को ललित मुद्रा में गरुडवाहना और चतुर्भुजी दिखाया गया है। उनकी दाँयीं भुजाओं में चक्र व अक्षसूत्र और बाँयीं भुजा में मातुलिंग व एक हाथ वरद् मुद्रा में है। यक्ष एवं यक्षी विभिन्न प्रकार के वस्त्राभूषणों से सज्जित हैं। इन यक्ष–यक्षियों का सुन्दर अंकन मुख्य रूप से एक पत्थर की बावड़ी और उत्तर–पश्चिमी क्षेत्र में ही देखने को मिलता हैं। उरवाही द्वार समूह में गोमुख एवं चक्रेश्वरी का भिन्न रूप में अंकन हुआ है। यहाँ उन्हें स्थानक मुद्रा में वाहनों के बिना ही दर्शाया गया है। गोमुख एवं चक्रेश्वरी के दाँयें हाथों में वज्र अथवा अंकुश व अक्षसूत्र और बाएँ हाथ में चक्र है एवं एक हाथ वरद् मुद्रा में है अथवा उसमें कमण्डलु का अंकन है। एक पत्थर की बावड़ी क्षेत्र के यक्ष–यक्षी अंकनों की तुलना में उरवाही द्वार के ये अंकन अत्यन्त साधारण हैं। यहाँ यह उल्लेख करना समीचीन होगा कि उरवाही द्वार क्षेत्र में सिंहासन भाग का उत्कीर्णन गुहाओं के प्रवेश–द्वारों के निचले भाग में ही कर दिया गया है, जबकि एक पत्थर की बावड़ी क्षेत्र में सिंहासन भाग विधिवत् ढंग से तीर्थंकर प्रतिमा के नीचे बनाया गया है।

सरस्वती और द्वारपाल के अंकन भी मिलते हैं। सरस्वती का अंकन केवल एक पत्थर की बावड़ी क्षेत्र में हुआ है, जबकि द्वारपाल का अंकन एक पत्थर की बावड़ी और उरवाही दोनों क्षेत्रों में दिखाई देता हैं। इनमें सरस्वती को गुहाओं के प्रवेश–द्वार के दोनों ओर शिखरयुक्त लघु कुलिकाओं में मयूरासीन एवं चतुर्भुजी दिखाया गया है। उनकी दाँयीं भुजाओं में अंकुश व अक्षसूत्र और बाँयीं भुजाओं में पुस्तक एवं कमण्डलु प्रदर्शित हैं। कुछ उदाहरणों में उन्हें स्थानक मुद्रा में भी दिखाया गया है। सरस्वती विभिन्न प्रकार के वस्त्राभूषणों से सज्जित है।

सरस्वती के समान ही द्वारपाल आकृतियों को गुहाओं के प्रवेश–द्वार के दोनों ओर या एक ओर शिखरयुक्त या शिखरविहीन लघु कुलिकाओं में उकेरा गया है। स्थानक मुद्रा में चतुर्भुज द्वारपाल की दाँयीं भुजाओं में डमरू व गदा और बाँयीं भुजाओं में चक्र व श्वान (कुत्ता) का अंकन है। ऐसे अंकन एक पत्थर की बावड़ी क्षेत्र में उरवाही क्षेत्र की अपेक्षाकृत अधिक हैं।

नेमिनाथ की यक्षी अम्बिका के अंकन भी हुए हैं। ऐसे ४ लघु अंकन एक पत्थर की बावड़ी क्षेत्र में और एक वृहद् अंकन उरवाही क्षेत्र में है। ये अंकन प्रतिहारकालीन अम्बिका (उरवाही द्वार के बाहर चट्टान पर उत्कीर्ण) के मूर्तिशिल्प से प्रभावित प्रतीत होते हैं, किन्तु इनमें शिल्पांकन की कुशल चेष्टा के प्रयास में कलाकार असफल होते दिखाई देते हैं। मूर्तिशिल्प के आधार पर उरवाही द्वार का अंकन प्रारंभिक और एक पत्थर की बावड़ी क्षेत्र के परवर्ती हैं। इसके अलावा महावीर की माता त्रिशला को भी शयनावस्था में दिखाया गया है। ऐसे दो लघु निरूपण एक पत्थर की बावड़ी क्षेत्र में और एक वृहद् अंकन उरवाही क्षेत्र में है।

इनके अलावा चट्टान में मानस्तम्भों को भी उकेरा गया है, जिनकी संख्या २५ के लगभग है। इनमें सर्वाधिक संख्या उरवाही क्षेत्र में हैं। अधिकांश मानस्तम्भों पर अभिलेख भी हैं। इन मानस्तम्भों के शीर्ष भाग में तीर्थंकरों को पद्मासन और कायोत्सर्ग अथवा दोनों मुद्राओं में प्रदर्शित किया गया है। कुछ उदाहरणों में जैन मुनियों को पिच्छी व कमण्डलु के साथ भी दिखाया गया है। ये मानस्तम्भ आधार एवं शीर्ष भाग पर घट–पल्लव रचना से सुशोभित हैं। इन मानस्तम्भों की औसत ऊँचाई ६′ तक है। इनके अतिरिक्त कुछ चरण–पादुका युगलों के भी अंकन हैं।

परिकर भाग में अलंकरण के आधार पर तोमरकालीन शैलकृत मूर्तिशिल्प को दो चरणों मे रखा जा सकता है –

१. **प्रथम चरण (१४४०–१४६८ ई.)** – इस कालावधि की जिन मूर्तियों के परिकर में अष्ट प्रातिहार्यों और गज–कलश का ही अंकन मिलता है।
२. **द्वितीय चरण (१४६८–१४७४ ई.)** – इस कालावधि की जिन मूर्तियों के परिकर में उपर्युक्त के साथ–साथ मकरमुख से उद्भूत तोरण द्वार, व्याल–शार्दूल और यक्ष–यक्षी (गोमुख एवं चक्रेश्वरी) आकृतियों के सुन्दरतम निरूपण हुए हैं। सरस्वती का अंकन भी इसी चरण में प्रारंभ हुआ था।

अभिलेखीय साक्ष्यों के आधार पर ग्वालियर दुर्ग पर तोमर काल में मूर्तिशिल्प की गतिविधियाँ १४४० ई. में प्रारंभ होकर १४६२ ई. तक निरन्तर चलती रहीं अर्थात् तोमर शासक डूंगरेन्द्र सिंह के राज्यकाल से लेकर मानसिंह के समय तक निर्बाध जारी रहीं। उसके बाद भी कुछ मूर्तिगत निर्माण कार्य हुए हैं।

शैलकृत मूर्तिशिल्प के अतिरिक्त ग्वालियर दुर्ग से तीर्थंकर पार्श्वनाथ की एक खण्डित प्रतिमा भी ज्ञात है, जो वर्तमान में गुजरी महल संग्रहालय, ग्वालियर में संरक्षित है। बलुए प्रस्तर पर निर्मित इस प्रतिमा का ऊपरी भाग पूर्णतः खण्डित हो चुका है, किन्तु परम्परागत

सिंहासन पर दोनों पार्श्वों में यक्ष धरणेन्द्र और यक्षी पद्मावती के अंकन से इसकी पहचान पार्श्वनाथ से प्रस्तावित है (चित्र ५४)। पुनः इस पर उत्कीर्ण सं. १४७३ तिथियुक्त ६ पंक्तियों के लेख में इसे पार्श्वनाथ की प्रतिमा बताया गया है।[८५]

एक पत्थर की बावड़ी समूह से भी कुछ स्वतंत्र खण्डित जिन प्रतिमाएँ प्राप्त हुई हैं, जो वहाँ पर्वत की तलहटी में स्थित दिगम्बर जैन मंदिर के प्रांगण में रखी हुई हैं। ये सभी अत्यन्त खण्डित अवस्था में हैं और इनमें तीर्थंकर की पहचान भी कठिन है। ये सभी १५वीं शती ई. की हैं।

मस्जिद एवं मदरसा

ग्वालियर दुर्ग पर मुस्लिम आक्रान्ताओं के आगमन के साथ ही मस्जिदों अथवा नमाजगाहों का भी निर्माण प्रारंभ हो गया था। इस सम्बन्ध में प्रारंभिक सूचना दिल्ली के सुल्तान इल्तुतमिश, जिसने १२३३ ई. में दुर्ग पर विजय प्राप्त कर ली थी, द्वारा निर्मित एक मस्जिद की है। *बाबरनामा* में लिखा है कि बाबर ने ६३२ हिजरी का एक अभिलेख उरवाही द्वार के पास देखा था और उसके समय की एक मस्जिद में नमाज भी पढ़ी थी।[८६] इससे स्पष्ट होता है कि इल्तुतमिश ने हिजरी ६३२ में उरवाही द्वार के पास एक मस्जिद का निर्माण करवाया था, जो वर्तमान में लुप्त हो चुकी है। विवेच्य अभिलेख जो वर्तमान में सास–बहू मंदिर के मध्य एक मजार के पास प्राचीर में लगा हुआ है, भी इल्तुतमिश द्वारा निर्मित एक मस्जिद की सूचना देता है।

मस्जिद

वर्तमान में विक्रम मंदिर के सामने एक छोटी–सी मस्जिद बनी है, जिसकी माप ३० x २० फुट है। इस मस्जिद में प्रवेश के लिए दो द्वार हैं–एक विक्रम मंदिर के पास स्थित शिव मंदिर की तरफ से और दूसरा कर्ण महल की तरफ से। यह मस्जिद अब खण्डहर के रूप में है। इसमें कुरान की आयतयुक्त एक शिलालेख भी लगा है।

रहीम दाद का मदरसा (चित्र ५५)

बाबर ने ग्वालियर दुर्ग पर रहीमदाद द्वारा निर्मित एक मदरसे का निरीक्षण किया था। वस्तुतः रहीमदाद ने अस्सी खम्बा बावड़ी से सटे भवन को ही मेहराबदार प्रवेश–द्वार के माध्यम से मदरसा में बदल दिया था, जिसे "रहीमदाद का मदरसा" कहा गया है। इस प्रवेश–द्वार की बाँयीं भित्ति पर उत्कीर्ण सं. १५८६ (१५२६ ई.) के लेख में इसे "रहीमदाद का मदरसा" कहा गया है।[८७]

संदर्भ

१. जे. एफ. फ्लीट, *का. इ. इ.*, भाग ३, पृ. १–१७।

२. ए. कनिंघम, *आ. स. इं. रि.*, भाग २ (१८६२–६५), पृ. ३७३।

३. *ग्वा. पु. रि.* (वि. सं. १९८४/१९२७–२८), क्र. ४३–४४; *ग्वा. रा. अ.*, क्र. ६१८; *ए. रि. इ. ए.* (१९५३–५४), क्र. बी १४३; माइकेल डी. विलिस, *इन्स्क्रिप्शन्स् ऑफ गोपक्षेत्र*, लंदन, १९९६, पृ. १०६, प्रस्तुत् ग्रन्थ अभिलेख ३ब।

४. ए. कनिंघम, पूर्वोक्त, पृ. ३५५–५६।

५. *ए. रि. इं. ए.* (१९७५–७६), क्र. १५६; माइकेल डी. विलिस, पूर्वोक्त, पृ. ४१।

६. ए. कनिंघम, पूर्वोक्त, पृ. ३६४।

७. जे. एफ. फ्लीट, पूर्वोक्त।

८. उपेन्द्र ठाकुर, *द हूण इन इण्डिया*, वाराणसी, १९६७, पृ. १३४।

९. रामनाथ, "ऑन आइडेन्टिफिकेशन ऑफ द सन टेम्पल ऑफ द ग्वालियर फोर्ट", *ग्वालियर दर्शन*, ग्वालियर, १९८०, पृ. ३१६।

१०. ए. कनिंघम, पूर्वोक्त, पृ. ३५४–५५।

११. *प्रबन्धकोश* (राजशेखर), अहमदाबाद, १९३५, पृ. २८–२९।

१२. *ज. बा. ब्रा. रा. ए. सो.* (नवीन सीरिज), भाग ३, पृ. १०५; *प्रभावकचरित* (प्रभाचन्द्र सूरि), बम्बई, १९०९, अध्याय ११, श्लोक १३९–४०।

१३. *संगीतोपनिषत्सार*, गायकवाड़ ओरियन्टल सीरिज, बड़ौदा, प्रस्तावना, पृ. ७।

१४. *इ. ए.*, भाग १५, पृ. २०१।

१५. ए. कनिंघम, पूर्वोक्त, पृ. ३६४।

१६. वही।

१७. अमर सिंह, *ग्वालियर दुर्ग, मंदिर एवं मूर्तियाँ*, लखनऊ, १९९६, पृ. ६१।

१८. *ए. इ.*, भाग १, पृ. १५४–५९।

१९. वही, पृ. १५४–५९।

२०. वही, पृ. १५९–६२।

२१. आर. डी. त्रिवेदी, *टेम्पल्स ऑफ द प्रतिहार पीरियड इन सेन्ट्रल इण्डिया*, दिल्ली, १९९०, पृ. १३७।

२२. वही, पृ. १३९।

२३. ए. कनिंघम, पूर्वोक्त, पृ. ३५६।

२४. अमर सिंह, पूर्वोक्त, पृ. ५२।

२५. *ए. इ.*, पूर्वोक्त, पृ. १५९–६२।

२६. *बृहत्संहिता*, ५६, १२–१५।

२७. माइकेल डी. विलिस, *टेम्पल्स ऑफ गोपक्षेत्र*, लंदन, १९९७, पृ. ५८।

२८. अमर सिंह, पूर्वोक्त, पृ. ५७।

२९. आर. डी. त्रिवेदी, *आइकनोग्राफी ऑफ पार्वती*, नई दिल्ली, १९८१, पृ. ३५; आर. डी. त्रिवेदी, १९९०, पृ. ६१–६२; राकेश तिवारी, *वलभी टेंपल्स इन नार्थ इण्डिया*, नई दिल्ली, २०१०, पृ. ९०–१०१।

३०. *अमरकोश*, पुरुवर्ग २, श्लोक १५।
३१. *मत्स्यपुराण*, अध्याय २६६, ३५, ५०, ५३; *अग्निपुराण*, अध्याय २०४, श्लोक १६–१७; *गरुड़पुराण*, अध्याय ४७, श्लोक २१–२१, २६–२७; *रामायण*, २, ८८, ५; *महाभारत*, १, ३, १३३।
३२. जे. एफ. फ्लीट, पूर्वोक्त, पृ. २६६ व ८१।
३३. *विष्णुधर्मोत्तर पुराण*, खण्ड ३, अध्याय ८६, श्लोक २१–३०।
३४. *अपराजितपृच्छा*, १७६, ६–८।
३५. अमर सिंह, पूर्वोक्त, पृ. ५६।
३६. पर्सी ब्राउन, *इण्डियन आर्किटेक्चर* (बुद्धिस्ट एवं हिन्दु), मुम्बई, १६६२, पृ. १२८।
३७. डी. आर. पाटिल, *द कल्चरल हेरिटेज ऑफ मध्य भारत*, ग्वालियर, १६५२, पृ. ७५–७६।
३८. कृष्ण देव, *टेम्पल्स ऑफ इण्डिया*, भाग १, दिल्ली, १६६६, पृ. ५६।
३६. ए. कनिंघम, पूर्वोक्त, पृ. ३५६।
४०. रमानाथ मिश्र, *भारतीय मूर्तिकला का इतिहास*, पुनर्मुद्रित, २००८, पृ. २०७।
४१. रमानाथ मिश्र, ''एन्शियन्ट टेम्पल्स ऑफ ग्वालियर रिविजिटेड'', *वाजपेयः ऐसेज आन इवेल्यूशन ऑफ इण्डियन आर्ट एण्ड कल्चर*, भाग २ (संपा. ए. एम. शास्त्री एवं अन्य), १६८७, पृ. २२३।
४२. वही।
४३. कृष्ण देव, पूर्वोक्त, पृ. ६१।
४४. पर्सी ब्राउन, पूर्वोक्त, पृ. १२८–२६।
४५. डी. आर. पाटिल, पूर्वोक्त, पृ. ७६।
४६. आर. डी. त्रिवेदी, पूर्वोक्त, १६६०, पृ. ६५।
४७. गुलाब खाँ गौरी, *ग्वालियर का राजनैतिक एवं सांस्कृतिक इतिहास*, दिल्ली, १६८४, पृ. १४७।
४८. अमर सिंह, पूर्वोक्त, पृ. ६७–७०।
४६. *ज. ए. सो. बं.* ३१ (१८६२), पृ. ४०७; *ग्वा. पु. रि.* (१६८४/१६२७–२८), क्र. ४; *ग्वा. रा. अ.* (वि. सं. २००४), क्र. ७३३; *ए. रि. इं. ए.* (१६६१–६२), क्र. १४८४; माइकेल डी. विलिस, पूर्वोक्त, १६६६, पृ. १०६।
५०. *इ. ए.*, भाग १५, पृ. ३३–४६।
५१. ए. कनिंघम, पूर्वोक्त, पृ. ३५७।
५२. ए. कनिंघम, पूर्वोक्त, पृ. ३५७।
५३. रमानाथ मिश्र, पूर्वोक्त, पृ. २८८।
५४. ए. कनिंघम, पूर्वोक्त।
५५. रमानाथ मिश्र, ''द रिडल ऑफ द सास–बहू टेम्पल ऑफ ग्वालियर'', *वैष्णविज्म इन इण्डियन आर्टस एंड कल्चर* (संपा. रतन परिमू), दिल्ली, १६८७, पृ. १८३।
५६. रमानाथ मिश्र (१६८७) पृ. १७०–८६; रमानाथ मिश्र (२००८) पृ. २८८।
५७. *प्रासादमण्डन* ७, ४६–४६।
५८. माइकेल डी. विलिस, ''आर्किटेक्चर इन सेन्ट्रल इण्डिया अन्डर द कच्छपघात रूलर्स'', *साउथ एशियन स्टडीज*, १२, १६६६, पृ. २१।
५६. अमर सिंह, पूर्वोक्त, पृ. ६०।
६०. ए. कनिंघम, पूर्वोक्त, पृ. ३६१।

६१. वही, पृ. ३६२–६३।
६२. वही, पृ. ३६३।
६३. हरिहर निवास द्विवेदी, ''गोपाद्रि देवपत्तने'', *तीर्थंकर महावीर स्मृति ग्रन्थ* (सं. रविन्द्र मालव), ग्वालियर, १६७७, पृ. ३२८।
६४. *संगीतोपनिषत्सार*, गायकवाड़ ओरियन्टल सीरिज, बड़ौदा, प्रस्तावना, पृ. ७।
६५. रामनाथ, पूर्वोक्त, पृ. ३१७–२०।
६६. बी. डी. मिश्रा, *फोर्ट्स एंड फोर्ट्रेस ऑफ ग्वालियर एंड इट्स हिन्टरलैन्डस*, दिल्ली, १६६३, पृ. ७०।
६७. ए. कनिंघम, पूर्वोक्त, पृ. ३६४।
६८. माइकेल डी. विलिस, पूर्वोक्त, पृ. २४, चित्र १३।
६६. अमर सिंह, पूर्वोक्त, पृ. ६३।
७०. ए. कनिंघम, पूर्वोक्त, पृ. ३६७।
७१. ए. घोष, *जैन आर्ट एंड आर्किटेक्चर*, भाग १, दिल्ली, १६७४, पृ. १३१–३२।
७२. मेइस्तर डब्ल्यू माइकेल, आम, आमरोल एंड जैनिज्म इन ग्वालियर फोर्ट, *ज. ओ. इ.*, बड़ोदा, खण्ड २२, मार्च १६७३, पृ. ३५७, चित्र ४।
७३. अमर सिंह, पूर्वोक्त, पृ. १३५।
७४. ए. कनिंघम, पूर्वोक्त, पृ. ३६२–६३।
७५. माइकेल डी. विलिस, *टेम्पल्स ऑफ गोपक्षेत्र*, लंदन, १६६७, पृ. ७३।
७६. वही, पृ. ७८।
७७. क्लाज ब्रून, *द जिन इमेजेज ऑफ देवगढ*, लीडेन, १६६६, पृ. ८२, चित्र १८–१८ ए।
७८. वही।
७६. ज्योति प्रसाद जैन, *शोधांक* २७, नवम्बर १६६८, पृ. १३०।
८०. माइकेल डी. विलिस, पूर्वोक्त, पृ. ७३।
८१. वही, पृ. ४४।
८२. प्रस्तुत ग्रन्थ का अभिलेख क्र. ४।
८३. नरेश कुमार पाठक, *मध्यप्रदेश का जैन शिल्प*, इंदौर, २००१, पृ. १५४–५७।
८४. अमर सिंह, पूर्वोक्त, पृ. १२३।
८५. प्रस्तुत ग्रन्थ का अभिलेख क्र. २४२।
८६. गुलाब खाँ गौरी, पूर्वोक्त, पृ. २१–२२।
८७. प्रस्तुत ग्रन्थ का अभिलेख क्र. २४६।

4

दुर्ग एवं महल स्थापत्य

गोपाद्रि का दुर्ग स्थापत्य सामरिक दृष्टि से विलक्षण है। यह चारों ओर से ऊँची सुरक्षा प्राचीर से सुदृढ़ है। यह सुरक्षा प्राचीर प्रवेश–द्वारों, उनके दोनों ओर विशाल अट्टालकों, बुर्जियों, कण्ठवारिणी (प्राचीर और कपिशीर्षकों का मध्य–भाग), कपिशीर्षक, निष्कुहद्वार, इन्द्रकोश (पहरेदारों हेतु प्रकोष्ठ), देवपथ या राजपथ (प्राचीर से जुड़ा मार्ग), चार्या (सोपान मार्ग) आदि से सन्निवेशित है। दुर्ग में प्रवेश हेतु सुरक्षा प्राचीर के माध्यम से चार प्रवेश–मार्ग हैं। एक प्रवेश–मार्ग एकाधिक प्रवेश–द्वारों का समूह है। यह सुरक्षा प्राचीर पहाड़ी की ऊँचाई के अनुसार कहीं अधिक ऊँची तो कही कम ऊँचीं है, जो आरंभ में बड़े–बड़े पाषाण खण्डों को एक–दूसरे के ऊपर स्थिर कर "भार एवं सन्तुलन विधि" से निर्मित की गयी है, किन्तु कालान्तर में इसे चूने व गारे के संयोजन से विस्तृत किया गया है। यह १५ फुट से ३६ फुट तक ऊँचीं और २ फुट से ३६ फुट तक चौड़ी है। प्रवेश–द्वारों के दोनों ओर अट्टालकों की अधिकतम ऊँचाई ६५ फुट तक है। इनके ऊपर बुर्जियों का निर्माण हुआ है। प्राचीर पर कण्ठवारिणी लगभग १० फुट तक ऊँचाई लिए हुए है। प्राचीर के ऊपर पंक्तिबद्ध रूप में कपिशीर्षक या कंगूरें अलंकृत हैं, जिनकी औसत ऊँचाई ४ फुट से ६ फुट तक है। देवपथ की औसत चौड़ाई ३ फुट से लेकर ३६ फुट तक है। देवपथ तक पहुँचने हेतु प्राचीर में थोड़ी–थोड़ी दूरी पर चार्या या सीढ़ियों के मार्ग का प्रावधान हुआ है। दुर्ग की प्राचीर में कण्ठवारिणी के ऊपर और कपिशीर्षकों के मध्य शत्रु पर निशाना साधने हेतु विभिन्न कोणों पर निष्कुहद्वार बनाये गये हैं। कनिंघम ने उरवाही द्वार की ओर "झिलमिल खिड़की" का उल्लेख किया है, जिस तक पहाड़ी के तल से चट्टानों में काटे गये सीढ़ियों के एक भूमिगत मार्ग के द्वारा पहुँचा जाता था।[1] इल्ततुमिश के सैनिक इसी खिड़की के माध्यम से दुर्ग में प्रवेश कर गये थे। वर्तमान में इस खिड़की की स्थिति एवं अवशेष दृष्टव्य नहीं हैं।

प्रवेश–द्वार

दुर्ग और मंदिरों की रक्षार्थ प्राचीन काल में उन्हें एक प्राचीर द्वारा चारों ओर से घेरकर उनमें आवागमन के लिए प्रवेश–द्वार या गोपुर बनाये जाते थे। दुर्गों के संदर्भ में सामान्यतः प्राचीर के साथ चारों दिशाओं में एक–एक प्रवेश–द्वार का विधान होता था, इन प्रवेश–द्वारों की संख्या ६४ तक मिलती है।[२] *रामायण, महाभारत, अर्थशास्त्र, मयमत, मानसार* आदि ग्रन्थों में प्रवेश–द्वार के लिए ''गोपुर'' शब्द का उल्लेख हुआ है।[३] दुर्ग स्थापत्य के सम्बन्ध में ''प्रतोली'' शब्द का उल्लेख भी ग्रन्थों और प्राचीन अभिलेखों में हुआ है। दुर्ग स्थापत्य की आरंभिक अवस्था में प्रतोली प्रवेश–द्वारों का एक अंग थी, किन्तु कालान्तर में यह प्रवेश–द्वारों का पर्यायवाची बन गया।[४] कौटिल्य के *अर्थशास्त्र* में लिखा है कि प्रतोली का निर्माण दो अट्टालकों के मध्य किया जाना चाहिए जिसकी लम्बाई, चौड़ाई की ढाई गुनी हो।[५] *रामायण*[६], *महाभारत*[७], *हर्षचरित*[८], *समरांगणसूत्रधार*[९], *पृथ्वीचन्द्र चरित*[१०], *प्रभावक चरित*[११], *कथासरित्सागर*[१२] आदि ग्रन्थों में भी प्रतोली का उल्लेख हुआ है। आभिलेखीय साक्ष्यों में कुमारगुप्त प्रथम के विलसद पाषाण स्तम्भ लेख[१३], पृथ्वीराज के हन्सो अभिलेख[१४] और भोजदेव के वाईल्लभट्टस्वामी मंदिर अभिलेख[१५] (८७६ ई.) में भी प्रतोली का उल्लेख हुआ है।

दुर्ग स्थापत्य की दृष्टि से ग्वालियर दुर्ग की प्राचीर में भी आवागमन हेतु चार प्रवेश–द्वारों का प्रावधान है। इनमें से एक द्वार पूर्व दिशा की ओर, एक दक्षिण दिशा की ओर और दो पश्चिम दिशा की ओर हैं। वर्तमान में पूर्व दिशा का किला द्वार (गेट) और पश्चिम दिशा का उरवाही द्वार ही खुला हुआ है, शेष को सुरक्षा–दृष्टि से बंद कर दिया गया है। इन मुख्य प्रवेश–द्वारों से किले के ऊपर तक के पहुँच–मार्ग के मध्य में भी अनेक प्रवेश–द्वारों का निर्माण हुआ है। इब्नबतूता दुर्ग को ''सफेद सुगढ़ पत्थरों का सुन्दर नगर'' बताता है, जहाँ दरवाजों को छोड़कर लकड़ी का उपयोग नहीं हुआ है।[१६] इससे स्पष्ट होता है कि इन द्वारों में लकड़ी के दरवाजे लगे हुए थे।

इनमें पूर्वी मार्ग की लम्बाई लगभग ७६० मी. है। कनिंघम का कहना है कि इस मार्ग पर पहले सीढ़ियाँ बनी थी, जिन्हें बाद में तोड़कर ढलुआ मार्ग के रूप में परिवर्तित कर दिया गया।[१७] किन्तु सीढ़ीदार रास्ते की कल्पना संभव प्रतीत नहीं होती है, क्योंकि सीढ़ियों के रास्ते घोड़ों व हाथियों का ऊपर तक पहुँचना आसान नहीं रहा होगा। पुनः वर्तमान में ढ़ाल इतना अधिक खड़ी है कि उस पर पूर्व में सीढ़ियाँ बनना आवागमन की दृष्टि से उचित प्रतीत नहीं होता है। संभवतः कनिंघम ने प्राचीर के साथ–साथ बनीं सीढ़ियों को देखकर ऐसा अनुमान लगाया होगा। वर्तमान में सीढ़ियों और ढ़ाल के मध्य पर्याप्त दूरी है और ऐसे में सीढ़ियों को हटाकर ढ़ाल का निर्माण यथोचित प्रतीत नहीं होता है। ७६० मी. के इस पूर्वी मार्ग को सुरक्षित करने के लिए कुल छह प्रवेश–द्वारों का निर्माण हुआ है, जो दुर्ग के विस्तार के साथ बढ़ती सुरक्षा की आवश्यकतानुसार समय–समय पर शासनरत राजाओं द्वारा बनवाये गये थे। ये अधोलिखित हैं– हथिया पौर, लक्ष्मण पौर, गणेश पौर, भैरो पौर, बादलगढ़ या हिन्डोला पौर और आलमगीर पौर (चित्र ५६)।

हथिया पौर (चित्र ५७)

यह पूर्वी मार्ग पर विद्यमान सबसे ऊपरी प्रवेश–द्वार है, जो स्थापत्य की दृष्टि से अनुपम है। इसे मुख्य प्राचीर के साथ मान मंदिर के दक्षिण–पूर्वी भाग में इस प्रकार संयोजित किया गया है कि यह मान मंदिर का ही अंग मालूम पड़ता है। इस प्रवेश–द्वार की संरचना द्विभौमिक है, जिसके प्रथम भूमि (तल) में प्रवेश–द्वार (५.३० x ६.८० x ८ मी.) और द्वितीय भूमि में दुर्ग–प्रहरियों के लिए प्रकोष्ठ बने हैं। दोनों भूमियों की कुल ऊँचाई १६ मी. है। प्रवेश–द्वार के दोनों किनारों पर ३१ मी. ऊँचाई के अट्टालक बने हैं, जिन्हें मध्य भाग में थोड़े–थोड़े अन्तराल पर भूमि–आमलक जैसी मेखला से सुशोभित किया गया है। अट्टालकों के सबसे ऊपर आठ–आठ स्तम्भों पर आधारित सुसज्जित गुम्बदाकार बुर्जियाँ बनी हैं। इन अट्टालकों को रंगीन टाइलों से सज्जित मकरमुख, पेंचदार गोल स्तम्भों पर लहरदार मदला (तोरणावलि), तोड़ों पर छाद्य अभिकल्पों से सज्जित किया गया है। इस प्रवेश–द्वार को मजबूती प्रदान करने के लिए दोनों पार्श्वों में चार–चार भिति–स्तम्भ नियोजित हैं, जिनके ऊपरी भाग में कीर्तिमुख, चक्रवाक, मांगल्य विहग, पद्म, अर्द्धपद्म जैसे अलंकरण शोभनीय हैं। स्तम्भ–शीर्ष और तोड़े फुल्लियों और अन्य अंकनों से सज्जित हैं, जबकि भारपट्ट सादे हैं। तोरण को आमलक और पुष्पगुंथित अर्द्धचन्द्राकार पंक्तियों तथा सादी पट्टियों से सजाया गया है। उसके दोनों पार्श्वों पर दो मूषाएँ (खिड़कियाँ) बनी हैं।

इस प्रवेश–द्वार के सम्बन्ध में यह माना जाता है कि किसी समय इसके सामने हाथी की एक विशाल पाषाण–प्रतिमा रखी थी और उसी के कारण इसे "हथिया पौर" कहा जाने लगा। १३४२ ई. में इब्नबतूता ने उस हाथी की मूर्ति को देखा था। वह लिखता है कि "किले के द्वार पर महावत से युक्त हाथी की एक पाषाण– प्रतिमा स्थित है।"[१८] १५२७ ई. में बाबर ने भी इस सम्बन्ध में लिखा है कि "पूर्वी दिशा के बुर्ज की ओर हाथी पुल है। 'फील' को यहाँ 'हाथी' कहा जाता है और 'पुल' को दरवाजा। इसके फाटक पर एक हाथी की दो महावतों सहित मूर्ति रखी हुई है। हाथी की मूर्ति सजीव हाथी के समान दृष्टिगत होती है। इसके कारण इस द्वार को 'हाती पुल' (हथिया पौर) कहा जाता है।"[१६] जहाँगीर के समकालीन विलियम फ्रिंच ने भी १६१० ई. में इस हाथी की मूर्ति को देखा था।[२०] संभावना है कि कालान्तर में मुगलों के सूबेदार मुजफ्फर खाँ (१६२८–४७ ई.) अथवा मोतमिद खाँ (१६५८–१७०७ ई.) ने इस मूर्ति को हटवा या नष्ट कर दिया हो, क्योंकि इनके समय में दुर्ग की पूर्वी दिशा की ओर अधिक परिवर्तनात्मक निर्माण कार्य हुए थे। कनिंघम लिखता है कि १६४८ ई. में दुर्ग के गवर्नर सैयद आलम ने इस द्वार की मरम्मत करवाई थी।[२१]

इब्नबतूता के उपर्युक्त साक्ष्य से इतना तो स्पष्ट है कि हथिया पौर और उसके सामने स्थित महावत युक्त हाथी की पाषाण–मूर्ति का निर्माण १३४२ ई. अर्थात् तोमर शासन से पूर्व किसी समय हो चुका था, किन्तु निश्चित रूप से कब और किसने यह निर्माण करवाया? साक्ष्यों के अनुपलब्धता के कारण यह निर्धारित कर पाना सरल नहीं है। इस प्रवेश–द्वार के समीप स्थित वाइल्लभट्टस्वामी मंदिर के सं. ६३३ (८७६ ई.) के अभिलेख में इस मंदिर को

''भोजदेव की प्रतोली'' के नीचे स्थित कहा गया है।[२२] यदि प्रतोली को दुर्ग स्थापत्य की आरंभिक अवस्था में देखा जाए, तो भोजदेव की प्रतोली की पहचान हथिया पौर या प्रतोली से की जा सकती है। उस समय इसके साथ दुर्ग–प्रहरियों के प्रकोष्ठ, अट्टालकों के ऊपर बुर्जियाँ आदि निर्मित नहीं रहीं होंगी। अतः भोजदेव की प्रतोली हथिया पौर ही है, जिसके नीचे वाइल्लभट्टस्वामी मंदिर स्थित है। चूँकि इसे भोजदेव (गुर्जर–प्रतिहार मिहिरभोज) की प्रतोली कहा गया है, जिससे इसका निर्माण भी उसके समय में (८३६–८५ ई.) होना प्रमाणित होता है। इस बात की पुष्टि हथिया पौर की वास्तुगत विशेषताओं में अलंकरण शैली की पर्याप्त असमानता से भी होती है। इस प्रवेश–द्वार के निर्माण में दो कला–शैलियों के दर्शन होते हैं, एक लगभग ९वीं शती ई. की और दूसरी तोमर काल की, जैसे– भित्ति स्तम्भों पर उत्कीर्ण कीर्तिमुख, चक्रवाक, मांगल्य विहग, पद्म आदि तेली के मंदिर के गर्भगृह में स्थित भित्तिस्तम्भों के समान ही गुर्जर–प्रतिहार कालीन हैं जबकि तोरण, अट्टालक तथा द्वितीय भूमि की रचना व अलंकरण मान मंदिर के समकालीन हैं। इस प्रकार हथिया पौर का निर्माण दो विभिन्न कालों–गुर्जर प्रतिहार काल और तोमर काल में हुआ था। तोमर काल में हथिया पौर को मान मंदिर के साथ समायोजित कर एक अत्यन्त सुरक्षित एवं सुदृढ़ प्रवेश–द्वार का नया स्वरूप प्रदान किया गया था।

लक्ष्मण पौर

हथिया पौर से नीचे जाने पर अगला प्रवेश–द्वार लक्ष्मण पौर है, जिसका निर्माण हथिया पौर को और अधिक सुरक्षा प्रदान करने के लिए किया गया था। नामाधार पर अनुमानित है कि इसका निर्माण तोमर वंश के संस्थापक राजा वीरसिंह के पुत्र लक्ष्मण सिंह द्वारा करवाया गया था।[२३] फजल अली ने इस द्वार के निर्माण का श्रेय कच्छपघात वंश के १७वें शासक लक्ष्मणपाल को दिया है।[२४] कनिंघम का मानना है कि कच्छपघात शासक वज्रदामन ने ग्वालियर दुर्ग पर विजय प्राप्त करने के पश्चात् ९७० ई. में इसका निर्माण करवाया होगा और अपने पिता लक्ष्मण के नाम पर इसका नामकरण किया होगा।[२५]

यह द्वार तोमरों के शासनकाल में अवश्य विद्यमान था, क्योंकि इसके लकड़ी के फाटक पर सं. १५२२ (१४६५ ई.) का एक लेख अंकित था, जिसमें एक छोटे से शैलकृत तालाब का उल्लेख था।[२६] इस तालाब के सामने ताज निजाम, जो इब्राहीम लोदी का एक अमीर था और ग्वालियर दुर्ग पर विजय अभियान के समय मृत्यु को प्राप्त हुआ, की मजार बनी है।

इस प्रवेश–द्वार की कुल ऊँचाई ८.२० मी., चौड़ाई ५.३० मी. और लम्बाई ३.६० मी. है। इसके निकास की ऊँचाई ६ मी. है। इसमें चार अलंकृत स्तम्भों के ऊपरी भाग को कपिशीर्षकों से सुशोभित किया गया है। इन स्तम्भों पर कीर्तिमुख, पद्म तथा अन्य अलंकरण हैं, जिनके आधार पर इसे ९वीं–१०वीं शताब्दी ई. अर्थात् कच्छपघात काल में रखा जा सकता है। प्रवेश–द्वार को देखने से ज्ञात होता है कि इसका निर्माण ९वीं–१०वीं शती ई. में हो चुका था और कालान्तर में संभवतः १४६५ ई. में इब्राहीम लोदी के आक्रमण के समय यह गिर गया था,

जिसे पुनर्निर्मित कराया गया होगा। पुनर्निर्माण के समय भित्ति स्तम्भ को उल्टा लगा दिया गया, जैसा उन पर बने उलटे कीर्तिमुख और बीच–बीच में अन्य पाषाण खण्डों के जुड़ाव से ज्ञात होता है। यह कार्य संभवतः बाद में मुस्लिम प्रशासकों के समय हुआ होगा।

गणेश पौर

लक्ष्मण पौर से नीचे जाने पर अगला प्रवेश–द्वार गणेश पौर कहलाता है। द्विवेदी का मानना है कि इस पौर का निर्माण तोमर राजा डुंगरेन्द्र सिंह (१४२५–१४५६ ई.) ने अपने पिता गणपति देव की स्मृति में करवाकर इसका नामकरण गणेश पौर किया।[२७] इस प्रवेश–द्वार के निकट बने एक आले में डुंगरेंन्द्र सिंह नामोल्लेख युक्त सं. १५१६ (१४५६ ई.) का एक अभिलेख भी उत्कीर्ण है।[२८] इस प्रवेश–द्वार की सम्पूर्ण ऊँचाई ६ मी., लम्बाई ४.३० मी., चौड़ाई ३.६० मी. और निकास की ऊँचाई ४.६० मी. है। इसकी रचना साधारण है। इसमें चार स्तम्भों पर भारपट्टों को संजोकर उन्हें कपिशीर्षकों से अलंकृत किया गया है। इसमें उत्तर की ओर नुकीली मेहराब और दक्षिण की ओर तोड़ेदार मेहराब निर्मित है। गणेश पौर के निकट नूरी सागर बना है, जिसका जीर्णोद्धार १६८७ ई. में मोतमिद खाँ ने करवाया था। द्विवेदी का मानना है कि गणेश पौर के निर्माण हेतु डुंगरेन्द्र सिंह ने इसी नूरी सागर से पत्थर निकलवाया होगा।[२९]

भैरो पौर

वर्तमान में यह प्रवेश–द्वार पूर्णतः नष्ट हो चुका है, केवल मार्ग के दोनों ओर दो चबूतरों के अवशेष बचे हैं। कनिंघम ने इसे सुरक्षित अवस्था में देखा था और उसने इसकी निर्माण शैली को निश्चयपूर्वक प्राचीन कहा है।[३०] इसके एक भाग पर सं. १५४२ का एक छोटा लेख भी अंकित था, जो अब नष्ट हो चुका है।[३१] खड्गराय के अनुसार इस द्वार को कच्छपघात शासक भैरोपाल ने बनवाया था।[३२] वर्तमान में पूर्णतः नष्ट होने की स्थिति में इसके बारे में निश्चित रूप से कुछ कह पाना संभव नहीं है, किन्तु इतना अवश्य अनुमान लगाया जा सकता है कि इसका निर्माण बादलगढ़ के निर्माण से पूर्व किया गया होगा, क्योंकि यहीं से पहाड़ी की ढ़लान शुरू होती है तथा ढ़लान के ऊपरी भाग की सुरक्षा की दृष्टि से यह द्वार महत्त्वपूर्ण रहा होगा।

बादलगढ़ पौर या हिण्डोला पौर

पूर्वी दिशा में पहाड़ी के नीचे समतल भूभाग में कुछ भवनों का निर्माण एक सुदृढ़ प्राचीर को घेरकर किया गया है। इसे बादलगढ़ के नाम से जाना जाता है। माना जाता है कि इसका निर्माण कल्याणमल्ल के भाई तथा राजा मानसिंह के चाचा बादल सिंह ने करवाया था।[३३] यह प्राचीर कपिशीर्षकों से युक्त है और इसमें आवागमन के लिए एक प्रवेश–द्वार निर्मित है, जिसे बादलगढ़ द्वार या पौर कहते हैं। आजकल इसे ''हिण्डोला पौर'' के नाम से जाना जाता हैं।

संभवतः किसी समय इस द्वार के बाहर एक हिण्डोला या झूला रहा होगा। इस प्रवेश–द्वार के समीप एक विशालकाय धातु निर्मित वृषभ आकृति रखी हुई थी, जिसे इब्राहीम लोदी १५१८ ई. में अपने साथ दिल्ली ले गया और वहाँ उसे बगदाद गेट के सामने स्थापित करवा दिया।[३४]

इस प्रवेश–द्वार की रचना द्विभौमिक है। इसमें नीचे चार अलंकृत स्तम्भों के ऊपर तोरण है तथा उसके ऊपर दुर्ग प्रहरियों के लिए प्रकोष्ठ बने हैं। इस द्वार की सम्पूर्ण ऊँचाई ६ मी., लम्बाई ३.६५ मी., चौड़ाई ४.७५ मी. तथा निकास की ऊँचाई ४.२० मी. है। दोनों किनारों पर दो अट्टालक विद्यमान हैं, जिनके पार्श्वों को बड़ी–बड़ी कमल–फुल्लियों से अलंकृत किया गया है। स्थापत्य की दृष्टि से यह द्वार विशुद्ध हिन्दू शैली में निर्मित है और तोमरकालीन हथिया पौर और मान मंदिर के समकालीन है। यह दुर्ग को बाहरी सुरक्षा देने वाला सर्वप्रमुख द्वार है।

इस प्रवेश–द्वार के लकड़ी के फाटक पर लोहे की एक प्लेट पर हिजरी १०५८ (१६४८ ई.) का लेख अंकित था, जिसमें शाहजहाँ के काल में दुर्ग के प्रशासक सैयद आलम द्वारा उसके नवीनीकरण का उल्लेख हुआ है।[३५]

आलमगीर पौर

बादलगढ़ को सुरक्षा प्रदान करने की दृष्टि से बादलगढ़ पौर को घेरने वाली प्राचीर के साथ इस प्रवेश–द्वार को बनाया गया है। इस द्वार का निर्माण मोतमिद खाँ ने १६६० ई. में अपने स्वामी मुगल सम्राट औरंगजेब–आलमगीर के नाम पर किया था।[३६] आलमगीर पौर और बादलगढ़ पौर के मध्य में एक छोटा सा प्रांगण है, जिसे "कचहरी" कहते हैं। इसका प्रयोग मुस्लिम सूबेदारों द्वारा प्रजा को न्याय आदि कार्यों के लिए किया जाता होगा। इस द्वार की सम्पूर्ण ऊँचाई ६ मी., लम्बाई ३.६० मी., चौड़ाई ३.५० मी. तथा निकास की ऊँचाई ४.५० मी. है। इसका स्थापत्य साधारण मुगल शैली का है। इसके मेहराब के ऊपर मोतमिद खाँ का एक शिलालेख अंकित है, जो अब काफी कुछ नष्ट हो चुका है।[३७]

इस प्रकार पूर्वी दिशा में कुल ६ प्रवेश–द्वारों का निर्माण हुआ है। कालक्रम की दृष्टि से इनमें हथिया पौर सर्वप्राचीन (गुर्जर–प्रतिहार काल) और आलमगीर पौर परवर्ती (मुगल काल) है। शेष द्वारों का निर्माण इस कालावधि के मध्य में हुआ था। इसके अलावा कनिंघम दुर्ग के ऊपर हथिया पौर के समीप जहाँ से उत्तर की ओर रास्ता जाता है, एक और प्रवेश–द्वार का उल्लेख करता है, जिसे "हवा पौर" कहा जाता था।[३८] वर्तमान में हवा पौर पूर्णतः लुप्त हो चुका है।

उरवाही द्वार

वर्तमान में दुर्ग के पश्चिम दिशा में उरवाही घाटी से दुर्ग पर प्रवेश के लिए दो दरवाजे हैं, जिनमें से तलहटी में उरवाही घाटी को एक प्राचीर से घेरने वाले प्रमुख प्रवेश–द्वार का निर्माण

इल्तुतमिश ने १२३२ ई. में दुर्ग को विजित करने के उपरान्त करवाया था। उरवाही घाटी में कुआँ और जलाशय पर्याप्त संख्या में थे। उसने भविष्य में होने वाले आक्रमणों से इन कुओं और जलाशयों की रक्षार्थ एक २०० मी. x १२ मी. x १५ मी. ऊँची प्राचीर का निर्माण करवाया और इसी प्राचीर के लगभग मध्य में आवागमन के लिए उरवाही द्वार का निर्माण करवाया।[३६] इस प्रवेश–द्वार की लम्बाई ४.४५ मी., चौड़ाई ३.७० मी. तथा ऊँचाई ६ मी. है। उरवाही घाटी में स्थित होने के कारण इसे 'उरवाही द्वार' के नाम से जाना गया।

दुर्ग की ओर आगे बढ़ने पर दूसरा दरवाजा आता है, जिस पर लकड़ी का दरवाजा लगा हुआ है और वर्तमान में इसका समकालीन नाम ज्ञात नहीं है। इस दरवाजे के दोनों सिरों पर एक–एक आले में जैन तीर्थंकर की कायोत्सर्ग प्रतिमाएँ लगी हैं। इस द्वार के निकट लगे सिंधियाकालीन एक शिलालेख से ज्ञात होता है कि इसका निर्माण माधव महाराज ने करवाया था। वर्तमान में दुर्ग पर आवागमन के लिए यह प्रमुख डामरीकृत सड़क मार्ग है।

ढोढा पौर (चित्र २०)

पहाड़ी के उत्तर–पश्चिमी भाग से दुर्ग में प्रवेश के लिए एक अन्य मार्ग ढोढा पौर है, जो सुदृढ़ीकरण की दृष्टि से तीन प्रवेश–द्वारों का समूह है। ये तीनों प्रवेश–द्वार थोड़ी–थोड़ी दूरी पर बनाये गये हैं। वर्तमान में सुरक्षा की दृष्टि से ये प्रवेश–द्वार बन्द कर दिये गये हैं। कालक्रम की दृष्टि से तीनों ही अलग–अलग समय में निर्मित हुए थे। इनमें सबसे ऊपरी प्रवेश–द्वार द्विभौमिक है और तोमरकालीन जान पड़ता है। इसमें पद्म–फुल्लियों से अलंकृत दो–दो अर्द्धस्तम्भों पर तोड़े तथा उनके ऊपर भारपट्ट रखे गये हैं। सबसे ऊपर दुर्गरक्षकों के लिए प्रकोष्ठ बने हैं। इस द्वार की सम्पूर्ण ऊँचाई १० मी., लम्बाई २.३० मी., चौड़ाई ४.२० मी. तथा निकास की ऊँचाई ४ मी. है। मध्य का प्रवेश–द्वार उपर्युक्त प्रवेश–द्वार से थोड़ी दूरी पर नीचे की ओर बना है, जहाँ तक सीढ़ियों अथवा ढलूआ रास्ते के माध्यम से पहुँचा जा सकता है। इस प्रवेश–द्वार की सम्पूर्ण ऊँचाई ६ मी., लम्बाई व चौड़ाई ३ मी. तथा निकास की ऊँचाई ४ मी. है। इसके ऊपर गोलाकार मेहराब बनी हैं। दोनों कर्णों को एक–एक मूषा तथा एक–एक पद्म–फुल्ली से सजाया गया है। उनके मध्य में एक–दूसरे से गुथे हुए दो नाग भी सुशोभित हैं। इन नागों के अंकन से यह सिंधियाकालीन जान पड़ता है, क्योंकि इस प्रकार का नागचिह्न सिंधियाओं का राजचिह्न है। मूषाओं के ऊपर खर्बूजिया गुम्बद बने हैं। इस प्रवेश–द्वार में लोहे की चूले लगी हुई हैं, जिनसे प्रतीत होता है कि यहाँ काष्ठनिर्मित द्वार लगा था।

सबसे नीचे का प्रवेश–द्वार कुछ दूरी पर नीचे की ओर है, जहाँ पर ढ़ालू मार्ग के सहारे पहुँचा जा सकता है। यह द्विभौमिक है। इसमें अर्द्धस्तम्भों के ऊपर तोड़ेदार मेहराब का निर्माण करके उसके ऊपर भारपट्ट रखे गये हैं। ऊपर सैनिकों के लिए प्रकोष्ठ तथा दो बुर्जियाँ बनी हैं। इस द्वार की सम्पूर्ण ऊँचाई ६ मी., चौड़ाई ३ मी. और निकास की ऊँचाई ५ मी. है। इसके दोनों ओर १५ मी. ऊँची अट्टालिकाएँ हैं, जिनके मध्य भाग में एक–एक मूषा और ऊपर एक–एक बुर्जी है। यह भी तोमरकालीन है।

फजल अली इसके निर्माण का श्रेय कछवाहा राजा धन्धर पाल को देते है, जिसका उल्लेख बदली दास ने 'धनधन' और खड्गराय ने 'घनधन' के रूप में किया है।[४०] द्विवेदी का मानना है कि तोमर राजा वीरसिंह के पुत्र दुर्लभराय या ढोलाशाह को इस द्वार की रक्षा का भार सौंपा गया था और इसका नामकरण इसी के नाम पर किया गया था।[४१] मध्य वाले प्रवेश–द्वार के समीप चट्टान में एक लघु आला काटा गया है, जिसमें सं. १५५२ (१४६५ ई.) का एक लेख अंकित है।[४२] इसमें मानसिंह के समय में ढोढा देव के मंदिर की स्थापना और ढोढा पौरी के पुनरुद्धार का उल्लेख है। निचले प्रवेश–द्वार के समीप एक आले में सं. १५६१ (१५०४ ई.) का एक अन्य लेख अंकित है।[४३] इनसे प्रतीत होता है कि ढोढा पौर के सबसे ऊपरी प्रवेश–द्वार का निर्माण मानसिंह से पहले ही हो चुका था और १४६५ ई. में मानसिंह ने उसका पुनर्निर्माण करवाया था। यही से सं. १५०५ (१४४८ ई.) का एक अन्य अभिलेख भी विदित है।[४४] इससे भी स्पष्ट होता है कि इस मार्ग का उपयोग मानसिंह के शासनकाल से पूर्व में ही होने लगा था। सबसे निचले प्रवेश–द्वार का निर्माण मानसिंह के काल में हुआ था।

घरगज पौर

पहाड़ी के दक्षिण–पश्चिमी भाग में घरगज पौर स्थित है। कनिंघम के अनुसार घरगज पौर में पाँच प्रवेश–द्वार थे, जिनमें से सबसे ऊपरी और सबसे निचले द्वार को अंग्रेज जनरल व्हाइट ने बंद कर दिया और ऊपरी दोनों को उसने नष्ट कर दिया।[४५] इनमें एक द्वार पूर्ण रूप से खण्डहर बन चुका है। अमर सिंह इनकी संख्या तीन बताते हैं और उनके अनुसार ये सभी बहुत दिनों से बन्द हैं।[४६] इनमें ऊपर व नीचे के दोनों प्रवेश–द्वार पूर्णतः नष्ट हो चुके हैं। बीच के द्वार की लम्बाई ४.३५ मी., चौड़ाई ३.३० मी. तथा ऊँचाई ५.६० मी. है। इसकी स्थापत्य शैली ढोढा पौर तथा हथिया पौर जैसी ही है, इस आधार पर इसे तोमरों के समकालीन कहा जा सकता है।

घरगज नाम के पीछे कहा जाता है कि इस द्वार के समीप पहाड़ी को काटकर एक बावड़ी का निर्माण कराया गया था। जब पहाड़ी से पानी इस तालाब में गिरता था, तो झर–झर का नाद सुनाई देता था, जिससे इसे "घरगज बावड़ी" कहा जाता था और द्वार को "घरगज द्वार" कहा जाने लगा।[४७]

जल व्यवस्था

किसी भी दुर्ग को अजेय बनाए रखने के लिए अन्य आवश्यक संसाधनों के अलावा सर्वाधिक आवश्यक हैं–जल और राशन की निर्वाध आपूर्ति। इस दृष्टि से ग्वालियर दुर्ग पर जल–आपूर्ति की उत्तम व्यवस्था देखने को मिलती है। यही कारण है कि जल–आपूर्ति की बाधा कभी भी इस दुर्ग को विजित करने का कारण नहीं बन सकी। ग्वालियर दुर्ग पर अनेक स्थलों पर पत्थरों को काटकर निकाला गया है, जिससे वहाँ जलाशय बन गये हैं और उन जलाशयों में जल तक पहुँचने के लिए सीढ़ियाँ भी बनायी गयी हैं। इन जलाशयों में संगृहीत जल बलुआ

पत्थर से छनते हुए बावड़ियों तक पहुँचता था। यह जल निर्मल, शीतल और पीने–योग्य होता था। ग्वालियर दुर्ग पर जल–संग्रहण की अच्छी व्यवस्था थी। ढोढा बावड़ी तक जल पहुँचने की व्यवस्था को देखकर उस समय के व्यवस्थाकारों की तकनीकी कुशलता का सहज अनुमान लगाया जा सकता है। बावड़ी तक पानी पहुँचने के लिए सीढ़ियों के किनारे सोपानयुक्त व्यवस्था में एक लम्बी नाली बनी हुई है, जिससे होकर वर्षा का पानी सीधे ढोढा बावड़ी में पहुँचता था। जलाशय भर जाने के बाद जल के बहाव को रोकने व मोड़ने के लिए पत्थर को काटकर वहाँ समान अनुपात का बड़ा पत्थर फसाकर समुचित व्यवस्था भी की गयी है। इसी प्रकार की व्यवस्था अन्य जलाशयों में भी देखने को मिलती है। जलाशयों के रख–रखाव की भी समुचित व्यवस्था थी। गंगोला ताल के अभिलेखों से स्पष्ट है कि समय–समय पर जलाशयों की साफ–सफाई करवायी जाती थी। इस प्रकार की सफाई से जलाशयों में पूर्ण क्षमता में जल–संग्रहण संभव था तथा पीने के लिए स्वच्छ जल उपलब्ध रहता था। इस प्रकार के कल्याणकारी कार्य में राजा के अतिरिक्त रानियाँ एवं अन्य लोग भी बढ़–चढ़कर हिस्सा ले रहे थे। गंगोला ताल के धरातल पर अभिलेखों के समीप एक यांत्रिक रचना बनी हुई है, जो संभवतः उस समय जलाशय से पानी निकालने की व्यवस्था की ओर इंगित करती है।

ग्वालियर दुर्ग पर शैलोत्कीर्ण जलाशयों का निर्माण संभवतः वहाँ पर निर्मित मंदिर, भवन, प्राचीर आदि के निर्माण के लिए आवश्यक पत्थरों को निकालने के परिणामस्वरूप हुआ होगा। इससे तत्कालीन वास्तुकारों की दूरगामी सोच स्पष्ट होती है कि एक ओर तो इससे मंदिरों के निर्गाण के लिए आवश्यक रागग्री पत्थर आरानी से उपलब्ध हो जाता था और दूसरी ओर दुर्ग पर निवास के लिए जल की भी व्यवस्था हो जाती थी।

यहाँ के जलाशयों में सूरज या सूर्य कुण्ड सबसे अधिक प्राचीन जान पड़ता है और उसके बाद अन्य अनेक जलाशयों का निर्माण हुआ था। साहित्यिक साक्ष्यों में भी दुर्ग पर कुएँ एतं बातड़ियों के निर्माण के प्रसंग मिलते हैं। तोमर राजा डुंगरेन्द्र सिंह ने दुर्ग पर आठ कुएँ एवं एक तड़ाग बनवाए थे।[४८] *अपराजितपृच्छा*[४९] तथा *वास्तुराजवल्लभ*[५०] के अनुसार पुण्यात्मा को पुर (दुर्ग) के भीतर चार वापी, दस कूप, चार कुण्ड और छह तड़ाग बनवाना चाहिए। ग्वालियर दुर्ग जल–आपूर्ति की दृष्टि से काफी सफल रहा है, क्योंकि कोई भी शत्रु इसे जल की कमी के कारण जीत नहीं सका था। इसके जलाशय पर्याप्त आकार के हैं और अत्यधिक गर्मी के दिनों में भी नहीं सूखते हैं। हर संकटकालीन स्थिति में जल–आपूर्ति में पूर्णतः सक्षम हैं। इनकी रचना के आधार पर इन्हें चार वर्गों– वापी, कूप, तड़ाग व कुण्ड में विभक्त किया जा सकता है।

वापी

सोपानों से युक्त कूप को वापी कहते हैं। ग्वालियर दुर्ग के ऊपरी भाग पर अस्सी खम्बा बावड़ी एक वापी है। उरवाही घाटी में कई वापियों तथा कुओं का निर्माण किया गया था, जो आज

''आठ कुआ नौ बावड़ी'' के नाम से जाने जाते हैं। वर्तमान में उरवाही घाटी में केवल दो वापियों के अवशेष शेष हैं। इनके अलावा गुजरी बावड़ी और ढोढा बावड़ी नामक दो वापियाँ भी दुर्ग पर स्थित हैं। इनका विवरण अधोलिखित है–

अस्सी खम्बा बावड़ी (चित्र ५५)

यह वापी ग्वालियर दुर्ग के लगभग मध्य में राजा मानसिंह के महल के दक्षिण–पश्चिम कोने पर स्थित है। इसे चारों ओर से एक ऊँची प्राचीर द्वारा घेर दिया गया है, जिसके अंदर प्रवेश करने के लिए पूर्व की ओर एक विशाल द्वार है। इसका निर्माण बड़े–बड़े पाषाणखण्डों को जोड़कर गोलाकार संरचना में किया गया है। इस वापी का व्यास १२.७५ मी. तथा जल की सतह तक की गहराई ११.४५ मी. है। इसके ऊपरी सिरे पर टोड़ों के ऊपर २.१५ मी. चौड़ा छाजन है। उसके चारों ओर १.८५ मी. चौड़ा ६४ गोल खम्बों पर आश्रित एक वृत्ताकार बरामदा भी है।[५१] बावड़ी के पश्चिम में भी एक छोटा प्रवेश–द्वार है, जिसमें दोनों ओर सीढ़ियाँ काटी गयी है, जो वापी के जल के अन्दर तक चली गयी हैं। वर्तमान में इस वापी को ''अस्सी खम्बा'' नाम से संबोधित किया जाता है। इसके उत्तरी भाग में वापी से जुड़ा हुआ ८४ स्तम्भों पर आधारित एक विशाल भवन है। आभिलेखिक साक्ष्यों के आधार पर इसकी पहचान 'रहीमदाद का मदरसा' से की जाती है। सामान्य धारणा है कि इस भवन को बाबर ने बनवाया था[५२], किन्तु इसकी स्थापत्य कला को देखने से प्रतीत होता है कि इसका निर्माण बाबर से पूर्व कभी तोमर राजाओं के शासनकाल में हुआ होगा और वे लोग इस भवन का उपयोग सभाभवन के रूप में करते रहे होंगे। इस वापी के जल का प्रयोग सभाभवन में होने वाले उत्सवों तथा सम्मेलनों आदि के अवसर पर तथा मानमंदिर, कर्णमहल और विक्रम महल आदि में निवास करने वाले राजपरिवार के लोगों द्वारा किया जाता रहा होगा।

गुजरी बावड़ी (चित्र ५८)

यह वापी पहाड़ी के नीचे गुजरी महल के उत्तरी भाग में स्थित है। इसका आकार ८.३० मी. लम्बा और ७.६५ मी. चौड़ा आयताकार है तथा इसकी गहराई ५ मी. है। इस वापी का निर्माण छोटे–छोटे पाषाण खण्डों को जोड़कर किया गया है। इसकी तलहटी और दीवारों पर प्लास्टर भी हुआ था, जो अब नष्ट हो चुका है। वापी के दक्षिण–पश्चिम कोने पर तल तक पहुँचने के लिए सीढ़ियाँ निर्मित हैं। गुजरी महल से वापी तक आने के लिए एक खिड़की थी, जो अब नष्ट हो चुकी है। इसके जल का उपयोग गुजरी महल के लोगों द्वारा किया जाता था।

ढोढा बावड़ी

यह वापी पहाड़ी के उत्तर–पश्चिम भाग में ढोढा देव मंदिर के निकट स्थित है। इसका निर्माण पहाड़ी के पाषाणखण्डों को काटकर अर्द्धचन्द्राकार रूप में किया गया है। अर्द्धचन्द्राकार परिधि की लम्बाई २० मी. है। इस वापी की गहराई ५ मी. से ८ मी. तक है। इसके पूर्वी सिरे पर

जल तक पहुँचने के लिए सीढ़ियाँ भी बनी हैं। वापी के ठीक ऊपर दुर्ग की प्राचीर है, जिसमें एक घाट निर्मित किया गया है। दुर्ग के ऊपरी भाग तक जल पहुँचाने के लिए इस घाट के माध्यम से पानी ऊपर तक खींचा जाता था। कनिंघम के अनुसार जब जोहर ताल सूख जाता था, तो इसी बावड़ी के जल से उसे भरा जाता था।[५३] संभवतः घाट भी इसी कारण निर्मित हुआ था। दुर्ग के ऊपरी भाग तक पहुँचने के लिए निर्मित सीढ़ियों के बगल से एक लम्बी नाली बनी हुई है, जिससे होकर वर्षा का जल वापी तक पहुँचता था। वापी के भर जाने पर जलमार्ग को अवरुद्ध करने व बदलने का भी प्रावधान हुआ है।

इस बावड़ी का निर्माण तोमर शासक मानसिंह के राज्यकाल में हुआ जान पड़ता है। ढोढा पौर से मानसिंहकालीन दो अभिलेख (सं. १५५२ एवं १५६१)[५४] प्राप्त हुए हैं, जिनसे प्रतीत होता है कि ढोढा पौर और उसके चारों ओर प्राचीर का निर्माण मानसिंह ने करवाया था, अतः वहाँ जल–आपूर्ति के लिए बावड़ी का भी निर्माण उसी ने करवाया होगा।

एक पत्थर की बावड़ी

दुर्ग पर दक्षिण–पूर्वी जैन मूर्ति समूह जिसे 'एक पत्थर की बावड़ी' नाम से संबोधित किया जाता है, वस्तुतः वहाँ स्थित एक बावड़ी जो एक चट्टान को ही काटकर बनी है, के नामाधर पर उपयुक्त है। यह बावड़ी गुहा मंदिर क्र. १ के दाँयीं ओर चट्टान को काटकर बनाई गयी है। यह जल का बारहमासी स्रोत है। संभवतः इसका निर्माण तोमर शासक कीर्तिसिंह ने दक्षिण–पूर्वी दिशा में जैन गुहा एवं मंदिरों के निर्माण एवं अन्य आवश्यक कार्यों हेतु जल–आपूर्ति के लिए करवाया होगा। इस बावड़ी को देखने पर ज्ञात होता है कि दुर्ग के ऊपर से चट्टान के माध्यम से यहाँ जल का रिसाव होता रहता था, जिसे तोमर कीर्तिसिंह ने एक बावड़ी के रूप में निर्मित करवा कर जल–संग्रहण का उचित प्रबंधन किया।

शरद और अनार बावड़ी

हथिया पौर और लक्ष्मण पौर के बीच में पहाड़ी को काटकर उसके भीतर निर्मित शरद बावड़ी और अनार बावड़ी नाम के दो जलाशय हैं। शरद बावड़ी में एक छोटा–सा मेहराबदार प्रवेश–द्वार बनाकर उसे पहाड़ी के भीतर लम्बाई, चौड़ाई और गहराई में काटते हुए एक चौकोर कुण्ड बना लिया गया है। इसकी छत पहाड़ी में काटकर तैयार किए गए स्तम्भों पर आधारित है। इसी प्रकार की रचना अनार बावड़ी में भी की गयी है।

घरगज बावड़ी

कनिंघम दुर्ग के दक्षिण–पश्चिम में घरगज द्वार के निकट घरगज बावड़ी का उल्लेख करते हैं और बताते हैं कि ऊपर चट्टानों से बहकर इसमें पानी टपकता रहता था, संभवतः इसलिए इसे 'गरजने वाली बावड़ी' कहा जाता था।[५५] इसकी लम्बाई १५ मी. और चौड़ाई ७ मी. बताई गयी है। इसकी छत चार गोल स्तम्भों पर आश्रित थी, जो चट्टान में काटे गये थे।

कूप

ग्वालियर दुर्ग पर कुल ११ कुएँ विद्यमान हैं। इनमें ८ उरवाही घाटी में तथा ३ बादलगढ़ क्षेत्र में स्थित है। बादलगढ़ का एक कुआँ गुजरी महल के पीछे उत्तर–पूर्वी कोने पर, दूसरा उत्तर–पश्चिमी कोने पर तथा तीसरा भैरो पौर के निकट है। इन कुओं का निर्माण गुजरी महल और बादलगढ़ के भवनों के साथ राजा मानसिंह के शासनकाल में हुआ जान पड़ता है। उरवाही घाटी के कुएँ मुस्लिम आक्रमण से पूर्व ही निर्मित किए गए थे, क्योंकि १२३२ ई. में दुर्ग पर अधिकार कर लेने के बाद इल्ततुमिश ने इसकी सुरक्षा के लिए घाटी के मुहाने पर एक विशाल प्राचीर का निर्माण करवाया था। प्रायः सभी कुओं में एक जगती और पानी निकालने के लिए एक–एक घाट निर्मित किए गए हैं। गुजरी महल के उत्तर–पश्चिम कोने पर स्थित कुएँ तथा भैरो पौर के निकट वाले कुएँ में दो–दो घाटों की व्यवस्था की गयी है। इन सभी कुओं का आकार गोल है। इनका निर्माण छोटे–छोटे पाषाण खण्डों को जोड़कर किया गया है। इन कुओं की औसत गहराई २० मी. से ३० मी. तक है। उरवाही घाटी पर स्थित छह कुओं का व्यास क्रमशः ३.२५ मी., ३.३५ मी., ३.३४ मी., ३.४५ मी., ३.८० मी. तथा ४.६० मी. है। बादलगढ़ के कुओं का व्यास ५.७० मी. व ५.८० मी. है। इस प्रकार *अपराजितपृच्छा*[५६] और *वास्तुराजवल्लभ*[५७] के वर्गीकरण के आधार पर ग्वालियर दुर्ग पर स्थित सात हाथ व्यास वाले तीन कूपों को दुन्दुभी, आठ हाथ व्यास वाले कूप को मनोहर, नौ हाथ वाले कूप को चूणामणि, ग्यारह हाथ वाले दो कूपों को जय तथा तेरह हाथ व्यास वाले दो कूपों को शंकर कोटि मे रखा जा सकता है।

तड़ाग

ग्वालियर दुर्ग में अनेक तालाब निर्मित किए गए हैं, जो एक सिरे से दूसरे सिरे तक विभिन्न स्थलों पर स्थित हैं। सामान्यतः तालाबों का निर्माण दुर्ग पर स्थित विशाल भवनों को बनाने के लिए पहाड़ों को काटकर पत्थर निकालते समय स्वतः होता गया। कालान्तर में उनकी दीवारों को पत्थरों से जोड़कर पक्का एवं सुन्दर बना दिया गया तथा उनके जलद्रोणि तक पहुँचने के लिए सीढ़ियाँ बना दी गयीं। अपनी जल–आपूर्ति की विशेषता के कारण ही यह दुर्ग सदा ही अजेय रहा है। टेवरनियर ने भी इस तथ्य पर प्रकाश डाला है कि इन जलाशयों के कारण किला किस प्रकार अजेय सिद्ध हुआ।[५८] कनिंघम ने दुर्ग पर प्रमुख तड़ागों की संख्या १५ बताई है।[५९] दुर्ग पर स्थित तड़ागों का विवरण अधोलिखित है–

सूरज कुण्ड या सूर्य कुण्ड

पहाड़ी के मध्य भाग में स्थित इस तड़ाग की लम्बाई ६४ मी. तथा चौड़ाई ८५.५५ मी. हैं। तलहटी समतल न होने के कारण यह कहीं पर गहरा तथा कहीं पर उथला है। दक्षिण की ओर इसकी गहराई सबसे अधिक ७.८० मी. है। पूर्व तथा पश्चिम की ओर जल तक पहुँचने

के लिए सोपान बने हैं। तालाब के मध्य में एक छोटा मंदिर है, जिसके गर्भगृह में एक शिवलिंग स्थापित है। इस मंदिर तक पहुँचने के लिए पूर्वी सोपानों से स्तम्भों पर आधारित एक पुल का निर्माण किया गया है। परम्परा में इस तड़ाग को सर्वाधिक प्राचीन माना गया है। धार्मिक दृष्टि से भी इसका बहुत महत्त्व है। किंवदन्ती है कि यहाँ पर तपस्यारत ग्वालिपा नामक एक सिद्ध पुरुष ने एक बार सूरज कुण्ड का जल कुन्तलपुरी के राजा सूरजसेन को पीने के लिए दिया, जिसे पीते ही उसका कुष्ठरोग दूर हो गया। इससे संत के आदेश पर राजा ने इस कुण्ड का जीर्णोद्धार करवाया। राजा के नाम पर इस कुण्ड का नाम सूरज कुण्ड या सूर्य कुण्ड पड़ गया।[६०] मिहिरकुल के ग्वालियर अभिलेख से पता चलता है कि गोप नामक पर्वत पर मातृचेट ने एक सूर्य मंदिर का निर्माण करवाया था।[६१] यह मंदिर हूण शासक मिहिरकुल के शासनकाल के पंद्रहवें वर्ष (५३० ई.) में निर्मित माना गया है और इसी के साथ सूरज कुण्ड के विस्तार अथवा निर्माण होने की संभावना स्वीकारने पर ५३० ई. में इसका निर्माण माना जा सकता है।

त्रिकोनिया ताल

यह तालाब पहाड़ी के उत्तर–पश्चिम कोने पर स्थित है। यह ७ मी. तक गहरा खुदा हुआ है। इसका आकार त्रिकोणीय होने के कारण इसे त्रिकोनिया ताल कहा जाता है। इस तालाब की पूर्वी भुजा की माप २३ मी., पश्चिमी भुजा की माप ६.३० मी. तथा दक्षिण अर्द्धचन्द्राकार भुजा की माप ३३ मी. है। इसके दक्षिणी सिरे पर तलहटी तक सोपान बने हुए हैं। वर्तमान में यहाँ पर स्तम्भों पर आधारित एक मेहराब है, जिसके भीतरी भाग में दो अभिलेख अंकित हैं। एक अभिलेख में तोमर शासक वीरमदेव का नाम है[६२] और दूसरे लेख में सं. १४८८ (१४३१ ई.) की तिथि उल्लिखित है।[६३] इन शिलालेखों के आधार पर द्विवेदी ने इसे वीरमदेव द्वारा निर्मित माना है।[६४] इस ताल को ''जयन्ति थोरा मंदिर'' से सम्बन्धित बताया गया है, जिसके निर्माण का श्रेय कनिंघम ने आरंभिक कछवाहा राजा जयन्तपाल को दिया है।[६५]

जोहर ताल (चित्र ५६)

यह ताल किले के उत्तरी भाग में शाहजहाँ महल के सामने स्थित है। इसकी लम्बाई ५८.५० मी., चौड़ाई ५५.५० मी. तथा गहराई ६.१० मी. है। तालाब में कुल तीन जलद्रोणियाँ निर्मित की गयी हैं, जिनकी ऊपर से गहराई २.७० मी., १.७० मी. और १.७० मी. है। इसकी दक्षिण दिशा में बीचोंबीच एक चबूतरा बनाकर उसके पूर्व में तालाब की तलहटी तक सोपान बनाए गए हैं। इसी प्रकार उत्तर–पूर्वी कोने पर भी प्रथम जलद्रोणि तक छोटी–छोटी सीढ़ियाँ बनी हैं। तालाब की दीवार के ऊपरी भाग में चारों ओर १८ प्रणालियों की व्यवस्था है, जिनसे वर्षा का जल तालाब में एकत्र किया जाता था।

इस तालाब का जीर्णोद्धार औरंगजेब के समय दुर्ग के अधिकारी मोतमिद खाँ द्वारा लाखौरी ईंट, चूने और सुर्खी से करवाया गया था।[६६] इसकी ईंटों की दीवार तो आज भी

अच्छी स्थिति में है, किन्तु उसके ऊपर किया गया मसाले का लेप नष्ट हो गया है। इसके नाम के सम्बन्ध में मान्यता है कि प्रतिहार शासक मलयवर्मन के शासनकाल में जब इल्तुतमिश (१२३२ ई.) ने इस दुर्ग पर आक्रमण किया, तो वहाँ की रानियों और राजपरिवार की स्त्रियों ने इसी तालाब के समीप अग्नि में कूदकर जोहर व्रत कर लिया था[६७], इसी कारण इस तालाब को जोहर ताल कहा जाता है।

शाहजहाँ तालाब (चित्र ६१)

शाहजहाँ महल के प्रांगण में एक ताल स्थित है। इसका निर्माण बड़े–बड़े पाषाण खण्डों को जोड़कर किया गया है। इसकी लम्बाई ३१.२० मी., चौड़ाई २७.३० मी. और गहराई १५ मी. है। ४.६० मी. की गहराई पर तालाब की जलद्रोणि बनाई गयी है, जिसकी लम्बाई २० मी., चौड़ाई १५.६५ मी. तथा गहराई १० मी. है। जलद्रोणि तक पहुँचने के लिए पूर्व और पश्चिम दिशा में सोपान बनाए गए हैं। दक्षिण दिशा में ३.७५ x ४ मी. का एक स्नानागार या कक्ष निर्मित किया गया है, जो संभवतः वस्त्रादि बदलने के लिए प्रयुक्त किया जाता रहा होगा। इस कक्ष में एक कृत्रिम झरना भी निर्मित है। कक्ष की दीवारों पर चित्रित अरबी–फारसी अभिलेख एवं चित्रकारी मिलती है।

मानसरोवर

यह तड़ाग दुर्ग के पश्चिमी भाग में उरवाही द्वार के निकट स्थित है। संभवतः इसका निर्माण तोमर शासक मानसिंह द्वारा करवाया गया था।[६८] इस सरोवर का आकार बैडोल है और देखने से ऐसा प्रतीत होता है कि इसका निर्माण योजनाबद्ध ढंग से नहीं किया गया है। संभवतः भवनों एवं प्राचीर के निर्माण के लिए इस स्थल से पाषाण खण्ड निकाले गए थे, जिसके कारण यह जलाशय बन गया है। पश्चिम की ओर इसकी गहराई लगभग ६ मी. है। यह तीन ओर से ऊँचीं दीवारों से घिरा हुआ है और नीचे तक पहुँचने के लिए सीढ़ियाँ भी निर्मित की गयी हैं। एक दिशा में घाट भी निर्मित है।

रानी ताल और चेरी ताल

यह दोनों तड़ाग पहाड़ी के उत्तर–पश्चिमी कोने पर स्थित हैं। ये एक–दूसरे से अत्यधिक निकट हैं और चट्टान में खोदे गए एक भूमिगत मार्ग के द्वारा आपस में जुड़े हुए हैं। रानी ताल की लम्बाई ३५.५० मी., चौड़ाई २०.५० मी. तथा गहराई ६ मी. है। इसके उत्तर दिशा में चौकोर स्तम्भों पर आधारित द्विभौमिक बरामदा है। उत्तर–पश्चिम दिशा में जल तक पहुँचने के लिए सोपान बने हैं। जलद्रोणि प्राकृतिक चट्टान को काटकर बनायी गयी है। उसके ऊपरी भाग को पाषाण खण्डों से जोड़कर सुदृढ़ किया गया है। सात स्तम्भों पर आधारित निचला बरामदा सामान्यतः जल में डूबा रहता है।

चेरी ताल की लम्बाई ३६ मी., चौड़ाई ३६ मी. व गहराई ७ मी. है। इसके पूर्व में छज्जायुक्त एक प्रवेश–द्वार है। उत्तरी तथा दक्षिणी कोनों पर तालाब के जल तक पहुँचने के लिए सोपान निर्मित किए हुए हैं। मुख्य प्रवेश–द्वार के दक्षिण में २० फुट व्यास की वर्तुलाकार बावड़ी है, जिसमें जल तक पहुँचने के लिए सीढ़ियाँ बनी हुई हैं।

इन सरोवरों के निर्माण का श्रेय तोमर राजा मानसिंह की रानी और उसकी दासी (चेरी) को दिया जाता है और यह निर्माण लगभग १५०० ई. में हुआ बतलाया गया है।[६९] फजल अली शाहजहाँ के शासनकाल में चेरी ताल का उल्लेख करता है और बताता है कि वह प्रायः सूखा रहता था।[७०]

कटोरा ताल

यह सरोवर गंगोला ताल के पश्चिम में उरवाही घाटी की प्राचीर के निकट स्थित है। इसका आकार कटोरे जैसा गोल होने के कारण इसे कटोरा ताल कहते हैं। इसका व्यास ५० मी. और गहराई ७.५ मी. है। तालाब के मध्य में आठ स्तम्भों पर आधारित द्विभौमिक बुर्जी बनी है, जिसका शिखर गुम्बदाकार है। ताल की तलहटी तक पहुँचने के लिए पूर्व दिशा में दोहरे सोपानों का एक मार्ग बना है। ऊपरी भाग में वर्षा का जल एकत्र करने हेतु छोटी–छोटी प्रणालियाँ निर्मित की गयी हैं। तालाब की बुर्जी की स्थापत्य कला तोमरकालीन प्रतीत होती है।

एक खम्बा ताल

यह कटोरा ताल के उत्तर–पश्चिम में दुर्ग की पश्चिमी दीवार के निकट स्थित है। इसके मध्य में एक पाषाण स्तम्भ होने के कारण इसे "एक खम्बा ताल" कहते हैं। इस तालाब की लम्बाई ४३ मी., चौड़ाई २५ मी. और गहराई ८.५० मी. है। इसका पूर्वी कोण दक्षिण की ओर लगभग ५ मी. बाहर निकला हुआ है। दक्षिण–पूर्व कोने पर जल तक पहुँचने के लिए सीढ़ियाँ बनाई गयी हैं। इस तालाब का निर्माण मूलतः पत्थर काटने से हुआ है। कालान्तर में जलद्रोणि के ऊपर पाषाणखण्डों को जोड़कर इसे सुदृढ़ किया गया है। बीच के एकाश्मक स्तम्भ पर एक छोटी बुर्जी बनायी गयी है।

धोबी ताल

यह पहाड़ी के दक्षिणी भाग में रानी ताल और चेरी ताल के निकट स्थित है। इसकी लम्बाई १२१ मी., चौड़ाई ६१ मी. तथा गहराई ४.५ मी. है। इसके उत्तरी तथा दक्षिणी कोनों पर सीढ़ियाँ निर्मित हैं। नीचे का भाग पत्थर काटकर प्राकृतिक रूप से बनाया गया है तथा ऊपरी भाग को पाषाणखण्डों से जोड़कर सुदृढ़ किया गया है। ग्वालियर दुर्ग के तालों में यह सबसे अधिक विशाल आकार वाला है।

नूरी सागर

यह पहाड़ी के पूर्वी भाग में गणेश पौर के निकट स्थित है। इसकी लम्बाई १६.५० मी., चौड़ाई १२ मी. तथा गहराई ७ मी. है। इसके उत्तर–पूर्वी कोने पर सीढ़ियाँ बनायी गयी हैं तथा दीवारों पर प्लास्टर किया गया है। इसमें एक घाट भी निर्मित है। १६८७ ई. में दुर्ग के अधिकारी मोतमिद खाँ द्वारा इसका जीर्णोद्धार करवाया गया था। उसकी उपाधि नूर–उद्–दीन के कारण इसे नूरी सागर कहा जाने लगा।[७१]

सास–बहू ताल

इसका उल्लेख कनिंघम ने अपनी रिपोर्ट में किया है। उनके अनुसार यह तड़ाग सास–बहू मंदिर के समीप स्थित था। इसकी लम्बाई २५० फुट, चौड़ाई १५० फुट और गहराई १५ से १८ फुट तक थी। इसके मध्य में एक स्तम्भ खड़ा हुआ था।[७२] वर्तमान में सास–बहू मंदिर के आसपास इस प्रकार का कोई तालाब नहीं है। संभव है कि इस ताल का निर्माण सास–बहू मंदिर के निर्माण के समय हुआ होगा और इसी तालाब से निकले पत्थरों से यह मंदिर बना होगा।

गंगोला ताल (चित्र ६१)

किले के मध्यभाग में तेली के मंदिर के सामने तथा बालकिला के दक्षिण में गंगोलाताल स्थित है। आजकल यह गुरुद्वारा के घेरे में आ गया है। इसकी लम्बाई २०० मी. तथा चौड़ाई २०० मी. है। तलहटी ऊँची–नीची होने के कारण कहीं पर यह अधिक गहरा है तथा कही पर कम गहरा है। इस तड़ाग में अनेक छोटे–बड़े अभिलेख खुदे हुए हैं, जो ११६४ ई. से लेकर १८वीं शती ई. तक के हैं।[७३] इन अभिलेखों में कुछ प्रमुख रूप से प्रतिहार राजा मलयवर्मन व नरवर्मन के और तोमर शासक वीरसिंह, उद्धरण और मानसिंह के हैं। इनके अलावा मुगल शासक अकबर और जहाँगीर के भी लेख हैं। ये सभी लेख दुर्ग पर स्थित सभी तालों में गंगोला ताल की श्रेष्ठता और उसके अनवरत् महत्त्व को इंगित करते हैं।

बहुत संभव है कि तेली के मंदिर के निर्माण के लिए पाषाणखण्ड इसी तालाब से निकाले गए हों। इस आधार पर इसे तेली के मंदिर के समकालीन माना जा सकता है। गंगोला ताल की सफाई का उल्लेख उपर्युक्त अभिलेखों में मिलता है। सं. १२८२ के लेख में मलयवर्मन की माता लहणदेविका द्वारा प्राकार तथा सोपान निर्मित करवाने तथा सफाई करवाने का उल्लेख है[७४], जिससे प्रतीत होता है कि इस तिथि से पूर्व में ही इस ताल का निर्माण हो चुका था। इस ताल की पुनः सफाई सं. १५५१ में मानसिंह तोमर के समय में हुई थी।[७५] इस कार्य में उनके प्रधान साह खेम, साह तोमर, तसली महरण आदि ने सहायता दी थी।

कनिंघम जहाँगीर के राज्यकाल के हि. सं. १०२३ सं. १६७१ (१६१४ ई.) के एक अभिलेख का उल्लेख करता है, जो इस ताल के किनारे छोटे स्तम्भों पर आधारित एक इमारत में लगा हुआ था। कनिंघम १८६० में जब पुनः ग्वालियर आया, तो उसे यह अभिलेख नहीं मिला।[७६]

महल स्थापत्य

ग्वालियर दुर्ग प्राचीन काल से धार्मिक एवं सामरिक महत्त्व का केन्द्र रहा है, किन्तु जहाँ इसके धार्मिक एवं सामरिक महत्त्व की पर्याप्त जानकारी प्राचीन काल से ही मिलती है, वहीं इस दुर्ग पर शासनरत शासकों द्वारा निर्मित निवासगृहों या महलों के विषय में परवर्ती सूचनाएँ विदित हैं। देखा जाए तो मिहिरकुल की ग्वालियर दुर्ग पर विजय के उपरान्त तोमर काल से पूर्व तक के महलों या आवासगृहों की कोई ठोस सूचना नहीं मिलती है। यद्यपि साहित्यिक एवं अभिलेखीय साक्ष्यों से इसका अनुमान लगाया जा सकता है। कन्नौज के राजा यशोवर्मन के पुत्र आम के द्वारा ग्वालियर दुर्ग पर दरबार लगाने का उल्लेख मिलता है।[७७] इससे प्रतीत होता है कि उसने अवश्य ही दुर्ग पर कुछ भवनों के निर्माण कार्य करवाये होंगे। इसी प्रकार गुर्जर–प्रतिहारकालीन वाइल्लभट्टस्वामी मंदिर अभिलेखों (सं. ६३२ व ६३३) में कोट्टपाल अल्ल की कई पत्नियों के उल्लेख मिलते है[७८], अतः संभावना है कि उनके निवास के लिए भी दुर्ग पर कुछ इमारतें अवश्य रही होंगी। कच्छपघात काल में दुर्ग पर उनके दरबार में महमूद गजनी के राजदूत के आगमन का उल्लेख मिलता है[७९], किन्तु इनके समय के महलों के अवशेषों का अभाव है। वर्तमान में ग्वालियर दुर्ग पर तोमरकालीन और उसके बाद की इमारतें ही विद्यमान हैं। इनमें सर्वप्रथम तोमर शासक वीरसिंह के समय में १४६८ ई. में "वीरभवन" के निर्माण का उल्लेख एक पाण्डुलिपि में मिलता है।[८०] इस भवन की पहचान नहीं हो सकी है। वर्तमान में ग्वालियर दुर्ग के उत्तरी हिस्से में ६ महल बने है, जिनमें से चार हिन्दू और दो मुस्लिम इमारतें हैं।

कीर्ति मंदिर (करन या कर्ण महल)

कीर्ति मंदिर (चित्र ६२) ग्वालियर दुर्ग के उत्तरी दिशा में विक्रम मंदिर और ढोढा पौर के सामने स्थित है। माना जाता है कि इसका निर्माण तोमर शासक कीर्ति सिंह द्वारा करवाया गया था।[८१] गौरी का मानना है कि इसका निर्माण असकरन ने करवाया था, जो अकबर के समय दुर्ग का सूबेदार था।[८२] यह दक्षिण से उत्तर की ओर विस्तृत एक लम्बी, संकरी और द्वितलीय इमारत है। इस महल की कुल चौड़ाई ४४ फीट और लम्बाई १५० फीट से अधिक है। इसमें पहले तल पर एक बड़े कमरे के अलावा कई छोटे–छोटे कमरे निर्मित हैं। इसके अलावा कुछ गर्म व ठंडे जल के हमाम व शौचालय बने हैं, जो अब उपयोग में नहीं हैं। आर्थर ह्यूज ने इन हमामों में गर्म जल के लिए ताम्र नलियाँ (copper pipes) भी देखी थीं, जो अब वहाँ पर नहीं हैं। इन स्नानागारों की दीवारों पर चित्रकारी भी मिलती है। इन हमामों में बनी चित्रकारी एवं वितान भाग पर बने डिजायनों को देखकर मालूम पड़ता है कि बाद में मुस्लिम शासकों ने इसे हमामघर के रूप में बदल दिया था। संभवतः ऐसा मुगल शासक हुमायूँ ने किया होगा। द्वितीय तल पर दो बड़े कमरे बने है। इस महल का उत्तरी छोर अष्टकोणीय है और इस ओर द्वितीय तल पर एक प्रकोष्ठ पर स्तम्भों पर आश्रित एक बुर्जी बनी है। इस तल पर तीन ओर से सीढ़ियों के माध्यम से प्रवेश किया जा सकता है। यह बुर्जी रंग–बिरंगी टाइलों से सज्जित

थी, जिसके अवशेष वर्तमान में भी देखे जा सकते हैं। इसमें जगह–जगह पर खिड़कियाँ बनी हैं। कीर्ति मंदिर के पिछले भाग में ढोढा पौर की ओर भूमिगत कक्षों एवं मार्ग के अवशेष संकेत करते हैं कि इस महल से भूमिगत मार्ग ढोढा पौर की ओर सुरक्षित निकास के लिए निर्मित किया गया था।

मान मंदिर (चित्र ५७)

मान मंदिर ग्वालियर दुर्ग के पूर्वी सिरे पर स्थित हिन्दू स्थापत्य की सबसे उत्कृष्ट एवं बेमिसाल इमारत है। फर्गुसन ने इसे ''भारत के प्रारंभिक काल में निर्मित हिन्दू प्रासादों में अत्यन्त भव्य एवं आकर्षक उदाहरण'' माना है।[८३] इसका निर्माण तोमर शासक मानसिंह ने अपने निवास के लिए करवाया था। इस आयताकार इमारत में पश्चिम की ओर सतह से ऊपर दो तल और पूर्वी सिरे पर दो भूमिगत तल हैं, जो हर समय ठंडे रहते हैं। मुख्य रूप से इस इमारत में दो खुले बरामदों के चारों ओर कई कक्ष बने हुए हैं। दोनों बरामदे वर्गाकार हैं और क्रमशः ३३ फीट और ३७ फीट माप के हैं। इन कक्षों का उपयोग शयन कक्ष, नृत्य गृह, सभामण्डप आदि के लिए होता था। नृत्य गृह द्वितलीय रचना है, जिसमें निचले तल पर अलंकृत स्तम्भ और ऊपरी तल पर जाली कार्य युक्त प्रस्तर खण्ड लगे हैं और इन प्रस्तर खण्डों पर विविध नृत्य एवं वाद्य आकृतियाँ उकेरी गयी हैं। संभवतः ऊपरी झरोखों से रानियाँ व अन्य राज महिलाएँ नृत्य का आनंद लेती रही होंगी। शयन कक्षों की छत पर हाथों से हिलाने वाले कपड़ों के पंखों को साधने वाले छिद्र बने हैं। इनमें एक शयन कक्ष जो संभवतः राजा मानसिंह का रहा होगा, अत्यन्त सुन्दर प्रतीत होता है। इसमें एक झरोखे से बाहरी हवा वेग के साथ प्रवेश करती रहती है। प्रतीत होता है कि इस कक्ष की दीवारों एवं छत पर बेहतरीन पच्चीकारी का कार्य हुआ था, जो अब नष्ट हो चुका है। बरामदों के चारों ओर भी प्रकोष्ठों से अलंकृत छज्जे बने हुए हैं। बाह्य रूप से इस इमारत की कुल लम्बाई ३०० फीट और चौड़ाई १६० फीट है। पूर्वी प्राचीर की कुल लम्बाई ३०० फीट और ऊँचाई १०० फीट है। इस प्राचीर पर थोड़ी–थोड़ी दूरी पर नौ अलंकृत गोलाकार अट्टालक बने हैं, जिनके शीर्ष पर स्तम्भों पर आश्रित बुर्जियाँ निर्मित हैं। ये बुर्जियाँ सुन्दरतम् झिलमिली जगलों से सजी हैं। इन अट्टालकों के मध्य में छोटे–छोटे प्रकोष्ठ बने हैं। दक्षिणी दिशा की ओर अर्थात् हथिया पौर वाले रास्ते पर इस प्राचीर की कुल लम्बाई १६० फीट और ऊँचाई ६० फीट है। पूर्वी दिशा की प्राचीर के समान यह भी रंग–बिरंगी टाइलों से शोभायमान है। इसमें भी थोड़ी–थोड़ी दूरी पर तीन अट्टालकों और उनके शीर्ष पर समान रूप से स्तम्भों पर आश्रित बुर्जियों का निर्माण हुआ है। पूर्वी दिशा और दक्षिण दिशा की ओर इस महल की प्राचीर रंग–बिरंगी (नीली, हरी, पीली एवं लाल) टाइलों से अलंकृत हाथी, विहग पंक्ति, मयूर, पुष्प एवं वल्लरी आदि की परम्परागत आकृतियाँ से सुशोभित है। वर्तमान में मान मंदिर में प्रवेश हेतु पश्चिम की ओर से केवल एक प्रवेश–द्वार है। मान मंदिर के साथ–साथ ही सैनिकों और कर्मचारियों के निवास के लिए भी कक्ष बने हैं। कनिंघम इसके एक अन्य नाम चैत मंदिर का भी उल्लेख करता है।[८४] संभवतः बेहतरीन चित्रकारी के कारण इसे चैत या चित्र मंदिर कहा जाता होगा।

मुस्लिम काल में मानमहल के भूमिगत तलों का उपयोग बन्दीगृह और कैदियों को यातनाएँ देने के लिए किया जाता था।

यह इमारत अपनी सुन्दरतम स्थापत्य कला और चित्रकारी के लिए इतनी विख्यात् थी कि ग्वालियर दुर्ग पर आये आक्रान्ता भी इसका बखान किये बिना न रह सके। २६ सितम्बर १५२८ ई. को बाबर ने ग्वालियर की यात्रा की और दुर्ग का भ्रमण किया। वह लिखता है कि "अगले दिन, बीमार रहते हुए भी मैंने मानसिंह और विक्रमाजीत की इमारतों (इमारतलार) को पूरी तरह देखा। वे आश्चर्यजनक इमारतें हैं, पूरी तरह तराशे गए पत्थरों से बनी हैं, जिनमें कहीं–कहीं पर भारी और छोटे–बड़े खण्ड लगे हैं। सभी राजाओं की इमारतों में मानसिंह की इमारत सबसे अच्छी और सबसे ऊँची है। उसके अन्य हिस्सों की अपेक्षा उसका पूर्वी हिस्सा अधिक कलात्मक है। सामने का हिस्सा ४० से ५० कारी (गज) ऊँचा होगा। वह पूरी तरह तराशे गए पत्थरों से बनाया गया है और उस पर पलस्तर लगाया गया है। वह चार मंजिला है; नीचे की दो मंजिलें बहुत अंधेरी हैं। हम वहाँ मोमबत्तियाँ लेकर गए। इस इमारत की एक ओर पाँच बुर्जे है, जिनमें से प्रत्येक दो के बीच एक छोटी बुर्ज है, जो हिन्दुस्तानी शैली के अनुसार चौकोर है। बड़ी बुर्जों पर चमकदार तांबे की पर्त है। दीवालों के बाहरी भाग पर रंगीन पच्चीकारी की गई है और केलों के वृक्षों की अनुकृति चारों ओर हरे पत्थरों से बनाई गई है। पूर्वी मुखभाग के बुर्ज पर हाथी पुल है। यहाँ के लोग 'फील' को 'हाथी' कहते हैं, और 'पुल' का अर्थ है 'दरवाजा'। इस दरवाजे के बाहर दो फीलवान (महावत) वाले हाथी की आकृति खुदी हुई है, जो हूबहू हाथी जैसी है और इसीलिए इस दरवाजे को हाथी पुल कहा जाता है। इमारत में चार मंजिलें हैं और सबसे निचली मंजिल की एक खिड़की हाथी की ओर खुलती है, जहाँ से उसे अधिक अच्छी तरह देखा जा सकता है। ऊपर बताई गयी बुर्जें इमारत के सबसे ऊपरी भाग पर हैं; बैठकखाने चौरस खोखली जगह में दूसरी मंजिल पर हैं; वे बेहवा जगहें हैं, हालांकि हिन्दुस्तानियों ने उन्हें बनाने में बड़ी मेहनत की है।"[८५]

मान महल की पश्चिमी दीवार पर लगे १ जनवरी १८६२ ई. के शिलालेख के अनुसार महाराज सिंधिया के कार्यकाल में मेजर जनरल काशीराव सुर्वे के निर्देशन में मेजर सीताराम पाटनकर ने इस महल की मरम्मत और दक्षिण–पश्चिमी छोर पर नये बुर्ज व उसमें रंगत का कार्य करवाया था।

गुजरी महल (चित्र ५८)

इस महल का निर्माण तोमर राजा मानसिंह ने अपनी गुजरी रानी मृगनयनी के लिए विशिष्ट रूप से करवाया था। यह बादलगढ़ के समीप स्थित है। इसकी लम्बाई ३०० फीट और चौड़ाई २३० फीट है। यह एक आयताकार भवन है, जिसके मध्य में एक बड़ा खुला बरामदा है और उसके चारों और सुन्दर कोष्ठकों व मेहराबदार दरवाजों से युक्त कई छोटे–छोटे कक्ष बने हैं। इस महल के प्रवेश–द्वार वाले हिस्से में ऊपर की ओर गुम्बददार बुर्जियाँ निर्मित हैं। छज्जों के नीचे घुमावदार तोड़ों की पंक्ति है। बाहरी दीवारों पर रंगीन टाइलों से मीनाकरी हुई है। वर्तमान में इस महल तक पहुँचने के लिए आलमगीर द्वार के बगल से एक बड़ा प्रवेश–द्वार

है, जहाँ से एक ढ़लावदार रास्ते पर चलकर गुजरी महल के मुख्य द्वार तक पहुँचा जा सकता है। मुख्य प्रवेश–द्वार के ऊपर मानसिंहकालीन एक फारसी लेख भी उत्कीर्ण है।[८६] मुख्य द्वार के दाँयीं ओर हाथी की एक विशालकाय आकृति भी निर्मित है।

गुजरी महल के प्रांगण के मध्य में भूमिगत दो मंजिला रनिवास बना हुआ है, जिसमें सबसे निचले तल पर एक नाली के अवशेष दृष्टव्य हैं। माना जाता है कि मानसिंह से शर्तानुसार इसी नाली के मार्ग से राई ग्राम से नदी का जल मृगनयनी के लिए लाया जाता रहा होगा।

इस महल में जल–सुविधा के लिए पीछे की ओर एक बावड़ी और दो कुए बने हुए हैं। वर्तमान में इस महल में राज्य पुरातत्त्व संग्रहालय विद्यमान है, जिसे "गुजरी महल संग्रहालय" के नाम से जाना जाता है।

विक्रम मंदिर (चित्र ६३)

विक्रम मंदिर ग्वालियर दुर्ग के उत्तरी भाग में करन मंदिर के सम्मुख और मान महल के उत्तर की ओर स्थित है। माना जाता है कि इसे तोमर राजा विक्रमादित्य ने बनवाया था। यह एक आयताकार इमारत है, जिसमें मध्य में एक बड़े कक्ष के दोनों ओर छोटे–छोटे एक–एक कक्ष बने हैं। इसकी कुल लम्बाई ६६ फीट और चौड़ाई २४ फीट के लगभग है। यह इमारत कई लंबे और सकरें भूमिगत रास्तों से जो इस इमारत की मोटी दीवार में छुपे हुए हैं, मानमंदिर व संभवतः कर्ण मंदिर से जुड़ी है। इन भूमिगत मार्गों का उल्लेख बाबर ने भी किया है। वह लिखता है कि "मानसिंह के पुत्र विक्रमाजीत की इमारतें किले के उत्तरी पार्श्व में मध्य भाग में हैं। पुत्र की इमारतें पिता की इमारतों का मुकाबला नहीं करतीं। उसने एक बहुत बड़ी गुम्बद बनाई है, जो बहुत अंधेरी है, किन्तु यदि उसमें कुछ देर रहे तो रोशनी आ जाती है। उसके नीचे एक छोटी इमारत है, जिसमें किसी ओर से कोई रोशनी नहीं आती। जब रहीमदाद विक्रमाजीत की इमारत में रहने लगा, तो उसने इस गुम्बद के ऊपरी भाग में एक छोटा–सा कमरा बना लिया। विक्रमाजीत की इमारतों से उसके पिता की इमारतों तक पहुँचने वाली एक सड़क बनाई गई है, ऐसी सड़क जो बाहर से दिखाई नहीं देती और अन्दर से उसका पता नहीं चलता–एक खामोश घिरी हुई सड़क।" वह आगे बताता है कि वह इस महल के दक्षिण–पश्चिमी किनारे पर स्थित एक अंधेरे कमरे के माध्यम से भूमिगत मार्ग में प्रविष्ट हुआ, जहाँ से वह संकरे सीढ़ियों के मार्ग से दक्षिण दिशा की ओर मुख्य गली में पहुँचा। बाबर इन भूमिगत मार्गों की लम्बाई लगभग १,२१० फीट बताता है।[८७] कनिंघम भी मान महल और विक्रम मंदिर को जोड़ने वाले भूमिगत मार्ग का उल्लेख करता है और वह स्वयं इस मार्ग से विक्रम मंदिर तक गया था।[८८] वर्तमान में यह एक खुली बारादारी जैसी है और इसमें बाह्य प्रकाश की पर्याप्त व्यवस्था है। इसकी दीवारें लगभग ५ फीट तक मोटी हैं। इसके प्रवेश–द्वार लगभग ७ फीट चौड़े और ऊँचे हैं। इसकी छत सादा और स्तम्भों पर आश्रित है। आसिंकन ने इस भवन को अनियमित आकार वाला बतलाया है।[८९]

बाबर के गवर्नर रहीमदाद ने इस इमारत में कुछ परिवर्तन कर इसे अपने रहने के लिए बनाया था। उसने इस महल के ऊपर स्तम्भों पर आश्रित एक सुन्दर बुर्जी का निर्माण करवाया था, जो लगभग ५० फुट ऊँची है।

जहाँगीर महल (चित्र ६०)

जैसा नाम से स्पष्ट है कि इसका निर्माण मुगल सम्राट जहाँगीर ने करवाया था। यह एक आयताकार संरचना है, जो मध्य में एक बड़े खुले बरामदे के चारों ओर छोटे–बड़े कक्षों की कतार के रूप में बनी है। इसकी कुल लम्बाई २६० फीट और चौड़ाई १८० फीट है। इस महल के सबसे बड़े कक्ष की लम्बाई ३७ फीट और चौड़ाई १७ फीट के लगभग है। यह पाषाण खण्डों को चूना व गारे का मसाला लगाकर बनाया गया है। इसकी छत सादी हैं। छत के ऊपर जगह–जगह प्रकोष्ठ बने हैं।

ज्ञात होता है कि शेरशाह ने ग्वालियर दुर्ग पर अपने निवास हेतु शेर मंजिल और एक बड़े तालाब का निर्माण करवाया था। हीरामन मुंशी उल्लेख करते हैं कि कुछ लोगों की सलाह पर जहाँगीर ने शेर मंजिल को तुड़वाकर उसके स्थान पर अपना महल खड़ा किया।[६०] अतः जहाँगीर ने शेर मंजिल को नष्ट कर अपना महल बनवाया, जिसे उसके नाम पर जहाँगीर महल कहा गया। शेरशाह द्वारा निर्मित तालाब आज भी जहाँगीर महल के प्रांगण में बना हुआ है, जिसे वर्तमान में शाहजहाँ तालाब के नाम से जाना जाता है।

शाहजहाँ महल (चित्र ६४)

जैसा नाम से स्पष्ट है कि इसका निर्माण मुगल सम्राट शाहजहाँ ने करवाया था। यह दुर्ग के उत्तर–पूर्वी सिरे पर पर स्थित एक आयताकार भवन है, जिसकी लम्बाई ३२० फीट और चौड़ाई १७० फीट है। हीरामन दुर्ग पर हुमायूँ द्वारा निर्मित एक महल का उल्लेख करते हैं।[६१] *हुमायूँनामा* से भी इसकी पुष्टि होती है।[६२] कनिंघम का मानना है कि हुमायुँ द्वारा निर्मित महल को ही कालान्तर में शाहजहाँ ने अपने उपयोग में ले लिया।[६३] प्रतीत होता है कि शाहजहाँ ने हुमायूँ महल को ही सुधरवाकर अपने उपयोग में ले लिया था। इसी कारण इसे 'शाहजहाँ महल' कहा गया है।

भीमसिंह राणा की छत्री (चित्र ५६)

दुर्ग पर जोहर ताल के उत्तर दिशा में गोहद के जाट राजा भीमसिंह राणा की छत्री निर्मित है, जो पेशवाओं के विरुद्ध युद्ध में उनकी मृत्यु के उपरान्त बनी उनकी समाधिस्थल के रूप में उल्लेखनीय है। यह त्रितलीय इमारत २४.११ वर्ग फुट माप की और लगभग ३५ फुट ऊँचाई की गुम्बदाकार है। इस इमारत के तीनों तल कक्ष के रूप में निर्मित हैं। भूतलीय कक्ष के चारों ओर नक्काशीयुक्त मेहराबदार स्तम्भों पर आधारित एक प्रदक्षिणा पथ निर्मित हैं। भूतल सतह

से लगभग ५ फुट की ऊँचाई के एक सादा चबूतरे पर बना है। भूतल पर प्रवेश के लिए पूर्व एवं पश्चिम दिशा में सीढ़ियाँ निर्मित की गयी हैं। इसी प्रकार भूतल से ऊपरी दोनों तलों पर जाने के लिए अंदर की ओर सीढ़ियाँ बनी हैं। तीनों ही तलों पर तोड़ों पर आश्रित छज्जें निर्मित हैं। द्वितीय तल के कक्ष में प्रवेश हेतु उत्तर की ओर एक प्रवेश–द्वार है, तृतीय तल के कक्ष में प्रवेश हेतु भी उत्तर की ओर एक द्वार है, किन्तु इस तल पर दक्षिण की ओर भी एक द्वार निर्मित है, जहाँ से जोहर ताल का मनोरम दृश्य दिखाई देता है। तीनों ही तलों की भित्तियाँ सादी हैं। भीमसिंह राणा की मृत्यु १७५६ ई. में हुई थी और तभी उनकी मृत्योपरान्त इसका निर्माण हुआ था, अतः इसे १७५६ ई. में निर्मित माना जा सकता है।

नौ चौकी (चित्र २०)

दुर्ग पर ढोढा पौर से लगा हुआ एक विशाल भवन विद्यमान है। कनिंघम ने इसे "नौ चौकी" कहा है। उन्होंने इसकी कुल ऊँचाई १५ से २६ फीट तक बताई है।[६४] गौरी ने इसे खिलजीकालीन बन्दीगृह के रूप में अभिहित किया है।[६५] वर्तमान में यह आयताकार भवन द्वितलीय प्रतीत होता है। इसका निचला तल भवन के ऊपरी भाग का मलवा ढ़ह जाने के कारण अवरुद्ध हो गया है। निचले भूमिगत तल तक जाने वाली सीढ़ियों का मार्ग स्पष्टतः दृष्टिगोचर है। यदि यह वास्तव में खिलजियों के काल का बन्दीगृह है, तो इसका निर्माण १२६५ से १३१६ ई. के मध्य कभी हुआ होगा। अलाउद्दीन खिलजी के काल में मलिक काफूर ने अपने विरोधियों को ग्वालियर के राजकीय कारागार में बन्दी बनाकर रखा था[६६], अतः बहुत संभव है कि इसका निर्माण १३१६ ई. के आसपास कभी हुआ होगा।

इस भवन के ऊपरी तल पर स्थित एक लघु प्रवेश–द्वार की मेहराब पर सं. १५५० (१४६३ ई.) का एक लेख अंकित है, जिसमें नराइनु के पुत्र सूत्रधारि धर्मचंद द्वारा कुछ निर्माण कार्य का उल्लेख हुआ है।[६७] इससे प्रतीत होता है कि मानसिंह (१४८६–१५१८ ई.) के शासनकाल में भी यहाँ कुछ निर्माण कार्य हुए थे। संभवतः ऊपरी तल का निर्माण मानसिंह ने ही करवाया था, क्योंकि इस तल का स्थापत्य भी तोमरकालीन है और पूर्व में बताया जा चुका है कि मानसिंह ने सं. १५५२ (१४६५) और सं. १५६१ (१५०४ ई.) में ढोढा पौर का पुनर्निर्माण करवाया था।[६८] इन साक्ष्यों के प्रकाश में कहा जा सकता है कि मानसिंह ने ढोढा पौर की तरफ सर्वप्रथम कथित नौ चौकी के ऊपरी तल का निर्माण करवाया, तदुपरान्त ढोढा पौर का पुनर्निर्माण किया था। इस ऊपरी तल पर कई कक्ष निर्मित हैं, जो हमामखाने मालूम पड़ते हैं। इन हमामखानों के वितान एवं भित्तियाँ मुस्लिम स्थापत्य जैसी मेहराबदार एवं सुसज्जित है। इन्हें रंग–बिरंगे रंगों से भराव कर सुन्दर बनाया गया था, जिनके अवशेष आज भी दृष्टव्य हैं। संभवतः मुगल शासक हुमायूँ ने इन कक्षों को हमामखाने में परिवर्तित कर दिया होगा, जैसा कर्ण मंदिर के संदर्भ में दिखाई देता है।

इस प्रकार कहा जा सकता है कि नौ चौकी का समग्र निर्माण तीन कालों में हुआ था। सर्वप्रथम खिलजियों ने बन्दीगृह के रूप में इसके निचले तल का निर्माण करवाया होगा।

उनके बाद मानसिंह ने ऊपरी तल का निर्माण करवाया। इस दौरान कक्षों के एक समूह के आगे विशाल बरामदा निर्मित हुआ होगा। मानसिंह के काल में यह संभवतः उनकी आरामगाह या अन्य महत्त्वपूर्ण स्थान रहा था, क्योंकि बरामदे में जगह–जगह पर फव्वारे निर्मित किये गये थे। उनके बाद मुगलों संभवतः जहाँगीर ने इसका उपयोग अपने हमामखाने के रूप में किया था।

अन्य भवन

इनके अलावा भी ग्वालियर दुर्ग पर कई छोटे–बड़े भवन बने हैं, जिनकी पहचान नहीं हो सकी है। इनमें प्रमुख हैं–

सभाभवन

एक छोटा सभाभवन ढोढा द्वार के पास स्थित ढोढा मंदिर के सम्मुख बना हुआ है। इसकी माप ३३ x २६ x १० फीट के लगभग है। चारों तरफ से खुले इस सभाभवन में एक लघु मण्डपिका एवं एक सभागार का निर्माण किया गया है। इस भवन की छत कुल १४ स्तम्भों पर आश्रित है। ये स्तम्भ सादे हैं। कुछेक स्थानों पर स्तम्भों पर उत्कीर्णन के प्रयास दिखायी देते हैं। यह भवन एक ऊँचीं जगती पर बना है। इसमें प्रवेश के लिए पूर्व दिशा में मण्डपिका में सीढ़ियाँ निर्मित हैं। यह तोमरकालीन जान पड़ता है। इस सभाभवन के निकट प्राचीर के राजपथ पर घोड़ों आदि को बांधने के लिए उपयुक्त व्यवस्था की गयी है।

कर्ण मंदिर के दक्षिण दिशा में बना भवन (चित्र ६५)

दुर्ग के उत्तरी भाग में कर्ण मंदिर के दक्षिण दिशा में एक विशाल भवन बना हुआ है, जिसकी लंबाई ७० फीट, चौड़ाई ६८ फीट और ऊँचाई ३५ फीट के लगभग है। यह भवन एक ऊँचे चबूतरे पर निर्मित है, जिसे बड़े–बड़े पाषाणखण्डों को ''भार व सन्तुलन पद्धति'' से समायोजित कर बनाया गया है। इस चबूतरे के उत्तरी दिशा में एक किनारे पर ऊपरी भवन में प्रवेश हेतु सीढ़ियाँ बनी हैं। चबूतरे के ऊपर ४५.५ वर्ग फीट का एक वर्गाकार सभाभवन निर्मित है, जो मूल रूप से चारों कोणों पर भारी–भरकम सादे स्तम्भों की एक कोणीय भित्ति पर आधारित रहा है और इन स्तम्भों के मध्य भी छत को साधने के लिए चारों दिशाओं में दो–दो स्तम्भों का विधान है। इन स्तम्भों के ऊपर अलंकृत तोड़ों पर छत सधी हुई है और चारों ओर छज्जे निर्मित हैं। उस समय ये चारों ओर से खुला था। किन्तु वर्तमान में यह ऊपरी भवन चारों ओर से दीवार से घिरा है और छत के ऊपर चारों ओर लगभग ५ फुट ऊँची दीवार खड़ी है, जिसका निर्माण मुगलकाल में हुआ था। आंतरिक रूप से इस भवन का वितान गुम्बदाकार है और इसके मध्य में दीवार खड़ी कर इसमें कुल चार कक्ष निर्मित हैं, जिनमें एक बड़ा और तीन अन्य छोटे हैं। प्रतीत होता है कि इनका निर्माण कालान्तर में ब्रिटिश काल में हुआ था।

इस प्रकार हम देखते हैं कि इस भवन का निर्माण तीन चरणों में हुआ था। प्रथम चरण में यह तोमरकाल में निर्मित हुआ, जहाँ एक सादे ऊँचे चबूतरे पर चारों ओर से खुला स्तम्भों पर आश्रित सभाभवन था। मुगलों ने इसे पुनर्निर्मित कर इसकी छत पर चारों ओर दीवार खड़ी कर अपने उपयोग में लिया। संभव है कि इसके ऊपर भी कोई कक्ष रहा हो। कालान्तर में अंग्रेजों ने इसे चारों ओर से दीवार से घेरकर संभवतः बन्दीगृह या अन्य उपयोग में लिया। मूलतः यह भवन तोमरकालीन है। चबूतरे के पूर्वी दिशा में एक भूमिगत कक्ष भी दिखाई देता है। इससे प्रतीत होता है कि तोमर काल में यह दो तलों में निर्मित रहा होगा।

वर्तमान में इस भवन का नाम ज्ञात नहीं है। तोमर शासक डुंगरेन्द्र सिंह के काल की एक जैन पाण्डुलिपि *पासणाहचरिउ* में "वीरभवन" का उल्लेख मिलता है।[६६] नामाधार पर बहुत संभव है कि वीरसिंह ने अपने शासनकाल में एक भवन का निर्माण कराया होगा, जिसे 'वीरभवन' कहा गया। विवेच्य इमारत ही संभवतः वीरभवन ही रही हो।

इसके अतिरिक्त ग्वालियर दुर्ग पर अंग्रेजों द्वारा निर्मित अनेक भवन हैं, जिनका उपयोग सिंधिया पब्लिक स्कूल द्वारा किया जा रहा है। इसके अतिरिक्त गुरूद्वारा तथा कुछ आधुनिक मंदिर एवं निवास गृह भी दुर्ग पर बने हुए हैं।

संदर्भ

१. ए. कनिंघम, *आ. स. इ. रि.*, भाग २, पृ. ३३२।
२. बी. बी. दत्त, *टाउन प्लानिंग इन एन्शियन्ट इण्डिया*, कलकत्ता, १६२५, पृ. १४५।
३. पी. के. आचार्य, *ए डिक्शनरी ऑफ हिन्दू आर्किटेक्चर*, लंदन, १६४६, पृ. १७४–७५।
४. अमर सिंह, *ग्वालियर दुर्ग, मंदिर एवं मूर्तियाँ*, लखनऊ, १६६६, पृ. २५।
५. *अर्थशास्त्र*, अधिकार २, अध्याय ३, पृ. २१।
६. *रामायण* ५, २, १७; ६, ७५, ६।
७. *महाभारत* १२, ६६, ५२–५३।
८. वी. एस. अग्रवाल, *हर्षचरितः एक सांस्कृतिक अध्ययन*, पटना, १६६४, पृ. २१५।
६. *समरांगणसूत्रधार* १०, ३८।
१०. सी. डी. दलाल (सं.), *प्राचीन गुर्जर काव्यसंग्रह*, बड़ौदा सेन्ट्रल लाइब्रेरी, १६२०, पृ. ६४।
११. *प्रभावक चरित* ४, ७२, ३२।
१२. *कथासरितसागर* ४२, १२४।
१३. जे. एफ. फ्लीट, *का. इ. इ.*, भाग ३, पृ. ४५।
१४. इ. ए., भाग ४१, पृ. १७ व १६।
१५. ए. इ., भाग १, पृ. १५६।
१६. व्ही. एस. कृष्णन, *जिला गजेटियर ग्वालियर*, भोपाल, प्रथम संस्करण, १६६८, पृ. ४६०।
१७. ए. कनिंघम, पूर्वोक्त, पृ. ३३३।
१८. द *रेहला ऑफ इब्नबतूता*, अनुवाद मेंहदी हुसैन, ओरियण्टल इन्स्टीट्यूट, बड़ौदा, १६५३, पृ. ४५ व १६३।

१६. *बाबरनामा*, अनुवाद बेवरिज, भाग २, लन्दन, १६२१, पृ. ६०६।
२०. आर. नाथ, *हिस्ट्री ऑफ मुगल आर्किटेक्चर*, भाग १, नई दिल्ली, १६८२, पृ. ४८।
२१. कनिंघम, पूर्वोक्त, पृ. ३३८।
२२. *ए. इ.*, भाग १, पृ. १५६।
२३. हरिहर निवास द्विवेदी, *ग्वालियर के तोमर*, ग्वालियर, १६७६, पृ. ३४६।
२४. कनिंघम, पूर्वोक्त, पृ. ३३६।
२५. वही।
२६. वही।
२७. हरिहर निवास द्विवेदी, पूर्वोक्त, पृ. ३४६।
२८. प्रस्तुत ग्रन्थ का अभिलेख क्र. २४४।
२६. हरिहर निवास द्विवेदी, पूर्वोक्त, पृ. ३४८।
३०. कनिंघम, पूर्वोक्त, पृ. ३३४।
३१. वही।
३२. वही।
३३. वही, पृ. ३३३।
३४. वही।
३५. वही, पृ. ३३४।
३६. वही, पृ. ३३३।
३७. वही।
३८. वही, पृ. ३३८।
३६. वही, पृ. ३३२।
४०. वही, पृ. ३३६।
४१. हरिहर निवास द्विवेदी, पूर्वोक्त, पृ. ३४६।
४२. *ए. रि. इं. ए.* (१६७५–७६), क्र. १५६; माइकेल, डी. विलिस, *इ. गो.*, लंदन, १६६६, पृ. ४१।
४३. प्रस्तुत ग्रन्थ का अभिलेख क्र. २४८।
४४. कनिंघम, पूर्वोक्त, पृ. ३३६।
४५. वही, पृ. ३३६।
४६. अमर सिंह (१६६६), पृ. ३१।
४७. कनिंघम, पूर्वोक्त, पृ. ३३६।
४८. गुलाब खाँ गौरी, *ग्वालियर का राजनैतिक एवं सांस्कृतिक इतिहास*, दिल्ली, १६८६, पृ. ८२।
४६. *अपराजितपृच्छा*, ७४, १–२।
५०. *वास्तुराजवल्लभ*, अध्याय ४, श्लोक २६।
५१. अमर सिंह, पूर्वोक्त, पृ. ३६,
५२. कनिंघम, पूर्वोक्त, पृ. ३४४।
५३. वही, पृ. ३४५।
५४. *ए. रि. इं. ए.* (१६७५–७६), क्र. १५६; माइकेल डी. विलिस, पूर्वोक्त, पृ. ४१; प्रस्तुत ग्रन्थ का अभिलेख क्र. २४५ व २४७।

५५. कनिंघम, पूर्वोक्त, पृ. ३३६।
५६. *अपराजितपृच्छा,* ७४, ३–७, ८।
५७. *वास्तुराजवल्लभ,* अध्याय ४, श्लोक २७।
५८. व्ही. एस. कृष्णन, पूर्वोक्त, पृ. ४६५।
५६. कनिंघम, पूर्वोक्त, पृ. ३४२।
६०. वही, पृ. ३७३।
६१. डी. सी. सरकार, *से. इ.,* भाग १, पृ. ४००।
६२. प्रस्तुत ग्रन्थ का अभिलेख क्र. २५२।
६३. प्रस्तुत ग्रन्थ का अभिलेख क्र. २४३।
६४. हरिहर निवास द्विवेदी, पूर्वोक्त, पृ. ३४७।
६५. कनिंघम, पूर्वोक्त, पृ. ३४२–४३।
६६. वही, पृ. ३४३।
६७. हरिहर निवास द्विवेदी (१६७६), पृ. ८–११।
६८. कनिंघम, पूर्वोक्त, पृ. ३४३–४४।
६६. वही, पृ. ३४४।
७०. वही।
७१. वही, पृ. ३४५।
७२. वही, पृ. ३४३।
७३. प्रस्तुत ग्रन्थ का अभिलेख क्र. २१८–२४१।
७४. प्रस्तुत ग्रन्थ का अभिलेख क्र. २१६।
७५. प्रस्तुत ग्रन्थ का अभिलेख क्र. २२५।
७६. कनिंघम, पूर्वोक्त, पृ. ३४४–४५।
७७. *ज. बा. ब्रा. रा. ए. सो.* (नवीन सीरिज), भाग ३, पृ. १०५; *प्रबन्धकोश* (राजशेखर), अहमदाबाद, १६३५, पृ. २८–२६; *प्रभावकचरित* (प्रभाचन्द्र सूरि), ११, श्लोक १३६–४०, बम्बई, १६०६।
७८. ए. इं., भाग १ (१८६२), पृ. १५४–६२।
७६. बी. डी. मिश्रा, *फोर्ट्स एंड फोर्ट्रेस ऑफ ग्वालियर एंड इट्स हिन्टरलैंड,* दिल्ली, १६६३, पृ. ८०।
८०. राजाराम जैन, *रइधू साहित्य का आलोचनात्मक परिशीलन,* पटना, १६७४, पृ. ६००।
८१. कनिंघम, पूर्वोक्त, पृ. ३४६।
८२. गुलाब खाँ गौरी, पूर्वोक्त, पृ. २७७–७६।
८३. कृष्णन, पृ. ४६५।
८४. कनिंघम, पूर्वोक्त, पृ. ३४७।
८५. *बाबरनामा,* अनुवाद बेवरिज, (पुर्नमुद्रित, १६७६), भाग १–२, पृ. ६०८–१०।
८६. प्रस्तुत ग्रन्थ का अभिलेख क्र. २६२।
८७. कनिंघम, पूर्वोक्त, पृ. ३५०।
८८. वही।
८६. डब्ल्यू. आसिंकन, *हिस्ट्री ऑफ द इण्डिया अंडर द बाबर हिमायूँ,* लंदन, १८५४, पृ. ६०४।

९०. कनिंघम, पूर्वोक्त, पृ. ३५२।
९१. वही, ।
९२. *हुमायूँनामा,* अनुवाद रिजवी, १९६१, भाग ९, पृ. ५०९।
९३. कनिंघम, पूर्वोक्त, पृ. ३५२।
९४. वही, पृ. ३३९।
९५. गुलाब खाँ गौरी, पूर्वोक्त, पृ. २९।
९६. *तारीखे फिरोजशाही,* अनुवाद रिजवी, १९५५, भाग ३, पृ. १३२, १७५ व २०७।
९७. प्रस्तुत ग्रन्थ का अभिलेख क्र. २४५।
९८. प्रस्तुत ग्रन्थ का अभिलेख क्र. २४६ व २४८।
९९. राजाराम जैन, पूर्वोक्त, पृ. ६००।

5
अभिलेख

ग्वालियर दुर्ग से ज्ञात प्राचीनतम अभिलेख हूण शासक मिहिरकुल के समय का है। उसके बाद अनेकानेक अभिलेख दुर्ग से विदित हैं, जो संस्कृत, अरबी–फारसी, आंग्ल भाषा, ब्राह्मी–सिद्धमात्रिका, नागरी, नस्ख–नस्तलिक एवं रोमन लिपि में लिखे हुए हैं। इनमें आंग्ल भाषा तथा रोमन लिपि में लिखित अभिलेख अंग्रेजों के समय करवाए गए निर्माण या पुनरुद्धार कार्य से सम्बन्धित हैं तथा कुछ इनके कब्रिस्तान, जो गुजरी महल के पिछवाड़े में स्थित है, में खड़े शिलाफलकों पर अंकित हैं। इनसे ज्ञात तथ्यों का उल्लेख यथास्थान किया गया है। अरबी–फारसी भाषा में स्याही से लिखे गए अथवा टंकित कुछ अभिलेखों का पाठ नहीं दिया जा सका है। संस्कृत भाषा के सभी अभिलेखों को सम्मिलित करने का प्रयास किया गया है, फिर भी स्पष्टता के अभाव या कुछ अभिलेखों का परिक्षण संभव न हो सकने के कारण उनका पाठ देना संभव नहीं हो सका है।

ग्वालियर दुर्ग से विदित समग्र अभिलेखों को उनके राजवंशानुसार समायोजित किया गया है, यथा हूणकालीन अभिलेख, गुर्जर–प्रतिहारकालीन अभिलेख, कच्छपघातकालीन अभिलेख एवं तोमरकालीन अभिलेख। इन वर्गों में अभिलेखों को दुर्ग पर उनकी स्थिति के अनुसार कालक्रमानुसार· संयोजित किया गया है। शेष अभिलेखों को अन्य अभिलेखों के अन्तर्गत कालक्रमानुसार ही रखा गया है।

हूणकालीन अभिलेख

१. मिहिरकुल का ग्वालियर अभिलेख (चित्र ६६)

प्राप्ति स्थान : ग्वालियर दुर्ग, वर्तमान में यह भारतीय संग्रहालय, कोलकाता में संरक्षित है

भाषा : संस्कृत
लिपि : ब्राह्मी
कवि : केशव
तिथि : १५वां शासनवर्ष, कार्त्तिक मास, शुक्ल पक्ष
संदर्भ : फ्लीट, जे. एफ., का. इ. इ., भाग ३ (१८८८), पृ. १६१–६४; मित्र, राजेन्द्र लाल, *ज. ए. सो. बं.*, खण्ड ३१, पृ. ३९१; *ग्वा. पु. रि.* (१६८६/१६२६–३०), क्र. ४३; *ग्वा. रा. अ.*, क्र. ६१६; सरकार, डी. सी., *से. इ.*, भाग १ (१६६५), पृ. ४२४–२६; बाजपेयी, के. डी. एवं अन्य, *ए. भा. अ.*, पृ. २०१–०२

इस अभिलेख के आरंभ में सूर्य की स्तुति की गयी है, तथा इसका उद्देश्य मातृचेट द्वारा गोप नामक पर्वत पर एक सूर्य मंदिर के निर्माण का उल्लेख करना है। यह लेख हूण शासक तोरमाण के पुत्र मिहिरकुल के १५वें शासनवर्ष में उत्कीर्ण करवाया गया था। मंदिर निर्माण के सम्बन्ध में पंक्ति ५ में विवरण है कि मातृकुल के पौत्र तथा मातृदास के पुत्र मातृचेट ने पर्वतों में श्रेष्ठ तथा नाना धातुओं से युक्त गोप पर्वत पर माता–पिता, अपने तथा राजा एवं गोप पर्वतवासियों के पुण्यवृद्धि के उद्देश्य से श्रेष्ठ मंदिरों में प्रमुख सूर्य के प्रस्तर मंदिर का निर्माण कराया। इस ज्ञापन की रचना केशव ने की थी। अंत में मंदिर के चिरस्थायी रहने की कामना है।

पाठ

१. ।। स्वस्ति।। जयति जलदवलध्वान्तमुत्सारयन्स्वैः किरणनिवहजालैर्व्योम विद्योतयद्भिः [।] उदयगिरि तटाग्रं मण्डयन् यस्तुरगैः चकितगमनखेदभ्रान्तचंचत्सटान्तैः [।।] १ उदयगिरि

२. ....ग्रस्त चक्रो[ऽ]र्त्ति हर्त्ता भुवनभवनदीपः शर्व्वरीनाशहेतुः [।] तपित कनक वर्ण्णैरंशुभि पङ्कजानामभिनवरमणीयं यो विधत्ते स वोऽव्यात् । [।] २ श्री तोरमाण इति यः प्रथितो

३. भूचक्रपः प्रभूत गुणः [।] सत्यप्रदान शौर्य्याद्येन मही न्यायत(तः) शास्ता [।।] ३ तस्योदित कुलकिर्त्ते पुत्रो [ऽ] तुलविक्रमः पतिः पृथ्व्याः [।] मिहिरकुलेतिख्यातो (ऽ)भङ्गोयः पशुपतिम र्च्चयति [।।] ४

४. [तस्मिना] जनि शासति पृथ्वीं पृथु विमल लोचने [ऽ]र्त्तिहरे [।] अभिवर्द्धमानराज्ये पंचशाब्दे नृप वृषस्य [।] ५ शशिरश्मिहास विकसित कुमुदोत्पलगन्ध शीतलामोदे [।] कार्त्तिकमासे प्राप्त गगन

५. पतौ निर्म्मले भाति [।।] ६ द्विजगणमुख्यैरभिसंस्तुते च पुण्याहनाद घोषेण [।] तिथि नक्षत्र मुहूर्त्ते संप्राप्ते सुप्रशस्त दिने [।।] ७ मातृतुलस्य तु पौत्रः पुत्रश्च तथैव मातृदासस्य [।] नाम्ना च मातृचेटः पर्व्व–

६. तदुगानु वास्तव्यः [।।] ८ नानाधातु विचित्रे गोपाह्वयनाम्नि भूधरे रम्ये [।] कारितवान्शैलमयं भानोः प्रासादवरमुख्यम् [।।] ६ पुण्याभिवृद्धिहेतोर्म्मातापित्रोस्तथात्मनश्चैव [।] वसतां च गिरिवरे (ऽ)स्मिन् राज्ञः

७. ....सादेन [।।] १० ये कारयन्ति भानोश्चन्द्रांशुसमप्रभं गृहप्रवरं [।] तेषां वासः स्वर्ग्गे यावत्कल्पक्षयो भवति।। ।। भक्त्या रवेर्व्विरचितं सद्धर्म्मख्यापनं सुकीर्त्तिमयं [।] नाम्ना च केशवेतिप्रथितेन च।

८. ....दित्येन [।।] १२ यावच्छर्व्वजटाकलापगहने विद्योतते चन्द्रमा दिव्यस्त्री चरणैर्व्विभूषिततटो यावच्च मेरुर्नगः [।] यावच्चोरसि नीलनीरदनिभे विष्णुर्व्विभर्त्युज्वलां श्रींस्तावद्गिरिमूर्ध्नि तिष्ठति शिला प्रासाद मुख्यो रमे [।।] १३

प्रतिहारकालीन अभिलेख

२. शिलालेखः सं. ६३२

प्राप्ति स्थल : वाइल्लभट्टस्वामी मन्दिर (चतुर्भुज मन्दिर) के द्वार के ऊपर पाषाण खण्ड पर
भाषा : संस्कृत
लिपि : प्राग्–नागरी
तिथि : नवसु शतेष्वद्बानां द्वात्रिंशत्संयुतेषु वैशाखे (६३२ वैशाख) = ८७५ ई.
संदर्भ : हुल्त्श, इ., *ए. इ.*, भाग १, पृ. १५४–५६; भण्डारकर, *ए. इं.* भाग १६–२३, क्र. ३५; *ग्वा. पु. रि.* (वि. सं. १६८४/१६२७–२८), क्र. २; *ग्वा. रा. अ.*, क्र. ८; *ए. रि. इं. ए.* (१६६१–६२), क्र. १४८२; *इ. गो.*, पृ. १–२

संस्कृत भाषा की काव्य शैली में निबद्ध कुल २७ श्लोक इस अभिलेख में है। अभिलेख से विदित है कि विष्णु मंदिर का निर्माण सं. ६३२ (८७५ ई.) में नागरभट्ट के पौत्र, वाइल्लभट्ट के पुत्र अल्ल ने करवाया था। नागरभट्ट गुजरात में वडनगर (लाटमण्डल) में आनन्दपुर के वरराज परिवार से सम्बन्धित थे। वाइल्लभट्ट प्रतिहार शासक रामदेव की सेवा में मर्यादाधुर्य थे। वाइल्लभट्ट के बाद उनका और जज्जा का पुत्र अल्ल श्रीमद् आदिवराह के समय में ग्वालियर दुर्ग का कोट्टपाल था। अभिलेख में वाइल्लभट्ट एवं अल्ल के लिए प्रशंस्त्यात्मक विवरण है। अल्ल की पाँच पत्नियों का उल्लेख हुआ है। इनमें कन्हुक की पुत्री वव्वा अल्ल की भार्या थी, जिनसे उनकी प्रिय पुत्री सोमढा उत्पन्न हुई थी। भट्ट की पुत्री गोग्गा, महादेव की पुत्री गौरी, गोवर्धन की पुत्री सिल्ला एवं नन्नुक की पुत्री ईसटा भी उनकी पत्नियाँ थीं। इससे बहु पत्नी विवाह प्रथा के विद्यमानता की पुष्टि होती है। अभिलेख में मंदिर की विशेषता बताते हुए विष्णुभक्त अल्ल द्वारा एकशिला से टंकोत्कीर्ण कर विष्णु मंदिर निर्मित करवाये जाने का विवरण है।

पाठ

१. ओं कालिन्द्याः किं जलौघो घनतिमिरनिभो जाह्नवीस्पर्द्धया नः प्रोद्यातः किन्न(नु) भूयो गगनतलगतिं विन्ध्यसानुर्व्विहन्तुं। चिक्रंसोर्यस्य दृष्ट्वा चरणम(मि)ति चिरं सप्तयो नैव पूष्णो जग्मुः क्षोभादिवोच्चैर्न्नभसि स मधुजिद्धन्तु वः कल्मषाणि।। [१]

अतिललितलाटमण्डलतिलकानन्दपुरनिर्ग्गतो गुणवान्। वर्ज्जारान्वयनागरभट्टकुमारोभवद्येन।। [२] वाइल्लभट्टनामा तनयोजनि जनितजनचमत्कारो(रः)। न युधिष्ठिरोप्यकार्षीद्यः सह नकुलेन सत्प्रीतिं।। [३]

२. परिभाषादिज्ञानं वैयाकरणस्य यस्य परमासीत्। कर्मोपधाविकारौ न कदाचिद्वाचकौ भूतौ ।। [४] सुशुभ्रतां व्याप्तदिगन्तरत्वमासाद्य दुग्धाब्धिरगाधताञ्च। जिगं(गां) सयोर्ध्वञ्च यशः पयोधिमाह्वास्त यस्यातितरां तरङ्गैः।। [५] धनदोपि न प्रमत्तो ध्वस्तसमस्तसविषोपि न विरूपः। रत्नाकरोपि न जडो यो नाशोकोपि रागिष्ठः। [६] श्रीरामदेवकार्ये मर्यादाधुर्यतामलङ्घयता। येन विशुद्धं युद्धे निजकुलवत्प्रकटितं नाम।। [७] किम्वहुना यस्य गुणाः कथयितुमपि नैव यान्ति मादृक्षैः।

३. मानाधिकमम्वु यतो घटकोध्वावपि न गृह्णाति ।। [८] लक्ष्मीं मुरारिर्न्नगजाञ्च शम्भुः शचीं यथेन्द्रोथ तथा सुशीलां। कुलोद्गितां कासरकीयविष्णोस्सुतां स कान्तां समवाप जज्जां।। [६] व्यपगतमदमोहजालसङ्गः कृतचरितैकरतः प्रसन्नमूर्तिः। परिहृतखलसङ्गमः सुतोल्ल सकलकलाकुशलो वभूव ताभ्यां।। [१०] न पितुर्धुरोधिकारी पुत्त्रोभूत्कश्चिदप्यमून्श(ञ्श)व्दान्। श्रोतुमशक्तेनोहे धूस्तेन न विषयलुब्धेन।। [११] दुग्धाब्धेरिव मूर्त्तिर्यस्य सदा दानवारिपरिपूता। कमलालिङ्गितवपुषः प्रजापतेरिव तनुर्यस्य।। [१२]

४. हरइव वृषविहितास्थो दोषासङ्गं न भानुरिव मेने। मधुरिपुरिव यस्संततमाक्रान्तविपक्षसङ्घातः।। [१३] यस्य परार्थासक्ता सततं परिदृश्यते मतिर्नूनं। निर्ल्लोभत्वं तस्य हि जातं खलु यत्तादाश्चर्यं।। [१४] सन्त्यक्तपरकलत्त्रो धार्म्मैकरतोपि सर्व्वदावश्यं। निजवनितापरितुष्टोप्यभिलषितसुहृज्जनप्रमदः।। [१५] अवलोक्य वक्त्र कमलं यस्य शशी स्वोदयेपि मलविकलं। कर्त्तुमनीशः किञ्चित्प्रतिक्षणं क्षीयतेद्यापि।। [१६] अकरोद्यश्च विकल्पं व्याख्यानविधौ न दानविषयेषु।

५. संग्रामस्य न योभूत्पराङ्मुखः परकलत्त्रस्य।। [१७] स्थैर्यं वचसि न रोषे स्पृष्टो विजयैर्न्न जातु कलिकलुषैः। यस्याभवदालस्यं पापेषु न राजकार्येषु।। [१८] धर्म्मार्ज्जने च लोभो न कदाचित्परधनेषु विविधेषु। यस्य त्वविवेकित्वं मित्त्रेषु न वुद्धिविभवेषु।। [१६] दारिद्रं हरतार्थिनो रिपुजनाल्लक्ष्मीं मनोयोषितः(तो) रूपं पञ्चशरादगाधपयसो गाम्भीर्यमंभोनिधेः। चित्त्रं येन विचारचारुमनसामाचारमातन्वता सव्वत्त्रैव जनापवादरहितं चौर्यं प्रकाशीकृतं।। [२०]

६. कुर्व्वीत यदि विधाता कर्ण्णानामपि सहस्रमहिपस्य। श्रुत्वाथ तद्गुणौघान्वदनशतैः शक्नुयाद्वक्तुं।। [२१] श्रीमदादिवराहेण त्त्रैलोक्यं विजिगीषुणा। तद्गुणान्यः परिज्ञाय कृतो गोपाद्रिपालने।। [२२] कन्हुकदुहिता वव्वा येष्टतमामाप सोमटां तनयां। भट्टसुतान्या गोग्गापरा महादेवजा गौरो।। [२३] गोवर्द्धनजा सिल्ला नन्नकतनयेसटा च येनोढा [:] वव्वादीनां स्वस्य च पुन्य(ण्य)स्य विवृद्धये महता।। [२४] सिद्धेर्व्वर्त्म समं भवाब्धितरणे य–

७. द्यानपात्त्रं महद्वीजं धर्म्मतरोरनन्तफलदं स्थान श्रियः साश्वतं। टङ्कोत्कीर्ण्णयशोनिधानमिव यन्नामाक्षरैरङ्कितं तेनाकारि विकारशून्यमनसा विष्णोरिदं मन्दिरं।। [२५] दधति जलमगाधं

सागरा यावदुच्चैर्गिरियमपि वोढा यावदभ्रंकषस्य। शिरसि शिखरराशेः स्थेयसी श्लाघ्यरूपा स्थगयतु भुवि कीर्त्ती रोदसी तावदेषा।। [२६] ।। नवसु शतेष्वव्दानां द्वात्रिंन्श(श)त्संयुतेषु वैशाखे। रम्येस्मिन्नेकशिले विष्णुर्भक्त्या प्रतिष्ठितो भवने।। [२७] ।।

३. शिलालेखः सं. ६३३

प्राप्ति स्थल : वाइल्लभट्टस्वामी मन्दिर (चतुर्भज मन्दिर) के गर्भगृह में दक्षिण की दीवार पर

भाषा : संस्कृत

लिपि : प्राग्–नागरी

तिथि : शतेषु नवसु त्त्रयस्त्रिंदधिकेषु माघशुक्लद्वितीयायां (सं. ६३३) माघ शुदि २ = ८७६ ई.

संदर्भ : *ज. ए. सो. बं.*, भाग ३१, पृ. ४०७–०८; *ए. इं.*, भाग १, पृ. १५६–६२; भण्डारकर, *ए. इं.*, भाग १६–२३, क्र. ३६; *ग्वा. पु. रि.* (वि. सं. १६८४/१६२७–२८), क्र. ३; *ग्वा. रा. अ.*, क्र. ६; *ए. रि. इं. ए.* (१६६१–६२), क्र. १४८३; *इ. गो.*, पृ. २।

यह अभिलेख संस्कृत गद्य में लिखित (सं.) ६३३ (८७६ ई.) का परमेश्वर भोजदेव के समय का है। अल्ल गोपगिरि का कोट्टपाल था। अभिलेख में दो मंदिरों को चार दान देने का उल्लेख है, जिनका निर्माण वाइल्लभट्ट के पुत्र अल्ल ने करवाया था। पहला दान वृश्चिकाला नदी के पार स्थित नवदुर्गा मंदिर को दिया गया था। इसके अन्तर्गत प्राचीन ग्वालियर के निवासियों द्वारा प्रदाय दान के रूप में चूडापल्लिका ग्राम में २७० राजकीय हस्त लम्बा एवं १८७ हस्त चौड़ा क्षेत्र प्राप्त हुआ था। शेष तीन दानों के प्राप्तकर्ता नवदुर्गा मंदिर एवं श्री भोजदेव प्रतोली स्थित एवं अल्ल द्वारा निर्मित करवाये गये वाइल्लभट्टस्वामी मंदिर थे, जिनको पूजा–संस्कार हेतु दान दिया गया था। चारों दान ग्वालियर दुर्ग के पूर्व दिशा में स्थित प्राचीन ग्वालियर शहर के निवासियों को दिया गया था। इनमें से एक भूमिखण्ड फूलों के बाग के लिए, दो भूमिखण्ड तैलियों की श्रेणि द्वारा दीपक हेतु मासिक तेल आपूर्ति के लिए तथा मालियों की श्रेणि द्वारा मासिक फूलों की माला की आपूर्ति हेतु दिया गया था। इनमें मालियों का निवास ग्वालियर दुर्ग के ऊपर था। जयपुराक ग्राम में व्याघ्रकेण्डिका को साडाक के पुत्र दल्लक जोतते थे। इस भूमि के उत्तर में क्षत्रिय देववर्मन के पुत्र मेम्माक द्वारा जोती जाने वाली भूमि थी। गोपगिरि की माप के अनुसार इन दोनों क्षेत्रों के लिए ग्यारह द्रोड जौ की आवश्यकता थी। इन दोनों भूमियों के पूर्व में नउडाक द्वारा जोती जाने वाली भूमि, दक्षिण में एक शिलाखण्ड, पश्चिम में दल्लक की भूमि के पास एक शिलाखण्ड और मेम्माक की भूमि के पास जलवाहिका थी तथा उत्तर में रास्ता एवं लघु पाषाण खण्ड था। तैलिक श्रेणि के लोगों का निवास श्री सर्वेश्वरपुर, श्रीवत्सस्वामिपुर, चच्चिकाहट्टिका एवं निम्बादित्यहट्टिका में था।

प्रतिहार शासक भोजदेव के समय में गोपगिरि का कोट्टपाल अल्ल था, जबकि तत्तक बलाधिकृत थे, स्थानाधिकृत के रूप में श्रेष्ठि वव्वियाक, इच्छुवाक, सार्थवाह प्रमुख एवं

सव्वियाक के अन्य सदस्य प्रशासनिक कार्यों में संलग्न थे। इससे यह स्पष्ट होता है कि ग्वालियर नगर का प्रशासन उस समय श्रेष्ठि संगठन के हाथ में था।

पाठ

१. ओं नमो विष्णवे।। सम्वत्सरशतेषु नवसु त्त्रयस्त्रिंङ्श(स्मिंश)दधिकेषु माघशुक्लद्वितीयायां सं. ६३३ माघ शुदि २ अद्येह श्रीगोपगिरौ स्वामिनि

२. परमेश्वर श्री भोजदेवे तदधिकृत कोट्टपाल अल्ले वलाधिकृत तत्तके स्थानाधिकृत श्रेष्ठि वव्वियाक। इच्छुवाक। सार्थवाहप्रमुख सव्विया–

३. कानां वारे। समस्तस्थानेन वाइल्लभट्टसुताल्लकारित वृश्चिकालानदीपरकूले रुद्ररुद्राणीपूर्ण्णशादिनवदुर्ग्गायतना–

४. य स्वभुज्यमावू(न चू)डापल्लिकाग्रामप्रतिवद्धभूमिखण्डं दैर्घ्येण पारमेश्वरीयहस्तशतद्वयं राप्तत्यधिकं हस्त २७० विस्तारेण

५. हस्तशतमेकं सप्ताशित्यधिकं हस्त १८७ पुष्पवाटिकार्थं पुन्ये(ण्ये)हनि प्रदत्तं [।।], तथा ऽनेनैव स्थानेनास्मिन्नेव सम्वत्सरे

६. फाल्गुनवहुलपक्षप्रतिपदि श्री भोजदेवप्रतोल्यवतारे अल्लेनैव कारितवाइल्लभट्ट[स्वाम्यभिधान विष्ण्वा]यतनाय तथो–

७. परिलिखित नवदुर्ग्गायतनाय च पूजासंस्कारार्थं स्वभुज्यमानजयपुराकग्रामे व्याघ्रकेण्डिकाभिधानहारमूला[वापे]

८. सङ्गडाकसुतदल्लकवाहितक्षेत्त्रं तथास्यैव क्षेत्त्रस्योत्तरतः क्षत्त्रियदेववर्म्मसुतमेम्माकवाहितक्षेत्त्रं च ययोर्ग्गोपगिरीयमा–

९. प्येनावापो यवानां द्रोणा एकादश [।] तयोर्द्वयोरपि क्षेत्त्रयोराघाटाः पूर्व्वेण नउडाकवाहितक्षेत्त्रं दक्षिणेन पाहाटः

१०. पश्चिमेन दल्लकवाहितक्षेत्त्रे पाहाटः ततो मेम्माकवाहितक्षेत्त्रे उत्तराभिमुखवाहकः क्षेत्त्रं परिवेष्ट्य गतः उत्तरेण वर्त्म

११. लघुपाहाटिका च [।] एवं चतुराघाटविशुद्धक्षेत्त्रद्वयं पुण्येहनि प्रदत्तं।। तथास्मिन्नेव सम्वत्सरे फाल्गुनवहुलपक्षनवम्यां

१२. उपरिलिखितदेवकुलाभ्यां द्वाभ्यामपि दीपतैलार्थं श्रीसर्व्वेश्वरपुरनिवासितैलिकमहत्तक भोच्चाकसुतसर्व्वस्वाक। तथा माधव

१३. सुतज्याशक्ति तथा शिवधरिसुतसाहुल्ल तथा सङ्गाकसुतगग्गीक। तथा श्रीवत्सस्वामिपुरनिवासितैलिकमह–

१४. त्तक कुण्डाकसुतसिंघाक तथा वल्लूकसुतखोहडाक। तथा चच्चिकाहट्टिकानिंवा–दित्यहट्टिकयोर्न्निवासि तैलिकम–

१५. हत्तक देउवाकसुतजज्जट तथा वच्छिल्लाकसुतगोग्गाक तथा देद्दूकसुतजम्वेक तथा रुद्रटसुतजम्वहरि। एवमादि–

१६. समस्ततैलिकश्रेण्या प्रतिकोल्हुकं मासि मासि शुक्लनवम्यां शुक्लनवम्यां तैलपलिका पलिका दातव्येत्यक्षयनी–
१७. म(मि)का प्रदत्ता।। तथाद्यैवामूभ्यामेव देवकुलाभ्यां श्रीगोपगिरितलोपरिनिवासिमालिकम–हरगाहुल्लसुतटिक्कूक
१८. तथा देद्दूकसुतजासेक तथा वहुलाकसुतसिद्दूक तथा जम्वाकसुतसहडाक तथा दन्तिसुतदुर्ग्गधरि तथा नन्नुमाक[सुत]वा–
१६. उमाक तथा वेउवाकसुतवाय[टा]कादिसमस्तमालिकश्रेण्या पूजार्थं यथाकालो(लौ) पयिकहट्टपुष्पैर्म्मा–
२०. लाः पाञ्चाशत् पञ्चाशत् माला ५० प्रतिदिनं दातव्येत्यक्षयनीमिका प्रदत्ता [।।] एतदुपरिलिखितं उपरलिखि–
२१. तस्थानादिभिः स्वभुक्त्यायाचन्द्रार्कक्षितिकालं प्रदतं [।।] परिपन्थना के(कै)रपि न कर्त्तव्या।। यतस्स्वदत्तां परदत्ताम्वा यो
२२. हरेत वसुन्धरां [।] स विष्ठायां कृमिर्भूत्वा पितृभिस्सह मोदते।। वहुभिर्व्वसुधा भुक्ता राजभिस्सगरादिभिः। यस्य यस्य
२३. यदा भूमिस्तस्य तस्य तदा फलं।। ।। (आगे की पाँच पंक्तियाँ स्पष्ट नहीं हैं)

3 ब. प्रतिहार–कालीन लिन्टल अभिलेख

प्राप्ति स्थल : ग्वालियर दुर्ग, वर्तमान में गुजरी महल पुरातत्त्व संग्रहालय में प्रदर्शित
भाषा : संस्कृत
लिपि : प्राग्–नागरी
संदर्भ : *ग्वा.पु.रि.* (१६८४/१६२७–२८), क्र. ४३–४४; *ग्वा.रा.अ*, क्र. ६१८; *ए.रि.इं.ए.* (१६५३–५३), क्र. १४३; *इं.गो.*, पृ. १०६।

यह अभिलेख दो द्वार लिन्टलों पर अंकित है। प्रथम लिंटल की अंतिम पंक्ति के मध्य में अंकित प्रथमेय से स्पष्ट हो जाता है कि अभिलेख का आरम्भ इसी लिन्टल से हुआ है। अभिलेख के अपूर्ण होने से प्रतीत होता है कि कुछ अन्य लिन्टल भाग पर भी यह उत्कीर्ण रहा होगा, जो अब ज्ञात नहीं है। अपूर्ण होने के कारण इसकी तिथि आदि की जानकारी नहीं हो सकी है। इसके वर्ण्य विषय का विवरण देते हुए हरिहर निवास द्विवदी ने कहा है कि विशाख (स्वामी कार्तिकेय) के मन्दिर एवं आनन्दपुर के वाइल्लभट्ट एवं प्रतिहार शासक रामदेव का उल्लेख है, जबकि विलिस ने कार्त्तिकेय एवं वाइल्लभट्ट मंदिर तथा आनन्दपुर के प्रतिहार रामदेव का उल्लेख होना बताया है। इसमें शासनरत प्रतिहार शासक रामदेव के साथ–साथ आनन्दपुर के वाइल्लभट्ट का उनकी भार्या जज्जा से उत्पन्न पुत्र अल्ल का विस्तृत विवरण है। इनके संदर्भ में जानकारी संवत् 932 एवं 933 के वाइल्लभट्टस्वामी मंदिर अभिलेख से भी है।

पाठ

प्रथम लिन्टल

१. सिद्धम्। सुरवरसेवित पादाध्धस्ततमा नीलकण्ठमारूढा। इन्दुकलेवतनुर्व्वो वैशाखी भवभिदे भवतात्।। लाटाभिधानमण्डलमण्डन भूतेविभूतिमान्भट्टः। श्रीमत्यानन्दपुरे वज्जां–

२. राङ्कोल्लुकः सोभूत्।। अखिलं भूतलमेतद्भ्रान्त्वाध्धर धूमपटलमारूह्य। स्वर्ग्गमगादिव देवान्दिद्दक्षु विद्यायशो यस्य।। अग्न्या हितोहितो यो समते वर नागरो गुरहपदौहासुरस्त्रजमारं तन–

३. यं सकल कुलालंकृतिं कृतिनं।। नानादेशायात श्रोतृशतभ्योंभ्यधायिसद्मत्रनं। यस्य सदाहुतभुज्रिहूतसा नार्य्यसुगन्धिगन्धेन।। रूद्र विशाख दुहितरं जीयांस कुलोद्गाता परिणिनाय।

४. वाइल्लभट्टमव्रजित रविमहसंयासुतमसूत्र।। स्वप्नेपि या जातुनद्दष्टपूर्वा मनोरथानामपि गा न भूमिः। श्री रामदेवं गुणनीरराशिमाराध्यतां संपदमाप्तवानापतायू दसाभयामपि

५. यः सुगतोपि न निन्दितत्रयीधर्म्मः। ईशोपि विरूपाक्षो नोनोयो भोग्यर्पि व्यालः।। मातंग दान कलुषित तनुरपि शौचाप्तभूरिमहिमायः। धृतराष्ट्रोपि युधिष्ठिर कृतपक्षो यो विना

६. व्याजं।। पाणिनीय इवोपेतः प्रकृत्या गुणयुक्तषा। परिभाषागमैः किंठुनिपाति त सुभृन्नयः।। सच्चारित्रा यत्यौ वधूः परेषांनुपुत्सत्कांस्त्रीषु। शत्त्रौथमान्यमानौपीत्तलिं गत्तय प्राप।।

७. प्रथमेयं

द्वितीय लिन्टल

८. ओं हितानामभयप्रदाननिरतोभीतिप्रदो विद्विषा कान्तानां रतिदः शशीवसुहृदां नेत्त्रोत्पलानन्दनः। भृत्यानां भरणक्षमोति विदुषां कल्पद्रुमोप्यर्थिनामेकनिजपदा।। विर

९. ....हिद्दधतापि महानियोगं शश्वत्सतामममृतवृष्टिरसच्छिरोर्त्तिः। येनार्ज्जितो जगतिशौच यशःपताका स्थास्यत्यसात वितरे सुचिरं स्ववंशे।। मध्ये

१०. ....महा .... निर्व्वाहः समभूदकृत्विमगुणात्सत्स्वामिकायदतोय यद्यस्यतद्रुद्दृ। ताशितिकरी वुद्धोति विद्विरत्यसूखकृत्वतर सुरिमम सुयस्य

११. वदत्सत्वारहिसुषत्मनह न कूवावक्रत्तेपदस................. दिहर क्रुधव निःसृतं सताक्षिह्रतः।। हत मेघनादं सैन्ये संग्रामे च्छिन्नकुंभकर्ण्णाद। श्री रामदेव भक्तो लक्ष्मण

१२. इव यो यशो लेभे।। परिणिन्राय धीमाशां रामदेवस .... लस्य सोमदासुतां।। अजनिकुमार सनयो विष्णुकया जज्जयाल्ल एतासं। गुणवांस्तयोर्द्वितीयो

१३. जहा सकर्ण्णस्ययो दातृ।। मध्ये राजसमूहंस्तो कोलंकामवरायद्द।
वाइल्लभट्टतव्रत्योल्लोयपिदंश दित नृपरेण।।
योधोविहितविरूपः प्रभषोत्त्तम इव समुद्रजोपेतः। दुःशासनमवधीद्योभीमो भीमइ–

१४. व मानधनः।। ध्वस्तजगत्तेजो अपिनखुदौशोचिः क्षतिक्षामोदत्य। प्रहषिदिदिवै वदनं ह्रियेतजुइंद्राम्वरै भास्वान्।। विपक्षयमतगजमात्मंभिद्ययोसिना। मुक्ताफलानिजोश्राभ मूर्त्तंयश इवाभवे।।

४. उमामहेश्वर प्रतिमा अभिलेख (चित्र ४०)

प्राप्ति स्थल : गंगोला ताल
भाषा : संस्कृत
लिपि : सिद्धमातृका
संदर्भ : सालोमन, रिचर्ड एवं विलिस, माइकेल, "ए नाइंथ सेंचूरी उमामहेश्वर इमेज", *आर्टिबस एसिया*, ५० (१९९०), पृ. १४८–५५; *इ. गो.*, पृ. १०६

पञ्चमहाशब्द श्री रुद्र की भार्या ऋज्जूका द्वारा प्रतिमा निर्मित करवाया जाना उल्लिखित है।

पाठ

१. ओं समधिगतपञ्चमहाशब्द श्रीरुद्रपत्न्या ऋज्जूकया कारीतेयम(मी)शां
२. के मोदिणी देवी

५. शिलालेख

प्राप्ति स्थल : चतुर्भुज मंदिर एवं लक्ष्मण पौर के मध्य एक आले में
भाषा : संस्कृत
लिपि : प्राग् नागरी
संदर्भ : *ज. ए. सो. बं.*, भाग ३१, पृ. ४०७; ग्वा. पु. रि. (१९८४/१९२७–२८), क्र. ४; *ग्वा. रा. अ.*, क्र. ७३३; *ए. रि. इं. ए.* (१९६१–६२), क्र. १४८४; *इ. गो.*, पृ. १०६

विनायक गणेश की प्रशंसा में रचित श्लोक है।

पाठ

१. ऊँ विशाल देहाम्वुदतुल्यनादिनां गजेन्द्र वक्त्रो रग
२. सदा विष्णुकं सुरोसुरेसां सुभेपादपङ्कजां। नमामि
३. भक्त्या उमजा सुरोत्तम।। म हल्लकरद्देउवकाद्यश–
४. स्विरः वभूवरन्नों गुणवसथ धर्म्मिणम विनायकस्यप
५. यत पंचकारयाप्रसाद तश्शीदवराह पादतः। कृतिरिय
६. र्भदमालन सुनुन्नारायणस्य।।

६. शिलालेख

प्राप्ति स्थल : लक्ष्मण पौर के सामने गजासुर वध प्रतिमा के समीप जैन प्रतिमा पर
भाषा : संस्कृत

लिपि : प्राग् नागरी
संदर्भ : *ग्वा. पु. रि.* (१६८४/१६२७–२८), क्र. ५; *ए. रि. इं. ए.* (१६६१–६२), क्र. १४८५; इ. *गो.*, पृ. ११०

इस लेख में श्री रानुइणिक का उल्लेख है।

पाठ

१. श्री रानुइणिकस्य भु..........

७. शिलालेख

प्राप्ति स्थल : लक्ष्मण पौर के सामने गजासुर वध प्रतिमा के समीप जैन प्रतिमा पर
भाषा : संस्कृत
लिपि : प्राग् नागरी
संदर्भ : *ज. ए. सो. बं.* ३१, क्र. ३; ग्वा. पु. रि. (१६८४/१६२७–२८), क्र. ६; *ग्वा. रा. अ.* क्र. ६२१; *ए. रि. इं. ए.* (१६६१–६२), क्र. १४८६; इ. *गो.*, पृ. ११०

श्री चन्द्राइणिक का नाम पठनीय है।

पाठ

१. श्री चन्द्राइणिकस्य हवण
२. स्य निसीतिना इदं.........

कच्छपघातकालीन अभिलेख

८. महिपाल का ग्वालियर अभिलेखः सं. ११५०

प्राप्ति स्थान : बड़े सास बहू मन्दिर के मण्डप के दोनों ओर के दो शिलाफलकों पर
भाषा : संस्कृत
लिपि : नागरी
कवि : मणिकण्ठ
लेखक : यशोदेव
उत्कीर्णक : पद्म, सिंहवाज, माहुल
तिथि : सं. ११५० अश्विन वदि ५ = १०६३ ई.
संदर्भ : कनिंघम, ए., *आ. स. इ. रि.*, भाग २, पृ. ३५७; *ज. ए. सो. बं.*, ३१, पृ. ४११–१८; *इ. ए.*, भाग १५, पृ. ३३–४६; ए. इं., भाग १६–२३, क्र. १५६; *ग्वा. पु. रि.* (वि. सं. १६८४/१६२७–२८), क्र. १२–१३; *ग्वा. रा. अ.*, क्र. ५५–५६; *ए. रि. इं. ए.* (१६६१–६२), क्र. १४६२–६३; इ. *गो.*, पृ. ६; *का. इ. इ.*, भाग ७, पृ. ५३५–४८

यह अभिलेख ग्वालियर के कच्छपघात वंशीय राजाओं तथा मंदिर–निर्माण का विवरण प्रस्तुत करता है। कच्छपघात राजवंश के प्रथम शासक के रूप में लक्ष्मण का नाम अंकित है, जिसके पुत्र वज्रदामन ने गांधिनगर (कान्यकुब्ज) के शासक को पराजित किया था और ग्वालियर दुर्ग को जीत लिया था। उसके बाद क्रमशः मंगलराज एवं कीर्त्तिराज शासक हुए। कीर्त्तिराज ने मालव के शासक को पराजित किया था तथा सिंहपानीय नगर में शिव का एक मंदिर निर्मित करवाया था। यह मंदिर आज 'ककनमठ' के नाम से प्रसिद्ध है। इनका पुत्र मूलदेव था, जिन्हें 'भुवनपाल' एवं 'त्रैलोक्यमल्ल' नाम से भी जानते हैं। मूलदेव का उनकी भार्या देवव्रता से देवपाल नामक पुत्र हुआ। देवपाल का पुत्र पद्मपाल था। पद्मपाल ने सभी दिशाओं में संघर्ष किया, उनकी सेना के भारत के सुदूर दक्षिण तक पहुँचने का उल्लेख है। किन्तु उनकी युवावस्था में ही मृत्यु हो गयी। उनके बाद सूर्यपाल का पुत्र एवं पद्मपाल का चचेरा भाई महिपाल राजा बना, जिसे भुवनैकमल्ल के नाम से भी जानते हैं। इन्होंने गन्धर्व के शासक को पराजित किया था।

मंदिर जिसमें अभिलेख स्थापित है, विष्णु को समर्पित है। अभिलेख का आरंभ ''ओं नमः पद्मनाथाय'' से हुआ है। इसमें हरि एवं अनिरुद्ध की आराधना है, 'भवनं हरेः' तथा 'हरि सदनम' का विवरण तथा विष्णु व उनकी भार्या लक्ष्मी एवं उनके अवतारों का उल्लेख इसे विष्णु मंदिर होना प्रमाणित करता है। मंदिर निर्माण का कार्य पद्मपाल के समय में प्रारंभ हुआ था, जिसे महिपाल ने पूर्ण करवाया। आठ ब्राह्मणों की नियुक्ति पद्मपाल ने की थी। अन्य ब्राह्मणों की नियुक्ति महिपाल ने की थी। महिपाल ने ब्रह्मपुरी स्थापित की एवं धर्माथ जल, अन्न प्रदान करने के लिए धर्मशाला (सत्य) बनवायीं। मंदिर के गर्भगृह को दो भागों में विभक्त कर एक भाग पद्मनाथ और दूसरा भाग बैकुंठ के लिए निर्धारित कर दिया था। परिचारकों, स्त्रियों, संगीतज्ञों, गायकों एवं अन्य जो पद्मनाथ के सम्मुख मनोरंजन आदि करते थे, के भरण–पोषण की व्यवस्था की थी। पाषाणपल्ली को विभक्त कर उन्होंने साढ़े पाँच भाग देव के लिए तथा साढ़े चौबीस भाग विद्वान द्विजों को दिया था। दान प्राप्तकर्ता ब्राह्मणों के नाम तथा उनको प्राप्त होने वाले भागों का भी उल्लेख हुआ है। देवों के लिए प्रदान किए गए आभूषण तथा पूजन–अर्चन की सामग्रियों का भी उल्लेख है। अनिरुद्ध की एक रजत प्रतिमा तथा वामन एवं अच्युत की राजावर्त प्रतिमा का उल्लेख है, जिन्हें छोटे सास–बहू मंदिर के गर्भगृह में स्थापित हुआ स्वीकार किया जा सकता है। राजस्व का बीसवाँ भाग अनिरुद्ध को प्राप्त था, जो उनके महत्त्व को दर्शाता है।

इस प्रशस्ति की रचना द्विज मुख्य भारद्वाज गोत्रिय कवि राम के पौत्र, कवि गोविन्द के पुत्र कवि मणिकण्ठ ने की थी, जो मीमांसा एवं न्याय के ज्ञाता थे। इसको लिखने का कार्य यशोदेव दिगम्बरार्क ने किया था, जो मणिकण्ठ सूरि के मित्र एवं अनेक भाषाओं के कवि थे। प्रशस्ति को सद्वर्ण्ण में उत्कीर्ण करने का कार्य देवस्वामी के पुत्र शिल्पी पद्म ने किया था। साथ ही सिंहवाज एवं माहुल नामक शिल्पियों ने भी अक्षर के उत्कीर्ण करने का कार्य किया था। संभव है कि मंदिर के निर्माण में भी इन शिल्पियों का योगदान रहा हो।

पाठ

१. सिद्धम् ओं नमः पद्मनाथाय।। हर्षोत्फुल्लविलोचनैर्द्दिशि दिशि प्राद्गीयमानं जनैर्म्मेदिन्यां विततन्ततो हरिहर व्र(ब्र)ह्मास्पदानि क्रमात्। श्वेतीकृत्य यदात्मना परिणतं श्रीपद्मभूभृद्यशः पायादेष जगान्ति निर्म्मलब(व)पुः श्वेतानिरुद्धश्चिरम् ।। [१।।] मौलिन्यस्तमहानी[ल]शकलः पातु वो हरिः। दर्शयन्निव केशस्थनव–

२. जीमूतकर्ण्णिकाम् ।। [२।।] मुक्ताशैलच्छलेन क्षितितिलकयशोरासि(श)ना निर्म्मितोयन्देवः पायादुषायाः पतिरतिधवलस्वच्छकान्तिर्ज्जगन्ति। म[न्वा]नः सर्व्वथैव त्रिभुवनविदितं श्यामतापह्नवं यः शङ्के स्वं वर्ण्णचिह्नं मुकुटतटमिलन्नीलकान्त्या वि(बि)भर्त्ति।। [३।।] इदं मौलिन्यस्तं न [भ]वति महानीलशकलं न मुक्ताशैलेन स्फुरति घटितश्चैष

३. भगवान्। उषाकर्ण्णोत्तंसीकरणुसुभगं नीलनलिनं वहत्यद्याप्यस्याश्चिरविरहपाण्डूकृततनुः।। [४।।] आसीद्वीर्यलघूकृतेन्द्रतनयो निःशेषभूमीभृताम्वंद्यः(तां वन्द्यः) कच्छपघातवंशतिलकः क्षोणीपतिर्ल्लक्ष्मणः। यः कोदण्डधरः प्रजाहितकरश्चक्रे स्वचित्तानुगाङ्गामेकः पृथुव[त्पृथू]नपि हठादुत्पा[ट्य] पृथ्वीभृतः ।। ५।।] तस्माद्वज्रधरोपमः क्षिति–

४. पतिः श्रीवज्रदामाभवद्दुर्व्वारोर्ज्जितवा[बा]हुदण्डविजिते गोपाद्रिदुर्ग्गे[यु]धा। निर्व्याजम्परिभूय [गाधि] नगराधीशप्रतापोदयं यद्वीरव्रत[पू]रकः समचरत्प्रोद्घोषणाडिण्डिमः।। [६।।] न तुलितः किल केनचिदप्यहञ्जगति भूमिभृतेति कुतूहलात्। तुलयति स्म तुलापु[रु]षैः स्वयं स्वमिह य[ः सु]विशुद्धहिरण्मयैः।। [७।।] ततो रिपुध्वान्तसहस्रधामा नृपोभवन्मं–

५. गलराजनामा। य ईश्वरैकप्रणतिप्रभावान्महेश्वराणाम्प्रणतः सहस्रैः।। [८।।] श्रीकीर्त्तिराजो नृपतिस्ततोभूद्यस्य प्रयाणेषु चमूसमुत्थैः। धूलीवितानैः सममेव चित्रं मित्रस्य वैवर्ण्यमभूद्विषश्च ।। [९।।] किं व्र्[ब्रू]मोस्य कथा[द्भु]तं नरपतेरेतेन सौ(शौ)र्याब्धिना द[ण्डो] मालवभूमिपस्य समरे[सं]ख्यामतीतो जितः। यस्मि[न्भङ्गमु]पागते दिशि दिशि त्रासा–

६. त्कराग्रच्युतैर्ग्ग्रामीणाः स्वगृहाणि कुन्तनिकरैः संच्छा(छा)दयांचक्रिरे।। [१०।।] अद्भुतः सिंहपानीयनगरे येन कारितः। कीर्त्तिस्तंभ इवाभा[ति]प्रासादः पार्व्वतीपतेः।। [११।।] तस्मादजायत महामतिमूलदेवः पृथ्वीपति[र्भुवनपा]ल इति प्रसिद्धः। आनन्दयञ्जगदनिन्दितचक्रवर्त्तिचिह्नैरलंकृततनुर्मनुतुल्यकीर्त्तिः।। [१२।।] यस्य ध्वस्ता[न्य]भूपालां सर्व्वाम्पालयतः

७. प्रभोः। भुव[न्त्रै]लोक्यमल्लस्य निःसपत्नमभूज्जगत् ।। [१३।।] राज्ञी देवव्रता तस्य हरेर्ल्ल[क्ष्मीरि] वाभवत्। तस्यां श्रीदेवपालोभूत्तनय[स्तस्य] भूपतेः ।। [१४।।] त्यागेन कर्ण्णमजय[त्पार्थ]ङ्कोदण्डविद्यया। धर्म्मराजञ्च सत्येन [स] युवा विनयाश्रयः ।। [१५।।] सूनुस्तस्य विशुद्धवु(बु)द्धिविभवः पुण्यैः प्रजानाम भून्मान्धातेव [स] चक्रवर्त्तितिलकः श्री पद्मपालः प्रभुः। मत्स्वाम्येपि क–

८. रप्रवृत्तिरपरस्येतीव यश्चिन्तयन्दिग्यात्रासु मुहुः खरांसु(शु)मरुणत्सान्द्रे(न्द्रै)श्चमूरेणुभिः।। [१६।।] कृत्वान्याः स्ववशे दिशः क्रमवशा[दाशा]ङ्ग तैर्दक्षिणामुत्क्षिप्ताचलसन्निभानविरतं [यत्सै]न्यवाजिव्रजैः। उ[द्धू]तान्पततः पयो[घिमभि]तः संप्रेक्ष्य रेणूत्करान्भूयोप्युद्भटसेतुव(ब)

न्धनधि[या] त्रस्यंति नक्तञ्चराः।। [१७।।] [य]स्येन्दुद्युतिडम्व(म्ब)रेण यशसा नीते सुराणाङ्गणे[वै]वर्ण्ण्यं भ्रमशीलखण्डन–

९. भयादप्राप्नुव[न्त] : प्रियान्। नूनं शक्रपुरः सरामरवधूसंघाः श्रिये [सां]प्रतं गौ[र्यै] च स्पृहयंति ये प्रथमतः प[त्यु]र्व्वपुः संश्रिते।। [१८।।] कैर्द्दृष्टाः क्व[समस्त]वांच्छि(छ)त [फलभ्राजिष्णवः] पादपा गावः कामदुधाः क्व[कैः क्व म]णयः कैश्चिन्तितार्थप्रदाः। [दृ]ष्टाः कस्य मनोरथा इह न कैः पत्यामुना पूरिता वीरोद्यानितट[स्य] तद्गुणव[तः] कल्प[द्रु]मादीन्यपि।। [१९।।] स्रु(श्रु)त्वा न पद्मनृपतिं प–

१०. रिरक्षिता भूः प्रा[प्तोन्यथापि] यदसौ वत नग्नभावः। [दौस्थ्या]न्निरम्व(म्ब)रतनुर्व्विपिनेष्व[शो] चद्य[स्मात्प्रतिक्ष]णमिति प्रतिपंथिसार्थः।। [२०।।] भ्रमः कुलालचक्रे[षु] लोभः पुण्यार्ज्जनेष्वभूत्। काठिन्यं कुचकुं[भेषु] त[स्मिञ्शासति मेदिनीम् ।। [२१।।] असम्मतोदृढगुणस्य पीडा साधुर्न्न निर्स्त्रिस (श)परि[ज्ञ]तापि। इत्याललम्वे(म्बे)न धनुर्न्न चासिं तथापि यो वैरिगणञ्जिगाय ।। [२२।।] सद्यः श्रु(स्त्रु)–

११. तास्रपृषतव्यति[कीर्ण्णरूपोवैरिद्वि]षाधिपशिरोमणिभिः [समन्तात्] । लोकानुरागय[श]सामिव वी(बी)जवापं विस्तारयां यदसिरास रणांजिरेषु ।। [२३।।] वने य[दरि]नारीणां हैमनीरज[निश्च]यः। भृङ्गाणां तन्मुखे नातो है[म]नीरज[निश्च]यः ।। [२४।।] स विमृश्य नदीपूरगत्वरे संपदायुषी। पूर्त्तध[र्म्मे]मतिञ्चक्रे जिघृक्षुरनयोः फलम् ।। [२५।।] प्रजाभर्त्ता ते–

१२. न क्षितितिलकभूतेन[भ]वनं हरेर्द्धर्म्मज्ञेन त्रिदशस[दृशा] कारितमदः। वदाम्यस्यो[च्चैस्त्वं] कथमिव गिरा यस्य शिखरं समारूढः सिंहो मृगमिव[मृगाङ्क]स्थमशितुम् ।। [२६।।] [प्रासादस्यास्य] से(श)श्वद्विधुधरशिखरिस्पर्द्धिनो हैममण्डद[ण्डा]ग्रात्पावनीयं शशधरधवला वैजयन्ती पतन्ती।। निर्व्वातम्भाति भूतिच्छुरित निजतनोद्दे(र्दे)वदेवस्य शम्भोःस्वर्ग्गाद्दङ्गेव पिङ्गस्फुटवि–

१३. कटजटाजूटमध्यं विशन्ती ।। [२७।।] तदेतद्व्र(द्ब्र)ह्माण्डं स इहं भविता पङ्कजभव[:] पुनर्यम्वो(र्य वो)ढास्मो वयमिह विमानेन वियति। [सुवर्ण्णाण्डं] हं[सा]स्तदिदमुररीकृत्य सकलं ध्रुवं संसेवन्ते हरिसदन[मुच्चैः] स्थितममी ।। [२८।।] तुङ्गिम्ना कनकाचलः सु(शु)भविधावन्तः स्थितः श्रीप[ति]र्व्वि(ब्बि)भ्राणो द्विजसत्तमानु[द]धिजा[वासो]नृसिंहान्वितः। निर्म्माता[स्य] वृतः समस्तविवु(बु)[धै]र्ल्लब्ध प्रतिष्ठैरयं प्रासादश्च–

१४. धरातले सममहो कल्पं हरेः कल्पताम् ।।[२९।।] देवेर्द्धसिद्धे द्विजपुङ्गवेषु प्रतिष्ठितेष्वष्टसु पद्मपालः। युवैव दैवप्रतिकूलभावात्संक्रन्दना[ङ्कास]नभाग्व(ग्ब)भूव ।। [३०।।] तस्य भ्राता नृपतिरभवत्सूर्यपालस्य सूनुः श्रीगोपाद्रौ सुकृतनिलयः श्रीमहीपालदेवः। यम्प्राप्यैव प्रथितयशसन्तावभूतां सनाथौ सौ(शौ)र्यत्यागौ हरिरविसुताभावदु(दुः)स्थौ चिरेण।। [३१।।] सृष्टिङ्कुर्व्वन्न[मा]त्यानां विप्रा–

१५. णां स नृपः स्थितिम्। प्रलयं विद्विषा[मा]सीद्व(द्ब्र)ह्मोपेन्द्रहरात्मकः।। [३२।।] यत्र धामनिधौ राज्ञिपालयत्यवनीतलम्। न भास्वान्भास्करादन्यो न राजान्यो विधोरभूत्।। [३३।।] कृताभिषेकं

स[द्वृत्तै] रुपविष्टं नृपासने। यमुदारपदै[रे]वन्तुष्टुवुः सूत[गायना]ः।। [३४।।] [त्वामु]द्वहन्ति शिरसा खलु राजहंसाः सृष्टास्त्वया पुनरिमाः समयावसन्नाः। नाथ प्रजाः सुमनसां प्रथमोसि कोसि त्वं सिद्धवीररस ता–

१६. मरसोद्भवस्य।। [३५।।] लक्ष्मीपतिस्त्वमसि पङ्कजचक्रचिह्नं पाणिद्वयं वहसि भूप भुवं वि(बि)भर्षि। श्यामं वपुः प्रथयसि स्थितिहेतुरेकस्त्वङ्कोसि नीतिविजितो[द्र]व माधवस्य ।। [३६।।] [त्वं] पालयस्यनिशमर्थिजनस्य कामं रामः श्रिया त्वमसि नाथ गुणैरनन्तः। सङ्कर्षणः समितिविद्विषदायुषस्त्वं त्वं कोसि सच्चरितहाल हलायुधस्य।। [३७।।] ख्याता रतिस्त्[व नि]जप्रमदासु नित्यं रूपन्तवातिश–

१७. यविस्मयकारि देव। त्वं मीनचिह्न पुरुषोत्तमसम्भवोसि कस्त्वं क्षितीशवर शंव(शम्ब)रसूनदस्य।। [३८।।] भूभृत्सुतापतिरसि द्विषतां पुराणां भेत्ता त्वमीश वृषपोषरतोसि नित्यम्। भूतिन्दधास्यमलचन्द्रविभूषिताङ्गः कस्त्वं सदम्वु(म्बु)ज [विभा]कर शंकरस्य ।। [३६।।] त्वन्तेजसा शिखिनमिद्धमधः करोषि शक्तिन्दधासि नरदेव विप[न्नि]ह[न्त्री]म्। त्वन्तारकं रिपुव(ब)ल–

१८. स्य व(ब)लान्निहंसि कस्त्वं नवीननल नीलगलध्वजस्य।। [४०।।] त्वं वज्रभृत्त्वमसि पक्षभिदप्यशेषभूमीभृताम्विवु(बु)धवंद्य गुरुप्रियोसि। श्रीक[म्बु]वर्ण्णगिरि दुर्ग्गचणोसि कोसि त्वं भीमसाहस सहस्रविलोचनस्य।। [४१।।] ख्यातन्तवेश व(ब)हुपुण्यजनाधिपत्यं कान्तालका व(ब)लिभिराप्ततमै[श्च] गुप्ता। त्वामामनन्ति परमेश्वरव(ब)द्धसख्यं त्वङ्कोसि सद्गुणनिधान ध–

१६. नाधिपस्य ।। [४२।।] तेजोनिधिस्त्वमसि भूगिभृतः रामग्राः क्रान्ताः करैः प्रस[भ]मुग्रतरैस्तवेश। प्राप्तोदयः सततमर्थिजनस्य कोसि त्वं कल्पभूरुह सरोरुहवांध(बान्ध)वस्य ।। [४३।।] आनन्ददोसि जनतानयनोत्पलानामाप्यायिताखिलजनः करमार्द्दवेन। त्वं शस्व(श्व)दीश्वरशिरस्तलदत्तपादस्त्वं कोसि मर्त्त्य[भू]व[ने]श निशाकरस्य।। [४४।।] त्वामंशमीश नि–

२०. गदन्ति मधुद्विषोमी श्यामाभिरामतनुरस्यमलप्रवो(बो)धः। पुण्यं च भारतमिदं विहितं त्वयैव त्वङ्कोसि सत्यधन सत्यवतीसुतस्य।। [४५।।] नीतात्मकीर्त्तिसुरसिंधुरियं समुद्रप्रान्तन्त्वयोन्नतिमसौ [ग]मितः स्ववंशः। पूर्व्वे पवित्रतनवो विहिताश्च कोसि [त्वं]सु[त्सु]लध्ध(ब्ध)परभाग भगीरथस्य।। [४६।।] एतत्त्वया कृतमताडकमासु(शु) विस्वं(श्वं) व्याप्ता मही ह–

२१. रिभिरीश मनोजवैस्ते। पुण्यावतारकरणक्षतदुर्द्दशास्यस्त्वं कोसि दत्तरिपुलाघव राघवस्य ।। [४७।।] धर्म्मप्र[सू]स्त्वमसि सत्यधनस्त्वमेकस्त्वं वासुदेवचरणार्च्चनदत्तचित्तः। त्वं कोसि विप्रजनसेवित शेषवृ[त्ति]ः सङ्ग्रामनिष्ठुर युधिष्ठिरपार्थिवस्य।। [४८।।] त्वं भूरिकुंजरव(ब)लो भुवनैकमल्ल विद्याविभूषिततनुर्नृप पावनोसि। प्रच्छन्नसू–

२२. पकृतिसंभृतवंधुवांच्छः(बन्धुवाच्छः) कस्त्वं कवीन्द्रकृतमोद वृकोदरस्य।। [४६।।] एकस्त्वमीश भुवि धर्म्मभृतां वरिष्ठः सस्वामिकारिगणदर्पहरस्त्वमाजौ। गंधर्व्वराजपृतनाविजयाप्तकीर्त्तिस्त्वं

कोसि सुंदर पुरंदरनंदनस्य।। [५०।।] दुर्योधनारिव(ब)लदर्पहृतस्तवेश यत्नः पराज्र्जुनयशःप्रसरं निरोद्धुम्। त्वं कोसि सूर्यजनित प्रमदार्थिसार्थदौर्ग्गत्यकर्त्तन विकर्त्तनसंभवस्य।। [५१।।]

२३. रत्नालयस्त्वमसि [धा]म गभीरतायास्त्वं पासि पार्थ समभूमिभृतः प्रविष्टान्। अंतःस्थितस्तव हरिः सततं नरेश कस्त्वं वितीर्ण्णरिपुजागर सागरस्य ।। [५२।।] सौ(शौ)र्येकभूः क्रमसमागतसत्व(त्त्व)वृत्तिस्त्वंराजकुञ्जरशिरःप्रवितीर्ण्णपादः। दृप्तारिभास्करतिरस्कृति [सिंहिका]भूः कस्त्वं महीपतिमृगाङ्क मृगाधिपस्य ।। [५३।।] दानन्ददासि विकटोन्नतवंशशोभस्त्वं दत्त(न्त)पालिकरवा–

२४. लहतारिदर्पः [।] क्षोणीभृतो जयसि तुङ्गतया नरेन्द्र त्वं कोसि वैरिव(ब)लवारण वारणस्य।। [५४।।] सद्म श्रियस्त्वमसि मित्रकृतप्रमोदस्त्वं राजहंससमलंकृतपादमूलः। स्वामिन्नधःकृतजडोसि गुणाभिरामः कस्त्वं स्मिताढ्यमुखपंकज पंकजस्य ।। [५५।।] सत्पत्रभूषिततनुः सुविशुद्धकोशस्त्वं चंद्रकांतिसमलङ्कृतकांतमूर्त्तिः [।] ख्यातन्तवैव कवि[व]ल्ल[भ सौमनस्यं] त्वं वू(ब्रू)हिकः

२५. समरभैरव कैरवस्य।। [५६।।] त्वं पश्यतां हरसि देव मनांसि स(श)श्वन्मङ्गल्यभूस्त्वमसि निर्म्मलताभिरामः। कोसि प्रसीद वद सद्गुणरत्नयोनिस्त्वङ्कच्छपारिकुलभूषण भूषणस्य।। [५७।।] घात्रा परोपकरणाय विसृष्टकाय सच्छाय जन्मसमलङ्कृततुङ्गगोत्र। वू(ब्रू)हि त्रिसं[ध्य]मवनीश्वरवन्दनीय त्वङ्कोसि सूर्यनृपनन्दन [चन्द]नस्य।। [५८।।] नाधःकृतद्विज[पतिर्न्न मदा]न्वितोसि न त्वम्वि[त्वं वि]शुद्धहृदय प्रथितो–

२६. ग्रमायः। त्वं जानु(तु) न क्षतवृषो न जडे कृतास्थस्तेनास्तु नाथ हरिणोपमितिः कथं ते ।। [५६।।] नित्यं सन्निहितक्षयः स तमसा प्रायोभिभूयेत स त्वत्त्रासाद्भुवनैकनाथ हरिणस्तस्योदरे[प्रा]वि[स(श)]त्। मूर्त्ति[स्तस्य] कलङ्किता स जडतां धत्ते स दोषाकरः श[ब्दस्ते] विदितस्तथापि नृपते राजा त्वमित्यद्भुतम्।। [६०।।] एकेनो[त्तर]गो[ग्रहे] विमुखतां [पा]र्थेन नीताः प[रे] व्यासेन स्तुतिरर्ज्जुन–

२७. स्य विहितेत्यज्ञायि पूर्व्वं किल [।] तत्सम्यक्प्रतिभा[ति] संप्रति पुनः श्रीमन्महीपाल नस्त्वामालोक्य सहस्रशो रिपुव(ब)लंनिघ्नंतमेकं रणे ।। [६१।।] किं व्रू(ब्रू)मोधिक[त]त्व(त्त्व)मीश भवतस्त्वं नीतिपात्रं प[रं] वृत्तान्तं जगतीपते चतसृणामात्मप्रियाणां श्रृणु। [कीर्त्ति]र्भ्राम्यति दिक्षु गी[र्गु]णवताङ्कण्ठे लुठत्यादृता मर्यादारहि[ता म]ही द्विज[सुहृद्गेहे र]ता श्रीरपि ।। [६२।।] किं चित्रं [भु]वनैकमल्ल यदियं

२८. मन्दाकिनी पद्मभूलोकादुद्धरता भगीरथनृपेणानायि निम्नां महीम्। आश्चर्यम्पुनरेतदीश यदितो निम्नान्महीमण्डलादूर्द्धं(र्ध्वं) कीर्त्तितर[ङ्गि]णी कमलभूलोकं त्वया प्रापिता ।। [६३।।] चित्रं नात्र स ल[क्षश] स्त्वमकरोः सर्व्वात्मना विद्विषो देव प्रत्य[य]लोप[मा]शु विशि[खैः सं]मूर्च्छितस्याहवे। क्रो[धाद्भैरव] मूर्त्ति[रु]ल्लसदिसिक्रूरप्रहारा[द्भुतै]रस्य त्वं यदनीनशः प्रकृतिमप्ये–

२६. तन्न नाश्चर्यकृत् ।। [६४।।] अत्यंवु(बु)धि भवद्धैर्यमत्यादित्यं भवन्महः। अतिसिंह भवत्सौ(त्शौ)र्यमतः केनोपमीयसे ।। [६५।।] केयूरं तव भूपाल भुजदण्डे विराजते। किरीटमिव

[बा ह्वन्त]र्न्निवासिविजयश्रियः ।। [६६ ।।] यद[र्च्चां संतत्य] त्रिभुवनगुरो[:] स्तोत्रमकृथास्तदेष [प्रीत]स्त्वां ध्रुवमकृत कल्पस्थितिमिह। यदुत्सङ्गे तुङ्गे [ध]वलरविचन्द्रांशुविमला [प्र]लम्व(म्ब)व्याजेन क्षितितिलक तारावलिरियं(यम्)।। [६७।।]

३०. वैतालिकैरित्थमभिष्टुतेन संपूजितामर्त्त्यगुरुद्विजेन। विमुक्तकारागृहसंयतेन वितीर्ण्णभूताभयदक्षिणेन ।। [६८।।] तेनाभिषिक्तमात्रेण प्रतिजज्ञे द्वयं स्वयम्। पद्मनाथस्य संसिद्धिः कन्यायाः सद्वरा[र्प]णम्।। [६६।।] त[च्चद्वयं कृतमनेन वि[वे]कभा[जारा]जात्मजा मदन[हारि] वराय दत्ता। [श्री]पद्मनाथसुरमन्दिरमेतदु[च्चै]र्न्नीतं समाप्तिमविनासि(शि) यशःशरीरम्।। [७०।।] स–

३१. मर्पिता व्र(ब्र)ह्मपुरी च तेन शेषा[न्वि]धायावनिदेवमुख्यान्। प्रवर्त्ति[तं स]त्त्रमतन्द्रितेन मृ(मि)ष्टान्नपा नैरतिधार्म्मिकेण।। [७१।।] श्रीपद्मनाथस्य स लोकनाथश्चक्रिर्द्वयं भूपतिचक्रवर्त्ती। नैवेद्यपाकाय विपक्ववु(बु)द्धिः प्रा[दा]त्प्रदीपाय च गोत्रदीपः ।। [७२।।] व्र(ब्र)ह्मोत्तरं मण्डपिकासमुत्थं द्विधा विधाय [स्व]यमीश्वरेण। श्रीपद्मनाथाय वितीर्ण्णमर्द्धमर्द्धञ्च वैकुण्ठसुरेश्वराय ।। [७३।।] विला–

३२. सिनीवादकगा[य]नादेर्यथार्हतः पादकुलस्य वृत्तिम्। स पद्मनाथस्य पुरः समग्रामकल्पयत्प्रेक्षणकाय भूपः ।। [७४।।] पाषाणपल्लीं प्रविभज्य सम्यग्देवाय सार्द्धानि [प]दानि पंच। संपादयामास तथा द्विजेभ्यः सार्द्धाञ्चतुर्व्विंस(श)तिमुत्तमेभ्यः ।। [७५।।] ददौ कर[स्कन्ध]कवा[टपी]टं महीपतिस्तत्रभवं समस्तम्। आकाशपातालसमुद्गतञ्च देवद्विजेभ्यो लवणाकरं च।। [७६।।] [त]स्यादृ[ष्टस]हायतामु–

३३. पगतो योगेश्वरांगोद्भवः ख्यातः सूरिसलक्षणः क्षितिपतेः सर्व्वत्र विश्वासभूः।। [।] आधारो विनयस्य शीलभवनं भूमिः श्रुतस्याकरः स्वाध्यायस्य कृतज्ञतैकवसतिः सौजन्यकोशालयः।। [७७।।] तत्प्रत्ययेन निदधे निखिलानि धर्म्मकार्याणि [धर्म्म]निरतः स नरेन्द्रचन्द्रः। विप्रः स [निःस्पृ]हतया गुणगौरवेण चित्तं विवेश समवृत्तितया च राज्ञः।। [७८।।] म–

३४. हीपालेन ये विप्रास्तस्मिन्ग्रामे प्रतिष्ठिताः। तेषां नामानि लिख्यन्ते विस्तरः शाश(स)नोदितः ।। [७६।।] देवलब्धि(ब्धि): सुधीरा[द्य]स्ततः श्रीधरदीक्षितः। सू[रि]: कीर्त्तिरथः सार्द्धपदिनो [वै]द्विजास्त्रयः ।। [८०।।] गङ्गाधरो गौतमश्च मलकोथ गयाधरः। देवनागो वसिष्ठश्च देवशर्म्मा यशस्करः ।। [८१।।] कृ[ष्णो] वराहस्वामी च गृ[हदा]सः प्रभाकरः। इच्छाधरो मधुश्चैव तिल्हेकः पुरुषोत्त–

३५. मः।। [८२।।] रामेश्वरो द्विजवरस्तथा दामोदरो द्विजः। अष्टादशैते विप्रा[श्च पदि]नः षष्ठ[भो]द्विजः ।। [८३।।] पादोनपदिको रत्नतिहुणेकौ सुरार्च्चकौ। द्वावर्द्धपदिनावेष विप्राणां संग्रहः कृतः ।। [८४।।] ददौ देवपदानाञ्च मध्यादर्द्धपदं नृपः। विधाय शाश्वतं [लो]हभटका[य]स्थसूरये।। [८५।।] देवाय दत्तः सौवर्ण्णो राज्ञा रत्नैः समाचितः। मुकुटः [सुमहान्मध्ये म]णिर्यत्र वि[राज]ते ।। [८६।।] हरिन्मणि[म]यं भूपति–

३६. लकस्तिलकन्ददौ। रत्नैर्व्विचित्रं निष्कञ्च निष्कलङ्कः स भूपतिः।। [८७।।] प्रादात्केयूरयुगलं रत्नैर्व्व(ब)हुभिराचितम्। कङ्कणानाञ्चतुष्कञ्च महार्हमणिभूषितम्। [।] [८८।।] इति

रत्नमयन्तावदेकमाभरणं विभोः। द्वितीयमनिरुद्धस्य सौवर्ण्णं केवलं यथा ।। [८६।।] कङ्कणानां चतुष्कञ्च तालपट्टद्वयन्तथा। कृत्तिदारं स्वर्णमुष्टिम्वि[म्बि]भर्त्त्यं[न्वह]मच्युतः। [।] [६०।।] रूप्यमङ्गा[लिहा]द[त्ता] क[ञ्चौ]लैः पंचभिर्युता [नै]वेद्यधारणार्थञ्च कां–

३७. [स्य]स्थालचतुष्टयं[यम्]। [।] [६१।।] सुवर्ण्णाण्डत्रयं देवपरिवारविभूषणं(णम्)। धृतं चोपरि हेमाव्ज(ब्ज) मातपत्रीकृतं विभोः [।।६२।।] निवेश्य ताम्रपट्टे च तन्मयेनैव ग[ड्डु]ना। स्नास्यते प्रतिमानित्यमनिरुद्धस्य [रा]जती [।।६३।।] प्रतिमा [वाम]न[स्यै]का[द्वि]तीया लधुरा[च्यु]ती। राजावर्त्तमयी चान्या द्वे पूर्व्वे रीतिनिर्म्मिते।। [६४।।] ताः प्रयत्नेन तिस्रोपि पूज्यन्ते गर्भवेश्मनि। तत्र ताम्रम[यं] दत्तन्दीपार्थं मञ्चिकाद्व[यम्]।। [६५।।] स्नानार्थं तांम्रकुण्डे द्वे दत्ते

३८. द्वे ताम्रपात्रिके। ताम्रार्घपात्रद्वितयं तथा दत्तं महीभुजा।। [६६।।] सधूपदहनाः सप्त घण्टाश्चारात्रि[।] [कान्विता]ः। दत्ताः शंखाश्च सप्तै[व] ताम्रपात्रीचतुष्टयम्।। [६७।।] स कांस्यवाढढां प्रादान्नृपतिः काहलाद्वयम्। चामरं दण्डयुग्मञ्च रीतिस्फटिकसम्भवम्।। [६८।।] वृ(बृ)हच्चरुद्वयं ताम्रमयं ताम्रालुका[द्वय]म्। ताम्रभाण्ड्यस्तथा पञ्च दत्ताश्चा[टु]श्च तन्मयः [६६।।] एष देवोपकरणद्रव्याणां सङ्ग्रहः कृतः।। [।] [१००।।] शिलाकुट्टस्थपत्या–

३६. दिय[न्त्रि] शाकटिकादिषु। वापीकूपतडागादिखननाव(ब)न्धनेषु च। [।] [१०१।।] दशामा(मां)शं तथा विंशत्यंशं [स]र्व्वत्र मण्डले। ददौ राजानिरुद्धाय तेन सत्त्रं प्रवर्त्तते।। [१०२।।] अयं देवालयः पद्मनृपतेः स्फटिकामलः। भूयादुपार्ज्जितः पुण्यैःर्चि(पुण्यैर्वि)ष्णुलोक इवाक्षयः।। [१०३।।] भारद्वाजेन मीमांसान्यायसंस्कृतवु(बु)द्धिना। कवीन्द्ररामपौत्रेण गोविन्दकविसूनुना। [।] [१०४।।] कविना मणिकण्ठेन सुभाषितसरस्वता।। प्रशस्ति–

४०. द्विजमुख्ये[न] रचितेयमनिन्दिता।। [१०५।।] प्रतापलङ्केश्वरवाग्द्वितीयां वि(बि)भ्रत्सुहृत्तां मणिकण्ठसूरेः। अशेषभाषासु कविर्ल्लिलेख वर्ण्णा[न्यशोदे]वदिगंव(ब)राक्कः।। [१०६।।] एकादशस्वतीतेषु संवत्सरशतेषु च। एकोनपञ्चास(श)ति च गतेष्वद्वे(ब्दे)षु विक्रमात्।। [१०७।।] पञ्चासे(शे) चास्वि(श्वि)ने मासे कृष्णपक्षे नृपाज्ञया। रचितामणिकण्ठेन प्रशस्तिरियमुज्जवला।। [१०८।।] अंकतोपि ११५०।। आस्वि(श्वि)नव(ब)हुलपंचम्यां

४१. ओं[।।] तैस्तैस्तस्य महीपतेः प्रतिरणं प्रौढप्रतापानले नाश्चर्यं यदनेकशो रिपु[च]मूचक्रैः पतङ्गायितम्। यस्ये[न्द्र]प्रतिमस्य वु(बु)द्धिसहितः सर्व्वज्ञकल्पोभवन्नीत्या निर्ज्जितसौर्यवंशतिलकाचार्यः स गौरः सुधीः।। [१०६।।] किञ्चित्रं यन्महीपालो भुनक्ति स्माखिलां महीम्। यस्य गीर्व्वाणमंत्रीव मन्त्री गौरोभवत्सुधीः।। [११०।।] प्रशस्तिरियमुत्कीर्ण्णा सद्वर्ण्णा पद्मशिल्पिना। देवस्वामिसुते–

४२. न श्रीपद्मनाथसुरालये।। [१११।।] तथैव सिंहवाजेन मा[हु]लेन च शिल्पिना। [प्राप्नुवन्तु] समुत्कीर्ण्णान्यक्षराणि [यथार्त्थताम्] ।। [११२।।]

६. ग्वालियर का खण्डित कच्छपघात अभिलेखः सं. ११६१

प्राप्ति स्थल : ग्वालियर दुर्ग, वर्तमान में राजकीय संग्रहालय, लखनऊ में संरक्षित है
भाषा : संस्कृत

लिपि : नागरी
कवि : यशोदेव
तिथि : एकषष्ट्यधिकायामेकादशशत्यां माघशुक्लषष्ठयाम् ११६१ माघ शुदि ६ = मंगलवार, ५ जनवरी ११०४ ई.
संदर्भ : *ज. ए. सो. बं.*, भाग ३१, पृ. ४१८–२१; कनिंघम, ए. *आ. स. इ. रि.*, भाग २, पृ. ३५४; इ. ए., भाग १५, पृ. २०१–०३; *ए. इं.*, भाग १६–२३, क्र. १६६; *ग्वा. रा. अ.*, क्र. ६१; *इ. गो.*, पृ. ७; *का. इ. इ.*, भाग ७, पृ. ५४८–५२

इस अभिलेख का बायाँ भाग अस्पष्ट होने के कारण विषयवस्तु की पूर्ण जानकारी नहीं हो पाती है। शेष अंश के आरंभ में कच्छपघात राजवंश के कुछ राजाओं का उल्लेख हुआ है। आरंभिक श्लोक में भुवनपाल की चर्चा है। उसके बाद देवपाल, पद्मपाल, महिपाल की चर्चा है। महिपाल को गोपालिकेर का शासक बताया गया है। श्लोक ७–६ में महिपाल के स्वर्गवासी होने का आभास मिलता है तथा संभव है कि उसके उत्तराधिकारी का नाम अंकित रहा हो, जो अब स्पष्ट नहीं है। श्लोक ६ के अंत में अंकित चिह्न से वंशवृक्ष सम्बन्धी विवरण के यहीं पर पूर्ण होने की जानकारी मिलती है। श्लोक ११ से भुवनपाल के सचिव, कायस्थ वंशीय मथुरा के मनोरथ एवं उनके परिवारजनों का विवरण है। मनोरथ का विवाह भावा से हुआ था, जिससे मानिचंद्र नामक पुत्र उत्पन्न हुआ था। मानिचंद्र का विवाह रासगति से हुआ था तथा इन्होंने स्मरारि (शिव) एवं अन्य देवों के लिए मंदिर का निर्माण करवाया था। उनसे उत्पन्न पुत्र मधुसूदन था, जिसका छोटा भाई आशाचंद्र था, जिन्होंने हर (शिव) का मंदिर निर्मित करवाया था। इस अभिलेख की रचना छह भाषाओं के जानकार निर्ग्रंथनाथ यशोदेव ने की थी।

पाठ

१. [...] दगात्। भुवनपाल इति क्षितिपालनापचि [.............] रः।। [१.........] नन्दी तत्सुतश्चापराजितः। यश्चकार [..............] पराजितः [२] पौत्रो भुवनपालस्य देवालाङ्गजस्त[तः।........] तारिः पद्मपा[लः.......] श्रिया।।[३] चन्द्रङ्गता पद्मगुणान्न भुक्त(भुङ्क्ते) इत्यादिभागानुपपन्नम–

२. [..] [भि] [याम्।।[४] तमन्वक्प्रतापावनम्रारिमौलिस्रगभ्यर्च्चनीयांह्वि पीठोपकण्ठः। अधिष्ठाय गोपालिकेराधिपत्ये व(ब)भौ भूमिपालो महीपालदेवः।।[५] प्रतीपाखिलक्षत्रियक्षोददक्षो एकातपत्रान्धरित्रीं व्यधत्त। दिशादन्तिकुम्भस्थलीशंखभूषां स्वकीर्त्तिन्त्रिलोकीतटान्ते न्यधत्त।। [६] वैवस्वतकरदण्डाश्लिष्टे प।–

३. [...] कुमुदवनविकासकृद्राजा।। [७] पादानिह क्षितिभृतां दधतः शिरःसु दोषापसारणपटोः। सदिनश्रियश्च। धामाधिकस्य तरणेरिव दुःसहत्वं यस्यावहद्दिशि दिशि प्रसरन्प्रतापः।। [८] उदारसमरारम्भो दूरेस्तु कुरुते रिपून्। यस्य प्रयाणवार्त्तापि पलायनपरायणान्।। [६]।। भवस्य भालाम्व(म्ब)कवर्त्मभेदं रुणध्वपर्ण्णालकचू–

४. [...]: सदा गच्छतु कालयज्वा।। [१०] श्रीमान्व(ब)भूव मथुराभिजनो विमायः कायस्थवंशविपिनांवु(बु)धरः प्रहृष्टाः। शिष्टास्त्रिवर्ग्गपथगामि मनोरथस्य यस्याध्यगीषत मनोरथ इत्यभिख्याम् ।। [११] भुवनपालनृपद्रविणव्ययागमनियोगनिध(ब)न्धनलेखिनः। गणिततत्व(त्त्व) समस्तलिपिज्ञतागुणकृतस्तवनेस्य गुरुर्ल्लघुः।। [१२] कांताङ्गका–

५. [...] ललिताङ्गयष्टिः। स्पष्टीकृतात्मकुलशीलकलानुभावा भावानुरक्तिपरमास्य रमेव विष्णोः ।। [१३] यो मानिनां कैरवकुड्मलानां प्रह्लाद [नं वृ]त्तमधादिवेन्दुः। स मानिचन्द्रश्चतुरर्ण्णवान्वभ्रान्तोरुकीर्त्तिस्तनयोस्य जज्ञे ।। [१४] स्मरारि पूर्व्वामरमूर्त्तिसुन्दरोदरास्म(श्म)वेस्म (श्म)प्रकरार्पितध्वजैः। मरुद्धुतैस्तर्ज्जयदङ्गिनामद्यान्यचीकरत्कीर्त्तनमा–

६. [...] विधानेषु यतस्तदीया। शुचिस्मितोल्लासितहारकान्तिस्ततो जनै रा[स]गतिर्न्निरूचे ।। [१६] त्रिजगद्दिततात्मयशो विस(श)दीकृतदिक्स तयोस्तनयोभिजनोज्ज्वलसर्व्वनिजान्वयजाव्ज(ब्ज)रविः। मधुसूदन इत्यजनिष्ट विशिष्टगुणप्रणयः स्तुतयो गुरुदारगुणं प्रति संप्रति यं विदुषाम् ।। [१७] यशोविकासो मधुसूदनस्य मास्मन्मयूखा–

७. [...] चूर्यमाणः क्षयमापदिंदुः ।। [१८] येन त्रिलोकजनताशयशुद्धिहेतुर्द्धर्म्मोपि निर्म्मलतमः क्रियते स्म शस्व(श्व)त्। तस्यावदातचरिताद्भुतवर्ण्णनायामोजो विजृम्भितमहो यदि शारदायाः।। [१६] करांजलिपुटोद्धृतं जलमिवैष शस्व(श्व)त्सुधीः समग्रजगदंगिनां प्रगलदायुरालोचयन्। श्रुतैधितशमांवु(माम्बु)संशमितरागपात्रार्पि–

८. [...]।। [२०] आशासु यः शिष्टजगज्जनस्य श्रियं न्यधादात्मकरावकृष्टां(ष्टाम्)। जना यदीयावरजं तमाशाचंद्रं जगुः प्रीतगुरुंसृवृत्तं(त्तम्) ।। [२१] पतितप्रपतत्प्रपतिष्यदमर्त्त्यगृहोद्धरणैः स्वभुजार्ज्जितशुद्धधनव्ययवृं(बृं)हितपुण्य निधिः। यतिविप्रवरार्त्तविपन्नजनार्त्तिहरो भवनं भवनाशकरस्य हरस्य स कारयति स्म कृती ।। [२२] विद्वद्वृंदांवु(बु)जवनरविः श्रीज–

९. [...] निर्ग्रंथनाथः। यः षड्भाषावितत कविताकेतुहर्म्म्यं कलानां पूर्व्वमितामकृत स मुनिः श्रीयशोदेवनामा।। [२३] मनोभवांधकारातिविघातकरणो भवः। दद्याद्वः सम्पदो देवो यो गजाजिनभूतिभृत्।। [२४] श्रीविक्रमार्क्कनृपकालातीतसम्व(संव)त्सराणां(णा)मेकषष्ठ्यधिकायामेकादशशत्यां माघशुक्लषष्ठ्याम्प्रतिष्ठाभूत [।।]

१०. ग्वालियर के दो खण्डित कच्छपघात अभिलेख

अ.रत्नपाल कालीन अभिलेख (चित्र ६७)

प्राप्ति स्थान : ग्वालियर दुर्ग
भाषा : संस्कृत
लिपि : नागरी

संदर्भ : *इ. गो.*, पृ. ११०; ए. के. सिंह, भारती, २० (१९९३–९४), पृ. ११३–११६

खण्डित होने के कारण अभिलेख की विषयवस्तु स्पष्ट नहीं है। अभिलेख का आरंभ चंदप्रभ की आराधना से हुआ है। अर्हत् की प्रतिमा तथा मूल संघ का उल्लेख अभिलेख के जैन धर्म से सम्बन्ध को इंगित करता है। अभिलेख के शेष अंश में कच्छपघातवंशीय शासक लक्ष्मण, वज्रदामन, लक्ष्मण और रत्नपाल तथा ईशान के समान उसके पुत्र का नाम पठनीय है।

पाठ

१. सिद्धम् चन्द्रप्रभस्यवदनां वुरुह जयत्य तुच्छच्छविच्द्दपरिच्द्दलाल्दितन्तत्। संक्रान्त शक्रनयनोत्कर कान्त तारमारेक्य तेय दलिवृन्द विलास सद्म। संशोषणास्त्र जनितां वुरुहासनादि चेतो चलत्कं–

२. एतसे च रभत्वेशोत्वा। तत्रिह त्रीरत्न ....भद्रगङ्गोयद्यान तेजसिरतीऽवतात्सवीरः।। कृष्णोपन्नमय परिकरमुक्तां शैलास्ममूर्त्तिरयमर्हत्। दवयन्निवणातिमलं शुक्लध्यानोज्ज्वलोज

३. ....[रिति प्रविभ्रो]......................गताम विवेकाह्वं दावाग्रेस्त्रिजगद्वनम्।। श्रायसेपथिपांथानामाश्रयः संयमद्रुमः। पृथिग्रां मूलसंघेन सुप्रतिष्ठः प्रवर्द्धताम्।। कूर्म्मासुरात्र

४. ....[रिग्गुतिनि].................तुर्व्वभव भुवनाभ्युदयस्य वश्यसालन्तरक इह लक्ष्मणराजदेवः।। तस्यात्मजेनाजनि वज्रदाम्ना राजन्वद्योर्ज्जगदिद्वधाम्ना। चिरं धुरन्धारयतारिष

५. ....लनः त्रिरधि................निधिः भुवनैस्तप्रयाणं भरदोलिरां वुधिलदन्तरा प्रासविलाशिनोहरेश्चिरंननिद्रा नयने भजेदिति।। श्री वज्रदामनृपसुत लक्ष्मणराजाङ्ग

६. ....इणभुं प्रतियोमेत्। ध्वान्तध्वंसो पदाशन सोनूगृह्वानि दूषणम्।। विटप्रोत्सादन कृतेरन्वर्थाझर्य पालतां। विभुतोस्यन–

७. ....पुरत दरलोत्र विचित्रनयनोभावार्द्विषुस्खलति।। स्फुरदेकमन्यु निर्दूयदलिताखिलखलकुलार्यगर्गावत्य। सततम पनीतविपदे–

८. ....पउज्जि हीतेत्रणेद्धुतम्।। रत्नपालोभवत्तस्य सूनुरीशानतेजसः। शक्तिवयव्रता येन कुमारव्वमलंकृतम्। दैत्यारातिरिवा

९. ....तमर्हना...........दितहृदयदाहिक दत्तकृतिः। अवलाभवलाभाय वदितां च विश्रांत कीर्त्तिर्यः।। सोद्र पूर्व्ववणिठा भूयार्ण्णवा

१०. ....कूरङ्ग.............ञदारुहित इत्यनुद्दधकीर्त्ति............सदाकजौमुदोम्।। ....नुभवो सस्त्रौख्यतैमुख्यं वीजांकुरितं जिनेन्। वलोवृधर्द्धर्म्ममुत्र सर्व्वसंकल्पितार्वोदय कल्पवृक्षं।

११. ....व कृतेत्य वंदव्वंराघ्र सरषः तेजयो यस्य पद्रतु........भुतर्थम्।। वदतं........शतलह भुतिशतंगृणम्। करोत्यव्वनं.............संपल्वानां परमदि जगृकाः सिंहपानीयपुरे नरेन्द्रन

१२. ....दीकम भूतकरम प्रदोकर.......च........कुण्डीति तकृदकृत्कारतरातजतन पराथेरिणतरं शंचितां दधेत्य जनिशा दूरिता...........दूरी भवन्मति मतीषुसती

१३. ....लोकाषुचित्यु पचितं शुधि........................धर्मार्थकामनिपुणेषू पवा

१४. ....लयाः।। अनेन सानाद्भुतरूपसम्पदास्मरस्य च

१५. ....परां पत्यकां।। धर्म्मार्थ

ब. रत्नपाल के समय का खण्डित पाषाण अभिलेखः सं. ११६५

प्राप्ति स्थान : ग्वालियर दुर्ग, वर्तमान में लखनऊ के राजकीय संग्रहालय में संरक्षित

भाषा : संस्कृत

लिपि : नागरी

तिथि : सं. ११६५ फाल्गुन सुदि ८

संदर्भ : कनिंघम, ए., *आ.स.इं.रि.*, खण्ड 2, पृ. ३६२–६३; चक्रवर्ती, एन.पी., "कलेक्सन एण्ड डिसाइफरमेंट आफ इंसक्रिप्शन्स", *आ.स.इं.ए.रि.* १६३६–३७, पृ. ६३–६४।

प्रस्तुत् अभिलेख ग्वालियर से प्राप्त हुआ था तथा वर्तमान में लखनऊ के राजकीय संग्रहालय में संरक्षित है। अभिलेख लिखने के लिए पाषाण खण्ड को अच्छी तरह से तैयार किया गया है। चारों ओर के किनारों को उभरा हुआ बनाया गया है, जिससे अभिलेख का भाग सुरक्षित रह सके। इस अभिलेख में कुल २५ पंक्तियाँ हैं, जिनमें से २४ पंक्तियाँ पाषाण के मुख्य भाग पर अंकित हैं, जबकि अंतिम पंक्ति को नीचे के उभरे किनारे भाग पर अंकित किया गया है, फिर भी तिथि के लिये स्थान कम पड़ने पर दाहिने किनारे के भाग पर भी कुछ अक्षर लिखे गये हैं। अभिलेख अत्यधिक क्षतिग्रस्त हो चुका है। विभिन्न स्थलों पर पत्थर के चिप्पड़ छोड़ देने के कारण पूर्ण पाठ कर पाना अब संभव नहीं है।

इस अभिलेख को लेकर विद्वानों के मध्य अनेक प्रकार के संशय रहे हैं, जैसे कनिंघम द्वारा खोजे गये ग्वालियर दुर्ग पर स्थित जैन मंदिर से ज्ञात अभिलेख क्या यही है? क्या यह मूलतः जैन मंदिर में ही स्थापित था, क्या इसे बाद में अन्यत्र से लाकर जैन मंदिर में रखा गया होगा? क्या इसका वर्ण्य विषय जैन मंदिर के निर्माण से संबंधित है? क्या इसका वर्ण्य विषय बलराम मंदिर के निर्माण से संबंधित है? क्या बलराम के मंदिर को नष्ट कर वहाँ पर बाद में जैन मंदिर का निर्माण करवाया गया होगा?

कनिंघम ने १८४४ ई. में ग्वालियर दुर्ग पर हथिया पौर तथा सासबहू मंदिर के लगभग मध्य में, पूर्वी दीवार के समीप एक जैन मंदिर की तलाश की थी। उत्खनन में उन्हें अनेक दिगंबर जैन मूर्तियाँ तथा संवत् ११६५ (११०८ ई.) का एक अभिलेख मिला था जिसके आधार पर उन्होंने उसे जैन मंदिर के अवशेष मानते हुए उनका निर्माण अभिलेख के आधार पर ११०८ ई. में होना स्वीकार किया है। अभिलेख के पाठ के लिये अन्य अभिलेखों के साथ कनिंघम ने इस अभिलेख को भी राजेन्द्रलाल मित्रा के पास भेजा था, लेकिन इसके अत्यधिक खण्डित होने के कारण उन्होंने अपठनीय बताते हुए वापस कर दिया था। लखनऊ संग्रहालय के पूर्व क्यूरेटर, हीरानन्द शास्त्री ने अभिलेखों के कैटलाग पर प्रकाशित पुस्तक में इस अभिलेख का उल्लेख इ १७ के रूप में करते हुए लिखा है कि अभिलेख एक जैन मंदिर के निर्माण का विवरण प्रस्तुत करता है। बाद में, एन.पी. चक्रवर्ती ने शास्त्री के विचार का खण्डन करते हुए

स्पष्ट किया कि अभिलेख का जैन मंदिर से कोई संबंध नहीं है। परन्तु वह इस बात को स्वीकार करते हैं कि यह वही अभिलेख है जिसका उल्लेख कनिंघम ने जैन मंदिर से प्राप्त होने तथा राजेन्द्रलाल मित्रा द्वारा अपठनीय बताकर लौटा देने के रूप में किया है। साथ ही उनका यह भी मानना है कि यदि यह कनिंघम को जैन मंदिर से मिला था तो यह निश्चिततः मूलतः संकर्षण के मंदिर का स्थल रहा होगा, जिसे बाद में संभवतः मुस्लिम तोड़–फोड़ के बाद जैन मंदिर के रूप में परिवर्तित कर दिया गया रहा होगा। इस बात की संभावना से भी उन्होंने इन्कार नहीं किया है कि इसे अन्यत्र से लाकर जैन मंदिर में रख दिया गया रहा हो।

प्रस्तुत् अभिलेख एक प्रशस्ति है, जैसा कि अंतिम पंक्ति के आरंभ में उल्लिखित है। आरंभिक पंक्तियों में भगवान कृष्ण एवं संकर्षण का उल्लेख है, उसके बाद ग्वालियर के कच्छपघात राजवंश के राजाओं का विवरण दिया हुआ है। दुर्भाग्यवश अभिलेख के अत्यधिक छतिग्रस्त होने के कारण यह निर्धारित कर पाना कि किन–किन राजाओं का प्रशस्त्यात्मक विवरण रहा होगा, तथा उनके आपस में क्या संबंध थे? अब सरल नहीं है। इस राजवंश के प्रथम शासक का नाम चौथी पंक्ति में लक्ष्मणराज दिया हुआ है। उसके बाद सातवीं पंक्ति में अंकित सूर्यपाल का नाम पढ़ा जा सका है। पंक्ति ८ में सूर्यपाल की भार्या का नाम दिया है, लेकिन अभिलेख के खण्डित होने के कारण स्पष्टता के अभाव में यह कह पाना कठिन है कि उनका नाम लक्ष्मी था अथवा उनकी तुलना भाग्य की देवी लक्ष्मी से की गयी है। सूर्यपाल के पुत्र महीपाल को एक श्रेष्ठ शासक के रूप में प्रस्तुत करते हुए उन्हें 'क्षितिपति तिलक' तथा 'अद्भुतकनकतुलापुरुष' कहा गया है। पंक्ति १४ से विदित होता है कि महीपाल का रानी रत्नदेवी से उत्पन्न पुत्र रत्नपाल था। महीपाल की जानकारी संवत् ११५० के सासबहू मंदिर अभिलेख से है। संवत् ११६१ का अभिलेख भी महीपाल के उत्तराधिकारी का है, जिसमें उसका नाम खण्डित है, लेकिन प्रस्तुत अभिलेख तथा एक अन्य खण्डित कच्छपघात अभिलेख से स्पष्ट हो गया है कि वह रत्नपाल था। ऐसी स्थिति में यह कहा जा सकता है कि महीपाल का शासन निश्चिततः संवत् ११६१ के पूर्व समाप्त हो गया था तथा रत्नपाल उस समय राज्य कर रहा था। इस अभिलेख का मुख्य वर्ण्य विषय गोप पर्वत अर्थात् ग्वालियर दुर्ग पर बलराम (छीरपाणि) के मंदिर का निर्माण कुल्हण द्वारा करवाया जाना है, जो उस समय 'निखिल बलपति तथा मंत्रिमुख्य' अर्थात् सेनापति तथा मुख्यमंत्री के रूप में कार्यरत था। कुल्हण के पूर्वजों का भी उल्लेख हुआ है। वह शाण्डिल्य गोत्रीय ब्राह्मण मधुमथन का प्रपौत्र था। पितामह का नाम खण्डित होने के कारण नहीं पढ़ा जा सका है। कुल्हण के पिता का नाम सान्हि था। अंत में उल्लेख है कि रत्नपाल के निवेदन पर प्रशस्ति की रचना मणिकण्ठ के पुत्र आनन्द ने की थी। महीपाल के सासबहू मंदिर अभिलेख की रचना स्वयं मणिकाण्ठ ने की थी। इससे व्यवसाय के वंशानुगत होने की भी जानकारी मिलती है। लेखक का नाम खण्डित होने के कारण पढ़ा नहीं जा सका है। अभिलेख की तिथि अंत में संवत् ११६५ फाल्गुन सुदि ८ अंकित है। चक्रवर्ती ने अभिलेख की तिथि ११६७ या तो भूलवश उल्लिखित की है या छपायी की त्रुटि के कारण वह अंकित है।

ग्वालियर के कच्छपघात राजवंश से संबंधित अभी तक कुल ६ अभिलेख विदित हैं, जिनमें संवत् ११५० का सासबहू मंदिर अभिलेख सर्वाधिक सुरक्षित है। पद्मपाल मंदिर के निर्माण तथा दान से संबंधित इस अभिलेख से कच्छपघात राजवंश के शासकों की उपलब्धियों की जानकारी मिलती है। इसमें वंश के प्रथम शासक के रूप में लक्ष्मण का उल्लेख है। उसके बाद उनका पुत्र वज्रदामन शासक बना था, जिसके उल्लेख संवत् १०३४ के सुहानिया जैन प्रतिमा अभिलेख में महाराजाधिराज उपाधि के साथ हुआ है। तदुपरान्त क्रमशः मङ्गलराज एवं कीर्तिराज शासक हुए। कीर्तिराज ने मालव नरेश को पराजित किया था तथा सुहानिया में एक शिव मंदिर का निर्माण करवाया था, जिसकी पहचान वर्तमान ककनमठ से की जाती है। ककनमठ मंदिर के गर्भगृह के पीछे की वाह्य दीवार पर अंकित संवत् १०४४ (९८७ ई.) के एक लघु अभिलेख से यह निश्चित जान पड़ता है कि मंदिर का निर्माता कीर्तिराज उक्त तिथि के पूर्व से शासनरत था। कीर्तिराज का पुत्र मूलदेव, भुवनपाल एवं त्रैलोक्यमल्ल के रूप में भी प्रसिद्ध था। भार्या देवव्रता से मूलदेव का पुत्र देवपाल था। देवपाल के पुत्र पद्मपाल ने सासबहू मंदिर का निर्माण प्रारंभ करवाया था, लेकिन असामयिक मृत्यु के कारण उसके बाद सिंहासन पर बैठे सूर्यपाल के पुत्र महीपाल ने उसे पूर्ण करवाया। संवत् ११६१ के एक खण्डित ग्वालियर अभिलेख, जो वर्तमान में लखनऊ संग्रहालय में संरक्षित है, में आशाचन्द्र द्वारा शिव का एक मंदिर निर्मित करवाये जाने का उल्लेख है। इसमें कच्छपघात राजवंश के भुवनपाल, देवपाल, पद्मपाल तथा महीपाल के नाम ही पढ़े जा सके हैं, लेकिन महीपाल के उत्तराधिकारी का उल्लेख होने की संभावना व्यक्त की गयी थी। रत्नपाल के समय के इन दो अभिलेखों से यह स्पष्ट हो गया कि महीपाल के बाद रत्नपाल ने शासन सत्ता संभाली थी। दूसरे अभिलेख में तो रत्नपाल के पुत्र का भी उल्लेख हुआ है।

पाठ

१. ओं नमः संकर्षणाया यस्योद्यद्भुजहस्तसीम्तिविलठन्वुन्नालनीलोत्पलक्रोडभ्रांतमधुव्रत श्रियमधाद्गोवर्द्धन स्याधरः। निः प्रत्यूहमहर्णिशंदिशतुस श्रेयांसि भूयां सिवः

२. कृष्णोदृपूदनूतनूजतरुणीव ... च दोदसः।। पुञ्जीभूयाति कृष्नेर्द्दिनकरदुहितुः सीरम्भुत्याग्रवर्त्ती यस्योवाह प्रवाहः क्षणमत्विमलिनः स्फारफालानुकारं कृच्छंसंकर्षणोव

३. : ससुचिरमाचिरोद्धृत स .... नरेन्द्रोविद्राणारिः ससांद्वद्रढिमभुजयुगः सं

४. युगा सक्तचित्तः। राज्यं यस्योदारिद्धिद्द........................ पत्राज्जां लक्ष्मणराज इत्यभूदभूर्न्भियां भूमिभुजङ्गपुं–

५. गवः। सयोनुतेतानय वरोयत्रन................................ भुवत सूनुरभूनविक्रमस्त्रिविक्रमांदि प्रणतिप्रवी–

६. णेधीः।। तस्याः सूनुरभवप्रवल............................. वृधदृद्वराज्यः।। तस्माद्विस्मापितद्विद्धटरणरभ–

७. सः सूर्यपालः सकालः प्रत्यर्थिक्ष्म .... णाश ....ताप............ नस्थिरातरिषक्त्रेनं सुधीरप्यधित गिरंमृतामत्रयः सर्व्वदै–

८. व।। धैर्यं यस्या प्रदियममलंधृभु .... निर्व्व्याजान्योपकृतिरसदृद्वरवह........ किं वपोत्यत्स्नदमभिदधेधूत श्रीषैरमपत्यक्त्वोत्कर्षः प्रतिकथमपिद्वेषिभिर्य–
९. दुणानाम्।। दयिता त्रिभुवनदधी ....वदृ........... तीव पुर्ल्लक्ष्मीः। सिंधुषि .... तभुरद्योसतीष्वस्य।। तस्यात्तस्मादभूदच्युतचरणदृढाराधनाध्यस्तचित्तः कृत्ताशेष–
१०. रिसंक्षितिपतितिलकः। श्रीमहीपाल ....स्त्यागेभार........प........न.................रग्रलेखां लेभेणस्व द्वितीर्ण्णद्भुतकनकतुलापूरुषः पुरुकीर्त्तिः।। निर्यन्नानाविटपिध–
११. डतीभिद्विनागानिसर्पत्सुप्तारणरतादमहिपसूकार ....रा........... च्छतिकरलतालपरथ।। वनीनिप्रौढं यस्य प्रकटमंगदन्दोर्व्वलद्विद्युराणि।। वलादकोशन्यक–
१२. रग्रहं व्यधात्रांमित्र ....पुरतुसूनीर...........गः...........। न................. सहेगुणिनीदृढ .... ।। कनिभृतं यस्यं च मूश्वक्रेन तत धराभुजङ्गहनं। विधृतामलतरवारि–
१३. : शरदिवशरभाष .... भुजङ्गहएः।। सावित्रीव्रतः .... तस्य .... ह च कामद्विषो गौरीवाम्वुधिजेव कैटभजितस्त्वाष्दीवरिर्म्मद्युत .... स्येध्धीतस्यनितान्तसुन्दरवधुः श्री
१४. रन्नदेवीप्रभोः।।... रणोतव्वेः ... षरिवृढस्यशोननश्रीरभूत्।। तस्यात्तभूनृपादजायत जगत्कल्याणकारिक्रियः क्रौञ्चारातिरिवशराद्विरिभुवि श्रीरत्नपालाभिधः।
१५. यः कौमारभूद .... र्द्धनाःप्रथमः पराक्रमवतामग्रेसरस्त्यागिनाम्। निराकुर्व्वन्गर्व्वोन्मृदित विनयान्प्रौढित्मभूतःप्रतिक्षोणीभर्त्तृत्पु–
१६. र परिघवाहु ....स्मृति......... र्द्दितिसदोन्नतः स्थानाम्वारात्कतिकतिनगाण्डीवधनुषः।। यस्य श्री रमलातनोः परिणतिर्व्वाधीमवाग्गोचरः सं–
१७. रंभः समराजिस .... रात्रव्वे............ शादिर्द्विणिनिर्व्वणाप्रणयिनिप्रीतिः स्फुटानांकुलातुष्टिः सत्पथवर्त्तिनि प्रतिहतोपाधिर्ग्गणित्यादृतिः। यस्ते–
१८. जसाजगतिदीप्त र[त्न]पालोभुयद्वामसी............ भः। वीरोग्रणीर्द्विहितनित्यकविप्रसादः सम्वर्द्धितोन्मूदित कंटकविप्रसादः।। यस्या वाल्याद्गुरुषु सकलेव्व–
१९. प्य नाप्तापदादाचारस्यार्च्चितिहहिविनयज ....रितुपुनर्न्नित्यलुप्तान्तरः। यस्ता दृग्यार्दृग्जगतिसमन्तंद्वानग राघवस्य।। विवेकंस्यार्जत्यक्षितिपसुतलभ्यस्य
२०. सपितुः प्रसादस्यक्षोणीरमणंसुजटस्यांहिमहतः। दलप्रभु ....रिपुसंहारं रभसोरसात्पूर्त्तश्रेयस्य धितधियमुद्यमह्वदयः।। यः प्रख्यातःकुलोद्चप्रभवशुचितराचार शा–
२१. ण्डिल्यगोत्र व्रह्मश्रेष्ठस्यधीमानिह मधुमथनाह्वस्य साक्षात्प्रपौत्र .... रायत्यस्यप्रवरतरमेतर्यः सुतः सान्हिनाम्नः सोस्यासीत्कुल्हणाख्यो निखिलवलिपतिर्म्मंत्रिमुख्यः सुहृच्च–
२२. न्प्रापुर्म्मान्नर्लतन्नुच्छिदुरतरमिदं श्रीरियं कुम्भिकर्ण्णप्रान्तैकान्तप्रशाद .... चिरविभाभङ्गुरोसौविलासः। तेनांलोच्यैवमेरतदनुसविदुषा गोपाशैलस्यमूद्धिर्नप्रासादं सुभ्र–
२३. मभ्रंलिहमिहतरसाचीकरच्छीरपाणेः।। ध्रुवश्रीरत्नपालस्यभव्व .... शेषावतारः कुन्देदुविसदोदर्शितः स्वकः।। कुर्म्मेन्द्रोच्छ्रितपृष्ठकर्परतलेतिष्ठत्यसौमेदिनीया–
२४. दद्यावदियं विभर्त्तिभगवत्यंभांसि भागीरथीवलोयावदयं विलंघयति .... नीवल्लभस्तावन्मंदिरमेतदस्तु विगतोपायंमुरद्रेषिणः।। वाग्देव्यास्पदकण्ठस्यमणिकण्ठस्यनिर्म्मगे।

२५. प्रशस्तिर्न्नदनेनेयमानन्देनंविपश्चितो।। श्रीरत्नपालेन कृतोपरोधः सुदारया श्रीमणिकण्ठःस्वरेः। अले(ने)कभाषासुकविर्ल्लिलेख प ....संवत् ११६५ फाल्गुन सुदि ८

तोमरकालीन अभिलेख

यहाँ दुर्ग पर स्थित चारों जैन समूहों (दक्षिण–पूर्वी क्षेत्र, दक्षिण–पश्चिमी क्षेत्र, उत्तर–पूर्वी क्षेत्र एवं उत्तर–पश्चिमी क्षेत्र) में उत्कीर्ण अभिलेखों का विवरण दिया गया है, जिन्हें पहले तिथियुक्त और उनके बाद तिथिविहीन रूप में संयोजित किया गया है।

दक्षिण–पूर्वी क्षेत्र (एक पत्थर की बावड़ी समूह)

११. शिलालेखः सं. १५०५

प्राप्ति स्थान : बावड़ी के दाँयी ओर
भाषा : संस्कृत
लिपि : नागरी
तिथि : सं. १५०५ = १४४८ ई.

इस अस्पष्ट अभिलेख में महाराजाधिराज श्री डोंगरेन्द्र के पुत्र महाराजाधिराज श्री कीर्तिसिंह के शासनकाल में भट्टारक श्री हरिभद्र के शिष्य प्रभचंद्र की प्रेरणा से निर्माण–कार्य का उल्लेख है।

पाठ

१. ....श्रीपुर वरणेसो नमः ।। सिधि संवत्
२. १५०५ वर्षे..........................पुजरमास सिद्दपद्दयति
३. तदस्करित धदीध महाराजाधिराज श्री डोंग–
४. रेन्द्र ए महाराजाधिराज श्री कीर्तिसिंहदेव
५. ....
६. कुश तसु भट्टारक श्री कमलकीर्त्तिदेव.......
७. ध शततं..........द्रम द्रक्ष प्रभु भट्टार–
८. क श्री हरिभद्र......तत्सिष्य वा प्रभचंद्र
६. स्वदुर्भक्तिस्तः..........कार्यपितं।। मंगलं

१२. गुहा मंदिर लेखः सं. १५२१

प्राप्ति स्थान : गुहा मंदिर क्र. ११ में बाँयीं शिला पर
भाषा : संस्कृत
लिपि : नागरी

तिथि : सं. १५२१ अषाढ वदि १४ = १४६४ ई.

इस लेख में तिथि के साथ गर्व के हरण का उल्लेख है।

पाठ

१. सा परम कौरेवातहरु गर्व्वे महाजनमो शेषगु। संवत् १५२१ वर्षे अषढ वदि १४

१३. गुहा मंदिर लेखः सं. १५२२

प्राप्ति स्थान : गुहा मंदिर क्र. ११ में पिछली शिला पर
भाषा : संस्कृत
लिपि : नागरी
तिथि : सं. १५२२ माघ सुदि १२ सोमे = सोमवार १४६५ ई.

इस लेख में श्री कीर्तिसिंह के शासनकाल में काष्ठा संघ के मलयकीर्ति तथा भट्टारक गुणभद्र का उल्लेख है। जैसवाल वंश के साधु अर्जुन तथा भार्या वीभो के चार पुत्र साधु हला, मंडे, गवा एवं भाउम थे। इनमें साधु हला की भार्या हरे से उनके पुत्र करमचंद एवं देवचंद थे। मंडे की भार्या भिलो, गवा की भार्या चंदो व विणा तथा भाउम की भार्या थाल्हो थीं। भाउम का पुत्र अभयचंद था।

पाठ

१. संवत् १५२२ माघ सूदि १२ सेमे(सोमे) श्र(श्री) कीर्त्तिसिंह–
२. राज्ये श्री काष्ठासंघे मलयकीर्त्ति भ. गुणभद्र–
३. म्नाये जैसवालान्वये सा अर्जुन स्त्री वीभो पुत्र
४. ४ सा हला मंडे गवा भाउम हला स्त्री हरे। पुत्र क–
५. रमचंद देवचंद। मंडे स्त्री भिलो गवा स्त्री चंदो
६. द्वि. स्त्री विणा भाउम स्त्री थाल्हो पुत्र अभयचंद
७. सा मने अत्रैकर्मक्षय निमित्तं।।

१४. गुहा मंदिर लेखः सं. १५२३

प्राप्ति स्थान : गुहा मंदिर क्र. १२ में बाँयी शिला पर
भाषा : संस्कृत
लिपि : नागरी
तिथि : सं. १५२३ फागुन वदि ६ सोमे = सोमवार १४६६ ई.

इस लेख को लिखने का कार्य पंडित सैनामरईपा ने किया है।

पाठ

१. लिषितं पं. सैनामरईपा
२. संवत् १५२३ वरषो
३. फगुन वदी ६ सेम्पु (सोमे)

१५. प्रतिमा लेखः सं. १५२५

प्राप्ति स्थान : गुहा मंदिर क्र. १ में पार्श्वनाथ प्रतिमा की पादपीठ पर
भाषा : संस्कृत
लिपि : नागरी
तिथि : सं. १५२५ चैत्र सुदि ७ बुधवार = बुधवार ३० मार्च १४६८ ई.
संदर्भ : *ग्वा. पु. रि.* (१९८४/१९२७–२८) क्र. २७; *ग्वा. रा. अ.* (वि. सं. २००४), क्र. ३०१; *ए. रि. इं. ए.* (१९६१–६२), क्र. १५२४; *इ. गो.*, पृ. ३५[२]

इस मूर्तिलेख में मूलसंघ कुन्दकुन्दाचार्य सरस्वती गच्छ बलात्कार गण के भट्टारक श्री प्रभाचंद्र देव उनके पट्टशिष्य श्री पद्मनंदी उनके पट्टशिष्य भट्टारक शुभचंद्र उनके पट्टशिष्य भट्टारक श्री जिनचंद्र की प्रेरणा से गोपाचल दुर्ग पर तोमरवंशीय महाराजाधिराज श्री कीर्त्तिसिंह के विजयराज्य में श्री पार्श्वनाथ की प्रतिमा की प्रतिष्ठा का उल्लेख है। यह प्रतिष्ठा इक्ष्वाकुवंशीय गोलाराड जाति के संघाधिपति और उनके परिवार, जिनमें भार्या तथा पुत्र, पुत्री सम्मिलित हैं, के द्वारा करवाई गई है। यह भी कहा गया है कि पार्श्वनाथ की पूजा–अर्चना से शांति, कल्याण, निरोग, समृद्धि, सुख, दीर्घायु, कुल–गोत्र–धन की प्राप्ति तथा जनकल्याण होता है। अन्त में पंडित हरिपाल का नाम अंकित है।

पाठ

१. ....सिद्धेभ्यः ।। श्रीमत्परमगंभीरांस्योसदामोघयस्यानं। ......सघं जिन शासने।।२।। स्वस्ति ।। संवत् १५२५ वर्षे चैत्र सुदि ७ बुधवारस्यती मूलसंघे सरस्वती गच्छे वलात्कार गणे। श्री कुंदकुदाचार्यान्वये।। भट्टारक श्री प्रभाचंद्र देवाः।। तत्पट्टे भट्टारक श्री पद्मनंदी देवा भ. शुभचंद्र देवाः।।
२. ।। स्य तत्पट्टे भट्टारक श्री जिनचंद्र यतीश्वरायः......क श्री सिंहकीर्त्ति शुधीवराः । तेषामुपदेशात्।। श्री गोपाचल महादुर्ग्गे श्री तोमरान्वये।। महाराजाधिराज श्री कीर्त्तिसिंह विजयराज्ये। भवतां डामारेलब्ध प्रतिष्ठां श्री इक्ष्वाकु वंशोद्भवाः। गोलाराडेतिसंज्ञका। संघाधिपतयः।। श्री ।।
३. ....{भार्या} मुहाराश्री तत्पुत्राः सं. माणिक सं. अश्वपति सं. कुसराज। सं जोजि।। सं. माणिक भार्या लषणश्री तत्पुत्राः सं. वनू। हरसिंह। पहरू। कुमुद।। वनू भार्या हुलो द्वि. विजयश्री।। हरिसिंघ भार्या मनश्री द्वि. भार्या श्रीत्या सिवश्री। पहरु भार्यास्य मीरश्री। कुमुदचंद्र भार्यासुत्यौ मनश्री। पुत्र।।

४. ....वि भार्या। धिनमा पुत्र माधव भार्या लाडमश्री पुत्र। उद्धरण भार्या माणिक्य श्री द्वितीयत्रास्य देवचंद्र भार्या। षेमश्री। कुसराज भार्यो लोहव द्वितीय भार्या वीरा पु. वुद्धसेण। पुत्री हरमा।। जोजि भार्या रैसी पु. मंडेन श्री कुवरा।। मंडे भार्या रत्नश्री।। संघस्वे अतश्रीर्नमो।। एतेषां मध्ये संघाधिपतयः।।

५. ....भूपतयः स्ववंधु निजपुत्रपौत्रौसह श्री पार्श्वतीर्थेश्वरं नित्यं प्रि(वि)शुद्धयां प्रणमंति।। ।। श्री शांतिरस्तु शिवमस्तु जयोस्तु नित्यमारोग्यनम्व्रतय पुष्टि समृद्धिरस्तु। कल्याणमस्तु सुखमस्तु किमूदिरस्तु दीर्घायुरस्तु कुलगोत्रधनं सुखस्तु।। इति श्री राजवर्ध्यै भवंतु प्रजाः शुखिनो भवंतु। तस्यो वर्द्धतां ।। श्री।।

६. । पंडित हरिपाल

१६. गुहा मंदिर लेखः सं. १५२५

प्राप्ति स्थान : गुहा मंदिर क्र. १ में मूलनायक पार्श्वनाथ प्रतिमा के बाँयीं ओर शिला पर
भाषा : संस्कृत
लिपि : नागरी
तिथि : सं. १५२५ चैत्र सुदि १५ गुरौ = गुरुवार ७ अप्रैल १४६८ ई.
संदर्भ : *ग्वा. पु. रि.* (१६८४/१६२७–२८) क्र. ३५; *ग्वा. रा. अ.* (वि. सं. २००४), क्र. ३००; *ए. रि. इं. ए.* (१६६१–६२), क्र. १५१४; *इ. गो.*, पृ. ३५[३]

इस लेख में मूल संघ के भट्टारक सींघकीर्ति (सिंहकीर्ति) तथा गोलाराड अन्वय के साधु लषन एवं भार्या लषनाश्री के पुत्र रसालदास के पुत्र साधु कानू द्वारा लोककल्याणर्थ प्रतिमा–प्रतिष्ठा का उल्लेख है।

पाठ

१. ।। संवत् १५२५ वरषे चैत्र सुदि
२. १५ गुरौ। श्रीमूल संघे भट्टारक
३. सींघकीर्ति देव गोलाराडान्वये
४. सा लषनेक भार्या लषनाश्री पु–
५. त्र रसालदास भार्या................
६. पुत्र तेषां सा. कानू लोकस्वंहारे
७. करापितं नित्यं प्रणमति

१७. गुहा मंदिर लेखः सं. १५२५

प्राप्ति स्थान : गुहा मंदिर क्र. १ में मूलनायक पार्श्वनाथ प्रतिमा के बाँयीं ओर शिला पर
भाषा : संस्कृत
लिपि : नागरी

तिथि : सं. १५२५ चैत्र सुदि १५ गुरौ = गुरुवार ७ अप्रैल १४६८ ई.
संदर्भ : *ग्वा. पु. रि.* (१६८४ / १६२७–२८) क्र. ३७; *ग्वा. रा. अ.* (वि. सं. २००४), क्र. ३०२; *ए. रि. इं. ए.* (१६६१–६२), क्र. १५१६; इ. *गो.*, पृ. ३५[४]

इस लेख में मूल संघ के भट्टारक श्री सींघकीर्ति (सिंहकीर्त्ति) की प्रेरणा से गोलाराड अन्वय के मानदेव द्वारा नित्य पूजा–अर्चना का उल्लेख है। इसमें मानदेव तथा उसके पूर्वजों का भी विवरण दिया गया है।

पाठ

१. ।। संवत् १५२५ वरषे चैत्र सुदि १५
२. श्री मूलसंघे भट्टारक सींघ–
३. कीर्तिदेव गोल्लाराडन्वये
४. सा. भौपार भार्जा धरश्री पुत्र
५. सा सोपार भार्या रासा पुत्रेन
६. त्रैलोकदास भार्या हरदेवी पु–
७. त्रेन। प्रेमधर तेषां रोध भार्या
८. कानइवरा पुत्रेन मानदेव
६. प्रणमंते नित्यम् नमस्यौ

१८. गुहा मंदिर लेखः सं. १५२५

प्राप्ति स्थान : गुहा मंदिर क्र. १ में मूलनायक पार्श्वनाथ प्रतिमा के दाँयीं ओर शिला पर
भाषा : संस्कृत
लिपि : नागरी
तिथि : सं. १५२५ चैत्र सुदि १५ गुरौ = गुरुवार ७ अप्रैल १४६८ ई.
संदर्भ : *ग्वा. पु. रि.* (१६८४ / १६२७–२८) क्र. ३८; *ग्वा. रा. अ.* (वि. सं. २००४), क्र. २६६; *ए. रि. इं. ए.* (१६६१–६२), क्र. १५१३; इ. *गो.*, पृ. ३५[५]

इस लेख में काष्ठा संघ के मलयकीर्ति एवं भट्टारक गुणभद्र के आम्नाय में जैसवाल अन्वय के महाथो की पत्नी सोमा से उत्पन्न पाँच पुत्रों एवं अन्य की चर्चा है।

पाठ

१. संवत् १५२५ चैत्र सुदि १५
२. गुरौ श्रीकाष्ठासंघे स. म–
३. लयकीर्त्ति भट्टारक गु–
४. णभद्र देवाम्नाये जैसवा–
५. लान्वये। सा. महाथो भा–

६. र्या सोमा पुत्र ५ आ. सारं–
७. ग विलुचन चंदश्री कयुर
८. सिहू। सा. सारंग भार्या लशो
६. ....पुत्र सा माला भार्या चंदपालो
१०. ....सा. चंद
११. ....सा. भाक भार्या भग.....
१२. पुत्र काके..................................प्रियढ
१३. वी..........सा. राजदिवदा सा................
१४. ....श्री पुण्या मुनिसं।। श्रीयं

१६. गुहा मंदिर लेखः सं. १५२५

प्राप्ति स्थान : गुहा मंदिर क्र. १ में मूलनायक पार्श्वनाथ प्रतिमा के दाँयीं ओर शिला पर
भाषा : संस्कृत
लिपि : नागरी
तिथि : सं. १५२५ चैत्र सुदि १५ गुरौ = गुरुवार ७ अप्रैल १४६८ ई.

इस लेख में काष्ठा संघ के साधु मलयकीर्ति तथा गोलाराड अन्वय के सहवंदे द्वारा निर्माण करवाये जाने एवं नित्य पूजा–अर्चन का उल्लेख है।

पाठ

१. संवत् १५२५ वरषे
२. चैत्र सुदि १५ गुरौ
३. श्री काष्ठा संघे सा.
४. मलयकीर्ति देव
५. गोलाराडा तदन्वये
६. जैसवाल...............हा
७. पुत्र पदमि.............का
८. ला सीतो सहवंदे
६. कारापयति नित्यं
१०. प्रणमति

२०. गुहा मंदिर लेखः सं. १५२५

प्राप्ति स्थान : गुहा मंदिर क्र. ८ में शांतिनाथ प्रतिमा के दाँयीं ओर शिला पर
भाषा : संस्कृत
लिपि : नागरी

तिथि : सं. १५२५ चैत्र सुदि १५ गुरौ = गुरुवार ७ अप्रैल १४६८ ई.

संदर्भ : *ग्वा. पु. रि.* (१६८४/१६२७–२८) क्र. ३२; *ग्वा. रा. अ.* (वि. सं. २००४), क्र. २६६; *ए. रि. इं. ए.* (१६६१–६२), क्र. १५१६; *इ. गो.*, पृ. ३५[६]

इस अभिलेख की केवल ऊपर की चार पंक्तियाँ ही शेष हैं। शेष भाग संभवतः पत्थर की परत उखड़ जाने के कारण नष्ट हो चुका है। इस अपूर्ण लेख में गोपाचल दुर्ग के तोमरवंशीय महाराजाधिराज डुंगरेन्द्र के पुत्र महाराजाधिराज कीर्तिसिंह के राज्य में काष्ठा संघ का उल्लेख है।

पाठ

१. ।। स्वस्ति श्री सर्व्वज्ञाय।। संवत् १५२५ वर्षे चैत्र सुदि १५ पूर्णिमायां गुरौ श्री
२. गोपाचल दुर्गो तोमर वर वंशान्वये महाराजाधिराज रा[जा]
३. [डुंगरें]द्र देवस्तद्राज्येन भोंगणद्यमणिम्महाराजाधि–
४. [राज कीर्तिसिंह] देवराज्ये [प्रवर्त्त]माने श्री काष्ठा संघे...

२१. गुहा मंदिर लेखः सं. १५२५ (चित्र ६८)

प्राप्ति स्थान : गुहा मंदिर क्र. १२ में बाँयीं भित्ति पर

भाषा : संस्कृत

लिपि : नागरी

तिथि : सं. १५२५ चैत्र सुदि ७ बुधवासरे = बुधवार ३० मार्च १४६८ ई.

संदर्भ : *ग्वा. पु. रि.* (१६८४/१६२७–२८) क्र. २६; *ग्वा. रा. अ.* (वि. सं. २००४), क्र. २६३; *ए. रि. इं. ए.* (१६६१–६२), क्र. १५२५; *इ. गो.*, पृ. ३४[७]

इस अभिलेख का वर्ण्य विषय कीर्तिसिंह के राज्य में संघाधिपति हेमराज द्वारा युगादिनाथ की प्रतिमा की प्रतिष्ठा तथा अनेक जैन आचार्यों का उल्लेख है। अभिलेख का आरंभ आदिनाथ के नमन से हुआ है। उसके बाद तिथि का उल्लेख है। श्री गोपाचल दुर्ग और तोमर वंश का उल्लेख करने के बाद डुंगरेन्द्र सिंह के पुत्र कीर्तिसिंह की प्रशस्ति है। श्री काष्ठा संघ, माथुर अन्वय तथा पुष्करगण के भट्टारक हेमकीर्ति, भट्टारक श्री कमलकीर्ति, भट्टारक श्री शुभचंद्र एवं प्रतिष्ठाचार्य रैधू के चर्चा के उपरान्त अग्रोत अन्वय एवं गर्ग गोत्र के साधु मना उनके पुत्र साधु चौंडे, उनके पुत्र साधु पाल्हा, उनके पुत्र साधु कौला एवं उनकी भार्या साध्वी रूपा से उत्पन्न पुत्रों संघाधिपति षेमराज एवं संघाधिपति हेमराज का विवरण है। संघाधिपति षेमराज एवं जौणाही का पुत्र मदन तथा हेमराज की भार्या धनराजही एवं मदणसिरी थीं। उनके पुत्र संघाधिपति कुमरु की दो पत्नियाँ वाल्हाही तथा लहुवरा थीं एवं पुत्र का नाम राहचंद था। इसके बाद संघाधिपति भोजा, उनके परिवारजनों एवं अन्य का उल्लेख है।

पाठ

१. ऊँ।। श्री आदिनाथाय नमः।। संवत् १५२५ वर्षे चैत्र सुदि ७ वुधवासरे।। श्री गोपाचल दुर्ग्गे तोमरवंशान्वये।।
२. महाराजाधिराज राजा श्रीडुंगरेन्द्रदेवस्तत्पदोद्योत भास्करप्रतिमतजागजवंध्यनेक नृपचक्रमौलि
३. मणिचुंवितपादपद्मोजाः। अनेक मंडलेश्वर शरणप विपजरः। कलिकाल चक्रवर्ती क्षितिपति श्री की–
४. र्त्तिसिंह देवराज्य प्रवर्त्तमाने।। श्रीकाष्ठासंघे माथुरान्वये पुष्कर गणे भट्टारक श्री हेमकीर्त्ति देवास्तत्पट्टे
५. भट्टारक श्री कमलकीर्त्तिदेवास्तत्पट्टे बालब्रम्हचारि व्रतस्न रत्नाकराः शवब्रम्हरहस्यार्थत्रका–
६. व्यप्रभाकराः।। भट्टारकश्री शुभचंद्रदेवाः प्रतिष्ठाचार्य पंडित रैधू कृतपादसेवाः।। तदाम्नाये अ–।।
७. ग्रोत्रकान्वये गर्ग्ग गोत्रे साधु मना तस्य पुत्र साधु चौंडे तस्य पुत्र साधु पाल्हा तत्पुत्र साधु कौला त–
८. स्य भार्या साध्वी रूपा तत्पुत्रौ सं षेमराज सं हेमराज नामानौ। सं. षेमराज भार्या जौणाही त–
९. त्पुत्र सा. मदन। संघाधिपति हेमराज भार्या धनराजही द्वितीया मदणसिरी। तत्पुत्राः सं.
१०. कुमरु तस्य भार्ये द्वे। प्रथमा वाल्हाही द्विती लहुवरा पुत्र राहचंद्रः। सं भोजार्भा रतन–।।
११. पालही। तृतीय पुत्र कुलभार धुरंधरः संघाधिपति नानू। तस्य भार्या ३ घोघरही। द्वि
१२. तीयां भावसिरि। तृतीया लाडसिरि।। एतेषां मध्ये संसार शरीर भोग विरक्तेन। परो–
१३. पकारकरणतत्परेणो जिनप्रतिष्ठाकरणार्ज्जिततीर्थेशगोत्रेण। जिनप्रभावनांग भा–
१४. वनांगभार धुरंधरैणा चतुर्विध दानप्रीणनसुर तरुणा। त्रिकाल प्रणत दिगंवरगु–।।
१५. रुणा। आसन्न भट्टेन संघाधिपति श्री हेमराजेन। श्री युगादिनाथ जिनेश्वरस्य महा–
१६. कायेमां प्रतिमां निर्म्माप्य पुनः प्रतिष्ठाप्य विशुद्धया भक्तिं प्रणत सिरमा नित्यं प्रणमति।।
१७. क्षेमं सर्व्व प्रजानां प्रभवतु वलवान् धार्म्मिकोभूमिपालः कालेकाले च सम्यकवर्षनुमप्य।।
१८. वा व्याधवोयां(वाधां)तुनासां दुर्भिक्षसौरवारिक्षणमपि जगतांमाभवन् जीवलोको जैनेंद्र धर्म्म च–
१९. क्र प्रवहत सतत संघे सौरव्य प्रदायि।। १।। शुभंभवतु चतुर्विधे संघस्य।। लेषक पाठकयोराये।

२२. प्रतिमा लेखः सं. १५२५

प्राप्ति स्थान : गुहा मंदिर क्र. १३ में सम्मुख शिला पर
भाषा : संस्कृत
लिपि : नागरी

तिथि : सं. १५२५ चैत्र सुदि ७ बुधे = बुधवार ३० मार्च १४६८ ई.

श्री काष्ठा संघ के भट्टारक गुणभद्र के आम्नाय में जैसवाल अन्वय के साधु गविणू की भार्या धनो द्वारा नित्य पूजा–अर्चना का उल्लेख है।

पाठ

१. संवत १५२५ चैत्र सुदि ७ बुधे
२. श्री काष्ठा संघे भ गुणभद्राम्ना–
३. ये जैसवालान्वये सा गविणू
४. भार्या धनो नित्यं प्रणमति।

२३. गुहा मंदिर लेखः सं. १५२५

प्राप्ति स्थान : गुहा मंदिर क्र. १३ में संभवनाथ प्रतिमा के दाँयीं ओर पिछली शिला पर
भाषा : संस्कृत
लिपि : नागरी
तिथि : सं. १५२५ चैत्र सुदि १५ गुरौ = गुरुवार ७ अप्रैल १४६८ ई.
संदर्भ : *ग्वा. पु. रि.* (१६८४/१६२७–२८) क्र. ३३; *ग्वा. रा. अ.* (वि. सं. २००४), क्र. २६७; *ए. रि. इं. ए.* (१६६१–६२), क्र. १५१०; *इ. गो.*, पृ. ३५[८]

इस लेख में श्री गोपाचल दुर्ग के महाराजाधिराज हिन्दू सूरमा श्री कीर्त्तिसिंह के विजयराज्य में काष्ठा संघ के भट्टारक श्री गुणकीर्त्ति, उनके शिष्य भट्टारक यशःकीर्त्ति, उनके शिष्य भट्टारक मलयकीर्त्ति तथा उनके शिष्य भट्टारक श्री गुणभद्र का उल्लेख है। श्री गुणभद्र के आम्नाय में जैसवाल अन्वय के साधु श्रीधर की भार्या वरसिणि से छह पुत्र थे– साधु गाजू, साधु अर्जुन, साधु सहजन, साधु सकतू, साधु काले एवं साधु लाहड। इनमें साधु अर्जुन की भार्या गलो से चार पुत्र–साधु हला, साधु मंडे, साधु गवा एवं साधु लाडम थे। इनमें साधु हला की भार्या हरो से तीन पुत्र–करमू, अजू एवं अढू थे। मंडे की भार्या लिषो थी। गवा की दो भार्या–चंदो एवं विणा तथा एक पुत्र तिलकचंद था। साधु लाडम की भार्या पंथू से पुत्र अभयचंद्र था। साधु गवा संभवनाथ की प्रतिमा की नित्य पूजा–अर्चना करता था। सूत्रधार मलय के पुत्र घाड़म द्वारा संभवतः इस प्रतिमा का निर्माण एवं अभिलेख के उत्कीर्णन का कार्य किया गया था।

पाठ

१. ।। संवत १५२५ वर्षे चैत्र सुदि १५ गुरौ श्री गोपाचल
२. दुर्गे महाराजाधिराज श्री हींदूसुरत्राण श्री कीर्त्ति–
३. सिंह विजयराज्ये। श्री काष्ठा संघे भ. श्री गुणकीर्त्ति

४. देवाः भ. यशःकीर्त्तिदेवाः भ. मलैकीर्त्ति भट्टारक
५. श्री गुणभद्रदेवाम्नाये जैसवालान्वये साधु श्रीधर भा–
६. र्या वरसिणि पुत्रे ६ सा. गाजू सा. अर्जुन सा. सहजन। सा.
७. सकतू सा. काले सा. लाहड।। सा. अर्जुन भार्या गलो
८. पुत्र ४ सा. हला सा. मंडे सा. गवा सा. लाडम। सा. हला
९. भार्या हरो पुत्र ३ करमू अजू। अढू। मंडे भार्या लिषो–
१०. गवा भार्ये २ चंदो विणा पुत्र तिलकचंद। सा. लाडम भा–
११. र्या पंथू पुत्र अभयचंद्र।। साधु गवा इदं संभवनाथ प्रति–
१२. मा नित्यं प्रणमति।। सूत्रधारि मलय पुत्र घाडम कृतं।।

२४. गुहा मंदिर लेख सं. १५२५

प्राप्ति स्थान : गुहा मंदिर क्र. १३ में सम्मुख शिला पर
भाषा : संस्कृत
लिपि : नागरी
तिथि : सं. १५२५ चैत्र सुदि ७ बुधे = बुधवार ३० मार्च १४६८ ई.
संदर्भ : *ग्वा. पु. रि.* (१६८४/१६२७–२८) क्र. ३४; *ग्वा. रा. अ.* (वि. सं. २००४), क्र. २६४; *ए. रि. इं. ए.* (१६६१–६२), क्र. १५२२; *इ. गो.*, पृ. ३४[६]

इस लेख में काष्ठा संघ के भट्टारक शुभचंद्र के आम्नाय पद्मावती पुरवाड वंश के साधु धाजत तथा उनकी भार्या से उत्पन्न पुत्र लठा का उल्लेख है। लठा की भार्या सौमिति का पुत्र पंडित पते थे। पतेव और उसकी भार्या हंसौति का पुत्र पंडित पतेद्धर्य ने श्री पार्श्वनाथ प्रतिमा की प्रतिष्ठा करवायी।

पाठ

१. संवत् १५२५ चैत्र सुदि ७ वुधे श्री
२. काष्ठा संघे भट्टारक शुभचंद्रदेवा–
३. म्नाये पद्मावती पुरवालवंशेस्य
४. सा. धाजत भार्या लाजै पुत्र लठा–
५. तद्भार्या सौमिति तत्पुत्र पंडित पते–
६. तद्भार्या हंसौति पुत्रस्ये पंडित
७. पतेद्धर्म श्री पार्श्वनाथ प्रतिष्ठाप्य–
८. स कर्म क्षयार्थ नित्यं पूजयति
९. नतेस्तम।

२५. गुहा मंदिर लेखः सं. १५२५

प्राप्ति स्थान : गुहा मंदिर क्र. १३ में पद्मासन जिन प्रतिमा के पिछली भित्ति पर
भाषा : संस्कृत
लिपि : नागरी
तिथि : सं. १५२५ चैत्र सुदि १५ = ७ अप्रैल १४६८ ई.
संदर्भ : *ग्वा. पु. रि.* (१६८४/१६२७–२८) क्र. ३०; *ग्वा. रा. अ.* (वि. सं. २००४), क्र. २६५; *ए. रि. इं. इ.* (१६६१–६२), क्र. १५१८; *इ. गो.* (१६६६), पृ. ३५[10]

इस लेख में श्रीगोपाचल महादुर्ग के राजाधिराज श्री डुंगरेद्र देव के पुत्र श्री कीर्त्तिसिंह के राज्यकाल में काष्ठा संघ माथुर अन्वय पुष्करगण के भट्टारक श्री क्षेमकीर्ति, उनके पट्टशिष्य भट्टारक श्री हेमकीर्त्ति, उनके पट्टशिष्य भट्टारक श्री कमलकीर्ति, उनके पट्टशिष्य भट्टारक श्री शुभचंद्र की प्रेरणा से अग्रोत अन्वय के साधु असराज के परिवारजनों द्वारा प्रतिमा प्रतिष्ठा का उल्लेख है। इसके प्रतिष्ठाचार्य पंडित रैधू थे। इसमें साधु असराज की भार्या लघो से दो पुत्रों साधु जीवदा की भार्या मेद्याही तथा द्वितीय पुत्र चान्दा की भार्या होलाही एवं उनके दो पुत्रों मातिका एवं उधरणा का विवरण है।

पाठ

१. ।। सिद्धि संवत् १५२५ वर्षे चैत्र सुदि १५।। श्री गोपाचलमहादुर्ग्गो राजाधिराज श्री डुंग–
२. रेंद्रदेवा तत्पुत्र श्री कीर्त्तिसिंघ प्रवर्त्तमाणे।। श्री काष्ठा संघे माथुरान्वे पुष्करगणे।।
३. भट्टारकाः श्री क्षेमकीर्त्तिदेवाः। स्तत्पट्टे भट्टारक श्री हेमकीर्त्तिदेवाः। तत्पट्टे
४. ।। भट्टारकाः श्री कमलकीर्त्तिदेवाः।। तत्पट्टे भट्टारकाः श्री शु–
५. भचंद्रदेवाः पं रैधू तदाम्नायो अ–
६. ग्रोताकान्वे साधु असराज
७. भार्या लघो पुत्र २ सा जी–
८. वदा भार्य मेद्याही द्वितीय
६. चान्दा भार्या होलाही पुत्रो
१०. २ मातिका उधरणा नामा–
११. नौ एतौ सव्वे सुभम
१२. नाना निमित्तं काराापि–
१३. तं प्रतिमा नित्यं प्रणम–
१४. ति शुभं मांगल्यरस्तु।।

२६. गुहा मंदिर लेखः सं. १५२५

प्राप्ति स्थान : गुहा मंदिर क्र. १४ में शांतिनाथ प्रतिमा के मस्तक भाग के दाँयीं ओर शिला पर
भाषा : संस्कृत
लिपि : नागरी
तिथि : सं. १५२५ चैत्र सुदि ७ बुद्धवार = बुधवार ३० मार्च १४६८ ई.
संदर्भ : *ग्वा. पु. रि.* (१६८४/१६२७–२८) क्र. २८; *ग्वा. रा. अ.* (वि. सं. २००४), क्र. २६२; *ए. रि. इं. ए.* (१६६१–६२), क्र. १५२३; *इ. गो.*, पृ. ३४[११]

यह अभिलेख शांतिनाथ के नमन से आरंभ होता है। श्री गोपाचल महादुर्ग के महाराजाधिराज श्री कीर्त्तिसिंह के शासनकाल में श्री काष्ठासंघ माथुर अन्वय पुष्करगण के भट्टारक श्री क्षेमकीर्त्ति के पट्टशिष्य भट्टारक हेमकीर्त्ति, उनके पट्टशिष्य भट्टारक कमलकीर्त्ति, उनके पट्टशिष्य भट्टारक शुभचंद्र, उनके पट्टशिष्य भट्टारक यशःसेन और पंडित रैधू का उल्लेख है। अग्रोत अन्वय व गोइल गोत्र के साधु वजहु की दो पत्निगाँ थीं, जिनमें प्रथम भार्या नाल्ही से पुत्र साधु हरसी तथा द्वितीय भार्या राल्हीं से पुत्र साधु महता थे। साधु धता की महाभार्या का पुत्र ओदा उसकी भार्या धनापा से उत्पन्न पुत्र वोहिपु चाहड एवं नरसिंह थे। साधु हरसी की भार्या करमा से तीन पुत्र साधु हरिराज, साधु पतिराज एवं साधु नामू थे। साधु पतिराज की भार्या धतो से चार पुत्रों में शारा की भार्या पल्हो तथा पुत्र भद्दू, अर्जुन एवं उधरण थे। द्वितीय शेमल की भार्या दल्हीं से चार पुत्र मदतु, धणा, रणा एवं जयत थे। सडग की भार्या प्रेमा से पुत्र उत पल्हा का भार्या वीधो से पुत्र पर्वत एवं धारण थे। पतिराज ने कर्मों का क्षयार्थ श्री शांतिनाथ, श्री कुंथुनाथ एवं श्री अरनाथ की विशाल रत्नत्रय की स्थापना की।

पाठ

१. ऊँ।। स्वस्ति।। श्रीमते शांतिनाथाय नमः शान्ति विधायिने त्रैलोक्येसामसदायमहुर्यस्य
२. सिंताक्षये।।१।। सं १५२५ वर्षे चैत्र सुदि ७ वुद्धवासरे श्री गोपाचल महादुर्गे महाराजाधिराज श्री कीर्त्ति–
३. सिंघ राज्य समये श्री काष्ठासंघे माथुरान्वये पुष्करगणे। भट्टारक श्री क्षेमकीर्त्तिदेवाः तत्पट्टे भ. हेमकीर्ति देवाः
४. तत्पट्टे भ. कमलकीर्त्तिदेवाः तत्पट्टे भ. सुभचंद्रदेवाः तत्पट्टे भट्टा. श्री यशःसेनेन लिषांप्य पंडित रैधू तदाम्नाये
५. अग्रोतकान्वये गोइल गोत्रे सा. वजहु भार्या २ नाल्ही पुत्र सा हरसी द्वि राल्ही पुत्र सा महता सा धता महाभार्या सुवा पुत्र
६. द्योदा भार्या धनापा ततो पुत्र वोहिपु चाहडु नरसिंघु सा हरसी भार्या करमा पुत्र ३ सा. हरिराज सा. पतिराज तृ. सा नाथू
७. सं पतिराज भार्या धनो पुत्र ४ प्र सं चादा भार्या पल्हो पुत्र सं भरहू सं अर्जुन सं उधरण ।। द्वि सं षेमल भार्या देल्ही पुत्र ४ सं मद–

८. नु सं घणा सं रणा सं जगहा भट्ट सं उधर भार्या षेमा पुत्र सं उत भ. सं पल्हा भा वीधो पुत्र पर्वत सं धारण एतेषां मध्येसी
९. पतिराज श्री शांतिनाथ श्री कुंथुनाथ श्री अरनाथ इति रत्नत्रय महाकाय कारापयति प्राप्य कर्मक्षयति निमित्तं नित्यम प्रणमति
१०. ।। सुभमस्तू।। ।। मांगल्य ददाइ।। ।।

२७. गुहा मंदिर लेख सं. १५२५

प्राप्ति स्थान : गुहा मंदिर क्र. १५ में पुष्पदन्त प्रतिमा के मस्तक भाग के दाँयीं ओर शिला पर
भाषा : संस्कृत
लिपि : नागरी
तिथि : सं. १५२५ चैत्र सुदि ७ बुधवासरे = बुधवार ३० मार्च १४६८ ई.
संदर्भ : *ग्वा. पु. रि.* (१६८४/१६२७–२८) क्र. २६; *ग्वा. रा. अ.* (वि. सं. २००४), क्र. २६१; *ए. रि. इं. ए.* (१६६१–६२), क्र. १५१७; *इ. गो.*, पृ. ३४–३५[१२]

इस लेख में श्री गोपाचल महादुर्ग पर श्री कीर्तिसिंह के शासनकाल में श्री काष्ठा संघ माथुर अन्वय के भट्टारक श्री हेमकीर्त्ति के पट्टशिष्य भट्टारक श्री कमलकीर्त्ति के पट्टशिष्य भट्टारक श्री शुभचंद्र के आम्नाय में अग्रोत अन्वय मीतम गोत्र के वादिका से आये साधु कालू तथा उनके चार पुत्रों दीणकस्य, सोता, सनू व हालाक्षः का उल्लेख है। साधु दीणक और उनकी भार्या आषी के पाँच पुत्र– धीह्ला, ऊधा, महाराज, तेजा व साधुलेऊ थे। साधु महाराज की भार्या कोट्टी के चार पुत्र– आढू, राम, अजयराज एवं साधु साजा थे। साधु आढू की भार्या स्यामा से दो पुत्र माणिक और साधु वनि थे। साधु रामचंद्र की भार्या महिल, साधु अजयराज, साधु साजा द्वारा नित्य पूजा–अर्चना का उल्लेख है। अभिलेख का लेखन कार्य घाटम के पुत्र चिद्रूप ने किया।

पाठ

१. ।। ॐ।। स्वस्ति। श्रीजिनाय नमः।। संवत् १५२५ वर्षे चैत्र सुदि ७ वुधवासरेस्यसि श्री गोपाचल महादुर्ग्गे महाराजाधिराज डूं–
२. गरेन्द्र...........तत्पुत्र श्री कीर्त्तिसिंध राज्य प्रवर्त्तमाने श्री काष्ठासंघे माथुरान्वये पुष्करगणे {भट्टारक श्री क्षेमकीर्त्तिदेवः}
३. तत्पट्टे भट्टारक श्री हेमकीर्त्तिदेवा तत्पट्टे भट्टारक श्री कमलकीर्त्तिदेवा तत्पट्टे भट्टारक श्री शुभचंद्रदेव....
४. तदाम्नाये अग्रोतकान्वये मीतम गोत्रे वादिका वास्तव्य साधु कालू तत्पुत्र चत्वारि जेष्ट पुत्र दीणकस्य

५. द्वितय पुत्र सोता तृतीय सनू नामा श्चतुर्थो हालाक्षः।। साधु दीणकस्य भार्या आषी तत्पुत्र पंचो जेष्ठो
६. ।। घीह्ला द्वितीय ऊधा तृतीय महराजश्चतुर्थो तेजा पंचम सालेऊ।। साधु महाराजकस्य भार्या कोट्टी तत्पुत्र
७. ।। जेष्टो सा. आढू द्वितीय राम तृतीय अजैराजश्चतुर्थो सा साजा।। सा. आढूकस्य भार्या स्यामा तत्पुत्र द्वौ जेष्ट।।
८. ।। माणिक। लघु पुत्र सा वनि।। नामानौ सा रामचंद्र भार्जा महिलय।। सा अजयराज सा वले सा साजा भार्जा सवी श्री
६. ।। एते सर्व्वे नित्यं प्रणमति।। पं घाटम।। पुत्र चिद्रूप लिक्षतं।। शुभं भवत्।। मांगल्य श्री

२८. प्रतिमा लेखः सं. १५२५

प्राप्ति स्थान : गुहा गंदिर क्र. १७ में ऋषभनाथ प्रतिमा के पादपीठ पर
भाषा : संस्कृत
लिपि : नागरी
तिथि : सं. १५२५ चैत्र सुदि १५ गुरौ = गुरुवार ७ अप्रैल १४६८ ई.
संदर्भ : *ग्वा. पु. रि.* (१६८४/१६२७–२८) क्र. ३६; *ए. रि. इं. ए.* (१६६१–६२), क्र. १५१५; इ. गो., पृ. ११०–११

इस लेख में श्री काष्ठा संघ के भट्टारक श्री गुणभद्र के आम्नाय में अग्रोत अन्वय के धर गोत्र के गोपी की भार्या झोडी एवं तजो, जिमा एवं भार्या पटीरव एवं अन्य द्वारा आदिनाथ की नित्य पूजन का उल्लेख है।

पाठ

१. ।। श्री मन्नाभितनूजातो।। वृषकेनुर्घ्वमायुधः वृषभः शांति दो नित्यं ऐकसाधोन्वितशतं संवत् १५२५ वर्षे चैत्र सुदि १५ गुरौ श्री काष्ठासंघे भट्टारक श्री गुणभद्रदेवान्माये अग्रोतकान्वयो धर गोत्रे भूजदा कोसी जदा भार्या सहौश्री पुत्र हरेकपि मारसू भार्या टाजे पुत्र मैद्ये गोपी भार्ये झोडी तजो जिमा भार्या पटीरव सर्वे नित्यं प्रनयंति श्री आदिनाथ।।

२६. गुहा मंदिर लेखः सं. १५२५

प्राप्ति स्थान : गुहा मंदिर क्र. १६ में दाँयी ओर शिला पर
भाषा : संस्कृत
लिपि : नागरी
तिथि : सं. १५२५ चैत्र सुदि ७ बुधवासरे = बुधवार ३० मार्च १४६८ ई.

इस अभिलेख का वर्ण्य विषय कर्मक्षयार्थ प्रतिमा की प्रतिष्ठा करवाना है। गोपाचल महादुर्ग पर महाराजाधिराज श्री कीर्त्तिसिंह के शासनकाल में काष्ठा संघ माथुर अन्वय पुष्कर गण के भट्टारक पंडित श्री हेमकीर्त्ति के पट्टशिष्य कमलकीर्त्ति, उनके पट्टशिष्य भट्टारक श्री शुभचंद्र एवं मुनि बसंतकीर्ति के आम्नाय में पौरवाग्वाड के साधु सीहदेव की भार्या आइति से तीन पुत्रों वनिअतिहि, वलूभिव, वनि का उल्लेख है। साधुवनि की भार्या ऊण के दो पुत्रों में लडऊ की भार्या मलिका तथा सुद्दा की भार्या पयो थी।

पाठ

१. ।। सिद्धि। संवत १५२५ चैत्र सुदि ७ बुधवासरे गोपाचल महादुर्गे महाधि–
२. राज श्री कीर्त्तिसिंह राज्य प्रवर्त्तमाणे।। श्री काष्ठा संघे माथुरान्वे पुष्कर गणे भट्टा–
३. रक पं. श्री हेमकीर्त्ति देवाः। स्त तत्पट्टे भट्टा{र}क श्री कमलकीर्त्ति देवाः। स्ततत्पट्टे भ–
४. ट्टारकाः श्री शुभचंद्र देवाः। मुनि बसंतकीर्त्ति। परस्य तदाम्नये। पौरवाग्वाडा–
५. निय पाततापुरोत्पथो। साधु सीहदेवा भार्या गाइति। पुत्राः ३ वनि अ–
६. तिहि वलूत्रिव सा वनि। भार्या ऊठा पुत्रौ २ प्रथमा लडऊ। भार्या म–
७. लिका दुवारो। एतौ सा सुद्दा भार्या पयो ऊदू वतस्यात्यदि–
८. नय प्रतिमा कारापितां कर्म्म क्षयार्थ।। शुभं मंगलाय।।

३०. गुहा मंदिर लेखः सं. १५२६

प्राप्ति स्थान : गुहा मंदिर क्र. १४ में शांतिनाथ प्रतिमा के दाँयीं ओर पिछली शिला पर
भाषा : संस्कृत
लिपि : नागरी
तिथि : सं. १५२६ चैत्र सुदि १५ = १४६६ ई.

इस लेख में वृहद्दच्छ के भट्टारक श्री कनकप्रभ सूरि, भट्टारक श्री मलयचंद्र सूरि, उनके पट्ट पर भट्टारक श्री मतिसुंदर सूरि द्वारा शांतिनाथ प्रतिमा के नित्य पूजन की चर्चा है।

पाठ

१. सिद्धि।। संवत् १५२६ वर्षे चेत्र
२. सुदि १५ दिने।। श्री वृहद्गच्छे
३. भ. श्री कनकप्रभसूरि
४. भ. श्री मलयचंद्रसूरि
५. तत्पट्टे ग्रोवटा गोत्रे भट्टार–
६. क श्री मतिसुंदरसूरि

७. श्री शांतिनाथं नित्यं प्रण–
८. मति।। शुभं भूयाद्दिने २

३१. गुहा मंदिर लेखः सं. १५२७

प्राप्ति स्थान : गुहा मंदिर क्र. १४ में शांतिनाथ प्रतिमा के दाँयीं ओर पिछली शिला पर
भाषा : संस्कृत
लिपि : नागरी
तिथि : सं. १५२७ वैशाष वदि ५ = १४७० ई.

इस लेख में श्री वृहद्गच्छ के श्री मतिसुंदर सूरि के शिष्य मुनि माणिक्यसुंदर द्वारा नित्य पूजन का उल्लेख है।

पाठ

१. संवत् १५२७ वर्ष वैसाष।।
२. वदि ५ तिथौ श्री वृ[ह]द्गच्छे।।
३. श्री मतिसुंदरसूरि सिष्य मु–
४. नि माणिक्यसुंदर नित्यं
५. प्रणमति।।

३२. गुहा मंदिर लेखः सं. १५३०

प्राप्ति स्थान : गुहा मंदिर क्र. २० में पिछली शिला पर
भाषा : संस्कृत
लिपि : नागरी
तिथि : सं. १५३० माघ सुदि ११ शुक्रवार = शुक्रवार १४७३ ई.

इस लेख में काष्ठा संघ माथुर अन्वय पुष्कर गण के भट्टारक श्री कमलकीर्त्ति के शिष्य मुनि वसंतकीर्त्ति द्वारा आदिनाथ प्रतिमा की प्रतिष्ठा का उल्लेख है।

पाठ

१. ऊँ नमः सिद्धेभ्यः।। सिद्धि संवत् १५३० वर्षे माघ सुदि ११ शुक्रवा–
२. सरे श्री काष्ठासंघे माथुरान्वये पुष्करगणे भट्टारक श्री कमल–
३. कीर्त्तिदेवाः तत् सिष्य मुनि वसंतकीर्त्तिदेवाः आर्याचारित्र
४. श्री मुनि वसंतकीर्त्ति विंवकराये आदिनाथः। धीरवद्ध
५. माजकौ कर्म्मक्षय निमित्तं।। शुभं भवतु मांगल्यं दक्षतु

३३. गुहा मंदिर लेखः सं. १५३०

प्राप्ति स्थान : गुहा मंदिर क्र. २० में पिछली शिला पर पार्श्वनाथ प्रतिमा के समीप
भाषा : संस्कृत
लिपि : नागरी
तिथि : सं. १५३० माघ सुदि ११ = १४७३ ई.

इस लेख में सहजा सवस के कर्मक्षय हेतु संभवतः किसी निर्माण कार्य एवं पूजन का उल्लेख है।

पाठ

१. संवत् १५३० वर्षे मघा(माघ) सुदि ११
२. सका भयजीवै श्रक वरपिसती
३. दौश्चतुर्वेमु सहजो स्वपिस
४. क्तैर अकरयषौमामत

३४. मानस्तम्भ लेखः सं. १५३०

प्राप्ति स्थान : गुहा मंदिर क्र. २० के बाँयीं ओर मानस्तम्भ पर
भाषा : संस्कृत
लिपि : नागरी
तिथि : सं. १५३० माघ सुदि ११ शुक्रवासरे = शुक्रवार १४७३ ई.

इस लेख में मुनि बसंतकीर्त्ति द्वारा कर्मक्षय हेतु संभवतः मानस्तम्भ की प्रतिष्ठा करवाये जाने का उल्लेख है।

पाठ

१. सिद्ध [सं]वत् १५३० वर्षे
२. माघ शुदि ११ सुक्र–
३. वासरे मुनि वसं–
४. तकीर्त्तिदेवाः तेन
५. नि सही कराई क–
६. र्म्मक्षय निमित्तं।।

३५. गुहा मंदिर लेखः सं. १५३०

प्राप्ति स्थान : गुहा मंदिर क्र. २० में पिछली शिला पर

भाषा : संस्कृत
लिपि : नागरी
तिथि : सं. १५३० माघ सुदि ११ शुक्रवासरे = शुक्रवार १४७३ ई.

इस लेख में राजाधिराज कीर्त्तिसिंह के राज्यकाल में काष्ठा संघ माथुर अन्वय पुष्कर गण के आचार्य श्री हेमकीर्त्ति के पट्टशिष्य श्री कमलकीर्त्ति, उनके पट्टशिष्य श्री शुभचंद्र एवं मुनि बसंतकीर्त्ति के आम्नाय में अग्रवार वंश के साधु मल्हू की भार्या पल्हो के पुत्र रन्नपाल की भार्या रतनसिरि के पुत्र पालेन द्वारा णेमीश्वर (नेमिनाथ) की प्रतिमा की स्थापना का उल्लेख है।

पाठ

१. सिद्धि संवत् १५३० वर्षे माघ सुदि ११ शुक्रवासरे राजाधिराज कीर्त्तिसिंह प्रवर्त्तमा–
२. ने श्री काष्ठासंघे माथुरान्वये पुष्करगणे आचार्य श्री हेमकीर्त्तिदेवा तत्पट्टे भ–
३. ट्टारक श्री कमलकीर्त्तिदेवाः। तत्पट्टे भट्टारक श्री शुभचंद्रदेवाः मुनि वा(व)–
४. संतकीर्त्तिदेवाः तदाम्नाये अग्रवार वंशे साधु मल्हू भार्या पल्हो पुत्र र–
५. न्नपाल भार्या रतनसिरि पुत्र पालेन णेमीश्वर विंवु कारापितं कर्म्म–
६. क्षय निमित्तं।। शुभं भवतु मांगल्यं दक्षतु।। ।।

३६. गुहा मंदिर लेखः सं. १५३०

प्राप्ति स्थान : गुहा मंदिर क्र. २० में बाँयीं शिला पर
भाषा : संस्कृत
लिपि : नागरी
तिथि : सं. १५३० माघ सुदि ११ शुक्रवार = शुक्रवार १४७३ ई.

इस लेख में काष्ठा संघ के श्री धर्मचंद्र तथा मुनि कीर्त्तिचंद्रदेव का उल्लेख है।

पाठ

१. संवत् १५३०
२. वर्ष माघ सु–
३. दि एकादस
४. ११ सुक्र–
५. वासरो
६. श्री का–
७. ष्ठा संघे
८. श्री धर्म–
९. चंददेवा

१०. कर्म्मक्ष–
११. यमी कीर्त्ति–
१२. चंद्रदेवका–
१३. राप[यति]

३७. गुहा मंदिर लेखः सं. १५३०

प्राप्ति स्थान : गुहा मंदिर क्र. २० में बाँयीं भित्ति पर
भाषा : संस्कृत
लिपि : नागरी
तिथि : सं. १५३० माघ सुदि ११ शुक्रवासरे = शुक्रवार १४७३ ई.

इस लेख में तोमरवंशीय शासक कीर्त्तिसिंह के शासनकाल में काष्ठा संघ माथुर अन्वय के पट्टाचार्य श्री हेमकीर्त्ति, उनके पट्टशिष्य कमलकीर्त्ति, उनके पट्टशिष्य शुभचंद्र, हेमकीर्त्ति, मंडलाचार्य श्री धर्मचंद्रदेव, उनके पट्टशिष्य प्रभाचंद्र, उनके पट्टशिष्य कीर्त्तिचंद्र तथा पंडित रैधू का उल्लेख है। साधु देनघी की भार्या विरो से दो पुत्र थे, जिनमें प्रथम साधु हुला की दो पत्नियाँ प्रभा एवं सहुथी थीं। उनसे उत्पन्न पुत्र वीधा था। साधु धीरा, साधु राणाधरो, साधु धर्मेश्वर, साधु षामूको की भार्या षेमा द्वारा पुत्र के शुभ कार्य के लिए पूजन–अर्चन करने का विवरण है।

पाठ

१. ।। संवत् १५३०
२. वर्षे माघ सुदि
३. ११ शुक्रवासरे
४. राजाधिराजा तोद(म)–
५. ड(र) वंश राजा की–
६. र्त्तिस(सिं)घ राज प्रव–
७. र्तमानो काष्ठा
८. संघो माथुरान्व–
९. यो पटाचार्य श्री
१०. हेमकीर्त्तिदेवा
११. तत्पट(ट्टे) कमल–
१२. कीर्त्तिदेवा तत्प–
१३. ते(ट्टे) सुभचंद्रदेव
१४. हेमकीर्त्तिदेवा

१५. माडराचार्य श्री
१६. धर्म[चंद्र]देवा त–
१७. त्सिष्य प्रभा–
१८. चंद्रदेवा तत्सि–
१६. ष्य कीर्तिचंद दे–
२०. वा पं. रैधू र
२१. जद सवसिप्रथि–
२२. माहेत्तो सा देन–
२३. धी भार्या विरो
२४. पुत्र द्वयां प्र–
२५. थमं पुत्र सा–
२६. हुला भार्या
२७. य। प्रथम भार्या
२८. प्रभा दुतिय भार्या सहुथी
२६. पुत्र सं. वीधा। सा. धीरा
३०. सा. राणाधरो सा. धर्मेस्व–
३१. रावद्यो सा. षामूको
३२. भार्या षेमा भयी पून
३३. कारयौ सुभौ

३८. गुहा मंदिर लेखः सं. १५३०

प्राप्ति स्थान : गुहा मंदिर क्र. २० में पिछली शिला पर चन्द्रप्रभ प्रतिमा के समीप
गाषा : रांस्कृत
लिपि : नागरी
तिथि : सं. १५३० माघ सुदि ११ शुक्रवासरे = शुक्रवार १४७३ ई.

इस अभिलेख में वीकरमाचंद्र द्वारा पुण्यार्थ एवं कर्मक्षयार्थ प्रतिमा की प्रतिष्ठा करवाने का उल्लेख है।

पाठ

१. संवत् १५३० व–
२. षे माघ सुदि
३. ११ शुक्रवारे
४. वीकरमाचं–
५. द्र पुत्र विंव

६. कारापितं कर्मक्ष–
७. र्म क्षयति

३९. गुहा मंदिर लेखः सं. १५३०

प्राप्ति स्थान : गुहा मंदिर क्र. २० में पिछली शिला पर पुष्पदन्त प्रतिमा के समीप
भाषा : संस्कृत
लिपि : नागरी
तिथि : सं. १५३० शुक्र = शुक्रवार १४७३ ई.

इस अभिलेख में कुम्थीर के कर्मों के क्षय हेतु मूर्ति–स्थापना का उल्लेख है।

पाठ

१. संवत् १५३० वर्षे
२. शुक्रे कुम्थीर कर्म क्षयति
३. विं[व] कारापितं।

४०. गुहा मंदिर लेखः सं. १५३०

प्राप्ति स्थान : गुहा मंदिर क्र. २२ में बाँयीं शिला पर
भाषा : संस्कृत
लिपि : नागरी
तिथि : सं. १५३० माघ सुदि ११ सुक्रवासणे = शुक्रवार १४७३ ई.

यह अभिलेख णमोकार महामंत्र से प्रारंभ होता है। इसमें महाराजाधिराज कीर्तिसिंह के शासनकाल में काष्ठा संघ माथुर अन्वय पुष्कर गण के भट्टारक श्री गुणकीर्त्ति के पट्टशिष्य भट्टारक जसकीर्त्ति, उनके पट्टशिष्य भट्टारक मलयकीर्त्ति और उनके पट्टशिष्य भट्टारक गुणभद्र के आम्नाय में ब्रह्मचारी सहाण के शिष्य ब्रह्मचारी पाल्हू, उनके शिष्य ब्रह्मचारी जिनदास, उनके शिष्य ब्रह्मचारी पाषण का उल्लेख है। उनके आम्नाय में अग्रोतक अन्वय सूर्य गोत्र के साधु भरहो की भार्या धीकी पुत्र साधु हेमदु; हेमदु की दो पत्नियाँ गनी एवं तोल्ही तथा पुत्र विधौसी; विधौसी की भार्या काल्ही, द्वितीय पुत्र सा शेमलु एवं उसकी दो भार्याएँ कुवरदे एवं विधो तथा पुत्र वहोरणु का विवरण है। वहोरणु द्वारा कर्म–क्षय के लिए संभवतः प्रतिमा–प्रतिष्ठा करवाई गई।

पाठ

१. स ओणां। एंद्रिः।। ॐ णमो धीह राणण।। णमो सवदताणं। णमोसिद्धाणं। णमो कइरियाणं
२. णमोउवष्वाइयाणं। णमो लोए सव्वसोक्षणं।। १।। संवत् १५३० वर्षे माघ सुदि

३. ११ सुक्रवासणे महाराजाधिराज रा. कीर्त्तिसिंघदेव राज्य प्रवर्त्तमाने श्री
४. काष्ठासंघे माथुरान्वये पुष्कर गणे।। भट्टार–
५. क श्री गुणकीर्त्तिदेव तत्पट्टे भट्टारक श्री जसकीर्त्ति
६. देव तत्पट्टे भट्टारक श्री मलैकीर्त्तिदेव।। तत्पट्टे भट्टारक
७. श्री गुणभद्रदेव।। तदाम्नाये।। ब्रह्मचारि सहाण तस्य सि–
८. ष्य व्रह्म. पाल्हू तस्य सिष्य व्रह्म. जिनदास। तस्य सिष्य व्रह्म
९. पाषणै तेषांआम्नाये।। अग्रोतकान्वये।। सूर्य गोत्रे साधु भरहो भा–
१०. र्या धीकी। तत्पुत्र साधु हेमदु भार्या गनी द्विती भार्या तोल्ही त–
११. त्पुत्र विधौषी तस्य भार्या कोल्ही द्वितीय पुत्र सा षेमलु तस्य भार्या
१२. कुवरदे द्वितिय भार्या विधो तस्य पुत्र वहोरणु एतेषां मध्येसू
१३. वहोरणु करापितां कर्मक्षयनिमितं।। भीषहीधहूजं
१४. ....तं।। शुभ मांगल्य।।

४१. प्रतिमा लेखः सं. १५३०

प्राप्ति स्थान : गुहा मंदिर क्र. २२ में चन्द्रप्रभ प्रतिमा की पादपीठ पर
भाषा : संस्कृत
लिपि : नागरी
तिथि : सं. १५३० फागुण सुदि ५ शुक्रे = शुक्रवार १४७३ ई.

इस लेख में काष्ठा संघ के भट्टारक हेमकीर्त्ति के पट्टशिष्य भट्टारक कमलकीर्त्ति के पट्टशिष्य भट्टारक श्री शुभचंद्र के आम्नाय में गोइल गोत्र के साधु यारपु की भार्या सालो के पुत्र वरह्मू द्वारा अपनी भार्या काय के साथ नित्य पूजा–अर्चना करने का उल्लेख है।

पाठ

१. ।। सिधि संवत् १ [५३०] वर्षे फागुण सुदि ५ सुक्रे श्री कास्ठ(काष्ठा)संघे भट्टारक
२. श्री हेमकीर्त्ति तत्पट्टे भट्टारक श्री कमलकीर्ति तत्पट्टे भट्टारक श्री सुभचंद्रदेवा
३. तदाम्नाऐ गोइल गोत्रे सा. यारपु भार्या सालो पुत्र वरह्मू भार्या काय नित्यं प्रणमं[ति]।

४२. प्रतिमा लेखः सं. १५३१

प्राप्ति स्थान : गुहा मंदिर क्र. २२ में बाँयीं भित्ति पर प्रतिमा के समीप
भाषा : संस्कृत
लिपि : नागरी
तिथि : सं. १५३१ = १४७४ ई.

इस लेख में साष्ठा के पुत्र काजाप का उल्लेख है। निचले भाग पर साधु सवा का नाम अंकित है।

पाठ

१. संवत् १५३१
२. साष्ठाय सुता
३. काजाप एतो–
४. ह मीतन गुत्रे
साधु स्सावा

४३. गुहा मंदिर लेखः सं. १५३७

प्राप्ति स्थान : गुहा मंदिर क्र. २२ में
भाषा : संस्कृत
लिपि : नागरी
तिथि : सं. १५३७ = १४८० ई.

इस अभिलेख में मितन गोत्र के थाल्हू तथा नल्ह का उल्लेख है।

पाठ

१. संवत् १५३७
२. स. कीणका–
३. र्त्ति मितनग्रोत्रा
४. थाल्हू नल्ह पु–
५. ना नित्येही स...........

४४. गुहा मंदिर लेखः सं. १५३७

प्राप्ति स्थान : गुहा मंदिर २२ में
भाषा : संस्कृत
लिपि : नागरी
तिथि : सं. १५३७ वैशाख सुदि १ = १४८० ई.

पाठ

१. सांवात् १५–
२. ३७ वसे विषा
३. ख सुदि १ मुधो स
४. धूम पदेवे नेमुव

५. सहलो
६. ....
७. ....देव.........
८. रोम...........

४५. प्रतिमा लेखः सं. १५३६

प्राप्ति स्थान : गुहा मंदिर क्र. २२ में सर्वतोभद्रिका प्रतिमा पर
भाषा : संस्कृत
लिपि : नागरी
तिथि : सं. १५३६ = १४८२ ई.

मात्र तिथि ''सिधी संवत् १५३६ वर्षे'' अंकित है।

४६. गुहा मंदिर लेखः सं. १५३६

प्राप्ति स्थान : गुहा मंदिर क्र. २२ में
भाषा : संस्कृत
लिपि : नागरी
तिथि : सं. १५३६ चैत सुदि १४ बुधे = बुधवार १४८२ ई.

इस लेख में जीन अनुशासन लिखने का उल्लेख है।

पाठ

१. पेथधर युए
२. महसुगधो भपूयेट पदन
३. नरपघः नवष्म
४. संप(व)त् १५३६ वरषे
५. चत सुद १४ बुधे
६. लष जीनस्यनुशास[न]

४७. गुहा मंदिर लेखः सं. १५३६

प्राप्ति स्थान : गुहा मंदिर क्र. २२ में
भाषा : संस्कृत
लिपि : नागरी
तिथि : सं. १५३६ माघ सुदि १५ सोमे = सोमवार १४८२ ई.

इस लेख में तिथि तथा साधु रत्न का उल्लेख है।

पाठ

१. संवत् १५३६ वार–
२. षो माघा सुदी
३. १५ सोमे णाना
४. साधु रत्ने येति
५. पहरम पदेव व–
६. ने पहदृतज

४८. गुहा मंदिर लेखः सं. १५३६

प्राप्ति स्थान : गुहा मंदिर क्र. २२ में
भाषा : संस्कृत
लिपि : नागरी
तिथि : सं. १५३६ माघ सुदि १५ सोमे = १४८२ ई.

तिथि एवं राज सुदस का उल्लेख है।

पाठ

१. संवत् १५३६
२. वारषौ माघ सु–
३. दि १५ सोमे राज
४. सुदस जगान्य
५. कोपी

४६. गुहा मंदिर लेखः सं. १५३६

प्राप्ति स्थान : गुहा मंदिर क्र. २२ में चन्द्रप्रभ प्रतिमा के समीप
भाषा : संस्कृत
लिपि : नागरी
तिथि : सं. १५३६ वर्षे माघ सुदि १५ सोमे = सोमवार १४८२ ई.

तिथि एवं आषादत का उल्लेख है।

पाठ

१. संवात् १५३६
२. वारषो माघ

३. सुदि १५ सोमो
४. रत कामा
५. षौ मणु भारा
६. हेतु आषदत
७. महाराज
८. लंच्छन्वेसी

५०. गुहा मंदिर लेखः सं. १५३६

प्राप्ति स्थान : गुहा मंदिर क्र. २२ में
भाषा : संस्कृत
लिपि : नागरी
तिथि : सं. १५३६ वर्षे माघ सु १५ = १४८२ ई.

तिथि एवं गुहा के अर्चन का उल्लेख है।

पाठ

१. सीधी सं
२. १५३६
३. वारषे मा–
४. घ सु १५
५. गुहय
६. नमां
७. सर्वदा

५१. गुहा मंदिर लेखः सं. १५३६

प्राप्ति स्थान : गुहा मंदिर क्र. २२ में
भाषा : संस्कृत
लिपि : नागरी
तिथि : सं. १५३६ माघ सुदि १५ = १४८२ ई.

इस लेख में साधु दामोदर देव एवं उनके परिवारजनों का उल्लेख हुआ है।

पाठ

१. संवत् १५३६ वारषो लय
२. मासो(घ) सुध(दि) १५ सा जावसल

३. तस्य पुत्रयु हसी
४. तस्तज सा ल्हाना
५. भार्म(र्या) पुजा तस्य पुत्र सा मुघीद्यको
६. भार्य कानसू पुत्र सा दामोदर देवेन
७. सुताही

५२. गुहा मंदिर लेखः सं. १५३६

प्राप्ति स्थान : गुहा मंदिर क्र. २२ में
भाषा : संस्कृत
लिपि : नागरी
तिथि : सं. १५३६ माघ सुदि १५ = १४८२ ई.

इस लेख में तिथि तथा साधु अमीतसेण का उल्लेख है।

पाठ

१. सावत्
२. १५३६
३. माघ सु १५
४. सा अमीत–
५. सेण लेसठ

५३. गुहा मंदिर लेखः सं. १५५२

प्राप्ति स्थान : गुहा मंदिर क्र. १४ में वातायन के ऊपर सीढ़ियों पर
भाषा : संस्कृत
लिपि : नागरी
तिथि : सं. १५५२ कार्तिक वदि १५ = १४६५ ई.

इस अभिलेख में तिथि तथा लेखक किरन का उल्लेख है।

पाठ

१. संवत् १५५२ कार्तिक वदि १५
२. लेषितम किरनांद्या

५४. गुहा मंदिर लेखः सं. १५५२

प्राप्ति स्थान : गुहा मंदिर क्र. १७ में दाँयीं शिला पर
भाषा : संस्कृत
लिपि : नागरी
तिथि : सं. १५५२ चैत्र सुदि २ सनौ = शनिवार, १४६५ ई.

इस लेख में लेखक नरदनु सूत्रधार और चेदरुभे द्वारा प्रणाम निवेदन का उल्लेख है।

पाठ

१. संवत १५५२ वर्षे चैत्र सुदु(दि) २ सनौ अ–
२. लेषेत नरदनु सुतधरि नमसाकरु
३. चेदरुभे पके नमसाकरु

५५. गुहा मंदिर लेखः सं. १५६६

प्राप्ति स्थान : गुहा मंदिर क्र. १२ में बाँयीं शिला पर
भाषा : संस्कृत
लिपि : नागरी
तिथि : सं. १५६६ कार्तिक सुदि ५ = १५१२ ई.

ठाकुर पदारथ के आदेश से संभवतः कुछ कार्य करवाया गया था।

पाठ

१. ठा पदारथवै आदेसु सं. १५६६
२. कतिग सुदि ५ उदाये

५६. गुहा मंदिर लेखः सं. १५८०

प्राप्ति स्थान : गुहा मंदिर क्र. ४ में जिन प्रतिमा के मस्तक भाग के दाँयीं ओर शिला पर
भाषा : संस्कृत
लिपि : नागरी
तिथि : सं. १५८० कार्तिक वदि ६ = १५२३ ई.
संदर्भ : *ग्वा. पु. रि.* (१६८४/१६२७–२८) क्र. ३१; *ग्वा. रा. अ.* (वि. सं. २००४), क्र. ३६८; *ए. रि. इं. ए.* (१६६१–६२), क्र. १५२०; *इ. गो.*, पृ. ४४[१३]

इस लेख में साह कंस के कुल के जसर द्वारा प्रतिमा स्थापित करवाने तथा लेखक दोके एवं सुत्रधार ढलवपीम की चर्चा है।

पाठ

१. तगरषाग
२. संवत् १५८० वषो
३. कातिग वदि नौमी ६
४. प्रतिमा विनीए जोधा साहकंसं कुलति जसर काराप्त
५. लिषिता दोके सुत्रधारि ढलवपीम

५७. गुहा मंदिर लेखः सं. १५८६

प्राप्ति स्थान : गुहा मंदिर क्र. १२ में बाँयीं शिला पर
भाषा : संस्कृत
लिपि : नागरी
तिथि : सं. [१५]८६ = १५३२ ई.

इस लेख में श्री राजीता करीगार का उल्लेख है।

पाठ

१. राम रमतेकी
२. श्री राजीता करीगरा
३. तकौनेय सौपमेवेरे सेपेते सत्व ८६

५८. शिलालेख

प्राप्ति स्थान : बावड़ी के दाँयीं ओर शैलकृत आले के ऊपर
भाषा : संस्कृत
लिपि : नागरी

यह अभिलेख अस्पष्ट है। दूसरी पंक्ति में अंत के कुछ अक्षर पठनीय हैं। सरस्वी चौसर ने स्वयं के धर्मार्थ महरजा कारीगर से संभवतः निर्माण कार्य करवाया था।

पाठ

१. लाथ सरस्वी चौसर निज धरमें
२. महरजा कारीगरष...............

५९. शिलालेख

प्राप्ति स्थान : बावड़ी के दाँयीं ओर शैलकृत आले के ऊपर
भाषा : संस्कृत

लिपि : नागरी

यह लेख अस्पष्ट है। केवल कुछ अक्षर ही पढ़े जा सके हैं।

पाठ

१. ....मवुधावता
२. ....मेहाव त्र

६०. गुहा मंदिर लेख

प्राप्ति स्थान : गुहा मंदिर ८ में पिछली शिला पर
भाषा : संस्कृत
लिपि : नागरी

केवल "रागरागरोज" अंकित है।

६१. गुहा मंदिर लेख

प्राप्ति स्थान : गुहा मंदिर ८ में पिछली शिला पर
भाषा : संस्कृत
लिपि : नागरी

केवल "नामा" अंकित है।

६२. प्रतिमा लेख

प्रापि‍ा स्थान : गुहा मंदिर ११ में ऋषभनाथ प्रतिमा की पादपीठ पर
भाषा : संस्कृत
लिपि : नागरी

उदाइ एवं जसैपालु देव आदि का उल्लेख है।

पाठ

१. नमोस्तु उदाइ जसैपालुदेदौ नमसाकारु पराइन कौ साधु देवा वतजपीपरतीनमुठु
२. चंदेरीधेसाक..........

६३. गुहा मंदिर लेख

प्राप्ति स्थान : गुहा मंदिर १२ में पिछली शिला पर

भाषा : संस्कृत
लिपि : नागरी

लेखक पंडित सतोमू का उल्लेख है।

पाठ

१. लिषितं पं सतोमू पुरविद्य

६४. गुहा मंदिर लेख

प्राप्ति स्थान : गुहा मंदिर १२ में पिछली शिला पर
भाषा : संस्कृत
लिपि : नागरी

सूत्रधारि पदम का उल्लेख है।

पाठ

१. सुत्रधारी पदमनभूदेवलूकेभुयो

६५. गुहा मंदिर लेख

प्राप्ति स्थान : गुहा मंदिर १२ में पिछली शिला पर
भाषा : संस्कृत
लिपि : नागरी

केवल "हंसरजो" नामोल्लेख है।

६६. गुहा मंदिर लेख

प्राप्ति स्थान : गुहा मंदिर १२ में पिछली शिला पर
भाषा : संस्कृत
लिपि : नागरी

इसमें षामी का नामोल्लेख है।

पाठ

१. पदरालो
२. षामी

६७. गुहा मंदिर लेख

प्राप्ति स्थान : गुहा मंदिर क्र. ११ व १२ के मध्य बाह्य भित्ति पर
भाषा : संस्कृत
लिपि : नागरी

मात्र "वाजा" अंकित है।

६८. शिलालेख

प्राप्ति स्थान : गुहा मंदिर क्र. १२ की दाँयीं भित्ति पर
भाषा : संस्कृत
लिपि : नागरी

केवल "पं युधपर" उत्कीर्ण है।

६६. शिलालेख

प्राप्ति स्थान : गुहा मंदिर क्र. १२ के बाहर चट्टान पर
भाषा : संस्कृत
लिपि : नागरी

केवल "पैयाम पं मसीकौदेसम" उत्कीर्ण है।

७०. गुहा मंदिर लेख

प्राप्ति स्थान : गुहा मंदिर क्र. १३ में दाँयीं भित्ति पर
भाषा : संस्कृत
लिपि : नागरी

मात्र "सुत्रधरी तमुः" अंकित है।

७१. गुहा लेख

प्राप्ति स्थान : गुहा मंदिर १४ में शांतिनाथ प्रतिमा की दाँयीं शिला पर
भाषा : संस्कृत
लिपि : नागरी

केवल "श्री पास चंद्र" नामोल्लेख है।

७२. प्रतिमा लेख

प्राप्ति स्थान : गुहा मंदिर १८ में पद्मप्रभ प्रतिमा की पादपीठ पर
भाषा : संस्कृत

लिपि : नागरी

इस लेख में चौधरी उल्हा के पुत्र हंसराज, पदम, माणिक एवं धेना का उल्लेख है। ध
ेना ने कर्म–क्षय हेतु पद्मप्रभ प्रतिमा की प्रतिष्ठा करवाई।

पाठ

१. चौ ऊल्हा पुत्र हंसराज पदमस।। माणिक। धेना। धेना कर्म क्षयार्थ।। पद्मप्रभः।।

७३. गुहा मंदिर लेख

प्राप्ति स्थान : गुहा मंदिर १८ में पिछली शिला पर
भाषा : संस्कृत
लिपि : नागरी

इस अभिलेख में ३ पंक्तियाँ काली स्याही द्वारा लिखी गयी हैं, जिनमें केवल प्रथम पंक्ति में श्री पद्मसुख तक ही अक्षरों को उत्कीर्ण किया गया है। इसमें पद्मसिंह द्वारा पद्मप्रभ की आराधना का उल्लेख है।

पाठ

१. सिद्धम।। ऊँ नमः सिद्धेभ्यः। श्री पद्मसुख पद्मचत्रैवादुरितौधर्मदत पदंदू
२. री करोत्यर्व्वरदेवायद्वाणी विभनाभिस द्वेजगताभीसृया। सुधरामाक्षग्दत्वान्ते राम पद्मसिंह सततं पद्मप्रभो
३. सौशिव।। १।।

७४. गुहा मंदिर लेख

प्राप्ति स्थान : गुहा मंदिर २० में बाँयीं शिला पर
भाषा : संस्कृत
लिपि : नागरी

इस अभिलेख में साधु केरस की भार्या दोसिरि से उत्पन्न पुत्र वाज द्वारा पूजन–अर्चन का उल्लेख है।

पाठ

१. सा केरसो
२. भार्य दो–
३. सिरि। पु–

४. त्र वाज
५. नमस्करं
६. ति।

७५. गुहा मंदिर लेख

प्राप्ति स्थान : गुहा मंदिर २२ में बाँयीं शिला पर
भाषा : संस्कृत
लिपि : नागरी

कुछ नामों का उल्लेख है।

पाठ

१. षमाता
२. वरायस्ता
३. सुषसि
४. धारसा
५. निमितेनी

७६. गुहा मंदिर लेख

प्राप्ति स्थान : गुहा मंदिर २२ में बाँयीं शिला पर
भाषा : संस्कृत
लिपि : नागरी

इस अभिलेख में साम्दोगर के पुत्र नामदेव तथा पञू का उल्लेख है।

पाठ

१. साम्दोगर पुत्र वरणेकै नामदेवत्म
२. क्षरात्त्यै। पञू

७७. गुहा मंदिर लेख

प्राप्ति स्थान : गुहा मंदिर २२ में बाँयीं शिला पर
भाषा : संस्कृत
लिपि : नागरी

इस लेख में उल्लेख है कि जिन के पद के पूजन–अर्चन से सद्गति प्राप्त होती है तथा संसार चक्र से मुक्ति मिलती है।

पाठ

१. सापदव
२. भसतोतर–
३. णेसुकर
४. सदगती प
५. वेहय तर
६. जाको
७. हरप

७८. गुहा मंदिर लेख

प्राप्ति स्थान : गुहा मंदिर २२ में
भाषा : संस्कृत
लिपि : नागरी

केवल "सुत्रधारि रैष वुधा" अंकित है।

७६. प्रतिमा लेख

प्राप्ति स्थान : गुहा मंदिर २२ में जिन प्रतिमा पर
भाषा : संस्कृत
लिपि : नागरी

साधु सुगस के पुत्र षेओ का नाम ही पढ़ा जा सका है।

पाठ

१. सा सुगस
२. पुत्र षेओ भा
३. ....मरि

८०. गुहा मंदिर लेख

प्राप्ति स्थान : गुहा मंदिर २२ में बाँयीं शिला पर
भाषा : संस्कृत
लिपि : नागरी

श्रीचंद्र के पुत्र णैदू के पुत्र रुदिचंद्र का उल्लेख है।

पाठ

१. सिरीचंद्र
२. पुत्र णैदू पुत्र
३. रुदिचंद्र

८१. गुहा मंदिर लेख

प्राप्ति स्थान : गुहा मंदिर २२ में
भाषा : संस्कृत
लिपि : नागरी

मात्र ''साभारुस तुको जी'' उल्लिखित है।

८२. गुहा मंदिर लेख

प्राप्ति स्थान : गुहा मंदिर २२ में
भाषा : संस्कृत
लिपि : नागरी

इस लेख में श्री संता के पुत्र तनु के पुत्र हरू का उल्लेख है।

पाठ

१. श्री संता पुत्र तनु पुत्र हरू पदासुता ता...ष्य दात्री

८३. गुहा मंदिर लेख

प्राप्ति स्थान : गुहा मंदिर २२ में
भाषा : संस्कृत
लिपि : नागरी

इसमें मात्र ''लानचंद'' उल्लेख है।

८४. गुहा मंदिर लेख

प्राप्ति स्थान : गुहा मंदिर २२ में
भाषा : संस्कृत
लिपि : नागरी

इसमें मात्र ''सा भावू तुकोजी'' अंकित है।

८५. गुहा मंदिर लेख

प्राप्ति स्थान : गुहा मंदिर २२ में
भाषा : संस्कृत
लिपि : नागरी

इसमें मात्र "कुवारी वेदी" का उल्लेख है।

८६. गुहा मंदिर लेख

प्राप्ति स्थान : गुहा मंदिर २२ में
भाषा : संस्कृत
लिपि : नागरी

इसमें मात्र "महिचंद" का उल्लेख है।

८७. गुहा मंदिर लेख

प्राप्ति स्थान : गुहा मंदिर २२ में
भाषा : संस्कृत
लिपि : नागरी

इस लेख में साधु षोयद के पुत्र साधु हरिम सिंह के पुत्र शुलेन का उल्लेख है।

पाठ

१. साधु षोयद पुत्र सा हरिम सिंह पुत्र शुलेन

८८. गुहा मंदिर लेख

प्राप्ति स्थान : गुहा मंदिर २२ में
भाषा : संस्कृत
लिपि : नागरी

इस लेख में साधु रल्ह के पुत्र जसौ का उल्लेख है।

पाठ

१. साधु
२. रल्ह पुता
३. जसौत्य
४. रे.............

८६. शिलालेख

प्राप्ति स्थान : गुहा मंदिर क्र. २२ में
भाषा : संस्कृत
लिपि : नागरी

केवल "चांद्रस" उत्कीर्ण है।

६०. शिलालेख

प्राप्ति स्थान : गुहा मंदिर क्र. २२ में
भाषा : संस्कृत
लिपि : नागरी

केवल "योधार" उत्कीर्ण है।

६१. शिलालेख

प्राप्ति स्थान : गुहा मंदिर क्र. २२ में
भाषा : संस्कृत
लिपि : नागरी

केवल "चंदोट" उत्कीर्ण है।

६२. शिलालेख

प्राप्ति स्थान : गुहा मंदिर क्र. २२ में सम्मुख भित्ति पर
भाषा : संस्कृत
लिपि : नागरी

यह लेख वर्तमान में अस्पष्ट है। इसमें कुछ नाम ही पढ़े जा सके हैं।

पाठ

१. संवशिद्धियम सत्यमहसन्व
२. सुरजपूरक ददमावुत्र–
३. कसुरेत्रतुधेवह वाहनात
४. देव महरजु
५. ....सका
६. ....षल
७. ....सहा

६३. शिलालेख

प्राप्ति स्थान : गुहा मंदिर क्र. २४ में दाँयीं भित्ति पर
भाषा : संस्कृत
लिपि : नागरी

यह लेख पत्थर की चप्पड़ छोड़ देने के कारण अत्यधिक अस्पष्ट हो गया है। केवल कुछ अक्षर ही पढ़े जा सके हैं।

पाठ

१. ....
२. ....
३. ....
४. पुष्करगणे...............................
५. ....
६. भार्या तिकोसिरि.......धादोति........
७. जोलिहा........देवीदासह सा द्यौसहु भार्या पुजास्तत मध्यसो
८. पोलिकक्ष..........सा देवकु...........
९. ....
१०. ....

दक्षिण–पश्चिमी क्षेत्र (उरवाही समूह)

६४. प्रतिमा लेखः सं. १४९७

प्राप्ति स्थान : उरवाही पथ के दाँयी ओर कायोत्सर्ग संभवनाथ मूर्ति के बाँयीं ओर शिला पर
भाषा : संस्कृत
लिपि : नागरी
तिथि : सं. १४९७ वैशाख सुदि ७ शुक्रवासरे = शुक्रवार ८ अप्रैल १४४० ई.
संदर्भ : *ग्वा. पु. रि.* (१९८४/१९२७–२८) क्र. १८; *ग्वा. रा. अ.* (वि. सं. २००४), क्र. २५७; *ए. रि. इं. ए.* (१९६१–६२), क्र. १५०४; *इ. गो.*, पृ. ३०

इस अभिलेख का अधिकांश अंश अब पढ़ने योग्य नहीं रह गया है। शेष अंश में पुष्कर गण के आचार्य देवसेन, आचार्य श्री यशःकीर्ति आदि का उल्लेख है। निमेदास द्वारा करवाये गये निर्माण–कार्य तथा उसके परिवारजनों का भी विवरण है।

पाठ

१. ....नकांताया।। दुर्चारानंगदर्प्पोहलन सुभु भटंमोहम
२. ....दं तत्पट्टद्यांत साधुं कुरत जनगणा कृतधात्रीनुवज्रं। चंद्रार्य

३. ....पजनिता नंदत्रंदुप्रसेशंनत्वावक्ष्ये प्रशस्तिं गुणन्निवह गृ
४. ....जिनेंद्वा।। १।। संवत् १४६७ वर्षे वैशाख सुदि ७ शुक्रवासरे। श्रीका
५. ....द्यवे पुष्करगणे आचार्ष (र्य) श्रीदेवसेणदेवाः तस्यानुक्रमे आचार्य
६. ....देवास्ततत्पट्टे आचार्य श्रीयशःकीर्त्तिदेवास्ततत्पट्टे आचार्य श्री
७. ....देवाः तेसुपद कमल रेणुका व्रह्ममचारी षेल्हा नामसेस
८. ....ये गोइलगोत्रेहि साणैरोडावास्तव्य परम
९. ....वोधितयोः पुत्रात्रय प्रथम
१०. ....दीतमाम पुत्र षेलगु सघई डाला
११. ....भारगाजे................प्राप्तशील शालि
१२. ....कमल भार्या तल्ही तयोः पुत्र चत्वारः प्रथ–
१३. ....पतस भार्या दिनू पुत्र सा नंद्विता जिनचरण गुंथा
१४. ....त्रीत्रेतां भार्जाद्यही धमो पुत्र हेमराज। द्वितीय पुत्र दे
१५. ....निज परिवार भक्तामीलेन सोभिता साह.............
१६. ....पुत्र सिलचंद्र................
१७. ....
१८. ....सवु पुत्रो..................................
१९. ....देवसेस्तनुरभक्तिपरायणी चतुर्विधदानयग्रणी
२०. ....वैषुतीय पुत्री जिनोक्त धर्मारतसिल्ही पविनदास
२१. ....पुत्र निमेदासक्याये कारयंति। जिनसह्लिमपदानिस
२२. ....मुनि दुवामपिनैवराक्तास्तोतुंपरमा कर्म
२३. ....तणीर रनैः श्री चंदा

६५. प्रतिमा लेखः सं. १४६७

प्राप्ति स्थान : उरवाही पथ के दाँयी ओर आदिनाथ प्रतिमा के पादपीठ पर
भाषा : संस्कृत
लिपि : नागरी
तिथि : सं. १४६७ वैशाख ७ शुक्रवार = शुक्रवार ८ अप्रैल १४४० ई.
संदर्भ : मित्रा, राजेन्द्र लाल, *ज. ए. सो. बं.* ३१ (१८६२), पृ. ४२२; *ए. इ.* १६–२३, क्र. ७८५; *ग्वा. पु. रि.* (१६८४ / १६२७–२८) क्र. १६; *ग्वा. रा. अ.* (वि. सं. २००४), क्र. २५५–५६; *ए. रि. इं. ए.* (१६६१–६२), क्र. १५०५; *इ. गो.* पृ. ३०

इस अभिलेख में गोपाचल दुर्ग के महाराजाधिराज राजा श्री डुंगरसिंह के शासनकाल में काष्ठा संघ माथुर अन्वय पुष्कर गण के भट्टारक श्री गुणकीर्त्ति के पट्टशिष्य यशःकीर्त्ति की प्रेरणा और पंडित रैधू के प्रतिष्ठाचार्यत्व में अग्रोत वंश गोइल गोत्र के श्रावकों द्वारा नित्य पूजा–अर्चना का उल्लेख है। इसमें साधु रात के पुत्र साधु भोपा की भार्या विभा से उत्पन्न पाँच

पुत्रों साधु क्षेमसी, साधु महराज, असराज, धनपाल एवं साधु पाल्हा की चर्चा है। साधु क्षेमसी की भार्या मोरादेवी से उत्पन्न ज्येष्ठ दो पुत्रों में कौला की दो पत्नियों में सरसुती से पुत्र मल्लिदास तथा साध्वी सरो से पुत्र चन्द्रपाल उत्पन्न हुए। साधु क्षेमसी के दूसरे पुत्र श्री भोजराजा की भार्या देवड़ू से पूनपाल पुत्र हुआ। संघाधिपति कौला द्वारा नित्य पूजन का उल्लेख है।

पाठ

१. [श्री आदिनाथा]य नमः।। संवत् १४[६७ वर्षे वैशाख.............७ शुक्रे पुनर्वसु नक्षत्र श्री गोपाचल दुर्गे]
२. महाराजाधिराज राजा श्री डुंग[रसिंह राज्य] प्रवर्त्तमानो श्री काञ्चीसंघे मायू(थु)रान्वयो पुष्कर
३. गणो भट्टारक श्री
४. गुणकीर्त्तिदेव त–
५. त्पट्टे यशःकीर्त्ति–
६. देवा प्रतिष्ठाचार्य
७. श्रीपंडित रैधू तेषां
८. आम्नाये अग्रोत वं–
९. शे गोइल गोत्रे। सा–
१०. धु रातू तस्य पुत्र सा–
११. धु भोपा तस्य भार्या
१२. [विभा] पुत्रय प्रथ–
१३. म साधु क्षेमसी दु–
१४. तीय साधु महराज
१५. तृतीय असराज च–
१६. तुर्थ धनपाल। पंच–
१७. म साधु पाल्हा। सा–
१८. धु क्षेमसी भार्या
१९. मोरादेवी पुत्र
२०. २ ज्येष्ठ पुत्र सं–
२१. [घाधिपति] कौला
२२. तस्य भार्या २ ज्येष्ठ
२३. स्त्री सरसुती पु–
२४. त्र मल्लिदास। दुती–
२५. य भार्या साध्वी स–
२६. रो पुत्र चंद्रपाल।
२७. क्षेमसी पुत्र दुती–

२८. य साधु श्री भोज–
२६. राज भार्या देवइ
३०. पुत्र पूनपाल।।
३१. एतेषां मध्ये श्री।।
३२. साधुजन संघा–
३३. धिपति कौला स–
३४. दा प्रणमति।।

६६. शिलालेखः सं. १४६७

प्राप्ति स्थान : उरवाही पथ के दाँयी ओर आदिनाथ प्रतिमा के बाँयीं ओर शिला पर
भाषा : संस्कृत
लिपि : नागरी
तिथि : सं. १४६७ सुदि ७ शुक्रे = शुक्रवार १४४० ई.

यह अभिलेख अत्यन्त क्षतिग्रस्त है। यह आदिनाथ की आराधना से प्रारंभ होता है। अंत में संघाधिपति कौला का नाम अंकित है, जिनके द्वारा संभवतः प्रतिमा की प्रतिष्ठा करवायी गयी रही होगी।

पाठ

१. .... [आ] दिनाथाय नमः ।। श्री.................
२. ....मद्या नमायै.......................
३. ....द्यां शिद्या..
४. ....कृतोदैशस श्रुत्वा..........................
५. आ.................धूरितात्मनि। निजर्द्धिस्यद्रितश्गाइ................
६. ....करीस केशरी। नुंवोद्रान्वयां भोव................
७. ....रं विहितः श्री नयसेनस्तत्पटे...................भोद्धूवत्र
८. ....दुर्जेय.......................दलित दि..................श्री
९. ....धर्म्मार्थ्य..........................कः ।। द्द।। व
१०. ....
११. .... न। विदित प्रभावः श्री पाल प्या...............
१२. ....श्री चंद्रनिवभा
१३. .... ने प्रथम................दि धर्म्म सहीत कौला...........
१४. .... संवत् १४६७.......................शुदि ७ शुक्रे सं. कौला............
१५. .... प्रणमति सदा।

६७. शिलालेखः सं. १४६७

प्राप्ति स्थान : उरवाही पथ के दाँयी ओर शिला पर
भाषा : संस्कृत
लिपि : नागरी
तिथि : सं. १४६७ = १४४० ई.

यह अभिलेख पूरी तरह खण्डित हो चुका है, केवल प्रथम पंक्ति में तिथि तथा अंतिम पंक्ति में विनय भाव को दर्शाया गया है।

पाठ

१. संवत् १४६७...
२. ....
३. ....
४. ....
५. ....
६. ....
७. ....
८. ....
९. ....
१०. ....
११. .... नित्यं प्रणमित्

६८. प्रतिमा लेखः सं. १४६७

प्राप्ति स्थान : उरवाही पथ के दाँयी ओर संभवनाथ प्रतिमा के नीचे शिला पर
भाषा : संस्कृत
लिपि : नागरी
तिथि : सं. १४६७ वेसाष सुदि ७ शुक्रे = शुक्रवार ८ अप्रैल १४४० ई.

इस अभिलेख में केवल तिथि ही पढ़ी जा सकी है।

पाठ

१. संवत् १४६७ वैसाष
२. सुदि ७ शुक्रै
३. ....
४. ....

५. ....

६. ....

९९. प्रतिमा लेखः सं. १४९७

प्राप्ति स्थान : उरवाही पथ के दाँयी ओर ऋषभनाथ प्रतिमा के नीचे शिला पर
भाषा : संस्कृत
लिपि : नागरी
तिथि : सं. १४९७ = १४४० ई.

केवल तिथि एवं देवुण जैसे कुछ नाम ही पठनीय हैं।

पाठ

१. सं १४९७ वर्षे..................................रज

२. ....परम............पौत्र...................

३. ....हारम..............रासो...............

४. ....देवुण....................

५. ....पुरा......पादे जस...........प्रणम–

६. ति।।

१००. शिलालेखः सं. १४९७ एवं १६३०

प्राप्ति स्थान : उरवाही पथ की दाँयीं ओर शिला पर
भाषा : संस्कृत
लिपि : नागरी
तिथि : सं. १४९७ = १४४०, सं. १६३० = १५७३ ई.

इस शिला पर दो लेख अंकित हैं, जिनमें सं. १४९७ का मूल अभिलेख है और नीचे उत्कीर्ण है, जबकि सं. १६३० का अभिलेख इसी शिला पर ऊपरी किनारे पर अंकित है। मूल अभिलेख अत्यधिक अस्पष्ट है, जिसमें भट्टारक गुणकीर्त्ति, यशःकीर्त्ति तथा पंडित रैधू का नाम पठनीय है। इस अभिलेख में उल्लिखित कौला की सूचना अन्य अभिलेखों से भी है।

दूसरे अभिलेख में पंडित ठाकुर के शिष्य पंडित षरहज एवं उनकी भार्या का उल्लेख है। इन दोनों लेखों का पाठ क्रमानुसार है–

पाठ

१. संवत् १४९७ वर्षे वेसाष सुदि......

२. ....श्री काष्ठा संघे................
३. गणो भट्टारक श्री गुणकीर्ति देवा
४. श्री यशःकीर्ति देवा................
५. डित रैधू तेषां आम्नाये...........
६. मात नमात्रे.....संघवी........साता
७. ....तेजा सीष्य...........नाह
८. ....सा. सषूव
६. आ...........धनराही पुत्र ४ संघवी.....
१०. ....जलि च........
११. ही कौला तत्पुत्र.............
१२. ....

पाठ

१. ऊँ संवत् १६३० वर्षे पंडित ठाकुर तत्सिष्य पांडित षरहथ भार्या वाकणया......
२. ....

१०१. गुहा मंदिर लेखः सं. १५०७

प्राप्ति स्थान : गुहा मंदिर क्र. ४ के बाहर बाँयीं ओर कुलिका में शिला पर
भाषा : संस्कृत
लिपि : नागरी
तिथि : सं. १५०७ वैशाख सुदि = १४५० ई.

यह अभिलेख खण्डित है। शेष अंश में मूल संघ, चंदा के पुत्र, भार्या रमता का नाम पढ़ा जा सका है। संभवतः अभिलेख की विषयवस्तु प्रतिमा की प्रतिष्ठा करवाना रही होगी।

पाठ

१. सिधि संवत् १५०७ वर्षे वैसाष सुदी
२. रवी देवश नामनै मानुकालयुतमानेर
३. भटराकसुविजियसंघहेसमूल संघे
४. ....चंदा पुत्र
५. ....भार्या रमता पुत्र.................
६. भार्या............गायम जिनम पद्ये......ये......
७. वंद्यत ....सरधाम..............आष
८. प्रनिमते

१०२. मानस्तम्भ लेखः सं. १५०७

प्राप्ति स्थान : गुहा मंदिर क्र. १० के बाँयीं ओर स्थित मानस्तम्भ पर
भाषा : संस्कृत
लिपि : नागरी
तिथि : सं. १५०७ वैशाख सुदि ७ बुधवार = १४५० ई.

इस लेख में पदमनंदी का ही नाम पढा जा सका है।

पाठ

१. ....
२. ....
३. [१५०]७ वर्षे वैसष सुदि ७ बुधुवसरे....
४. ....कुंदकुदाय श्री पदमनंदी..........

१०३. गुहा मंदिर लेखः सं. १५१० (चित्र ६६)

प्राप्ति स्थान : गुहा मंदिर क्र. १ में चंद्रप्रभ प्रतिमा के दाँयीं ओर पिछली भित्ति पर
भाषा : संस्कृत
लिपि : नागरी
तिथि : सं. १५१० माघ सुदि ८ सोमे = सोमवार ७ जनवरी १४५४ ई.
संदर्भ : *ग्वा. पु. रि.* (१६८४/१६२७–२८) क्र. २२; *ग्वा. रा. अ.* (वि. सं. २००४), क्र. २७६; *ए. रि. इं. ए.* (१६६१–६२), क्र. १५०८; *इ. गो.*, पृ. ३२

इस अभिलेख में गोपगिरि के महाराजाधिराज श्री डुंगरेन्द्र देव के शासनकाल में काष्ठा संघ माथुर अन्वय के भट्टारक श्री क्षेमकीर्त्ति के पट्टशिष्य भट्टारक श्री हेमकीर्त्ति, उनके पट्टशिष्य भट्टारक श्री कमलकीर्त्ति की प्रेरणा से पंडिताचार्य पंडित रैधू की प्रतिष्ठाचार्यत्व में अग्रोत वंश एवं गर्ग गोत्र के साधु श्रीचंद्र के पुत्र षेषा एवं उनकी भार्या नरपति तथा भ्राता हरिचंद एवं अन्य के द्वारा श्री महावीर की प्रतिमा स्थापित करने का उल्लेख है। इसमें षेषा की वंश परम्परा का भी विवरण है।

पाठ

१. सिद्धि संवत् १५१० वर्षे माघ सुदि ८ सोमे श्री गोपगिरौ महाराजाधिराज रा–
२. जा श्री डुंगरेंद्रदेव राज्य प्रवर्त्तमाने। श्री काष्ठा संघे माथुरान्वये भट्टारक श्री
३. क्षेमकीर्त्तिदेवास्तत्पट्टे श्री हेमकीर्त्तिदेवास्तत्पट्टे श्री कमलकीर्त्तिदेवाः पं–
४. डिताचार्य पं. रैधू। तदाम्नाये अग्रोत वंशे गर्ग्ग गोत्रे सा. आल्हा तस्य भार्या घानी त–
५. योः पुत्राः पंच साधु श्री चंद भार्या मालाही तस्य पुत्र सा. षेषा सा. तेजा. सा. नेमा नोल्हा। दु–

६. तीय सा. हरिचंद भार्या जसोधरही तयोः नैणसी सा. रणसा सा. सधासा तृती–
७. य हेमा चतुर्थ सा. रता पुत्र सा. सहसा सा. धना पंचमु सा. मल्हा पुत्र अभैचंदु ए–
८. तेषां मध्ये साधु श्रीचंद्र पुत्र षेषा तथा भ्राता हरिचंदादयः षेषा भार्या नरप–
६. तिही प्रमुखा नित्यं श्री महावीर प्रतिमां प्रतिष्ठाप्य भूरि भक्त्या प्रणमंति।।
१०. अंगुष्ठमात्रां प्रतिमां जिनस्य भक्त्या प्रतिष्ठापयतो महत्य।। कुलंवलं राज्य
११. मनंत सौख्यं भवस्य विच्छित्तिरथो विमुक्तिः।। शुभं भवतु सर्व्वेषां ।। ।। ठ।।

१०४. गुहा मंदिर लेखः सं. १५१० (चित्र ७०)

प्राप्ति स्थान : गुहा मंदिर क्र. १ में चंद्रप्रभ प्रतिमा के बाँयीं ओर पिछली भित्ति पर
भाषा : संस्कृत
लिपि : नागरी
तिथि : सं. १५१० माघ सुदि ८ सोमे त्र सोमवार ७ जनवरी १४५४ ई.
संदर्भ : *ज. एस. सो. बं.* ३१, पृ. ४२३–२४; *ग्वा. पु. रि.*(१६८४/१६२७–२८) क्र. २१; *ए. इ.* १६–२३ (१६२७–३६), क्र. ८१४; *ग्वा. रा. अ.* (वि. सं. २००४), क्र. २७७; *ए. रि. इं. ए.* (१६६१–६२), क्र. १५०७; *इ. गो.*, पृ. ३२

इस अभिलेख में गोपाचल दुर्ग के तोमरवंशीय महाराजाधिराज राजा श्री डुंगरेन्द्र देव के शासनकाल में काष्ठा संघ माथुर अन्वय के भट्टारक श्री गुणकीर्त्ति के पट्टशिष्य भट्टारक श्री यशःकीर्त्ति, उनके पट्टशिष्य भट्टारक श्री मलयकीर्त्ति, उनके पट्टशिष्य भट्टारक श्री गुणभद्र की प्रेरणा से पंडित रैधू के प्रतिष्ठाचार्यत्व में साधु श्री माल्हा के पुत्र संघाधिपति देऊ के पुत्र संघाधिपति करमसिंह द्वारा श्री चन्द्रप्रभ की महाकाय प्रतिमा की प्रतिष्ठा का उल्लेख है। इसमें करमसिंह को अग्रोत वंश तथा वासिल गोत्र का बताते हुए उसकी वंश–परम्परा का विवरण दिया गया है।

पाठ

१. ।।ॐ।। संवत् १५१० वर्षे माघ शुदि ८ सोमे श्रीगोपाचलदुर्ग्रे तोमरवंशान्वये महाराजाधिराज
२. राजा श्री डुंगरेंद्रदेव राज्य प्रवर्त्तमाने श्री काष्ठा संघे माथुरान्वये भट्टारक श्री गुणकीर्त्तिदेवास्त–
३. त्पट्टे श्री यशःकीर्त्तिदेवाः तत्पट्टे श्री मलयकीर्त्तिदेवास्ततो भट्टारक गुणभद्रदेवाः पंडिताचार्य पं
४. रैधू तदाम्नाये अग्रोत वंशे वासिल गोत्रे सा. केल्हा भार्या निवारी तयोः पुत्राः पंच ज्येष्ट सा. सहजा
५. तस्य पुत्रौ सा. नाथू टेऊ नाथू पुत्रौ खिमा लाडेमौ। सा. टेऊ पुत्रौ गोविंददेव सींहाख्यौ माल्हा
६. तृतीय साधु माल्हा भार्या थिरो पुत्र संघाधिपति देऊ भार्या गाल्हेही दुतीय लाच्छि
७. तयोः पुत्र सं करमसी भा. करमा सा. रैपति पुत्र नेमा भा. हेमराजही चतुर्थ

८. सा. हीगा पुत्र सेऊ भा. घयी पुत्र वीजा जौणसी कुमरा पंचम सा. चेला
९. पुत्र सा. जीदा दुतीय होला तृतीय डालू सा. जीदा पुत्र माणिकुवी धार
१०. तनु सहारणु डालू पुत्र देवीदास।। इतिवंशनिर्द्देसः।। एतेषां मध्ये
११. साधु श्री माल्हा पुत्र संघाधिपति देऊ तस्य पुत्र संघाधिपति करम
१२. सीह। श्री चंद्रप्रभ जिनविंवं महाकायं प्रतिष्ठाप्य नित्यं प्रणमतः क–
१३. र्म्मसीहभग्नी साध्वी सवीरी जिनपदभक्ता।। ठ।। अंगुष्टमात्रां प्रतिमां जि–
१४. नस्यभक्त्या प्रतिष्ठापयतो महत्य ।। कुलंवलं राज्य मनंत सौख्यं।।
१५. भवस्य विच्छित्तिरथो विमुक्तिः ।। १।। शुभं भवतु देशनृपयोः ।। ठ।।

१०५. जिन प्रतिमा लेखः सं. १५१०

प्राप्ति स्थान : गुहा मंदिर क्र. ४ के बाहर बाँयीं ओर बाहुबली मूर्ति के बाँयीं ओर शिला पर
भाषा : संस्कृत
लिपि : नागरी
तिथि : सं. १५१० माघ सुदि ८ सोमे = सोमवार ७ जनवरी १४५४ ई.

इस अभिलेख में गहण के पिता–पितामह आदि का उल्लेख है।

पाठ

१. संवत् १५१० मघ
२. सुदि ८ सोमदिने
३. गोल्हे सथिरा भा
४. साहुणि पुत्रज सा
५. पाल्हेन भा जसी
६. पुत्र जेष्ठो जायूत भा
७. असमुति ऐतस्य
८. सुपुत्र सवकुला–
९. सीस तथा सीतप
१०. जैसर पुत्र गहण

१०६. मानस्तम्भ लेखः सं. १५१०

प्राप्ति स्थान : गुहा मंदिर क्र. १० के बाँयीं ओर शैलोत्कीर्ण पहले मानस्तम्भ पर
भाषा : संस्कृत
लिपि : नागरी
तिथि : सं. १५१० माघ सुदि ८ सोमे = सोमवार ७ जनवरी १४५४ ई.

इस अभिलेख में काष्ठा संघ माथुर अन्वय पुष्करगण के भट्टारक श्री क्षेमकीर्त्ति के पट्टशिष्य श्री हेमकीर्ति के पट्टशिष्य देवकीर्ति के पट्टशिष्य श्री कुमारसेन की प्रेरणा से साधु त्रिलोक्य के पुत्र रजेवर द्वारा निर्माण कार्य का उल्लेख है।

पाठ

१. ।। संवत् १५१० वर्षे माघ सुदि ८ सोमे श्री काष्ठा संघे माथुरान्वये पु–
२. ष्करगणे भट्टार श्री क्षेमकीर्त्तिदेव तत्पट्टे श्री हेमकीर्त्तिदेव.....आचार्य
३. देवकीर्त्ति तत्पट्टे श्री कुमारसेनदेव।। सा. त्रिलोक्य पुत्र रजेव–
४. र कारापिते।। कर्मक्षय निमित्ते।। १

१०७. मानस्तम्भ लेखः सं. १५१०

प्राप्ति स्थान : गुहा मंदिर क्र. १० के बाँयीं ओर शैलोत्कीर्ण दूसरे मानस्तम्भ पर
भाषा : संस्कृत
लिपि : नागरी
तिथि : सं. १५१० माघ सुदि ८ सोमे = सोमवार ७ जनवरी १४५४ ई.

इस अभिलेख में काष्ठा संघ माथुर अन्वय पुष्करगण के भट्टारक श्री क्षेमकीर्ति के पट्टशिष्य श्री हेमकीर्ति के पट्टशिष्य सुमतीकीर्ति की प्रेरणा से साधु तिलोक्य के पुत्र रत्नाकर द्वारा पूजा–अर्चना का उल्लेख है।

पाठ

१. ।। संवत् १५१० वरषे मघ सुदी ८ सोमे श्री काष्ठासंघे माथुरान्वे पुष्करगणे
२. भटारक श्री षेमकीर्तिदेव तत्पट्टे श्री हेमकिर्त्ती देव..............................
३. सुमतीकीर्त्ति देव सा. तिलोक्य पुत्रकानति रतनाकर वंषो नीमितं

१०८. गुहा मंदिर लेखः सं. १५१०

प्राप्ति स्थान : गुहा मंदिर क्र. ६ में पिछली भित्ति पर
भाषा : संस्कृत
लिपि : नागरी
तिथि : सं. १५१० माघ सुदि ८ = ७ जनवरी, १४५४ ई.

इस अभिलेख की आरंभिक दो पंक्तियाँ खण्डित हो चुकी हैं तथा शेष पंक्तियों में भी कुछ ही अक्षर पढ़ने योग्य हैं। इसमें तोमर वंश के महाराजाधिराज राजा श्री डुंगरसिंह के राज्यकाल में काष्ठा संघ सरस्वती गच्छ बलात्कार गण के भट्टारक श्री जिनचंद्र के साथ कुछ श्रावकों का भी उल्लेख है। अंत में श्री हरितिचार्य द्वारा संभवतः प्रतिमा की प्रतिष्ठा का विवरण है।

पाठ

१. सिधि..
२. ....कीर्तिसिह यस्यारष्क..............
३. ....विक्रयित त्रीलोकायपतियर्वा देवपालन्वर्त्तविन्वेणयवदक
४. ....साव श्री विक्रमादित राज्ये। संवत १५१० वर्षे माघ सुदि ८
५. ....पथि.....................तोमर वंशे। महाराजाधिराज राजा श्री डुंगरसिंघदेव राज्ये
६. [काष्ठा]संघो सरस्वतीगद्दे वलात्कारगणे भट्टारक श्री जिनचंद्रदेव पदका वलंगतत
७. ....श्री भाला भार्या णतिव पुत्राः पाए दानी वनिजः। पजोसाम निरताः धव
८. ....यसकीर्त्ति येन प्रमाणपर्यासवराज राजदेव भय कालपिते
९. ।। ....भार्या पति त सु जगी। तयोः पुत्रा जत्रार श्रावस दु सीरित.................
१०. यद्वि जिमिणेहरा। भार्या लषनसिरि। असपति भार्या विरमा। कनराज भार्या
११. होति राजोजि भार्या पौराद्यि लषे पुत्र हलीव भार्या सृसो। माणिके पुत्राः वनूह
१२. ।। संघसिहश्वे। कुलजात्रसपति प्रभगाधवा कुसराज पुत्र हरिचंद। याति
१३. पुत्र मंडना हल पुत्र धेनासरः। एतैषां मध्ये दापजनग सपति। श्री
१४. हरितिचार्य यंत्र प्रतिष्ठाम् नित्यं प्रणमति। श्रीः धर्म वलस्वत्र घारिएतोमस

१०९. वितान लेखः सं. १५१०

प्राप्ति स्थान : गुहा मंदिर क्र. १ में वितान भाग पर
भाषा : संस्कृत
लिपि : नागरी
तिथि : सं. १५१० = १४५४ ई.

इस अभिलेख गें आदेशानुसार सूत्रधारि राका द्वारा संभवतः गुहामंदिर एवं प्रतिमा के निर्माण का उल्लेख है।

पाठ

१. ऊँ म(सि)धि संमत् वषे १५१० पौष वदि पंचम वधवरा (बुधवार)
२. अदोसु सुत्रधराह राकादोवत गढाह

११०. गुहा मंदिर लेखः सं. १५१४

प्राप्ति स्थान : गुहा मंदिर क्र. १० के बाँयीं ओर कुलिका में शिला पर
भाषा : संस्कृत
लिपि : नागरी

तिथि : सं. १५१४ वैशाख सुदि १० बुधो = बुधवार ४ मई १४५७ ई.

इस अभिलेख में गोपाचल के महाराजाधिराज श्री डुंगरेन्द्र के राज्यकाल में मूल संघ बलात्कार गण, सरस्वती गच्छ के भट्टारक श्री पद्मनंदि के पट्टशिष्य भट्टारक श्री शुभचंद्र के पट्टशिष्य भट्टारक श्री जिनचंद्र के आम्नाय में खंडेलवाल अन्वय के पंडित श्री गणपति की भार्या सलौ, उनके पुत्र जेसल एवं लषमण तथा लषमण की भार्या सुहागश्री उनके पुत्रों वीथा, करमसी एवं दैलूचंद्र, वीथा की भार्या रतनश्री उनके पुत्र जीसुण, कुवेर, करमसी की भार्या करमश्री तथा उनके चार पुत्रों विशरूपचंद्र, महण, सीधर एवं मसीदाराम का उल्लेख है। दैलूचंद्र की भार्या लहवद्रा से पुत्र तार्या एवं रूपिणि थे। पानिग की भार्या मूगा थी। इनके द्वारा प्रतिमा–प्रतिष्ठा करवाये जाने का उल्लेख है।

पाठ

१. ।। ऊँ।। सिद्धिः ।। संवत् १५१४ वर्षे वैशाख सुदि १० वुधो गोपाचल
२. महा[दु]र्गे। महाराजाधिराज श्री डुंगरेद्रराज्यप्रवर्त्तमाने।
३. श्री मूलसंघे वलात्कारगणे सरस्वतीगच्छे भट्टारक श्री
४. पद्मनंदि देवास्ततपट्टे भट्टारक श्री शुभचंद्रदेवास्ततपट्टे
५. भट्टारक श्री जिनचंद्राणानाम्नाये खंडेलवालान्वये।
६. पंडित श्री गणपति भार्या सलौ तत्पुत्रो जेसल लषमण
७. नामानौ लषमण भार्या सुहागसिरि तत्पुत्रौस्त्रयो। ज्येष्ठ
८. सा वीथा द्वि. करमसी तृ. दैलूचंद्र। वीथा भार्या रतनसिरि
९. तत्पुत्रौ जीसुणसंद्य कुवेर। करमसी भार्या करमसिरि तत्पुत्रा
१०. श्चत्वारी। सा विशरूपचंद्र महण सीधर मसीदाराम। दैलूचंद्र
११. भार्या लहवडा जी पुत्रा तार्या रुपिणि। पानिग भार्या मूगा
१२. एतेषां मध्ये सुवीध्य वीथास्वी श्री वरनतेभ्यांया............
१३. मातद्र विम कारयित्वो प्रतिष्ठापितो स्व श्रेयोभितृ शर्व शुभं
१४. त प्रतीसो धर्माचार्या येन (श्री?) रिस्वत्र संतोष ताषो सदा

१११. मानस्तम्भ लेखः सं. १५१४

प्राप्ति स्थान : गुहा मंदिर क्र. १० के बाँयीं शिला पर चौथे मानस्तम्भ पर
भाषा : संस्कृत
लिपि : नागरी
तिथि : सं. १५१४ वैशाख सुदि १० बुधवासरे = बुधवार ४ मई १४५७ ई.

इस अभिलेख में कुन्दकुन्द अन्वय के श्री पदमनंदि तथा कुछ अन्य लोगों का उल्लेख है।

पाठ

१. संवत् १५१४ वर्षे वैसष सुदि ७ बुधवसरे...........
२. ज कुंदकुदान्वे श्री पदमनंदी.................
३. सुता संघदं सनभ चयन
४. वहरयो प्रिरठसधु चत्रुवरस्वर
५. सर सुविद हत हुरतो

११२. गुहा मंदिर लेखः सं. १५१४

प्राप्ति स्थान : गुहा मंदिर क्र. ५ के बाँयीं ओर कुलिका में पद्मप्रभ मूर्ति के पिछली शिला पर
भाषा : संस्कृत
लिपि : नागरी
तिथि : सं. १५१४ वैशाख सुदि १० बुधेर = बुधवार ४ मई १४५७ ई.
संदर्भ : *ग्वा. पु. रि.* (१६८४/१६२७–२८) क्र. २५; *ग्वा. रा. अ.* (वि. सं. २००४), क्र. २८०; *ए. रि. इं. ए.* (१६६१–६२), क्र. १५११; *इ. गो.*, पृ. ३२–३३

इस अभिलेख में राजा श्री डोगरसी (डुंगरेन्द्र) के शासनकाल तथा मूल संघ सरस्वती गच्छ बलात्कार गण के भट्टारक पद्यनंदी के पट्टशिष्य शुभचंद्र के पट्टशिष्य भट्टारक जिनचंद्र की प्रेरणा से जैसवाल साधु सधार के पुत्र भारजी के पुत्र करमा के पुत्र पंडित ऊधरण, उनकी भार्या चंदो एवं शेतो तथा पुत्र मंडे, जगा, देऊ, हुलू आदि के द्वारा निर्माण–कार्य कराये जाने का उल्लेख है।

पाठ

१. ऊँ ।। सिधिः। संवत् १५१४ वर्षे वैसाष
२. सुदि १० वुधेर श्री राजा डोगरसी र(रा)ज्य
३. श्री मूल[सं]घे सरस्वती गच्छे वलात्कार भ–
४. ट्टार श्री पद्यनंदिदेव सुभचंद्रदेवस्तत्प–
५. ट्टे भट्टारक श्री जिनचंद्रदेवदाम्ना जैसवल
६. सा सधार तत्पुत्र भारजी करमा तत्पुत्र पं
७. ऊधरणताद्भर्ज चंदो दुतीय भार्जा षेतो त–
८. त्पुत्र मंडे जगा देऊ हुलू पंऊधा करापि–
६. तं।

११३. मानस्तम्भ लेखः सं. १५१४

प्राप्ति स्थान : गुहा मंदिर क्र. ६ के बाहर दाँयें ओर मध्य के मानस्तम्भ पर
भाषा : संस्कृत
लिपि : नागरी
तिथि : सं. १५१४ वैशाष सुदि = १४५७ ई.

यह अभिलेख काफी मिट चुका है। केवल तिथि व कुन्दकुन्दाचार्य ही पढ़ा जा सका है।

पाठ

१. संवत् १५१४ वर्षे वेसाष सुदि.......
२. ....क.......................
३. ....कुंदकुंदाचार्य भ............
४. य वीथा षा तिकवीदध....................

११४. मानस्तम्भ लेखः सं. १५१४

प्राप्ति स्थान : गुहा मंदिर क्र. ६ के बाहर दाँयीं ओर पहले मानस्तम्भ पर
भाषा : संस्कृत
लिपि : नागरी
तिथि : सं. १५१४ = १४५७ ई.

इस अभिलेख में दिवं तथा उसके परिवारजनों का उल्लेख है।

पाठ

१. संवत् १५१४ वर्षे................वुणानथु...........दशसुप्र........
२. ....घ्निसं ददा..........
३. वसीगनूः श्री दाहशु कारग इ सतस्य सधू श्री सु.........
४. पुत्र दिवं तस।।

११५. शिलालेखः सं. १५१४

प्राप्ति स्थान : गुहा मंदिर क्र. ६ में बाँयीं ओर भित्ति पर
भाषा : संस्कृत
लिपि : नागरी
तिथि : सं. १५१४ वैशाख सुदि ८ = १४५७ ई.

इस अस्पष्ट अभिलेख में श्री मूल संघ का उल्लेख है।

पाठ

१. संवत् १५१४ वर्षे वैशाष सुदि ८..............धुराजेसदेसू
२. श्री मूल संघे..........................दिगुणमद्रशु
३. विनय श्री यीलि करपिसुव्रत
४. यानैः निमिति............भर्य विज................
५. प्रणमति

११६. मानस्तम्भ लेखः सं. १५१४

प्राप्ति स्थान : गुहा मंदिर क्र. ६ के बाहर मानस्तम्भ पर
भाषा : संस्कृत
लिपि : नागरी
तिथि : सं. १५१४ वैशाख सुदि ७ = १४५७ ई.

यह अभिलेख अस्पष्ट है। केवल तिथि एवं कीर्तिदेव का नाम पढ़ा जा सका है।

पाठ

१. सिधि संवत् १५१४ वर्षे वैसष सुदि ७
२. ....यपदम
३. तसीसतूः श्री यजमु कीर्तिदेव तस्य सीस्य धि
४. ....दवतस

११७. मानस्तम्भ लेखः सं. १५१४

प्राप्ति स्थान : गुहा मंदिर क्र. ६ के बाहर मानस्तम्भ पर
भाषा : संस्कृत
लिपि : नागरी
तिथि : सं. १५१४ वैशाख = १४५७ ई.

यह अभिलेख वर्तमान में स्पष्ट नहीं है। केवल तिथि तथा कुछ अक्षर ही पढ़े जा सके हैं।

पाठ

१. संवत् १५१४ वर्षे वैसष.............द्यधु
२. ....काष्ठा संघे कुंदकुदाचार्य..........भटारक
३. ....मुदीदापत
४. शवी श्री पतिपा च दिघया..........................

११८. गुहा मंदिर लेखः सं. १५१५

प्राप्ति स्थान : गुहा मंदिर क्र. १० के बाँयें तीसरे मानस्तम्भ पर
भाषा : संस्कृत
लिपि : नागरी
तिथि : सं. १५१५ माघ सुदि १२ सोमे = सोमवार १४५८ ई.

इस अभिलेख में गोपाचल के राजा डोगरसीदेव के शासनकाल तथा मूल संघ कुन्दकुन्द अन्वय सरस्वती गच्छ बलात्कार गण के भट्टारक श्री पदमनंदी के प्रशिष्य महाकीर्त्ति और नमांक कुल ईषाक वंश के जैसवाल सलघौ की भार्या सुहगु से उत्पन्न पुत्र अलघौ एवं महाकीर्त्ती का उल्लेख है।

पाठ

१. ऊँ नमो सिधेभ्य संवत् १५१५ वर्षे माघ सुदि १२ सोमे गोपचलह
२. राज डोंगरसीदेव वर्तमने मूलसंग सरस्वती गच्छे वलात्कारगणे कुंदकुंदा–
३. न्वे भट्टारक श्री पदमनंदीदेव तत शिष्य भटारक श्री ....दे
४. व तत सिष्य महाकीर्त्तीदेव नमांकीत्र कुलक................
५. ईषाक वंसे जैसवल सलघौ भार्ज सुहगु
६. तत् पुत्र अलघौ दुतिय पुत्र महाकीर्त्ती
७. निमतनिसही

११६. मानस्तम्भ लेखः सं. १५१५

प्राप्ति स्थान : गुहा क्र. ६ के बाहर मानस्तम्भ पर
भाषा : संस्कृत
लिपि : नागरी
तिथि : सं. १५१५ माघ सुदि १२ सोमे = सोमवार १४५८ ई.

यह लेख अब पढ़ने योग्य नहीं बचा है। केवल कुछ अक्षर स्पष्ट हैं, जिनके आधार पर पाठ प्रस्तुत करने का प्रयास किया गया है।

पाठ

१. संवत् १५१५ वर्षे..........श्री मूल संघे कुंदकुंदाचार्य
२. ....रोपके..............श्री पुत्रो...........................
३. ....दिसरज
४. सवकापीलह.............
५. सिधी श्रीः

६. पद श्री परम.........
७. तो परमिहो
८. सिंहकीर्ति
६. ....सिष्य.......
१०. सिहदेव.........स....
११. ....सिष्य........
१२. ....कीर्तिदे.......
१३. ....भसलि.........
१४. ....तास तह.............
१५. ....पतू वरये रम्य....

१२०. गुहा मंदिर लेखः सं. १५१५

प्राप्ति स्थान : गुहा मंदिर क्र. १० के दाँयीं शिला पर
भाषा : संस्कृत
लिपि : नागरी
तिथि : सं. १५१५ माघ सुदि १२ सोमे = सोमवार १४५८ ई.

इस लेख में गोपाचल दुर्ग के शासक डोंगर के शासनकाल में मूलसंघ सरस्वती गच्छ बलात्कार गण के भट्टारक पदमनंदी के पट्टशिष्य सुकीर्तिदेव, उनके पट्टशिष्य महाकीर्तिदेव का उल्लेख है। साथ ही सोषे कुल एवं ईषक वंश के जैसवाल सलघौ की भार्या सुहगु के पुत्र अलघौ की भार्या हरसो की चर्चा है।

पाठ

१. .... नमः सिधिः। संवत् १५ (१५)
२. वर्षे माघ सुदि १२ सोमवासरे
३. गोपचल दुर्गे डोंगर नरेंद्र चत्रको
४. नासुरा श्री मूलसंघ कुंदकुंदन्वा–
५. ये सरस्वती गच्छे वलत्कार गणे स–
६. .... भट्टारक पदमनंदिदेव त–
७. त् सिष्य भट्टारकदेवासुकीर्त्ति
८. देव त्........................... त् सिष्य
६. महकिर्त्ती देव कुलकसोषे ईषक
१०. वंस जैसवल सलघौ भर्ज (भार्या) सुहगु
११. तत् पुत्र अलघौ दुत्तीऐ पुत्र म–
१२. हाकीर्त्ति देव अलघौ भर्ज ह–
१३. रसो

१२१. शिलालेखः सं. १५२२

प्राप्ति स्थान : गुहा मंदिर क्र. ५ में गुहा की सम्मुख शिला पर
भाषा : संस्कृत
लिपि : नागरी
तिथि : सं. १५२२ माघ सुदि १२ = २७ जनवरी १४६६ ई.

इस अभिलेख में राजा कीर्त्तिसिंह के शासनकाल में काष्ठा संघ के गुणकीर्त्ति, श्री जसकीर्त्ति, मलयकीर्त्ति, श्री गुणभद्र की प्रेरणा से अग्रोत अन्वय एवं गर्ग गोत्र के साहु जी के पुत्र आसा की दो पत्नियाँ शिमश्री एवं भूरि तथा उनके पुत्र सीर का उल्लेख है। इनके अलावा आवानय के शिष्य कवक, उनका शिष्य रतनु की भार्या जैश्री का पुत्र गुर की भार्या जाही से उत्पन्न पुत्र तथा अन्य लोगों का भी विवरण है।

पाठ

१. ऊँ नमो सिद्धत्वा संवत् १५२२ वरषे मा–
२. घ सुदि १२ श्री काष्ठा संघेतः यक्रैत
३. गुणकीर्तिदेवा श्री जसकीर्तिदेव श्री मल–
४. यकीर्तिदेव श्री गुणभद्रदेवा राजाधि–
५. राज श्री कीर्तिसिघुदेवा। अग्रोतकान्वये गग्ग(र्ग)
६. गोत्रे सिलि भूजाहै साहुजि पुत्र आसा भा–
७. र्या षिमसिरि दुतीय भूरि तयो पुत्र सीर तु
८. नु आवानय सीस्य कवक सीस्य रतनु भा–
९. र्या जैसिरि। पुत्र गुर भार्जेतो जाही पुत्र रवी सवत
१०. वावो पुत्र दासण केमु । सा अवूस काकणहि
११. सुता.......पहैरन सिरि। पुत्र तहासै जातेहा
१२. ताजह मध्ये पुत्र मेणा भर्जे मदन सिधीकर
१३. णषी कारम चंडारामेवी भार्जह लोका पुत्र......
१४. सगरत भर्जे कल्हो पुत्र रानेह भार्जेन तरु ज

१२२. शिलालेखः सं. १५२२

प्राप्ति स्थान : गुहा मंदिर क्र. ५ में गर्भगृह की सम्मुख भित्ति पर
भाषा : संस्कृत
लिपि : नागरी
तिथि : सं. १५२२ माघ सुदि १२ सोमवासरे = सोमवार २७ जनवरी १४६६ ई.

इस लेख में गोपाचल दुर्ग के अधिराज श्री कीर्त्तिसिंह के शासनकाल में मूल संघ कुन्दकुन्द अन्वय सरस्वती गच्छ बलात्कार गण के भट्टारक श्री पद्मनंदि के शिष्य मंडलाचार्य

महाकीर्ति का उल्लेख एवं संभवतः प्रतिमा–प्रतिष्ठा की चर्चा है। जैसवाल अन्वय के कुछ लोगों का भी विवरण है।

पाठ

१. सिद्धम्।। ऊँ नमः सिद्धोभ्यः ।। संवत् १५२२ वर्षे
२. माघ सुदी १२ सोमवासरे पुनव–
३. सन। अत्रे श्री गोपाचल दूगे राज–
४. अधिराज श्री कीर्त्ति सिंह राज्य प्र–
५. वर्त्तमाने श्री मूलसंघे कुंदकुंदा–
६. न्वे सारस्वाती गच्छे वलात्कार गणे
७. भ. श्री पद्मनंदी देवः तत्पटेय मडला–
८. चार्य देवत्रकीर्त्ति संधषह महाकीर्त्ति
६. देवा तनदास प्रतिजनाः स्वकर्मक्षया
१०. न कारितं। तदामय जैसवाल। सासदू
११. वद भाजा अमन तत पुत्र सहीदेवह भ
१२. सलवत पुत्र अ (य) देवा तत भार्जया
१३. मघमा सवषे......................

१२३. शिलालेखः सं. १५२७

प्राप्ति स्थान : उरवाही पथ के दाँयीं ओर
भाषा : संस्कृत
लिपि : नागरी
तिथि : सं. १५२७ वैशाष = १४७० ई.

इस लेख में बलात्कार गण के भट्टारक पद्मनंदी और किसी के पुत्र धमिनि आदि का उल्लेख है।

पाठ

१. संवत् १५२७ वर्षे वैसाष.............वलत्करगण भट्टरक न..........श्री
२. स पद्मनंदिय देव पुत्र धमिनि जमपिः पुत्रेनि अनुः ज निपितः पदविसु

१२४. गुहा मंदिर लेखः सं. १५४६ (चित्र ७१)

प्राप्ति स्थान : गुहा मंदिर क्र. ८ के बाँयीं ओर स्थित कुलिका में
भाषा : संस्कृत

लिपि : नागरी

तिथि : सं. १५४६ मार्ग सुदि ३ गुरौ = गुरुवार १४६२ ई.

इस अभिलेख में गोपाचलगढ दुर्ग के महाराजाधिराज श्री मानसिंह के शासनकाल में श्रीमाल अन्वय एवं त्रषोड गोत्र के श्रीमाल उनके पुत्र साधु धेनसी, उनके पुत्र साधु गांग, उनके पुत्र साधु काकलि, उनके पुत्र साधु जूजा, उनके पुत्र चौरोपा की भार्या करमा से पुत्र संघवी लक्ष्मण द्वारा श्री आदिनाथ एवं श्री शांतिनाथ की प्रतिमा–प्रतिष्ठापना का उल्लेख है। यह प्रतिष्ठा श्री रुद्रपलीय गच्छ के भट्टारक श्री कमलप्रभ सूरि के पट्टशिष्य हरिभद्र सूरि, उनके पट्टशिष्य भट्टारक श्री हेमप्रभ सूरि, उनके पट्टशिष्य भट्टारक श्री कनकप्रभ सूरि की प्रेरणा से हुई थी। उनके साथ श्री आनंदकलश के शिष्य श्री अमृतकलश एवं श्री पद्मसागर भी थे। अभिलेख के अन्त में सूत्रधारि भोलू का उल्लेख है, जिन्होंने संभवतः निर्माण–कार्य एवं अभिलेख के उत्कीर्णन का कार्य किया था।

पाठ

१. ।। सिद्धिः।। भव्यां भोरुह भास्कर शिवपदो दीपांकुरोमेभूतां कल्याणावलि वल्लरी वन धन कर्म द्रुदंता र्वलि

२. देवोयंव्यवहार सिंधु सिषवी लीला गृहं संपदां श्री शत्रुंजय मौलिमंडणमणि श्री नाभिभूः पातुद्रः ।। १।। श्रे–

३. अथ संवत्सरे श्री विक्रमादित्य राज्ये संवत् १५४६ वर्षे मार्ग सुदि ३ गुरौ श्री गोपाचलगढ दुर्गे महाराजा–

४. धिराजा श्रीमानसिंघ देव राज्ये।। श्री मालान्वये त्रषोड गोत्रे पूज्य श्रीमालद्यो तत् पुत्र सा धेन सीवत्

५. पुत्र सा गांगद्यो तत् पु. सा काकलि तत् सा जूजा तत् पुत्र चौरोपा भार्या करमा तत् पुत्र संघवी लक्ष्मण

६. जसू श्री आदिनाथ श्री शांतिनाथ द्वौ विंवौ कारापितौ प्रतिष्ठितं श्रीरुद्रपलीय गच्छे श्री कमल–

७. प्रभ सूरि तत्पट्टे भट्टारक श्री हरिभद्र सूरि तत्पट्टे भ श्री हेमप्रभ सूरि तत्पट्टे ज धवंता भ. श्री कनक–

८. प्रभ सूरिभिः प्रतिष्टितं।। वा श्री आनंदकलश शिष्य वा श्री अमृतकलश वा श्री पद्म सागर सहितेन ।। श्री

९. सूत्रधारि भोलू रथानु।

१२५. शिलालेखः सं. १५५२

प्राप्ति स्थान : गुहा मंदिर क्र. ४ के दाँयीं ओर चट्टान पर

भाषा : संस्कृत
लिपि : नागरी
तिथि : सं. १५५२ = १४९५ ई.

केवल तिथि ही स्पष्टतः पढ़ी जा सकी है।

पाठ

१. सं. १५५२ वर्षे
२. ....षो.........
३. ....कीर्ति...................
४. देव पंडिताचार्य.............
५. ....

१२६. शिलालेखः सं. १८१४

प्राप्ति स्थान : उरवाही पथ के दाँयीं ओर
भाषा : संस्कृत
लिपि : नागरी
तिथि : सं. १८१४ = १७५७ ई.

इस लेख में मूलसंघ और कुछ निर्माण–कार्य का उल्लेख हुआ है।

पाठ

१. संवत् १८१४ वर्षे................राजे सदेव
२. श्री मूलसंघे सा.............पालद्रशु.....
३. सिस्य श्री.................
४. पानेः निमिति कारपितं..................वत
५. ....संद्येयि

१२७. गुहा मंदिर लेख (चित्र ७२)

प्राप्ति स्थान : गुहा मंदिर क्र. ३ में दाँयीं ओर शिला पर
भाषा : संस्कृत
लिपि : नागरी

इस अभिलेख की आरंभिक पंक्तियों में जिन की आराधना है। उसके बाद गोपाचल दुर्ग के डुंगरेंद्र एवं उनके पुत्र कीर्तिसिंह की प्रशस्ति है। तत्पश्चात् काष्ठा संघ के देवसेन,

भोजसेन, विमलसेन की परम्परा में श्री धर्मसेन, भटारसेन, भाषसेन, गुणभद्र का उल्लेख है। साथ ही अग्रोत अन्वय एवं गर्ग गोत्र के सदस्यों का भी विवरण है।

पाठ

१. ।। सिद्धम्।। ऊँ नमो जिनाया श्रीन्नाभिरतोगतमदमाया रजश्रयः। वृषभोभवपाधोसिवष्वो जयतादरं।।१।। श्रीमदिकमस सदप्रविशि वला संझिये वत्सरे यत्रे

२. ।। रषदले विधौजयमितौ गोपाचलाख्येपुरे। पंचम्यांवरकीर्त्तिकेलिनिलयः संघाधिपोवीकरट्टाधू साधुशिरोमणिसेन भटादत्रा प्रतिष्टांसुधीः।। २।। श्री डुंगरें–

३. ।। द्र वरन्यमुनि राजनीष्टेतस्मिन्पुरे विदघठी धविधूनियुक्तो राज्यमुदासमुदपादिसुकीर्त्तिगेह श्री [की]र्त्तिसिंह इतिनामवदंग यतः।। ३।। यदा विदधनिकायैकाणप

४. ।। जन्य रूपंतद खिल यिह मिथ्यायास्रदक्षारणे यत्राजनयति करवालस्वेकरालोपिकालो हिमकर करवल्यं सद्यपः कीर्त्तिसिंह।। ४।। श्री काष्टासंघ काष्टानित्रयदि नम–

५. ।। सिर्देवसेनो जीनस्तत्पट्टां भोजसेनुर्यतिपति विमलादीहसेनां तेनामातस्या श्री धर्मसेनो भव भटारसेनो भाष सेनो निरेनो व्रतौ विघ्नप्रतापोर्भिरद्य गुणगण श्री र–

६. ।। हपदिकीर्त्तिः ।।५।। गुणकीर्त्तिर्गुणादासोयशः कीर्त्तिपदतेनोछाकीर्त्त्यन मलयः श्रीमानगुणभद्र मुनीश्वरः ।। ६।। अग्रोतान्वये प्रसरांद। मणिः श्री गर्ग्गगोत्र।। ७।। चग्रौ–

७. ।। सुयश हरिवीशनायतसुता मानधरा धर्माग्रणीः। द्वादस्य धरश्यत्मनोसानिदितो धूरेमधूरादवाना पाल्हीता।। ८।। य विधेवसुनेराजदपाय साम सुयशोपी विधेत्रं

८. ।। वरमप्त सरिरमनोह साधुवसावे भवत्साधुः साधुजनामुनोजिनमसोद्यत्पट्टाधाराधरः। तजो यासेदुरात्पदाहदि धरषेण शंहुरस्या वनिः ६ लोवेकेह मंत्रयतासमभूत्वपा–

९. ।। न्ही सावित्रीधर्महायौ नभुशैजिनधर्माहर्म्यवरणे शिल्पीदयामालवो प्रांधीतेधिरिवसिरोद्रि पइभ्र श्रीमान दान्येत्महीं कर्णोवेसणरवरोहणगिरिः १०।। दाशराजोहयोजी

१०. ।। यान्नित्वं परोपकारकयादोकारायः तत्पटो काला सुहतपलधुत लीतर्चनरोमतत्यी जिनमुनिपदस कारहिर च षक्रेक्रोधिं। हते सुजनमानाहारदानैकतानत्गुणारासिस्वनि

११. ।। वीरेजसुचार्या घटीरोश्रयतयात्सुनुवे श्रीवेधौकरकदूवाकुनांवरो कलाविज्ञान वारीणौ होरिलोद्धरणौग्रणौ।। १२।। देवता चिरदाययौ धाहौ रिलस्यपियूसुता सुवले उर

१२. दृप सिष्यश्वसखा त्रयदीयाप्तेस्या धाधूसंधारतिर्धित्रा र्चनिखिलं श्री जी वतं वंशलंदत्यार्थ व्रजपोषान धनमरं सम्मानमधोदरष्ट। सर्व्वाणपरिपूरणंसु विशेषा

१३. ।। संघ प्रतिष्ठंद्येधाद्विरक्षतेंसृयशो धिवारि निलयंथौतंचलेकैखिले।। १३।।

१२८. प्रतिमा लेख

प्राप्ति स्थान : गुहा मंदिर क्र. ४ के बाहर बाँयीं ओर बाहुबली प्रतिमा के पादभाग पर
भाषा : संस्कृत

लिपि : नागरी

मात्र "लघमन" अंकित है।

१२६. शिलालेख

प्राप्ति स्थान : गुहा मंदिर क्र. ४ में बाँयीं भित्ति पर
भाषा : संस्कृत
लिपि : नागरी

यह अभिलेख २१ पंक्तियों में उत्कीर्ण है। अभिलेख में अक्षरों को गहरा नहीं खोदा गया है। वर्तमान में स्पष्टता के अभाव में इसका पूर्ण पाठ कर पाना सरल नहीं है।

पाठ

१. ....द्वीसु........................सीवं..............................
२. द्विकास..................सर।। संज्ञिते विक्रम शासन......................तेनि नमो
३. विराक य शांतौ शंति श्री.......शिष्याय.......श्रीमता महंरासू............
४. श्रीतु श्री सेनिदेशे कर्माणे सदा सिद्धिपथितामणिः चित्तैवाचि सरस्वती कुलघमानीना ....
५. कसिंह घुपणतिपुरं गोपगिरिं पुणं धर्माणे सूरिगणगुणीर्यसिवरः श्रीमान सुतास्य सा कीर्ति गणीस..
६. श्री गुणकीर्त्तिरन्वसरनोजतेन...............................नीमाणीताण
७. पुनस.....................स वीहीसथि संतमः।।....
८. जि..........संसारनि..........कितिन्वमित वाक्षस्रीताशि..............मानघः।।.......दायतदीपा.....
९. ....र्शर्ता विदितान य यौ परोपकार
१०. ....मनशाराघतयो पादम.......शीलगण.........घीलन्म
११. ....तिमलो श्रीत घामघामायहनीतिनं........
१२. ....मुभौ तुनी..............कुणनि..........................वस
१३. ....सुतनमा......................हणाद....................
१४. ....सुत..........श्री.............
१५. ....नंदिणु
१६. ....कारी
१७. ....णत...............सेन.............
१८. ....क.........लसेयि..........................तव सौम हरी......
१९. वितीर्यो जीवतानि.........................तं संघ.................गतिघ वीसमेतमोद नयनं विक.............. ....

२०. माहं श्री प्रमाणति.................................वहादरा
२१. ....य सुघ शप्तिन

१३०. शिलालेख

प्राप्ति स्थान : गुहा मंदिर क्र. ४ में पिछली दीवार पर
भाषा : संस्कृत
लिपि : नागरी

यह अभिलेख वर्तमान में पढ़ने योग्य नहीं है। ऊपर की ओर की केवल दो पंक्तियों में ही लेख उत्कीर्ण किया गया जान पड़ता है। किसी कारणवश लेख को पूर्ण नहीं किया जा सका था।

१३१. मानस्तम्भ लेख

प्राप्ति स्थान : गुहा मंदिर ६ के बाहर बाँयीं ओर मानस्तम्भ पर
भाषा : संस्कृत
लिपि : नागरी

देवेन्द्रकीर्ति देव एवं सिंहकीर्ति देव का ही नाम पढ़ा जा सका है।

पाठ

१. स सतिवाह व्रतपान न काष्ठा संघ कुंदकुंद
२. ....सिघघ्नन...........वरकति
३. भटरक श्रिदेवेंद्रकीर्तिदेव तत
४. ....सिंहकीर्ति देव निमती
५. .... कीर्ति देव.......
६. ज सुहग सवगे.........................कारताः
७. ....धिरज
८. ....प्रण
९. मति

१३२. गुहा लेख

प्राप्ति स्थान : गुहा मंदिर क्र. ८ के बाँयीं ओर स्थित कुलिका में पिछली भित्ति पर
भाषा : संस्कृत
लिपि : नागरी

इस अभिलेख में जसू द्वारा संघ सहित शांतिनाथ एवं श्री महावीर की पूजा–अर्चना करने तथा संभवतः कुछ निर्माण कार्य करवाए जाने का उल्लेख है।

पाठ

१. निगरह हदक्वं पौमे। चंदेसूरे समुद्दर्मरमिं।। ते उ व मि क्रयस हि थति सद्यगुणो दारं दद्रति।। इषा श्री संघ जिन मासान जेवंता व भां उ शांतिनाथ
२. श्रीमन्महावीरंदेवाधिदेव।। श्री संघ सहित संघवी पधमाण जसू र(प्र)णमति।। सुभं कारापितं श्री

१३३. प्रतिमा लेख

प्राप्ति स्थान : गुहा मंदिर क्र. ८ के बाँयीं कुलिका में शांतिनाथ प्रतिमा की पाद भाग पर
भाषा : संस्कृत
लिपि : नागरी

श्री शांतिनाथ की प्रतिमा की पूजा का उल्लेख है।

पाठ

१. ।। श्री शांतिनाथ विंविणहर प्रणमति

१३४. प्रतिमा लेख

प्राप्ति स्थान : गुहा मंदिर क्र. ८ के बाँयीं ओर स्थित कुलिका में जिन प्रतिमा के चरण पर
भाषा : संस्कृत
लिपि : नागरी

।। सा. पदारथा श्री रुणा प्रणमति।। उल्लेख है।

१३५. प्रतिमा लेख

प्राप्ति स्थान : गुहा मंदिर क्र. ८ के बाँयीं ओर स्थित कुलिका में जिन प्रतिमा के चरण पर
भाषा : संस्कृत
लिपि : नागरी

।। साधु राम प्रणमति।। उल्लेख है।

१३६. शिलालेख

प्राप्ति स्थान : गुहा मंदिर क्र. ८ के बाँयीं ओर स्थित कुलिका के बाहर की ओर चट्टान पर

भाषा : संस्कृत
लिपि : नागरी

सीलष मणि द्वारा पूजा का उल्लेख है।

पाठ

१. ....सीधि नाथयंदी
२. ....सीलष मणि प्रणमति
३. ....पं लिपणु पहुल ६

१३७. प्रतिमा लेख

प्राप्ति स्थान : गुहा मंदिर क्र. ८ के बाँयीं ओर स्थित कुलिका के बाहर लघु प्रतिमा पर
भाषा : संस्कृत
लिपि : नागरी

इस लेख में "सिद्धि आम्ननुश्रीत" उल्लेख है।

१३८. प्रतिमा लेख

प्राप्ति स्थान : गुहा मंदिर क्र. ८ में आदिनाथ प्रतिमा के पादपीठ पर
भाषा : संस्कृत
लिपि : नागरी

रतनसीधी गण का उल्लेख है।

पाठ

१. रतन सीधीगणेह देसष पद्वि
२. चरनं वदितं तैन उ तेजं

१३९. प्रतिमा लेख

प्राप्ति स्थान : गुहा मंदिर क्र. ८ में आदिनाथ प्रतिमा के पादपीठ पर
भाषा : संस्कृत
लिपि : नागरी

तप के प्रभाव का बखान है।

पाठ

१. दिनदीन ममायत्रुवक तप प्रभवै
२. त्र नं चादे

१४०. शिलालेख

प्राप्ति स्थान : गुहा क्र. ८ के बाहर बाँयीं ओर शिला पर
भाषा : संस्कृत
लिपि : नागरी

साल की भार्या कुटी का उल्लेख है।

पाठ

१. साल भार्या
२. ष कुटीकै

१४१. प्रतिमा लेख

प्राप्ति स्थान : गुहा मंदिर क्र. ६ के दाँयीं शिला पर
भाषा : संस्कृत
लिपि : नागरी

श्री आदि जिन के वंश में जाव्रड द्वारा पूजन का उल्लेख है।

पाठ

१. ऊँ श्री आदि जिनव्यं वंसः जाव्रड प्रणमति।।

१४२. गुहा मंदिर लेख

प्राप्ति स्थान : गुहा मंदिर क्र. १० में बाँयीं भित्ति पर
भाषा : संस्कृत
लिपि : नागरी

सूत्रधारि सुरपति के पुत्र गागू का उल्लेख है।

पाठ

१. सुत्रधारि सुरपति तस्य पुत्र गागू

१४३. गुहा मंदिर लेख

प्राप्ति स्थान : गुहा मंदिर १० में बाँयीं शिला पर
भाषा : संस्कृत
लिपि : नागरी

श्री थूला द्वारा नित्य पूजा–अर्चना का उल्लेख है।

पाठ

१. ।। श्री थूलात [नि]त्यं प्रनमंति।।

१४४. मानस्तम्भ लेख

प्राप्ति स्थान : गुहा क्र. १० के बाँयीं ओर मानस्तम्भ पर
भाषा : संस्कृत
लिपि : नागरी

इस अभिलेख में मूल संघ एवं दरस के परिवारजनों का उल्लेख हुआ है।

पाठ

१. जता सिपद संनस्तनयनह मूल संघ
२. वरह वणे प्रिरठसुदह च द्रुवरस्ववर
३. सर सुविदर्घर्जुरता पुत्र दरस भार्य

१४५. मानस्तम्भ लेख

प्राप्ति स्थान : गुहा क्र. १० के बाँयीं ओर मानस्तम्भ पर
भाषा : संस्कृत
लिपि : नागरी

अलघौ की भार्या हरसो का नाम अंकित है।

पाठ

१. अलघौभार्जहरसो

१४६. प्रतिमा लेख

प्राप्ति स्थान : उरवाही पथ के दाँयीं ओर आदिनाथ प्रतिमा पर

भाषा : संस्कृत
लिपि : नागरी

संघाधिपति कौला की भार्या सरसुती एवं सरो का उल्लेख है।

पाठ

१. भ [सर] सुती सं. कौला भ. सरो

१४७. प्रतिमा लेख

प्राप्ति स्थान : उरवाही पथ के दाँयीं और पार्श्वनाथ प्रतिमा की पादपीठ पर
भाषा : संस्कृत
लिपि : नागरी

डूंगरेंद्र के शासनकाल में काष्ठा संघ के विसदेव की भार्या जिता, तथा अन्य किसी की भार्या विशी से उत्पन्न पुत्र सरोज का नाम ही सुरक्षित अंश में पढ़ा जा सका है।

पाठ

१. ....श्री डूंगरेंद्र राज्य प्रवर्त्तमाने श्री का(ष्ठा).......
२. ....सिरगे विसदेव भार्य जिता
३. ....
४. ....भार्या विशी पुत्र सरोज

१४८. प्रतिमा लेख

प्राप्ति स्थान : उरवाही पथ के दाँयीं ओर आदिनाथ प्रतिमा पर
भाषा : संस्कृत
लिपि : नागरी

साधु जधि एवं अन्य का उल्लेख है।

पाठ

१. हे शील हर्द्धदेद्य उदितु दिणेप हणमाणो पादरपुदेह................
२. साधु जधिगुतु

१४९. प्रतिमा लेख

प्राप्ति स्थान : उरवाही पथ के दाँयीं ओर चरण चिह्न पर

भाषा : संस्कृत
लिपि : नागरी

तीन पंक्तियों के इस अभिलेख में तीसरी पंक्ति में केवल 'सुयण' ही पढ़ा जा सका है।

पाठ

१. ....
२. ....
३. ....सुयण.....

१५०. शिलालेख

प्राप्ति स्थान : उरवाही पथ के दाँयीं ओर
भाषा : संस्कृत
लिपि : नागरी

खण्डित होने के कारण अस्पष्ट है।

पाठ

१. ....दभोवल है वातपो.......................

१५१. शिलालेख

प्राप्ति स्थान : उरवाही पथ के दाँयीं ओर
भाषा : संस्कृत
लिपि : नागरी

साधु माल्हा और उनके परिवारजनों का उल्लेख है।

पाठ

१. ....साधु माल्हा दुतीज पुत्र दमा साधु..........भार्या अच लादोन पुत्र हजष्ट
२. ....पद येना....................दुती उद्योड नामा त्रितीय सनसिरि
३. ....भराएहि अ
४. ताके गढ सु
५. घे देव। श्री

१५२. शिलालेख

प्राप्ति स्थान : उरवाही पथ के दाँयीं ओर ऋषभनाथ प्रतिमा के समीप

भाषा : संस्कृत

लिपि : नागरी

यह अभिलेख पूरी तरह से नष्ट हो गया है। यहाँ तक की इस अभिलेख में कुल कितनी पंक्तियाँ रही होंगी, यह भी निर्धारित करना सरल नहीं है।

१५३. शिलालेख

प्राप्ति स्थान : उरवाही पथ के दाँयीं ओर ऋषभनाथ प्रतिमा के पास

भाषा : संस्कृत

लिपि : नागरी

यह अभिलेख अस्पष्ट है। इसकी तीसरी पंक्ति में संभवतः कौला का नाम अंकित है।

पाठ

१. ....जस

२. पाल.........................

३. कौला................पा भर्या........

४. ....पाजडा

५. रा..................प्रण

१५४. शिलालेख

प्राप्ति स्थान : उरवाही पथ के दाँयीं ओर ऋषभनाथ प्रतिमा के समीप

भाषा : संस्कृत

लिपि : नागरी

११ पंक्तियों में अंकित यह लेख पत्थर का चप्पड़ छोड़ देने या घिस जाने के कारण अब पढ़ने योग्य नहीं रह गया है।

१५५. शिलालेख

प्राप्ति स्थान : उरवाही पथ के दाँयीं ओर

भाषा : संस्कृत

लिपि : नागरी

केवल ''रापवाण'' और ''रोपमाकार'' ही उत्कीर्ण है।

१५६. प्रतिमा लेख

प्राप्ति स्थान : उरवाही पथ के दाँयीं ओर आदिनाथ प्रतिमा के सामने
भाषा : संस्कृत
लिपि : नागरी

अभिलेख अपठनीय है। संभवतः पूजा–अर्चना का उल्लेख है।

पाठ

१. सं...................................
२. ....पुत्र.......................पा..................
३. ....माअ अ.............
४. ....धा..................देवमसप्रणम...........
५. ....

१५७. शिलालेख

प्राप्ति स्थान : उरवाही पथ के दाँयीं ओर
भाषा : संस्कृत
लिपि : नागरी

खण्डित होने के कारण अस्पष्ट है।

पाठ

१. लोकल है धातारे...........................

१५८. शिलालेख

प्राप्ति स्थान : उरवाही पथ के दाँयीं ओर
भाषा : संस्कृत
लिपि : नागरी

सुक, दुज के परिवारजनों का उल्लेख है।

पाठ

१. ....
२. पुत्र के द्यै दमा.......

३. सुक दुज नु पु..............

१५९. शिलालेख

प्राप्ति स्थान : उरवाही पथ के दाँयीं ओर
भाषा : संस्कृत
लिपि : नागरी

यह अभिलेख अस्पष्ट है।

पाठ

१. भुसिहो......
२. ....न......

१६०. शिलालेख

प्राप्ति स्थान : उरवाही पथ के दाँयीं ओर
भाषा : संस्कृत
लिपि : नागरी

इस अस्पष्ट अभिलेख में मनेत एवं उनके परिवारजनों का उल्लेख रहा होगा।

पाठ

१. ....केनि.....................
२. ....रहेसुतस.............
३. सपुत्र............................
४. मनेत..............................भा
५. ....विनित
६. ....देव.........................

१६१. शिलालेख

प्राप्ति स्थान : उरवाही पथ के दाँयीं ओर
भाषा : संस्कृत
लिपि : नागरी

यह अभिलेख अस्पष्ट है।

पाठ

१. ....वान्ह.............
२. ....मुलेसंधनु पनद्री सुत
३. कतयं............द्यौते................
४. ....रिपुलेष.............

१६२. शिलालेख

प्राप्ति स्थान : उरवाही पथ के दाँयीं ओर
भाषा : संस्कृत
लिपि : नागरी

इस अभिलेख में महौ और उसके परिवारजनों का उल्लेख है।

पाठ

१. ....पुत्र महौ भार्जा रि..........
२. ....पुत्रकां.......
३. ....भो जहु......
४. ....अ........का

१६३. शिलालेख

प्राप्ति स्थान : उरवाही पथ के दाँयीं ओर
भाषा : संस्कृत
लिपि : नागरी

यह अभिलेख अस्पष्ट है।

पाठ

१. ....सुधिसाहु..........
२. ....पदंघ्नेत...........

१६४. प्रतिमा लेख

प्राप्ति स्थान : उरवाही पथ के दाँयीं ओर पार्श्वनाथ प्रतिमा पर
भाषा : संस्कृत
लिपि : नागरी

इस अभिलेख का अधिकांश भाग क्षरित हो चुका है। अन्तिम पंक्तियों में केवल कुछ अक्षर ही पढ़े जा सके हैं।

पाठ

१. ....
२. ....
३. ....
४. ....
५. ....
६. ....
७. ....
८. ....सरिह दिप
९. ....पुत्र षरग साधु श्रितु....
१०. ....हे............
११. ....

१६५. प्रतिमा लेख

प्राप्ति स्थान : उरवाही पथ के दाँयीं ओर पार्श्वनाथ प्रतिमा पर
भाषा : संस्कृत
लिपि : नागरी

यह अभिलेख अस्पष्ट है। पहली पंक्ति में केवल श्री गोपाचल दुर्ग के महाराजाधिराज श्री डोंगरेंद्र और श्री हेमकीर्त्ति का नाम ही पठनीय है।

पाठ

१. ....श्री गोपाचल दुर्गे महाराजाधिराज श्री डोंगरेंद्र.........श्री
२. ....श्री हेमकीर्ति शिष्य............तत्पट्टे श्री.............सेनदेव.....
३. ....श्री सा..........................पुत्र......सा महा...........
४. ....डा भर्य.....................................
५. ....भर्य वील्ही.................................

त्रिशलागिरि समूह

१६६. शिलालेखः सं. १५५८

प्राप्ति स्थान : गोमेध एवं अम्बिका मूर्तियुक्त आले में चट्टान पर
भाषा : प्राकृत
लिपि : नागरी

इस लेख में तिथि का उल्लेख है।

पाठ

१. ग पदारथकेने रामु संवत् १५५८

१६७. शिलालेख

प्राप्ति स्थान : गोमेध एवं अम्बिका मूर्तियुक्त आले में चट्टान पर।
भाषा : प्राकृत
लिपि : प्राग नागरी
संदर्भ : इ. गो., पृ. १०६–१०

शिल्पी छोटे का नाम उल्लिखित है।

पाठ

१. सिलपी छोटे रूपकार

१६८. शिलालेख

प्राप्ति स्थान : गोमेध एवं अम्बिका मूर्तियुक्त आले में चट्टान पर।
भाषा : प्राकृत
लिपि : प्राग नागरी

यह लेख स्याही से लिखा हुआ है और अस्पष्ट है।

पाठ

१. ....वास..............
२. ....दिराम......सुध धरुआष साधु.........
३. ....मद्रयेहा...........ज्ञात...........
४. ....दागेउ अनय........

१६९. शिलालेख

प्राप्ति स्थान : त्रिशला माता युक्त आले में
भाषा : प्राकृत
लिपि : प्राग नागरी

मात्र "छोटे" अंकित है, जो शिल्पी का नाम जान पड़ता है। इस शिल्पी का नाम इसी समूह में अभिलेख क्र. १६७ में भी उल्लितिख है।

१७०. शिलालेख

प्राप्ति स्थान : त्रिशला माता युक्त आले में
भाषा : प्राकृत
लिपि : प्राग नागरी

मात्र "मढेकद्ववा" अंकित है, जो शिल्पी का नाम जान पड़ता है।

इसके अलावा एक जगह चट्टान पर "भउल" भी लिखा हुआ है, जो किसी शिल्पी का नाम प्रतीत होता है।

उत्तर–पूर्वी क्षेत्र (ढोढा द्वार के समीप स्थित समूह)

१७१. प्रतिमा लेखः सं. १५२७

प्राप्ति स्थान : गुहा मंदिर क्र. २ में पद्मप्रभ प्रतिमा पर
भषा : संस्कृत
लिपि : नागरी
तिथि : सं १५२७ = १४७० ई.
संदर्भ : *ग्वा. पु. रि.* (१९८४/१९२७–२८) क्र. ४०; *ग्वा. रा. अ.* (वि. सं. २००४), क्र. ३०७; *ए. रि. इं. ए.* (१९६१–६२), क्र. १५२६; *इ. गो.*, पृ. ३६

इस अभिलेख में गोपाचल के डुंगरेन्द्र के पुत्र श्री कीर्तिसिंह के शासनकाल में मूल संघ बलात्कार गण के श्री सिंहकीर्त्ति की प्रेरणा से पद्मप्रभ की प्रतिमा की प्रतिष्ठा कराने का उल्लेख है। पंडित थिरु के पुत्र खेन, पाणी के पुत्र पहराज एवं गुणी के पुत्र पदमसिंह तथा नरसिंह थे। पदमसिंह की भार्या पदमी से उत्पन्न चार पुत्रों एवं उनकी भार्याओं की भी चर्चा है।

पाठ

१. ।। सिद्धम्।। सिद्धि।। ऊँ नमः सिद्धेभ्यः।। त्रैलोक्ये गाजिवेशाः सकल सुखुताः सर्व्वेभव्यव्जेह साहिथो दोषारिभूताः परमपदमिताः शांतभावैकलीताः हीतामोहेनदीता नयचंदनचनाः पंचकल्याण

भानो भूयास्च दीवि सूभ्रै विभ्रवणगहितास्तीर्थदेवर्पभाद्यः।। १ जिनमवद्यमनंवज्ञानस्वा प्राज्वलस्वरः जपदम उभवतायन्वय............परमसुखनितमनधर्म्मजपप्रणम्यस्फुटपदमि हास्विनिखामि।। २ ।। सं. १५२७ वर्षे ।। व्वरद्वदेंहितौकांकौकितेहायने शुभे। हेमलंनितिमाघीयोसिते पत्तेधिपंचमि। भार्गवेह सतक्षत्रे प्रतिष्ठाभूर्ज्जि–

२. नेशितुः ।। ३ ।। शुद्धे श्री मूलसंघे विमलगण वलात्कार नाम्नि प्रसिद्धो गणो गच्छे गरिष्ठे गुणगण तिलपे कुंदकुंदान्वयेस्मित्। ज्ञाताश्रीपति सप्तप्रमुखपतिवध्यः पदमङ्केकभूर्यादिश्युर्भव्य प्रजानाम सिलवलयशंत्यें ष्ठिता श्रीत्य विधि।। ४।। श्री रत्नकीर्त्तिरतवद्यमूर्त्तं पद्योदयाद्रौशुशुभेशुभस्मि श्रीप्रभसिद्ध विद्योजनेताभिदंसूः पद्यवितीरस्व वराः प्रक्षेंद्रः।। ५ पट्टेवदीयेमुनित्पद्यनंदी मंदा..............संघमदाथ..........नियितः धर्मषा तस्मालिमालोर्यित......... .पारधस्व श्री द्यीतत्पट्टेहि जितेंद्रियः परमत क्षोणीतहीमासेशः। मं गुणे......

३. दिग्वासाः परमात्मचिंतनपटुः प्रेंखत्किलापूरिताश्चित्वे धर्म्ममतिंतत्वोतुमगतां श्रीमधुनेंड गुरुः ।। ७ मिथ्यावादतमः तसूदवन्नतप्तादर्यप्तिसायुत पष्ठावादाम्दतडारै धिर्यणातधिरीणोत्पन्नो संपन्नयता वरतेषूप्तसातिलोभरहितः पट्टेशुवंदोः शुभ्राजातः श्री जिनचंद्रदेवमुनिणेदेयात्सत्यमतनं ।। ८।। तत्पट्टेन तशास्त्रज्ञो जगदानंदकारकः। सिंहकीर्त्तिर्विजयते मिथ्यावाहीतत्केशरी।। ६ तत्केसाइतधीतयप्तन...................श्रीः भारगणसख्यात मुनिजतव्रत्मनि मूलसंघ विलसक्षीराधिर्गभोवलत्हंवोल प्रविमल्लगीर्विजयते श्री सिंहकीर्त्ति गुरुः।। १०

४. श्री गोपाचलमभिगेऽनणुत्विड्भिः प्रभाकरः। परिभ्रमभ्यंवरेस्मित्कुर्व्वन्नी राजनामिव।। ११ तत्रासी डुंगरेंद्रः सकलरिपूकुलेव्रातात घातपातोर्धुरो श्रेणिगराणति चा विमल शुभो यातोदप्रभदानः। दानैमुनिमपत्तैहि नममति समतायेन लोकं नृपाणां केषामेशंद्रवितंथ भवधिति पूणथ्वणंत तजणातां।। १२ कीर्त्ति श्रीर्ननुकीर्त्तिसिंह नृपतेः से वंधनुर्व्वभव। पामालोकावित वरयं विनितरांभक्रोद्धिदाः सर्व्वदा। कर्पूरैः किमपूरि किंत्रिरुवण श्रीप................श्रीतैसतालात्रया पंडित थिरु तत्पुत्रः खेना भार्या पाणीतिष्ठाः पुत्रः पहराजः। भार्या गुणी। तयो पुत्रौ पदमसिंह नरसिंहो। पदमसी भार्या पदमी तयोः पुत्राश्चत्वारः

५. ....भार्या महा पुत्रौ जिनदासस जाल्हीसौ जाल्ही भार्या नाओ। विहराज भा. धागूतिया पुत्रौ धोसू। नेमिदासा तासू भार्य ताल्हीभ । ओं।। संघवीजा–

६. मपदूजदिमिश्रतु..................प्रतिष्ठापितः।। ।। श्री कलरममनीमद्यो द्वादामाघनांतु................ वरएषुभृतिभिश्चतुर्भिः सद्यरि भुवेह श्री पद्मप्रभः प्रतिष्ठापितः ।।
।। श्री छत्परममभीरस्याद्वादामोघलांच्छने। जीया त्रैलोक्यनाथस्य शामः जिनशा

७. सनं।।

१७२. प्रतिमा लेखः सं. १५२७

प्राप्ति स्थान : गुहा मंदिर क्र. १ में पार्श्वनाथ प्रतिमा पर
भषा : संस्कृत
लिपि : नागरी
तिथि : सं. १५२७ = १४७० ई.

इस अभिलेख में भट्टारक श्री सिंहकीर्त्ति, आचार्य सामाधरी तथा जैसवाल परिवार के कुछ सदस्यों का उल्लेख है।

पाठ

१. सिधि संवत् १५ {२} ७..............श्रावा..................वाश भट्टा{र}क–
२. स्यं धोरपरगत् श्री प्रिं(सिं)घकीर्त्तिदेव। जैसवालान्वये अठासु पुत्रै प्रीतम–
३. स्ता आभू जर पाहमो पुत्रो सोतमा जरठा मदनो सातम
४. पुत्रा
५. वाघगू
६. पनाद
७. षाउगे
८. राषी
६. पारो
१०. शुज्जौ–
११. य्य प्र–
१२. तीष्ठा–
१३. पीतं
१४. कर्मा–
१५. प्प(क्ष)यै
१६. जिने–
१७. ताम्
१८. सनगूचार्यसामाधरी

१७३. प्रतिमा लेखः सं. १५३१

प्राप्ति स्थान : गुहा मंदिर क्र. ३ में पार्श्वनाथ प्रतिमा पर
भाषा : संस्कृत
लिपि : नागरी
तिथि : सं. १५३१ फाल्गुन सुदि ५ = १० फरवरी १४७४ ई.
संदर्भ : *ग्वा. पु. रि.* (१६८४/१६२७–२८) क्र. ४१–४२; *ग्वा. रा. अ.* (वि. सं. २००४), क्र. ३१३–१४; *ए. रि. इं. ए.* (१६६१–६२), क्र. १५२७–२८; *इ. गो.*, पृ. ३८

इस अभिलेख में तोमरवंशीय डुंगरेन्द्र के पुत्र कीर्त्तिसिंह के शासनकाल में श्री सिंहकीर्त्ति की प्रेरणा से संघाधिपति चांपा द्वारा कर्मक्षयार्थ पार्श्वनाथ प्रतिमा स्थापित कराने का उल्लेख है। इसमें जैसवाल अन्वय के सद्यौ की भार्या नल्हीं से उत्पन्न पुत्र संघाधिपति आसन, गना, सारंग; संघाधिपति आसल की भार्या मनी से उत्पन्न पुत्र संघाधिपति वाणी, संघाधिपति भामद्र,

संघाधिपति लाला; वणि की भार्या अमैति एवं द्वितीय भार्या अणमा से उत्पन्न पुत्र जिणनदाभामद्र की भार्या सिहदे; संघाधिपति लाला की तीन भार्याएँ रामता, विधो एवं धरुपत्नी एवं पुत्र रहस्य की चर्चा है।

पाठ

१. ।। सिद्धम्।। ऊँ नमः सिद्धेभ्यः।। श्रीमत्परमगंभीरस्या द्वादामोघलांछनं ।जीयात्त्रैलोक्यनाथस्य शासन जिनशासनं ।। १ ।। यं सर्वेश्वर बंधुवर्ग्गसहिताध्यायंत्रिलोकातिगालोकाविभाग

२. नेदगिरताराद्यं दिवंध्यानतः। सौर्यमुक्तिरमाविलाराकमलः कैवल्य। लक्ष्मीधरः चपायथपतेप्रयच्छउषलं श्री पार्श्वनाथोजिनः।। २ गच्छेभारति संज्ञके बुधनुते श्री कुंदकुंदान्वये पथ। या भगणीश्वरागुणगणारामाभिरामामान्विताः षद्वक्रेमि। [३] म युं

३. स्तिनीतिनिरतावादीलकंठीरवा। स्सनंदंवुसुलैः सदासुभमतेस्यंपस्य ४ सौरभ्याप्तयारिस्युः पदूर्क्वचितव्वकेक्वशेधियो वादमे पंचामनाः नानावृत्तविभृद्वशिष्यनिवद्वा श्री रत्नकीर्त्तिपदे। विख्याता विवुधाधिपौच्चित पदाः पूरो जसा हीनुवामिथ्यात्वांध्यनिवारणै

४. कव्विपुणा श्रीमत्प्रभंद्वाह्वयाः ।। ५ तत्पट्टाद्रिदिवाकगुणनिधिर्भव्याब्जसव्वोधषो लोकांलोक विचारुचार चतुरोमिथ्यांधकारापदः। स्याद्वां वरमद्रनैकनिपुणद्याहीमयुग्वान्वितः च द्विप्रैपदिमजितौमलमुनि श्रीपघनंदी गणी।। ७ श्रेष्ठैर्विधात्रिरपदगणिपुजै श्री कीर्षितमूर्त्तिमयं शरीरवलोथ यस्या

५. खिलकर्म्महर्त्ताभव्यौसिंधोः शुभचंद्रदेवः।। ८ व्रताद्धो संवर्द्धनपूर्णपदोव्रताश्रि संवर्द्धन पूर्न्नचंद्र। स्याहीमयूखै भुवनाब्जनंदोमिथ्यां धमेदी जिनचंद्र सूरि।। ९ तत्पट्टोदय शैलशेखरमणिनत्वो येते जोमणिर्म्मिथ्यायादि वित्वाशण हदमणिस्वमे धिन्वतामणिधनीसावादगिरीद्रमेदत्मणिः त्कसीसेत्ये धनिभेदत्तयासहणात्सल मणिः श्री सिंहकीर्त्ति गणी

६. श्रीभूपालतिभटकोटिनिकरः किम्मा रेतांध्रिद्वयः श्रीगोपाचलर्भडतोनधनुसः श्री कीर्त्तिसिंहो तपः। तेनतोमरवंशचंद्रनमणीराजद्र चूडामणिः वीपार्यम रतोनिशिवर विभुः श्री डूंगरेद्रोत्मजाः।। ११ अस्तीहलोकेसुर।।

७. श्री जैसवालान्वयो सीरपांसद्यौभार्योनल्हीपुत्राः सं. आसल। गना। सारंग। तेशां मध्ये सं. आसल भार्या मनी पुत्राः सं. वीण (वणि) सं. भावड सं. लाला। वणि भार्योः अभैति। दितीय भारया अणमा पुत्र जिणनदाराभद्र भार्या माणिहदे।।

८. सं लाला भार्यौ राभता दे द्वि विधो। तृतीय भार्या धरुपत्नी। पुत्रस्त रहस्य।। तेषां मध्ये सं. चांपा। ता कर्म्म क्षयार्थं सु कुटुंले सह श्री पार्श्व देवसु प्रतिष्ठा तिलपादापितः। संवत् १५३१ वर्षे ताल।। ७० श्री जिणतां

९. [प्रणमि]त्सनित्यो।।

१७४. प्रतिमा लेखः सं. १५३१

प्राप्ति स्थान : गुहा मंदिर क्र. ३ में

भाषा : संस्कृत
लिपि : नागरी
तिथि : सं. १५३१ फाल्गुन सुदि ५ शुक्र = शुक्रवार १४७४ ई.

अभिलेख खण्डित होने के कारण विषयवस्तु स्पष्ट नहीं है।

पाठ

१. ।। सिद्धम् ।। ऊँ नमः सिद्धयेभ्यः।। श्रीमत्परमगंभीरस्याद्वादामोघलांद्दनां जीय.................
..........घस्य शासनं जिनशासनं।।१।। संवत् १५३१ वर्षे फाल्गुन सुदि ५ सुक्रे।।

१७५. गुहा मंदिर लेखः सं. १५३१

प्राप्ति स्थान : गुहा मंदिर क्र. ३ में ऊपरी तल की बाँयीं भित्ति पर
भाषा : संस्कृत
लिपि : नागरी
तिथि : सं. १५३१ पौष सुदि १ गुरौ = गुरुवार १४७४ ई.

इस अभिलेख में मूल संघ बलात्कार गण के जैन आचार्य भट्टारक जिनचंद्र के पट्टशिष्य भट्टारक सिंहकीर्त्ति की प्रेरणा से जैसवाल वंश के साधु राज की भार्या जीवा से उत्पन्न पुत्र कर्मचन्द्र की भार्या मेघु द्वारा प्रतिमा–प्रतिष्ठा का उल्लेख है।

पाठ

१. संवत् १५३१ वर्षे पोसु सुदि १ गुरौ श्री
२. मूलसंघ वालात्कार गणे श्रीकुं–
३. दकुंदान्वये भ. जिनच(चं)द्र देवा
४. ततपट्टे भठारक श्री सिंघकी–
५. र्त्तिदेवो पै(जै)सवाल वंसे सा. राज भा–
६. र्य(र्या)जीवा पुत्र कर्मचंदु भार्य(र्या)
७. मेघु कारापितं नितां प्रणम–
८. ति धर्मेवर्धतां ।। श्री ।। सर्वेज–
९. ना सुषिनो भवंतु।।

१७६. गुहा मंदिर लेखः सं. १५३१

प्राप्ति स्थान : गुहा मंदिर क्र. ३ में ऊपरी तल की बाँयीं भित्ति पर
भाषा : संस्कृत
लिपि : नागरी
तिथि : सं. १५३१ फाल्गुण सुदि १ सुक्रौ = शुक्रवार १४७४ ई.

इस अभिलेख में भट्टारक श्री जिनचंद्र के पट्टशिष्य श्री सिंहकीर्त्ति के साथ साधु सुभग के परिवारजनों का उल्लेख है।

पाठ

१. ।। संवत् १५३१ वषे फा[गु]ण सुदि ५ सु–
२. क्रो भटरय श्री जिनचंद्र। तत्पट्टोम
३. श्री सिंहकीर्ति साधु सुभग त्सद्या भा
४. रमा पुत्राय दमलो पुत्र सा. धारवी
५. हाली पुत्र हीजामुसी पुत्राय
६. कुकाम विनयषु तारण महू
७. पुत्राय अजमु जस्यतेण
८. पुत्र वरिजैस्यसित.............

१७७. गुहा मंदिर लेखः सं. १५३१

प्राप्ति स्थान : गुहा मंदिर क्र. ३ में ऊपरी तल की सम्मुख भित्ति पर
भाषा : संस्कृत
लिपि : नागरी
तिथि : सं. १५३१ फागुण सुदि ५ सुक्रौ = शुक्रवार १० फरवरी १४७४ ई.

इस अभिलेख में मूल संघ बलात्कार गण सरस्वती गच्छ के भट्टारक श्री जिनचंद्र के पट्टशिष्य श्री सिंहकीर्त्ति तथा जैसवाल अन्वय व इक्ष्वाकु वंश के साधु गांगू व उनके परिवारजनों का उल्लेख है। कुटुंब के साथ साधु धमू ने संभवतः प्रतिमा की प्रतिष्ठा करवाई।

पाठ

१. ।। सिद्धम्।। संवत् १५३१ वर्षे फागुण सुदि ५ शुक्रे।। श्री मूलसंघे।।
२. बलात्कारगणो सरस्वती गच्छे भट्टारक श्री जिनचंद्र।।
३. तत्पट्टे श्री सिंहकीर्त्ति देवाः।। प्रतिष्ठितं।।जैसवालान्व–
४. ये। इक्ष्वाकु। वंशे।। सा. गांगू। भार्या वील्हा पुत्र सा.
५. महिराज भार्या सुसीला। पुत्राः। धमू। चंदसिरि।।
६. द्वि. सा. गणू भार्या जसोवइ। पु. राइमलु। तृती–
७. य भ्रातृ सा. दिउगण भार्या अभयसिरि।।
८. तेषां मध्येसु कुटंबै सह सा. धमू सह।।
९. कारापितं।। सा. देवगणे सहकायपितं।।

१७८. प्रतिमा लेख

प्राप्ति स्थान : गुहा मंदिर क्र. ३ में ऊपरी तल पर
भषा : संस्कृत
लिपि : नागरी

इस अभिलेख की पंक्तियों के आरंभिक अक्षर अस्पष्ट होने के कारण विषयवस्तु स्पष्ट नहीं है। शेष अंश में भार्या धराश्री, भार्या अलैषी तथा करमसी का नाम पढ़ा जा सकता है।

पाठ

१. ....लान्वये ।।
२. ....भार्या धरासिरि।।
३. ....भार्या अजैश्री।।
४. ....करमसी तत्पुत्र श्री
५. ....तिघापलना........................वप्रणंजगत

१७९. प्रतिमा लेख

प्राप्ति स्थान : गुहा मंदिर क्र. ३ में ऊपरी तल में सम्मुख भित्ति पर
भाषा : संस्कृत
लिपि : नागरी

इस लेख में सुत्रधारि सेना के पुत्र कामधरि का उल्लेख है।

पाठ

१. सुत्रधारी सेना पुत्र कामधरि

१८०. प्रतिमा लेख

प्राप्ति स्थान : गुहा मंदिर क्र. ३ में ऊपरी तल में सम्मुख भित्ति पर
भाषा : संस्कृत
लिपि : नागरी

केवल ''पं श्री चंद'' अंकित है।

उत्तर–पश्चिमी क्षेत्र (किला पथ के मार्ग में हनुमान मंदिर के समीप)

१८१. स्तम्भ लेखः सं. १४८७

प्राप्ति स्थान : गुहा मंदिर क्र. ५ में भित्ति स्तम्भ पर
भषा : संस्कृत
लिपि : नागरी
तिथि : सं. १४८७ = १४३० ई.

मूल संघ के साधु सोढा घावरा द्वारा निर्माण कार्य का उल्लेख है।

पाठ

१. संव १४८७ मूल संघै
२. सं. सोढा घावरा करि–
३. पितं

१८२. स्तम्भ लेखः सं. १५....

प्राप्ति स्थान : गुहा मंदिर क्र. ५ में भित्ति स्तम्भ पर
भाषा : संस्कृत
लिपि : नागरी
तिथि : सं. १५......

यह अभिलेख अस्पष्ट है। केवल तिथि के आरंभिक अक्षर १५ ही पढ़े जा सके है।

पाठ

१. संवत १५..........

१८३. स्तम्भ लेख

प्राप्ति स्थान : गुहा मंदिर क्र. ४ में स्तम्भ पर
भाषा : संस्कृत
लिपि : नागरी

केवल ''श्रीयमतीसु'' ही अंकित है।

तेली के मंदिर के अभिलेख

१८४. अभिलेखः सं. १५२२

प्राप्ति स्थान : तेली के मंदिर के प्रवेश–द्वार के पास
भाषा : संस्कृत
लिपि : नागरी
तिथि : सं. १५२२ भादो वदि ८ बुधवार = १४६५ ई.
संदर्भ : *ग्वा. पु. रि.* (१६८४/१६२७–२८) क्र. १५; *ग्वा. रा. अ.* (वि. सं. २००४), क्र. २८७; *ए. रि. इं. ए.* (१६६१–६२), क्र. १४६५; *इ. गो.*, पृ. ३३–३४

संवत् १५२२ तिथि अंकित है।

पाठ

१. साटो उरु। सं १५२२
२. वर्षे भादौ वोदी ८
३. वुधे

१८५. अभिलेखः सं. १५३७

प्राप्ति स्थान : तेली के मंदिर के प्रवेश–द्वार के पास
भाषा : संस्कृत
लिपि : हिन्दी
तिथि : सं. १५३७ माघ सुदि १३ = १४८० ई.
संदर्भ : *ग्वा. पु. रि.* (१६८४/१६२७–२८) क्र. १४; *ग्वा. रा. अ.* (वि. सं. २००४), क्र. ३६३; *ए. रि. इं. ए.* (१६६१–६२), क्र. १४६४; *इ. गो.*, पृ. ३६

श्री रैदा के आदेश से कुछ निर्माण कार्य का उल्लेख है।

पाठ

१. जललु सं. १५३७ सरवद्येव
२. वरष मघ सुद १३
३. ठा श्री भौरजु ठा श्री रैदां जी

१८६. अभिलेखः वि. सं. १५३७

प्राप्ति स्थान : तेली के मंदिर के प्रवेश–द्वार के पास
भाषा : संस्कृत

लिपि : हिन्दी
तिथि : वि. सं. १५३७ वर्षो फगुण वदि २ गुरुवार = १४८० ई.

इस लेख में मात्र ''संवत् १५३७ वर्षो फगुण वदी २ गुरौ'' अंकित है।

१८७. अभिलेख

प्राप्ति स्थल : तेली का मंदिर के दक्षिणी कुलिका में
भाषा : संस्कृत
लिपि : सिद्धमातृका
संदर्भ : *ज. ए. सो. बं.*, ३१, पृ. ४२२, क्र. १३; *ए. रि. इं. ए.* (१९६०–६१), क्र. २६३; *इ. गो.*, पृ. १०८

श्री महरा देव का उल्लेख है।

पाठ

१. श्री महरा देव जसर्व्व
२. ....कु द्ररि

१८८. अभिलेख

प्राप्ति स्थल : तेली के मंदिर की दक्षिणी कुलिका में
भाषा : संस्कृत
लिपि : सिद्धमातृका
संदर्भ : *ज. ए. सो. बं.*, ३१, पृ. ४२२, क्र. १२; *इ. गो.*, पृ. १०८

इस लेख में नासीह और नागसीह का नाम अंकित है।

पाठ

१. ना सीङ्घ
२. नागसीङ्घे

१८९. अभिलेख (चित्र ७३)

प्राप्ति स्थल : तेली के मंदिर की दक्षिणी कुलिका में
भाषा : संस्कृत
लिपि : सिद्धमातृका
संदर्भ : *ज. ए. सो. बं.*, ३१, क्र. ११; *ए. रि. इं. ए.* (१९६०–६१), क्र. २६३; *इ. गो.*, पृ. १०८

इस अभिलेख में देवी (दुर्गा) के प्रतिमा लक्षण का विवरण है।

पाठ

१. नमः।। वाणग्रा शक्र(सक्त)नेत्त्रवलितद्रि(दृ)ढभुजाचक्रसू(शू)लासि

१६०. अभिलेख

प्राप्ति स्थल : तेली के मंदिर की दक्षिणी कुलिका में
भाषा : संस्कृत
लिपि : सिद्धमातृका

इस लेख में श्री रणेम के आदेश से कुछ निर्माण कार्य का उल्लेख है।

पाठ

१. अदिसु महरै श्री रणेम
२. को

इनके अलावा तेली के मंदिर के विभिन्न भागों पर ''ऊँ नम पधि ढे'', 'सिद्धम नमः ।। सो'', ''ससी नदीजरदित ....वेदरसू'' और ''ठाकारू'', ''पाठेवम'', ''पहता करीउ मावत्ववाघ'' अंकित हैं। दिशाओं के नाम, यथा– 'अग्ने', 'दक्षि', 'उतरु' 'पछीम', 'वायव', 'नैत्रऋत्य' अंकित है (चित्र ७४)। वर्णाक्षर 'सिद्धं अ आ इ ई उ ऊ' भी अंकित हैं।

सास बहू मंदिर के अभिलेख

१६१. लेखक रतन का नाम अंकित है।
१. ११६० कातिक सुदि १३ गुरु दिने रतने लिषितं राजनुद्वाट
२. त्या च दिवसामि पतगुदिक्षुयने

१६२. संवत् १२११ में नंदाना वरौ के आदेश पर कुछ निर्माण–कार्य कराये जाने का उल्लेख है।
१. नंदाना वरौकैअदेसु संवत् १२११
२. ....वर्षे जेस्ट सुदी १०
३. वुधे

१६३. १५२२ की तिथि अंकित है।
१. चंदाना वरौकै अदेसु संवत् १५२२
२. वषैयेसलुदी

१६४. 'संवत् १५५३ तिथि' अंकित है।
१. संवत् १५५३ वर्षे आषाढ सुदि २ गुरोउ

१६५. 'अदेसु पदाहौ शतगौरीकौ' अंकित है।

१६६. अस्पष्ट है।

१. पजात्महाद्पद्मैतकीवदेनिय

२. ....देदी........

१६७. मात्र.........वेसाष सुदि ८ भौम' अंकित है।

१६८. सरतलक के आदेश का उल्लेख है।

१. सरतलक अदेसुस्यं

१६६. पहै के आदेश का उल्लेख है।

१. अदेसु पहै वाहमोराका

२००. नापाहन के आदेश का उल्लेख है।

१. आदेसुनापाहनुश्तगौरीकौ

२०१. यह लेख अस्पष्ट है।

१. सतोषानालाकौ मठहनिमेते मतीयहो

२०२. रान्ह के आदेश का उल्लेख है।

१. रान्ह राई नूहतरे आदेसू

२०३. यह दो पंक्तियों का खण्डित लेख है।

१. उरमोचित राठाय

२. दीस उत साइणामा

२०४. पदारथ का उल्लेख है।

१. ठा पदारथ कैजै रामु

२०५. 'सिद्धिः। सं.' अंकित है।

इनके अलावा शिल्पियों के नाम सास–बहू मंदिर के विभिन्न अवयवों पर अंकित हैं, जैसे– घोठ मातिगः, पद्म, दिवधर, सल्हिर, सोढो, महु, महदेव, सिति, करता, सणते, मठते, राम दरपम, देवसाविती, ठोपदा, अलालू, दसुसुद, उतम, सिला, वले, वछा, मढल, टूटे, विस, कुरण, वुलियन आदि (चित्र ७५), जिन्होंने संभवतः मंदिर–निर्माण में शिल्पी आदि का कार्य किया हो।

सास–बहू मंदिर के सम्मुख स्थित स्तम्भ अभिलेख

२०६. रामा व लुषुनारा का उल्लेख है।

१. रामा

२. व लुषुनारा

२०७. 'माम' अंकित है।

२०८. 'षामौदीर्थदारायाद्ये रामा रामा रामा' अंकित है।

२०६. 'गनु व नाउक' अंकित है।

२१०. संवत् १५४८ में पंडित श्री मनु द्वारा इस लेख को लिखने का उल्लेख है।

१. सरवनु धीवरु जसाकौ
२. सिद्धि संवत् १५४८ वर्षे फा–
३. गुन वदि २ लिषितं
४. पं श्री मनु
५. लिषितां सतात्य

२११. 'मेषनीन वनाया नवुरई' अंकित है।

२१२. 'पचारवट ४ ल' अंकित है।

२१३. 'रमरमासयक' अंकित है।

२१४. दो पंक्तियों में 'मर मनहधक नरइन' अंकित है।

२१५. 'मयधुराम सुन सव' अंकित है।

२१६. 'संवत् १८४०' अंकित है।

२१७. 'जसाकै सरवन धीव्वरु' अंकित है।

गंगोलाताल के अभिलेख

२१८. अजयपालदेव का अभिलेखः सं. १२५१

प्राप्ति स्थल : गंगोला ताल की सतह पर
भाषा : संस्कृत
लिपि : नागरी
लेखक : वीरपाल
तिथि : सं. १२५१ भाद्रपद वदि १५ बुधे = ११६४ ई. १७ अगस्त बुधवार
संदर्भ : *ए. रि. इं. ए.* (१६६५–६६), क्र. ७२; *ए. इ.* ३८, पृ.१३३–३४; *इ. गो.*, पृ. १०; सिंह, *प्राग्धारा*, अंक १५ (२००४–०५), पृ. २७४–७५

इस अभिलेख में शासक अजयपालदेव द्वारा तडाग को कीचड़मुक्त करवाये जाने का उल्लेख है। इस लेख का लेखन–कार्य केशव के पुत्र वीरपाल ने किया था।

पाठ

१. निर्म्मलोजयपालोयं भूपालः केवलं कलौ।
२. जनोयस्य तडागोपि निर्मुक्तः पंकसं(शं)कया।। [१*]
३. सिद्धम्।। संवत् १२५१ भाद्रपद वदि १५ वुधे। महाराज
४. श्रीमदजयपालदेवराज्ये।।
५. केशवांगरुहेणा वदिविराम्भोज भास्वता।
६. अलेखि वीरपालेन नृपादिष्टेन धीमता।। [२*]

२१६. मलयक्षितीश का अभिलेखः सं. १२८२

प्राप्ति स्थल : गंगोला ताल की सतह पर
भाषा : संस्कृत
लिपि : नागरी
लेखक : आनकिछक
उत्कीर्णक : वाघदेव
तिथि : सं. १२८२ आषाढ सुदि ६ शुक्रे = १२२६ ई. ५ जून, शुक्रवार
संदर्भ : *ए. रि. इं. ए.* (१६६५–६६), क्र. ७३; ए. इ., ३८, पृ. ३०५–१२; *इ. गो.*, पृ. ११; सिंह, *प्राग्धारा,* अंक १५ (२००४–०५), पृ. २७५।

इस अभिलेख में उल्लेख है कि गोपाद्रि के मलयक्षिति की माता रानी तल्हणदेवी ने अपने पति, राजा विग्रहराज के शुभ के लिए गगो तडाग राजसरस को कीचड़ रहित करवाया तथा प्राकार एवं सोपान का निर्माण करवाया। इन्होंने ऐसा अन्य शक्ति प्राप्त होने के कारण करवाया था। श्लोक २ में मलयक्षिति की भार्या एवं मैथिल राजपुत्री अरुंधती का उल्लेख है। अभिलेख का लेखन–कार्य यशोदेव के पुत्र एवं वेदवेदांग आदि के ज्ञाता योगी आनकिछक द्वारा तथा उत्कीर्णन ठाकुर वाघदेव द्वारा किया गया था। मलयदेव की दूसरी भार्या गुणशाली जीवादेवी से कुमार हरिविर्मन एवं जयवर्मन उत्पन्न हुए थे।

पाठ

१. सिद्धम श्रीमद्विग्रहराजवीरनृपतेः कांतस्य सुश्रेयसे
२. गोपाद्रौ मलयक्षितीशजननी प्राकार सोपानिनी।
३. राज्ञी तल्हणदेविका शुभधिया शक्त्यान्ययायातया श्री–
४. मद्दोगतडागराजसरसी निष्पंकिते कारिते।। १ अरुंध–
५. ती मैथिलराजपुत्री विचित्रचारित्रसतीत्वपूता। प्रभेव भानोर्मल–
६. येशराज्ये करोति नित्यं कमलोदयं या। २ योगिनानकिछूकेन य–
७. शोदेवस्य सूनुना। वेदवेदांग विज्ञेन श्लोकाध्यात्मयुजौ कृतौ।। ३
८. संवत् १२८२ वर्षे आषाढ शुदि ६ शुक्रे।। उत्कीर्ण्णं ठा वाघदेवेन।। छ।
९. श्रीमन्मलयदेवस्य प्रेयसी गुणशालिनी। जीवादेवी कुमारस्य जननी हरिविर्मणः।। [४*]
१०. जननी जयवव र्मणः (जयवर्मणः)।।

२२०. मलयक्ष्मापाल का अभिलेखः सं. १२८२

प्राप्ति स्थल : गंगोला ताल की सतह पर
भाषा : संस्कृत

लिपि : नागरी
तिथि : सं. १२८२ आषाढ सुदि ११ = १२२६ ई. ७ जून
संदर्भ : *ए. रि. इं. ए.* (१९६५–६६) क्र. ७४; ए. इ. ३८, पृ. ३०५–१२; *इ. गो.*, पृ. ११; सिंह, *प्राग्धारा*, अंक १५ (२००४–०५), पृ. २७५–७६

इस अभिलेख में प्रतिहार वंश के शासक मलयक्ष्मापाल के शासनकाल तथा माथुर परिवार के तेजपाल के पुत्र पद्म के पुत्र यशोधर का विवरण है।

पाठ

१. सिद्धम। आसीन्माथुरवर्ण्ण जीवकमलव्रातार्हिमप्रग्रह–
२. स्तेजःपाल इति क्षितौ प्रविदितः पद्माभिधस्तत्सुतः।
३. उच्चै श्रीप्रतिहारवंश मलयक्ष्मापाल राज्यालय
४. स्तंभस्ततनयो वभूव च धर श्रीमान्यशः पूर्व्वकः।। १
५. संवत् १२८२ आषाढ शुदि ११

२२१. अभिलेखः सं. १२८२

प्राप्ति स्थल : गंगोला ताल की सतह पर
भाषा : संस्कृत
लिपि : नागरी
तिथि : सं. १२८२ = १२२६ ई.
संदर्भ : सिंह, *प्राग्धारा*, अंक १५ (२००४–०५), पृ. २७६

इस अभिलेख में श्री जैद के पुत्र सौलाहर लाखण का उल्लेख है।

पाठ

१. सिद्धम। सिद्धि श्री जैदे सुत सौलाहर लाषल(ण)
२. श्रीतजनति रिवास्त्रव्यः पुनटंक
३. साध वुदाजै संव[त्] १२८२
४. ....तेषालि

२२२. अभिलेखः सं. १२८२

प्राप्ति स्थल : गंगोला ताल की सतह पर
भाषा : संस्कृत
लिपि : नागरी
तिथि : सं. १२८२

संदर्भ : ए. के. सिंह, *प्राग्धारा*, अंक १५ (२००४–०५), पृ. २७६

इस लेख में संवत् १२८२ में कुछ कार्य करवाए जाने का उल्लेख है।

पाठ

१. संवत् १२८२..................कृतोपमयो
२. कृतेतरम

२२३. वीरसिंहदेव का अभिलेखः सं. १४५१ (चित्र ७६)

प्राप्ति स्थल : गंगोला ताल की सतह पर
भाषा : संस्कृत
लिपि : नागरी
तिथि : सं. १४५१ आषाढ शुक्ल ५ गुरुवार = गुरुवार ४ जून १३६४ ई.
संदर्भ : सन्तलाल कटारे, "टू गंगोला ताल इन्स्क्रिप्शन्स ऑफ द तोमर किंग्स ऑफ ग्वालियर", *ज. ओ. इ.*, भाग २३, (१६७६); *ग्वा. तो.*, पृ. २३

इस अभिलेख का कुछ अंश खण्डित है। शेष अंश से विदित है कि अभिलेख के अंकन की तिथि ४ जून १३६४ ई. के पूर्व वीरसिंहदेव ने शकों का नाश कर गोपाचल दुर्ग पर आधिपत्य स्थापित किया था। उन्हें तोमर वंश के उदीयमान सरोज के लिए भास्कर के समान बतलाया गया है। साथ ही उल्लेख है कि जब तक कच्छप पृथ्वी को धारण करते रहेंगे, तब तक कुल का प्रताप सूर्य अस्त नहीं होगा।

पाठ

१. ।। सिद्धम्।। ओं नमः शिवाय।। [पृथ्वीशरश्चवे]–
२. देंदु श्रीविक्रम गतव्दयोः। आषाढ शुक्ल प–
३. क्षेषु पंचमी गुरुवासरे।। तोमरवंशमुद्योत सरो–
४. जं भास्करो यथा। वीरसिंह भूपाल गजाधि मही.........
५. ....ते मुर्व्वी गजवाजिनराधिपः।
६. ....वे विद्यते सकला मही। उद्ध–
७. [रणेन सहितः सं]ख्ये शकनिपातते। जेनेदं गो–
८. [पाचल].................द.......।। पं. श्री लक्ष्मीध–
६. र..........................राजकार्य सदा कुशलो षट्कर्म्म
१०. ....तडागं........न मुद्धतं श्रेयसेषु च। नंदते च कुलं
११. यावत्कूर्म्म धराधर..........कुलोत्पंन कायस्थ माथु
१२. ....सच देवात्मजो लिलेषित गंगाधरः।।

२२४. उद्धरणदेव का अभिलेखः सं. १४५८ (चित्र ७७)

प्राप्ति स्थल : गंगोला ताल की सतह पर
भाषा : संस्कृत
लिपि : नागरी
तिथि : सं. १४५८ आषाढ शुक्ल पंचमी = १४ जून १४०१ ई.
संदर्भ : सन्तलाल कटारे, ''टू गंगोला ताल इन्स्क्रिप्शन्स ऑफ द तोमर किंग्स ऑफ ग्वालियर'', *ज. ओ. इ.*, भाग २३, (१६७६); *ग्वा. तो.*, पृ. ३७।

गोपाचलगढ़ दुर्ग पर शासनरत उद्धरणदेव के इस अभिलेख से विदित होता है कि वीरसिंहदेव तोमर के वार्षिक श्राद्ध के समय गंगोलाताल की सफायी करायी गयी और आषाढ शुक्ल पंचमी सं. १४५८ का यह अभिलेख उत्कीर्ण करवाया गया। यह भी उल्लेख है कि उद्धरणदेव ने शकों का वध कर पृथ्वी का उद्धार किया था।

पाठ

१. ।। सिद्धम्।। सिद्धिः।। श्री गणेशाय नमः श्री विक्रमार्क्कनृपतेश्चतुर्द[श शतां]–
२. किते। संवत्सरेष्ट पंचाशदुत्तरे तोमरेश्वरः।। आषाढ सित पंचम्यां–
३. भे पितृदैवते तडागम् करोदितं निर्मलं चित्तवत्सतां। सुवर्न्नरेषा [परि]
४. षाभिरामे प्रत्यर्थि भूपालभियां विरामे। विराजते गोप [गिरौ]ग–
५. रीयन् महीमहेंद्रोद्धरणो महीयान्।। रणोशकगणं ह [त्वा]अ–
६. रात्युद्धरणो महीं जलाशयेपि नैर्म्मल्यं किरिपु.................
७. शये। माथुरान्वय कायस्थ गोपाचल निवा.............
८. लिलेष वर्म्मण पंक्ती गयाधर वेनसूरिणा संवत् १४५८

२२५. मानसिंह का अभिलेखः सं. १५५१

प्राप्ति स्थल : गंगोला ताल की सतह पर
भाषा : संस्कृत
लिपि : नागरी
लेखक : जसू
उत्कीर्णक : पभू
तिथि : सं. १५५१ वैषाख सुदि ३ मंगलवासरे रोहिणी नक्षत्रे सौभाग्य योग = १४६४ ई. ८ अप्रैल, मंगलवार
संदर्भ : *ए. रि. इं. ए.* (१६६५–६६) क्र. ७७; *ए. इं.*, ३८, पृ. ३०५–१२; सिंह, *प्राग्धारा*, अंक १५ (२००४–०५), पृ. २७७

इस अभिलेख के आरंभ में गणेश को नमन तथा गोवर्धन कृष्ण की आराधना की गयी है। तदुपरांत ग्वालियर दुर्ग के तोमर शासक मानसिंह के चिरजीवन की कल्पना की गयी है।

उनके प्रधान सरव खंडेलवाल जाति के साह खेम, साह श्री टोडर एवं तसली महाराजा का उल्लेख है। पंक्ति ७ में गंगोला ताल को निर्मित किए जाने का उल्लेख है। अभिलेख का लेखन कार्य श्री माल जाति के साधु जसू द्वारा किया गया था तथा उत्कीर्णन का कार्य संभवतः सूत्रधार पभू ने किया था।

पाठ

१. सिद्धम।। सिधि[:] श्री गणेशायनमः गोवर्धनगिरिवरं करसाष एव। विभ्रत् गवामुपरिवारिधरार्दितानी।।
२. वाल्येपि विस्मय विधायल(क) सच्चरित्रं(रः)ष्क(कृ)स्न(ष्ण) श्रियेस्तु तव तोमर मानसिंघः।। १।। चिरं जीवचिरं नं।।
३. दा(द) चिरं पालय मेदिनी(नीं)। श्रीमानसिंघ राजेंद्र। जा (या)वच्चंद्रदिवाकरौ।। २।। अथ संवत्सरेस्मि–।।
४. न् श्रीविक्रमादी(दि)त्य राज्ये संवत् १५५१ वर्षे वैशाष सुदि ३ मंगल वासरे। रोहिणि नक्षत्रे। सौ–
५. भाग्यनामजोगे।। श्रीगोपाचलदुर्गे। तोमरवंसे महाराजाधिराज राजा श्रीमानसिंघदेव विजै(जय)।।
६. राज्ये। तस्य प्रधान सरवषं(खं)डेलवारज्ञातीय। साहषे(खे)मसाह श्री टोडर तसली महाराणा।।
७. तेन गंगोला तडागं निर्म्मलीक(कृ)तं।। आचंद्रार्कं चिरं नंद्यात्।। शुभं कल्याणं श्रियोभवत।।
८. लिषि(खि)तं श्रीमालज्ञाती सा जसू।। सु(सू)त्रधारि(र)पभू।। श्रीइष्टदेवता प्रसादास्तु।। श्री।। श्री।। श्री

२२६. अकबर के समय का अभिलेखः सं. १६३६

प्राप्ति स्थल : गंगोला ताल की सतह पर
भाषा : संस्कृत
लिपि : नागरी
लेखक : चन्द्रसेन
तिथि : सं. १६३६ आषाढ वदि १० गुरौ = गुरुवार १८ जून १५७६ ई.
संदर्भ : *ए. रि. इं. ए.* (१९६५–६६), क्र. ७८; *इ. गो.*, पृ. ४७; सिंह, *प्राग्धारा*, अंक १५ (२००४–०५), पृ. २७७–७८

अभिलेख महाराज जलालुद्दिन मुहम्मद अकबर बादशाह गाजीराजा के शासन का उल्लेख करता है। साथ ही आसकरन को परमभागवत बतलाया गया है। इस समय गंगोला ताल की सफाई का उल्लेख है। अभिलेख के लेखन का कार्य कायस्थ सकसेन के परिवार के चन्द्रसेन ने किया था।

पाठ

१. श्रीराम संवत् १६३६ आष(षा)ढ वदि १० गुरौ महा–
२. राज्ज जलानदिमहंमद अकवरपाति–
३. साह गाजीराजा परमभागो(गव)त आसकरन
४. गगोला घराजै गोपाल षवस लिषि(खि)ते
५. चंर्द्र(द्र)सेनि काइथ(कायस्थ) सकसेने

२२७. अभिलेखः सं. १६३६

प्राप्ति स्थल : गंगोला ताल की सतह पर
भाषा : संस्कृत
लिपि : नागरी
तिथि : सं. १६३६ आषाढ वदि ६ बुधवार = १५७६ ई. १४ जून, बुधवार
संदर्भ : *ए. रि. इं. ए.* (१६६५–६६), क्र. ७६; *इ. गो.*, पृ. ४७; सिंह, *प्राग्धारा*, अंक १५ (२००४–०५), पृ. २७८

इस लेख में पंडित विठुल तथा टोडरु के समय का उल्लेख है।

पाठ

१. संवत् १६३६ आषाढ व–
२. दि ६ बुधवार केद–
३. ने अरायौता कत
४. मयोद्धका आ–
५. यत पं विठलु–
६. सस्सगदपवर
७. हीयशदुरगस
८. टोडरु समयौ
६. सकाहिसनकेतती

२२८. असकरन का अभिलेखः सं. १६३६

प्राप्ति स्थल : गंगोला ताल की सतह पर
भाषा : संस्कृत
लिपि : नागरी
तिथि : सं. १६३६ आषाढ वदि ५ = १५८२ ई.

संदर्भ : *ए. रि. इं. ए.* (१९६५–६६), क्र. ८०; *इ. गो.*, पृ. ४७; सिंह, *प्राग्धारा*, अंक १५ (२००४–०५), पृ. २७८

इस अभिलेख में कछवाह असकरन तथा गंगोला ताल की सफाई का उल्लेख है।

पाठ

१. संवत् १६३६ असाढ वदि ५
२. श्रीमहाराज राजो असक–
३. रनजी कछवाहौ गगोला
४. घराजौ मुहसीलु अनंदुरई
५. ठोरु

२२६. अभिलेखः सं. १६५४

प्राप्ति स्थल : गंगोला ताल की सतह पर
भाषा : संस्कृत
लिपि : नागरी
तिथि : सं. १६५४ अषढ सूदि २ सोमवर = १५९७ ई. ६ जून, सोमवार
संदर्भ : *ए. रि. इं. ए.* (१९६५–६६), क्र. ८१; *इ. गो.*, पृ. ४८; सिंह, *प्राग्धारा*, अंक १५ (२००४–०५), पृ. २७८

इस अभिलेख में मुगल शासक अकबर के साथ श्री महाराजाधिराज रायसिंह, कोतवाल मथुरादास चौहान एवं गंगोला ताल की सफायी का उल्लेख है। अंत में नाराईनदास का नाम अंकित है।

पाठ

१. राम
२. श्री संवत् १६५४ वषे
३. अषढ सूदि २ सोमव(वा)र
४. श्रीमद अकवरसाह
५. सूलतन राज श्रीमह(हा)राज(जा)–
६. धिराज श्रीराजा रायसं(सिं)–
७. घजी महसल मथुरादा–
८. स चोहन(चौहान) कोतवाल
९. गगोझरा जौलिं संव–
१०. ली श्रीकरनं जयं नारा–
११. ईनदास

२३०. अभिलेखः १६७२

प्राप्ति स्थल : गंगोला ताल की सतह पर
भाषा : अरबी
लिपि : नस्ख
संदर्भ : दिलिप विर्दी, ''एन इंपार्टेंट रिकार्ड ऑफ द टाइम ऑफ गुरु हरगोविन्द'', *ज. म. इ. प.*, १० (१६७६), पृ. ६२–६३, *इ. गो.*, पृ. ४६ः सिंह, *प्राग्धारा*, अंक १५ (२००४–०५), पृ. २७६

यह अभिलेख इस दृष्टि से महत्त्वपूर्ण है कि मुगल काल में ग्वालियर दुर्ग का बन्दीगृह के रूप में उपयोग होना इससे प्रमाणित होता है। बादशाह जहाँगीर ने छठें सिख गुरु हरगोविन्द को दुर्ग में बंदी बना रखा था। आगे उल्लेख है कि गुरु हरगोविन्द गंगोलाताल में प्रतिदिन सुबह स्नान करते थे।

पाठ

एक बुजुर्ग संत, हिन्दुस्तान के छठवें गुरुनानक, हर गोविन्द
को, शहँशाह नुर–उ–द्दीन सुल्तान हिन्द, जहाँगीर के हुक्म
से नजरबन्द कर दिया। बुजुर्ग गुरु हरगोविन्द इस ग्वालियर
दुर्ग में, इस गंगोलाताल में हर सुबह नहाते थे। १६७२
वजीरखान

२३१. अभिलेखः हि. सं. ११०५, सं. १६६५

प्राप्ति स्थल : गंगोला ताल की सतह पर
भाषा : फारसी, हिन्दी
लिपि : नस्तलिक एवं नागरी
तिथि : ३७ हिज्र ११०५, वि. सं. १६६५ आषाढ सुदि १।
संदर्भ : *ए. रि. इं. ए.* (१६६५–६६), क्र. बी ८५ एवं डी १२८; *इ. गो.*, पृ. ५३; सिंह, *प्राग्धारा*, अंक १५ (२००४–०५), पृ. २७८–७६

इस अभिलेख के नागरी लिपियुक्त भाग में कुछ मुस्लिम अधिकारियों, जैसे– सैद मुजफ्फर, सैद आसीन और फतेह मुहम्मद दरोगा का नाम है। इसका लेखन कार्य संभवतः छन्द दया भाइ ने किया था। नस्तलिक वाले भाग में राजा औरंगजेब और जागीरदारों के नाम अंकित हैं, जिनमें नवाब मियाँ सैयद मुजफ्फर (मीर–ए–इमारत), मियाँ सैयद यासिन साहेब और मियाँ सैयद फतेह मुहम्मद (दारोगा) का उल्लेख है।

पाठ

१. संवत् १६६५ वर्षे अषढ सुदि १
२. वरका तलर श्रीपातीसही लठिया–
३. ह श्री रा सैद मुदफ्फर श्री रा सैद आ–
४. सीनाकी श्रीफतेमहमद दुरोग
५. ली चांद गोसाइ या भाइ ४
६. मोदु आसेही रहीम पुरिसी–
७. ल

२३२. अवचीक का अभिलेखः सं. ..७५..

प्राप्ति स्थल : गंगोला ताल की सतह पर
भाषा : संस्कृत
लिपि : नागरी
तिथि : सं. १७५८ = १७०१ ई.
संदर्भ : *ए. रि. इं. ए.* (१६६५–६६), क्र. ८३; *इ. गो.*, पृ. ६०; सिंह, *प्राग्धारा*, अंक १५ (२००४–०५), पृ. २८०

अवचीक परिहार द्वारा कुछ निर्माण–कार्य करवाये जाने का उल्लेख है। क्या करवाया गया? स्पष्ट नहीं है। तिथि भी अपूर्ण अंकित है।

पाठ

१. राजा श्री अवचीक परिहार कारापितं
२. संवत् ७५

२३३. मलयवर्मन का अभिलेख

प्राप्ति स्थल : गंगोला ताल की सतह पर
भाषा : संस्कृत
लिपि : नागरी
संदर्भ : *ए. रि. इं. ए.* (१६६५–६६), क्र. ७५; *इ. गो.*, पृ. ११०; *ए. इं.*, ३८, पृ. ३०५–१२; सिंह, *प्राग्धारा*, अंक १५ (२००४–०५), पृ. २७६

यह अभिलेख मलयवर्मन की दो रानियों का उल्लेख करता है। वीरवर्मन की माता वल्लालदेव की पुत्री श्रींगारदेवी एवं त्रैलोक्यवर्मन की पुत्री तथा लक्ष्मीदेवी की माता शंकरदेवी उनकी भार्याएँ थीं। इस अभिलेख से राजा के और अधिक वैवाहिक सम्बन्धों तथा पुत्र–पुत्री

की जानकारी मिलती है। निश्चिततः उत्तर भारत के अधिक राजपरिवारों से वैवाहिक सम्बन्ध ग्वालियर दुर्ग पर उनके स्थापित होने में सहायक रहा होगा।

पाठ

१. सिद्धम।। पुत्री वल्लालदेवस्य राज्ञी मलयवर्मणः।
२. श्रीमत्श्रींगारदेवीति जननी वीरवर्मणः [१*]
३. ख्याता शंकरदेवीति पुत्री त्रैलोक्यवर्मणः।
४. लक्ष्मीदेव्याः सवित्री च राज्ञी मलयवर्मणः।। [२*]

२३४. नरवर्मन का अभिलेख

प्राप्ति स्थल : गंगोला ताल की सतह पर
भाषा : संस्कृत
लिपि : नागरी
संदर्भ : *ए. रि. इं. ए.* (१९६५–६६), क्र. ७६; *ए. इ.*, ३८, पृ. ३०५–१२; *इ. गो.*, पृ. ११०; सिंह, *प्राग्धारा*, अंक १५ (२००४–०५), पृ. २७६

इस अभिलेख से श्री नरवर्मन का सम्बन्ध ग्वालियर दुर्ग से स्थापित करने का स्पष्ट प्रमाण मिलता है। अभिलेख से नरवर्मन द्वारा चीता का शिकार करने की जानकारी मिलती है।

पाठ

१. सिद्धं।। श्रीमद्विग्रहराजदेवनृपतेर्भूपालचूडामणेः पुत्रेणेह मुमुक्षणा वनगतः संज्ञाय वाणेन यः।
२. विद्धः श्रीनरवर्मणा मृगपतिः सुक्रीडता पारविं चित्ताख्यः स गतो गतिं च परमां संत्यज्य तत्काननं।।

२३५. साहित्यिक अभिलेख

प्राप्ति स्थल : गंगोला ताल की सतह पर
भाषा : फारसी
लिपि : नस्तलिक
संदर्भ : *ए. रि. इं. ए.* (१९६५–६६), क्र. डी १२७; *इ. गो.*, पृ. १११; सिंह, *प्राग्धारा*, अंक १५ (२००४–०५), पृ. २७६

और कहाँ जाएं किस दरवाजे पर दवा मिले....... कि हजारों बार दिल में तकलीफ हुई और हजारों बार दवा ली

पाठ

बकुजा खम जेदरत चे दवा कुनम..........
कि हजार बार हर्जी शुद जिगरम बहजार पारा

२३६. सहरिपाल का अभिलेख

प्राप्ति स्थल : गंगोला ताल की सतह पर
भाषा : संस्कृत
लिपि : नागरी
संदर्भ : *ए. रि. इं. ए.* (१९६५–६६), क्र. ८२; *इ. गो.*, पृ. १११; सिंह, *प्राग्धारा*, अंक १५ (२००४–०५), पृ. २८०

कच्छपघात वंशी राणक सहलदेव के पौत्र तथा लखणदेव के पुत्र सहरिपाल का उल्लेख है।

पाठ

१. स्वस्ति श्री कछपांन्वे कोटराजे
२. राणक सूट(ह)लदेव तस्य सुतस
३. लखणदेव सुत पापे सहरिपाल

२३७. गेयेक का अभिलेख

प्राप्ति स्थल : गंगोला ताल की सतह पर
भाषा : संस्कृत
लिपि : नागरी
संदर्भ : *ए. रि. इं. ए.* (१९६५–६६), क्र. ८४; *इ. गो.*, पृ. ११०; सिंह, *प्राग्धारा*, अंक १५ (२००४–०५), पृ. २८०

किसी गेयक और कवि वांक का उल्लेख है।

पाठ

१. सिद्धम्।। गेयेकेन विनीतौ वां–
२. कस्य चेयं कवे

२३८. रावसेन का अभिलेख

प्राप्ति स्थल : गंगोला ताल की सतह पर
भाषा : संस्कृत

लिपि : नागरी
संदर्भ : सिंह, *प्राग्धारा*, अंक १५ (२००४–०५), पृ. २८०

रावसेन द्वारा प्रासाद में सेवाकार्य करने का उल्लेख है।

पाठ

१. सिद्धम् गजेभ्यधारायोराघै–
२. त्र रावसेन...........वीर्यामि
३. जसवुपगुसमि.......रे
४. प्रासाद सेवाकारका

२३९. विनयकीर्त्ति का अभिलेख

प्राप्ति स्थल : गंगोला ताल की सतह पर
भाषा : संस्कृत
लिपि : नागरी
संदर्भ : सिंह, *प्राग्धारा*, अंक १५ (२००४–०५), पृ. २८०–८१

अभयपाल और विनयकीर्त्ति का उल्लेख है, जिन्होंने कुछ कार्य करवाया था।

पाठ

१. अभयपाल कृशानुकलास्पृशः
२. कतिनसन्ति विकस्वरसगादः
३. देवपुनमुहिनां शुविडंविनी
४. विनयकीर्त्तिपिहावरलोवनी

२४०. वछराज का अभिलेख

प्राप्ति स्थल : गंगोला ताल की सतह पर
भाषा : संस्कृत
लिपि : नागरी
संदर्भ : सिंह, *प्राग्धारा*, अंक १५ (२००४–०५), पृ. २८१–८२

श्री अजयपाल देव के वंश में उत्पन्न वछराज का उल्लेख हुआ है।

पाठ

१. स्वस्ति श्री अजयप(पा)लदेवः
२. वंसान्हि जगतेः।।

३. श्री वछराजदेव।।

२४१. अन्य लघु अभिलेख

प्राप्ति स्थल : गंगोला ताल की सतह पर
भाषा : संस्कृत
लिपि : नागरी
संदर्भ : सिंह, *प्राग्धारा*, अंक १५ (२००४–०५), पृ. २८१–८२

(i) महारानी श्री कुमरदेइ का नाम अंकित है।
१. महाराज्ञी श्री कु–
२. मरदेइ।

(ii) राज के पुत्र परताप के पुत्र दहा के पुत्र सदकपाल का उल्लेख है।
१. राजपुत्र परतापपुत्र
२. दहापुत्र सदकपाल

(iii) रावत कन का उल्लेख है।
१. रावत कनद्ये
२. रासर्वाद्य

(vi) राजा के पुत्र धुपराम का उल्लेख है।
१. सिद्धम् राजापुत्र
२. धुपराम कुरकु

(v) पभु के पुत्र हरीजीत का उल्लेख है। पभू का नाम नटेश की आकृति के पास भी अंकित है तथा मानसिंह के अभिलेख में इनका उल्लेख सूत्रधार के रूप में हुआ है।
१. पभु सुत हरीजीत

(vi) सहवा जितु के पुत्र हरिधर के पुत्र का उल्लेख है, लेकिन पुत्र का नाम यहाँ पर नहीं अंकित है। किन्तु अगले अभिलेख में हरिधर के पुत्र का नाम सवाजत बतलाया गया है।
१. ....सहवा जितु पुत्र हरिधर पुत्र

(vii) हरिधर के पुत्र सवाजत का उल्लेख है।
१. हरिधर पुत्र सवाजत

(viii) रूपकार केसव के पुत्र तजई का उल्लेख है।
१. रूपकार केसव सुत तजई

(ix) रावत दिवराज का नाम अंकित है।
१. रावत दिवराज

(x) श्री धेना का नाम अंकित है।
१. श्री धेना

(xi) रा (रावत) गहू के पुत्र रा (रावत) दहादेव का उल्लेख है।

१. रा गहू पुत्र रा दहादेव

(xii) अश्व की आकृति के पास अंकित लेख में जगधर द्वारा अश्व की आकृति बनाने का उल्लेख है।

१. कृतोयमश्वोजग–

२. द्धरेण।। १

(xiii) वाघदेव रावत का उल्लेख है।

१. वाघदेव राव–

२. त

(xiv) सोलुल के पुत्र का उल्लेख है, लेकिन पुत्र का नाम अब स्पष्ट नहीं है।

१. सोलुल पुत्र............

२. संवत् १२८२........

(xv) महिधर का उल्लेख है।

१. यत्रादि श्री रादव

२. स्तनोयह धनिमा–

३. त्मस्मनेय महिधर

(xvi) सोमदत्त के पुत्र शिवभक्त उवेधर का उल्लेख है।

१. सोमदत्त पुत्र

२. उवेधरइ सिवमाचोद।।

(xvii) नायक होलेमा का उल्लेख है।

१. सिद्धम्।। नायक होलेमा चोदः।

(xviii) हाथी की आकृति के नीचे अपुशाकोराधि का उल्लेख है।

१. अपुशाकोराधि

(xix) सिद्धम से आरंभ अभिलेख में रदिवलाह का उल्लेख है।

१. सिद्धम्। रदिवलाह

(xx) ठक्कुर साशीत रलिहठ का उल्लेख है।

१. संवत् १५१२ भाद्रपद सु–

२. दि ८ गुरौ भवनज्योति–

३. षां गुग ठ साशीतरलिहठ।। १

(xxi) पाँच पंक्तियों में अंकित अभिलेख स्पष्ट नहीं है।

१. व..........वीष..........तयाते समुरेस्तरा

२. ....नत.............सभल्हां

३. ....गक.................गृह्णास

४. ....रानी दमित

५. ....धीमका...........

(xxii) अजयदेव का नाम अंकित है।

१. स्वस्ति श्री रुवदः (रावतः)

२. अजयदेवः

(xxiii) वील्हीकी का उल्लेख है।

१. वील्हीकी चुती

२. जवः देवाय

(xxiv) महाराज का उल्लेख है।

१. श्री महराजव धरा

२. ससातवा

(xxv) राजो के पुत्र कुरकु का उल्लेख है।

१. राजोपुत्र

२. धराकम कुरकु

(xxvi) विष्णु के यश हेतु संभवतः कुछ करवाये जाने का उल्लेख है।

१. मपूरि

२. नामसये विष्णुर्यसै

(xxvii) "हरिधर" का उल्लेख है।

(xxviii) संवत् १५२५ का दो पंक्तियों में अंकित अभिलेख अब स्पष्ट नहीं है।

१. संवत् १५२५ मक............

२. ....वले...........

(xxix) सदद्रस के पुत्र सुहेला एवं जसतो का उल्लेख है।

१. असी च्छमीकस................द्धंतदिनरया.........

२. सदद्रस्वः शुत सुहेला जसतो भवशी

(xxx) कुछ अन्य लघु अभिलेख भी गंगोलाताल के तल पर शिला पर अंकित हैं, जैसे– "सूचपुरत प्रसादायशा", "विप्रताराशुश्व", "आहे खुदेस्तकता", "अविंशतिशमर", "असवारिवनीय", "केसवसुत", "चरकवि श्री चंदरास्थ च", "कूके पाएक", "रामदेव रतन", "मामोण", "शरदिवलाड", "स्वस्तीर्ग", "दासवादिवनीय", "रहोमामानवाता", "यम सतहरी जीनी", "दावले", "पभू", "समदेस वदद्धरेषतु", "ससावग", "मामोः", "मिकुरा परमतरा", "सुतः", "स्वस्ति श्री रावदः अजयदेवः"।

अन्य अभिलेख

२४२. प्रतिमा लेखः सं. १४७३ (चित्र ५४)

प्राप्ति स्थान : गुजरी महल संग्रहालय में संरक्षित पार्श्वनाथ प्रतिमा के पादपीठ पर

भाषा : संस्कृत
लिपि : नागरी
तिथि : सं. १४७३ फाल्गुन सुदि ८ रवि दिने = रविवार १४१६ ई.

श्री वीरमदेव के शासनकाल में पार्श्वनाथ प्रतिमा प्रतिष्ठित करवाये जाने का उल्लेख है। साथ ही भट्टारक परम्परा एवं श्रावक साधु डालत, उनके परिवारजनों, धरण संघ के महणा एवं उनके परिवारजनों का उल्लेख है।

पाठ

१. । सिद्धम।। स्वस्तिना संघजायनमः।। संवत्सरेस्निन श्री विक्रमादितं।। संवत् १४७३ वर्षे फाल्गुन सुदि ८ रवि दिने श्री मद्गोपाचलदुर्ग्गे श्री मद्तोमरवंशाव्ज मार्तंड राजा श्री मद्वीरमदेवत्प्रवर्त्तमाने श्रीयमतु–
२. ल्पे।। श्री काष्ठासंघे माथुरान्वये पुष्करगणे भट्टारक श्री उधरसेणदेवस्तत्पट्टे भट्टारक श्री देवसेनदेवास्तत्पट्टे प्रतिष्ठाचार्य श्री विमलसेनदेवास्तत्पट्टे श्री धर्मसेनदेवात्तत्पट्टे आ–
३. चार्य श्रीभावसेनदेवास्तत्पट्टे भट्टारक श्री सहस्रकीर्तिदेवास्तत्पट्टे प्रतिष्ठाचार्य श्री मद्गुणकीर्तिदेवास्तसिष्य श्री यशःकीर्तिदेवास्ये शडान्वये देल्ह पुणिवंशे अग्रोतकान्वये गर्ग
४. गोत्रे परम श्रावक साधु डाल्वतद्भार्या वालही पुत्र घोल्ह भार्या चादही पुव(त्र) साल(धु) प्रमण सा महण प्रमण जार्ता(भार्या) राजी पुत्र रैयदूस। घरण संघइ महणा भार्या गल्हो पुत्र राजूजा
५. सवरो प्रतिष्ठायाम पंडित नालदेव दनयामीतातत्पु–
६. त्र पंडिताचार्य गोसवि भार्याय रजसिरि पुत्रयका
७. विश्वकर्मा छीतमत्पुत्रस्त अमरे हरसीह
८. पुत्र देऊ।। शुभमस्तु श्री पार्श्वनाथः सः र–
९. णसिंघेन प्रतिष्ठामतं।। १

२४३. स्तम्भ लेखः सं. १४८८

प्राप्ति स्थान : त्रिकोनिया ताल के निकट बने बरामदे में स्तम्भ पर
भाषा : संस्कृत
लिपि : नागरी
तिथि : सं. १४८८ माघ वदि बुधवार = बुधवार १४३१ ई.
संदर्भ : *ग्वा. पु. रि.* (१९८४ / १९२७–२८), क्र. ८; *ग्वा. रा. अ.* (वि. सं. २००४), क्र. २५२; *ए. रि. इं. ए.* (१९६१–६२), क्र. १४८८; *इ. गो.*, पृ. २६–३०

वीरमदेव का उल्लेख है।

पाठ

१. सिधि संवत् १४८८ वर्षे माघ
२. वदि वुध देयेठ वीरम
३. देव

२४४. अभिलेखः सं. १५१६

प्राप्ति स्थान : गणेश पौर के बगल में एक आले में
भाषा : संस्कृत
लिपि : नागरी
तिथि : सं. १५१६ = १४५६ ई.

तोमर शासक डोंगर सिंह का उल्लेख है।

पाठ

१. राजा डोंगर सीघरिकर............
२. दुन वेनु वुढनु संवत् १५१६

२४५. शिलालेखः सं. १५५० (चित्र ७८)

प्राप्ति स्थान : नौ चौकी के अंदर प्रवेश–द्वार के मेहराब पर
भाषा : संस्कृत
लिपि : नागरी
तिथि : सं. १५५० = १४६३ ई.

नराइनु के पुत्र सूत्रधारि धर्मेचंदु का उल्लेख है। सूत्रधार धर्मेचंदु का नाम उरवाही पौरी और ढोढा पौरी स्थित अन्य अभिलेखों में भी मिलता है।

पाठ

१. संवत् १५५०
२. नराइनु सुत ध–
३. र्मे चंदु। पु(सू)त्रधारि
४. मेव पि(सि)लावदकौ
५. ह्रापरां.............

२४६. शिलालेखः सं. १५५२

प्राप्ति स्थान : ढोढा पौर के द्वितीय द्वार के निकट एक शैलकृत आले में
भाषा : संस्कृत
लिपि : नागरी
तिथि : सं. १५५२ आश्विन शुदि २ = १४९५ ई.
संदर्भ : *ए. रि. इं. ए.* (१९७५–७६), क्र. १५६; *इ. गो.*, पृ. ४१

महाराजाधिराज राजा मानसिंह के समय में ढोढादेव की प्रतिमा का निर्माण हुआ तथा राजा द्वारा ढोढा पौरी का पुनर्निर्माण करवाया गया। अभिलेख के लेखन का कार्य साजसू ने किया तथा प्रमुख सूत्रधारि धर्मचंदु थे, जिन्होंने संभवतः मूर्ति–निर्माण आदि कार्य किया होगा।

पाठ

१. सिधि संवत् १५५२ वर्षे असुनि सु २
२. महाराजाधिराज राजा श्री मान–
३. स्यंघदेवन्विरंराजे साटोन्वत्सु
४. ढोढादेव मूर्तिकारापितं।।
५. लि. साजसू सुत्रधारि मुख्यो
६. मृढंव धरमचंदु।। चाथूद्धुकारा
७. ढोढा की पौरि राजा
८. मानस्यंहिनडीहदाडी
९. सुकरीतसु

२४७. स्तम्भ लेखः सं. १५५३

प्राप्ति स्थान : उरवाही द्वार के पास ऊपर स्थित स्तम्भ पर
भाषा : हिन्दी
लिपि : नागरी
तिथि : सं. १५५३ आषाढ सुदि १३ गुरुवार = १४९६ ई.
संदर्भ : *ए. रि. इं. ए.* (१९७५–७६), क्र. १५७

महाराजाधिराज मानसिंह के राज्यकाल में उरवाई की पौरी का नवीनीकरण राजा के आज्ञाकारी सायेख द्वारा किया गया। साथ ही ढोढा सूत्रधारि महेसु तथा धर्माचंद आदि का भी उल्लेख है।

पाठ

१. आलघु सुरीतमान
२. सिधि श्री इष्टदेवता प्रशादात्।।
३. महाराजाधिराज राजा श्री
४. मानस्यंघदेव चिरंजीवी
५. तस्य अज्ञोकारी साये
६. वर उरवाई की पौरि
७. नई करवाई।। लिः
८. साजसूसानौकरी।। तस्मा
९. म साराणा सटिहा ढोढा
१०. सुत्रधारि महेसु।। गढतं
११. स्यंव्व धर्माचंद।। सुभम
१२. स्त।।१ संवत् १५५३
१३. वर्षे आषाढ सुदि १३
१४. गुरवासरे।। अन–
१५. त्राहा नुदत्र

२४८. शिलालेखः सं. १५६१

प्राप्ति स्थान : ढोढा पौर के सबसे निचले द्वार के निकट एक आले में
भाषा : संस्कृत
लिपि : नागरी
तिथि : सं. १५६१ = १५०४ ई.

वर्तमान में यह लेख बहुत स्पष्ट नहीं है। तिथि एवं राकसना का संभावित पाठ किया जा सका है।

पाठ

१. सिधि संवत् १५६१ वषे राकसना

२४९. शिलालेखः सं. १५८६ (चित्र ७६)

प्राप्ति स्थान : अस्सी खम्बा बावड़ी के प्रवेश–द्वार की बाँयीं भित्ति पर
भाषा : हिन्दी
लिपि : नागरी

तिथि : सं. १५८६ = १५२६ ई.

इस खण्डित अभिलेख में रहीमदाद के मदरसा का उल्लेख है।

पाठ

१. संवत् १५८६ वषे क..........
२. वावु रा परिसहि गजीतके.........
३. पोज राहीमद्दद क मद्दर[सा]...............
४. ....
५. करपुनरामधी अल................
६. परातनी........................
७. ....

२५०. स्तम्भ लेखः सं. १६११

प्राप्ति स्थान : उरवाही द्वार के पास स्तम्भ पर
भाषा : हिन्दी
लिपि : नागरी
तिथि : सं. १६११ आश्विन सुदि ५ शुक्रवार = १५५४ ई.
संदर्भ : ए. रि. इं. ए. (१६७५–७६), क्र. १२६; इ. गो., पृ. ४६

पौरी के निर्माण तथा पुत्र भोगचंद एवं करमचंद का उल्लेख है।

पाठ

१. संवत् १६११ व–
२. षें अस्वनि सुदि
३. २ सुक्रे द्त्रुइ
४. करवाइस
५. जगद्यो साहु
६. वेरुतस्य पुत्रे–
७. ण भोगचंदेन
८. करमचंद
९. कारीगर पा
१०. सकरवाइ
११. ....फवव

२५१. शिलालेखः सं. १६[७]३

प्राप्ति स्थान : किला पथ पर गजासुर संहार प्रतिमा के निकट जैन प्रतिमा के बगल से
भाषा : हिन्दी
लिपि : नागरी
तिथि : सं. १६७३ = १६१६ ई.
संदर्भ : *ग्वा. पु. रि.* (१६८४/१६२७–२८), क्र. ७; *ग्वा. रा. अ.* (वि. सं. २००४), क्र. ४१०; *ए. रि. इं. ए.* (१६६१–६२), क्र. १४८७; *इ. गो.*, पृ. ४६

इस खण्डित लेख में काष्ठा संघ माथुर अन्वय पुष्कर गण के भट्टारक श्री भानुकीर्ति, शुभकीर्ति एवं अन्य का उल्लेख हुआ है।

पाठ

१. लक्ष्मीघ शाणव................................
२. रीत कलंकलिम.......................
३. घु रत्न जरांतिशयो.........................
४. भूयति पद निभोद्दाम.................
५. र्पाः।। चंदोपीडाराज..........
६. तिलकः श्री वसूगीत..............गाल्हण.......
७. साक्षात्कीर्त्तिण पलवढ...............मद................
८. तजत वंर्यत्कराया च दो.............गोपाचल.........
६. संवत् १६७३ वर्षे..............वदी १०..................[का]
१०. ष्टासंघे माथुरगच्छे पुष्करगणे भ.............
११. ट्टे भट्टारक श्री भानुकीर्त्तिदेव.............
१२. ट्टारक श्री शुभकीर्त्ति देवास्त.................
१३. देवान्वेय गर्ग्ग गोत्रेण............श्री.............
१४. सुवल भार्याघीणदोतणेः पुत्राः..................
१५. णसि उधरन भार्या वधुगद्ये पुत्रा.................
१६. दधदास तडाघर कुलसं रट्टाक...................
१७. तोमलिव पुत्र सा मुरा संघस.................
१८. ले जरादासा भार्या.......................
१६. घवान सुभ..............................
२०. क देहीराजकोपुनि करोय...................
२१. वखुया कौहलदास...............कारि............
२२. पदमिदास वेषण भार्य............समा............

२३. सा पोवोभू तपिणेत्वयज गमा...............................

२५२. स्तम्भ लेख

प्राप्ति स्थान : त्रिकोनिया ताल के निकट बने बरामदे में स्तम्भ पर
भाषा : संस्कृत
लिपि : नागरी
संदर्भ : *ग्वा. पु. रि.* (१६८४/१६२७–२८), क्र. ६; *ग्वा. रा. अ.* (वि. सं. २००४), क्र. ६२२; *ए. रि. इं. ए.* (१६६१–६२), क्र. १४८८; *इ. गो.*, पृ. ११०

तोमर वीरमदेव का उल्लेख है।

पाठ

१. तोमरो वीरमे–
२. दु समऐ सुभंमस्तु

२५३. ढोढा पौर के अन्य अभिलेख

प्राप्ति स्थान : ढोढा पौर के ऊपरी द्वार पर स्तम्भों पर
भाषा : संस्कृत
लिपि : नागरी

(i) वीरमया देव का उल्लेख है।
१. वीरकौ श्री वी–
२. रमयादेवो रा
३. ....

(ii) 'संगुत्तस्वुस्यनु' अंकित है।

(iii) 'रामपद्रा' अंकित है।

२५४. स्तम्भ लेख

प्राप्ति स्थान : उरवाही द्वार के पास स्तम्भ पर
भाषा : हिन्दी
लिपि : नागरी

यह लेख उसी स्तम्भ के नीचे के भाग में अंकित है, जिस पर अभिलेख क्र. २४७ उत्कीर्ण है और साथ ही कुछ ज्यामितिय आकृतियाँ भी उकेरी गयी हैं। विवेच्य लेख में सुत्रधार षेउ का उल्लेख है।[१४]

पाठ

१. । षेउ सुत्रधारि।।
२. ग्वालिरी हिकमिति

२५५. उरवाही द्वार पर हाथ के चिह्न के निकट के अभिलेख

(i) सरनां भवन
(ii) रमदसु।
(iii) ......करामचांदु।
(iv) ।। सुत्रधार वील्व पुत्र केसव

२५६. खण्डित अभिलेख

प्राप्ति स्थल : त्रिकोनिया ताल के पास राजपथ के तल में लगे पत्थर पर
भाषा : संस्कृत
लिपि : नागरी

यह अभिलेख अस्पष्ट है।

पाठ

१. श्री चाह.........................
२. गोरालतै..................
३. वैसेवी.............
४. मसतवडे पकमूताम
५. ....राहु भा

२५७. अभिलेख

प्राप्ति स्थल : लक्ष्मण पौर के स्तम्भ पर
भाषा : संस्कृत
लिपि : नागरी

अभिलेख स्पष्ट नहीं है।

पाठ

१. नलीदिना.....................
२. लांद्दानापर परम

२५८. प्रतिमा लेख

प्राप्ति स्थल : गुजरी महल संग्रहालय में संरक्षित पार्श्वनाथ प्रतिमा की पादपीठ पर
भाषा : संस्कृत
लिपि : नागरी

इस लेख में वणिक भामह के पुत्र कुलो का उल्लेख है।

पाठ

१. परपटि वणिक् भामह पुत्रः कुलो तस्य

२५९. इल्ततुमिश का अभिलेख (चित्र ८०)

प्राप्ति स्थल : हाथी पौर और सासबहू मंदिर के बीच में एक नवनिर्मित मजार के पास सुरक्षा प्राचीर में लगा।
भाषा : अरबी–फारसी
लिपि : नस्ख
संदर्भ : *ए. रि. इं. ए.* (१९७५–७६), क्र. डी. १२४; *इ. गो.*, पृ. ११०

१५२८ ई. में ग्वालियर दुर्ग को विजय करने के पश्चात् बाबर ने ग्वालियर की यात्रा की थी। उसने बताया है कि उसने उरवाही द्वार के निकट इल्ततुमिशकालीन एक मस्जिद में नमाज पढ़ी थी और वहाँ उसके समय का हिजरी ६३० (१२३३ ई.) का एक लेख भी देखा था। बाद में इस अभिलेख की कोई सूचना नहीं मिली है। पूरी संभावना है कि बाबर द्वारा वर्णित अभिलेख यही हो। इसमें इल्ततुमिश का नाम और उसके द्वारा मस्जिद के निर्माण का उल्लेख है। जहाँ तक इस लेख में तिथि का प्रश्न है तो इसका ऊपरी भाग खण्डित हो चुका है, जहाँ तिथि रही होगी। संभवतः किसी कारणवश यह लेख बाद में उरवाही द्वार से उठाकर विवेच्य स्थल पर इसलिए लगा दिया गया होगा, क्योंकि वहाँ पर एक मजार बनी है।

पाठ

१. हाजल मस्जिद दर एहद दो............
२. अल् अरब वल अजम् सुल्तान इलत्म्................
३. शाह जफरे जिल्लुल्ला.................

अनुवाद

१. ये मस्जिद, के समय में...............
२. अल अरब अल अजम सुल्तान इलतम्...............

३. सुल्तान विजयी ईश्वर का प्रतिबिम्ब......................

२६०. अस्सी खम्बा बावड़ी अभिलेखः हिज्र ६३८ (चित्र ८१)

प्राप्ति स्थल : अस्सी खम्बा बावड़ी से लगे महल की पूर्वी दीवार पर
भाषा : अरबी–फारसी
लिपि : नस्ख
तिथि : हिज्र २५ मुहर्रम ६३८
संदर्भ : *ए. रि. इ. ए.* (१६६६–७०), क्र. डी ६०; *इ. गो.*, पृ. ६०

इस लेख में मौलाना बहलोल के पुत्र यार मोहम्मद का उल्लेख हुआ है। मौलाना बहलोल काबुल के घोड़ों की नाल लगाने वाला था। उनके पुत्र यार मोहम्मद ने एक दुकान बनवायी थी।

अनुवाद

१. शुरू करता हूँ अल्ला के नाम से जो मेहरबान निहायत रहम करने वाला है
२. अल्ला के सिवाय कोई पूज्य नहीं है मोहम्मद उसका पैगम्बर हैं
३. पाँच और बीस माह मोहर्रम सन् आठ और तीस और नौ सौ
४. अल्लाह ताला की तोफीक व उसकी अयानत से एक दुकान बनवाई बन्दा यार मोहम्मद पुत्र
५. मौलाना बहलोल नालबन्द काबुली ने
६. इस जमीन का टुकड़ा उसी की ओर से नेमतों का ख्वान
७. दुश्मन और दोस्त सभी के लिए है।

२६१. आलमगीर का ग्वालियर अभिलेखः हिजरी १०८३

प्राप्ति स्थल : कपूरी मस्जिद (हथिया पौर) के प्रवेश द्वार एवं मध्य मेहराब पर
तिथि : हिजरी १०८३
भाषा : अरबी–फारसी
लिपि : नस्ख–नस्तलिक
संदर्भ : *ए. रि. इं. ए.* (१६६२–६३), क्र. डी ६६; *इ. गो.*, पृ. ६५।

अनुवाद

अल्ला के सिवाय कोई पूज्य नहीं है मोहम्मद उसके पैगम्बर हैं
शाह आलमगीर का जमाना न्याय और इन्साफ का जमाना और उसका जमाना दुनिया के

अन्याय से दूर था इस मस्जिद की बरकत इस कदर ज्यादा थी कि अक्ल को हैरत में डालने वाली और इस्लाम की रोशनी थी। हिजरी १०८३

२६२. मानसिंह के समय का अभिलेख

प्राप्ति स्थल : गुजरी महल के प्रवेश–द्वार के ऊपरी भाग पर
भाषा : अरबी–फारसी
लिपि : नस्ख
संदर्भ : हरिहर निवास, द्विवेदी, *ग्वालियर दर्शन*, पृ. ३६३–६४; *ए. रि. इं. ए.* (१६७५–७६), क्र. १२५; गुलाब खाँ गौरी, पृ. १०८; *इ. गो.* (१६६६), पृ. १११

मानसिंह की सहायता के लिए दुआ तथा मंत्र का उल्लेख है।

पाठ

विस्मिल्लाहिर्रहमानिर्रहीम अल्मुल्को
लिल्लाहिल्मालिकुल मुल्के जुलजलाल
ई दुआए मददीनिये राजा मान बिन राजा कल्यानमल

अनुवाद

शुरू करता हूँ अल्ला के नाम से जो मेहरबान निहायत रहम करने वाला है। राज्य अल्लाह के
लिए है, जो राज्यों का स्वामी एवं शक्तिशाली है।
यह दुआ राजा कल्यान के पुत्र राजा मानसिंह की सहायता के लिए है।

२६३. माता का मंदिर अभिलेख

प्राप्ति स्थल : माता मंदिर के अधिष्ठान पर
भाषा : संस्कृत
लिपि : नागरी

मात्र "सताषा" उत्कीर्ण है।

२६४. माता का मंदिर अभिलेख

प्राप्ति स्थल : माता मंदिर के अधिष्ठान पर
भाषा : संस्कृत
लिपि : नागरी

मात्र "वीभा मारजद्वाकाननिग धामा सुदि ७ सोम" उत्कीर्ण है।

२६५. माता का मंदिर अभिलेख

प्राप्ति स्थल : माता मंदिर के अधिष्ठान पर
भाषा : संस्कृत
लिपि : नागरी

मात्र "वीभा राजा नानिग धामा काति सुदि १२ बुध" उत्कीर्ण है।

२६६. छतरी अभिलेखः सं. १६५८

प्राप्ति स्थान : मानमंदिर के पास स्थित छतरी में अन्दर की ओर
भाषा : संस्कृत
लिपि : नागरी
तिथि : सं. १६५८ पौष वदि ५ = १६०१ ई.

पाठ

१. संवत् १६५८ वर्षे
२. पोष वदि ५ लीषनपः मानू
३. पं। नेमा। कोदी गरु गंगराम

२६७. छतरी अभिलेखः सं. १६६१

प्राप्ति स्थान : मानमंदिर के पास स्थित छतरी में बाहर की ओर
भाषा : संस्कृत
लिपि : नागरी
तिथि : सं. १६६१ शुचि (आषाढ) शुदि ५ = १६०४ ई.
संदर्भ : *ए.आर.इं.ए.* (१६७१–७२), ७५; *इ.गो.*, पृ. ४६

अभिलेख के गहरा नहीं खुदे होने तथा ऊँचाई पर होने के कारण न तो इसका छायाचित्र स्पष्ट आपाता है और न ही मूल पत्थर से पढ़ पाना सरल है। फिर भी इसका पाठ करने का प्रयास किया गया है। तिथि का अंश स्पष्ट नहीं दिखने के कारण पूर्व विवरण के आधार पर ही तिथि यहाँ पर दी गयी है। इस अभिलेख का उद्देश्य श्रावक षोषा, श्रीपाल, नारायणदास, भोजराज एवं अन्य के द्वारा सुप्रभादेवी (छतरी) का निर्माण करवाये जाने का उल्लेख करना है। अभिलेख में उनके परिवारजनों का भी विवरण दिया गया है। साथ ही जगद्भूषण भट्टारक तथा उनकी गुरु परंपरा का विवरण दिया है। उस समय स्थानीय शासक के रूप में कर्णेश के पुत्र राजसिंह का भी उल्लेख हुआ है।

पाठ

१. ओं नमो जिनाय .... मिव कुर्यात्कल्याणगुणदावनि कल्याणवर्णः श्रीनालितनुः सुख ....।।१।। सक .... यादिति गुनिनह .... त्केशु सौपदमी..................

२. कुलाचल समे गोपाचल श्रीसृतो श्रीमत्सादिनललि .... धरानुजाप्त गोपाचलः श्री कर्णेश सुत विजयदि श्री राजसिंह श्रेयः ।।२।। श्री मूलसंघ व............... गच्छे वला–

३. त्कारगण प्रसिद्धो भट्टारक श्री गुरु धर्म्मकीर्त्तिस्यत्पट्टधारी गुरु शीलभूषः।।३।। तत्पट्ट पद्मोदयत्रयानुमूर्त्तिः श्री ज्ञानभूषा मुनि .... जातत्पट्ट .... प स्विनि

४. र्ज्जगद्भूषण एष जीया भू .... निदाम्नाये खंडेलवालान्वये सावडा गोत्रे साधु श्री नेमिदासस्तद्भार्या लाडी तत्पुत्राश्चत्वार साधु कुल्हर सुभता ....

५. भार्यास्ति 3 केलिमदे कोडमदे वहुरंगदे। तत्र कलिमदे पुत्रौ रामल हेमणनि वंद्धो। षोषा श्रीपालौ। तत्र षोषा भार्या साध्वी षेमलदे तत्पुत्रो द्वौ दतून कर्ण

६. त्वेनत्रलन कर्ण भार्या लावथिसिरि। तत्पुत्रो मेघराज भार्या महिगादे। जोगादास भार्य द्वै जोनादे पूरा। तत्र जोनादे पुत्रौ द्वौ प्रेमराजो ढोढराजः। कैल्हा ....

७. .... श्रीपाल भार्या द्वया सरूपदे रननाई तत्र सरूपदे पुत्राश्चत्वारे। भवतारोः नेमीदासः। केशवदासः श्रीधरः। भवतार भार्या भावलदे तत्पुत्रौ पूर्णमदवो लोलचंद्रः

८. लषमीदास भार्या लषमनदे। तत्पुत्रो उ...मणि चिंतामणि रतनमणि। केशवदास भार्या कोशलदे पुत्रो जगन्मणिः। रतनाई पुत्रो जसवनः सुक–

९. वा भार्या लाडी पुत्रो नृसूह्वन भार्या नासिदे पुत्रौ नानू तिजा भार्या कोतिनदे पुत्रौ गूढवर्ण अथभास .... साधु धनपाल हेमराजो मनु सेमणल

१०. भार्या ईदौ धारादे तत्पुत्रोस्त्रयः साधु श्री नरायणदासो भोजराजो नाननाम्यं दत्र षोषा श्रीपाल नारायणदास भोजराज प्रभृतिस्मिः। श्रीव–

११. ... छै २० सुप्रभादेवी कारिता। वर्द्धतो जैनान शासन।। सकल सवस्य मंगलं भूयाव। .. .. साक्रमा

१२. कारामनुसुधात्व। जसु पुत्र .... जयेन्द्र जासु पुत्रे २

१३. पाहो जानु .... पाकिर सुविधि

२६८. अन्य जैन अभिलेख

विभिन्न ऐतिहासिक साक्ष्यों से ज्ञात होता है कि ग्वालियर दुर्ग जिन–प्रतिमा–प्रतिष्ठा का महत्त्वपूर्ण केन्द्र रहा था। ग्वालियर दुर्ग पर प्रतिष्ठित कई मूर्तियाँ ग्वालियर के आसपास के स्थलों से प्राप्त हुई हैं। ग्वालियर के समीपवर्ती सोनागिर (जिला दतिया) में ऐसी तीन अभिलिखित प्रतिमाएँ विराजमान हैं, जिनकी प्रतिष्ठा गोपाचल दुर्ग पर हुई थी। इसी प्रकार तोमर शासक डुंगरेन्द्र सिंह के राज्यकाल की सं. १४९७ (१४४० ई.) की तीर्थंकर आदिनाथ की पद्मासनस्थ एक प्रतिमा मथुरा (उ. प्र.) के श्री दिगम्बर जैन मंदिर, चौरासी में विराजमान है तथा सं. १५१० (१४५३ ई.) की एक पद्मसनास्थ प्रतिमा अलवर (राजस्थान) में स्थित श्री

दिगम्बर जैन मंदिर में है। इनके अतिरिक्त नरवर से तोमर शासक वीरमदेव के राज्यकाल का एक अभिलेख युक्त ताम्रयंत्र विदित है। इनमें सोनागिरि के प्रतिमालेखों एवं नरवर के ताम्रयंत्रलेख का विवरण अधोलिखित है –

अ. चन्द्रप्रभ मूर्तिलेखः सं. १८५१ (चित्र ८२)

प्राप्ति स्थल : सोनागिरि पर्वत पर मंदिर क्र. ६८ में
भाषा : संस्कृत
लिपि : नागरी
तिथि : सं. १८५१ मार्ग वदि ७ = १७६४ ई.

इस लेख में मूल संघ बलात्कार गण के भट्टारक श्री महेन्द्रभूषण द्वारा नित्य प्रणाम निवेदन का उल्लेख है। लेख से विदित होता है कि इस मूर्ति की प्रतिष्ठा गोपाचल (ग्वालियर दुर्ग) पर हुई थी और तदुपरान्त इसे सोनागिरि में स्थापित किया गया था।

पाठ

१. श्री चंद्रांकजितो जयति।। संवत् १८५१ मिती मार्ग वदि ७ श्री मूल सघे वलात्कार गणे सरस्वती गछे कुंदकुंदा–।।
२. चार्य्यान्वये नंद्याम्नाये श्री भट्टारक जी जगद्भूषणजी देव तत्पट्टे श्री भ. विश्वभूषणजी तत्पट्टे भ. श्री।।
३. देवेंद्रभूषणजी तत्पट्टे भ. श्री सुरेंद्रभूषणजी एतेषां मध्ये श्री भट्टारकजी श्री 108 श्री जिनेंद्रभूषणजी देव।।
४. तत्पट्टे श्री भट्टारकजी श्री महेंद्रभूषणजी देव नित्यं प्रणमति गोपाचल मध्ये जिन प्रतिमा प्रतिष्टितं सहा श्री रम्कथमंभयाद

ब. आदिनाथ मूर्तिलेखः सं. १८७२

प्राप्ति स्थल : सोनागिर ग्राम में मंदिर क्र. १५ में
भाषा : संस्कृत
लिपि : नागरी
तिथि : सं. १८७२ = १८१५ ई.

महाराज दौलतराव सिंधिया के राज्यकाल में मण्डलाचार्य श्री सुरेन्द्रकीर्त्ति के उपदेश पर जयपुर के अग्रवाल वंश गोइल गोत्र के किसी श्रावक के दो पुत्रों श्री सेठ जोधराज और रतनचंद्र में से श्री जोधराज के पुत्र श्री रामनारायण के तीन पुत्रों वृद्धिचंद्र, माणिकचंद्र और श्री किसुनचंद द्वारा गोपाचल (ग्वालियर दुर्ग) में मूर्ति–स्थापना का उल्लेख। श्री सुरेन्द्रकीर्त्ति की गुरु–परम्परा एवं ब्रह्मचारीजनों का उल्लेख।

पाठ

१. श्री ऋषिभदेवजी
२. गढ गोपाचलस्य
३. सदारक्षां करोतु
४. सं. १८७२ श्री महाराज दोलतिराव सिंधिस्ते राज्य प्रवर्त्तमाने श्री भट्टारकजी श्री जगद्भूषणजी भ. विश्वभूषणजी भ. देवेंद्रभूषणजी भ. सुरेंद्रभू–
५. षणजी भ. लक्ष्मीभूषणजी व्रह्म विनयसागरजी व्रह्म हर्षसागरजी पंडित जीवनिरामजी एतेषां मध्ये श्री भट्टारकेंदु श्री भट्टारक श्री जिनेंद्रभूषणजी
६. भट्टारक महेंद्रभूषणजी श्री आचार्य देवेन्द्रकीर्तिजी श्री मंडलाचार्य सुरेंद्रकीर्तिजी एतेषां उपदेशात् जयपुर के वासी अग्रवाल गोइल गोत्रे.........................
७. ।। ....तस्य पुत्रौ दौ श्री सेठि जोधराजजी रतनचंदजी जेष्ट भातुः पुत्र श्री रामनारायणजी तस्य पुत्राः त्रयाः वृद्धिचंद माणिकचंद किसुनचंदेन नित्यं प्रणमति।

स. अजितनाथ मूर्तिलेखः सं. १८७२

प्राप्ति स्थल : सोनागिर ग्राम में मंदिर क्र. १५ में
भाषा : संस्कृत
लिपि : नागरी
तिथि : सं. १८७२ = १८१५ ई.

महाराज दौलतराव सिंधिया के राज्यकाल में मण्डलाचार्य श्री सुरेन्द्रकीर्त्ति के उपदेश पर जयपुर के अग्रवाल वंश गोइल गोत्र के गुमानीरामजी के दो पुत्रों श्री सेठ जोधराज और रतनचंद्र में से श्री जोधराज के पुत्र श्री रामनारायण के तीन पुत्रों वृद्धिचंद्र, माणिकचंद्र और श्री किसुनचंद द्वारा गोपाचल (ग्वालियर दुर्ग) में मूर्ति–स्थापना का उल्लेख।

पाठ

१. श्री अजितनाथ जी
२. गढ गोपाचलस्य स–
३. दा रक्षां करोतु
४. सं. १८७२ श्री महाराज दोलतिराव सिंधिये राज्य प्रवर्त्तमाने श्री मूल संघे वलात्कार गणे सरस्वती गछे कुंदकुंदाचार्य्यान्व–
५. ये श्री भट्टारकजी जगद्भूषणजी भ. विश्वभूषणजी भ. देवेंद्रभूषणजी भ. सुरेंद्रभूषणजी भ. लक्ष्मीभूषणजी व्रह्म विनयसागर जी व्रह्म हर्ष–
६. सागरजी पं जीवनिरामजी एतेषां मध्ये श्री भट्टारकेंदु श्री भट्टारकजी श्री जिनेंद्रभूषणजी देव तत्पट्टे श्री भट्टारक महेंद्रभूषणजी देव

७. श्री आचार्य देवेंद्रकीर्त्तिजी श्री मंडलाचार्य सुरेंद्रकीर्त्तिजी एतेषां उपदेशात् जयपुर के वासी अग्रवाल साहजी गुमानीरामजी तत्पुत्रौ द्वौ गोइल गोत्रे
८. श्री मजैतधर्मोयोतकारक श्री सेठि जोधराजजी रतनचंदजी जेष्ट भातुः पुत्र श्री रामनारायनजी तस्य पुत्राः त्रयाः वृद्धिचंद माणिकचंद
९. श्री किसुनचंद नित्यं प्रणमति गढ ग्वालीयर में श्री रस्तु।

द. ताम्रयंत्रलेखः सं. १४७५ (चित्र ८३)

प्राप्ति स्थल : नरवर
लिपि : नागरी
भाषा : संस्कृत
तिथि : सं. १४७५ आषाढ सुदि ५ = १४१८ ई.

गोपाचल दुर्ग के महाराजाधिराज श्री वीरमेंद्र के राज्यकाल में जैसवाल वंश के साधु कुशराज द्वारा परिवार सहित यंत्र प्रतिष्ठा का उल्लेख। यह यंत्रलेख नरवर कैसे पहुँच गया? यह अज्ञात है। संप्रति श्री पार्श्वनाथ दिगम्बर जैन बड़ा मंदिर, नरवर में सुरक्षित.

पाठ

१. निर्व्विकल्पः स्वसंवित्तिरनल्यितपरिग्रहा।............ज्ञानं निश्चयादु त..........
२. वहारन यात्परं।। २ संवतू १४७५ आ–
3. षाढ सुदि ५ गोपाचल
४. महाराजाधिराज श्री
५. वीरमेंद्र राज्ये श्री
६. कर्षतां श्री
७. जैसवाल
८. वंशे सा–
९. धु..........
१०. ....
११. लः ....
१२. पुत्र नर–
१३. म श्री क्कः
१४. साधु कुश–
१५. राजत्र भार्ये र–
१६. ल्हो लक्ष्मण श्रियौ
१७. सत्पुत्रः कल्याणमल
१८. स्त भार्ये धर्म्म श्री जयत श्रियौ

१६. इत्यादि परिवारेण समं सा कुश–
२०. राजो नित्यं यंत्रं प्रणमति।।

इस ताम्रयंत्र पर उपर्युक्त ऐतिहासिक लेख के अलावा विविध मंत्रों का भी उत्कीर्णन हुआ है, जो ताम्रपत्र के मध्य में गोलाकार तीन सोपानों में सन्निहित हैं। केन्द्रीय गोले में ''ऊँ ह्रीं अष्टविध सम्यग्ज्ञानाय नमः।'' उत्कीर्ण है। उसके बाद बाहर की ओर बीच के गोले में णमोकार मंत्र ''ऊँ ह्रॉं णमो अरहंताणं ऊँ ह्रीं णमो सिद्धाणं ऊँ ह्रूं णमो आइरियाणं ऊँ ह्रौं णमो उवझायाणं ऊँ ह्रँ णमो लोए सव्वसाह्वणं'' उत्कीर्ण है। सबसे बाहरी गोले में आठ खानों में आठ मंत्र अंकित हैं, जिनका पाठ निम्नानुसार है – ऊँ ह्रीं व्यंजेनव्यंजिताय नमः।। १, ऊँ ह्रीं अथ समग्राय नमः।। २, ऊँ ह्रीं तदुभ समग्राय नमः।। ३, ऊँ ह्रीं कालाध्यायनप्रवित्ताय नमः। ४, ऊँ ह्रीं उपधानोंपि हिताय नमः।। ५, ऊँ ह्रीं विनयलब्ध प्रभादत्यय नमः।। ६, ऊँ ह्रीं व्युद्याद्यपद्मवसमृद्राय नमः।। ७, ऊँ ह्रीं बहुमानल्मुडिताय नमः।। ८।

२६६.

गुजरी महल के पीछे के भाग में स्थित अंग्रेजों के कब्रिस्तान में अनेक पत्थरों पर अंग्रेजी भाषा एवं रोमन लिपि में लेख अंकित है (चित्र ८४)। इनमें से अनेक पत्थरों के खण्डित हो जाने, लेख के अस्पष्ट हो जाने तथा उनके आसपास पेड़ पौधों के उग जाने के कारण उनका पाठ कर पाना संभव नहीं हो सका है। शेष सभी लेखों का पाठ कैपिटल तथा स्माल अक्षरों के साथ यथावत रूप में रोमन स्क्रिप्ट में देने का प्रयास किया गया है। इनसे ग्वालियर दुर्ग पर अंग्रेजों के निवास के समय की कई महत्वपूर्ण घटनाओं की जानकारी उपलब्ध होती है।

लंबवत रूप में खड़े कुछ पत्थरों की बनावट कलात्मक है तथा कुछ पर लिखावट अत्यंत सुंदर एवं अलंकारिक रूप में की गयी है। इन लेखों से १८६५ से १८८४ ई. के मध्य मृत व्यक्ति, मुत्यु के कारण, मृत्यु स्थान, उनके परिवारजन, तिथि, पद, कम्पनी–रेजीमेंट–ब्रीगेड़, स्मारक बनवाने वाले तथा बनाने वाले आदि की जानकारी मिलती है। अधिकांश स्मारक एक व्यक्ति की मृत्यु से संबंधित हैं लेकिन कुछ में एक से अधिक व्यक्तियों के मृत्यु का भी उल्लेख हुआ है। एक लेख में तो १८८२ से १८८४ के बीच मृत्यु को प्राप्त २६ व्यक्तियों की जानकारी एक ही पत्थर पर लिखी हुई है, जिनमें दो औरतें तथा तीन लड़के भी सम्मिलित हैं। मरने वालों में अधिकांश की मृत्यु कालरा से हुई है। इसके अतिरिक्त टाइफाइड ज्वर, गर्मी, तालाब में डूबने, दुर्ग से गिरने जैसे कारणों से भी कुछ की मृत्यु हुई थी। जहाँ तक मरने वाले की उम्र का प्रश्न है बच्चों की संख्या अधिक है, जिनमें जेम्स हेनरी तथा फिलिप की मृत्यु तो आठ दिन की अवस्था में ही हो गई थी। सबसे अधिक उम्र पैट्रिक हाग की पत्नी कैथरिन हाग की है, जो ५१ वर्ष की अवस्था में मृत्यु को प्राप्त हुई थी। १८७६ ई. के एक लेख में उल्लेख है कि एक वर्ष के अन्दर जे. लाम्ब और मैरी ने अपने तीन बच्चों को यहाँ दफनाया था। चार्ल्स एच. स्टोडार्ट की २६ वर्षीय पत्नी सोफिया एलिजाबेथ की कालरा से मृत्यु होने के कुछ समय पूर्व ही उनकी एकमात्र संतान मीनी की मृत्यु हो गयी थी। यहाँ पर दफनाए गए लोगों की मृत्यु ग्वालियर

दुर्ग पर ही हुई थी। बाहर मरने वालों में केवल मोरार, कसौली एवं डूमरी में मृत एक–एक व्यक्ति की जानकारी है जिन्हें यहाँ दफनाया गया था।

पाठ

i. SACRED TO THE MEMORY OF SERG^{T} JOHN ANDERSON N° 3 BATTERY 22ND BRIGADE R.A. PARK SERGEANT FORTRESS GWALIOR WHO DIED OF CHOLERA AT THE FORTRESS AUGUST 22nd 1865 AGED 34 YEARS
Insure and certain hope of the resurrection to eternal life though our Lord Jesus Christ
This stone is erected by his sorrowing widow and ....

ii. Sacred TO THE MEMORY OF CHARLES ..... SMITHE 104TH FUSILIERS WHO DIED OF TYPHOID FEVER AT THE FORTRESS OF GWALIOR MAY 14TH 1866 AGED 21
THIS STONE IS PLACED OVER THE RESTING PLACE OF THE DEPARTED BY HIS FRIEND EMIL BECHER
AS A HUMBLE SIGN OF HIS GREAT REGARD OF HIS WARM AND SINCERE LOVE AND OF HIS DEEP SORROW AT THE UNEXPECTED LOSS OF HIS DEAREST FRIEND
HE DIED IN PEACE WITH THE WORLD IN THE LOVE OF GOD AND FAITHFUL TRUST IN HIS SAVIOUR
Requiescat in pace MARTIN SCULP. (चित्र ८५)

iii. [SACRED TO THE MEMORY] OF MARY THE BELOVED DAUGHTER OF JOHN FINNUCANE 103RD ROYAL FUSILIERS WHO DIED AT THE FORT OF GWALIOR ON THE 22ND AUGUST 1867 AGED 5 YEARS 7 MONTHS AND 27 DAYS
One fair flower has drooped & faded One dear Infants voice has fled One dear brow the grave has shaded One dear object now is Dead
THIS STONE WAS ERECTED AS A TOKEN OF SINCERE REGARD & AFFECTIONATE ESTEEM BY M^{RS} WHITE 103^{d} REGIMENT
B.F. HURLEY
103^{d} Reg^{t}

iv. SACRED TO THE MEMORY OF PRIVATE ALEXANDER RIDDEL 103 REG^{T} WHO DEPARTED THIS LIFE AUGUST THE 27TH 1867 AGED 39 YEARS
ERECTED BY P^{TE} R M GRECOR AS A TOKEN OF ESTEEM & REGARD

v. SACRED TO THE MEMORY OF COLOR SERG^{T} PHILIP JOHNSON A. COMPANY 103RD ROYAL BOMBAY FUSILIERS WHO DIED

AT THE FORTRESS GWALIOR 28TH AUGUST 1867 AGED 26 YEARS ALSO WINIFRED AGNES THE INFANT DAUGHTER OF THE ABOVE AT THE FORTRESS GWALIOR 12TH AUGUST 1867 AGED 6 MONTHS & 12 DAYS

This Stone was erected by his Sorrowing Widow as a mark of sincere Regard And Esteem

vi. IN MEMORY OF CHARLES BEVINGTON NEWMAN 1ST CORPORAL ROYAL ENGINEERS & OVERSEER P.W.D. WHO DIED OF CHOLERA IN THE FORTRESS OF GWALIOR 7TH SEPT^{R} 1867 AGED 23 YEARS THIS MONUMENT IS ERECTED OVER HIS REMAINS BY THE WHOLE OF THE P.W.D. ESTABLISHMENT THEN SERVING AT GWALIOR AS A MARK OF THEIR ESTEEM AND REGARD

QUO FA & ET CLORIA DUCUNT

vii. SACRED O THE MEMORY OF SE^{R}GEANT MAJOR HARRY MILLARD OF N° 2 BATTERY 24TH BRIGADE R.A. Who Departed this life on the 20th day of May 1869 IN THE 28 YEAR OF HIS AGE

Prepared in time Make no delay I in my prime Was called away

This Stone is erected by his affectionate Wife

viii. SACRED TO THE MEMORY OF GUNNER ROBERT POLNNEY N° 2 BATTERY 24th BRIGADE ROYAL ARTILLERY who departed this Life on the 30th day of May 1869 AGED 36 YEARS AND 6 MONTHS

The race appointed I have run The Combat's o'er the prize is won

And now my witness is on high And now my records in the sky

THIS STONE is erected by his affectionate Wife

ix. ALBERT EGERTON HALE ASS^{T} SURGEON 103RD FOOT ROYAL MOMBAY FUSILIERS WHO DIED OF CHOLERA AT THE FORTRESS GWALIOR ON THE 10TH AUGUST 1869 AGED 36 YEARS & 9 MONTHS

ERECTED BY .... OTHER OFFICERS .... OFFICERS AND MEN OF .... COMPANIES 103RD FOOT

x. SACRED TO THE MEMORY OF SOPHIA ELIZABETH THE DEARLY BELOVED AND LOVING WIFE OF LIEUT CHARLES H. STODDART 103RD FUSILIERS WHO DIED AT FORTRESS GWALIOR FROM CHOLERA 11TH AUG^{T} 1869 AGED 26 YEARS ALSO OF MINNIE GERTRUDE THEIR DARLING AND ONLY CHILD WHO DIED ON THE SAME DAY SHORTLY BEFORE THE ABOVE AGED 6 MO^{S} 24 DAYS

WHITHER I GO THOU CANST NOT FOLLOW ME NOW BUT THOU SHALT FOLLOW ME AFTERWARDS S^{T} JOHN C 13 V 36

xi. SACRED TO THE MEMORY OF SERG^{T} J. WALCH 103RD REG^{T} (RBF) WHO DIED AT FORTRESS GWALIOR ON TE 18TH AUGUST 1869 AGED 39 YEARS LEAVING A WIFE AND TWO CHILDREN TO LAMENT HIS LOSS
We brought nothing unto this world and It is certain we can carry nothing out The Lord gave and the Lord hath taken away blessed be the Name of the Lord
THIS STONE IS ERECTED BY HIS BELOVED WIFE IN TOKEN OF HER ..... AND ESTEEM

E. KELLY

xii. IHS SACRED TO MEMORY OF SERG^{T} MAJOR JOHN M^{C} CABE OF N° 2 BATT^{Y} 24TH BRIG^{DE} Royal Arly WHO DEPARTED THIS LIFE ON THE 9TH OF NOV^{r} 1869 AGED 41 YEARS
This Stone Was Errected By His Affectionate Friend C^{r} T. Carey 2/24 R.A.

M. Borer
PD

xiii. SACRED TO THE MEMORY OF ELLEN FRANCIS KELLY THE BELOVED WIFE OF MR W. H. KELLY MAHARAJAHS SERVICE WHO DEPARTED THIS LIFE ON THE 16TH NOV^{R} 1869 AGED 28 YEARS 11 MONTHS & 17 DAYS LEAVING BEHIND A DISCONSOLATE HUSBAND AND 7 CHILDREN TO BE MOARN THEIR LOSS
I HEARD A VOICE FROM HEAVEN SAYING UNTO ME WRITE BLESSED ARE THE DEAD WHO DIE IN THE LORD FROM HENCEFORTH

SUNTOKE & SONS AGRA (चित्र ८६)

xiv. IHS Sacred to Memory of MARY ANN THE BELOVED DAUGHTER OF HENRY & MARY ANN HARLON HMS XI REG^{T} WHO DEPARTED THIS LIFE ON THE 30TH OF NOV^{R} 1870 AGED 1 YEAR 11 MONTHS & 9 DAYS
MY FATHERS GRACIOUS HAND HAS BUILT THIS SWEET ABODE FROM EVERLASTING IT WAS PLANNED BY ....

xv. SACRED TO THE MEMORY OF P^{TE} C. SMITH H COMPANY HM^{SC} 106TH L^{T} INF^{RY} KILLED FROM A FALL OFF THE FORTRESS RAMPARTS ON THE 4TH MARCH 1871 AGED 30 YEARS
Erected By the men of the above Company as a mark of respect

xvi. THE MEMORY OF John William Andrews THE BELOVED SON OF ASSISTANT APOTHECARY ANDREWS MEDICAL DEPARTMENT WHO DIED AT FORTRESS GWALIOR ON THE 4TH MAY 1871 AGED 6 MONTHS & 5 DAYS

Suffer little Children to Come unto me and forbid Them not for of such is The kingdom of God

St Luke Verse 16 Chap 18

xvii. IN MEMORY OF MARY INFANT DAUGHTER OF John Edward and Mary Fannin WHO DIED ON JUNE 22ND 1871 AGED FOUR WEEKS

xviii. SACRED TO THE MEMORY of CILARLOTTE HATTON WHO DIED AT FORTRESS GWALIOR 26 AUGUST 1871 Aged 1 year & 12 days ALSO JAMES HENRY DIED AT CANAN N01ST E 21st April 1865 Aged 8 days AND ANN MATILDA DIED AT WYNAAL 18th Jan 1866 Aged 3 year & 28 days THE BELOVED CHILDREN OF ANNE of HENRY SMITH 103TH REG^{T} L.I

Suffer little Children .... and ....

xix. ....WHO DIED AT FORTRESS .... [J]ANUARY 1872 AGED 22 YEAR

REST IN PEACE

xx. SACRED TO THE MEMORY OF CATHERINE HOUGH WIFE OF PRIVATE PATRICK HOUGH 106 LI WHO DEPARTED THIS LIFE AT FORTRESS GWALIOR ON THE 5TH DAY OF MAY 1872 AGE 51 YEARS

A DIE U THE PARTNER OF MY LIFE THOUWERT A GOOD AND FAITHFULL WIFE THE LORD THY VIRTUES COULD NO LONGER SPARE BUT SENT THEE HEAVENLY JOYS TO SHARE THIS MEMORIAL IS ERECTED BY HER BEREAVED HUSBAND

xxi. SACRED TO THE MEMORY OF MARGARET THE BELOVED WIFE OF HENRY SAMUEL MILLER 106 LI WHO DIED AT FORTRESS GWALIOR 16TH JUNE 1872 AGED 27 YEARS

HERE CHILDREN ARISE UP AND CALL HER BLESSED HER HUSBAND ALSO AND HE PRAISE TO HER

THIS STONE IS ERECTED BY THE NON COMMISSION OFFICERS AND MEN OF THE COMPANY 106 LI AS A MARK OF THEIR RESPECT AND ESTEEM

xxii. SACRED TO THE MEMORY OF SERGEANT WILLIAM GLARE 4TH BATT^{IN} 11TH REG^{T} AGED 39 YEARS DIED AT GWALIOR FORTRESS 22ND JUNE 1872

MAY THE LORD HAVE MERCY ON HIS SOUL

JULIA BELOVED DAUGHTER WHO DIED 7TH AUGUST 1872 AGED 1 YEAR WEEP .... ME ..... AND ....THIS IS ERECTED .... PEACE

xxiii. SACRED TO THE MEMORY of William Booch P^{TE} 106 LI who died at Fortress Gwalior on the 4th of January 1873 Aged 36 years Also

Adward Stinson P^{TE} 106 LI who lost his life by falling from the Ramparts fortress Gwalior on the 12th of January 1873 Aged 30 years
This Stone is erected by the officers and men of A Com. 106 LI as a mark of their esteem

xxiv. In Memory of LANCE SERGT J. STONE 106TH L.I. DIED AT GWALIOR 4TH MARCH 1873 AGED 34 YEARS
ERECTED IN DEEP REGRET BY THE N.C. OFFICERS AND MEN OF LETTER H. COMPANY

xxv. In Memory of PHILIP INFANT SON OF M.D.O CONNEL DIED 6TH SEPTEMBER 1873 AGED 8 DAYS
SUFFER LITTLE CHILDREN TO COME UNTO ME FOR OF SUCH IS THE KINGDOM OF HEAVEN

xxvi. SACRED TO THE MEMORY OF ELLEN HORRICKS INFANT DAUGHTER OF JAMES AND EMMA INGLIS WHO DIED ON THE 18TH SEPTEMBER 1873 AGED 9 DAYS
SHE IS NOT DEAD THE CHILD OF OUR AFFECTION BUT CONL UNTO THAT SCHOOL WHERE SHE NO LONGER NEEDS OUR POOR PROTECTION AND CHRIST HIMSELF DOTH RULE

xxvii. SACRED TO THE MEMORY OF LETTER B COMPANY 63RD REGIMENT WHO DIED AT FORTRESS GWALIOR P^{TE} E. HEOY DIED 18TH MAY 1874 AGED 37 YEARS P^{TE} F. SHEPPARD DIED 11TH AUG^{T} 1874 AGED 38 YEARS P^{TE} P.M GOREY 19TH SEPT^{R} 1874 AGED 37 YEARS
ERECTED BY THE OFFICERS NON-COMM OFFICERS AND MEN OF THE ABOVE COMPANY AS A TOKEN OF THEIR RESPECT

xxviii. SACRED TO THE MEMORY OF THE UNDERNAMED MEN OF LETTER B COMPANY 63RD REGIMENT WHO DIED AT FORTRESS GWALIOR SERG^{T} F. STORER DIED 15TH JUNE 1874 AGED 35 YEARS P^{TE} T. LANGRIDGE DIED 8TH MAY 1874 AGED 22 YEARS ALSO IN MEMORY OF P^{TE} J. ANDERSON WHO DIED AT DOOMREE ON THE 9TH FEB^{Y} 1874 AGED 35 YEARS
ERECTED BY THE OFFICERS NON-COMM^{D} OFFICERS AND MEN OF THE ABOVE COMPANY AS A TOKEN OF THEIR RESPECT

xxix. In Memory of PHILIP INFANT SON OF M.D.O CONNEL DIED 6TH SEPTEMBER 1873 AGED 8 DAYS
SUFFER LITTLE CHILDREN TO COME UNTO ME FOR OF SUCH IS THE KINGDOM OF HEAVEN

xxx. SACRED TO THE MEMORY OF ANNE THE BELOVED WIFE OF P^{TE} JOSEPH HOGG 63RD REGIMENT WHO DIED AT FORTRESS GWALIOR ON THE 17TH SEPT^{R} 1874 AGED 28 YEARS
..............................which die in the Lord

xxxi. …… INFANT SON OF Serg^{t} P.M^{C} Brun ACD DIED 23RD DEC^{R} 1874 AGED 3 MONTHS & 17 DAYS
The Holy will of God be

xxxii. SACRED TO THE MEMORY OF LANCE SERG^{T} J. JONES C. COMP^{Y} 63RD REGIMENT WHO DIED AT MORAR ON THE 4TH NOV^{R} 1874 AGED 38 YEARS ALSO IN MEMORY OF CORP^{L} J. KEATING WHO DIED AT KASAULI ON THE 22ND JULY 1875 AGED 29 YEARS ALSO P^{TE} M. TOBIN WHO DIED AT FORTRESS GWALIOR ON THE 6TH AUG^{T} 1875 AGED 24 YEARS

xxxiii. SACRED TO THE MEMORY OF THE UNDERNAMED MEN OF LETTER B COMPANY 63RD REGIMENT WHO DIED AT FORTRESS GWALIOR P^{TE} J. WRIGHT DIED 17TH FEB^{Y} 1875 AGED 26 YEARS W. NEWLOVE DIED 2ND SEP^{TR} 1875 AGED 25 YEARS
ERECTED BY THE NON COMM OFFICERS AND MEN OF THE ABOVE COMPANY AS A TOKEN OF THEIR RESPECT

xxxiv. SACRED TO THE MEMORY OF THE UNDERNAMED MEN OF LETTER C COMP^{Y} 63RD REG^{T} WHO DIED AT FORTRESS GWALIOR P^{TE} J. WHEATLEY DIED 2ND JUNE 1875 AGED 22 YEARS P^{TE} E. GOODCHILD DIED 28TH JULY 1875 AGED 25 YEARS P^{TE} J. WILLIAMS DIED 11TH AUG^{T} 1875 AGED 41 YEARS P^{TE} T. BYE DIED 25TH AUG^{T} 1875 AGED 27 YEARS P^{TE} R. BATTY DIED 25TH AUG^{T} 1875 AGED 23 YEARS ALSO IN MEMORY OF P^{TE} J. MATHEWS WHO DIED AT CAMP GIR GANW ON THE 7TH SEPT^{R} 1875 AGED 25 YEARS
ERECTED BY THE OFFICERS N.C. OFFICERS

xxxv. SACRED TO THE MEMORY OF SERG^{T} C. PASS N° 4 BATT^{Y} 23RD BRIGADE ROYAL ARTILLERY LATE OF THE 1ST BRIGADE R.A. WHO DIED SUDDENLY OF HEAT APOPLEXY ON THE 11TH JUNE 1875 AGED 35 YEARS
In the midst of life we are in death
ERECTED BY HIS BELOVED WIFE ELLEN

G. Ioneel
65th R

xxxvi. IN THE MEMORY OF Flo……. C .. dner WHO DIED AUGUST 1ST 1875 AGED 7 WEEKS

xxxvii. IHS SACRED TO THE MEMORY OF SUSAN ELLEN AKEHURST THE BELOVED WIFE OF P^{TE} T. C. AKEHURST 63RD REGIMENT WHO DEPARTED THIS LIFE AT FORTRESS GWALIOR ON THE 5TH SEPT^{R} 1875 AGED 24 YEARS AND 10 MONTHS

xxxviii. SACRED TO THE MEMORY OF P^{TE} W. BLOOMFIELD A COMP^{Y} 63RD REG^{T} WHO DIED AT FORTRESS GWALIOR ON THE 4TH OCT^{R} 1875 AGED 30 YEARS
ERECTED BY THE OFFICERS N. C. OFFICERS AND MEN OF THE ABOVE COMPANY AS A TOKEN OF THEIR RESPECT

xxxix. SACRED THE MEMORY OF MARTHA ANN THE BELOVED WIFE OF COLOR SERJEANT JOSEPH MOONEY H.M^{S} 63RD REG^{T} WHO DIED AT FORTRESS GWALIOR ON THE 13TH JUNE 1876
THIS STONE IS ERECTED AS A LAST TRIBUTE OF AFFECTION TO HER MEMORY BY HER SORROWING HUSBAND

xl. SACRED to the MEMORY of JAMES WILLIAM WASTON INFANT SON OF PARK SERGEANT JAMES M^{c} AVOY AND HIS WIFE CATHEINE WHO DIED AT FORTRESS GWALIOR ON THE 7TH OF SEPTEMBER 1876 AGED 1 YEAR 4 MONTHOS AND 7 DAYS
WEEP NOT FOR ME MY PARENTS DEAR I AM NOT DEAD BUT SLEEPING HERE I WAS NOT YOURS BUT CHRISTS ALONE HE LOVED ME BEST AND TOOK ME HOME

PERSADHI

xli. In Memory of PETER HEALEY 39TH REG^{T} WHO DEPARTED THIS LIFE 1ST FEB^{Y} 1877 AGED 36 YEARS 8 MONTHS
Come unto me all eth... labour and are heavy laden and will give you rest

Matt. ... 28

xlii. SACRED TO THE MEMORY OF JAMES MYERS LATE P^{TE} F C^{O} 39TH REG^{T} WHO DIED AT FORTRESS GWALIOR 1ST FEB. 1877 AGED 41 YEARS

xliii. Luke is 16 In Sacred Remembrance of ELLA BERTHA CONSTANCE THE Beloved Child of CAPT. I. W. CLARKSON 39 Regt. Who died at FORTRESS Gwalior APRIL 7TH 1877 Aged 1 Year and 3 Months

xliv. SACRED TO THE MEMORY OF ANNHEANT DAUGHTER OF EUGENE AND MARY SULLIVAN 39TH REG^{T} WHO DIED AT FORTRESS GWALIOR 12TH APRIL 1877 AGED 3 MONTHS AND 4 DAYS

xlv. SACRED TO THE MEMORY OF P^{TE} FREDERICK HALL C. C^{O} H.M. 39TH REG^{T} WHO DEPARTED THIS LIFE AT FORTRESS GWALIOR 15TH JULY 1877 AGED 22 YEARS
Erected by the N.C. Officers, and Men of the above Co. as a mark of their respect

xlvi. THE DEARLY BELOVED DAUGHTER OF SERG^{T} JOHN GILLON & ALICE HIS WIFE WHO DEPARTED THIS LIFE ON THE 14TH SEP^{T} 1877 AGED 8 MONTHS & 1 DAY

DEEPLY REGRETTED BY HER SORROWING PARENTS
This .... and fair children ....

xlvii. SACRED TO THE MEMORY OF TIMOTHY TURNER WHO MET HIS DEATH BY FALLING INTO A TANK IN THIS FORTRESS 6th OCTOBER 1877 AGED 28 YEARS IN THE MIDST OF LIFE WE ARE IN DEATH
ERECTED BY HIS AFFECTIONATE COUSIN H R HICKEY
PERSADHI

xlviii. IN MEMORY OF ANNIE Daughter of G^{R} J. SMITH 6-II R.A. Died 20th Decr 1877 Aged 2 Y^{rs} & 4 Days

xlix. SACRED TO THE MEMORY OF P^{TE} WILLIAM FENNEALY C. C^{o} 39TH FOOT WHO DIED AT FORTRESS GWALIOR ON THE 29TH APRIL1878 AGED 28 YEARS
Erected by the N. C. Officers and Men of his Co. as a mark of respect

l. [SACRED] TO THE MEMORY OF PETER TIERNEY 39TH REG^{T} WHO DIED AT FORTRESS GWALIOR 29TH JULY 1878 AGED 42 YEARS ALSO BRIDGET HIS WIFE WHO DIED 25TH SEPT^{R} 1878 AGED 40 YEARS
May they rest in peace
Amen

li. SACRED TO THE MEMORY OF JOHN KENNEDY THE BELOVED HUSBAND OF MARY ANN KENNEDY WHO DIED OF CHOLERA AT FORTRESS GWALIOR 30TH JULY 1878 AGED 36 YEARS
The stone is erected as a last tribute of affection to his memory by his sorrowing widow
RDP T.D.

lii. THE BELOVED WIFE OF MOMB^{R} W BOSTON 6-II B^{DE} R.A. WHO DEPARTED THIS LIFE ON THE 26TH AUGUST 1878 AGED 24 YEARS 6 MONTHS AND 24 DAYS
The stone is erected to her

liii. THE DEARLY BELOVED INFANT SON OF ASSISTANT APOTHECARY JAMES LAMB AND MARY ANN HIS WIFE WHO DIED AT FORTRESS GWALIOR ON THE 27TH AUGUST 1878 AGED 1 YEAR 4 MONTHS AND 20 DAYS
Suffer little children to come unto Me for of such is the kingdom of heaven

liv. SACRED TO THE MEMORY OF THOMAS HENRY SON OF SERG^{T} HENRY & ELLEN KEELEY H.M. 39TH REG^{T} WHO DIED OF CHOLERA AT FORTRESS GWALIOR 2ND SEPT^{R} 1878 AGED 10 YEARS & 10 MONTHS
Requiescat in Pace

T.D. 39

lv. [SACRED] TO THE MEMORY OF AGNES P THE BELOVED DAUGHTER OF SERG^{T} P AND ANNA MARIA CO 7 NE 7 RA WHO DIED AT FORTRESS GWALIOR ON THE 8TH SEPT^{R} 1878 AGED 1 YEAR AND 1 MONTH
SUFFER …….. COME…………………………KINGDOM

lvi. SACRED TO THE MEMORY OF CHERESA EMILY THE BELOVED DAUGHTER OF C^{R} SERG^{T} S. PARTRIDGE AND THERESA HIS WIFE WHO DIED 22ND SEPT^{R} 1878 AGED 1 YEAR & 7 MONTHS
Here an infant lies asleep Shall we o'er its slumbers weep Now from sin forever free Now forever Lord with thee

lvii. SACRED TO THE MEMORY OF THE UNDERNAMED MEN OF F. C^{o}. H.M. 39TH REG^{T} WHO DIED AT FORTRESS GWALIOR DURING THE YEAR 1878 GEORGE COWDRY OF CHOLERA 29TH JULY AGED 29 YEARS HENRY EVANS OF CHOLERA 30TH JULY AGED 29 YEARS JOHN HARNEY OF CHOLERA 30TH AUGUST AGED 39 YEARS CHARLES STANBRIDGE 9TH SEPT^{R} AGED 22 YEARS AND WILLIAM ASPELL 17TH NOV^{R} AGED 31 YEARS

lviii. ………………………….. WHO DEPARTED ON THE ………… 1878 AGED 3 MONTHS & 4 DAYS

lix. THE BELOVED SON OF WILLIAM AND ELIZABETH BOSTON WHO DIED AT FORTRESS GWALIOR ON THE 1ST APRIL 1879 AGED 1 YEAR 11 MONTHS AND 22 DAYS
SUFFER LITTLE CHILDREN TO GO ME UNTO ME AND FORBID THE MIIOT FOR SUCH IS THE KINGDOM OF HEAVEN

K.F.G.

lx. SACRED TO THE MEMORY OF MARIA GARROL WIFE OF CORPORAL GARROL 40 REGIMENT AND GARRISON SCHOOL MISTRESS FORTRESS GWALIOR DEPARTED THIS LIFE ON THE 28TH OF APRIL 1879 AGED 32 YEARS
THIS STONE IS ERRECTED BY HER SORROWING HUSBAND AS A MARK OF LOVE AND RESPECT TO TAPULCHRAES MARIA

lxi. ANDREW GREGORY WHO DIED AT FORTRESS GWALIOR ON THE 19TH JUNE 1879 AGED 21 YEARS PATRICK …. RRAY WHO DIED OF CHOLERA FORTRESS GWALIOR ON THE 13TH JULY 1879 AGED 23 YEARS

lxii. AUGUSTA HONORA THE EARLY BELOVED DAUGHTER OF ASST. APOTHECARY J. LAMB AND MARY ANN HIS WIFE WHO DIED ON THE 6TH SEP^{R} 1879 AGED 1 YEAR 1 MONTH AND 6 DAYS

DEEPLY LAMENTED BY HER BEREAVED PARENTS SHE BEING THE THIRD CHILD BURIED HERE WITHIN 12 MONTHS
THIS WILL BE DONE

lxiii. IN MEMORY OF P^{TE} JOHN GRAY B COMPANY HM 39 REG^{T} WHO DIED AT FORTRESS GWALIOR ON THE 10TH SEPT. 1879 AGED 30 YEARS
ERECTED BY ....

lxiv. SACRED TO THE MEMORY OF CATHRINE THE BELOVED DAUGHTER OF COLOR SERG^{T} JOHN HUGHES 39TH REG^{T} AND MARY HIS WIFE WHO DIED AT FORTRESS GWALIOR ON THE 15TH SEPT^{R} 1879 AGED 10 MONTHS & 15 DAYS
Oh Parents Dear Daughter .... For Me ... And Not Dead But Sleeping Here I Was Not Yours But Christ ....

lxv. CHARLES GEORGE THE BELOVED SON OF SERG^{T} MAJOR R. BOY CE 7-II R.A. AND ANNIE HIS WIFE WHO DEPARTED THIS LIFE ON THE 11TH DAY OF DECEMBER 1879 AGED 2 MONTHS SUFFER LITTLE CHILDREN TO COME UNTO ME AND FORBID THEM NOT FOR OF SUCH IS THE KINGDOM OF HEAVEN

lxvi. [SACRED TO] THE MEMORY OF AGNES THE DARLING CHILD OF JOHN & ELLEN M^{C} DONNEL 39TH REG^{T} WHO DIED AT FORTRESS GWALIOR 9TH APRIL 1880 MAY SHE REST IN PEACE AMEN
THIS LOVELY BUD SO YOUNG AND FAIR CAST HENCE BY EARLY DOOM JUST COME TO SHOW HOW SWEET A FLOW^{ER} IN PARADISE WOULD BLOOM

lxvii. [SACRED TO] THE MEMORY OF MARY ELLEN THE BELOVED CHILD OF B^{K} S^{GT} E.G. AND A. CRUNDEN WHO DIED AT FORTRESS GWALIOR 22ND AUGUST 1880 AGED 4 M^{TS} 24 DAYS
Suffer little Children To Come unto me And forbid them now
ERECTED BY HER PARENTS AS A TOKEN OF LOVE

lxviii. SACRED TO THE MEMORY OF JOHN H. COOPER THE INFANT SON OF JOHN & ELIZABETH COOPER 39TH REG^{T} WHO DIED AT FORTRESS GWALIOR ON THE 25TH AUGUST /80 AGED 11 MONTHS AND 14 DAYS
CLOTHED IN ROBES OF SPOTLESS WHITE NOW IT DWELLS WITH THE IN LIGHT AND NO SIGH OF ANGUISH SORE HEAVES ITS LITTLE BOSOM MORE (चित्र ८७)

lxix. IHS SACRED TO THE MEMORY OF P^{TE} PATRICK FAHEY HM 39TH REG^{T} WHO DIED OF CHOLERA AT FORTRESS GWALIOR SEP 7TH 1880 AGED 23 YEARS 4 MONTHS
ERECTED BY HIS SON & BROTHER AND ....

lxx. SACRED TO THE MEMORY OF P^{TE} J B RAY ACOYI^{OT} B 17TH REGT WHO DIED AT FORTRESS GWALIOR 1ST DEC^{R} 1880 AGED 32 YEARS
ERECTED BY HIS COMRADES AS A MARK OF ESTEEM

lxxi. To Lobing MEMORY OF LESLIE ANPHUR ALLAN SON OF LESLIE AND MABEL BROCK WHO FELL ASLEEP AUG. 1, 1881, BORN JAN. 4, 1881

lxxii. SACRED TO THE MEMORY OF P^{TE} EDWARD HART B COMPANY 4TH B^{N}R. BRIGADE WHO DIED AT FORT^{SS} GWALIOR 25TH OF JA^{NY} 1882 AGED 23 YEARS
ERECTED BY THE MEN OF HIS DRAFT AS A MARK OF ESTEEM
REQUIESCANT IN PACE

lxxiii. SACRED TO THE MEMORY OF P^{TE} JOHN GOLDSMITH 4TH B.R.B WHO DEPARTED THIS LIFE JULY 15TH 1882 AGE 31 YEARS
REST IN PIECE

lxxiv. IHS SACRED TO THE MEMORY OF FREDRICK GEORGE THE BELOVD SON OF JOHN AND EMMA CLARK 4TH BATTALION RIFLE BRIGADE WHO DIED AT FORTRESS GWALIOR ON THE 20TH AUG^{T} 1882 AGED 2 MONTHS AND 4 DAYS
WEEP NOT .... I AM ....

lxxv. SACRED TO THE MEMORY OF N^{O} 1642 P^{TE} THOMAS JONES H COY 4TH BATT^{N} RIFLE BRIGADE WHO DIED AT FORTRESS GWALIOR ON THE 23RD OF AUGUST 1882 IN THE 25TH YEAR OF THE AGE
THIS STONE WAS ERECTED BY THE NCO^{S} AND MEN OF HIS COY AS A MARK OF ESTEEM
MAY HE REST IN PEACE

lxxvi. ....WHO DIED [FORTRE]SS GWALIOR ON 31ST OF AUGUST 1882
Erected by the N.C. Officers and men of his Company as a mark of esteem

lxxvii. ...... MEMORY OF W. COLE A.C^{O} 4TH BATT RIFLE B[RIGADE] WHO DIED AT FORTRESS GWALIOR ON THE 25TH OCTOBER 1882
Erected by the N.C. Officers and men of above Company as a mark of respect

lxxviii. SACRED TO THE MEMORY OF HENRIETTA ARNOTT WIFE OF SERG^{T} PEMBERTON B RIFLE B^{GD} WHO DIED 30TH DECEMBER 1882 AGED 39 YEARS

lxxix. IN MEMORY OF OBEGLAR BURNETT ... of ISAAC AND MARY BURNETT WHO DIED AT FORTRESS GWALIOR 2ND JANUARY 1884 E. E. HAILO AT HER THE EATT .... HIS ..... AND CARRY THEM IN HIS BOSOM

lxxx. RIFLE BRIGADE SACRED To the Memory of men A/C W. WYATT A/C H. THOMPSON A/C T. FIELDING PTE E. HART PTE W. GOLDSMITH PTE T. JONES PTE W. COLE PTE T. RUSSELL PTE J. BROWN PTE W. WEBBER PTE T. ABELL H. WILKINS PTE G. BURTON PTE T. WATKINS PTE T. TOE PTE J. WILLIAMS PTE J. MORTIMER PTE G. MORGAN PTE C. BEAGEANT PTE W. BEAR PTE A. W. CHITTENDEN PTE B. KILLINGBACK PTE D. CARPENTER PTE C. FRANCIS PTE G. BROWN women H. A. PEMBERTON A. E. GRAY children BOY F. CLARK BOY H. PEMBERTON BOY F. R. LEE 4th Battn the Rifle Brigade Who died at Fortress Gwalior 1882-83-84

ERECTED BY THEIR COMRADES (चित्र ८८)

lxxxi. ALICE CATHERINE THE BELOVED DAUGHTER OF CP SERGNT C COMPANY ..... ICE HIS WIFE WHO DEPARTED THIS LIFE ON THE 9TH MARCH 18... AGED 1 YEAR 6 MONTHS & ... DAYS Thou .... Sweet .... And .... T .... For the ....

lxxxii. SACRED TO THE MEMORY OF COLOR SERGEANT JOHN GILLON H M 39TH REGT WHO DEPARTED THIS LIFE AT FORTRESS GWALIOR ON 2ND JUNE 188.. [AGED] 30 YEARS .... THIS STONE IS ERECTED BY SORROWING [WIFE]

lxxxiii. IHS SACRED TO THE MEMORY OF SERGEANT ROBERT LIPSETTLE HM 39TH REGT WHO DEPARTED THIS LIFE AT FORTRESS GWALIOR ON THE ...

lxxxiv. EDWARD WALTER INFANT SON OF SURGEON MAJOR EUSTACE WHO DIED AT FORTRESS GWALIOR AGED 8 WEEKS SUCH .... KINGDOM OF HEAVEN

lxxxv. SACRED TO THE MEMORY OF HENRIETTA MATILDA DAUGHTER OF CF SERGT AND ANNIE SPENGER 106TH LI WHO DIED AT F

lxxxvi. IN THE MEMORY OF Thenteen ... Thhay loving Child of Alice & John Asaryanree A.D.M.[2] INTYRE S.M.D. AGED 10 MONTHS & 16 DAYS

lxxxvii. LITTLE MILLY'S REST SACRED TO THE MEMORY OF MILLICENT THE BELOVED DAUG[HTER] ...... OF WILLIAM AND MARGARET HAWKSW ....

lxxxviii. SACRED TO MEMORY OF EMILY ANNIC …… THE ……. SERG[T] A………..
AND HIS W[IFE] …….. DEPARTED …. THE 9TH OF …… AGED 1 YEAR …… & 12 [DAYS]
Relived in life in ………….. We leave our dar…………
DORMER 39

lxxxix. Thou turnest Man O Lord to d..asl Or which he first as made And when thou speaks the word Return This instantly obeyed
Erected by the officers C. officers and men of their Co. as a mark of respect
WATCH

xc. IHS SACRED TO THE MEMORY OF JAMES ALFRED ………………….

xci. SACRED TO THE MEMORY OF ELIZABETH

xcii. SACRED TO THE MEMORY OF P[TE] JOHN BORNE ……………… THE FORTRESS GWALIOR ……………DIED ………………..

xciii. THE BELOVED SON OF …………… AND ……………..OSTON……………. FOR………… AND ……………………………… FOR SUCH IS THE KINGDOM OF HEAVEN

xciv. THE BELOVED DAUGHTER OF ELLAN BELL DIED AT …………… ON THE …….. AGE OF 4 MONTHOS AND 2 DAYS CHILDREN ………………………… ME AND …………………………….. THE KINGDOM OF HEAVEN

xcv. ……………………………………THEIR SHE SLEEP IN JESUS WILL GOD BRING WITH HIM
HAMILTON & CO
ALLAHABAD & CHUNAR

संदर्भ

१. ए. कनिंघम, *आ. स. इ. रि.*, भाग २, पृ. ३६२–६३।

२. ए. *रि.* इ. ए. में *ग्वा. पु. रि.* तथा *ग्वा. रा. अ.* का क्रमांक त्रुटिपूर्ण रूप में अंकित है। सभी संदर्भों में अभिलेख को अस्पष्ट बताकर पढ़ने का प्रयास नहीं किया गया है।

३. ए. *रि.* इ. ए. में *ग्वा. पु. रि.* तथा *ग्वा. रा. अ.* का क्रमांक त्रुटिपूर्ण अंकित है। सभी संदर्भों में अभिलेख को अस्पष्ट बताया गया है।

४. ए. *रि.* इ. ए. में *ग्वा. पु. रि.* तथा *ग्वा. रा. अ.* का क्रमांक त्रुटिपूर्ण रूप में अंकित है। सभी संदर्भों में अभिलेख को अस्पष्ट बताया किया गया है।

५. *ए. रि. इ. ए.* में *ग्वा. पु. रि.* का क्रमांक त्रुटिपूर्ण रूप में अंकित है। सभी संदर्भों में अभिलेख को अस्पष्ट बताया गया है।

६. *ए. रि. इ. ए.* में *ग्वा. पु. रि.* का क्रमांक त्रुटिपूर्ण रूप में अंकित है।

७. *ए. रि. इ. ए.* में *ग्वा. पु. रि.* का क्रमांक त्रुटिपूर्ण रूप में अंकित है।

८. *ए. रि. इ. ए.* में *ग्वा. पु. रि.* का क्रमांक त्रुटिपूर्ण अंकित है, साथ ही तिथि १५०५ (शराभ्रविशिखक्ष्मा सोमवार) उल्लिखित है।

९. *ए. रि. इ. ए.* में *ग्वा. रा. अ.* का क्रमांक त्रुटिपूर्ण अंकित है। इसके अतिरिक्त इसमें तथा *इं. गो.* में इस लेख के साथ लेखक चिद्रूप का उल्लेख है।

१०. *ए. रि. इ. ए.* में *ग्वा. पु. रि.* का क्रमांक त्रुटिपूर्ण अंकित है। तिथि के साथ गुरुवार का उल्लेख है तथा पन्द्रह पंक्तियाँ बतायी गयी हैं।

११. सभी संदर्भों में केवल ६ पंक्तियों का उल्लेख है।

१२. विलिस ने दूसरे लेख से इसे समीकृत किया है तथा पिता का नाम चाटम लिखा है। *ए. रि. इ. ए.* में *ग्वा. रा. अ.* तथा *ग्वा. पु. रि.* का क्रमांक त्रुटिपूर्ण अंकित है।

१३. *ए. रि. इ. ए.* तथा *इ. गो.* के विवरणानुसार अभिलेख मे साधु कंसवल द्वारा प्रतिमा स्थापित करवाने तथा सूत्रधार ढलधारी का उल्लेख है।

१४. हरिहर निवास द्विवेदी (*ग्वा. तो.*, १९७६, पृ. ३७८–८०) ने इस लेख को त्रुटिपूर्ण रूप से "षेडू सूत्रधारि।। ग्वालियरी झिलमिली" पढ़ा है और इसकी एक लम्बी व्याख्या दी है।

6

साहित्य

ग्वालियर अपनी साहित्यिक गतिविधियों, कला एवं संगीत–साधना के लिए प्रसिद्ध रहा है। राजनैतिक तथा आर्थिक दृष्टि से शांत एवं सुसम्पन्न होने के साथ तत्कालीन राजाओं की साहित्य में रुचि, धार्मिक सहिष्णुता एवं उदारता आदि साहित्य एवं कला के विकास में सहायक थीं। यहाँ के सौम्य वातावरण को देखकर एक फारसी कवि ने तो ग्वालियर को "भारत का शीराज" तक कह दिया है। रैधू ने "कुबेर नगरी", "इन्द्रपुरी" आदि उपाधियों से ग्वालियर को अलंकृत किया है। यहाँ पर साहित्य का सृजन अनेक भाषाओं, जैसे– संस्कृत, हिन्दी, अपभ्रंश एवं फारसी में हुआ है। इनमें कुछ तो आज ज्ञात हैं, लेकिन यह भी संभव है कि कुछ अन्य साहित्यिक कृतियों की भी रचना हुई हो, जिनके उदाहरण कालकवलित हो गए हों। मौलिक एवं टीका साहित्य के सृजन के साथ प्राचीन ग्रन्थों के पुनरुद्धार, उनका प्रतिलिपि का कार्य भी ग्वालियर में किया गया। कवियों एवं लेखकों को राजाओं के साथ नगरसेठों का भी संरक्षण प्राप्त था। इनकी कृतियाँ ग्वालियर के इतिहास के लिए एक महत्त्वपूर्ण स्रोत हैं। यहाँ के स्थानीय इतिहास एवं जनजीवन पर इनसे महत्त्वपूर्ण प्रकाश पड़ता है। भाषा के अध्ययन में भी इनका विशेष योगदान है।

संस्कृत साहित्य

ग्वालियर क्षेत्र के संस्कृत कवियों में अग्रगणीय हैं, महाकवि भवभूति, जिनका समय ७००–७६० ई. स्वीकार किया जाता है। पद्मावती (वर्तमान पवाया) में निवास करते हुए इन्होंने अपने नाटकों की रचना की थी। वह वेद, उपनिषद, न्याय, मीमांसा, सांख्य, योग, वेदान्त, व्याकरण, कामशास्त्र एवं अर्थशास्त्र के प्रकाण्ड पंडित तथा अनेक शास्त्रों एवं विद्याओं के ज्ञाता थे।

संस्कृत भाषा पर उनका प्रभुत्व था तथा करुण, श्रृंगार एवं वीररस के वर्णन में वे सिद्धहस्त थे। वर्तमान में उनके तीन नाटक– *महावीरचरितम्, उत्तररामचरितम्* एवं *मालतीमाधवम्* ज्ञात हैं।[१] इनमें *महावीरचरितम्* में सात अंक हैं, जिनमें पाँच अंकों को ही विद्वानों ने भवभूति कृत माना है। इस नाटक में वर्णित रामकथा में भवभूति ने कुछ परिवर्तन किया है। इसी प्रकार *उत्तररामचरितम्* में भी रामायण के उत्तरकाण्ड की मूलकथा में कुछ परिवर्तन कर भवभूति ने कथानक को सात अंकों में प्रस्तुत किया है। *मालतीमाधवम्* के दस अंकों में मालती एवं माधव के प्रेम तथा विवाह का कथानक है। इनके अतिरिक्त कुछ मुक्तकों की रचना का श्रेय भी भवभूति को दिया जाता है।

वीरसिंहदेव के शासनकाल में स्वयं उनके द्वारा या उनके आश्रित किसी कवि द्वारा *वीरसिंहावलोक* नामक ग्रन्थ की रचना १३८२ ई. में की गयी थी। इस ग्रन्थ में आयुर्वेद, ज्योतिष आदि विषयों का एक साथ विवरण है। इस पुस्तक की प्रतिलिपि वीरसिंह की आज्ञा से शार्ङ्गधर ने की थी। *दुर्गाभक्ततरंगिनी* की रचना का श्रेय भी वीरसिंह को दिया जाता है, लेकिन इस ग्रन्थ की प्रति अब उपलब्ध नहीं है। शार्ङ्गधर ने *शार्ङ्गधर पद्धति* की रचना की थी। शार्ङ्गधर का एक लघु भ्राता लक्ष्मीधर था, जिसकी समानता गंगोलाताल के एक शिलालेख के रचयिता लक्ष्मीधर से की जाती है।

श्रीकृष्ण गच्छ के जयसिंह सूरि एक मुनि होने के साथ–साथ कवि एवं न्याय–व्याकरण के प्रकाण्ड विद्वान थे। उन्होंने *न्यायसारटीका, नव्यव्याकरण* तथा *कुमारपालचरितम्* नामक ग्रन्थों की रचना की थी।[२]

श्रीकृष्ण गच्छ में ही नयचन्द्र सूरि हुए, जो तोमर शासक वीरमदेव की सभा में थे। उन्हें छह भाषाओं की काव्य रचना में कुशल बताया गया है। इनके दो ग्रन्थ–*हम्मीरमहाकाव्य* एवं *रम्भामंजरी* ज्ञात हैं। इनमें प्रथम में शासक हम्मीरदेव की वीरगाथा का वर्णन है तथा उनके काल की कुछ राजनीतिक घटनाओं का विवरण है। इस वीरोचित महाकाव्य ने गोपाचल तथा समीपवर्ती राजाओं को अपनी स्वाधीनता तथा सम्मान के लिए निरन्तर संघर्ष करने के लिए प्रेरित किया। राष्ट्रवादी भावना तथा देश की स्वाधीनता की रक्षा के लिए प्रोत्साहित करने के साथ इस ग्रन्थ के माध्यम से कवि ने विभिन्न संप्रदायों में सामंजस्य स्थापित करने का संदेश दिया। *रम्भामंजरी* एक सट्टक काव्य है। इसमें जयचन्द्र के अंतःपुर की श्रृंगारपूर्ण कथा संस्कृत, प्राकृत, अपभ्रंश व मराठी भाषा में लिखी गयी है। कवि ने मंगलश्लोक में वाराह (विष्णु) की स्तुति की है, जो कीचड़ में फँसी पृथ्वी को अपने दंताग्र पर धारण किए है।

इनके अतिरिक्त वीरमदेव के मंत्री कुशराज के आश्रय में पद्मनाथ कायस्थ ने संस्कृत भाषा में *यशोधरचरितम्* नामक महाकाव्य की रचना १४२० ई. में की। इस ग्रन्थ को दयासुन्दर नाम से भी जाना जाता है। इस ग्रन्थ में कुशराज की धर्मपरायणता तथा राजनीतिक ज्ञान का विवरण है। *लभ्यांकशास्त्र* की रचना का श्रेय भी पद्मनाथ को दिया जाता है।

तोमर शासक कल्याणमल्ल ने संस्कृत भाषा में दो ग्रन्थों *अनंगरंग* एवं *सुलैमच्चरित* की रचना की। इनमें प्रथम कामशास्त्र का ग्रन्थ है, जिसे कवि ने लोदी वंश के लाडखान के

मनोविनोद के लिए लिखा था। दूसरे ग्रन्थ के ज्ञात अंश से भी यही विदित होता है कि भोग के साथ योग का समन्वय हो रहा था, किन्तु प्रबलता भोग की थी। दाऊद के पुत्र सुलैमान को चरित्र नायक बनाकर लिखे गए *सुलैमच्चरित* के केवल चार पटल ही अब ज्ञात हैं। इसके माध्यम से हिन्दू तथा मुस्लिम समन्वय स्थापित करने में सहायता मिली होगी।

ग्वालियर के निवासी मित्र मिश्र ने १७वीं शताब्दी ई. में चार ग्रन्थों की रचना की थी, जिनमें से एक धर्मशास्त्र पर, दूसरा गणित पर, तीसरा चम्पू काव्य एवं चौथा याज्ञवल्क्यस्मृति की टीका है।[३] इनमें चम्पू काव्य का नाम *आनन्दकन्द चम्पू* है, जो कृष्णचरित पर आधारित चैतन्य मत का पोषक है। अन्य तीनों ग्रन्थों के नाम *वीरमित्रोदय* हैं। मित्र मिश्र ने विविध विद्वानों की सहायता से इन ग्रन्थों की रचना की थी। सिन्धिया राज में भी ग्वालियर में संस्कृत ग्रन्थों की रचना होती रही। बाल शास्त्री गर्दे ने संस्कृत गद्य में *जयाजी–प्रबन्ध* लिखा है, जिसमें सिन्धिया राज्य का इतिहास, राजनीति, सेना, युद्ध आदि के विवरण के साथ ३८ विद्वान पंडितों की सूची है। संभव है कि इनमें से कुछ ने संस्कृत भाषा में अपने ग्रन्थ लिखे हों। कालान्तर में श्रीनिवास शास्त्री भट्ट ने *श्रीनिवासचम्पू* काव्य तथा रघुपति शास्त्री वाजपेयी ने *शृंगेरी यात्रा* नामक ग्रन्थ गद्य में लिखा।[४]

हिन्दी साहित्य

हिन्दी के प्रथम महाकवि, वैतालिक और युगप्रवर्तक रचनाकार महाकवि विष्णुदास ने १४३५ ई. में दोहे–चौपाई में *महाभारत* (पाण्डव चरित) महाकाव्य का प्रणयन किया तथा वे उसे ग्वालियर के तोमर शासक डुँगरसिंह को सुनाते थे।[५] इसकी सरल और तरंगित शैली १५वीं शताब्दी की उदीयमान हिन्दी का परिचायक है। इसमें कुल २०२१ चौपाई तथा १२५ दोहे हैं। कुछ विद्वानों ने इसका उल्लेख *पाण्डव–चरित्र* के रूप में किया है। उनका कथन है कि यह न तो महाभारत है, न महाभारत का अनुवाद; न छायानुवाद या भाषा रूपान्तर और न ही महाभारत की वर्णन प्रक्रिया का अनुसरण करता है। महाभारत पर यह केवल पाण्डव चरित्र सम्बन्धी घटनाओं के लिए ही आश्रित है। इसकी मुख्य कथा कौरव पाण्डव की उत्पत्ति से लेकर युधिष्ठिर के राज्यारोहण तक धाराबद्ध है और अन्त में श्रुतिफल है। यह सर्वथा मौलिक प्रबन्ध है, जिसकी रचना विष्णुदास ने तत्कालीन जनरुचि के अनुरूप की थी। महाभारत के कुछ पात्रों के सम्बन्ध में बनी लोकधारणा को मान्यता प्रदान करते हुए उनके चरित्र की अभिव्यक्ति की गयी है। इसके अतिरिक्त १४४२ ई. में विष्णुदास ने *रामायण कथा* लिखना प्रारंभ किया था।[६] वह स्वयं नाथपंथी था, जिसमें निराकार राम की आराधना की जाती है, लेकिन उन्होंने दशरथी राम की कथा भक्तिभाव से प्रेरित होकर सुनायी थी। विष्णुदास की कथा वाल्मीकि कथा के पूर्ण अनुरूप नहीं है। इसमें राम को ब्रह्मस्वरूप सिद्ध करने के प्रयास के स्थान पर राम को ब्रह्म का लीला–पुरुष मानकर उनकी कथा को मानवोचित ही रहने दिया गया है। उनकी दो अन्य ज्ञात रचनाएँ हैं– *स्नेहलीला* तथा *रुक्मिणी मंगल*। नागरी प्रचारिणी सभा, काशी द्वारा टीकमगढ़ (मध्यप्रदेश) से प्राप्त विष्णुदास कृत *मकरध्वज कथा*, जिसका लिपिकाल

वि. सं. १८०० अंकित है, को भी इसी विष्णुदास की रचना होने की संभावना व्यक्त की जाती है।

महाकवि विष्णुदास के यशस्वी पुत्र नारायणदास ने *छिताई चरित* के रूप में हिन्दी के प्रथम लौकिक आख्यान काव्य की रचना की।[७] अनेक दृष्टियों से इस काव्य का हिन्दी साहित्य में महत्त्वपूर्ण स्थान है। मंझन ने *मधुमालती* की रचना की थी। १८वीं शताब्दी में लिखित *ग्वालेरी भाषा व्याकरण* दलपतिराय की एक महान कृति है। मानिक ने सं. १५४६ (१४८६ ई.) में *बैतालपच्चीसी* की रचना की थी। थेघनाथ ने हिन्दी में *श्रीमद्भगवद्गीता* सं. १५५७ (१५०० ई.) में ग्वालियर में लिखा था।[८] उनको इस ग्रन्थ की रचना की प्रेरणा तोमर राजा कल्याणमल्ल के छोटे भाई कुँवर भानुसिंह से प्राप्त हुयी थी। थेघनाथ या थेघू नाथपंथी साधु प्रतीत होते हैं। ग्वालियर दुर्ग पर नाथपंथियों की सिद्धपीठ १०वीं–११वीं शताब्दी में प्रतिष्ठित हो चुकी थी। थेघनाथ ने गीता के १८ अध्यायों को संक्षिप्त रूप में प्रस्तुत किया है। थेघनाथ की कृति को गीता का अनुवाद नहीं कहा जा सकता है, क्योंकि उसने अपनी कृति में गीता का बहुत संक्षित विवरण दिया है। मानसिंह तोमर के काल में जिन मौलिक साहित्य की रचना हुयी, वह प्रायः हिन्दी भाषा में निबद्ध है। ऐसे ग्रन्थों में कवि परिमल कृत *श्रीपाल चरित* (१४६४ ई) एवं चतुरमल कृत *नेमीश्वरगीत* (१५१४ ई.) प्रमुख हैं। इनमें *श्रीपाल चरित* जैन साहित्य का अत्यधिक लोकप्रिय आख्यान है। इसकी लोकप्रियता इस तथ्य से सिद्ध है कि विभिन्न कालों में विविध भाषाओं में इसे लिखा गया था। नाभादास १५०० ई. में ग्वालियर में जन्मे थे। उन्होंने ग्वालियर में ही अपने ग्रन्थ *भक्तमाल* की रचना की थी। *रतन हजारा* शाहजहाँ के शासनकाल में इसे ''बक्सू सहसरस'' या ''बक्सू के रतन हजारा'' के नाम से लिखवाया था, जिसमें फारसी भूमिका भी थी। तानसेन ग्वालियर में लम्बे समय तक रहे एवं कुछ ग्रन्थों की रचना की। हिन्दी भाषा में लिखित उनके पाँच ग्रन्थ हैं। इनमें *संगीतसार* दोहा एवं छन्द के रूप में है। *रागकल्पद्रुम* में संगीत विद्या की विशेषताओं का वर्णन है। *संगीतरत्नाकर* में विविध तालों का वर्णन है। चौथा ग्रन्थ *रागमाला* और पाँचवा *श्रीगणेशस्तोत्र* है। सूरी शासक इस्लामशाह एवं आदिलशाह ने ग्वालियर प्रवास के दौरान अनेक ध्रुपदों की रचना की थी। आंतरी निवासी गोविन्दस्वामी का जन्म १५०५ ई. में हुआ था। उन्होंने कुछ पदों की रचना की थी। बाद की रचनाओं में प्रमुख हैं, ब्रह्मगुलाल कृत *भेषन क्रिया*, जिसकी रचना सं. १६६५ (१६०८ ई.) में तथा लालजी कृत *अकृत्रिमजिनचैत्यालयपूजा* की रचना सं. १८७२ (१८१५ ई.) में हिन्दी भाषा में हुयी थी।

खड्गराय ने हिन्दी भाषा में *गोपाचल आख्यान* की रचना १६३१ ई. में संभवतः परवर्ती तोमर राजा कृष्णसिंह को सुनाने के लिए की थी।[९] खड्गराय ग्वालियर के तोमरों का इतिहासकार था। यही कारण है कि तत्कालीन इतिहास का उनका निरूपण बहुत कुछ यथार्थ है, लेकिन पूर्ववर्ती घटनाओं के विवरण को संदेह से परे नहीं माना जा सकता है। महादजी शिन्दे के समय में हुए नाना कवि ने खड्गराय की रचना को पूर्णरूपेण ग्रहण कर लिया, केवल कहीं–कहीं पर कुछ परिवर्तन कर दिये हैं। नाना कवि ने खड्गराय का कलियुग वर्णन छोड़

दिया है और 'कवि खर्ग' के स्थान पर 'कवि वर्ग' लिख दिया है तथा बीच–बीच में कुछ संस्कृत श्लोक भी जोड़े गए तथा कुछ स्थलों पर पंक्तियाँ बढ़ा दी गयी हैं। नाना ने तोमरों के बाद का मराठों का गोपाचल का इतिहास संक्षेप में वर्णित किया है। मराठों, अंग्रेजों और जाटों के संघर्ष के विषय में उनका विवरण समकालीन होने के कारण महत्त्वपूर्ण है। बादलीदास ने खड्गराय के *गोपाचल आख्यान* पर आधारित *ग्वालियरनामा* नामक ग्रन्थ लिखा। उन्होंने अपनी रचना सं. १८५३ (१७६६ ई.) में पूर्ण की थी। बादलीदास ने खड्गराय की कृति को अपनाते हुए उसके वृतान्त को आगे दौलतराव सिन्धिया के समय तक बढ़ाया था।

खड्गराय का *गोपाचल आख्यान* इंगित करता है कि वह तोमरों का इतिहासकार था। गोपाचल से तोमरों का आधिपत्य समाप्त होने के साथ खड्गराय ने अपने इतिहास लेखन की दिशा परिवर्तित करते हुए गोपाचल के तोमरों के वंशज रामसिंह, श्यामसिंह, संग्रामसिंह एवं अन्य का विवरण दिया है, जिनका गोपाचल से कोई प्रत्यक्ष सम्बन्ध नहीं रह गया था। वे मुगल दरबार में नाममात्र के "ग्वालियर के राजा" माने जाते थे। इनका गोपाचल का इतिहास सूर्यपाल से प्रारंभ है, जिसका मूल नाम सोनपाल बताया गया है। उसने सोनपाल को सूर्यवंशी कछवाहा कहा है, जिसने द्वापर युग की समाप्ति तथा त्रेता युग के आरंभ की संधिबेला पर गोपाचलगढ़ तथा सूर्यकुण्ड की नींव रखी थी। यह विवरण किसी आदिग्रन्थ से उन्होंने प्राप्त किया था। उसके बाद ८४ पाल राजाओं का उल्लेख उन्होंने किया है, जिनमें अंतिम राजा तेजपाल या दूल्हाराजा था। इतिहास की कसौटी पर इन विवरणों की प्रामाणिकता सिद्ध नहीं हो सकी है। हिन्दी भाषा में कुछ अन्य मौलिक ग्रन्थों की भी रचना ग्वालियर में हुई।

अपभ्रंश साहित्य

ग्वालियर इतिहास के जैन स्रोत पर्याप्त मात्रा में विदित है। ८वीं शताब्दी ई. के उत्तरार्द्ध में हुए कन्नौज नरेश नागावलोक (आम) का जैन आचार्य बप्पभट्ट सूरि के साथ घनिष्ठ सम्बन्ध था। बप्पभट्ट सूरि के उपदेश से आम जैन श्रावक बना तथा ग्वालियर में जैन मंदिर एवं मूर्ति की स्थापना करवायी। प्रतिष्ठा के समय बप्पभट्ट सूरि ने ११ पद्यों के स्तोत्र द्वारा राजा को आशीर्वाद दिया। बप्पभट्ट सूरि की रचनाओं में *सरस्वती स्तोत्र* तथा *चौबीसस्तवन* उपलब्ध हैं।

तोमर शासकों के समय में जैन कवियों को राजकीय संरक्षण एवं सम्मान प्राप्त हुआ। विक्रमदेव या वीरमदेव के समय में महाकवि नयचन्द्र सूरि एवं भट्टारक गुणकीर्त्ति प्रमुख लेखक थे तथा महाकवि रैधू का उदय हो रहा था। नयचन्द्र सूरि ने संस्कृत भाषा में *हम्मीर महाकाव्य* तथा *रम्भामंजरी* सट्टक की रचना की थी। भट्टारक गुणकीर्त्ति एक साधक तपस्वी विद्वान थे। उनके द्वारा रचित अपभ्रंश रचनाएँ मानी जाती हैं– *सवणवारसिकहा, पक्कावईकहा, आयास पंचमी कहा, चवायणवयकहा, चंदनद्दट्ठीकहा, दुग्धारसकल विषददह सप्तमी कहा, पुष्पांजलिकहा, रमणन्तकहा, दहलक्खणवयकहा, अणंतवयकहा, लिद्धिविहरणकहा, सोलहकारणकहा एवं सुगंधदहमीकहा*।[१०] साथ ही उनके अनुज एवं शिष्य भट्टारक यशःकीर्त्ति तथा रैधू की रचनाओं पर

गुणकीर्त्ति की प्रत्यक्ष या परोक्ष प्रेरणा स्वीकार की जाती है। मौलिक रचनाओं के साथ–साथ प्राचीन ग्रन्थों की सुरक्षा एवं प्रतिलिपि का महत्त्वपूर्ण कार्य भी होता रहा। ऐसे ग्रन्थों में *छक्कम्मोवएस, तत्त्वदीपिका* तथा *पंचास्तिकाय* प्रमुख हैं। इनमें *छक्कम्मोवएस* की प्रतिलिपि का कार्य सं. १४६७ (१४४० ई.) में पंडित रामचन्द्र ने किया था। भट्टारक गुणकीर्त्ति की प्रेरणा से साध्वी देवसिरी ने आचार्य कुन्दकुन्द कृत *पंचास्तिकाय* की एक प्रतिलिपि करायी थी। इस समय लिखे गए टीका साहित्य में प्रमुख हैं– देवसेन कृत *तत्त्वसार टीका* पर पंडित कमलकीर्त्ति द्वारा लिखित एक नवीन टीका, मुनि धर्मचन्द्र द्वारा *सम्यक्त्व कौमुदी* की प्रति, *षटकर्मोपदेश* ग्रन्थ की प्रतिलिपि।

डुंगरसिंह के शासनकाल में महाकवि रैधू, भट्टारक यशःकीर्त्ति, विवुध श्रीधर, थलू कायस्थ जैसे प्रमुख विद्वान हुए। इनमें महाकवि रैधू के प्रति राजा की अगाध श्रद्धा थी और उन्होंने रैधू से गोपगिरि दुर्ग में ही रहकर साहित्य–साधना करने का अग्राह किया, जिसे महाकवि ने स्वीकार कर लिया था। रैधू प्राकृत साहित्य के महानतम कवियों में से थे। उनकी कृतिगों में उनका नाम "रइधू" और अभिलेखों में "रैधू" मिलता है। उन्हें पंडित, प्रतिष्ठाचार्य, महाकवि आदि उपाधियों से अलंकृत किया गया है। ग्वालियर दुर्ग से विदित अभिलेखों से ज्ञात होता है कि उन्होंने कई जिन प्रतिमाओं की प्रतिष्ठा करवायी थी। *सम्मइजिणचरिउ, मेहेसरचरिउ* आदि ग्रन्थों में उनका अपरनाम "सिंहसेन" भी उल्लिखित है। रैधू साहू हरिसिंह के पुत्र एवं संघपति देवराज के पौत्र थे। उनकी माता का नाम विजयश्री था। रैधू के दो अग्रज भ्राताओं के नाम बाहोल एवं माहणसिंह थे। रैधू की पत्नी का नाम सावित्री था, जिससे उनके उदयराज नामक पुत्र उत्पन्न हुआ। रैधू ने अपने को पद्मावती पुरवाल जाति का बताया है। अपने ८० वर्षों के जीवन काल में रैधू ने २६ से अधिक ग्रन्थों का लेखन कार्य किया था। उन्होंने अनेक मौलिक प्रबन्ध एवं खण्डकाव्यों की रचनाएँ की। इनमें प्रमुख हैं– *पासणाहचरिउ, सुक्कोसलचरिउ, मेहेसरचरिउ, णेमिणाहचरिउ, बलहद्दचरिउ, सिरिसिरिवालचरिउ, धण्णकुमारचरिउ, सम्मइजिणचरिउ, जसहरचरिउ, सावयचरिउ, जीमंधरचरिउ, सुदसणचरिउ, तेसाट्ठिमहापुरिसचरिउ, हरिवंश चरिउ, प्रद्युम्नचरिउ, भविष्यदत्तचरिउ, करकंडचरिउ, सम्मतगुणणिहाणकव्व, सिद्धन्ततत्थसार, वित्तसार, पुण्णासवकहा, दसलक्खण जयमाला, संतिणाहपुराण, कोमुइकहपबंधु, अणभमिउकहा, सिद्धचक्कमाहप्प, सम्यक्त्व भावना, सम्बोधपंचाशिका, सोलहकारणजयमाला, सम्मत्तगुणणिहाणकव्व, उपदेशरत्नमाला, आत्मसम्बोधन काव्य, षड्धर्मोपदेशमाला, महापुराण, कौमुदीकथाप्रबन्ध*।[11] रैधू के ग्रन्थों में उनके आश्रयदाताओं के नाम उल्लिखित हैं, जिनमें प्रमुख हैं– कमलसिंह सिंघवी, रणमल साहु, खेऊ साहु, लोणा साहु, हरसी साहु, भुल्लण साहु, तोसउ साहु, हेमराज, क्षेमसी साहु, आढू साहु, संघाधिप णेमिदास, श्रमणभूषण कुन्थुदास, होलु साहु, कुशराज एवं जुगराज। इनमें कमलसिंह सिंघवी ग्वालियर के नगरसेठ तथा डुंगरसिंह के दरबार में उच्चपदस्थ अधिकारी थे। ग्वालियर के नगर सेठों एवं सुधीजनों का पूर्ण सहयोग साहित्यकारों, निर्माताओं, प्रतिष्ठाचार्यों एवं अन्य को प्राप्त था, जिसकी जानकारी साहित्य एवं अभिलेखों में उपलब्ध है। रैधू तोमर शासक डुंगरेन्द्र सिंह एवं कीर्त्ति सिंह के समकालीन थे।

गुणकीर्त्ति के अनुज एवं शिष्य भट्टारक यशःकीर्त्ति ने *पाण्डवपुराण, हरिवंशपुराण, आदित्यवार / रविवयकहा, जिणरत्तिकहा* नामक ग्रन्थों की रचना की थी।[12] अपभ्रंश भाषा में लिखित *पाण्डवपुराण* में ३४ सन्धियाँ हैं तथा इसकी रचना सं. १४९७ (१४४० ई.) में हुयी थी। इसकी रचना संभवतः यशःकीर्त्ति ने दिल्ली के सुल्तान मुबारकशाह के राजस्व मंत्री वील्हासाहु के पुत्र श्री हेमराज अग्रवाल के लिए की थी। *हरिवंशपुराण* की रचना योगिनीपुर के दिवढ़ा साहू के लिए की थी, जिसमें १२ सन्धियाँ तथा २६५ कड़वक हैं। प्रत्येक संधि के आरंभ में संस्कृत में मंगलश्लोक हैं। *रविव्रतकथा* में रविवारीय व्रत का महात्म्य वर्णित है। इसके अतिरिक्त उन्होंने महाकवि स्वयंभू (८वीं शताब्दी ई.) की कृति *पउमचरिउ* एवं *हरिवंशपुराण* की प्रतिलिपि तैयार की थी। महाकवि पुष्पदन्त (१०वीं शताब्दी ई.) के *महापुराण* एवं *जसहरचरिउ* का पारायण भी संभवतः उस समय प्रारंभ हो गया था।

पंडित विवुध श्रीधर उस काल के एक अन्य प्रमुख विद्वान थे, जिनका संस्कृत, प्राकृत एवं अपभ्रंश भाषा पर समान अधिकार था। उन्होंने संस्कृत भाषा में *भविष्यदत्तचरित* एवं अपभ्रंश में *सुकुमालचरित* नामक ग्रन्थों की रचना की थी। *भविष्यदत्तचरित* में मध्यकालीन समुद्र–यात्रा एवं व्यापारिक सामग्रियों के आयात–निर्यात का विस्तृत विवरण है। एक अन्य कवि नेमिचन्द्र ने *द्विसन्धानकाव्य* पर टीकाग्रन्थ लिखा था, जिसकी प्रतिलिपियाँ तैयार कर प्रचारार्थ अन्य नगरों के शास्त्रगारों में भेजी गयी थीं। पंडित विवुध श्रीधर का एक साहित्यिक सहायक एवं प्रतिलिपिकर्ता थलू कायस्थ था।

तोमर शासक कीर्तिसिंह ने अपने पिता डुंगरसिंह द्वारा जारी करवाए गए कार्यों को पूर्ण करवाया था। महाकवि रैधू ने इनके समय में भी कुछ रचनाएँ की थीं। इसके अतिरिक्त *सिरिवालचरिउ, शब्दानुशासन* की वृत्ति तथा *पउमचरिउ* की प्रतिलिपियाँ तैयार की गयीं। मानसिंह तोमर का काल साहित्य, संगीत तथा भवन निर्माण–कला की दृष्टि से अत्यन्त महत्त्वपूर्ण था। मानसिंह द्वारा लिखित *मानकुतूहल* नामक संगीत ग्रन्थ महत्त्वपूर्ण ग्रन्थों में से एक है, जिसका अनुवाद फारसी आदि भाषाओं में हुआ है। इसके अतिरिक्त महाकवि रैधू कृत *पउमचरिउ* की प्रतिलिपि सं. १५५१ (१४९५ ई.) तथा अमरकीर्ति कृत *छक्कमवएस* की प्रतिलिपि सं. १५५८ (१५०१ ई.) में तैयार की गयी थी। ज्ञात होता है कि डुंगरेन्द्र के समय में जैन श्रेष्ठि पदम सिंह ने २४ जिनालयों का निर्माण और १००, ००० ग्रन्थों का दान दिया था।[13] तोमर वंश के पतन के बाद राजनीतिक अस्थिरता के कारण साहित्य सृजन का काम धीमा पड़ गया। फिर भी कुछ साहित्य लिखे गए एवं प्रतिलिपि तैयार करने का कार्य चलता रहा। प्रतिलिपिकरण में नरसेन कृत *सिरिवालचरिउ* (१४९६ ई.), ब्रह्मगंभीर सागर द्वारा लिखित *हरिवंशपुराण* एवं *पंचकल्याण विधान* तथा अन्य ग्रन्थों की प्रतिलिपियाँ तैयार की गयी थीं।

अरबी–फारसी साहित्य

मोहम्मद गौस तथा मुरीदों द्वारा लिखित फारसी साहित्य भी विदित है। *जवाहरे खम्सा* (पाँच रत्न) ग्रन्थ की रचना हिजरी ९२९ में हुई। फारसी में लिखित इस ग्रन्थ की अनेक प्रतियाँ

देश–विदेश में संरक्षित हैं। मौलाना मोहम्मद गौस के अनुसार *अवसरे गोसिया* नामक ग्रन्थ की रचना हिजरी ६४६ में हुई थी, जिसमें यह उल्लेख है कि जवाहरे खम्सा का अध्ययन कैसे करें? मोहम्मद गौस के ग्रन्थ *मेराजनामा* के विषय में गुलाम सरवर लाहोरी ने लिखा है कि शेरशाह इसी ग्रन्थ से नाराज हो गया था और इससे मोहम्मद गौस को गुजरात जाना पड़ा। *बहरउलहयात* संस्कृत के *अमृतकुण्ड* ग्रन्थ का अनुवाद है, जिससे विदित होता है कि मोहम्मद गौस को संस्कृत का भी ज्ञान था। सूफीवाद एवं तंत्र– विद्या पर *कलील मावजन* नामक ग्रन्थ लिखा गया था। सूफीवाद एवं तंत्र विद्या पर लिखित एक अन्य ग्रन्थ का नाम है *कलीम ए मराजन*। *जमाइल* व *वसाइल* नामक ग्रन्थ में सूफीवाद पर विस्तार से चर्चा की गयी है।

कुलियाते–ग्वालियर फजलअली कादरी–अल्–चिश्ती द्वारा फारसी भाषा में लिखा गया है।[१४] इस ग्रन्थ में मुख्यतः सूफी सन्तों की जीवनियाँ विस्तार से दी गयी हैं। साथ ही गोपाचल दुर्ग का इतिहास भी इसमें वर्णित है। अकबर के राज्यकाल में लिखे गए इस ग्रन्थ में लेखक ने उल्लेख किया है कि घनश्याम नामक एक वृद्ध ब्राह्मण के पास पूर्वजों के समय से गोपाचल की कुछ राजवलियाँ थीं, जिसका उपयोग फजल अली ने गोपाचल गढ़ के प्राचीन राजवंशों का इतिहास लिखने में किया। फजल अली के ग्रन्थ में बाबर, हुमायूँ और अकबर के समय के गढ़ के सूबेदारों और सूफी सन्तों का विवरण है। बाद में भी इसे आधार बनाकर अन्य ग्रन्थ लिखे गए।

जलाल हिसारी ने १६४५ ई. में *ग्वालियरनामा* ग्रन्थ ग्वालियर में पूरा किया था। जलाल हिसारी ने फजल अली को गोपाचल के प्राचीन इतिहास के लिए आधार बनाया है, परन्तु उसने लिखा है कि उसका ग्रन्थ किसी श्याम पंडित की रचना पर आधारित है। हिसारी ने फजल अली के घनश्याम को ही श्याम बना दिया है। औरंगजेब का ग्वालियर का सूबेदार मोतमिद खाँ था। उसके मुंशी हीरामन ने भी एक *ग्वालियरनामा* लिखा है। हीरामन ने जलाल हिसारी के ग्रन्थ में बाद के बीस वर्षों का वृतान्त जोड़कर अपना *ग्वालियरनामा* लिखा था। गोपाचल पर १७८० ई. में अंग्रेजों के अधिकार के बाद कप्तान ब्रूस गोपाचल का प्राचीन इतिहास जानने की इच्छा व्यक्त की। उसकी जानकारी के लिए उनके मुंशी मोतीराम और खुशहाल ने *अहवाल–ए–किला–ए–ग्वालियर* लिखा। इसमें मोतीराम और खुशहाल ने फजल अली की कृति में से संतों के विवरण के स्थान पर अंग्रेजों की विजय का विवरण दिया है। जलाल हिसारी की रचना को भी अपने लेखन का आधार उन्होंने बनाया है, लेकिन इसमें कुछ त्रुटियाँ रह गयी थीं। ब्रूस के आग्रह पर फैरुद्दीन इलाहाबादी ने *कारनामा–ए–ग्वालियर* पुस्तक लिखी। बलवन्तराव भैया साहब ने *ग्वालियरनामा* की हस्तलिखित प्रति को आधार बनाकर १८६१ ई. में अंग्रेजी भाषा में ग्वालियर गढ़ का संक्षिप्त इतिहास लिखा। बलवन्तराव भैयासाहब ने उसमें १८८६ ई. तक का वृतान्त भी वर्णित किया है।

संदर्भ

१. चन्द्रमणि शर्मा, ''ग्वालियर क्षेत्र की संस्कृत सर्जना'', हरिहर निवास द्विवेदी (सं.), *ग्वालियर दर्शन*, १६८०, ग्वालियर, पृ. १७–३३।

२. *हम्मीरमहाकाव्य* २४।

३. चन्द्रमणि शर्मा, पूर्वोक्त, पृ. ३२–३३।

४. वही, पृ. ३३।

५. छविनाथ त्रिपाठी, महाकवि विष्णुदास कृत पाण्डव चरित्र का संरचना शिल्प, *ग्वालियर दर्शन*, १६८०, ग्वालियर, पृ. ६४–७३।

६. सरोजिनी रोहतगी, विष्णुदास की रामायण–कुछ स्फुट विचार, *ग्वालियर दर्शन*, १६८०, ग्वालियर, पृ. ८६–६४।

७. ओमप्रकाश आर्य, ''छिताईचरित का रचना काल'', *ग्वालियर दर्शन*, १६८०, ग्वालियर, पृ. १००–०२; राधेश्याम द्विवेदी, ''छिताईचरितकार–नारायणदास'', *ग्वालियर दर्शन*, १६८०, ग्वालियर, पृ. १०३–११।

८. हरिहर निवास द्विवेदी, ''थेघनाथ कृत भगवतगीता भाषा'', *ग्वालियर दर्शन*, १६८०, ग्वालियर, पृ. ३६७–४२३।

६. हरिहर निवास द्विवेदी, *गोपाचल आख्यान*, ग्वालियर, १६८०।

१०. गुलाब खाँ गौरी, *ग्वालियर का राजनैतिक एवं सांस्कृतिक इतिहास*, दिल्ली, १६८६, पृ. १६६–६७।

११. राजाराम जैन, *रइधू साहित्य का आलोचनात्मक परिशीलन*, पटना, १६७४, पृ. ४६–५८।

१२. वही, पृ. ७५–७६।

१३. गुलाब खाँ गौरी, पूर्वोक्त, पृ. २०१–०४।

१४. मोहन कुमार माथुर, *कुलियात–ए–ग्वालियरी* (फजल अली), ग्वालियर, २०००।

7

भट्टारक परम्परा

मध्यकालीन जैन धर्म के इतिहास में भट्टारक परम्परा का अत्यन्त महत्त्वपूर्ण स्थान रहा है। भट्टारकों ने न केवल तत्कालीन जैन समाज के एकीकरण में अहम् भूमिका का निर्वहन किया वरन् जैन धर्म, संस्कृति, कला एवं साहित्य के संरक्षण एवं संवर्द्धन में भी इनका अविस्मरणीय योगदान था। इनका सर्वाधिक उल्लेखनीय कार्य ऐसे समय में जैन धर्म के अस्तित्व को सुदृढ़ बनाये रखना हुआ, जबकि सम्पूर्ण भारतवर्ष पर मुस्लिम आक्रान्ताओं का निरन्तर भय व्याप्त था और उनकी मूर्तिभंजक गतिविधियों ने भारतीय धर्मों की अस्मिता को खतरे में डाल दिया था।

मध्यकाल में भट्टारक परम्परा का सीधा सम्बन्ध जैन धर्म की वैहारिक परम्परा से रहा है। यूँ तो जैन धर्म में श्रमण परम्परा पर ही बल दिया गया है, किन्तु वैहारिक परम्परा के रूप में भट्टारक परम्परा को भी मध्यकाल में विशेष प्रोत्साहन मिला।

सामान्य रूप से ''भट्टारक'' शब्द में ''भट्ट'' का अर्थ ''विद्वान'' से है। प्राचीन काल में ''भट्ट'' शब्द का प्रयोग राजा–महाराजा, कलाकार, मुनि, पंडित, देवता, विद्वान आदि सभी के लिए विशेषण के रूप में हुआ है। जैन ग्रन्थों में तीर्थंकरों के लिए भी भट्टारक शब्द का प्रयोग हुआ है। आचार्य श्री इन्द्रनन्दि कृत *नीतिसार* ग्रन्थ में भट्टारक के लक्षण इस प्रकार लिपिबद्ध हैं[1]—

सर्वशास्त्रकलाभिज्ञो नाना गच्छाभिवर्द्धकः।
महामनाः प्रभाभावी भट्टारक इतीष्यते।।

अर्थात् जो सर्व शास्त्रों और कलाओं को जानने वाला हो, अनेक गच्छों पर शासन करने वाला हो एवं उन्हें बढ़ाने वाला हो, उदार हृदय हो, प्रभावशाली हो, उसको भट्टारक कहते हैं।

वस्तुतः देखा जाए तो भट्टारक शब्द जैन धर्म की वैहारिक परम्परा में सर्वोच्च पद के रूप में प्रतिष्ठित हुआ, जो गुरु–शिष्य परम्परा द्वारा संचालित होता था। भट्टारक परम्परा का

प्रचलन दिगम्बर और श्वेताम्बर दोनों पंथों में देखने को मिलता है। भट्टारक परम्पराओं के उल्लेख ६वीं शती ई. से मिलने लगते हैं, किन्तु भट्टारक परम्परा का प्रचलन कब और कैसे प्रारंभ हुआ अथवा इस परम्परा का प्रारंभ किस आचार्य ने किया, ज्ञान की वर्तमान अवस्था में यह निर्धारित कर पाना सरल नहीं है। इस संदर्भ में जैन ग्रन्थों में भी प्रमाणिक सूचना का अभाव है। प्रायः भट्टारक परम्परा अपने परिचय के प्रारंभ में मूल संघ लिखती हैं। इससे इतना तो अवश्य कहा जा सकता है कि इनका उद्भव एक ही संघ से हुआ था और कालान्तर में विभेदाधारों पर इसी मूलसंघ में से अनेक भट्टारक पीठों की स्थापना हुई। इसकी पुष्टि आचार्य इन्द्रनन्दि रचित *नीतिसार* ग्रन्थ के अधोलिखित श्लोक से भी होती है[२]–

पूर्व श्री मूलसंघस्तदनु सिनपटः काष्ठासंस्ततो हि
तावभूद्भाविगच्छाः पुनरजति ततो यापुनीसंघ एकः।
तस्मिन् श्री मूलसंघे मुनिजनविमले सेन नन्दी च संघौ
स्वातां सिंहाख्य संघोऽभव दुरुमहिमा देवसंघश्चतुर्थः।।

अर्थात् पहले मूलसंघ में श्वेतपट्ट गच्छ हुआ, पीछे काष्ठा संघ हुआ। इसके कुछ समय बाद यापनीय संघ हुआ। तत्पश्चात् क्रमशः सेन संघ, नन्दी संघ, सिंह संघ और देव संघ हुए।

इसके अलावा भट्टारक परम्पराओं की पट्टावलियों में उनका सम्बन्ध तीर्थंकर महावीर की गणधर परम्परा के आचार्यों से जोड़ा गया है। यही कारण है कि मूल भट्टारक परम्परा अपना परिचय 'गण' शब्द के साथ लिखती है, यथा– बलात्कार गण, सेन गण, लाट–वागट गण आदि। इससे स्पष्ट है कि भट्टारक परम्परा के मूल में तीर्थंकर महावीर की गणधर परम्परा ही प्रभावित रही थी और कालान्तर में मध्यकाल में इसी ने भट्टारक परम्परा का स्वरूप ग्रहण कर लिया।

श्रमण मुनियों से भिन्न भट्टारकों का जैन समाज में धार्मिक शासक का स्वरूप था। वे अपने को राजगुरु कहलवाते थे। वे मठ और मंदिरों का निवास–स्थान के रूप में उपयोग एवं निर्माण करते थे। इसके अनुषंग में वे भूमिदान स्वीकार करते और खेती आदि की व्यवस्था भी देखने लगे। वे राजा–महाराजाओं के समान ऐश्वर्यपूर्ण ढंग से रहते थे और राजा के समान ही पालकी, छत्र, चामर, गादी आदि का उपयोग करते थे। जरी वाले वस्त्र और कमण्डलु–पिच्छी में सोने–चाँदी का उपयोग करते थे। इनका पट्टाभिषेक भी राज्याभिषेक की तरह बड़ी धूमधाम से होता था। विभिन्न तीर्थ–क्षेत्रों की व्यवस्था आदि का कार्य भी इन भट्टारकों के द्वारा होता था। समकालीन शासक भी इनकी विद्वता आदि से प्रभावित होकर इन्हें संरक्षण प्रदान करते थे। वे चमत्कार आदि भी दिखलाते थे। वे देश के प्रायः सभी भागों में धार्मिक यात्राएँ भी करते थे। विभिन्न भट्टारक परम्पराओं के आपसी सम्बन्ध सौहार्द्रपूर्ण होते थे।

भट्टारकों का सर्वप्रमुख कार्य मंदिर–स्थापना, मूर्ति–प्रतिष्ठा और धार्मिक ग्रन्थों का अभिवर्द्धन था। इनके द्वारा प्रतिष्ठित हजारों मूर्तियाँ ज्ञात हैं। संख्या की दृष्टि से बलात्कार गण की दिल्ली–जयपुर शाखा के भट्टारक जिनचंद्र द्वारा प्रतिष्ठित मूर्तियाँ सर्वाधिक हैं। जैन ग्रन्थों का लेखन, प्रतिलिपिकरण एवं हस्तलिखित ग्रन्थों का संरक्षण इन भट्टारकों का अत्यन्त सराहनीय कार्य रहा है।

ग्वालियर क्षेत्र के जैन इतिहास–निर्माण में भी भट्टारकों का महती योगदान रहा है। इस क्षेत्र में भट्टारक परम्परा का प्रभाव लगभग १०वीं शती ई. से दिखाई देता है। यहाँ प्रमुख रूप से काष्ठा संघ और बलात्कार गण की भट्टारक परम्पराओं का प्रभाव दिखलायी पड़ता है। इन परम्पराओं के भट्टारकों ने इस क्षेत्र में भारी संख्या में मूर्तियों की प्रतिष्ठा और ग्रन्थों का लेखन एवं संरक्षण का कार्य संपादित किया। यदि कहा जाए कि ग्वालियर क्षेत्र का विपुल जैन पुरावैभव इन्हीं भट्टारकों की देन है, तो अतिशयोक्ति नहीं होगी। ग्वालियर क्षेत्र में विद्यमान विभिन्न भट्टारक परम्पराओं का अध्ययन निम्नलिखित बिन्दुओं के अन्तर्गत किया जा सकता है–

१. काष्ठा संघ
२. बलात्कार गण

काष्ठा संघ

काष्ठा संघ की व्युत्पत्ति के विषय में अनेक मत–मतान्तर हैं। एक मत के अनुसार दिगम्बर आचार्य लोहाचार्य जी दक्षिण देश के भद्दलपुर में विराजमान थे और विहार के दौरान वे अग्रोहा के निकटवर्ती हिसार पहुँचें। वहाँ उन्हें एक असाध्य रोग हो गया, जिसके प्रायश्चितादि कारणों से वे वहाँ से विहार कर अग्रोहा नगर के बाहर एक ऊँचें टीले पर बैठकर तपस्या करने लगे। लोग दूर–दूर से आकर उन्हें प्रणाम करने लगे। एक बुढ़िया ने उन्हें दिगम्बराचार्य जानकर उनके समीप जाकर विनयवत् "नमोस्तु–नमोस्तु" कहा। मुनिराज लोहाचार्य ने धर्मवृद्धि कहकर उसे धर्मोपदेश दिया। इससे प्रभावित होकर सभी लोग मुनिराज के निकट उपस्थित हुए। मुनि जी ने सबको श्रावक धर्म का उपदेश दिया। फलतः प्रथम अग्रवंशीय राजा दिवाकर ने अपने कुटुम्बियों के साथ श्रावक धर्म को स्वीकार किया और देखते–देखते सवा लाख अग्रवाल जैन हो गये। इन सवा लाख जैनों ने पानी छानकर पीना, रात्रि भोजन का त्याग और देवदर्शन के उपरान्त भोजन ग्रहण करने के श्रावक–नियम अपनाये। देवदर्शन के लिए काष्ठ (लकड़ी) की प्रतिमा बनाकर स्थापित की गयी। उसी समय से अग्रोहा के अग्रवाल श्रावकों की संज्ञा काष्ठा संघी पड़ी।[३] इसके अलावा आचार्य देवसेन के *दर्शनसार* (सं. ६६०) में लिखा है कि आचार्य विनयसेन के शिष्य कुमारसेन ने सं. ७५३ में नंदियड (वर्तमान नांदेड़) में इस संघ की स्थापना की थी।[४] एक मान्यता के अनुसार काष्ठा नामक ग्राम के नामाधार पर भी इस संघ की स्थापना मानी जाती है।[५]

भट्टारक सुरेन्द्रकीर्ति (सं. १७४७) के अनुसार काष्ठा संघ चार गच्छों में विभाजित था[६]–

१. माथुर गच्छ,
२. बागड गच्छ,
३. लाड बागड गच्छ,
४. नन्दीतट गच्छ।

माना जाता है कि १२वीं शती ई. में इन चारों गच्छों के एकीकरण से काष्ठा संघ की स्थापना हुई। इससे पूर्व इन चारों गच्छों का स्वतंत्र अस्तित्व था। १२वीं शती ई. के उपरान्त इन चारों गच्छों के साथ "काष्ठा संघ" लिखा जाने लगा। इसकी पुष्टि इन चारों शाखाओं के १२वीं शती ई. से पूर्व एवं पश्चात् के विदित अभिलेखों और साहित्यिक साक्ष्यों से होती है। काष्ठा संघ का सर्वप्रथम शिलालेखीय उल्लेख सं. ११५२ का दूबकुण्ड (जिला श्योपुर) से ज्ञात है, जिसमें महाचार्यवर्य देवसेन की चरण–पादुका युगल की स्थापना का उल्लेख है।[७] बहुत संभव है कि इन चारों गच्छों के एकीकरण का यह कार्य आचार्य देवसेन ने ही किया हो, इसलिए उन्हें महाचार्यवर्य कहा गया है।

उपर्युक्त चारों गच्छों में से विवेच्य क्षेत्र में अद्यावधि तक माथुर गच्छ और लाड बागड गच्छ की भट्टारक परम्पराओं का प्रभाव दिखाई पड़ता है।

काष्ठा संघ–माथुर गच्छ

जोहरापुरकर के अनुसार इस गच्छ का नाम मथुरा नगर से लिया गया है।[८] आचार्य देवसेन के दर्शनसार ग्रन्थ के अनुसार सं. ६५३ में रामसेन इस संघ के आचार्य थे। उन्होंने निःपिच्छ का उपदेश दिया अर्थात् मुनियों के लिए पिच्छी धारण का निषेध किया।[९] इस संघ के प्रारंभिक ऐतिहासिक उल्लेख आचार्य अमितगति (सं. १०५०–७३) के ग्रन्थों में उपलब्ध हैं। इनकी गुरु परम्परा देवसेन–अमितगति–नेमिषेण– माधवसेन–अमितगति के रूप में थी। माथुर संघ की दूसरे प्राचीन आचार्य अमरकीर्ति (सं. १२४४–४७) थे। आपकी गुरु परम्परा शान्तिषेण–अमरसेन–श्रीषेण–चन्द्रकीर्ति–अमरकीर्ति के रूप में थी। तीसरे प्राचीन आचार्य छत्रसेन (सं. ११६६), चौथे आचार्य गुणभद्र (सं. १२२६) और पाँचवें आचार्य धर्मकीर्ति के शिष्य ललितकीर्ति (सं. १२३४) थे। मध्यकालीन माथुर गच्छ परम्परा का प्रारंभ आचार्य माधवसेन से होता है। माधवसेन के दो शिष्यों उद्धरसेन और विजयसेन ने दो भिन्न परम्पराओं की शुरूवात की। इसे अधोलिखित सारणी द्वारा सरलतापूर्वक समझा जा सकता है–

काष्ठा संघ– माथुर गच्छ पट्टावली[१०]

रामसेन
|
देवसेन
|
अमितगति
|
नेमिषेण
|
माधवसेन
|

अमितगति
|
शान्तिषेण
|
अमरसेन
|
श्रीषेण
|
चन्द्रकीर्ति
|
अमरकीर्ति
|
छत्रसेन
|
गुणभद्र
|
धर्मकीर्ति
|
ललितकीर्ति
|
माधवसेन

- उद्धरसेन
  |
  देवसन
  |
  विमलसेन
  |
  धर्मकीर्ति
  |
  भावसेन
  |
  सहस्रकीर्ति
  |
  गुणकीर्ति
  |
  यशःकीर्ति
  |
  मलयकीर्ति
  |
- विजयसेन
  |
  नयसेन
  |
  श्रेयांससेन
  |
  अनन्तकीर्ति
  |
  कमलकीर्ति
  |
  क्षेमकीर्ति
  |
  हेमकीर्ति
  |
  कमलकीर्ति
  |

गुणभद्र — गुणचन्द्र, भानुकीर्ति — कुमारसेन

कुमारसेन — हेमचन्द्र — पद्यनन्दि — यशःकीर्ति

शुभचंद्र — यशःसेन

काष्ठा संघ माथुर गच्छ की उपर्युक्त पट्टावली में उद्धरसेन परम्परा के भट्टारक गुणकीर्ति का प्रभाव सर्वप्रथम ग्वालियर में दिखाई देता है। परसोटा (जिला मुरैना) से ज्ञात तीर्थंकर चन्द्रप्रभ की सं. १२३८ (११८१ ई.) तिथियुक्त अभिलेख में उल्लिखित आचार्य अमृतसेन की पहचान उपर्युक्त परम्परा में वर्णित आचार्य अमरसेन से करने का प्रयास किया गया है।[११]

भट्टारक गुणकीर्ति

भट्टारक गुणकीर्ति माथुर गच्छ के परम यशस्वी विद्वान थे। आप भट्टारक सहस्रकीर्ति के शिष्य एवं उनके उपरान्त पट्टासीन हुए। जोहरापुरकर के अनुसार भट्टारक गुणकीर्ति १४११–१६ ई.[१२] तक और जैन के अनुसार १४०३–२६ ई.[१३] तक पट्टासीन रहे। नवीन साक्ष्यों के आलोक में यह तिथि १४०३–१४४० ई. निर्धारित की गयी है।[१४]

भट्टारक गुणकीर्ति ने गोपाचल क्षेत्र में कई मूर्तियों की प्रतिष्ठा एवं जैन ग्रन्थों को लिपिबद्ध करवाया। वह तोमर शासक वीरमदेव के समकालीन थे। उनके आम्नाय में अग्रवाल वंश की साध्वी देवसिरि ने सं. १४६८ (१४११ ई.) में *पंचास्तिकाय* की एक प्रति लिखी।[१५] उनकी ही प्रेरणा से पद्‌मनाथ कायस्थ ने *यशोधरचरित* की रचना की।[१६] महाकवि रैधू ने भट्टारक गुणकीर्ति को अपने गुरु एवं प्रेरक के रूप में स्मरण किया है, जिनकी प्रेरणा से ही रैधू ने *धण्णकुमारचरिउ* नामक ग्रन्थ की रचना की।[१७] उन्होंने ही सं. १४६६ (१४१२ ई.) और सं. १४७३ (१४१६ ई.) में ग्वालियर में धातु निर्मित जिन मूर्तियों की प्रतिष्ठा करवाई।[१८]

भट्टारक यशःकीर्ति

यशःकीर्ति परम यशस्वी विद्वान, कला एवं साहित्य के मर्मज्ञ और सर्वाधिक चर्चित भट्टारक थे। वह भट्टारक गुणकीर्ति के भाई (संसार पक्ष), शिष्य एवं उनके उपरान्त पट्टासीन हुए। जोहरापुरकर के अनुसार भट्टारक यशःकीर्ति १४२६–४० ई.[१९] तक और जैन के अनुसार १४२६–५३ ई.[२०] तक भट्टारक पद पर आसीन रहे। नवीन साक्ष्यों के आलोक में यह तिथि १४४०–१४४७ ई. निर्धारित की गयी है।[२१]

यशःकीर्ति ने गुणकीर्ति के शिष्य के रूप में एवं उनके बाद भट्टारक के रूप में कई मूर्तियों की प्रतिष्ठा एवं कई ग्रन्थों का प्रणयन किया। यशःकीर्ति का अधिकांश समय

शिष्यावस्था में बीता। वह केवल ७ वर्षों तक पट्टासीन रहे। उन्होंने सं. १४६७ (१४४० ई.) में ग्वालियर दुर्ग पर उरवाही क्षेत्र में कई शैलकृत प्रतिमाओं की स्थापना करवाई।[२२] रैधू के *सम्मइजिणचरिउ* से ज्ञात होता है कि अग्रवाल जाति के क्षुल्लक खेल्हा ने ग्वालियर में उनकी प्रेरणा से चन्द्रप्रभ भगवान की उत्तुंग मूर्ति स्थापित करवाई थी।[२३] उन्होंने *पाण्डवपुराण* (सं. १४६७), *हरिवंशपुराण* (सं. १५००), *जिणरत्तिकहा* और *रविवयकहा* नामक ग्रन्थों का प्रणयन किया था।[२४] साथ ही त्रिभुवन स्वयंभू रचित *रिट्ठनेमिचरिउ* (अरिष्टनेमिचरित) की अधूरी प्रतिलिपि को स्वयं पूरा किया था।[२५] उनकी प्रेरणा से पंडित थलू कायस्थ ने सं. १४८६ (१४२६ ई.) में *भविष्यदत्तपंचमी* और *सुकुमालचरित* की प्रतिलिपियाँ तैयार की थीं।[२६] इन ग्रन्थों में यशःकीर्ति ने स्वयं को भट्टारक गुणकीर्ति का शिष्य कहा है। भट्टारक यशःकीर्ति से मंत्र पाकर सिंहसेन ने *आदिपुराण* की रचना की।[२७] रैधू साहित्य से ज्ञात होता है कि यशःकीर्ति के तीन शिष्य थे– श्रीपाल ब्रह्म, हरिसेन और खेमचन्द्र।[२८]

अभिलेखीय साक्ष्यों से विदित होता है कि तोमर काल में उनकी ही प्रेरणा से सर्वप्रथम शैलकृत मूर्तिशिल्प कार्य प्रारंभ हुआ था। वे तोमर शासक डुंगरेन्द्र सिंह और कीर्तिसिंह के समकालीन थे।

भट्टारक मलयकीर्ति

भट्टारक मलयकीर्ति भट्टारक यशःकीर्ति के पट्टशिष्य थे। महाकवि रैधू ने अपने ग्रन्थों में इनकी अपूर्व चर्चा की है और उन्हें "मलधारी" और "मुनीश्वर" के रूप में प्रसिद्ध बताया है। जोहरापुरकर ने मलयकीर्ति की तिथि १४४५–५३ ई.[२९] और जैन ने १४५३–६८ ई.[३०] बतलायी है। नवीन साक्ष्यों के प्रकाश में यह तिथि १४४७–५३ ई. निर्धारित की गयी है।[३१] वे तोमर शासक कीर्तिसिंह के समकालीन थे। ग्वालियर क्षेत्र में इनके द्वारा प्रतिष्ठित किसी भी धार्मिक कार्यों की सूचना उपलब्ध नहीं है।

भट्टारक गुणभद्र

भट्टारक गुणभद्र भट्टारक मलयकीर्ति के पट्टशिष्य थे। महाकवि रैधू ने उनका बहुगणों से युक्त महर्षि के रूप में स्मरण किया है। जोहरापुरकर ने इनकी तिथि १४५३–१५३३ ई.[३२] और जैन ने १४६८–१५१८ ई.[३३] बतायी है। इनमें जोहरापुरकर की तिथि सही प्रतीत होती है।

गुणभद्र ने ग्वालियर क्षेत्र में मूर्तियों की प्रतिष्ठा एवं साहित्य–संवर्द्धन में विशेष रुचि ली। इन्होंने सं. १५१० (१४५३ ई.), सं. १५२२ (१४६५ ई.), सं. १५२५ (१४६८ ई.) और सं. १५३० (१४७३ ई.) में ग्वालियर दुर्ग पर अनेक शैलकृत मूर्तियों की प्रतिष्ठा करवाई।[३४] इनकी प्रेरणा से अग्रवाल जिनदास ने सं. १५१० (१४५३ ई.) में "समयसार" ग्रन्थ की एक प्रति लिखवाई।[३५] इनके आम्नाय में सं. १५२१ (१४६४ ई.) में "ज्ञानार्णव" की एक प्रति लिखी गयी।[३६]

भट्टारक गुणभद्र के उपरान्त उद्धरसेन परम्परा के आगामी भट्टारकों की विवेच्य क्षेत्र से कोई भी सूचना उपलब्ध नहीं है।

माथुर गच्छ की दूसरी मध्यकालीन परम्परा माधवसेन के शिष्य विजयसेन से प्रारंभ होती है। विजयसेन के उपरान्त क्रमशः नयसेन, श्रेयांससेन, अनन्तकीर्ति एवं कमलकीर्ति पट्टासीन हुए, किन्तु ग्वालियर क्षेत्र में इनका प्रभाव नहीं दिखाई देता है। सर्वप्रथम कमलकीर्ति के पट्टशिष्य क्षेमकीर्त्ति का प्रभाव इस क्षेत्र में दृष्टिगोचर होता है।

भट्टारक क्षेमकीर्त्ति

भट्टारक क्षेमकीर्त्ति का उल्लेख महाकवि रैधू और कवि माणिकराज (१५१६ ई.) के ग्रन्थों में मिलता है। इनके द्वारा प्रतिष्ठित सं. १४५४ (१३९७ ई.) की एक धातु निर्मित पार्श्वनाथ प्रतिमा अटेर (जिला भिण्ड) से ज्ञात है।[३७] इससे स्पष्ट है कि वे १३९७ ई. में पट्टासीन थे और इनके समय से ही ग्वालियर क्षेत्र में काष्ठा संघ की विजयसेन परम्परा का प्रभाव स्थापित हुआ था।

भट्टारक हेमकीर्ति

हेमकीर्ति भट्टारक क्षेमकीर्ति के पट्टशिष्य थे। महाकवि रैधू और कवि माणिकराज ने अपनी रचनाओं में उनका स्मरण किया है। भट्टारक हेमकीर्ति के सम्बन्ध में प्रत्यक्ष सूचनाओं का अभाव है। इनके चार शिष्यों के उल्लेख मिलते हैं, जो थे– देवकीर्ति, पद्मकीर्ति, प्रतापचन्द्र और हेमचन्द्र।[३८] इनमें से पद्मकीर्ति और प्रतापचन्द्र का प्रभाव विवेच्य क्षेत्र में दिखाई देता है। मुनि पद्मकीर्ति के आम्नाय में साधु हरिराज ने सं. १४६९ (१४१२ ई.) में ग्वालियर में तोमर शासक वीरमदेव के राज्यकाल में *प्रवचनसार* की एक प्रति लिखी।[३९] नरवर से एक सर्वतोभद्रिका प्रतिमा पर सं. १५१७ (१४६० ई.) तिथियुक्त एक अभिलेख की सूचना है।[४०] इस अभिलेख में हेमकीर्ति के शिष्य आचार्य प्रतापचन्द्र का उल्लेख हुआ है। इस प्रतिमा पर एक आचार्य और एक साध्वी का अंकन है। अभिलेखानुसार ये क्रमशः आचार्य हेमकीर्ति एवं साध्वी सन्यामश्री हैं। ग्वालियर दुर्ग से विदित सं. १५१० (१४५४ ई.) के अभिलेख से इनके आम्नाय में साधु सुमतीकीर्ति का भी उल्लेख मिलता है।[४१] हेमकीर्ति के पट्टशिष्य कमलकीर्ति १४४९ ई. में पट्टासीन हुए थे, अतः भट्टारक हेमकीर्ति की कार्यावधि १४१२–४९ ई. मानी जा सकती है।

भट्टारक कमलकीर्ति

कमलकीर्ति भट्टारक हेमकीर्ति के पट्टशिष्य थे। वे १४४९–८८ ई. तक पट्टासीन रहे थे। इनके आम्नाय में सं. १५०६ (१४४९ ई.) में ग्वालियर में तोमर शासक डुंगरेन्द्र सिंह के राज्यकाल में *भविसत्तकहा* की एक प्रति लिखी गयी थी।[४२] इनके आदेश पर रैधू ने *जसहरचरिउ*, *सावयचरिउ* और *पुण्णासवकहा* ग्रन्थों का सृजन किया।[४३] इनकी प्रेरणा से पंडित रैधू ने सं. १५१० (१४५३ ई.) में ग्वालियर दुर्ग पर भगवान महावीर की एक शैलोत्कीर्ण प्रतिमा की प्रतिष्ठा भी करवाई।[४४] ग्वालियर दुर्ग से विदित कुछ अभिलेखों में इनके आम्नाय में मुनि बसंतकीर्ति द्वारा मूर्तियों की स्थापना करवाये जाने का उल्लेख मिलता है।[४५]

भट्टारक शुभचन्द्र

शुभचंद्र भट्टारक कमलकीर्ति के पट्टशिष्य थे। वह १४६५–७३ ई. तक पट्टासीन रहे थे। पंडित रैधू रचित *अरिट्ठणेमिचरिउ* से ज्ञात होता है कि काष्ठा संघ, माथुर गच्छ के भट्टारक कमलकीर्ति ने अपने शिष्य शुभचन्द्र की योग्यता से प्रभावित होकर उन्हें कनकाद्रि (सोनागिरि) का पट्टधर नियुक्त किया था।[४६] इनके आदेश पर महाकवि रैधू ने *रिट्ठणेमिचरिउ* की रचना की। सं. १५२५ (१४६८ ई.) में इनकी प्रेरणा से ग्वालियर दुर्ग पर प्रतिष्ठाचार्य पंडित रैधू के निर्देशन में युगादिनाथ (ऋषभनाथ) की मूर्ति की स्थापना हुई।[४७] पुनः सं. १५२५ में ही ग्वालियर दुर्ग पर इनके द्वारा अनेक मूर्तियों की प्रतिष्ठा करवाई गई।[४८] सं. १५३० (१४७३ ई.) में भी इनके द्वारा ग्वालियर दुर्ग पर शैलकृत तीर्थंकर मूर्तियों की स्थापना की जानकारी उपलब्ध है।[४६]

भट्टारक कुमारसेन

कुमारसेन भट्टारक कमलकीर्ति के पट्टशिष्य थे और वह १४४०–५३ ई. तक पट्टासीन रहे थे। इन्होंने ग्वालियर दुर्ग पर सं. १५१० (१४५३ ई.) में एक शैलकृत मानस्तम्भ की स्थापना करवाई।[५०] इस लेख में इन्हें भट्टारक कमलकीर्ति का पट्टशिष्य कहा गया है। महाकवि रैधू ने भट्टारक कुमारसेन की प्रेरणा से ही *सुकोसलचरिउ* की रचना की थी।[५१]

भट्टारक शुभचंद्र और कुमारसेन के उपरान्त इस परम्परा के आगामी भट्टारकों की इस क्षेत्र से सूचना अनुपलब्ध है। उपर्युक्त अध्ययन से स्पष्ट होता है कि काष्ठा संघ माथुर गच्छ की दोनों परम्पराओं (उद्धरसेन और विजयसेन) के भट्टारकों ने ग्वालियर में रहकर जैन धर्म का प्रचार–प्रसार किया और इसी परिप्रेक्ष्य में अनेक मूर्तियों की स्थापना एवं दुर्लभ साहित्य के संरक्षण एवं संवर्द्धन में उल्लेखनीय योगदान दिया।

काष्ठा संघ– पुन्नाट लाडबागड गच्छ

काष्ठा संघ की इस शाखा के आचार्य प्रारंभ में पुन्नाट (कर्नाटक) और कालान्तर में लाडबागड (गुजरात) में विहार करने लगे, इसलिए इसका नाम प्रारंभ में पुन्नाट गच्छ और कालान्तर में लाडबागड गण पड़ा। लाटवर्गट इसी का संस्कृत रूप है। इस संघ के प्राचीनतम् आचार्यों में जिनसेन, अर्ककीर्ति, हरिषेण, जयसेन, महासेन आदि के नाम उल्लेखनीय हैं।[५२] ग्वालियर क्षेत्र में इनके प्रभाव के कोई भी प्रमाणिक साक्ष्य उपलब्ध नहीं हैं। इस शाखा के एकमात्र आचार्य विजयकीर्ति का उल्लेख कच्छपघात राजवंश की दूबकुण्ड शाखा के सम्बन्ध में मिलता है। सं. ११४५ (१०८८ ई.) के दूबकुण्ड शिलालेख से ज्ञात होता है कि कच्छपघात महाराजा विक्रमसिंह के राज्यकाल में लाट–वागट गण के मुनि विजयकीर्ति की प्रेरणा से श्रेष्ठि ऋषि, दाहड़ आदि ने डोभा (दूबकुण्ड) में जैन मंदिर की स्थापना की थी।[५३] इस लेख में मुनि विजयकीर्ति ने अपनी गुरु परम्परा इस प्रकार देते हैं– देवसेन–कुलभूषण–शान्तिषेण–विजयकीर्ति। इनमें देवसेन वहीं हैं, जिनकी चरण–पादुका युगल की स्थापना का उल्लेख दूबकुण्ड से ही विदित

सं. ११५२ (१०९५ ई.) के एक अभिलेख में हुआ है।[५४] जैसा पहले कहा जा चुका है कि संभवतः उन्होंने ही काष्ठा संघ के एकीकरण का कार्य किया होगा। इस प्रशस्ति को स्वयं आचार्य विजयकीर्ति ने लिखा था। दूबकुण्ड से ज्ञात सं. ११६६ (११०९ ई.), सं. ११८५ (११२८) और सं. ११९० (११३३ ई.) के अभिलेखों में देवसेन संघ के विभिन्न साधुओं द्वारा इन मूर्तियों की प्रतिष्ठा के उल्लेख मिलते हैं।[५५] इनसे ज्ञात होता है कि इस समय तक यह गण देवसेन संघ के नाम से प्रसिद्ध हो चुका था। इससे महाचार्यवर्य देवसेन द्वारा काष्ठा संघ के एकीकरण की स्थापना सम्बन्धी विचार को भी बल मिलता है।

आचार्य विजयकीर्ति का उल्लेख एकमात्र सं. ११४५ के दूबकुण्ड शिलालेख में हुआ है, किन्तु उपर्युक्त लेखों से ज्ञात होता है कि विजयकीर्ति के उपरान्त भी लगभग ११३३ ई. तक इस शाखा का प्रभाव इस क्षेत्र में रहा था। तदुपरान्त इस क्षेत्र से इस शाखा के विषय में कोई सूचना उपलब्ध नहीं है।

बलात्कार गण

इस गण का नामकरण प्राचीनतम् अभिलेखों में बलात्कार गण ही पाया जाता है, किन्तु इसका मूल रूप बळगार गण मालूम पड़ता है। इसके अलावा बळात्कार गण और बळत्कार गण भी मिलते हैं। इस गण के प्राचीन उल्लेख कर्नाटक प्रान्त से ही मिले हैं। इनमें से बलगाम्बे शिलालेख का सम्बन्ध उत्तर भारत में चित्रकूट और मालवा से जोड़ा गया है।[५६] १४वीं शती ई. के लगभग इसके साथ सरस्वती गच्छ और उसके पर्यायवाची भारती, वागेश्वरी, शारदा आदि नाम भी जुड़े। इसके साथ ही कुंदकुदान्वय विशेषण भी प्रचलित हुआ।

बलात्कार गण की उत्तर भारत शाखा की पट्टावलियों में सर्वप्रथम ऐतिहासिक भट्टारक बसन्तकीर्ति प्रतीत होते हैं। इनके उपरान्त विशालकीर्ति, शुभकीर्ति, धर्मचन्द्र, रत्नकीर्ति, प्रभाचन्द्र एवं पद्मनंदी हुए। भट्टारक पद्मनंदी के तीन पट्टशिष्य हुए, जिन्होंने तीन विभिन्न भट्टारक परम्पराओं का प्रणयन किया। इसे अधोलिखित सारणी द्वारा सरलतापूर्वक समझा जा सकता है–

बलात्कार गण–उत्तर शाखा पट्टावली[५७]

बसन्तकीर्ति
|
विशालकीर्ति
|
शुभकीर्ति
|
धर्मचन्द्र
|
रत्नकीर्ति

प्रभाचन्द्र
|
पद्मनंदी
|
- शुभचंद्र (दिल्ली–जयपुर शाखा)
  - जिनचंद्र
    - प्रभाचन्द
      - चन्द्रकीर्ति
        - देवेन्द्रकीर्ति
          - नरेन्द्रकीर्ति
- सकलकीर्ति (ईडर शाखा)
  - रत्नकीर्ति (नागौर शाखा)
- देवेन्द्रकीर्ति (सूरत शाखा)
  - सिंहकीर्ति (अटेर शाखा)
    - धर्मकीर्ति
      - शीलभूषण
        - ज्ञानभूषण

भट्टारक पद्मनंदी के तीन शिष्यों में से भट्टारक शुभचंद्र ने दिल्ली–जयपुर में, सकलकीर्ति ने ईडर में और देवेन्द्रकीर्ति ने सूरत में अपनी पीठ की स्थापना की। भट्टारक शुभचंद्र के पट्टशिष्य जिनचंद्र हुए। भट्टारक जिनचंद्र के तीन शिष्यों में से प्रभाचन्द्र दिल्ली–जयपुर शाखा में ही पट्टासीन हुए, जबकि अन्य दो शिष्यों रत्नकीर्ति और सिंहकीर्ति ने क्रमशः नागौर और अटेर में अपनी पीठ स्थापित की। इनमें दिल्ली–जयपुर शाखा, ईडर शाखा और अटेर शाखा का प्रभाव ग्वालियर क्षेत्र में दृष्टिगत होता है।

सर्वप्रथम विवेच्य क्षेत्र में उपर्युक्त परम्परा के भट्टारक रत्नकीर्ति का प्रभाव दिखाई देता है।[५८] रत्नकीर्ति के उपरान्त क्रमशः प्रभाचन्द्र और पद्मनंदी पट्टासीन हुए। ग्वालियर दुर्ग से विदित सं. १५१५ के दो शिलालेखों में पद्मनंदी के प्रशिष्य महाकीर्ति द्वारा स्थापना के उल्लेख मिलते हैं, जबकि इन्हीं में से एक शिलालेख में महाकीर्ति के साथ सुकीर्तिदेव का भी उल्लेख मिलता है।[५९] ग्वालियर दुर्ग से ही विदित सं. १५२२ के एक शिलालेख में महाकीर्ति को 'मंडलाचार्य' कहा गया है।[६०] प्रतीत होता है महाकीर्ति और सुकीर्तिदेव उपर्युक्त पद्मनंदी के आम्नाय से ही सम्बन्धित थे।

बलात्कार गण– दिल्ली–जयपुर शाखा

भट्टारक पद्मनंदी के पट्टशिष्य शुभचंद्र ने दिल्ली–जयपुर में अपनी पीठ स्थापित कर नयी परम्परा का प्रवर्तन किया, किन्तु ग्वालियर क्षेत्र में उनका प्रभाव नहीं दृष्टिगत होता है।

भट्टारक जिनचंद्र

जिनचंद्र भट्टारक शुभचंद्र के पट्टशिष्य थे। वह इस शाखा के सबसे यशस्वी भट्टारक थे। इस शाखा की पट्टावली से ज्ञात होता है कि वह १४५० से १५१४ ई. तक पट्टासीन रहे थे।[६१] नवीन साक्ष्यों के आलोक में ज्ञात होता है कि वह १४४५ ई. में भट्टारक पद पर आसीन हो चुके थे, लेकिन जहाँ तक पट्टावलियों का प्रश्न है तो बहुत संभव है कि इसकी औपचारिक घोषणा १४५० ई. में हुई हो।[६२]

इनका सर्वाधिक उल्लेखनीय कार्य सं. १५४८ (१४९१ ई.) वैशाख सुदि ३ को मुड़ासा नगर (राजस्थान) में एक ही पंचकल्याणक महोत्सव में १००० से अधिक जिन मूर्तियों की प्रतिष्ठा सम्पन्न करवाना था।[६३] इन मूर्तियों के दानदाता सेठ जीवराज पापड़ीवाल थे। ये मूर्तियाँ वर्तमान में भारत के प्रायः सभी प्रान्तों के जैन मंदिरों में देखने को मिलती हैं। ग्वालियर क्षेत्र के जैन मंदिरों में भी ऐसी मूर्तियाँ पर्याप्त संख्या में विद्यमान हैं। ये अटेर, दूल्हागन गाँव, फूप, बरही, रानी–बरगमाँ (जिला भिण्ड), नरवर (जिला शिवपुरी), जौरा (जिला मुरैना), सोनागिर (जिला दतिया) और ग्वालियर के जैन मंदिरों में विराजमान हैं।

इसके अलावा ग्वालियर क्षेत्र में इनका महत्त्वपूर्ण प्रभाव दिखाई देता है। इन्होंने सं. १५१० (१४५३ ई.), सं. १५१४ (१४५७ ई.) और सं. १५२५ (१४६८ ई.) में ग्वालियर दुर्ग पर विभिन्न मूर्तियों की प्रतिष्ठा करवाई।[६४] इनके आम्नाय में ग्वालियर में सं. १५२१ में *पउमचरिउ* की एक प्रति लिखी गयी, जो नेत्रनंदी मुनि को अर्पण की गयी थी।[६५] पुनः तोमर शासक मानसिंह के राज्यकाल में सं. १५५७ (१५०० ई.) में इनके आम्नाय में *नागकुमारचरित* की एक प्रति लिखी गई।[६६]

भट्टारक जिनचंद्र के उपरान्त बलात्कार गण की दिल्ली–जयपुर शाखा के भट्टारकों का प्रभाव इस क्षेत्र में नहीं दिखाई देता है।

बलात्कार गण– ईडर शाखा

इस शाखा के भट्टारक सकलकीर्ति और भट्टारक ज्ञानभूषण का प्रभाव भिण्ड और अटेर में विदित हैं।[६७] ग्वालियर से इनकी सूचना अनुपलब्ध है।

बलात्कार गण– अटेर शाखा

उपर्युक्त सारणी से स्पष्ट है कि भट्टारक जिनचंद्र के पट्टशिष्य सिंहकीर्ति ने अटेर (जिला भिण्ड) में अपनी पीठ स्थापित कर बलात्कार गण में एक नवीन शाखा की स्थापना की।

भट्टारक सिंहकीर्ति

भट्टारक सिंहकीर्ति सं. १५२० (१४६३ ई.) से सं. १५३१ (१४७४ ई.) तक पट्टासीन रहे थे।[६८] ग्वालियर में इनका विशेष प्रभाव दिखाई देता है। ग्वालियर दुर्ग पर ढोढा पौर के समीप

शैलकृत गुहा मंदिर समूह के निर्माण का श्रेय इनको ही है। इनकी ही प्रेरणा से वहाँ सं. १५२७ (१४७० ई.) और सं. १५३१ (१४७४ ई.) के मध्य शैलकृत मूर्तिशिल्प का परिष्कार हुआ।[६९] सं. १५२५ में ग्वालियर दुर्ग पर ही इन्होंने शैलकृत मूर्तियों की प्रतिष्ठा करवाई।[७०] पनिहार (जिला ग्वालियर) में भी सं. १५२६ (१४७२ ई.) में इन्होंने जिन मूर्तियों की प्रतिष्ठा करवाई।[७१]

ग्वालियर से उपर्युक्त भट्टारक परम्पराओं के अतिरिक्त अन्य परम्पराओं के भी अभिलेखीय साक्ष्य उपलब्ध हैं। ग्वालियर दुर्ग (उरवाही समूह) से ज्ञात सं. १५४६ (१४६२ ई.) के एक शिलालेख में तोमर महाराजाधिराज मानसिंह के राज्यकाल में रुद्रपलीय गच्छ के कनकप्रभ सूरि की प्रेरणा से साधु चौरोपाल के पुत्र संघवी लक्ष्मण द्वारा आदिनाथ एवं शान्तिनाथ मूर्तियों की स्थापना का उल्लेख है।[७१] इस शिलालेख में कनकप्रभ सूरि ने अपनी गुरु परम्परा इस प्रकार दी है– कमलप्रभ सूरि–हरिभद्र सूरि–हेमप्रभ सूरि–कनकप्रभ सूरि। इसमें कनकप्रभ सूरि के तीन शिष्यों श्री आनंदकलश, अमृतकलश और पद्मसागर के नाम भी उल्लिखित हैं। इस परम्परा के सम्बन्ध में अन्य कोई सूचना उपलब्ध नहीं है।

इसी प्रकार ग्वालियर दुर्ग पर एक पत्थर की बावड़ी समूह में स्थित गुहा मंदिर क्र. १५ से विदित सं. १५२६ (१४६६ ई.) व सं. १५२७ (१४७० ई.) के अभिलेखों में वृहद्गच्छ के भट्टारकों की सूचना निहित है। सं. १५२६ के शिलालेख के अनुसार भट्टारक कनकप्रभ सूरि के शिष्य मलयचंद्र सूरि के पट्टशिष्य भट्टारक मतिसुंदर सूरि ने शान्तिनाथ प्रतिमा की प्रतिष्ठा करवाई।[७२] इसी प्रकार सं. १५२७ के अभिलेख में श्री मतिसुंदर सूरि के शिष्य मुनि माणिक्यसुंदर का उल्लेख हुआ है।[७३] इनके विषय में अन्य सूचनाओं का अभाव है।

इस प्रकार ग्वालियर में काष्ठा संघ और बलात्कार गण की भट्टारक परम्पराओं का प्रभाव रहा था। इन परम्पराओं के भट्टारकों और उनके आम्नाय में उनके शिष्यों ने यहाँ विभिन्न जिन प्रतिमाओं की स्थापना और जैन ग्रन्थों का लेखन व प्राचीन ग्रन्थों का प्रतिलिपिकरण किया। ग्वालियर में सर्वप्रथम तोमर काल में भट्टारकों का प्रभाव दृष्टिगत होता है। इनमें काष्ठा संघ के भट्टारक गुणकीर्ति एवं उनके शिष्य यशःकीर्ति ने प्रथमतः दुर्ग पर शैलकृत मूर्तिशिल्प के निर्माण एवं ग्रन्थ लेखन के कार्य का शंखनाद किया और उनके उपरान्त उनके पट्टशिष्यों ने इस कार्य को जारी रखा। इसी से प्रभावित होकर अन्य परम्पराओं के भट्टारकों ने भी जिन प्रतिमाओं की प्रतिष्ठा आदि कार्यों में अपना योगदान दिया।

संदर्भ

१. नाथूराम प्रेमी, *भट्टारक*, १६१२, पृ. १।

२. नेमिचन्द्र शास्त्री, *तीर्थंकर महावीर एवं उनकी आचार्य परम्परा*, भाग ४, मुजफ्फरनगर, १६६२, पृ. ३५८।

३. वही, पृ. ३५६–६०।

४. विद्याधर जोहरापुरकर, *भट्टारक संप्रदाय*, नागपुर, १६५८, पृ. २१०।

५. वही, पृ. २११।

६. वही, पृ. २१०।
७. ए. कनिंघम, *आ. स. इ. रि.*, भाग २०, पृ. १०२, प्लेट १२।
८. विद्याधर जोहरापुरकर, पूर्वोक्त, पृ. २३८।
९. वही, लेखांक ५४१।
१०. वही, पृ. २४५–४७।
११. नवनीत कुमार जैन, "ग्वालियर क्षेत्र की जैन कला–प्रारंभ से तोमर काल तक" (अप्रकाशित शोध प्रबन्ध), जीवाजी विश्वविद्यालय, ग्वालियर, २००६, पृ. १६५।
१२. विद्याधर जोहरापुरकर, पूर्वोक्त, पृ. २४६।
१३. राजाराम जैन, *रइधू साहित्य का आलोचनात्मक परिशीलन*, वैशाली, १९७४, पृ. ७४।
१४. नवनीत कुमार जैन, पूर्वोक्त, पृ. १६६।
१५. विद्याधर जोहरापुरकर, पूर्वोक्त, लेखांक ५५५।
१६. राजाराम जैन, पूर्वोक्त, पृ. ७३।
१७. वही।
१८. गुलाब खाँ गौरी, *ग्वालियर का राजनैतिक एवं सांस्कृतिक इतिहास*, दिल्ली, १९८६, पृ. ५५।
१९. विद्याधर जोहरापुरकर, पूर्वोक्त, पृ. ७६।
२०. राजाराम जैन, पूर्वोक्त, पृ. ७३।
२१. नवनीत कुमार जैन, पूर्वोक्त, पृ. १६६–६७।
२२. प्रस्तुत ग्रन्थ के अभिलेख क्र. ६४, ६५ व १००।
२३. विद्याधर जोहरापुरकर, पूर्वोक्त, लेखांक ५६१।
२४. राजाराम जैन, पूर्वोक्त, पृ. ७५–७६।
२५. वही, पृ. ७६।
२६. वही।
२७. विद्याधर जोहरापुरकर, पूर्वोक्त, लेखांक ५६२।
२८. राजाराम जैन, पूर्वोक्त, पृ. ७७।
२९. विद्याधर जोहरापुरकर, पूर्वोक्त, पृ. २४६।
३०. राजाराम जैन, पूर्वोक्त, पृ. ७७।
३१. नवनीत कुमार जैन, पूर्वोक्त, पृ. १६८।
३२. विद्याधर जोहरापुरकर, पूर्वोक्त, पृ. २६४।
३३. राजाराम जैन, पूर्वोक्त, पृ. ७९।
३४. प्रस्तुत ग्रन्थ के अभिलेख क्र. १०४, १२१, १३, १८, २२, २३, २८ व ४०।
३५. विद्याधर जोहरापुरकर, पूर्वोक्त, लेखांक ५६५।
३६. विद्याधर जोहरापुरकर, पूर्वोक्त, लेखांक ५६७।
३७. नवनीत कुमार जैन, पूर्वोक्त, अभिलेख क्र. १७५।
३८. विद्याधर जोहरापुरकर, पूर्वोक्त, पृ. २४२।
३९. वही, लेखांक ५८८।
४०. ए. घोष (संपादक), *जैन कला एवं स्थापत्य*, भाग ३, दिल्ली, १९७५, पृ. ५८७।
४१. प्रस्तुत ग्रन्थ के अभिलेख क्र. १०७।

४२. विद्याधर जोहरापुरकर, पूर्वोक्त, लेखांक ५६१।
४३. राजाराम जैन, पूर्वोक्त, पृ. ८६–८७।
४४. प्रस्तुत ग्रन्थ के अभिलेख क्र. १०३।
४५. प्रस्तुत ग्रन्थ के अभिलेख क्र. ३२, ३४ व ३५।
४६. राजाराम जैन, पूर्वोक्त, पृ. ८२–८३।
४७. प्रस्तुत ग्रन्थ के अभिलेख क्र. २१।
४८. प्रस्तुत ग्रन्थ के अभिलेख क्र. २५, २७, २६, ३५ व ४१।
४६. प्रस्तुत ग्रन्थ के अभिलेख क्र. ३५ व ३७।
५०. प्रस्तुत ग्रन्थ के अभिलेख क्र. १०६।
५१. राजाराम जैन, पूर्वोक्त, पृ. ८७।
५२. विद्याधर जोहरापुरकर, पूर्वोक्त, पृ. २५७–६२।
५३. ए. इं., भाग २, पृ. २३२–४०।
५४. ए. कनिंघम, *आ. स. इं. रि*, भाग २०, पृ. १०२।
५५. नवनीत कुमार जैन, पूर्वोक्त, अभिलेख क्र. २४६–४६।
५६. विद्याधर जोहरापुरकर, पूर्वोक्त, लेखांक ६०।
५७. वही, पृ. ६६, ११२–१३, १५८ व १३४–३५।
५८. नवनीत कुमार जैन, पूर्वोक्त, पृ. १७३।
५६. प्रस्तुत ग्रन्थ के अभिलेख क्र. ११८ व १२०।
६०. प्रस्तुत ग्रन्थ के अभिलेख क्र. १२२।
६१. विद्याधर जोहरापुरकर, पूर्वोक्त, लेखांक २४८।
६२. नवनीत कुमार जैन, पूर्वोक्त, पृ. १७४।
६३. विद्याधर जोहरापुरकर, पूर्वोक्त, पृ. ११ व १०६।
६४. प्रस्तुत ग्रन्थ के अभिलेख क्र. १५, १०८, ११० व ११२।
६५. विद्याधर जोहरापुरकर, पूर्वोक्त, लेखांक २५५।
६६. वही, लेखांक २६४।
६७. नवनीत कुमार जैन, पूर्वोक्त, पृ. १७५।
६८. विद्याधर जोहरापुरकर, पूर्वोक्त, पृ. १३४।
६६. प्रस्तुत ग्रन्थ के अभिलेख क्र. १७१–७३ व १७५–७६।
७०. प्रस्तुत ग्रन्थ के अभिलेख क्र. १६ व १७।
७१. ए. *रि.* इ. ए., १६७१–७२, बीः क्र ८२–६२; नवनीत कुमार जैन, पूर्वोक्त, पृ. १७५–७६, अभिलेख क्र. ६०–७१।
७२. प्रस्तुत ग्रन्थ के अभिलेख क्र. ३०।
७३. प्रस्तुत ग्रन्थ के अभिलेख क्र. ३१।

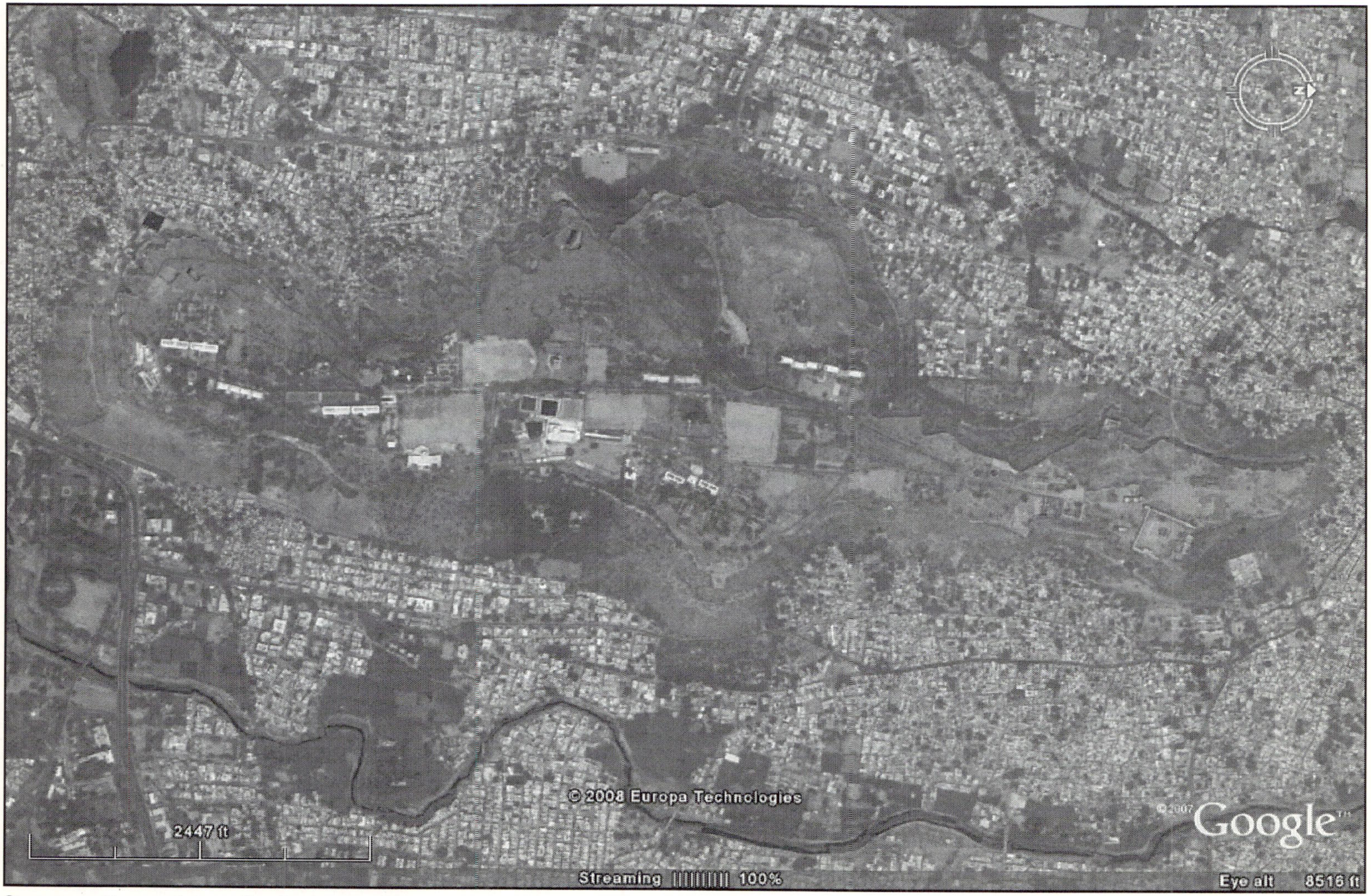

चित्र १. ग्वालियर दुर्ग (उपग्रहीय चित्र)

चित्र २. वाइल्लभट्टस्वामिन मंदिर
(चतुर्भज मंदिर)

चित्र ३. त्रिविक्रम विष्णु, वाइल्लभट्टस्वामिन मंदिर

चित्र ४. नृवराह, वाइल्लभट्टस्वामिन मंदिर

चित्र ६. वेदीबन्ध में देवाकृतियाँ, तेली का मंदिर

चित्र ५. तेली का मंदिर

चित्र ७. सिंहवाहिनी दुर्गा, तेली का मंदिर

चित्र ८. उत्तरी सिंहकर्ण की प्रतिमा, तेली का मंदिर

चित्र ६. लघु एकाश्म मंदिर, गुजरी महल संग्रहालय

चित्र १०. लघु एकाश्म मंदिर,
ग्वालियर दुर्ग

चित्र ११. गणेश मंदिर

चित्र १२. पद्मनाथ (सास–बहू) मंदिर

चित्र १३. देवी–देवता, पद्मनाथ मंदिर

चित्र १४. देवी–देवता, पद्मनाथ मंदिर

चित्र १६. माता का मंदिर

चित्र १५. प्रवेश–द्वार, पद्मनाथ मंदिर

चित्र १७. जैन मंदिर

चित्र १८. दक्षिण–पूर्वी जैन समूह (एक पत्थर की बावड़ी)

चित्र १६. दक्षिण–पश्चिमी जैन समूह (उरवाही क्षेत्र)

चित्र २०. उत्तर–पश्चिमी जैन समूह, ढोढा पौर एवं नौ चौकी

चित्र २१. उत्तर–पूर्वी जैन समूह

चित्र २२. ऋषभनाथ

चित्र २४. ऋषभनाथ (चतुर्विंशतिका)

चित्र २३. ऋषभनाथ

चित्र २५. ऋषभनाथ

चित्र २७. ऋषभनाथ

चित्र २६. बाहुबली

चित्र २८. ऋषभनाथ

चित्र २६. पार्श्वनाथ

चित्र ३०. तीर्थंकर

चित्र ३१. ऋषभनाथ

चित्र ३२. तीर्थंकर

चित्र ३३. गोमेध एवं अम्बिका

चित्र ३४. माता त्रिशला

चित्र ३६. विष्णु

चित्र ३५. तीर्थंकर

चित्र ३७. पंचाग्नि तपरत पार्वती

चित्र ३८. शैवगण

चित्र ३९. गणेश, गंगोला ताल

चित्र ४०. उमा–महेश्वर

चित्र ४१. महावीर एवं ऋषभनाथ

चित्र ४२. पार्श्वनाथ

चित्र ४३. पार्श्वनाथ

चित्र ४५. तीर्थंकर

चित्र ४४. तीर्थंकर

चित्र ४६. सर्वतोभद्रिका

चित्र ४७. जैन वास्तु खण्ड

चित्र ४८. विष्णु

चित्र ५०. कूर्मावतार

चित्र ४६. शेषशायी विष्णु

चित्र ५१. शिवलिंग एवं अन्य देव आकृतियाँ

चित्र ५२. गणेश एवं कार्तिकेय

चित्र ५३. माता त्रिशला

चित्र ५४. पार्श्वनाथ

चित्र ५५. रहीमदाद का मदरसा एवं अस्सी खम्बा बावड़ी

चित्र ५६. प्रवेश–द्वार

चित्र ५७. हथिया पौर एवं मान महल

चित्र ५८. गुजरी बावड़ी एवं गुजरी महल

चित्र ५९. जोहर ताल एवं भीमसिंह राणा की छत्री

चित्र ६०. शाहजहाँ ताल एवं जहाँगीर महल

चित्र ६१. गंगोला ताल

चित्र ६२. कीर्ति मंदिर (कर्ण या करन महल)

चित्र ६३. विक्रम मंदिर या महल

चित्र ६४. शाहजहाँ महल या हुमायूँ महल

चित्र ६५. कर्ण महल के दक्षिण दिशा में बना भवन

चित्र ६६. मिहिरकुल का अभिलेख

चित्र ६७. ग्वालियर का खण्डित कच्छपघात अभिलेख

चित्र ६८. गुहा मंदिर लेख सं. १५२५, एक पत्थर की बावड़ी

चित्र ६९. गुहा मंदिर लेख सं. १५१०, उरवाही क्षेत्र

चित्र ७०. गुहा मंदिर लेख सं. १५१०, उरवाही क्षेत्र

चित्र ७१. गुहा मंदिर लेख सं. १५४६, उरवाही क्षेत्र

चित्र ७२. गुहा मंदिर लेख, उरवाही क्षेत्र

चित्र ७३. अभिलेख, तेली का मंदिर

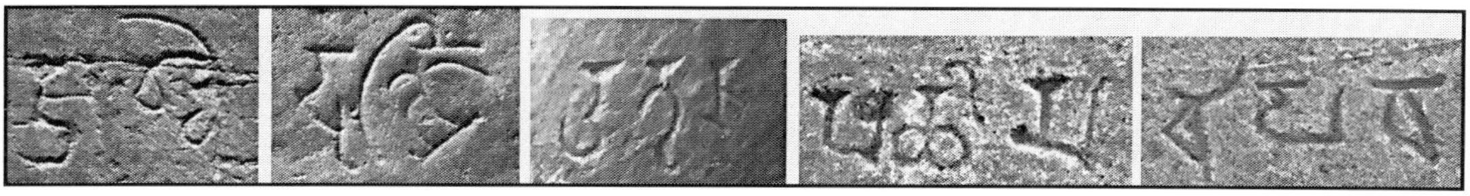

चित्र ७४. दिशाओं के नाम, तेली का मंदिर

चित्र ७५. शिल्पियों के नाम, सास–बहू का मंदिर

चित्र ७६. वीरसिंह देव का अभिलेख, सं. १४५१, गंगोला ताल

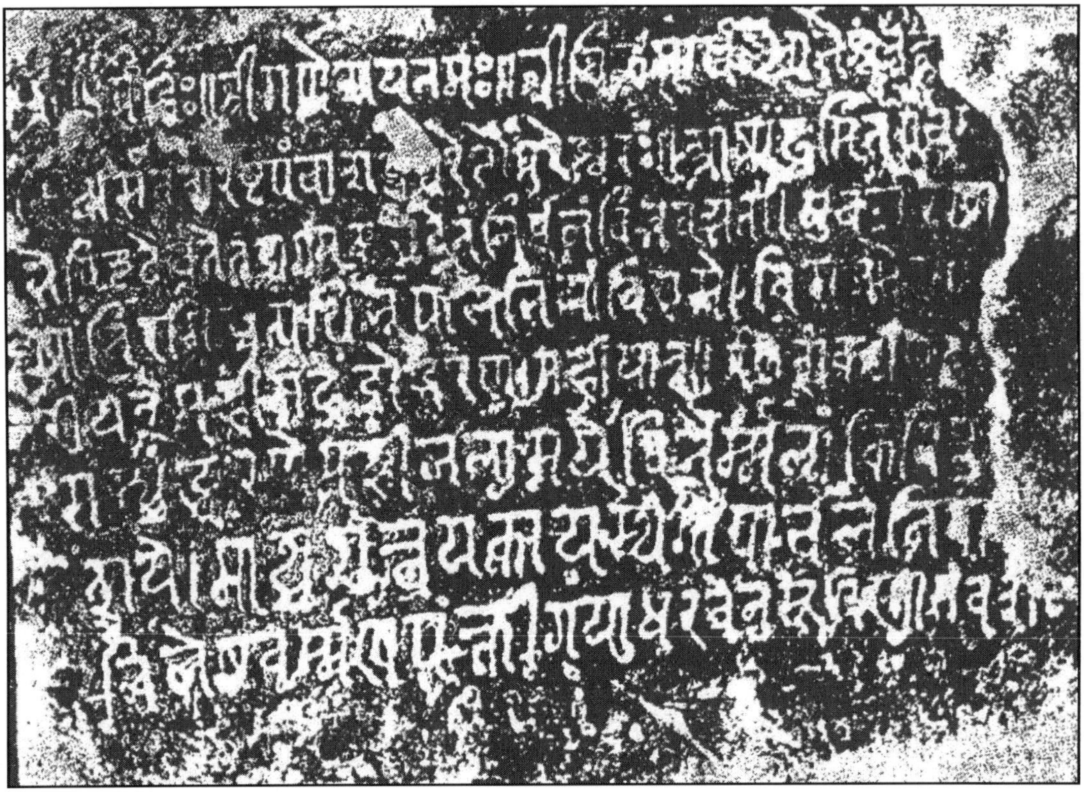

चित्र ७७. उद्धरण देव का अभिलेख, सं. १४५८, गंगोला ताल

चित्र ७८. शिलालेख, सं. १५५०, नौ चौकी

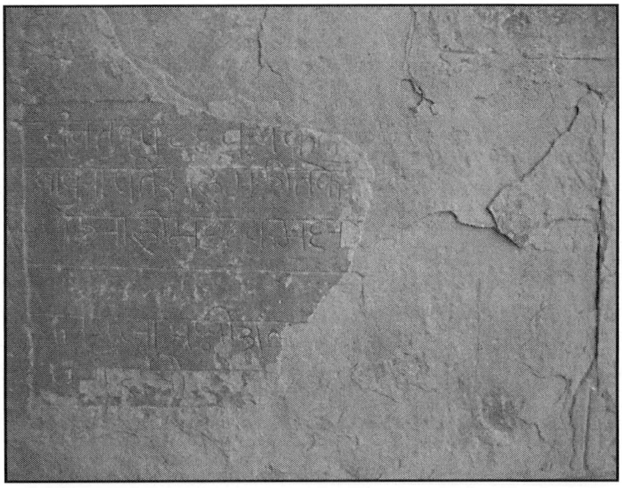

चित्र ७९. शिलालेख, सं. १५८६, रहीमदाद का मदरसा

चित्र ८०. इल्तुतमिश का अभिलेख, हथिया पौर एवं सास–बहू मंदिर के मध्य प्राचीर में

चित्र ८१. अस्सी खम्बा बावड़ी अभिलेख हिज्र ६३८

चित्र ८२. चन्द्रप्रभ मूर्ति लेख : सं. १८५१

चित्र ८३. ताम्रयंत्र लेख : सं. १४७५

चित्र ८४. स्मारक

चित्र ८५. स्मारक लेख : १८६६ ई.

चित्र ८६. स्मारक लेख : १८६६ ई.

चित्र ८७. स्मारक लेख : १८८० ई.

चित्र ८८. स्मारक लेख : १८८२–८४ ई.

संदर्भ ग्रन्थ–सूची

मौलिक ग्रन्थ

अपराजितपृच्छा (भुवनदेव) गायकवाड़ ओरियण्टल सीरिज, खण्ड ११५, बड़ोदा, १६५०।

अमरकोश (रामस्वरूप कृत भाषा टीका सहित), श्री वेंकटेश्वर प्रेस, बम्बई, १६०५; हरदत्त शर्मा (संपा.) पूना, १६४१।

अर्थशास्त्र (कौटिल्य) आर. शाम. शास्त्री (संपा.), मैसूर १६१६; वाचस्पति गेरोला, चौखम्बा विद्या भवन, वाराणसी, १६६२।

अग्निपुराण सरस्वती प्रेस, कलकत्ता, १८८२; आनन्दाश्रम संस्कृत सीरिज, पूना, १६००।

गरुड़पुराण कलकत्ता, १८६०; चौखम्बा संस्कृत सीरिज, वाराणसी, १६६४।

बप्पभट्टसूरिचरित जर्नल ऑफ बाम्बे ब्रांच रायल एशियाटिक सोसायटी (नवीन सीरिज), भाग ३।

प्रभावकचरित (प्रभाचन्द्र सूरि) सिंधी जैन ग्रन्थमाला, १३, बम्बई, १६०६।

प्रबन्धकोश (राजशेखर) अहमदाबाद, १६३५।

प्रसादमण्डन कश्मीर संस्कृत ग्रन्थ–७२, कश्मीर–श्रीनगर, १६४७।

बृहत्संहिता (वराहमिहिर) सरस्वती प्रेस, कलकत्ता, १८८०।

महाभारत प्रतापचन्द्र राय (सं.) क्रिटिकल एडिशन, पूना।

मत्स्यपुराण श्री वेंकटेश्वर प्रेस, बम्बई, १८६५; रामप्रताप त्रिपाठी (अनु. हिन्दी), प्रयाग, सं. २००३।

रामायण (वाल्मीकि) नारायण स्वामी (संपा.) मद्रास, १६३३; गीताप्रेस, गोरखपुर, सं. २०३३।

विष्णुधर्मोत्तरपुराण श्री वेंकटेश्वर प्रेस, बम्बई, १९१२; प्रियबाला शाह (संपा.), बड़ोदा, १९५८।

वास्तुराजवल्लभ रामयत्न ओझा (अनु. हिन्दी), बनारस, १९५७।

समरांगणसूत्रधार (भोज) गायकवाड़ ओरियण्टल सीरिज, बड़ोदा, १९६६।

संगीतोपनिषत्सार गायकवाड़ ओरियण्टल सीरिज, बड़ौदा।

अरबी–फारसी स्रोत

अकबरनामा (अबुल फजल) रिजवी (अनु.), १९६१।

आईने–ए–अकबरी जैरेट (अनु.), जिल्द २।

कुलियाते–ए–ग्वालियरी (फजल अल) अनु. मोहन कुमार माथुर, ग्वालियर, २०००।

कानूने हिमायूँ (खोदमीर) रिजवी (अनु.)।

तबकाते नासिरी (मिनहाज सिराज) एच. जी. राबर्टी (अनु.) भाग १ व २, दिल्ली, पुनर्मुद्रित, १९७०; रिजवी (अनु.), १९५६।

ताजुल मआसिर (हसन निजामी) हबीब एवं सैयद हसन अकबरी।

तारीख–ए–फरिश्ता (फरिश्ता) ब्रिग्स (अनु.), जिल्द १।

तारीखे–ए–मुबारकशाही रिजवी (अनु.), भाग ५, १९५७।

तारीखे–ए–मोहम्मदी रिजवी (अनु.), भाग ३, १९५६।

तारीखे फिरोजशाही (बर्नी) रिजवी (अनु.), १९५५; इलियट (अनु.)।

फुतुहातेस्सालातीन (एसामी) रिजवी (अनु.)।

बाबरनामा ए. एस. ब्रेवरीज (प्रका. एवं अनु.), भाग २, लंदन, १९२१; रिजवी (अनु), १९६०, केशवदास ठाकुर (अनु. हिन्दी)

मुन्तखब उल तवारिख (अल बदायुनी) रैंकिग, जार्ज (अनु.), भाग १, पटना, १९७३।

हुमायूँनामा (गुलबदन) रिजवी, एस. ए. ए. (अनु.), ए. एस. ब्रेवरीज, लंदन, १९०२।

आधुनिक ग्रन्थ

अग्रवाल, वासुदेव शरण *इण्डिया ऐज नोन टू पाणिनी*, लखनऊ, १९५३।

हर्षचरितः एक सांस्कृतिक अध्ययन, पटना, १९६४।

अग्निहोत्री, अजय कुमार *गोहद के जाटों का इतिहास*, दिल्ली, प्र. सं., १९८५।

आचार्य, पी. के. *ए डिक्शनरी ऑफ हिन्दू आर्किटेक्चर*, लंदन, १९४६।

आसिंकन, डब्ल्यू. *हिस्ट्री ऑफ द इण्डिया अंडर द बाबर हिमायूँ*, लंदन, १८५४।

इलियट एच. एम. एवं डाउसन, जॉन *हिस्ट्री ऑफ इण्डिया एज टोल्ड वाई इट्स ओन हिस्टोरियन्स*, लंदन, जिल्द ४।

कनिंघम, ए. *आर्कोलॉजिकल सर्वे ऑफ इण्डिया रिपोर्ट* (१८६२–६५), भाग २, भारतीय पुरातत्त्व सर्वेक्षण, नई दिल्ली, पुनर्मुद्रित, २०००।

आर्कोलॉजिकल सर्वे ऑफ इण्डिया रिपोर्ट (१८८२–८३), भाग २०, भारतीय पुरातत्त्व सर्वेक्षण, नई दिल्ली, पुनर्मुद्रित, २०००।

द एन्शियन्ट ज्योग्राफी ऑफ इण्डिया, वाराणसी, १९६३।
क्वायन्स इन मीडिवल इण्डिया, लंदन, द्वि. सं., १९६७।

क्लाज, ब्रून — *द जिन इमेजेज ऑफ देवगढ*, लीडेन, १९६९।

केशवदास (अनु.) — *बाबरनामा* (हिन्दी में)

कृष्णन, व्ही, एस. — *मध्यप्रदेश जिला गजेटियर*, ग्वालियर, भोपाल, प्र. सं., १९६८।

गर्दे, एम. बी. — *ग्वालियर पुरातत्त्व रिपोर्ट*, १९२२, १९२४–२५, १९२५–२६, १९२७–२८, १९२९–३०, १९३७–३८, १९४०।

गिब्ब एवं मेंहदी हुसैन (अनु.) — *द रेहला ऑफ इब्नबतूता*, गायकवाड़ ओरिएण्टल सीरीज, बड़ौदा, १९५३।

गौरी, गुलाब खाँ — *ग्वालियर का राजनैतिक एवं सांस्कृतिक इतिहास* (सन् १३९२–१५६५ ई. तक), दिल्ली, १९८६।

घोष, ए. — *एन एनसाइक्लोपीडिया ऑफ इण्डियन आर्कोलॉजी*, भाग २, दिल्ली, प्र. सं., १९८९।

चक्रवर्ती, के. के. — *ग्वालियर दुर्ग*, दिल्ली, प्र. सं., १९८४।

जोहरापुरकर विद्याधर — *भट्टारक संप्रदाय*, नागपुर, १९५८।

जैन, राजाराम — *रइधू साहित्य का आलोचनात्मक परिशीलन*, पटना, १९७४।
रइधू ग्रन्थावली, भाग १, शोलापुर, १९७५।
रइधू ग्रन्थावली, भाग २, शोलापुर १९८८।

जैन, नवनीत कुमार — ग्वालियर क्षेत्र की जैन कला–प्रारंभ से तोमर काल तक (अप्रकाशित शोध प्रबन्ध), जीवाजी विश्वविद्यालय, ग्वालियर, २००६।

जैन, रामजीत — *ग्वालियर गौरव गोपाचल*, ग्वालियर, द्वि.सं., २००३।

ठाकुर, उपेन्द्र — *द हूण इन इण्डिया*, वाराणसी, १९६७।

तिवारी, मारुतिनंदन प्रसाद — *जैन प्रतिमाविज्ञान*, वाराणसी, १९८१।

तिवारी, राकेश — *वलभी टेम्पल्स इन नार्थ इण्डिया*, नई दिल्ली, २०१०।

दलाल, सी. डी. (संपा.) — *प्राचीन गुर्जर काव्यसंग्रह*, बड़ौदा सेन्ट्रल लाइब्रेरी, १९२०।

दत्त, बी. बी. — *टाउन प्लानिंग इन एन्शियन्ट इण्डिया*, कलकत्ता, १९२५।

द्विवेदी, हरिहर निवास — *ग्वालियर राज्य के अभिलेख, मध्य भारत*, ग्वालियर, १९४७।
ग्वालियर के तोमर, ग्वालियर, १९७६।
ग्वालियर दर्शन, ग्वालियर, १९८०।
गोपाचल आख्यान, ग्वालियर, १९८०।

देव, कृष्ण — *टेम्पल्स ऑफ इण्डिया*, भाग १, नई दिल्ली, पुनर्मुद्रित, २०००।

नाथ, आर. — *हिस्ट्री ऑफ मुगल आर्किटेक्चर*, भाग १, नई दिल्ली, १९८२।

परिमू, रतन एवं अन्य (संपा.) — *वैष्णविज्म इन इण्डियन आर्ट एण्ड कल्चर*, नई दिल्ली, १९८७।

पाठक, नरेश कुमार — *मध्यप्रदेश का जैन शिल्प*, इन्दौर, प्र. सं, २००१।

पाटिल, डी. आर. — *द कल्चरल हेरिटेज ऑफ मध्यभारत*, ग्वालियर, १९५२।

पुरी, बी. एन. — *द हिस्ट्री ऑफ गुर्जर प्रतिहाराज्*, बम्बई, १९५७।

प्रेमी, नाथूराम — *भट्टारक*, १९१२।

बरैया, छोटेलाल — *ग्वालियर का अतीत* (खण्ड काव्य), उज्जैन, १९५६।

बाजपेयी, के. डी. व अन्य — *ऐतिहासिक भारतीय अभिलेख*, जयपुर, १९९२।

बाजपेयी, के. डी. एवं पांडे, एस. के. — *एक्सक्वैशन एट तुमैन*, भोपाल, प्र. सं., १९८५।

ब्राउन, पर्सी — *इण्डियन आर्किटेक्चर* (बुद्धिस्ट एवं हिन्दु), मुम्बई, १९९२, तृ. सं.।

बील, सैमुल — *सी—यू—की बुद्धिस्ट रिकार्ड ऑफ द वेस्टर्न वर्ल्ड*, दिल्ली, १९६९।

भट्टाचार्य, पी. के. — *हिस्टोरिकल ज्योग्राफी ऑफ मध्यप्रदेश*, दिल्ली, प्र. सं., १९७७।

मजूमदार, आर. सी. एवं अन्य — *द स्ट्रगल फार एम्पायर*, बम्बई, द्वि. सं., १९६६।

मणि, वी. — *पौराणिक एनसाइक्लोपीडिया*, वाराणसी, १९७५।

मालव, रविन्द्र (सं.) — *तीर्थंकर महावीर स्मृति ग्रन्थ*, ग्वालियर, १९७७।

मिश्रा. एस. एम. — *यशोवर्मन ऑफ कन्नौज*, नई दिल्ली, प्र. सं., १९७७।

मिश्रा. बी. डी. — द फोर्ट एंड फोट्रेस ऑफ *ग्वालियर एंड इट्स हिन्टरलैंड*, दिल्ली, प्र. सं., १९९३।

मिश्र, रमानाथ — *भारतीय मूर्तिकला का इतिहास*, ग्रंथ शिल्पी, दिल्ली, पुनर्मुद्रित, २००८।

मिश्रा, रमानाथ — *शिल्प इन इण्डियन ट्रेडीशन, कान्सेप्ट एण्ड इंस्ट्रूमेन्टोलिटिज*, नई दिल्ली, प्र. सं. २००९।

रेय. एच. सी. — द *डायनेस्टिक हिस्ट्री ऑफ नार्दर्न इण्डियाः अर्ली मीडिवल पीरियड*, दिल्ली, द्वि. सं., १९७३।

रिजवी, एस. ए. ए. — *तुगलककालीन भारत*, भाग ५, अलीगढ़, १९५७।
मुगलकालीन भारत, भाग १०, अलीगढ़, १९६२।

लुअर्ड, सी. ई. — *ग्वालियर स्टेट गजेटियर*, भोपाल, पुनर्मुद्रित, १९९९।

लीज, डब्ल्यू. एन. — *तारीखे फिरोजशाही* (जियाउद्दीन बर्नी), कलकत्ता, १९६०।

विलिस, माइकेल डी. — *इन्स्क्रिप्शन्स् ऑफ गोपक्षेत्र*, (मटेरियल फार द हिस्ट्री ऑफ सेन्ट्रल इण्डिया), लंदन, प्र. सं., १९९६।
"आर्किटेक्चर इन सेन्ट्रल इण्डिया अन्डर द कच्छपघात रूलर्स," *साउथ एशियन स्टडीज*, १२, १९९६।
टेम्पल्स ऑफ गोपक्षेत्र, लंदन, प्र. सं., १९९७।

शर्मा, मोहनलाल — *पद्मावती*, भोपाल, १९७१।

शर्मा, आर. के. — *मध्यप्रदेश के पुरातत्त्व का संदर्भ ग्रन्थ*, भोपाल, १९७४।

शर्मा, आर. के. — *एनसाइक्लोपीडिया ऑफ आर्ट, आर्कोलॉजी एण्ड लिटरेचर इन सेन्ट्रल इण्डिया*, भाग २, नई दिल्ली, १९९।

शर्मा, आर. के. — *नागाज*, द ट्राइव एंड द कल्ट, नई दिल्ली, प्र. सं. २००६।

शास्त्री, ए. एम. एवं अन्य — *वाजपेयः ऐसेस ऑन इवेल्यूशन ऑफ इण्डियन आर्ट एण्ड आर्किटेक्चर*, भाग २, दिल्ली, १९८७।

शास्त्री, नेमिचन्द्र, *तीर्थंकर महावीर एवं उनकी आचार्य परम्परा*, भाग १–४, मुजफ्फरनगर, १९९२।

शास्त्री, टी. व्ही. जी. *द जैन सैन्चुरिज ऑफ द फोर्ट्रेस ऑफ ग्वालियर*, इन्दौर, प्र. सं., १९९७।

जैन आर्ट एंड आर्किटेक्चर, भाग ३, दिल्ली, १९७४।

सरकार, डी. सी. *सेलेक्ट इन्स्क्रिप्शन्स्*, भाग १, १९६५।

सरदेसाई, गोविंद सखाराम *सिलेक्शन्स फ्राम पेशवा दफ्तर*, भाग २७।

सिंह, अमर *ग्वालियर दुर्ग, मंदिर एवं मूर्तियाँ*, लखनऊ, प्र. सं., १९९६।

हसन एवं निजामी (संपा.) *काम्प्रेहेन्सिव हिस्ट्री ऑफ इण्डिया*, भाग ५।

ह्यूज, आर्थर *ग्वालियर*, ग्वालियर, प्र.सं., १९७६।

त्रिवेदी, एच. वी. *कैटेलॉग ऑफ द क्वाइन्स ऑफ द नाग किंग्स ऑफ पद्मावती*, ग्वालियर, १९५७।

त्रिवेदी, आर. डी. *टेम्पल्स ऑफ द प्रतिहार पीरियड*, नई दिल्ली, प्र. सं., १९९०।

आइकनोग्राफी ऑफ पार्वती, नई दिल्ली, १९८१।

जर्नल एवं शोध पत्र–पत्रिकाएँ

— *आर्कोलॉजीकल सर्वे ऑफ इण्डिया एनुअल रिपोर्ट*, १९१३–१४, १९१४–१५, १९२४–२५, १९३६–३७, नई दिल्ली।

— *आर्टिबस एसिया*, ५०, १९९०।

— *इण्डियन एन्टक्वैरी*, भाग १४, १५, ४१

— *इण्डियन आर्कोलॉजी–ए रिव्यू*, १९५८–५९, १९६१–६२, १९६३–६४,

— *इण्डियन हिस्टोरिकल क्वार्टली*, भाग १।

— *एपिग्राफिया इण्डिका*, भाग १, २, ८, १९–२३, ३०, ३३, ३८ (१९६९–७०), ४०

— *एनुअल रिपोर्ट ऑफ इण्डियन एपिग्राफी*, १९५३–५४, १९६१–६२, १९६२–६३, १९६५–६६, १९६९–७०, १९७१–७२, १९७५–७६।

— *कार्पस इन्स्क्रिप्शनम् इण्डिकेरम्*, भाग १ (१९६९, वाराणसी), भाग ३ (१९६३, वाराणसी), भाग ७, खण्ड ३ (१९८९, नई दिल्ली)।

— *जर्नल ऑफ न्युमिसमैटिक सोसायटी आफ इण्डिया*, भाग १९, ३१, बनारस हिन्दू विश्वविद्यालय, वाराणसी।

— *जर्नल ऑफ एशियाटिक सोसायटी*, भाग ३१, ३४, ८१, ८२ मुम्बई।

— *जर्नल ऑफ ओरिएण्टल इन्स्टिट्यूट*, भाग २२, २३ बड़ौदा।

— *जर्नल ऑफ बाम्बे ब्रांच रायल एशियाटिक सोसायटी*, भाग ३।

— *जर्नल ऑफ मध्यप्रदेश इतिहास परिषद्*, अंक १०, भोपाल।

— *प्राच्य प्रतिभा*, अंक ९–१०, भोपाल।

— *प्राग्धारा*, अंक १५, लखनऊ।

— *भारती*, भाग २०, बनारस हिन्दू विश्वविद्यालय, वाराणसी।

— *शोधांक*, अंक २७।

— sikhiwiki. org/index.php/Gurdwara_Data_Bandi_Chor_Sahib

अनुक्रमणिका